北京理工大学学科（专业）发展史丛书

兵之利器

北京理工大学机电学院学科（专业）发展史

《北京理工大学学科（专业）发展史丛书》编委会　编

北京理工大学出版社
BEIJING INSTITUTE OF TECHNOLOGY PRESS

版权专有　侵权必究

图书在版编目（CIP）数据

兵之利器：北京理工大学机电学院学科（专业）发展史/《北京理工大学学科（专业）发展史丛书》编委会编．—北京：北京理工大学出版社，2020.7（2021.9重印）

ISBN 978－7－5682－8592－6

Ⅰ．①兵… Ⅱ．①北… Ⅲ．①北京理工大学机电学院－校史 Ⅳ．①G649.281

中国版本图书馆 CIP 数据核字（2020）第 111471 号

出版发行 / 北京理工大学出版社有限责任公司	
社　　址 / 北京市海淀区中关村南大街 5 号	
邮　　编 / 100081	
电　　话 / （010）68914775（总编室）	
（010）82562903（教材售后服务热线）	
（010）68944723（其他图书服务热线）	
网　　址 / http://www.bitpress.com.cn	
经　　销 / 全国各地新华书店	
印　　刷 / 北京虎彩文化传播有限公司	
开　　本 / 710 毫米 × 1000 毫米　1/16	
印　　张 / 37	出 版 人 / 丛　磊
彩　　插 / 4	责任编辑 / 申玉琴
字　　数 / 652 千字	文案编辑 / 申玉琴
版　　次 / 2020 年 7 月第 1 版　2021 年 9 月第 2 次印刷	责任校对 / 周瑞红
定　　价 / 138.00 元	责任印制 / 李志强

图书出现印装质量问题，请拨打售后服务热线，本社负责调换

北京理工大学学科（专业）发展史丛书编委会

主　任　赵长禄

副主任　包丽颖

委　员　（按姓氏笔画排序）

王　伟　　王　征　　王亚斌　　王兆华　　左正兴

龙　腾　　冯慧华　　曲　虹　　安建平　　李寿平

张　瑜　　陈鹏万　　胡更开　　侯　晓　　姜　曼

姜　澜　　蔺　伟　　颜志军　　薛正辉　　魏一鸣

兵 之 利 器

——北京理工大学机电学院学科（专业）发展史

编 委 会

主　任　王　伟　陈鹏万

副主任　王亚斌　杨瑞伟　陈　军　刘　琦　栗　苹

主　编　王　伟

编　委　（按姓氏笔画排序）

马宝华　王　芳　王化平　王亚斌　王仲琦　王海福
石　青　申　强　白春华　冯顺山　皮爱国　伍俊英
刘　彦　刘振翼　刘海鹏　刘　琦　李　辉　吴炎烜
余张国　宋卫东　张伟民　张庆明　陈　放　陈　朗
陈　曦　陈鹏万　陈慧敏　范宁军　赵林双　徐立新
黄风雷　崔占忠　隋　丽　焦清介　穆慧娜

丛书序 Foreword

庚子仲秋，丹桂馨香。2020年9月，北京理工大学迎来建校80周年。作为中国共产党创办的第一所理工科大学、新中国第一所国防工业院校，学校自延安创校以来，始终传承"延安根、军工魂"红色基因，坚守初心、报国图强，砥砺求索、薪火相传，以扎根中国大地建设世界一流大学的实际行动，在中国共产党创办和领导新型高等教育的征程中留下了厚重的、值得纪念的足迹。

时至今日，北京理工大学已成为一所"地信天"融合、工理管文多学科协调发展的高水平研究型大学。经过"985工程""211工程"和"双一流"建设，特别是经过近五年的发展，学校主要办学指标位居国内高水平研究型大学前列，若干学科跻身世界一流行列，建设世界一流大学的基本格局初步形成。学校构建了优势工科引领带动、特色理科融合推动、精品文科辅助联动、前沿交叉创新互动的学科布局，以学科建设为龙头有效带动了教育事业内涵发展、特色发展、高质量发展。一流学科的发展建设，不是一日之功，更不能一蹴而就。底蕴深厚的背后，离不开一代代北理工人的精耕细作，正是前人的积累沉淀奠定了今天一流学科建设的坚实基础。开展学科专业发展史研究学习，传承前人的宝贵经验，弘扬北理工独特的精神气质和文化内涵，对更好地推进一流大学和一流学科建设有十分重要的意义。

建设一流大学，培养一流人才，必须要有一流大学文化作为支撑。校史研究是一流大学文化建设的一条重要工作主线，而学科专业发展史正是校史的重要组成部分，对其进行挖掘整理更具紧迫性。2018年，学校全面启动学科专业史研究和编写工作。历时两年，相关学院、学科广泛搜集整理资料，创新工作机制，在80周年校庆之际推出《时空航宇——北京理工大学航空宇航科学与技术学科（专业）发展史》《力学笃行——北京理工大学力学学科（专业）发展史》《兵之利器——北京理工大学机电学院学科（专业）发展史》《精工重器——北京理工大学机械制造学科（专业）发展史》《信系寰宇——北京理工大学信息与电子

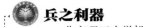

学院学科（专业）发展史》《经管征程——北京理工大学管理与经济学院学科（专业）发展史》《理公明法——北京理工大学法学学科（专业）发展史》等7册学科专业发展史系列丛书。这批全新的研究成果，立足对相关学科专业办学情况的总结整理，形成史料的新时代表达，不仅展现了学校的办学实力与特点，也为一流学科、一流专业的高质量发展提供了有力支撑。

衷心感谢参与本次学科专业发展史系列丛书编写的干部、教师辛勤的付出和艰苦的努力，在建校80周年之际，为学校留下了这批承载着北京理工大学精神的宝贵文化财富。新时代、新使命、新征程，这些珍贵学科专业发展史，必将激励全体北理工人接续奋进、继往开来、传承传统、开拓创新，为建设中国特色世界一流大学而努力奋斗！

赵长禄

2020年9月

前言

武器装备是军队现代化的重要标志,是国家安全和民族复兴的重要支撑。

——习近平

八十年峥嵘岁月,八十年硕果满枝。在北京理工大学即将迎来建校80周年之际,在学校统筹安排和学院积极部署下,自2018年启动了机电学院学科(专业)史的编纂工作,此举得到了学院全体师生的鼎力支持。本书编纂历经一年多时间,采访了学科(专业)的众多发展亲历者,收集了大量文字、照片等珍贵史料,尽力克服部分资料不完整的不利条件和种种困难,尽可能保留了学科专业发展的历史原貌。

根据学院各学科(专业)的建设与发展历程,本书共分为弹药战斗部工程、引信技术、工程力学、特种能源技术与工程、近炸引信技术、安全科学与工程、机械电子工程——智能机器人与系统七个篇章,分别对应学院承建学科专业的相应方向。每篇按照发展简史、人才培养、科学研究、师资队伍、实验条件、交流合作等几部分全面记叙了各学科(专业)的发展历史,史料横跨六十余年,并附有老教师们的回忆录,对学科专业发展的点滴事件进行了细致、真挚的还原。

兵者,国之大事。"兵之利器",为兵砺刃、为国铸器者也。新中国第一型反弹道导弹战斗部、海萨尔炸药、95式枪族……这一项项尖端成果充分展现了各学科(专业)在我国兵器工业发展中举足轻重的作用;春风化雨、润物无声,一代代机电人围绕国家和国防重大需求以及学校发展战略而拼搏奋进,涌现出丁敬、徐更光、李维林、陈福梅、朵英贤等一大批学术泰斗,为社会发展、国防现代化培养人才不计其数。学院各学科(专业)的发展历程和育人文化孕育的是机电人不畏时艰、开拓创新、实事求是的坚强品格,传承的是老一辈科学家和教育家求实敬业、追求真理、勇攀高峰的伟大精神,厚植的是社会主义建设者们爱党爱国、矢志国防、艰苦奋斗的红色基因。正所谓"咬定青山不放松,立根原在

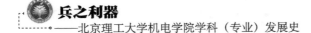

破岩中",学院始终坚持"开拓创新、热爱祖国、勇于担当"的新时代兵器精神,为中华民族伟大复兴贡献自己的力量。

学院六十余年的发展历程,是克服诸多困难与挫折的历程,是创造伟大成就的历程。编著此书,一是溯源。"欲知大道,必先为史",自学科(专业)设立之初便承载了强国强军的梦想,树立起勤奋不辍、坚强不息的品格,铭记初心方行稳致远,知来路方启新航。二是记录。一人一事、一点一滴,学院学科(专业)发展至今,产生出诸多优秀教师、重大成果,既有成果收获的喜悦,更有勇夺第一的豪迈,本书通过史料收集,尽可能客观还原各学科(专业)从建立到发展的历史过程、大师风貌。三是传承。学科(专业)创立伊始,"红色基因"便流淌在血液里,并不断将学术文化、人才文化、创新文化融入学科(专业)发展的各个层面,彰显学院在为国育人和国防建设中的突出贡献,为办学方向、育人理念、精神内涵的传承提供不竭动力。四是资治。历史即经验,通过系统呈现各学科(专业)发展脉络,总结办学经验,进一步挖掘精神内涵,以为借鉴,从而达到"今之所以知古,后之所由观前"的作用。

近年来,机电学院在学校统一领导下,全院上下勠力同心、同舟共济,瞄准国家重大战略需求、世界科技发展前沿和国民经济主战场,以建设世界一流学科为己任,不断深化改革、快步前行。兵器科学与技术学科首批入选国家"世界一流学科"建设行列。

栉风沐雨八十载,筚路蓝缕出芳华。回首往昔峥嵘岁月,紧扣当下时代脉搏,续写明日精彩篇章。机电学院将整装待发,继续在我国高等教育、国防科技和武器装备发展史上留下精彩的印记,向建设世界一流学科、培养优秀社会主义建设者的目标不懈奋斗!

由于本书记录的部分史实年代较为久远,行文中对时间、人物、事件等记录不够清楚和准确的地方,望得到读者朋友们的理解和见谅。

谨以编著此书为北京理工大学建校 80 周年献礼!

本书编委会

目 录

- **第一篇　弹药战斗部工程专业 /001**
  - 1　专业创建与发展简史 / 003
  - 2　人才培养 / 006
    - 2.1　本科生培养 / 006
    - 2.2　学位与研究生培养 / 027
  - 3　科学研究 / 034
    - 3.1　研究任务与发展 / 034
    - 3.2　主要成果 / 049
  - 4　师资队伍 / 070
  - 5　实验室建设 / 077
    - 5.1　戊区81专业实验室建设 / 077
    - 5.2　靶道实验室建设 / 080
    - 5.3　实验室建设和研究能力的发展 / 081
    - 5.4　东花园爆炸与毁伤实验研究基地建设 / 082
  - 6　交流合作 / 085
    - 6.1　主持大型国内学术会议 / 085
    - 6.2　参加国际知名学术会议 / 087
    - 6.3　为发展中国家培训军工人才 / 089
    - 6.4　邀请讲学 / 090
    - 6.5　出国学术访问和学习 / 091
    - 6.6　科研教学厂校联合体 / 093
    - 6.7　与国外合作研究 / 094

兵之利器
——北京理工大学机电学院学科（专业）发展史

7 结语 / 095
附录1 回忆录 / 097
  一、记火箭战斗部设计与制造专业的首套教材编写与出版 / 097
  二、记弹药战斗部工程专业学科博士点的申报过程 / 098
  三、记《导弹技术词典》战斗部分册的编写、出版 / 099
  四、回忆中国宇航学会无人飞行器分会的战斗部与毁伤效率专业委员会的成立 / 100
  五、回忆实践教学获奖情况 / 101
附录2 学生名录 / 102
附录3 教学科研成果、获奖 / 109
附录4 弹药战斗部工程专业学科点组织形式 / 113

第二篇　引信技术专业 /117

1 专业创建与发展简史 / 119
 1.1 专业奠基期（1952年11月—1966年4月） / 119
 1.2 发展停滞期（1966年5月—1976年9月） / 120
 1.3 恢复调整期（1976年10月—1987年12月） / 121
 1.4 改革发展期（1988年1月—1998年12月） / 122
 1.5 开放拓展期（1999年1月—2010年12月） / 124
 1.6 全面发展期（2011年1月—　） / 126
2 人才培养 / 127
 2.1 本科生培养 / 127
 2.2 学位与研究生培养 / 128
3 科学研究 / 130
 3.1 研究任务与发展 / 130
 3.2 主要成果 / 132
4 师资队伍 / 135
5 实验室建设 / 137
 5.1 引信动态特性国防科技重点实验室 / 137
 5.2 引信陈列室 / 144
6 交流合作 / 146
 6.1 教师交流 / 146
 6.2 邀请国外学者访问交流 / 149

附录1 回忆录 / 151
　　亦师亦兄忆宝兴 / 151
　　悼念王宝兴同志 / 152
　　我的祖师爷李维临教授 / 153
　　一段回忆 / 155
附录2 学生名录 / 156
附录3 获奖情况 / 181

第三篇 工程力学 /183

1 专业创建与发展简史 / 185
2 人才培养 / 187
　2.1 专业初创期 / 187
　2.2 转型期 / 190
　2.3 改革开放发展期 / 192
3 科学研究 / 196
　3.1 032 科研 / 197
　3.2 爆轰学科组科研成果 / 198
　3.3 爆炸作用学科组科研成果 / 206
　3.4 炸药应用学科组成果 / 215
　3.5 非均质材料多尺度均匀化方法研究（1995年之后） / 220
　3.6 多层加筋密闭复杂结构与深层工事目标毁伤机理 / 220
　3.7 空间防护材料与结构超高速碰撞破坏理论 / 220
　3.8 二维爆炸与冲击问题数值模拟软件的自主研发 / 221
　3.9 钢筋混凝土本构模型与边坡稳定性控制理论在爆破中的应用 / 222
　3.10 爆炸合成超细碳材料研究工作 / 223
　3.11 2012年以后科研情况 / 225
4 实验室建设 / 226
　4.1 炸药装药加工实验室（1953—1958年） / 227
　4.2 炸药装药加工实验室（1958—1962年） / 227
　4.3 炸药装药加工与爆炸技术实验室（1962—1968年） / 228
　4.4 爆炸技术实验室（1976—1991年） / 230
　4.5 爆炸科学与技术国家重点实验室（1991—　） / 232

　　5　交流合作 / 235
　　　　5.1　教师参加各种学习班提高业务水平 / 235
　　　　5.2　教师承担各种学术团体的社会兼职，积极参加国内外学术交流 / 236
　　　　5.3　2007 第八届国际不连续变形分析会议（ICADD-8） / 238
　　　　5.4　与大韩民国住宅都市研究院签订合作协定书 / 238
　　　　5.5　在爆炸加工和爆炸合成新材料研究方面开展交流合作 / 239
　　附录1　回忆录 / 241
　　　　丁敬先生生平 / 241
　　　　给我们正能量的丁先生 / 248
　　　　丁敬先生是我的良师益友 / 250
　　　　我与丁先生 / 251
　　　　怀念丁先生 / 252
　　　　共产党员的情怀 / 253
　　　　深切追悼徐更光同志 / 254
　　　　实践和执着铸就了他的辉煌成就 / 255
　　　　我的导师徐更光院士 / 256
　　　　怀念徐更光老师 / 257
　　　　深深怀念徐院士 / 259
　　　　悼念徐更光院士 / 259
　　附录2　学生名录 / 260
　　附录3　教师名录 / 270

· 第四篇　特种能源技术与工程专业 /273

　　1　专业创建与发展简史 / 275
　　2　人才培养 / 276
　　　　2.1　本科生培养 / 276
　　　　2.2　教学与人才培养 / 297
　　3　科学研究 / 326
　　　　3.1　主要研究方向 / 326
　　　　3.2　重要研究成果 / 326
　　4　师资队伍 / 339
　　　　4.1　专业初创时期 / 339

4.2　"文化大革命"时期 / 339
　　4.3　改革开放初期 / 340
　　4.4　专业调整时期 / 340
　　4.5　快速发展时期 / 340
5　实验室建设 / 342
　　5.1　实验室建设与管理 / 342
　　5.2　重大仪器设备 / 346
　　5.3　支撑保障情况 / 351
6　交流合作 / 351
　　6.1　教师交流 / 351
　　6.2　学生交流 / 357
7　学科展望 / 359
附录1　回忆录 / 360
　　被称为"先生"的女教授 / 360
　　我所见的陈先生 / 361
　　我的教学与科研工作回顾 / 363
　　我的教学与科研工作回顾 / 365
附录2　学生名录 / 368
附录3　教师名录 / 373
附录4　教学科研成果、获奖等 / 374

●第五篇　近炸引信技术专业 /381

1　专业创建与发展简史 / 383
　　1.1　专业创建和早期发展（1952年11月—1966年5月） / 383
　　1.2　"文化大革命"时期的专业概况（1966年6月—1976年9月） / 384
　　1.3　恢复高考后的专业概况（1976年10月—1987年12月） / 384
　　1.4　兼顾军民初期的专业概况（1988年1月—1998年12月） / 385
　　1.5　开放拓展期的专业概况（1999年1月—2009年12月） / 386
　　1.6　新时期的专业概况（2010年1月—2018年12月） / 387
2　人才培养 / 389
　　2.1　教师队伍 / 389
　　2.2　学生培养 / 389

2.3 不同时期对学生培养的基本要求 / 390
2.4 出版著作和教材 / 394

3 科学研究 / 395
3.1 中近程目标探测 / 395
3.2 信息感知与对抗 / 399
3.3 引信微小型化 / 400
3.4 取得的成果 / 401

4 实验室建设 / 403
4.1 实验室获得的投资 / 403
4.2 主要实验室简介 / 403

5 交流合作 / 413
5.1 专业参与的学术组织 / 413
5.2 国际交流合作 / 414
5.3 国内交流合作 / 415

6 专业文化 / 417
6.1 团队精神 / 417
6.2 丰富多彩的生活 / 417

附录1 回忆录 / 420
忆电容近炸引信的研制过程 / 420

附录2 学生名录 / 425

· **第六篇 安全科学与工程专业** /429

1 专业创建与发展简史 / 431
1.1 专业初创时期（1954—1961年） / 431
1.2 第一次转型发展时期（1962—1966年） / 432
1.3 改革开放迎来了专业发展的峥嵘岁月（1977—2003年） / 432
1.4 专业整合进入跨世纪的发展（2003年至今） / 434

2 人才培养 / 435
2.1 本科生培养 / 435
2.2 研究生培养 / 446

3 科学研究 / 451
3.1 科学任务与发展 / 451
3.2 近五年科研任务 / 459

3.3　获奖情况 / 463
　　　3.4　成果转化 / 464
4　师资队伍 / 465
5　实验室建设 / 469
6　交流合作 / 469
7　附录 / 471
　　　附录1　现任系负责人名录 / 471
　　　附录2　现任教职工名录 / 471
　　　附录3　历任系负责人名录 / 471
　　　附录4　离退休人员名录 / 471
　　　附录5　学生名录 / 471

第七篇　机械电子工程——智能机器人与系统（学科）专业 /477

1　专业创建与发展简史 / 479
　　　1.1　机器人学科特区的前身（1953—1999年） / 480
　　　1.2　机器人学科特区孕育与起步发展（2000—2007年） / 481
　　　1.3　稳步发展期（2008—2013年） / 482
　　　1.4　全面发展期（2014年至今） / 483
2　人才培养 / 484
　　　2.1　本科生培养 / 485
　　　2.2　学位与研究生培养 / 489
3　科学研究 / 491
　　　3.1　研究任务与发展 / 492
　　　3.2　代表性研究成果 / 492
4　师资队伍 / 495
　　　4.1　师资队伍概况 / 495
　　　4.2　专业知名教授 / 496
5　实验室建设 / 497
　　　5.1　实验室建设与管理 / 497
　　　5.2　重大仪器设备 / 498
6　交流合作 / 499
　　　6.1　教师交流 / 499
　　　6.2　学生交流 / 502

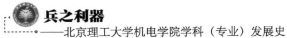

7　结语 / 503
附录1　教职工名录 / 503
附录2　学生名录 / 504

· 机电学院历年硕士研究生名录 /542

· 机电学院历年博士研究生名录 /563

第一篇 弹药战斗部工程专业

1 专业创建与发展简史

本专业是北京理工大学（原北京工业学院）最早创建的11个军工专业之一，历经炮弹设计与制造、火箭战斗部设计与制造、弹药战斗部工程、弹药工程与爆炸技术专业四个重要发展阶段。

1952年3月，中央人民政府重工业部决定，北京工业学院发展为国防工业学院。随后，在中国共产党创办的原东北兵工专门学校（简称"东北兵专"）基础上，经苏联专家的帮助，在我国首先创建了炮弹设计与制造本科（五年制）专业。

1952年11月，第二机械工业部决定，将原东北兵专的教师、弹药系的二年级学生及相关图书资料与仪器设备调整到北京工业学院。以此为基础，1954年3月，经第二机械工业部批准，暂设炮弹设计与制造本科专业。1954年10月，第二批苏联专家到校，其中包括著名的炮弹专家 B. A. 瓦西里柯夫。在苏联专家的帮助下，编写了教学大纲与教材，正式建立了炮弹设计与制造本科专业。

1961年5月，聂荣臻副总理指示，北京工业学院以导弹为主，同时设置与尖端武器密切联系的常规专业。为此，1962年，我校一系组建了以火箭、导弹为主的专业，并在炮弹设计与制造专业的基础上，建立了我国首个火箭战斗部设计与制造本科专业。

1980—1989年年初，根据教育部[①]、五机部[②]和北京市委的指示，制订学校发展十年规划，进行专业调整，提出按学科办专业，改变了按产品办专业的指导思想，以培养"基础好、知识面宽、适应性强"的"四化"建设人才。为此，1987年，本科专业"火箭战斗部设计与制造"改为"兵器科学与技术"一级学科下属的二级学科。第一名称为"弹药战斗部工程"，为便于民用联系，第二名称为"爆破器材与技术"。

1978年，以"炮弹、火箭弹、导弹战斗部"为研究生学科名称，获经国务院学位办审核硕士学位授予权；1990年，以"弹药战斗部工程"研究生学科名称，获经国务院学位办审核博士学位授予权，并设博士后流动站。

1976年，在学校戍区建设了81专业实验室，建筑面积127m^2（由中国人民

---

① 1985年6月18日，全国人大六届一次常委会决定撤销教育部，设立国家教育委员会。
② 1982年5月4日，第五届全国人大常委会决定将第五机械工业部改为兵器工业部；1986年11月15日—12月2日，第六届全国人大常委会第十八次会议决定设立国家机械工业委员会，撤销机械工业部和兵器工业部。

解放军工程兵出人出资建设），建成φ3m爆炸洞，可用于300g TNT当量的爆炸试验。1980年，引进美国HP43733-300kV脉冲X光摄影机（国内首台），明显提升了爆炸驱动测试能力。1984年，对原3号教学楼北面的靶道实验室进行改造，形成终点效应实验室，连同戊区实验室更名为"战斗部与终点效应实验室"。1987年，对戊区实验室进行扩建，建筑面积增加了$246m^2$，新建火工品和炸药转手库和弹药准备间，以及学科组实验研究用房，实验室初具规模。

1986年，与兵器工业部5013厂建立了弹药战斗部技术发展厂校联合体，在科研实践教学和人才培养方面迈开新的步伐，促进了学科发展。该联合体为北京理工大学首个联合体，为后续联合体深入发展和厂校合作打下了基础并积累了经验。

1988年，爆炸理论与应用国家重点二级学科牵头与本专业、火工烟火技术学科联合申报建设"爆炸灾害预防与控制"国家重点实验室获得成功。1992年开始建设，1996年建成并通过验收和试运行，2002年，改名为"爆炸科学与技术"国家重点实验室。

1990年，中国宇航学会无人飞行器学会战斗部与毁伤效率专业委员会设立，委员会和秘书处挂靠本专业，现名称改为战斗部与毁伤技术专业委员会，每两年举办一次全国学术年会，迄今已举办了13届，成为国内十分有影响的学术交流平台。

1996年以来，联合有关学科开始"211"工程一期爆炸与安全学科平台建设，二期爆炸、毁伤与安全学科平台建设，三期灵巧与高效毁伤学科平台建设。至2008年"211"工程一期、二期、三期建设均通过国家验收。

1998年，国家教委进行大规模专业调整，"兵器科学与技术"一级学科下的大部分二级学科与同类民用专业合并，并移至民用学科，本科专业名称由"弹药战斗部工程"更名为"弹药工程与爆炸技术"，设在武器类学科内。研究生学科"弹药战斗部工程"更名为"火炮、自动武器与弹药工程"。

2000年，经教育部批准，设立"长江学者奖励计划"特聘教授岗位。

2001年，开始"985"工程一期火炮、自动武器与弹药工程学科平台建设；2004年，联合有关学科开始"985"工程二期爆炸、毁伤与安全科技创新平台建设；2009年通过国家验收。2001年，"火炮、自动武器与弹药工程"（代号082603）研究生学科，被评为国家重点二级学科。学科凝练研究方向，突出前沿技术，坚守国防科技特色和为国防科技服务宗旨，以工为主，工理结合，不断技术创新，不断提高教学和科研水平。

"十一五"期间，国防科工委设立国防特色学科，"火炮、自动武器与弹药工程"为首批国防特色学科；2006年，教育部批准，爆炸毁伤团队为长江学者创新团队。2007年，国家对二级重点学科进行评估，本专业全国排名第一；

2007年，国防科工委批准新概念/新型战斗部技术团队为行业首批国防科技创新团队。

2009年，教育部批准"兵器科学技术"学科为国家一级重点学科，"火炮、自动武器与弹药工程"二级学科成为一级学科下的研究方向。后续按学科发展需求，方向名称又改为"毁伤技术与弹药工程"。同时，爆炸科学与技术国家重点实验研究部按系部一体化组织机构原则，成立了毁伤理论与应用研究部，对外交流名称为强动载效应研究部。同时考虑到弹药作为特种无人飞行器的学术及技术特征，2010年成立无人飞航工程系，并设立毁伤与弹药工程实验室。

"十一五"期间，由国防科工委立项在本专业进行战斗部基础条件建设，投资1亿余元，用于校内实验室建设（9号楼部分）、西山弹药中心实验室建设、河北怀来东花园爆炸与毁伤实验研究基地建设和上百台仪器设备采购等。该项目于2010年通过国防科工局组织的验收。

2014年，北京理工大学"推进计划"（2014—2020）实施，本专业完成2014年建设任务，主要按计划对东花园爆炸与毁伤实验研究基地进行补偿完善性建设，使之适应安全使用要求。

1954年至今，本专业突出国防与工科特色，不断凝练研究方向，艰苦奋斗，努力创新，形成了国内一流的学科；共培养本科生1 000多名，硕士研究生376名，博士研究生116名，博士后10名；发表学术论文1 800多篇，出版教材、专著近50本；获国家级教学成果奖1项，获部级教学成果奖4项；获国家级科技奖励10项，获部级科技奖励60余项；获授权发明专利200余项。本专业为国防建设培养了一大批优秀的科技人才，获得了一批有重要影响力的创新性研究成果，为我国武器装备发展和国防现代化做出了突出贡献，也为学科持续发展打下了良好的基础。

图1-1 爆炸科学与技术国家重点实验室

图1-2 新概念/新型战斗部技术国防科技创新团队

图 1-3 毁伤与弹药工程实验室

图 1-4 "211"工程建设项目验收会

2 人才培养

2.1 本科生培养

自从 1954 年创建炮弹设计与制造专业以来,除"文化大革命"期间,每年都招收本科生。本科生专业发展经历炮弹设计与制造、火箭战斗部设计与制造、弹药战斗部工程、弹药工程与爆炸技术专业四个阶段。下面分别从专业建设与培养、课程与教材建设、实验实践教学三方面介绍本科生的培养情况。

2.1.1 专业建设与培养

1. 炮弹设计与制造专业(1954—1960 年)

1952 年 11 月,第二机械工业部按全国高等院校调整的精神,将原东北兵专从事兵工专业的教师及兵器系、弹药系、火药系相关图书、仪器等调整到北京工业学院。1953 年 11 月,第一批苏联专家到校,建议设立 11 个军工专业,其中包括炮弹设计与制造专业。1954 年 10 月,第二批苏联专家到校,其中包括著名的炮弹专家 B.A. 瓦西里柯夫先生。在苏联专家的帮助下,正式建立了炮弹设计与制造专业,并得到了快速发展。

1954 年下半年,在原第一机械系基础上,组建了第二机械系。第二机械系设立了 3 专业(炮弹设计与制造)、4 专业(引信设计与制造)和 15 专业(枪弹药筒设计与制造)。专业创建早期,由第二机械系主任颜鸣皋(后当选为中国科学院院士)兼任炮弹设计与制造专业教研组组长。

图 1-5 苏联炮弹专家 B. A. 瓦西里柯夫

图 1-6 颜鸣皋院士

图 1-7 搞"四清"社交工作团整训

图 1-8 81601 班毕业照

2. 火箭战斗部设计与制造专业（1960—1986 年）

1960 年，学校进行了系、专业、学科大调整。原第一机械系、第二机械系合并成新的第一机械系（简称一系），撤销第二机械系。一系新设置了火箭总体设计（13）、火箭弹制造（14）、火箭战斗部设计（11）等专业。同时二系、四系、五系也新建了若干与导弹、火箭技术有关的专业。火箭战斗部设计与制造专业开始筹建。

1961 年 5 月，聂荣臻副总理指示，北京工业学院以导弹为主，同时设置与尖端武器密切联系的常规专业。同年 7 月，国防工办、国防科委联合指示，北京工业学院的火炮、自动武器、炮弹、炸药等相关专业调往太原机械学院（现中北大学）。1962 年，火箭战斗部设计与制造专业正式建立，到第一届 81571 班，共培养出 11 名毕业生。

1971年，根据五机部关于部属院校专业设置的通知，本着"学科不宜太多，分工不宜过细，相互配套，各有侧重"的精神，北京工业学院的专业调整为19个，其中包括火箭战斗部设计与制造。

从专业设立初期，专业建设就全面向苏联学习，培养目标、培养方式、学制都按苏联模式进行，学制设为5年，一直延续到"文化大革命"前。1962年，根据国防科委部署，虽然经过专业调整和教改，但学制仍然保持5年，目的是保证足够的课堂理论教学和进行实践教学的时间，培养高级国防技术人才。

1966年6月，受"文化大革命"冲击学校停课，直到1972年逐步恢复教学秩序，开始招收初、高中毕业的工农兵学员。在此期间，学制定为3.5年，共招收了1972级、1973级、1974级、1975级、1976级5届学生。

"文化大革命"结束后，在招生方面进行改革，恢复高考制度，由招收工农兵学员恢复正规高考录取本科生。1978年、1979年本科生按火箭战斗部设计与制造专业招生，学制为4年，其中，81781班是"文化大革命"后招收的第一届正规四年制本科生。从1980年起，与爆炸技术专业轮流隔年招生。

3. 弹药战斗部工程专业（1987—1997年）

1980—1989年年初，根据教育部、五机部和北京市委的指示，制订学校发展十年规划，进行专业调整，提出按学科办专业，改变了按产品办专业的指导思想，以培养"基础好、知识面宽、适应性强"的"四化"建设人才。

1983年起，学校根据教育部和兵器工业部要求，修订军工专业目录，学校确定的专业改造基本思路是：军民结合，扩大服务领域，加强学科基础建设。1987年，学校专业调整为33个，本科专业"火箭战斗部设计与制造"改为"兵器科学与技术"一级学科下属的二级学科。第一名称为"弹药战斗部工程"，为便于民用联系，第二名称为"爆破器材与技术"。

4. 弹药工程与爆炸技术专业（1998— ）

1998年，国家教委①进行大规模专业调整，兵器科学与技术一级学科下的大部分二级学科与同类民用专业合并移至民用学科，本科专业由"弹药战斗部工程"更名为"弹药工程与爆炸技术"。2010年，获批教育部首批卓越工程师教育培养计划，2019年，获批教育部首批国家一流本科专业建设点。

2.1.2 课程与教材建设

1. "文化大革命"前（1954—1965年）

1954—1960年，在五年制"炮弹设计与制造"专业的教学计划与课程设计

---

① 1998年3月10日，九届全国人大一次会议通过《关于国务院机构改革的决定》，国家教育委员会更名为教育部。

中，理论教学占有显著位置，包含基础课、技术基础课与专业课三部分。基础课与技术基础课学时数占总学时的 60% 以上，专业课占 15% 左右。1961—1965 年，火箭战斗部设计与制造专业的课程设置，除专业课有所改变外，基础课、技术基础课的设置基本无变化。

表 1-1　炮弹设计与制造专业课程设置（1957 年）

序号	课程	学时	序号	课程	学时
1	马列主义基础	72	18	公差及技术测量	72
2	中国革命史	68	19	金相热处理	80
3	政治经济学	93	20	金属工艺学	102
4	哲学	68	21	金工实习	54
5	俄文	274	22	普通化学	120
6	体育	136	23	热工学	54
7	数学	278	24	水力学及水利机械	54
8	物理	216	25	企业经济组织与计划	78
9	化学	104	26	火炮概论	54
10	画法几何	72	27	弹药构造与作用	72
11	机械制图	168	28	外弹道	54
12	理论力学	188	29	内弹道	54
13	材料力学	170	30	塑性力学	52
14	机械原理	118	31	炮弹制造	130
15	金属切削原理及刀具	90	32	引信设计基础	112
16	机械零件	148	33	自动控制	45
17	机床及电气设备	108	34	炮弹设计	130
总时数（学时）					3 688

教材方面，1957 年前，主要依赖翻译苏联的兵工教材和苏联专家讲义。如《炮弹设计》采用 103 部队翻译的苏联教材；《弹丸作用原理》使用的是苏联《弹药学》教材的第一部分；《弹药概论》使用的也是 103 部队翻译本；《炮弹制造工艺学》是在苏联专家指导下由吕育新老师组织有关人员编写的。

1957 年，按高教部"在苏联教材基础上，密切结合中国实际，编写适合我国高等学校的教科书、教学参考书"的要求,开始自己编写教材,在杨述贤翻译,周兰庭、徐跃华协助整理的苏联专家 B. A. 瓦西里柯夫讲稿《火炮弹丸迫击炮弹与航弹设计理论》基础上,魏惠之编写了《弹丸设计原理(上)》《迫弹设计(下)》,金承天编写了《弹丸设计》,皆由北京工业学院印刷。

1958—1959 年,教育部要求密切联系中国实际即联系生产与科研实际,重新编写教材,防止对苏联教材生搬硬套,加强教材的系统性,开始陆续编写教学急需的实用教材。1961—1965 年,国家经济处于十分困难的境况,教师们自力更生、艰苦奋斗,遵照党中央的指示,本着"未立不破"的原则,采用"著、编、借"的办法解决教材问题,做到"从无到有,课前到手,人手一册,印刷清楚"。校、系两级都成立了教材编写小组,解决了一批教学急需教材,如《火箭战斗部构造与作用原理》(蒋浩征编写,代号为 50601)、《火箭战斗部设计原理》(金承天编写,代号为 50602)、《火箭战斗部制造工艺学》(王秀兰、赵鸿德编写,代号为 50604)、《弹道式导弹头部防热设计》(周兰庭编写,代号为 50605)。在国防工业出版社出版的教材也成为全国各有关单位、研究所和工厂的重要参考资料,如李景云 1963 年编著的《弹丸作用原理》。另外,在广泛搜集资料的基础上,蒋浩征、欧阳楚萍编译了《战斗部概论》,李景云、周兰庭编译了《金属在脉冲载荷下的性态》,均由国防工业出版社出版。这些教材在 20 世纪 60—70 年代对教学、科研、生产起到了很大的促进作用,在国内产生重要影响力。

图 1-9 专业早期编写的教材

2. "文化大革命"期间(1966—1976 年)

1966—1976 年,按"开门办学"及"教育与三大革命实践相结合"的指导思想,提出教学时间占三年(3.5 年学制)的一半,在外办学(工厂、研究所和靶场)占三分之一。

表1-2 "开门办学"教学学时安排

课程	1972级	1973级	1974级	1975级	1976级
理论教学	153	125.5	118	103	132
学工				24	16
学军	8	5	5	5	5
学农	4	5	5	4	4
备战劳动	2	2	2	2	2
建校劳动		1	1	2	1
思想小结		1.5	1	1	1
入学教育	1	1	1	1	1
毕业教育	2	2	2	2	2
机动	7.5	6	6	5	5
假期	19.5	15	15	15	15
合计	197	164	156	164	184

3. 改革开放期间（1977—1997年）

"文化大革命"后，本专业一直在加强基础理论课的同时加强实践教学，组织学生参加科研，结合科研任务开展实验研究，探索科学合理的培养方案。

1992年，提出教学计划要遵循"淡化专业，活化方向，强化基础，按需培养"的专业调整方向。按系招收录取，一、二年级不分专业，以系为基础，按学科大类组织教学，三、四年级根据需要明确专业，按需进行必要的专业教育。

原力学工程系机电（兵器）类专业分为弹药战斗部工程、引信技术、爆炸技术及应用、火工烟火技术（安全工程）四个专业，各专业执行同一指导性教学计划，原专业课程设置又做了调整。

这时期，在课程设置方面，加强数学、力学基础课程，理论力学与材料力学等，学时数有所增加。在专业课方面增加了应力波理论，随后扩展为冲击动力学，专业选修课有计算机辅助设计、战斗部优化设计、有限元素法、单片机原理及应用、C程序设计等。

表 1-3　机电（兵器）类专业基础课和技术基础课设置

教育类别	课程性质	课程编号	课程名称	课内学时	学分
基础教育	必修课	BJ150101	大学英语	256	16
		BJ170001	体育	128	8
		BJ090000	计算机应用基础	80	5
		BJ110201	高等数学 A	192	12
		BJ110301	线性代数（1）	32	2
		BJ110403	概率论与数理统计（B2）	48	3
		BJ110201	复变函数与积分变换	48	3
		BJ120101	大学物理（A）	128	8
		BJ120201	物理实验（A）	56	3.5
		BJ060101	大学工科化学	64	4
		BJ160101	近现代中国的变革与革命	32	2
		BJ160202	中国特色社会主义经济建设	32	2
		BJ160301	马克思主义哲学与现实	32	2
		BJ160501	道德的理论与实践	32	2
		BJ160601	法学基础	32	2
	任选课		基础教育任选课	128	8
工程科学技术基础教育	必修课	BS130103	理论力学（A）	88	5.5
		BS130202	材料力学（A）	88	5.5
		BS070301	画法几何与机构制图	120	7.5
		BS070401	机械设计（一）	64	4
		BS070402	机械设计（二）	64	4
		BS070102	互换性与技术测量（B）	32	2
		BS180101	工程材料与机械制造基础	96	6
		BS050102	电路分析基础（B）	80	5

续表

教育类别	课程性质	课程编号	课程名称	课内学时	学分
工程科学技术基础教育	必修课	BS020401	电子技术基础	104	6.5
		BS080501	微机原理及应用	72	4.5
		BS080004	外语专业阅读	48	3
			金工实习（分散3周）		
			电子实习（分散1周）		

表1-4 机电（兵器）类专业实习、课程设计及毕业论文安排

项目	内容	场所	学期	周数	学分
人文社会实践	社会调查、研究	校外	2	1	1
金工实习	冷、热加工工作法	校工厂	3	3	3
电子实习	典型电子产品装调工艺	校电子厂	5	1	1
制图综合测绘	测绘典型机构	本校	4	1	1
文献检索	文献调研、阅读	本校	5	1	1
机械课程设计（一）	机构设计	本校	6	1	1
机械课程设计（二）	机械传动装置设计	本校	7	3	3
生产实习	产品生产过程及工艺设备	专业工厂	6	3	3
专业课程设计	专业典型课题设计	本校	8	2	2
毕业设计	按需要由专业教研室选定	本校	8	18	18
合计				34	34

表1-5 弹药战斗部工程专业所设专业课及专业任选课

课程性质	课程编号	课程名称	学时	学分
限定	XS080001	动态测试技术基础	48	3
限定	XZ080002	精密机械制造技术基础	56	3.5
限定	XZ080003	弹药工程技术基础	48	3
限定	XZ080101	弹药战斗部工程设计	64	4
选修	RZ080102	终点弹道学	32	2
选修	RZ08010	冲击动力学	40	2.5
选修	RZ080104	机械CAD	32	2

续表

课程性质	课程编号	课程名称	学时	学分
选修	RZ080202	机电系统设计基础	32	2
选修	RZ080203	系统动力学	32	2
选修	RZ080204	传感器原理	32	2
选修	RZ080205	单片机原理及应用	32	2
选修	RZ080502	C程序设计	32	2

随着我国改革开放政策的实施，学校大力开展专业教材建设与实验室建设。教师结合科研实践编写、翻译了一批实用性好、学术水平高的教材。国防工业出版社出版的优秀教材有《爆炸及其作用（下册）》（李景云、蒋浩征，等编著）、《火箭战斗部设计原理》（蒋浩征、周兰庭、蔡汉文编著）、《火箭战斗部概论》

图1-10 编写的部分教材

图1-10 编写的部分教材（续）

（崔秉贵编著）、《终点效应设计》（美国陆军器材部编著，李景云、习春、于骐译）、《终点效应学》（李景云、周兰庭、李禄荫、范炳全译著）、《反坦克弹药作用原理》（张浩波编著）。另外，还有北京理工大学出版社、兵器工业出版社等出版的不少优秀教材，如王秀兰、曾凡君、王淼勋编著的《火箭战斗部制造工艺学》、蒋浩征编著的《弹药优化设计》、马晓青编著的《冲击动力学》等。这些教材不仅满足了本校教学急需，而且被国内其他学校使用，也被工厂、科研院所的科技人员作为科研参考资料。

4. 跨世纪发展（1998—2018 年）

1998 年以后，教学计划、课程设置都趋于稳定。弹药工程与爆炸技术专业目前的本科教学计划执行的是 2016 版的培养方案，以力学和机械工程为主干学科，主要课程（群）包括理论力学、材料力学、工程流体力学、弹性力学、冲击动力学、弹药与武器系统概论、爆炸物理学、终点效应学、炸药与装药、弹道学、弹药工程设计、弹药制导控制原理、动态测试技术、爆炸技术及应用、机械设计基础、电工和电子技术等。目的是培养具有良好的思想品质与职业素养、高度的社会责任感、开阔的国际视野，基础理论扎实、专业知识宽厚、学术思想活跃、勇于实践创新，能够胜任弹药工程与爆炸技术及相关领域科学研究、装备产品设计与制造和工程技术管理工作的高素质工程技术人才。

学生最低毕业学分为 168 学分。其中，人文社会科学类必修课程（含外语）33 学分，约占总学分的 19.6%；数学与自然科学基础必修课程 32 学分，约占总学分的 19.0%；工程基础类、专业基础类与专业类必修课程 65.5 学分，约占总学分的 39.0%；实践训练通识课、专业实习和毕业设计必修类课程 37.5 学分，约占总学分的 22.3%；专业选修课程由学生任选，不做学分要求。

表1-6 弹药工程与爆炸技术专业课程教学（含实践环节）计划

课程类别	课程性质	课程代码	课程名称	学分	总学时	讲课学时	实验学时	上机学时
公共基础课程	必修课	100245201	学术用途英语一级	4	80	64		16
		100245202	学术用途英语二级	4	80	64		16
		100172101	微积分AⅠ	6	96	96		
		100172201	微积分AⅡ	6	96	96		
		100172002	线性代数B	3	48	48		
		100172003	概率与数理统计	3	48	48		
		100172001	复变函数与积分变换	3	48	48		
		100070002	大学计算机	2	32	22		10
		100025100	C语言基础A	3	48	32		16
		100180111	大学物理AⅠ	4	64	64		
		100180121	大学物理AⅡ	4	64	64		
		100180116	物理实验BⅠ	1	32	4	28	
		100180125	物理实验BⅡ	1	32	0	32	
		100930001	大学生心理素质发展	0	8	8		
		100270001	思想道德修养与法律基础	3	48	32	16	
		100270002	中国近现代史纲要	2	32	32		
		100270003	马克思主义基本原理概论	3	48	48		
		100270004	毛泽东思想与中国特色社会主义理论体系概论	4	64	48	16	
		100320001	体育（Ⅰ~Ⅳ）	2	128	128		
		100960001	文献检索	1	16		16	
		100980002	军事训练	1.5	48		48	
		100980001	军事理论	1	16	16		
		100270006	形势与政策	2	32	32		
		104210002	管理学概论（Ⅰ）（网络课堂）	1	16	16		
		104210004	经济学概论（Ⅰ）（网络课堂）	1	16	16		

续表

课程类别	课程性质	课程代码	课程名称	学分	总学时	讲课学时	实验学时	上机学时
公共基础课程	限定选修课		文化素质类通识教育课专项（哲学与历史、文学与艺术、健康与社会、科学与技术、经济与管理，五类中任选两类，创新与创业类必选，每类2学分）	6	96	96		
			实践训练通识课专项（艺术实践、科技实践、文化实践类，任意2类，每类1学分）	2	64		64	
		100021119	创新创业实践——弹药	2	64		64	
		100270005	人文社会实践	2	32		32	
大类基础课程	必修课	100024101	无机材料化学基础	3	48	48		
		100031153	工程制图B	3	48	48		
		100013001	理论力学B	5	80	80		
		100014001	材料力学B	4.5	72	64	8	
		100051233	电工和电子技术A（Ⅰ）	3	48	48		
		100051234	电工和电子技术A（Ⅱ）	3.5	48	48		
		100051290	电工和电子技术实验（Ⅰ）	0.5	16		16	
		100051291	电工和电子技术实验（Ⅱ）	0.5	16		16	
		100031253	机械设计基础A	5.5	88	80	8	
		100031312	制造技术基础训练	3	105		105	
		100021101	工程流体力学	3	48	40	8	
		100021102	弹性力学B	3	48	48		
		100020101	学科前沿与发展动态	0	16	16		
		100023112	爆炸物理学	3	48	42	6	
		100021104	冲击动力学	3	48	40	8	
		100021105	弹药与武器系统概论	4	64	56	8	
		100021106	动态测试技术	3	48	36	12	
		100021107	炸药与装药	2	32	26	6	
		100021108	弹道学	3	48	48		
		100021109	终点效应学	3	48	40	8	

续表

课程类别	课程性质	课程代码	课程名称	学分	总学时	讲课学时	实验学时	上机学时
大类基础课程	必修课	100021110	弹药工程设计	3	48	48		
		102021101	弹药工程设计（双语）	3	48	48		
		100021111	爆炸技术及应用	3	48	40	8	
		100002112	弹药制导控制原理	3	48	40	8	
	限定选修课	100002113	工程实践Ⅰ：认识实习	1	32		32	
		100002114	计算机软件实践－AUTOCAD计算机辅助工程设计	1	32		32	
		100002115	工程实践Ⅱ：创新实践	2	64		64	
		100031350	机械设计基础综合实践	2	32		32	
		100021116	生产实习	3	96		96	
		100021117	专业综合实验：课程设计	2	64		64	
		100021118	毕业设计	12	384		384	
	选修课		无学分要求，任选					
总计				171	3 409	2 106	1 245	58

表1-7 弹药工程与爆炸技术专业课程（含实践环节）计划

课程代码	课程名称	学分	学时	理论学时	实验学时	学期	开课专业
100025107	微机原理及应用Ⅰ	3	48	32	16	5	探测
100022111	系统工程与设计	2	32	26	6	5	武器
100021201	火箭发动机原理	2	32	32		6	本专业
100021202	爆轰数值计算方法与应用	2	32	32		6	本专业
100021203	弹药数值模拟基础及实践	2	32	16	16	7	本专业
100021204	相似理论与应用	2	32	32		9	本专业
合计		13	208	170	38		
无学分要求，任选							

这一时期，教师在完成教学、科研任务的同时，积极进行教材建设，结合科研成果编写了一批实用性强的优秀教材。出版的教材、专著有国防工业出版社出版的《高速碰撞动力学》（马晓青、韩峰编著）和《终点效应学》（隋树元、王树山编著），兵器工业出版社出版的《弹药学》（姜春兰、邢郁丽编著），北京理工大学出版社出版的国家级规划教材《防爆学原理》（王海福、冯顺山编著），科学出版社出版的《空间碎片导论》（王海福、冯顺山、刘有英著），北京理工大学出版社出版的《弹药战斗部设计》（吴成主编），等等。

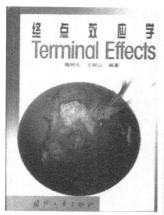  

图1-11 主要教材、专著

表1-8　1960—2018年出版主要教材、译著及专著

序号	著作名	出版社	时间	作者
1	战斗部概论	国防工业出版社	1960	蒋浩征、欧阳楚萍（译）
2	金属在脉冲载荷下的性态	国防工业出版社	1960	李景云、周兰庭，等（译）
3	火箭战斗部设计原理	北京科教出版社	1962	金承天
4	火箭战斗部制造工艺学	北京科教出版社	1962	王秀兰、赵鸿德
5	弹道式导弹头部防热设计	北京科教出版社	1962	周兰庭
6	弹丸作用原理	国防工业出版社	1963	李景云
7	火箭战斗部构造与作用原理	北京科教出版社	1964	蒋浩征
8	火箭战斗部设计理论	北京工业学院（印制）	1976	周兰庭
9	爆炸及其作用（下册）	国防工业出版社	1979	李景云、蒋浩征
10	反坦克弹药作用原理	国防工业出版社	1980	张浩波
11	终点弹道学	北京工业学院（印刷）	1981	周兰庭、隋树元、赵振荣
12	终点效应学	国防工业出版社	1981	李景云、周兰庭、李禄荫、范炳全（译）
13	火箭战斗部概论	国防工业出版社	1981	崔秉贵
14	固体中的应力波	北京工业学院（印刷）	1981	何顺录
15	应力波讲义	北京工业学院（印刷）	1982	何顺录、周兰庭
16	火箭战斗部设计原理	国防工业出版社	1982	蒋浩征、周兰庭、蔡汉文
17	实验技术	北京工业学院（印刷）	1982	李禄荫、万丽珍、魏晓涛
18	碰撞与侵彻	北京工业学院（印刷）	1983	周兰庭

续表

序号	著作名	出版社	时间	作者
19	火箭战斗部概论	北京工业学院（印刷）	1983	周兰庭
20	战斗部实验技术	北京工业学院（印刷）	1983	周兰庭、李德君、李禄荫
21	战斗部测试技术	北京工业学院（印刷）	1984	李禄荫、万丽珍、崔维继
22	火箭战斗部制造工艺学	兵器工业出版社	1985	王秀兰、曾凡君、王森勋
23	战斗部优化设计	北京工业学院（印刷）	1985	蒋浩征
24	导弹技术词典战斗部分册	宇航出版社	1986	蒋浩征、崔秉贵、隋树元等
25	战斗部概论	北京工业学院（印刷）	1987	崔秉贵
26	终点弹道学	北京工业学院（印刷）	1987	隋树元、马晓青
27	终点效应设计	国防工业出版社	1988	李景云、习春、于骐（译）
28	现代设计法	北京工业学院（印刷）	1988	蒋浩征
29	可靠性基础	北京工业学院（印刷）	1988	周兰庭
30	弹道基础（译著）	兵器工业出版社	1990	周兰庭、隋树元、赵川东
31	有限元法	北京理工大学（印刷）	1991	崔秉贵
32	高速撞击动力学	北京理工大学（印刷）	1991	何顺录
33	CAD简明教程	北京理工大学（印刷）	1991	王秀兰
34	冲击动力学	北京理工大学出版社	1992	马晓青

续表

序号	著作名	出版社	时间	作者
35	机电工程现代设计方法 CAD	北京理工大学（印刷）	1994	王秀兰
36	弹药优化设计	兵器工业出版社	1995	蒋浩征
37	飞航导弹战斗部与引信	宇航出版社	1995	蒋浩征、蒋建伟、李禄荫、高修柱
38	目标毁伤工程计算	北京理工大学出版社	1995	崔秉贵
39	弹药战斗部工程设计	北京理工大学（印刷）	1995	崔秉贵
40	高速碰撞动力学	国防工业出版社	1997	马晓青、韩峰
41	终点效应学	国防工业出版社	2000	隋树元、王树山
42	弹药学	兵器工业出版社	2000	姜春兰、邢郁丽等
43	防爆学原理	北京理工大学出版社	2004	王海福、冯顺山、刘有英
44	爆炸化学基础	北京理工大学出版社	2005	周霖
45	爆炸测试技术	兵器工业出版社	2008	蒋建伟、王树有
46	空间碎片导论	科学出版社	2010	王海福、冯顺山
47	爆炸与冲击动力学	国防工业出版社	2010	宁建国、王成、马天宝
48	方方面面话爆炸	高等教育出版社	2011	宁建国
49	冲击固体力学	国防工业出版社	2013	任会兰、宁建国
50	钢筋混凝土的动态本构关系	北京理工大学出版社	2018	宁建国、任会兰

2.1.3　实验实践教学

1."文化大革命"前（1954—1965 年）

在此期间，实践教学和课程一样，也是苏联模式，实践教学占总学时数 10% 左右。实践环节包括金属工艺学实习、部队使用实习、生产实习和毕业实习。金属工艺学实习安排在大学一年级，结合金属工艺学课程，进行金属工艺加工的各个工种如铸、锻、焊、铆、车、铣、刨、磨、钳等的实践，让学生亲自在车间加工零件。部队使用实习一般在大学二、三年级进行，去部队或国家靶场参观学习炮弹及武器装备组成、性能和使用特点等,进行射击练习。生产实习通常安排在四年级,一般到军工厂学习产品零件、部件加工和装配的全过程。毕业实习一般安排在第八或第九学期,到战斗部厂(主要是 724 厂、523 厂、282 厂、123 厂)为毕业设计(论文)收集资料。教学实验主要结合专业课进行。课程设计主要是集中几周时间进行机械零件课程设计、部件课程设计,以便检验所学理论的掌握程度,重在实践操作。

为满足实验教学的需要,广大师生集思广益,通过多种方式解决实验器材短缺问题。1955—1956 年,在陈肖南的指导下,杨述贤、周兰庭、杨显武、李德照等人着手筹建了实验室与陈列室,逐步建立起弹丸动平衡测试仪、弹道仪、单线及三线转动惯量测试仪等实验室,可以开设的实验有:

(1)动平衡实验装置:测试弹丸偏心度。
(2)质心和转动惯量测试装置:测试弹丸质心及转动惯量。
(3)弹道枪实验装置:穿甲弹侵彻模拟实验。
(4)切削机床:典型零件加工工艺操作练习。

2."文化大革命"期间(1966—1976 年)

在此期间,部分专业教师与基础课教师共同组成教改小分队,进行"开门办学",一面学习理论课程,一面了解武器性能和生产工艺。在老师指导下,学生冯顺山刻苦钻研,对 60mm 单兵火箭弹发动机内一个重要零件的生产工艺进行了成功改进,大大提高了生产效率,也大大节约了生产成本,取得了较好的"开门办学"效果。

3. 改革开放期间(1977—1997 年)

在此期间,加强了基础理论课和实践教学,组织学生参加科研,结合科研任务开展实验研究,探索科学合理的培养方案。

图 1-12 "开门办学"教师合影

1983 年,冯顺山任实验室主任,何顺录任实验室副主任,对戊区实验室进行扩建,包括新建危险品暂存库、试验准备间、两幢实验研究用房;改造靶道实验室,用于冲击与侵彻试验;新增一批实验设备,尤其新建带壳战斗部脉冲 X 光摄影控制台;新增教学实验 6 个,编写新的教学实验指导书。实验室得到长足发展,在科研、教学和人才培养中发挥重要作用,并对国家重点实验室验收起到重要支撑作用,被学校评为"科研先进实验室"。

图1-13 进行对空榴弹对飞机毁伤效能科研试验

图1-14 材料动态特性试验系统

图1-15 脉冲X光摄影机控制台

图1-16 榴弹爆炸过程的脉冲X光系列照片

4. 跨世纪发展（1998— ）

进入21世纪以来，通过"211"工程、"985工程"和战斗部基础条件建设，本专业在实验实践教学方面获得了强大支撑。位于中关村校本部的专业实验室，位于西山和东花园的实验基地，以及位于山东机器集团公司（732厂）的实习基地，为弹药工程与爆炸技术专业的教学实验、课程设计、大学生创新项目、毕业实习和毕业设计（论文）等实践教学的开展提供了条件保障。

《终点效应学》课程是弹药工程与爆炸技术专业的主干课程，但由于受弹药战斗部设计理论多学科交叉性强、理解掌握困难、威力性能爆炸实验危险性大、难以开展、毁伤目标过程超高瞬态、难以实验观测等诸多因素制约，长期以来一直以课堂授课为主，辅以一定的课后作业和少量观摩性认知实验，很大程度上影响了教学质量和学生专业核心能力的培养。2017年以来，围绕面向能力培养教学教育理念，由课程主讲教授王海福领衔，带领王芳、余庆波、郑元枫、黄广炎、葛超、王树友、门建兵、王在成、董永香等教师，以课程核心授课内容"聚能效应"为突破口，运用交互式多媒体、实景虚拟建模和网络化在线服务等技术手段，开展"反坦克聚能战斗部设计与威力性能虚拟仿真实验教学"探索。通过构建聚能战斗部设计、毁伤规律探究和综合能力考评三大模块，为课堂教学与实验教学搭建了有力桥梁，既增加了实验教学课时，显著提高了学生对专业课程知识的学习兴趣，又为学生提供了在线自主实验体验和专业能力评价，拓展了学生自主获取知识和提升能力的渠道，有力推动了教学模式由认知型向探究型转换。

经过两年多的教学实践，显著提高了教学质量和专业核心能力的培养。2019年，"反坦克聚能战斗部设计与威力性能虚拟仿真实验教学"项目获评北京市级虚拟仿真实验教学项目和国家级虚拟仿真实验教学项目，这也是机电学院和兵器类专业首次获批省部级和国家级虚拟仿真实验教学项目。

图 1-17　北京市级和国家级虚拟仿真实验教学项目及团队

（左起：王树友、余庆波、王海福、王芳、郑元枫、葛超）

由蒋建伟带领，门建兵、王树有和李梅参与的"动态测试技术"教学团队为提高课程实验教学质量、锻炼学生专业测试技能、点燃学生对国防科技的热情，自 2015 年起开始对课程实验教学方式、方法进行改革，在课程所在课题组、系、重点实验室和学院的积极支持下，利用东花园实验基地的有利条件，开设了脉冲 X 光摄影系统、冲击波压力测试、弹道枪加载等教学实验，教学效果良好，得到了学生的好评：第一次见到、摸到炸药、雷管，感受到爆炸的震撼和作为国防人的自豪；亲自动手操作，参与实验，更加形象直观地将课堂上的知识串联在一起，加深了对知识点的理解，提高了应用和实践能力。

山东特种工业集团有限公司（732 厂）是北京理工大学机电学院的签约实训基地。2008 年，双方便签订了实习实训协议，每年接待弹药工程、安全工程等专业实习生 60~120 人，实习实训效果得到师生的充分认可。2013 年，双方签订了卓越工程师培养计划协议。2016年,北京理工大学和山东特种工业集团有限公司(732厂)签署合作合同,共同投资建立了弹药工程与爆炸技术专业协同育人实践教学基地。该基地建设入选中国高等教育博览会"校企合作双百计划",成为全国推广的校企合作典型案例。

图1-18　732厂专家在实习基地为实习学生讲解安全保密知识

通过在实习基地的实习,学生第一次全面了解了每一个弹药的生产工艺,第一次亲自动手拆装真实的弹体,第一次真正了解弹体每一个部件加工的关键定位、关键尺寸和关键工艺,第一次对弹体的功能和使用进行实地考察和讨论,第

图1-19　732厂及北理工领导对实习基地进行验收座谈

一次让同学们投入实际产品的设计、加工、改进的工作中。实习基地的建设取得的成绩得到了前来参观的学校和学院领导的充分肯定。

图1-20　2015级弹药工程与爆炸技术专业本科班参加教学实验合影

2.2　学位与研究生培养

2.2.1　学科建设

1."弹药战斗部工程"学科（1977—1997年）

"文化大革命"结束后，开始逐步建立硕士、博士和博士后分层次的办学新体制。1978年，本专业以"炮弹、火箭弹、导弹战斗部"为研究生学科名称，获经国务院学位办审核硕士学位授予权；1990年，以"弹药战斗部工程"研究生学科名称，获经国务院学位办审核博士学位授予权，并设博士后流动站。

2."火炮、自动武器与弹药工程"学科（1998—2008年）

1998年，国家教委进行大规模学科调整，研究生学科"弹药战斗部工程"更名为"火炮、自动武器与弹药工程"，仍设在"兵器科学与技术"一级学科内。冯顺山被学校任命为二级学科首席教授，负责本专业的研究方向凝练、"211"工程、"985"工程、国防特色学科和战斗部基础条件等学科建设任务。

2000年，经教育部批准设立"长江学者奖励计划"特聘教授岗位。

2001年，以"火炮、自动武器与弹药工程"（代号082603）研究生学科名称，被评为国家重点二级学科。学科坚持工科特色、国防特色和弹药战斗部发展方向，为学科凝练主方向并持续良好发展提供了保障。

2001年，开始"985"工程一期火炮、自动武器与弹药工程学科平台建设。2004年，联合有关学科开始"985"工程二期爆炸、毁伤与安全科技创新平台建设，2009年通过国家验收。

2001年后，按照学院以学科/专业为主的建设思想，教研室、专业实验室取消，实验室统一搬迁至西山实验中心，原教研室分为5个学科组。

2006年"火炮、自动武器与弹药工程"学科与"工程力学"学科联合成立力学工程系。

"十一五"期间，国防科工委设立国防特色学科，"火炮、自动武器与弹药工程"学科成为首批国防特色学科；2006年，经教育部批准，爆炸毁伤团队为长江学者创新团队；2007年，经国防科工委批准，新概念/新型战斗部技术团队为行业首批国防科技创新团队。

3. "兵器科学与技术"一级学科下的"毁伤技术与弹药工程"方向（2009— ）

2009年，经教育部批准，我校"兵器科学与技术"学科为国家一级重点学科，"火炮、自动武器与弹药工程"二级学科成为一级学科下的二级研究方向，2012年，方向名称更改为"毁伤理论与弹药工程"。2018年，研究方向更名为"毁伤技术与弹药工程"。

这一年，爆炸科学与技术国家重点实验室按照研究部与系一体化的原则，成立毁伤理论与应用研究部，对外交流名称为强动载效应研究部。

2010年7月，按照学校"强化一级学科建设，凝练二级学科方向"的总体改革思路和部署，本专业与工程力学学科点所在的原力学工程系拆分，两学科点各自独立成立系，这也是本专业发展历程中第一次独立成立系。考虑到弹药作为特种无人飞行器的技术特征，系名定为无人飞航工程系，同时设立毁伤与弹药工程学科特色实验室。冯顺山被学校任命为本专业方向的带头人、责任教授；王海福任首届系主任，马天宝任教学副主任，李明任支部书记兼行政副主任，邵志宇任实验室副主任。2014年11月，王在成接任支部书记兼行政副主任，余庆波接任实验室副主任，李梅任科研副主任；2018年10月，王芳接任支部书记一职，2019年10月，兼任行政副主任。

至今，无人飞航工程系在教学、科研、人才培养、实验室建设等方面均发展良好，进步显著，在机电学院近几年的评估中，均名列第一。

2.2.2 教学与培养

1. 硕士研究生的教学与培养

20世纪50年代初期，研究生培养主要是在苏联专家指导下自学。1960年，

图1-21　无人飞航工程系成立暨学科发展研讨会

教研组与指导老师开始共同培养。1953年,规定学制为二年。1960年,规定学制为三年。

20世纪50年代,颜鸣皋、陈肖南开始招收研究生,至1955年,教研组共有4名在读研究生,他们分别是魏惠之、王元友、葛复初、朱兆红,其中魏惠之是留在本专业工作的第一位研究生。1962年,研究生培养为指导老师在系和教研组领导下的个人负责指导制,培养计划和毕业论文必须提交到教研组会议讨论通过,不得个人决定。脱产学习的研究生学制三年,这一时期关于研究生课程设置的规定为:

(1) 系统学完本专业所有基础课、技术基础课、专业基础课和主要专业课,取得考试成绩,并通过实践环节,包括课程设计、下厂实习、实验等锻炼。

(2) 至少掌握一门外语。

(3) 有一门高于本科水平的数学。

(4) 有一门高于本科水平的哲学。

(5) 至少有两门高于本科水平的基础课或专业课。

有关学位论文规定:研究生培养分学位论文和答辩两个培养环节,第一、二年结合研究方向搜集资料,做研究工作准备,第三年开展研究,完成学位论文。

1965年,招收研究生2人(王文京、王成高),至1966年,共毕业研究生6人。

1978年,本专业被国务院学位委员会批准为我国首批硕士学位授予点。汪绍飞成为"文化大革命"恢复招收研究生后第一位被录取的硕士研究生,导师为蒋浩征教授。

1978年,研究生培养采取理论学习与科学研究相结合,指导教师和教研室集体培养相结合的方式。1981年，校研究生部明确规定，研究生学位论文选题应是某一领域提出的对国民经济和兵器工业具有一定科学价值和实用意义的题目。1983年，学校规定硕士研究生学习年限为2.5年，其中课程学习为1.5年，科学研究和撰写论文为1年。1992年，研究生培养方式变为学科组领导下的导师负责制。1981—1992年，为更好地体现各学科的优势和特色，瞄准学科前沿，学校对研究生的研究方向进行了多次调整。

1983年起，硕士研究生课程分为必修课和选修课，课程实行学分制。1992年后，进一步明确了学位课内容应反映本专业最基本的基础理论和专业理论，学位课分为校设公共课、系设公共课和专业基础课三类。此外，为扩大学生知识面，还另设选修课。

1988年起，硕士生按一级学科即"兵器科学与技术"培养方案培养，硕士生培养应使学生掌握本专业的基础理论和专门知识，掌握相应的技能、方法和相关知识，具有从事科学研究或独立承担技术工作的能力。硕士生学制为2.5年，最长年限为3年，课程包括公共必修课、学科必修课，学科必修课包括基础理论课、专业基础课和专业课。

表1-9 硕士生课程设置（1988年）

类别			学分
课程训练	公共必修课	政治理论课	3学分
		外语	3学分
	学科必修课	专业基础理论课	≥2学分
		专业基础课	≥3学分
		专业课	≥10学分
	选修课	选修课	≥8学分（必选跨一级学科课程4学分）
必修环节		科学研究训练	2学分
		专业外语	1学分
		文献综述报告	1学分
		学术活动	1学分（6次，其中本人作学术报告1次）
合计		总学分	≥34学分
学位论文		开题报告	符合要求，通过评审
		研究与撰写	完成硕士学位论文，通过评阅
		答辩	答辩通过

进入 21 世纪以来，研究生培养方案历经多次版本修改，在最近一次的 2018 版"兵器科学与技术"学术型研究生培养方案中，本专业方向名称为"毁伤技术与弹药工程"。主要研究毁伤机理与理论、战斗部技术、弹药设计理论、毁伤评估，及协同毁伤、弹药与平台一体化、光电磁毁伤、赛博空间对抗、新概念毁伤等。

学术型硕士学位获得者应掌握本专业坚实的基础理论和系统的专门知识和现代实验方法与技能，具有从事科学研究工作或独立担负专门技术工作的能力，在科学研究或专门工程技术工作中具有一定的组织和管理能力，有良好的合作精神和较强的交流能力。

学术型硕士研究生的学制为 3 年。课程设置方面包括公共课、基础课、前沿交叉课、核心选修课、专业选修课、全英文选修课，以及实践环节。学分要求不少于 26 个学分。

2. 博士研究生的教学与培养

1990 年，"弹药战斗部工程"学科被国务院学位委员会批准为博士学位授予点，蒋浩征教授成为首位博士生导师。1991 年，宗国庆成为第一位入学的博士研究生（硕转博）。

1993 年，学校规定博士生（全日制）学习年限为 3 年，在职博士生学习年限为 4 年，课程设置包括马列主义理论课、基础理论课和专业课及外语课。第一外语要求扩大文献阅读量，第二外语要求有阅读本专业外文资料的初步能力。基础理论课和专业课包括拓宽专业基础的理论课和实验课，是进入学科前沿或结合研究课题所需的知识储备。

博士学位论文，可以是对学科发展有重要意义的基础理论性的，也可以是对国民经济建设有重要价值的工程性的。

"弹药战斗部工程"学科主要研究方向：

（1）弹药战斗部总体理论。主要研究内容包含弹药战斗部优化设计与计算机辅助设计、目标易损性分析、弹药毁伤效率评估方法、弹药可靠性分析等。

（2）高速碰撞动力学。主要研究高速碰撞力学行为及现象、材料中应力波传播规律、材料动态力学性能、侵彻理论、高速碰撞过程数值模拟等。

（3）爆炸效应与防护。主要研究聚能效应、冲击波效应、燃烧效应以及复合效应对目标的毁伤机理、破坏准则、毁伤效果评估等。

根据入学前是否已取得硕士学位，博士生培养分为硕士起点博士生和本科起点博士生两大类。博士生以培养教学、科研方向高层次的创新型人才为主，应掌握坚实宽广的基础理论和系统深入的专门知识，具有独立从事科研工作的能力，在科学或专门技术上做出创造性成果。培养核心是知识创新，通过科学研究取得

图1-22 "弹药战斗部工程"学科博士生导师
（左起：马晓青、蒋浩征、蔡汉文、冯顺山）

创新成果。

博士生学制分两类：硕士起点博士生，学制4年，最长不超过6年；本科毕业起点博士生，学制5.5年，最长不超过7年。

表1-10 博士生课程设置情况

课程类别			学分	
			本科起点博士	硕士起点博士
课程训练	公共必修课	政治理论课	4	2
		外语	5	2
	学科必修课	专业基础理论课	≥5	≥3
		专业基础课	≥6	≥3
		专业课	≥7（博士层次课程≥7）	≥7
	选修课		≥8（必选跨一级学科课程4学分）	
	课程学分总计		≥45	≥7
必修	专业外语		1	
	科学研究训练		2	

续表

课程类别		学分	
		本科起点博士	硕士起点博士
环节	文献综述报告	1	
	学术活动	1学分（8次，其中本人作学术报告2次）	
	教学实践	36学时，不计学分	
学位论文	开题报告	符合要求，通过评审	
	研究与撰写	完成博士学位论文，通过评阅	
	答辩	答辩通过	

博士学位论文选题，主要根据当前本专业方向科学技术发展水平和趋势进行，选题涉及基础理论的研究内容，一般具有较高的理论价值、创新性和先进性，学术见解原则上有实验数据支持；选题涉及工程应用的研究内容，要求具有明显的工程应用价值。博士学位论文应表明作者具有独立从事科学研究的能力，并在科学研究或专门技术上做出创造性成果。

2009年以后，本专业作为"兵器科学与技术"一级学科下的二级学科方向培养博士研究生，学科方向名称在2018年确定为"毁伤技术与弹药工程"。本专业对博士学位获得者的要求如下：应掌握本专业坚实而宽广的理论基础、系统深入的专门知识和先进实验方法与技能，能深入了解和熟悉本专业的现状和发展方向，在某一方向上能够把握学术前沿并有深入的研究，具有严谨求实的科学态度和作风，具备独立从事科学研究工作的能力；应富有国际视野和前沿技术敏锐性，具备国际交流和科技创新能力。

博士研究生的学制，硕士起点为4年，本科起点（含硕士阶段）为6年。课程设置方面包括公共课、基础课、前沿交叉课、核心选修课、专业选修课、全英文选修课，以及实践环节。学分要求，硕士起点博士不少于11个学分，本科起点博士不少于33个学分。

本专业所培养的研究生质量受到用人单位好评，有相当一批研究生成为大学、研究院所、企业和军队的学术/技术骨干或带头人或领导者，为国防工业和国民经济做出了重要贡献。例如，何玉彬博士后出站后获得2项国家科技奖、5项部级奖，发表学术论文50余篇，出版著作9部，并获立一、二、三等功共5次，被火箭军评为首届"十大励剑尖兵"，被中组部中宣部确定为"时代先锋"等；彭昆雅博士勇于攀登科技高峰，不断推动技术进步，进行技术创新，成为航天领域重点型号系统总师，为国防工业做出突出贡献。

表 1-11 "弹药战斗部工程"学科点博士生导师情况（1990—1998 年）

序号	姓名	备注
1	蒋浩征	1990 年国务院学位委员会批准
2	蔡汉文	1993 年国务院学位委员会批准
3	冯顺山	1993 年国务院学位委员会批准
4	马晓青	1994 年北京理工大学学位委员会批准
5	隋树元	1998 年北京理工大学学位委员会批准

表 1-12 "火炮、自动武器与弹药工程"学科点博士生导师情况（1999—2008 年）

序号	姓名	序号	姓名
1	朵英贤	6	王建中
2	冯顺山	7	韩峰
3	宁建国	8	王海福
4	蒋建伟	9	王树山
5	姜春兰		

表 1-13 "兵器科学与技术（毁伤技术与弹药工程）"学科点博士生导师情况（2009— ）

序号	姓名	序号	姓名
1	冯顺山	7	王海福
2	宁建国	8	周霖
3	蒋建伟	9	董永香
4	姜春兰	10	马天宝
5	韩峰	11	黄广炎
6	吴成		

3 科学研究

3.1 研究任务与发展

1. 20 世纪 50 年代

1956 年，中央制定《国家十二年科学发展远景规划》，鼓励科研院所与高等学校开展合作研究。1958 年前后，为响应号召，炮弹设计与制造专业在野战火箭弹与反坦克炮弹方面承担了多项重点科研项目，如"反击一号"战斗部研制、15km 大威力野战火箭弹（代号"808"）、120km 野战火箭弹（代号"202"）、

50km 野战火箭弹（代号"201"）以及 85mm 火炮反坦克破甲弹、反坦克穿甲弹及超速穿甲弹、HQ-16 导弹战斗部、D02 反坦克导弹战斗部、HJ-73 反坦克导弹战斗部（代号"104"）等都属于国内首次研制。这些研制任务为学术与技术贡献，以及专业建设起到了良好的起步作用。

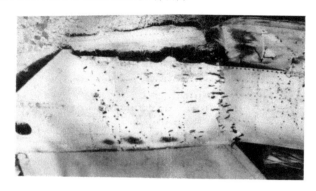

图 1-23　HY-5、HY-6 导弹战斗部破甲对飞机机翼作用

图 1-24　与国外同类战斗部对比爆破作用威力效应

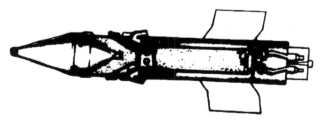

图 1-25　HJ-73 反坦克导弹，战斗部为破甲战斗部

1958—1960 年，本专业以教研组为依托，师生共同开展科学研究工作。特别值得一提的是首次研制我国最大威力远程火箭弹（代号"808"），它是总参直接下达的任务，由院长魏思文亲自布置，由系领导吕育新组建科研队伍，由周兰

庭负责火箭弹研制和设计。周兰庭带领 3 专业 1954 级的李国家、张凤材、矫庆遐、杨秋芝、肖大法、魏士法、丁士贵 7 位同学（研发后期教师李德庆参加了科研组），按照院系领导的要求，坚决克服一切困难，按期按质完成了此项重大科研任务。接着按军方要求转入工程兵工程设计院，唐凯院长（开国少将）派参谋白锡堃与科研组一起设计远程大威力火箭弹工程方案：按实战要求进行大量计算，运用工程优选法，筛选全弹最佳设计参数，进行固体推进剂和发动机结构匹配设计；战斗部方面进行最优外形、威力设计、外弹道和飞行稳定性设计，以及引战配合设计；系统地整理全部计算内容、全弹布局工程设计总图和零部件图，提供一套完整工程设计资料。在唐凯院长安排下，周兰庭向张爱萍上将和多位海陆空将军及军方有关人员做了工程设计汇报，我院刘雪初书记、白木兰老师也参加了会议。最后与二机部联合加速产品试制，由 123 厂承担产品试制任务。

通过三年左右努力，经历各种试验，全弹各部件性能完全满足战术技术要求，特别是发动机和点火引炮系统，工作状态非常稳定，并建立了一些经验和半经验公式，丰富和充实了设计理论。国内首批最大射程、最大威力的火箭弹装备研发的成功，受到了张爱萍、陈锡联、陈士榘和陈明仁等领导的表彰。张爱萍、陈锡联等多位将领还在白城国家靶场观摩了"808"大威力火箭弹的汇演射击试验，我院尚英、刘威一副院长也应邀参加了观摩。

2. 20 世纪 60 年代

20 世纪 60 年代，81611 毕业班的同学在蒋浩征、周兰庭等教师带领下与西安三所（现 204 所）技术人员开展科研协作，在国内首次进行了反导战斗部研制。1966 年后受"文化大革命"影响，科研工作停滞。

3. 20 世纪 70 年代

20 世纪 70 年代，广大师生员工排除"文化大革命"干扰，坚持"开门办学"，1972 级、1973 级、1974 级、1975 级毕业班同学利用约 10 个月毕业设计时间开展科研工作，分别赴上海、湖南或留校完成了多项国防急需的重点型号研制任务，如仿苏联的 HQ 系列超低空导弹杀爆聚战斗部研制，某改进型超低空导弹战斗部研制，某舰空导弹战斗部研制等，其中仿苏联的 HJ 反坦克导弹破甲战斗部研制，填补了多项国内空白，为 81 专业的发展奠定了基础，也为国防现代化做出了重要贡献。

4. 20 世纪 80 年代

20 世纪 80 年代，我国迎来科技的春天，学校逐步明确"既是教育中心又是科研中心"的指导思想，把科学研究提高到另一个中心地位，科学研究有了较快发展。本时期的科研项目逐步增加，为海陆空服务的预先研究项目以及与工厂合作研制的型号项目总共 30 多项，获得了一系列的科研成果。

在战斗部破片威力参数精确测试方面，冯顺山、蒋浩征、崔秉贵等教师解决了战斗部高速破片对脉冲 X 光摄影镜头、底片装置和实验设施的防护技术难题，以及破片威力参数精确测试方法问题，在国内首次成功研制出带壳战斗部脉冲 X 光摄影系统。所研制的系统完成了十几个型号破片初始威力参数测试，也为研究生学位论文试验研究进行了大量测试，为爆炸驱动和杀伤战斗部威力性能研究提供了先进手段，填补了国内空白，1985 年获国家科学技术进步奖三等奖。

81 教研室完成了某反坦克导弹战斗部、某炮弹、某鱼雷聚爆战斗部、某破片定向杀伤战斗部、多型对空小口径榴弹、小口径穿甲弹、自锻破片战斗部、某对空射击效能、反坦克串联战斗部、反坦克榴弹穿爆延时器、某子母战斗部和"长征 2 号"捆绑火箭爆炸分离螺母/螺栓等重点项目研制任务，获得了十多项部级科技进步奖，为国防工业和有关武器装备发展做出了重要贡献。

在军转民的背景下，本专业师生开发了一系列民用爆破器材与技术或警用装备。例如，冯顺山、伍鹰、俞为民等教师创新研发的水下沉船解体或清障爆破技术，服务于水下爆破工程，为交通部解决了六项航道清障难题；周兰庭、马晓青等教师研制了新型粉末灭火弹，获 1985 年部级科技进步二等奖；隋树元、周兰庭、何顺录等教师研制了警用橡皮球手榴弹、爆震手榴弹和闪光手榴弹；蔡汉文等教师研制了警用橡皮子弹；何顺录、王森勋、崔维继等人研发了汽车安全气囊技术，等等。

图 1-26 爆炸分离螺母

图 1-27 爆炸分离螺母用于火箭发射

图1-28 校厂合作研发B610定向杀伤战斗部威力试验

图1-29 校厂联合研发的3种反恐防爆手掷弹药

图1-30 国内首创的水中沉船解体爆破

图1-31 水中爆炸解体船舷及切断螺旋桨轴清障技术

图1-32 水下爆炸作用效应基础性试验

5. 20世纪90年代

20世纪90年代，弹药战斗部工程专业承担了多项国家重大项目课题研究。

李景云、曾凡君、梁秀清承担了反坦克串联战斗部技术的预研；冯顺山、李禄荫、蒋建伟等承担了高威力战斗部、反空间轨道目标概念预研，水下爆破技术和工程应用；隋树元、王树山等承担了碳纤维弹技术探索研究；马晓青、隋树元等承担了空空导弹离散杆战斗部技术研究；蒋建伟等承担了反舰导弹战斗部、子母战斗部、爆炸抛撒子弹药技术研究；韩峰等老师承担了智能雷技术研究，冯顺山等承担了超近程反导技术研究；姜春兰等承担了布撒器子弹药技术研究；冯顺山、隋树元、王海福等承担了碳纤维子母战斗部技术预研。

某反舰导弹半穿甲战斗部通过采用高强度韧性钛合金壳体，减轻战斗部质量，提高了战斗部炸药装填比，为武器系统发挥最佳毁伤威力效能创造了条件。

1978—1997年，共获得国家科技奖4项，其中技术发明奖2项、科技进步奖2项；获得部级科技进步奖21项。获得国家科技奖的教师有冯顺山、蔡汉文、李景云、蒋浩征、崔秉贵、曾凡君、梁秀清等。

图1-33　钛合金壳体半穿甲战斗部及装填千余枚
　　　　杀伤破甲子弹的子母战斗部

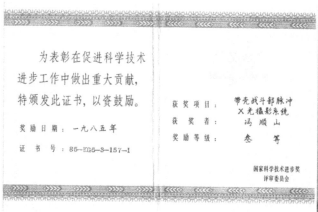

图1-34　国家级科技进步奖

图1-35 国家级发明证书

6. 21世纪

21世纪前十年,在"211"工程、"985"工程建设规划的基础上,实验手段更为先进,科研能力进一步增强。

2000年以来,是一期、二期高新工程武器装备研发阶段,是国防工业大力发展的年代。本专业发挥军工/国防学科的特色与优势,各学科组承担了国家、各军兵种和企业一大批重要科研任务,在新型武器装备研发、高新技术发展方面取得了可喜的研究进展,取得了一批重要研究成果,诸如高效毁伤战斗部、新型子母战斗部、智能弹药、新型杀伤元、重大基础项目、钝感炸药和新装药技术等,上述技术研究大都转入型号研制。

芮久后在晶体球形化和新型装药技术方面取得了国际领先的科技成果;王海福在含能破片方面取得国内领先的技术成果并推广至装备应用;周霖在低易损装药技术方面取得突破并在多个弹药战斗部上得到应用;冯顺山在某QLF弹药技术方面获得设计理论与技术突破并转入重点装备工程应用;王海福(我院首次承担)、冯顺山共承担3项总装"探索一代"重大项目研究任务,获得重要创新研究成果,并转拓展提高应用研究;姜春兰负责研制的某低空抛撒反跑道弹药装备通过设计定型,技术成果获国家技术发明二等奖。

至2018年,本专业共获得授权发明专利200余项、部级以上科技奖60余项、国家科技奖10项。

目前,科研任务主要由各学科组承担,各学科组代表专业的一个特色研究方向,形成相对独立的研究团队;同时,根据承担任务特点跨学科组、跨专业进行校内合作,也与有关科研院所、企业开展协同创新。各学科组不断动态调整,凝练研究方向,关注前沿技术和原创新技术研发。下面以学科组为基本科研组织单元介绍科学研究情况。

(1)冯顺山领衔的学科组。

毁伤与防护技术学科组由冯顺山、黄广炎、董永香、王芳、邵志宇、周彤及数名外聘专职人员组成,主要研究方向为毁伤理论与技术、新型弹药技术。学科组在冯顺山带领下,先后承担了某碳纤维子母战斗部技术、某碳纤维子母弹头关键技术集成演示验证技术、某导电纤维弹型号研制和产品生产,"973"重大基础——毁伤巡航导弹机理与终点效应,"863"空间轨道目标毁伤研究,某钻地战斗部技术,反航母侵爆燃战斗部技术,智能定向战斗部技术,可控毁伤战斗部技术,反新型多种类目标战斗部技术,新型封锁弹药技术,毁伤效果侦察弹技术,某高抗力活门快速关闭技术,水中自主探测/末制导弹药技术,子母战斗部定向抛撒技术,柔性防爆技术,奥运安保专项——无附带损伤拦截飞行器装备,毁伤威力可控战斗部技术等一大批国家科研任务。发表学术论文300余篇,获授权发明专利98项,受理发明专利21项;获国家级科技奖励3项,国防创新团队奖、教育部技术发明一等奖等15项;指导毕业博士生71人、硕士生80余人,博士后出站5人。承担了"弹药战斗部技术进展""弹道学""相似理论及应用""灵巧弹药技术""弹药工程设计""爆炸技术及应用""Engineering Design of Conventional Warheads"等课程的讲授任务。

图1-36 教师和研究生们参观国防技术展览活动

图1-37 部分获授权发明专利

图1-38 某导电纤维子弹落点（导弹飞试）

图1-39 无附带损伤拦截飞行器武器装备，用于2008年北京奥运会城市安保

图1-40 水域智能封锁弹药样机

图1-41 柔性防爆桶

（2）蒋建伟领衔的学科组。

弹药系统与仿真技术学科组由蒋建伟、门建兵、王树有、李梅组成，主要从

事战斗部设计理论与数值模拟应用、子母战斗部及灵巧弹药战斗部、终点效应测试技术等方向的教学和科研工作。在蒋建伟的带领下,形成了子母战斗部抛撒理论与应用、战斗部数值模拟技术、灵巧多模毁伤战斗部的技术优势,得到行业认可。

学科组长期承担本科生专业主干课程"动态测试技术"、研究生课程"多物理场仿真技术"教学任务。出版部级和国家级规划教材各1部,其中《爆炸测试技术》获兵工高校优秀教材一等奖。指导培养博士生16人、硕士生40余人。主持完成国家重大基础项目——战斗部毁伤机理与终点效应数值模拟专题1项,总装某重大专项——"某基炸药应用研究"和"双层罩EFP战斗部技术"子课题2项,国防预研项目"新一代末敏弹EFP战斗部""多模战斗部技术""反硬目标战斗部"等6项,国防基础项目"自适应多模毁伤技术""导弹战斗部快速设计支持系统"等3项以及自然科学基金项目1项。作为技术支撑单位完成了军兵种和外贸型号装备10多项,其中包括空军重点型号某区域封锁子弹、近炸杀伤子弹药,陆军中大口径(122mm、130mm、152mm、155mm)系列火炮预制破片弹药、某攻坚弹药,海军型号某高超音速反舰导弹半穿甲战斗部,二炮型号某巡航导弹侵彻战斗部等,以及外贸型号B611系列地地导弹和80km火箭弹等子母战斗部。发表学术论文70余篇,EI收录30余篇;获授权国防发明专利12项,软件著作权3项。获国家科技进步二等奖1项,部级科技进步奖12项(其中一等奖2项、二等奖3项、三等奖7项)。学科组建有爆炸与冲击数值模拟并行计算系统、动态加载脉冲X光摄影系统、弹载储存测试系统等,为开展高水平科学研究创造了良好的条件。

图1-42 毕业博士合影及相关科技奖证书

(3)姜春兰领衔的学科组。

弹药系统与灵巧毁伤技术学科组由姜春兰、李明、王在成和毛亮组成,主要从事弹药系统总体技术、网络化灵巧弹药技术和弹药数据库与数字化设计等方向的教学和科研工作。学科组在姜春兰带领下,紧密结合我国弹药技术的发展前沿,不断拓展知识结构、拓宽研究领域,同时特别注重研究成果向装备型号的转化。学科组作为主要设计及技术支撑单位，和国内相关企业通过产学研联合，使科研成果有效转化为武器装备产品。先后完成了我国四型新型弹药的型号研制任务：我国第一代机载布撒武器反跑道子弹药、云爆子弹药、我国某新型轮式炮武器系统预制破片弹、我国某新型迫榴炮武器系统预制破片弹。同时，作为副总设计师单位承担了我国某新型防区外联合攻击武器子弹药的型号研制任务。特别是针对我国机载布撒武器低空、低着速的特殊投放条件，创新提出了低着速串联攻坚弹药技术体系，相关成果获授权发明专利18项，并作为第一成果完成单位于2015年获得国家技术发明奖一等奖。此外学科组还完成了多项武器装备预先研究项目，如某空空导弹定向战斗部技术研究，系列化、组合化子弹药系统技术研究，网络化某子弹药系统关键技术研究以及低着速弹药对多层混凝土介质的毁伤效应研究等多项预研项目。相关成果共获授权国防技术发明专利25项，获国家级奖励1项、部级奖励7项，编著出版了《弹药学》一书。发表学术论文百余篇。在教学上，承担本科、硕士和博士多个层次的课程共计5门，培养硕士、博士研究生40余人。

图1-43　博士生毕业留念

图1-44　部级发明一等奖获奖证书

（4）韩峰领衔的学科组（2014年调入学院水中兵器研究中心）。

爆炸毁伤与防护学科组由韩峰、陈放、任云燕组成主要从事兵器科学与技术和力学方向的教学和科研工作。长期承担"应力波理论""冲击动力学""张量分析""连续介质力学""弹性力学""塑性力学""弹性动力学""高速碰撞动力学"等课程的教学任务，培养毕业博士8人、硕士20多人。承担国家自然科学基金、型号项目、总装预研、二炮预研、火炸药专项等科研项目20余项。其中，某弹药智能伺服系统的研究成果已应用于型号研制；国家自然科学基金项目——复杂地形对SH波散射问题的研究解决了我国地震灾害防护和评估的关键问题；网式武器布撒展开控制研究解决了高密度子弹药均匀布撒和控制，成功应用于网状扫雷系统的研究；合金连接件疲劳性能研究解决了我国大飞机的材料疲劳寿命问题。获北京市优秀教学成果奖一等奖 2 项。研究成果获部级科技进步二等奖 4 项、三等奖 1 项。

图 1-45　智能弹药伺服技术的研制

图 1-46　网式武器布撒展开控制试验

（5）王海福领衔的学科组。

先进战斗部与高效毁伤技术学科组由王海福、余庆波、郑元枫和葛超组成，主要从事活性毁伤元弹药战斗部技术、跨越灵巧毁伤技术等方面的教学和科研工作。在王海福带领下，历经近 20 年创新研究，从技术概念探索验证、关键技术攻关突破，到各军兵种武器平台上全面推广应用，开创了活性毁伤元弹药战斗部技术颠覆性前沿方向，为大幅度甚至成倍性提升武器终端毁伤威力，打开了全新的技术通道，形成了显著特色和优势，取得了多项重要原创性成果。2016 年，获国家技术发明奖二等奖（第一完成单位）；2017 年，获首届全国创新争先奖；2018 年获国防科技创新团队奖（带头人之一）；2019 年，获国防科技进步奖一等奖（第一完成单位）；2019 年，获国家出版基金重点资助出版相关研究系列学术专著 5 部。

长期承担本科生专业核心课程"终点效应学""弹药工程设计"和研究生课程"目标易损性与毁伤评估"授课任务。先后主持国防"973"计划、军口"863"计划、"995"工程、探索研究计划、国防基础科研、国防重点基础研发计划、演示验证、工程型号研制等国防科技领域重大重点项目 20 余项，军兵种装备专用技术预研、国家自然科学基金等项目 10 余项。发表学术论文 110 余篇，出版国家级规划教材和专著 2 部，授权国防发明专利 27 项，受理国防发明专利 12 项，软件登记注册 5 项。培养博士研究生 26 人、硕士研究生 56 人。

（6）吴成领衔的学科组。

高温高压流体动力学学科组由吴成、张渝霞、安丰江组成，主要从事定向战

图1-47 参加学术会议

图1-48 博士论文答辩

图1-49 代表性著作、论文

斗部技术、超高速毁伤技术、水中兵器战斗部及其毁伤机理、数值模拟和实时对抗仿真等方面的教学和科研工作。承担了国防"973"项目"典型巡航导弹毁伤机理实验研究""水中爆炸双模态多效应毁伤机理研究",国防基础科研重点项目"水下爆炸介质动力学及典型目标结构毁伤、侵彻机理研究",部委级下达的"舰载超近程反导弹药技术""空空导弹随遇定向战斗部技术""重型鱼雷战斗部高能重要技术""重型鱼雷随遇定向战斗部技术""超高速破片杀伤战斗部技术""无人机机载导弹技术""鱼-10重型线导电动鱼雷战斗部技术""35mm高炮多用途榴弹"等科研项目。申请发明专利2项,发表核心和EI论文25篇。培养硕士生37人,其中留学生6人,协助培养博士生4人。承担了"应力波基础""弹塑性动力学""弹药工程设计(双语教学)""弹药与相似理论"等课程的教学任务。教材《弹药战斗部设计》获2009年北京市精品教材奖。

图1-50　外国留学生毕业留念

图1-51　模拟鱼雷战斗部威力试验

图1-52　靶场科研试验

图1-53　专业教材

（7）周霖领衔的学科组。

混合炸药设计理论与装药技术学科组由周霖、张向荣、史京柱组成，主要从事不敏感高能熔铸炸药合成理论及技术、水下爆炸理论、计算和测试技术、含能材料能量转化及应用技术等方面的教学和科研工作。

承担了总装①"十二五"预研"非TNT基高能熔铸炸药"及总装"十三五"预研"抗过载不敏感侵彻炸药及应用技术"，在国内首次建立了非TNT基高能不敏感熔铸炸药技术体系，特别是在DNAN基熔铸炸药体系构建、不敏感特性与质量控制、制备工艺、性能检测与评价等核心技术上自主创新非常突出。鉴定专家评价："非TNT基熔铸炸药体系属国内首创，总体技术具有国际先进水平，在侵彻弹药和水中兵器炸药装药技术方面居国际领先地位，填补了5类装备用炸药的国际空白。"该成果已在陆、海、空、火箭军的25种型号产品中得到实际应用。

---

① 2016年1月10日，改为中国共产党中央军事委员会装备发展部。

已授权发明专利 30 余项；发表论文 40 余篇，出版专著 2 部。

图 1-54　非 TNT 基熔铸炸药装药

图 1-55　装填非 TNT 炸药某反舰导弹侵彻靶标情况

图 1-56　非 TNT 炸药装药子弹撞击不爆

（8）芮久后领衔的学科组。

学科组由芮久后、赵雪组成，长期从事炸药晶体生长及应用技术研究。自 1990 年至今坚持不懈地研究单质炸药晶体优化技术。2010 年，主持了×××重大专项先期启动项目"高致密××制备技术研究"（全行业仅 2 项），自主创新突破了××关键技术，取得了 50kg 级××制备工艺装置、工艺规程等标志性研究成果；2013 年，完成了全部研究任务，高质量通过了项目验收。2014 年，主持了×××重大专项"高固含量×××炸药及应用研究"，获得了国内领先的×××炸药配方；2016 年，通过了由中国兵器科学研究院主持的配方评审、工艺评审。2017 年，主持了"十三五"×××重大专项"高品质含能材料在火炸药中的应用研究"。作为主要研究人员曾获得部科技进步特等奖 1 项、二等奖 1 项、三等奖 1 项，获发明专利 4 项，发表论文 20 余篇。

（9）宁建国领衔的学科组。

爆炸与冲击动力学学科组由宁建国、任会兰、马天宝、李健和栗建桥组成，主要从事爆炸毁伤数值模拟、材料与结构动态响应、先进战斗部数字化设计等方面的教学和科研工作。学科组拥有自主知识产权的三维爆炸与冲击问题仿真软件系统，在国内众多科研机构得到了推广应用，得到行业内的充分认可。

在科学研究和成果方面，先后主持了包括国家自然科学基金重点项目、重大项目、国家杰出青年科学基金项目、国家优秀青年科学基金项目、国防基础科研重点项目、"973 计划"项目等各类科研项目 30 余项。发表学术论文 200 余篇，出版学术专著 5 部。获授权发明专利 30 余项，计算机软件著作权 15 项。获国家科技进步奖二等奖 1 项，省部级科技成果奖一等奖 1 项。指导培养博士生 50 人、硕士生 90 余人。

图 1-57　靶场试验

图 1-58　出版学术专著

3.2　主要成果

本专业在 60 余年的发展历史中为我国武器装备的发展做出了重要贡献，通过机理及设计理念创新、技术发明/创新和新型工程装备研发，取得了一批重大科技成果。下面仅介绍形成武器装备或在装备上得到重要应用的有代表性的 14 项标志性成果。

1. 我国第一型反弹道导弹战斗部研制

1964 年，毛泽东提出我国要有自己的反导武器，要掌握先进的反导技术。于是，七机部二院 26 所所长宋健亲自抓反弹道导弹的研制工作（代号 SHQ - 81）。1965 年，26 所提出由我专业与西安三所联合研制反弹道导弹战斗部，并称为 "640 - 1 工程"。我专业教研室主任蒋浩征、三所战斗部室（五室）主任乔全德二人协商研制工作大致框架及步骤。研制过程大致分为三个阶段。

第一阶段（1965—1966 年）

根据上级指示和导弹总体对战斗部战技指标要求，先在学校进行了方案论证和设计，并用小装药量进行模拟试验。根据研究工作进度需求，8161 班学生同学共同参与了研究工作。当时分三个小组：总体方案论证设计组、模拟战斗部设计组和实验测试技术组。三个小组协调配合，在解放军装甲兵靶场整修地堡和地面用房，进行了炸药量不超过 5kg 模拟战斗部破片飞散屏幕分布规律试验，总计 120 多发，在如何获得 90°破片飞散角这一关键技术上取得了一些突破。这一成果是由蒋浩征、周兰庭、金承天、马晓青、崔秉贵、崔维继、赵振荣、熊学文、陈铁如、万丽珍、李学敏、范炳全等共同研究取得的。

第二阶段（1966—1970 年）

研究地点转到了西安三所，首批由蒋浩征、金承天、赵振荣、崔维继、万丽珍、王文京、王成高、周才生、王秀敏、李淑清、任履志等人参加研制，对如何获得高速粒子（破片）飞散角与 0°~90°角内粒子能均匀分布进行了方案论证和理论分析，设计了分段模拟战斗部，在 803 厂草滩靶场进行的试验验证了 0°~90°范围内都有粒子分布。由于"文化大革命"原因，合作研究无法进行，暂时停止。

1969 年下半年，上级要求继续研制，周兰庭、马晓青、崔秉贵、熊学文、王成高等人赴三所继续合作，继续攻关解决高速粒子形成均匀分布的半球形粒子幕难题。试验加工中，熊学文受伤，由崔秉贵护送回京，有关 1∶1 模型战斗部分节和串级试验由周兰庭、马晓青与三所合作研究。华阴靶场的试验结果显示，达到了预期效果。为了验证串联型战斗部的高速粒子分布密级效应，进行精心的装药构形计算和设计，完成了组装结构图设计，在秦岭靶场试验基地进行了 1∶1 组装串联式战斗部试验，这次装药量达 50kg 左右，试验结果决定了战斗部的结构模式，并向 26 所做了汇报，最后决定研制人员赴京集中在 26 所开展协调工程设计。

第三阶段（1970—1974年）

苏李忠带队的三所与北京工业学院周兰庭、26所任履志、曹建南以及一个引信组，彼此进行协调，进行战斗部的工程设计。工程图完成后，分头找厂家合作研制，解决关键难题，如几十万高速粒子特殊加工成型，确保多层粒子黏结成型牢固可靠，金属、非金属薄壁构件成型，串联式复杂组件战斗部强度计算，静态加载模拟强度安全性试验，串式大威力战斗部威力参数测试。

组装分别在山东化工厂、732厂进行，靶场试验在732厂进行，强度试验在一院进行。经历约10年的不懈拼搏，在实践中不断创新，主要有：采用串联式战斗部技术既适应导弹战斗部舱段要求，又获得了高速粒子均匀分布的半球形弹幕；采用木质夹板控制节与节间粒子飞散互相干扰难题；解决了特殊粒子加工成形和黏结，特殊组合材料的结构强度、大威力（16万粒子）杀伤战斗部的威力试验技术问题。采用了许多新材料、新工艺，最终完成了"FJ-1战斗部"研制，填补了国内反导战斗部的空白。

该项成果80年代初获国防科工委科学技术进步二等奖。

2. 国内首创的"带壳战斗部脉冲X光摄影防护系统"研究

本研究提出破片威力参数精准测量的脉冲X光拍摄方法、技术并予以实现，为战斗部威力研究提供了先进手段。从脉冲X光照片上可准确获得战斗部杀伤破片的初速、飞散方向、形状和质量等威力参数随弹轴或径向角的分布规律，但需在高速破片和强冲击波作用下，突破X底片及增感屏、X光镜头及试验设施的防护理论与技术、拍摄技术和威力参数测量方法。项目由冯顺山主持并与蒋浩征、崔秉贵合作完成。主要成就和贡献有：

（1）获得了脉冲X光透射不同防护材料的规律以及防护材料吸收冲击波能和破片动能的机理和防护准则；提出并采用能量吸收、耗散或转换等的防护结构设计方法，研制出"带壳战斗部脉冲X光摄影防护装置"，解决了拍摄防护难题；提出破片初始威力参数测量方法，解决了战斗部破片初始威力参数的准确测定难题。

（2）建成了国内首个"带壳战斗部脉冲X光摄影系统"，为破片威力性能研究提供先进测试手段，并完成17种弹药及6种导弹战斗部型号的破片威力参数测定任务，为战斗部威力的准确评定和方案改进提供高水平的科学依据。

该项成果1985年获国家科技进步奖三等奖，也是1985年国家设立科技奖后北京理工大学八系作为第一获奖单位获得的第一个国家奖，冯顺山是第一获奖人，崔秉贵、蒋浩征为获奖人之一；万丽珍、蔡汉文、王鸿儒等参加了相关研究。

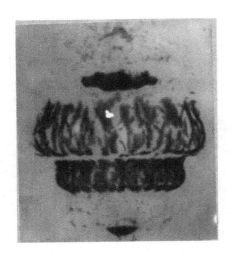 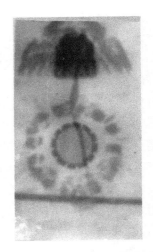

图1-59　某榴弹爆炸破片飞散的 X 光照片　　图1-60　带壳聚能装药射流引爆带壳装药 X 光照片

3. 发明调整弹道一致性的弹丸结构设计方法

根据战场目标变化，为提高已有弹炮系统的毁伤效能，时常提出配用和混同使用新型毁伤机制的不同弹种的需求（例如，原有弹种为榴弹，需要加配穿甲爆破弹）。由于不同弹种的毁伤机制不同，弹丸结构及特征参数（例如，弹丸极转动惯量 A 和赤道转动惯量 B）不同，这时即使弹重、初速和射角相同，二者实际弹道并不相同，产生差异而不能共用射表。蔡汉文和崔秉贵对该问题进行了系统研究，发明了调整弹道一致性的弹丸结构设计方法。该发明的技术实质就是要在弹药一致性的判据允差范围内以较高的置信度（不小于80%），一次性通过设计检验，直到弹道一致性合格；而其结构参数变化又能充分保证配弹丸设计威力指标。该技术创新主要应用于直瞄射击弹炮系统配用新弹种的论证、设计、实验评定和运用参数处理。

弹道学基本理论表明：火炮弹丸的空间弹道是由射角 θ_0、弹道系数 C 和弹丸初速 V_0 确定的。除弹道偏航可以修正外，在各种初速和射角下，弹丸飞行必须满足陀螺稳定性和追随稳定性要求，其动态平衡角是必然存在的。这就强化了非真空弹道的非对称性，这就是本发明的理论依据之一。本发明的技术创新点包括：

（1）突破原有设计观念，通过有限提高配弹设计初速，用强化配弹平均弹道的非对称性方法，使之与原弹平均弹道交叉，在有效射距内，使原弹和新配弹的平均弹道在交叉点前后形成如图所示的两个不大的弹道差 Δ_1、Δ_2。

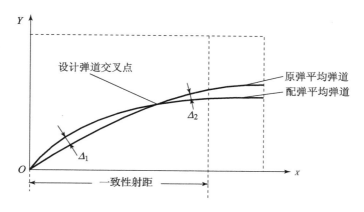

图1-61 平均弹道交叉示意图

(2) 两弹平均弹道交叉点的位置（射距），一般确定在有效射距的1/2～2/3处，其实际取值由配弹弹道非对称性计算确定。

(3) Δ_1、Δ_2的数值可以由原弹和配弹散布方差计算确定。

(4) 由于射击试验，无论采用发—发交叉试验或组—组交叉对比试验，按概率论只具备单次试验、随机抽样的性质，为保证试验结果满足评定规则要求，配弹弹道设计时的设计公差Δ_1和Δ_2要限定在0.8倍以内。

应用上述创新设计方法，成功地进行了23mm和25mm航空炮弹的配弹设计，以及陆用35mm配弹设计，均达到半年研制一次检验通过的水平。克服了以往反复试验、多年不能定型的局面（一般3～5年），节省了大量人力、物力消耗，而且配弹威力水平也得到充分提高，并形成了相应的兵器行业标准：WJ 2144-1993《弹道一致性设计与评定》和 WJ 2527-1999《高炮多弹种平均弹道一致性试验方法》。

该项创新技术成果获1993年国家技术发明奖三等奖，第一获奖人为蔡汉文，第二获奖人为崔秉贵。

4. 国内第一型反坦克串联战斗部和坦克炮用穿—破甲弹药

1969年以后，反坦克破甲弹在全国范围内雨后春笋般地展开，如40火箭筒、单兵火箭、反坦克炮弹及反坦克导弹等。1982年中东战争，以色列人首次在坦克正面挂上夹心炸药的金属板即第一代反应装甲，使破甲弹的穿深降低40%～50%，在世界范围内引起了很大震惊，国际上纷纷开展了反"反应装甲"技术研究，相继出现了反坦克两级串联装药战斗部、高膛压、高过载反爆炸装甲单级装药穿—破型破甲弹技术研究。

图1-62 国家技术发明三等奖证书

80年代,本专业破甲学科组在李景云带领下曾凡君、梁秀清承担了兵科院"75""85"的重点预研课题"反坦克破甲弹串联技术研究"。先后解决了反应装甲对射流的干扰机理、一级装药起爆反应装甲的判据、一级装药起爆对二级装药的干扰和隔爆技术、延时及单引信起爆技术等。以上技术突破为型号研制提供了重要的技术支撑。主要有以下两个型号研制:

(1)我国第一个反坦克导弹串联战斗部研制。

在"75"完成预研基础上,80年代末期,与湖南282厂合作开展了某反坦克导弹串联战斗部型号研制。北京理工大学参加人员有李景云、马晓青、曾凡君、梁秀清,282厂参加人员有吴学贵、肖诗录、周律等。经过了多年努力,在解决模拟反应装甲设计与试验的基础上逐个解决了一级装药起爆反应装甲、延时及延时执行机构、隔爆技术等一系列关键技术,完成了我国第一个反坦克导弹破甲串联战斗部研制,这是国内最先研制成功的反坦克导弹串联战斗部,于1997年获部级科技进步奖二等奖。

(2)国内第一个高膛压、高过载、高初速火炮破甲弹研制。

反坦克火箭弹、导弹都是低过载、低初速的,这一类破甲弹一般采用两级串联装药是可行的,而对高初速、高过载的火炮难度较大,在研制穿—破延时器的基础上成功完成了某单级装药结构破甲弹型号研制,这是国内第一个研制成功的对付反应装甲的破甲弹(比串联战斗部早2年),在召开产品定型会时,外贸产值已达到5 000万元,成为生产低迷的732厂当时的新亮点。此产品于1996年获国家技术发明奖三等奖。

5. 多种类新弹药战斗部

20世纪70年代,81专业大力开展了HY-5、HY-6导弹战斗部仿研(仿

图1-63 国家技术发明奖三等奖证书

苏联SM-7战斗部）、反求工程和型号研制。该战斗部具有杀伤、爆破和聚能（自锻破片）综合杀伤功能，老师们开展了深入的理论分析、单项模拟试验、1:1尺寸试验，获得了大量数据，为工业部门有关科研院所提供了设计理论和威力评价方法，为型号研制和定型做出了贡献。该项目于1983年获航天部科技进步奖三等奖，蒋浩征、周兰庭、蔡汉文、崔秉贵、冯顺山为获奖人。

图1-64 垂直舵面冲击波破坏效应

图1-65 破片飞散规律试验

1987—1988年，承担海军某型聚爆战斗部研制（国内首次），完成了理论计算、模拟试验和1:1尺寸方案样机设计，进行了1:1尺寸的战斗部和目标1:1等效靶地面试验，结果表明战斗部不仅保留了原鱼雷战斗部的爆破功能，还具有高威力的聚能作用效应，杆状射流可穿透潜艇非耐压层、水层和耐压层，显著提高了鱼雷战斗部的毁伤能力。该项目获海军科技进步奖三等奖，冯顺山、何顺录和李禄荫为获奖者。

图1-66 某鱼雷战斗部方案样机

图1-67 聚能射流穿过水层后对潜艇耐压层侵彻效果

1989—1990年,学校与5013厂共同承担外贸定向杀伤战斗部(B610型)工程研制,这是我国首次研制定向杀伤战斗部,项目由冯顺山负责,蒋建伟、鲁春、何顺录、崔维继等参加。项目组首先开展理论研究和数值模拟分析,重点进行了偏心起爆条件下破片速度径向分布规律和破片飞散方向规律的模拟试验研究,采用脉冲X光摄影精准获得破片运动参数。在5013厂靶场进行了1∶1尺寸的工程样机威力试验,验证了理论计算和设计方案的正确性,完成了工程研制和产品交付。该项目成果获得部级科技进步奖三等奖。

图1-68 偏心起爆定向杀伤战斗部威力效应试验

图1-69 获奖证书

项目组发挥学科理论、设计和数值仿真的优势,配合5013厂联合研发HQ-16导弹战斗部,HQ-9导弹战斗部,YJ系列、PL系列导弹战斗部和外贸子母战斗部等,解决了某些关键技术问题,为有关装备研制做出了贡献。

图1-70　HQ-16导弹战斗部某方案样机靶试

图1-71　HQ-9导弹战斗部某方案样机靶试

6. 国内第一型空空导弹离散杆战斗部

1994年年初，中俄合作共同研制某中远距空空导弹，这是世界上第四代先进空空导弹，为改变我国长期以来空空导弹落后的局面开创了新契机，其中引信、战斗部等火工部分由国内单独研制。1995年年初，马晓青学科组与中国空空导弹研究院签订了某空空导弹战斗部预研合同。按军方要求，战斗部结构形式采用离散杆战斗部。

研究初期分两个方案进行探索，隋树元负责甲方案设计，周兰庭技术指导，基本思路是单层杆条可控；马晓青负责乙方案设计，李景云负责技术指导，基本思路是多层杆条聚焦。1995年年底，在重庆5013厂靶场进行1:1地面摸底静爆试验，考核指标满足要求。我校范伯元副校长，空军八所尹健主任，总体单位董毕印总工程师、吴兆欣副总师等亲临现场指导。根据试验结果淘汰了甲方案，在乙方案基础上，继续进行技术攻关，于1996年订立了第二个预研合同。

在第二个合同执行过程中，中科院力学所段祝平研究员带领的团队参加了研究工作，承担了材料动态性能测试与数值模拟工作。在理论设计基础上，进行了模拟弹静爆脉冲X射线摄影以及爆炸洞内杆条分布带宽检测等，于1997年10月在重庆5013厂通过了靶场验收，关键技术基本得到解决。

2001年，项目开始型号研制，马晓青与重庆5013厂合作。通过技术攻关，解决了杆条断裂聚焦带等一系列关键技术。经过5年多研制，项目于2005年9月通过设计定型，2006年9月通过生产定型，实现了国内首创，达到了国际先进水平，填补了国内空白。2008年某空空导弹获国家科技进步奖一等奖。

7. 子母战斗部爆炸抛撒技术及应用

蒋建伟在行业内率先开展子母战斗部爆炸抛撒技术及工程应用研究，发明了满足子弹抛撒强度的中低爆速炸药配方及子母战斗部结构技术，建立了多层排布子弹抛撒速度及子弹抛撒落点散布场模型，提出实现控制子弹均匀散布的设计方法。中心管爆炸抛撒技术和中低爆速炸药成为成熟技术在地地导弹和大口径火箭弹多型子母战斗部型号研制中得到应用。爆炸抛撒原理获部级科技进步奖二等奖，××子母战斗部获国防科技进步奖三等奖。

图1-72　母弹爆炸抛撒反机场跑道子弹药

图1-73　现场测试情况

图1-74　反跑道子弹药爆抛后的情况

图1-75　某地地导弹子母战斗部爆炸抛撒集束子弹药

8. 发明新型导电纤维弹

该项目针对地—地弹道式导弹打击能力重大发展需求，突破了设计理论，创新了导电纤维弹技术，建立了技术基础体系和性能评价方法，完成了预研、关键技术集成演示验证(我校负责的第一个系统关键技术集成演示验证项目,也是军兵种管装备科研以来总装下达的第一个演示验证项目)、型号研制和产品批生产任务。该项目突破了短路毁伤机理、电网目标易损特性及软毁伤判据、导电纤维材料设计与制备方法、系统总体技术和自定高抛撒导电丝束等关键技术,获授权发明专利18项。该项目发明了一种能在多种远程对地武器平台上通用的新型导电纤维弹,其性能十分优良,填补了国内有关装备空白,达到了国际领先水平。该弹药独特的技术途径和出色的军事使用性能,受到中央军委首长和总装领导的现场观察指导和表彰,成为总装"武器装备创新发展十年"的典范。该弹药是我校负责生产的第一个全备弹药产品。

该项目成果鉴定意见为:"×××技术在国内外属首创,复合镀铝导电纤维丝束和丝团定高抛撒技术达到国际领先水平,填补了×××战术导弹软杀伤打击能力空白。"项目技术成果获2007年国防技术发明一等奖、2008年国家技术发明二等奖,这是本专业获得的第一项国家技术发明奖二等奖,获奖人员有冯顺山、何玉彬、王芳、董永香。

图1-76 所设计的导电丝束性能优良,具有良好的短路引弧性能

图1-77 冯顺山向军委首长汇报××导电纤维弹研制情况

图1-78 导电纤维弹高效软毁伤电力系统(国内建立的第一个变电站靶标)

图1-79 军委首长观看空中投放弹对目标短路毁伤效果

图1-80 国家技术发明二等奖第一获奖人及获奖证书

9. "973"重大基础项目——先进常规战斗部毁伤机理与终点效应研究

该项目是国家安全领域立项的"973"重大基础研究项目，也是我校主持的第一个国防"973"项目。冯顺山主持完成该项目的立项论证，黄风雷为项目的首席科学家。该项目以巡航导弹、深层工事、航母和先进装甲为典型目标和有关战斗部研发为应用背景，研究毁伤机理、终点效应数字模拟方法、先进战斗部设计理论和评价方法等，获得了较系统的理论与新技术研究成果，发表了一批有影响的学术论文，申请了7项发明专利，建立了较为系统完整的数字仿真平台，培养了一批优秀的研究生，技术成果应用于多个重点型号的研制和装备研发中，解决了多个型号研制中的设计理论和关键技术，为国防科技发展做出了重要贡献。

图1-81 破片与冲击波相关作用对目标解体毁伤试验研究　　图1-82 高速串联式钻地战斗部缩比试件

图1-83 混凝土靶毁伤效应

图1-84 两级整体分离式反航母战斗部原理样机

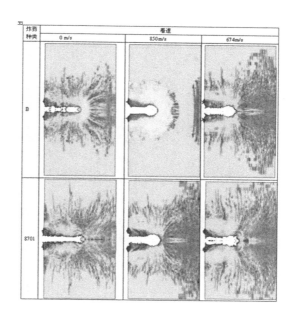

图1-85 钻地战斗部数值仿真

该项目研究成果获2007年国防科技进步奖一等奖、2008年国家科技进步奖二等奖。我校（本专业）为项目第一获奖单位，国家奖获奖人员有黄风雷、冯顺山、蒋建伟、宁建国，部级科技进步奖一等奖获奖人有王海福。

10. 发明无附带损伤的无人飞行器拦截技术及设备

该项目是国家立项的"920"专项应急科研攻关任务，用于北京奥运会城市空中反恐安保,是一项难度大、任务重、时间节点要求高的新型拦截装备研发任务。国内外并无先例和公开报道的相关技术。我校与解放军炮兵学院合作,并联合有关工厂进行设计理念创新和技术攻关。

该项目突破了无附带损伤的无人飞行器拦截概念、实现途径、软拦截/软毁伤机理、无人拦截装备系统总体技术、目标空中动态定位方法、无人机平台末端精确探测技术、大面积柔性拦截幕技术、拦截弹药等技术,获授权发明专利14项。联合有关单位,研制成功的性能独特的无人飞行器,构件装备均属国内外首创。产品装备部队,满足了安保部队实战使用要求,服务于北京奥运会和残奥会,为"平安奥运""科技奥运"做出了突出贡献。

图1-86 国家科技进步二等奖获奖证书

图1-87 孙建国副总参谋长观看无人拦截装备

图1-88 拦截装备在目标前方实时抛撒柔性毁伤元

该项目成果鉴定结论为:"无附带损伤的无人飞行器拦截技术研究难度很大,填补了'低、慢、小'无人飞行器的无附带损伤拦截技术的空白,在国内外属首创,所研制的无人飞行器拦截装备思路独特,主要技术性能指标具有国际领先水平。"研制团队被国家奥运科技领导小组授予"科技奥运先进集体"称号,并获总参①和北京市表彰。2010年,该项目成果获教育部技术发明奖一等奖,这是我校在教育部获得的第一个技术发明奖一等奖。我校(本专业)为该项目第一获奖单位,获奖人员有冯顺山、董永香、黄广炎。

图1-89 孙建国副总参谋长和公安部刘京副部长在无人拦截装备"红蓝"对抗检验现场观看试验

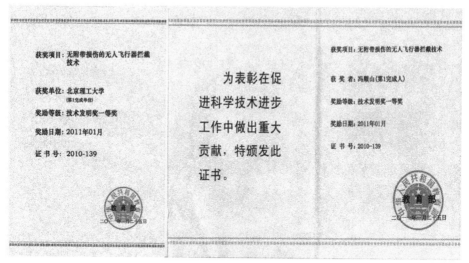

图1-90 教育部技术发明奖一等奖获奖证书

11. 发明低空布撒反跑道串联子弹药

"八五"期间,蔡汉文开展了反机场弹药技术研究,进行了相关技术的基础和概念研究。"九五"期间,该项目分解为三个子项目,即反跑道子弹药技术研

---

① 2016年1月,更名为中国人民解放军中央军事委员会联合参谋部。

究、反机库子弹药技术研究和综合效应子弹药技术研究。

"九五"中期,姜春兰主持反跑道子弹药技术预先研究。"十五"期间,反跑道子弹药作为我国新研制的两型高新机载布撒武器平台的主装备弹药,被正式列入空军背景型号预研项目,并于"十一五"转入型号研制。针对机载武器平台低空、低着速特殊投放条件,首次提出了着地瞬时增速—聚能—随进侵爆毁伤机场跑道的新的技术途径和方法,自创着地瞬时增速型串联攻坚弹药技术。项目组与我校引信专业及国内弹药厂、引信厂开展合作,历经"十五"和"十一五"两个五年计划,突破了多项关键技术,完成了型号研制,填补了我国机载反跑道子弹药技术及装备的空白,为我国空军提供了新的弹种。

本项目为空军重点背景型号预研项目,项目组作为项目总负责单位与空军签订了合同,负责总体方案设计,开展关键技术攻关。项目组进行了校内外协作:763厂参与方案设计,负责弹药加工及靶场试验;524厂负责一、二级引信研制;我校引信专业参与了引信方案设计。"十五"期间,突破了低空投放、低着速条件下串联攻坚弹主要关键技术,如子弹快速转向调姿技术,子弹着地后瞬时加速技术,一级战斗部对机场靶道大孔径倾斜开孔技术,二级战斗部隔爆技术,一、二级时序匹配技术以及引战配合技术等,实现了对机场跑道的高效毁伤功能。

图1-91 子弹药对四级跑道的毁伤效果

"十一五"期间,进入型号研制阶段。进行了多次靶场试验,通过结构参数优化及工艺改进,逐步实现了产品性能的稳定性,通过了定型飞行试验。机载布撒反跑道串联子弹药的研制成功,不仅填补了我国机载反跑道子弹药技术及装备的空白,为我国空军提供了新的弹种,还可装备于防区外联合攻击武器、巡航导弹、大型航弹子母弹等多种武器平台,具有重要的军事应用前景。

该项目获2013年国防技术发明奖一等奖,2015年国家技术发明奖二等奖。并授权国防发明专利17项。我校为第一获奖单位,主要获奖人有姜春兰、王在成、毛亮、李明等。

图1-92 国家技术发明二等奖证书及获奖团队

12. 发明活性毁伤元技术

大幅度提升弹药战斗部威力，是武器终端毁伤领域的重大瓶颈性难题。

"十五"期间，王海福团队独创性提出活性毁伤元弹药战斗部技术颠覆性武器终端毁伤技术概念，并得到兵器支撑技术项目"活性破片战斗部技术"支持。经过"十五"期间创新研究，技术概念和可行性得到初步验证。

"十一五"期间，研究工作得到总装武器装备"探索一代"项目"活性毁伤元弹药技术"、二炮武器装备预研项目"活性毁伤元杀爆战斗部技术"和兵器支撑技术项目"大威力活性聚能战斗部技术"等支持。2008年，"探索一代"项目通过总装科技委验收。2009年，探索研究接转第二阶段开展成果转化应用研究。2010年，创新成果通过国防科技成果鉴定，鉴定意见认为："该项技术是高效毁伤领域取得的重要原始创新成果，属国内首创，具有国际领先水平。"

"十二五"期间，技术成果在各军兵种武器平台弹药战斗部上得到全面推广应用，技术成熟度进一步提高，2012年，被总装科技委评选为"探索研究十年原始创新"典范。2016年，活性毁伤元技术项目获国家技术发明二等奖，获奖教师有王海福、余庆波、郑元枫、俞为民。2017年，获首届全国创新争先奖。

"十三五"期间，王海福作为技术负责人，主持武器装备"995"工程、演示验证和工程型号研制项目7项。特别是研制成功国际上首型大当量活性毁伤元增强多元终端毁伤系统，装备火箭军某新型导弹，创新成果以第一完成单位获2019年国防科技进步奖一等奖，获奖教师有王海福、余庆波、郑元枫、葛超。

按研制计划安排，"十四五"期间，王海福主持研发的系列活性毁伤元增强弹药战斗部将陆续完成设计定型，引领和推动系列武器换代发展，形成新的作战能力,发挥巨大的军事、社会和经济效益,有望取得更大标志性成果。

图1-93 防空反辐射穿爆毁伤效应

图1-94 反桥墩结构解体毁伤效应

图1-95 反跑道大爆裂毁伤效应

图1-96 反装甲强内爆毁伤效应

图1-97 国家技术发明奖二等奖证书及获奖团队

13. DNAN基熔铸炸药释能效应

该项目开拓了DNAN基熔铸炸药释能效应特色研究方向,在国内首次成功构建了DNAN基熔铸炸药技术体系,研究了DNAN基熔铸炸药能量释放原理,获得国防发明专利授权12项,发表SCI论文5篇、EI论文5篇,出版著作2部。解

图 1-98　国防科技进步奖一等奖证书

决了炸药能量与安全性矛盾，提出了提高炸药爆炸威力和高速侵彻硬目标装药安定性技术途径，研发了 11 种 DNAN 基高能不敏感熔铸炸药产品，能量达到 2.5 倍 TNT 当量，满足了钻地弹深侵彻硬目标技术需求，实现了反舰导弹高着速、强靶标和大装填比的技术目标，以及弹药低易损性，大幅提高了炸药装药的发射安全性、侵彻安定性和环境适应性，从源头解决了 TNT 为基的熔铸炸药存在渗油、长贮性差、凝固过程收缩大、装药易出现裂纹以及环境污染等问题。DNAN 基不敏感新型熔铸炸药技术已在陆、海、空、火箭军等反舰导弹、水中兵器、侵彻、破甲、串联随进和爆破等战斗部中得到成功应用，其中已定型装备的产品有 10 种，正在型号应用的有 13 种。DNAN 基熔铸炸药技术可全面取代近一个世纪所使用的 TNT 为基的熔铸炸药，显著提高了我国导弹战斗部的装备水平，军事效益十分显著。创新成果获 2019 年国防技术发明一等奖，获奖教师有周霖、崔庆忠。

图 1-99　DNAN 基熔铸炸药凝固过程数值模拟

图 1-100　装药 CT 检测图（装药质量优良）

图1-101 DNAN基高能熔铸炸药烤燃后不爆炸

图1-102 DNAN基高能熔铸炸药射流撞击后不燃不爆

图1-103 装填DNAN基熔铸炸药的反潜战斗部威力试验

图1-104 装填DNAN基熔铸炸药的战斗部侵彻安定性试验（着速1 000m/s以上，装药安定）

图1-105 国防技术发明一等奖证书

14. 炸药晶体球形化方法及其应用技术

芮久后作为该项目负责人长期潜心研究，创造性地突破了不同粒径的 NQ 和 RDX 炸药晶体的球形化制备方法，使不规则针状 NQ 晶体和不规则棱形 RDX 晶体生长成球状晶体，且密度有改善，显著改进了炸药晶体结构，进而使炸药装药的安全性和爆炸威力明显提高；设计了国内首条中试生产线，解决了生产关键技术；突破了新型炸药装药设计和应用技术，为高威力低感度炸药装药、钝感炸药装药、新型高能安全型发射药装药提供了具有工程应用价值的混合装药设计方法和装药技术，在多个型号上进行应用。该项目获得了国际领先水平的科技成果，具有重要推广应用前景，在装备发展部和行业内产生重要影响，有望对弹药战斗部威力提升起到引领作用。

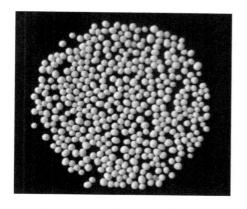

图 1-106 球形 NQ 炸药晶体

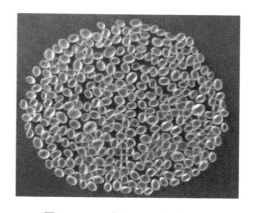

图 1-107 球形 RDX 炸药晶体

15. 国防科技创新团队奖

依托新概念/新型战斗部技术科工委国防科技创新团队、爆炸毁伤理论与技术教育部长江学者创新团队、毁伤与防护工信部协同创新中心、兵器科学与技术 A+学科和爆炸科学与技术国家重点实验室等优势资源，集以冯顺山为第一完成人的国家技术发明奖二等奖、黄风雷为第一完成人的国家科技进步奖二等奖、王海福为第一完成人的国家技术发明奖二等奖、姜春兰为第一完成人的国家技术发明奖二等奖等 4 项国家科技奖励为核心创新成果支撑，北京理工大学高效毁伤战斗部技术创新团队，获 2018 年度国防科技创新团队奖，我系获奖教师有冯顺山、王海福、姜春兰、宁建国、蒋建伟、周霖和董永香。

图 1-108　国防科技创新团队奖奖牌

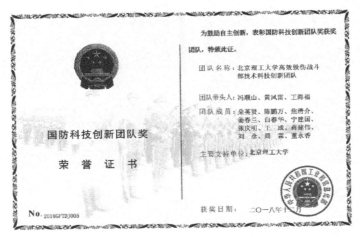

图 1-109　国防科技创新团队奖证书

4　师资队伍

1. "文化大革命"前（1954—1965 年）

1954 年，在专业创建早期，第二机械系主任颜鸣皋（后选为中国科学院院士）兼任炮弹设计与制造专业教研组组长。1955 年，美国留学回国的陈肖南接替颜鸣皋担任教研组组长，全面负责专业的筹建工作。陈肖南，祖籍山东滕州，生于济南，中国农工民主党党员，1943 年毕业于中央大学机械系，1949 年获美国普渡大学理学硕士学位。新中国成立后，他不顾美国政府阻挠，几经周折绕道香港于 1951 年 7 月返回祖国。陈肖南回国后任华北大学工学院机械系副教授，

1955年任北京工业学院副教授。

吕育新（讲师，后任八系系主任）任教研组秘书，协助陈肖南制订教学计划、安排实习工作等；杨述贤（讲师）兼任党小组组长。教研组由设计与工艺两个教学小组组成。设计组成员有杨述贤、王守范（讲师）、周兰庭（助教）等，承担弹丸设计原理教学任务；工艺组有陈肖南、吕育新、黄友才（助教）等，承担弹丸加工工艺和工夹量具方面的教学任务。

1956年，陈肖南调离教研组，王文澜接任教研组组长。教研组秘书由朱怀章（助教）担任，党小组工作由单加木（后任校办主任）负责。

在王文澜领导下，教研组积极扩大教师队伍。首先从本专业挑选优秀毕业生留校任教，充实教师队伍，比如魏惠之（硕士毕业）。1951级本科毕业生留校的有余超志、徐洪烈、徐跃华、李景云、杨生彩、王桂珍、李俊珍、金承天、郑功海、单加木等；1952级留校的有王润田、高文亭；1953级留校的有王鸿儒等；1954级留校的有陈铁如、张锦云；1955级留校的有张天泰。此外，还有从外单位分配来的崔维继同志。

1959年，专业教师队伍有王文澜（教授），吕育新、王守范（讲师），周兰庭、李景云、魏惠之等，共14人。

1960年，火箭战斗部设计与制造专业筹建阶段由蒋浩征（教研组长）、龚志豪（秘书）、南果登、何顺录、李妙成、李文禄6人组成，后来又调入了金承天、欧阳楚萍、王翠珍等人。在筹建初期，主要集中力量进行常规装药战斗部专业建设。

1962年，八系成立。随着建立专业任务的明确，对教师队伍进行了调整，教师有蒋浩征（教研组组长）、周兰庭（支部书记）、金承天、蔡汉文、陈铁如、赵振荣、张天泰、南果登、何顺录、崔维继、熊学文等。工艺教师王秀兰，赵鸿德编制在141教研室。

至1965年，教师队伍继续扩大，新增崔秉贵、马晓青、范炳全，同时，李学敏、万丽珍被分配到本专业。1965年，专业教师队伍中只有蒋浩征和周兰庭2名讲师，何顺录、赵振荣等8名助教，实验室工作人员有陈铁如、崔维继等4人。

2. "文化大革命"期间（1966—1976年）

1971年，随着五机部院校调整，太原机械学院暂不招生，有4位教师即李景云、李禄荫、王鸿儒和隋树元调回本专业。

3. 改革开放期间（1977—1998年）

1978年前，教研室师资队伍有所调整，调出的有金承天、南果登、陈铁如、李学敏、范炳全、张天泰等，调入的有杨述贤、王秀兰、牧森林、梁秀清、曾凡君、王淼勋、于树森、汤早富等人。

1975—1978年，陆续从工农兵学员优秀毕业生中吸收了新生力量，为教师队伍增添了新鲜血液，他们分别是1975年毕业的高修柱、李德君、魏晓涛、苑文学、王蕴华，1976年毕业的冯顺山，1977年毕业的刘煜和石联芳等8人。同时，杨述贤调离本专业。至1978年，教工队伍发展到29人。

图1－110　火箭战斗部设计与制造专业时期教授队伍
（左起：蔡汉文、周兰庭、蒋浩征）

表1－14　教职工队伍（1978年）

教师								实验人员	
蒋浩征	周兰庭	李景云	蔡汉文	南果登	李禄荫	何顺录		崔维继	于树森
牧森林	赵振荣	梁秀清	崔秉贵	王秀兰	曾凡君	马晓青		万丽珍	
隋树元	王洪儒	王淼勋	范炳全	冯顺山	苑文学	高修柱			
李德君	王蕴华	魏晓涛	刘煜	石联芳					

1980年以后，在弹药战斗部工程专业阶段，随着教师职称评定制度的恢复，特别是随着一批优秀硕士和博士研究生毕业后补充到教师队伍中，教职工队伍的整体素质和水平有了很大提高，教师职称和学历发生了很大的变化。至1998年，教职工队伍中的教授、副教授已占相当高的比例，教授有11人，副教授有11人，博士生导师有蒋浩征、蔡汉文、冯顺山、马晓青、隋树元。1996年本专业有6位教师（蒋浩征、周兰庭、李景云、蔡汉文、冯顺山、崔秉贵）获得国务院政府特殊津贴。

表 1-15 1978—1998 年教职工情况

教授	副教授/高级实验师	讲师	实验人员
蒋浩征　周兰庭　李禄荫 李景云　蔡汉文　冯顺山 马晓青　曾凡君　高修柱 隋树元　蒋建伟	赵振荣　何顺录　范炳全 王秀兰　崔秉贵　王淼勋 俞为民　万丽珍　梁秀清 姜春兰　韩　峰　王树山 吴　成　王海福　赵川东	于树森　崔维继　汪沼飞 赵宏图　王洪儒　苑文学 李德君　魏晓涛　王蕴华 刘　煜　石联芳　鲁　春 赵川东　李进忠　伍　鹰 邢郁丽　王格伟	王　焱 石小平

图 1-111　弹药战斗部工程专业
部分教师合影

图 1-112　81 实验室全体
成员合影（1984 年）

图 1-113　弹药战斗部工程专业部分教授合影
（左起：蒋建伟、马晓青、蒋浩征、周兰庭、蔡汉文、冯顺山）

1978—1997年，教研室工作全面发展，学科建设显著进步，科研成果显著，得到校系的表扬，多次被评为先进集体、先进党支部和先进实验室。先后担任教研室主任的有蒋浩征、周兰庭、马晓青、蒋建伟，担任党支部书记的有周兰庭、崔秉贵、万丽珍。获得国务院政府特殊津贴的教师有蒋浩征、周兰庭、李景云、蔡汉文、冯顺山。

图1-114　81专业教研室支部被评为校优秀党支部

图1-115　教研室教师们去圆明园休闲和交流活动

4. 跨世纪发展（1998—　）

1998年以后，进入弹药工程与爆炸技术专业阶段。2000年，本专业引进工程院院士朵英贤教授；1人获"国家有特殊贡献中青年专家"称号，2人获教育部"长江学者奖励计划"特聘教授，1人获"杰出青年基金"，1人获国防"511"科学技术带头人称号。

2010年，经调整独立成系，命名为无人飞航工程系。教职工队伍发生了一些变化，其中，朵英贤学科组（朵英贤、王建中、宋遒志、施家栋）和王树山学科组（王树山、马峰、魏继峰、韩磊）共8名教师划归其他系；原工程力学学科点的教育部"长江学者奖励计划"特聘教授（任期至2012年）宁建国学科组3名教师（宁建国、任会兰、马天宝）划归本系，至此，无人飞航工程系由兵器科学与技术学科（为主体）和力学学科联合组成。

表1-16 1998—2010年教职工情况

教授	副教授/副研/高级实验师	讲师/工程师
蒋浩征　朵英贤　隋树元 马晓青　冯顺山　黄风雷 王淼勋　蒋建伟　姜春兰 韩　峰　王海福　吴　成 王建中　王树山	万丽珍　崔秉贵　芮久后 周　霖　俞为民　宋遒志 马　峰　董永香	王　芳　邵志宇　门建兵　王树友 李　明　王在成　张向荣　韩　磊 魏继峰　陈　放　任云燕　施家栋 史京柱　张渝霞　王　焱　余庆波 黄广炎

注：1. 朵英贤、王建中、宋遒志、施家栋、王树山、马峰、魏继峰、韩磊于2010年转出。
2. 黄风雷为"长江学者奖励计划"特聘教授；
3. 王焱于2010年退休。

图1-116 中国工程院院士朵英贤

图1-117 弹药工程与爆炸技术专业部分教授合影

（左起：吴成、王海福、蒋建伟、黄风雷、冯顺山、王树山、韩峰）

2010年以来，在师资队伍建设、支部党建工作等方面取得显著成效。冯顺山于2013年获北京市优秀教师，姜春兰于2018年获北京市三八红旗奖章，王海福于2017年获首届全国创新争先奖和首都劳动奖章、2018年获批享受国务院政府特殊津贴专家，董永香、余庆波分别于2011年和2019年获中国兵工学会青年科技奖。冯顺山、王海福于2017年获批北京理工大学特聘教授（新体制）。在"四青"人才培养方面，马天宝获批2018年国家优秀青年科学基金（"优青"），黄广炎入选2018年国家万人计划青年拔尖人才支持计划（"青拔"），余庆波入选2018年教育部长江学者奖励计划青年学者（"青长"）。系党支部于2017年获评北京高校先进基层党组织，2018年获批全国党建工作样板支部培育建设单位。

图1-118　冯顺山获评北京市优秀教师

图1-119　姜春兰获评北京市三八红旗奖章

图1-120　王海福获首届全国创新争先奖和享受政府特殊津贴

第一篇　弹药战斗部工程专业

图 1-121　北京高校先进基层党组织

图 1-122　全国党建工作样板支部

表 1-17　2010—2015 年教职工情况

教授	副教授/副研	讲师/工程师
冯顺山　蒋建伟　姜春兰 宁建国　韩　峰　王海福 周　霖　吴　成　任会兰 张　靖	俞为民　芮久后　董永香 王　芳　邵志宇　门建兵 陈　放　马天宝　李　明 王在成　王树友	张向荣　任云燕　史京柱 张渝霞　余庆波　黄广炎 赵　雪　郑元枫　毛　亮 李　梅　安丰江

注：1. 俞为民于 2012 年退休；
　　2. 张靖于 2013 年调入本系，2015 年退休；
　　3. 韩峰、陈放、任云燕于 2015 年转出，到水中无人系统研究所工作。

表 1-18　2016—　教职工情况

教授	副教授/副研	讲师/工程师
冯顺山　蒋建伟　姜春兰 宁建国　王海福　周　霖 芮久后　吴　成　任会兰 董永香　黄广炎　余庆波	王　芳　邵志宇　门建兵 王树友　王在成　李　明 马天宝　黄广炎　余庆波 张向荣　郑元枫	李　梅　毛　亮　赵　雪 安丰江　史京柱　张渝霞 李　健　周　彤　葛　超 栗建桥　王　涛

5　实验室建设

5.1　戊区 81 专业实验室建设

1. 国内自行研制的第一台脉冲 X 光射线摄影设备

20 世纪 60 年代初，实验室建设处于起步阶段，设备简陋且数量少，只有弹丸动平衡测试仪、八线振子示波器动态测试系统、12.7mm 弹道枪等。但科研急需一台大型 X 射线摄影设备，用于拍摄爆炸驱动过程中的动态图像、测试动态参数。当时经费有限,买不起国外的设备,于是教研室决定自行研制。东北一家兵工厂从苏联进口了一台类似设备,可以用来做参考。在对设备零部件进行反复测绘的基础上设计出了加工图纸,但真正加工过程中还是遇到了组装、调试、检测、安全防护、规范操作等一系列难题。研制工作整体分成了高压发生器组、充电装置组、延时装置组、系统控制组等。

　　承担这项科研任务的除部分老师外,如陈铁如、崔维继及随后加入的熊学文、李学敏,主要是1955级毕业班学生,如祁载康、王野平、杨双秀等,后来1956级、1957级毕业班同学接力进行。研制工作充分体现了自力更生、艰苦奋斗、团结协作的精神。为了零部件加工,有关人员跑遍了北京的各个角落,除系工厂、院机械厂外,还要跑北京变压器厂、机床厂、塑料厂、汽车制造厂等。由于受当时国内工业基础条件的限制,零部件加工质量难以保证,研制出的第一代X射线摄影设备只能拍摄雷管爆炸影像,工作可靠性也较差。

　　1966年6月后,受"文化大革命"的影响,教学工作处于瘫痪状态。1971年,为解决教学、科研急需,师生开始自力更生,在原有设备基础上继续研制高难度的脉冲X射线摄影大型测试设备。1973年,在李禄荫主任带领下,首先对自制的第一代X射线摄影设备进行调试。1975年,购置了两台国产的400kV脉冲X光机,其中X光管由中科院电子所研制,高压电容器由力学所设计,北京798厂生产,上海探伤机生产机壳并组装。由于国内没先例,用户与厂家先后在上海、北京进行了调试,但两台X光机拍照的同步机必须自己制作(间隔1μs)。为此实验室老师自己设计制作了电子管的幻象延时电路同步机。

　　1977年,机器通过反复调试后配备于爆炸洞的新实验室,开始拍一些雷管及裸药柱的照片,并成功进行野外动态试验,这在当时的国内兵器测试同行中引起了较大的关注,起到了引领作用,有关单位纷纷前来参观交流(后来在各研究所院校都先后应用)。李禄荫为我国脉冲X光摄影技术在兵器实验中的应用起到了引路和发展推动作用。

　　80年代初期,在李禄荫牵头下争取到一批科研经费,从美国HP公司引进了性能先进的300kV脉冲X射线摄影大型设备,建立起了国内第一个脉冲X射线摄影实验室,为国内一批重要弹药/战斗部科研和有关型号研制提供了高水平的科学数据,起到引领作用。

　　80年后期,中美关系改善,美国对中国开禁,由李禄荫牵头,万丽珍、王洪儒等配合,从美国HP公司引进了两台可正交摄影的43733A型300kV脉冲X光摄影机并拓展提高了应用性能,为我国科研和教学工作做出了突出贡献,也为学科争得了荣誉。

　　1993年,冯顺山牵头利用国家重点实验室建设经费,从瑞典引进两台

1 200kV 脉冲 X 光摄影机（放置在西山实验中心）。2010 年，由冯顺山、蒋建伟牵头又从瑞典引进 4 台 450kV 可正交摄影的脉冲 X 光摄影机（放置在东花园实验基地）。

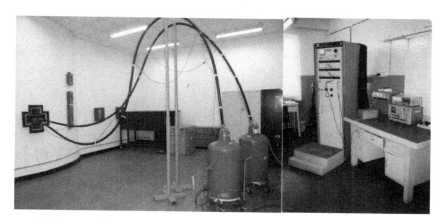

图 1-123　从美国引进国内首台 HP43733A 型 300kV 脉冲 X 光摄影机

图 1-124　从瑞典引进国内首台 1 200kV 脉冲 X 光摄影机

2. 戊区 81 专业实验室

1976 年，在解放军工程兵出资出人的帮助下，李禄荫和李景云带领万丽珍、崔维继、魏晓涛、王鸿儒等，与 1976 级同学一起动手盖起了可进行爆炸试验的戊区 81 专业实验室（战斗部技术实验室）。该实验室由 Φ3 米的爆炸洞、脉冲 X 光测试室、电测室等组成，主要分布在三个区域，分别是戊区实验室、教学区 56m 长靶道实验室和 3 号教学楼一层实验室。自研 X 光摄影机放置在专门测试室中，结束了过去多处借地方调试的历史。由于经费短缺，一切都得自力更生，就连控制台地面都必须自己平整，16m^2 的地面都是师生亲手借助水平仪一块砖一块砖地铺起来的。

1984年，冯顺山任实验室主任，何顺录任实验室副主任，建立起战斗部与终点效应实验室，对戊区实验室进行扩建，新建了危险品暂存库、爆炸装置试验准备间、教学实验工作室、科研试验研究工作室，研制了带壳战斗部脉冲X光摄影防护系统、冲击波超压测试系统、12.7mm弹道枪试验系统、材料动态性能试验系统和破片速度测试系统等，实验室得到了较大发展，国内影响力越来越大，满足了日益增长的教学科研工作需要。

5.2 靶道实验室建设

半地下靶道实验室是本专业实验室的重要组成之一，1984年，开始进行重大改造。实验室建设主要是在原轻武器半地下靶道的基础上，建成了约56m长终点效应靶道实验室、6.5m长小靶道实验室和材料动态特性实验室，具有7.62mm、12.7mm、14.5mm弹道枪和25mm弹道试验炮及其配套电测仪器设备，拥有了对破片/子弹初速、速度衰减规律、穿甲效应、终点散布等进行试验测试的能力。

20世纪80年代中期，靶道实验室建立了材料动态性能测试系统——Hopkenson压杆和Taylor圆柱实验装置，为杀伤元和战斗部壳体材料动态力学性能研究提供了重要手段，同时也为本科生教学实验提供了重要平台。半地下靶道实验室一度成为八系综合研究成果对外开放参观的主要实验室。

2000年左右，校本部实验室搬迁至西山实验中心，本专业点针对位于西山实验中心的战斗部终点效应实验室、水中爆炸实验室、灵巧弹药总体技术实验室、活性材料实验室和装药技术实验室进行了方案设计、验收和运行等建设工

图1-125　14.5mm、12.7mm、7.62mm弹道枪试验设备

作，为实验室发展做出了贡献。

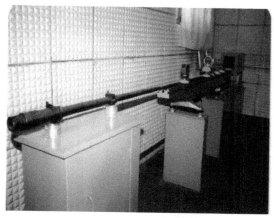

图1-126 半地下靶道Hopkenson压杆测试系统

5.3 实验室建设和研究能力的发展

1996年以来，本专业联合有关学科开始了"211"工程一期爆炸与安全学科平台建设、二期爆炸、毁伤与安全学科平台建设、三期灵巧与高效毁伤学科平台建设。至2018年，"211"工程一期、二期、三期建设均通过国家验收。

2001年，本专业开始"985"工程一期火炮、自动武器与弹药工程学科平台建设。2004年，联合有关学科开始"985"工程二期爆炸、毁伤与安全科技创新平台建设，2009年通过国家验收。

"十一五"期间，国防科工委立项在本专业进行战斗部基础条件建设（项目经费1亿余），除东花园爆炸与毁伤实验基地推迟至2011年验收外，该项目于2010年通过国防科工局组织的验收并受到好评。

在"985"工程二期、"211"工程各建设期经费和"战斗部基础条件"建设项目的大力支持下，本专业迎来了突飞猛进的发展，购置了一大批先进仪器设备，形成了新的先进实验研究能力，取得了丰硕的科技研究成果，教学和人才培养达到新的历史高点。主要建设项目有：

（1）弹药战斗部终点效应及威力数值仿真软件系统。
（2）脉冲X光摄影机、系列化高速摄影系统。
（3）上百通道各种档次的瞬动态信号测试系统。
（4）灵巧弹药/智能战斗部试验系统。
（5）软/非致命毁伤试验系统。
（6）高致密高能军用炸药及装药技术试验系统。

(7) 新型毁伤元技术试验系统。
(8) 校本部 9 号楼实验室用房建设。
(9) 西山"332"号楼实验室建设，A/B 栋实验室改造。
(10) 露天爆炸与毁伤实验基地建设（东花园爆炸与毁伤实验研究基地）。

2010 年，根据机电学院按照研究方向组建系的原则，考虑到弹药作为特种无人飞行器的技术特征，成立无人飞航工程系，同时设立毁伤与弹药工程学科特色实验室。

图 1-127　北京西山实验基地，设有 $\phi 8m$ 爆炸洞、
20m 终点弹道洞、水中爆炸洞等

5.4　东花园爆炸与毁伤实验研究基地建设

2010 年 8 月，战斗部基础条件建设项目"东花园爆炸与毁伤实验研究基地"（位于河北怀来县）正式开工，该项目与解放军工程兵二所协同建设，2011 年 9 月建成验收。

该实验基地由冯顺山（战斗部基础条件建设项目技术负责人）负责技术总体和使用方案设计，占地约 500 亩，有八幢实验室、两个露天爆炸试验场、一个终点效应试验场、一个工业燃爆试验场等，综合能力先进，具有显著特色，为国内首个"爆炸与毁伤"实验研究基地，适合弹药战斗部威力及其终点效应、新型/新概念战斗部技术研发、毁伤机理和科学问题探索，以及弹药安全性、装药技术和高品质炸药制备等科技问题的试验研究。

实验基地的一期建设为学科发展提供了十分重要的发展条件，表明学科实验室建设进入了一个全新的时期和高度，具有里程碑标志，也为后续发展提供了基础条件。

2014 年，北京理工大学"推进计划"（2014—2020 年）实施，本专业完成

2014年建设任务，主要按计划对东花园爆炸与毁伤实验研究基地进行完善性建设，使之适应安全使用要求。

图1-128　战斗部基础条件建设项目"东花园实验基地"正式开工

图1-129　东花园爆炸与毁伤实验基地一角

图1-130　东花园爆炸与毁伤实验基地全景

图1-131 2011年12月 战斗部基础条件建设项目"东花园实验基地"通过工程竣工验收,赵平副校长主持验收会

图1-132 东花园实验基地1号实验室

图 1-133　机电学院教师东花园实验基地植树留念（2015 年 4 月）

6　交流合作

自改革开放以来，本专业在科研、教学、人才培养和实验室建设方面取得了很大发展，中青年教师得到有力锻炼，成为学科骨干，学科综合水平得到显著提升，形成良性发展态势，在国内的知名度不断提高。国际学术交流也显著加强，同英国、美国、俄罗斯和瑞典等国建立了国际合作关系，促进了学科发展。在此期间，进行了广泛的国内外学术交流，派遣大量优秀中青年教师去美国、英国、加拿大、日本、新加坡等国做访问学者或留学深造。邀请了大批外国专家学者来校讲学与交流，还为利比亚、巴基斯坦等国培训专业人才及研究生。通过学术交流和国际合作的大力发展，挂靠本专业的战斗部与毁伤效率专业委员会举办的全国性学术交流会受到业内重视，成为战斗部与毁伤领域十分有影响力的学术会议，投稿踊跃，讨论热烈，学术交流成效显著。

6.1　主持大型国内学术会议

20 世纪 70 年代，中国科协全国大会召开，学会活动恢复正常，当时全国战术导弹战线有关人士发起成立中国宇航学会无人飞行器学会的倡议，经精心筹备并经中国科协批准，于 1988 年正式成立。中国宇航学会无人飞行器学会下设导弹总体技术、制导技术、发射技术、战斗部与毁伤效率等 7 个专业委员会，同属于二级学会。经与会代表推荐并经大会批准，战斗部与毁伤效率专业委员会挂靠在北京理工大学，具体由本专业筹建。

1990年，在蒋浩征等人的努力下，中国宇航学会无人飞行器学会战斗部与毁伤效率专业委员会正式成立；蒋浩征为第一任主任委员（1990—2003年），高修柱为第一任干事长，午新民为第二任干事长，冯顺山为第三任主任委员（连任至今），蒋建伟为第三任干事长（连任至今）。依据科技发展需求，2011年，经学会专业委员会全会通过更名为战斗部与毁伤技术专业委员会，学术交流的研究方向主要有毁伤与战斗部综述，目标易损性、战斗部机理与设计，末端及终点弹道毁伤效应，毁伤效率与评估，火炸药及其在战斗部中的应用，相关理论与技术等方面。学会每两年举办一次全国学术年会，为国内从事弹药战斗部领域研究的同行提供了重要学术交流平台，具有重要影响力。至2019年，已成功举办16届全国学术年会；第14届学术年会已发展到51个委员单位，论文录用300余篇。委员在国内有较高知名度和声望。

图1-134　战斗部与毁伤效率委员会第二届学术会议

图1-135　战斗部与毁伤效率专业委员会学术交流论文集

图1-136 第九届战斗部与毁伤效率专业委员会学术会议（2005年珠海）

图1-137 冯顺山教授主持第十届（2007年绵阳）、
第十一届（2009年宜昌）战斗部与毁伤效率专业委员会学术年会

6.2 参加国际知名学术会议

20世纪80年代以来，本专业老师多次参加国内外举办的大型国际会议，发表了一系列重要学术论文，与国内外学者进行了广泛的学术交流。一些学术论文受到国内外学者的很高评价。例如，2010年5月，第25届国际弹道会议在北京举行，本专业多位教授参加了本届学术大会，发表学术论文6篇，王芳在大会作了学术报告，由门建兵、蒋建伟等发表的学术论文"Numerical Method and Experimental Research on The Formation and Perforation of Penetration From Multimode Warhead"被大会推荐为"尼尔格里菲斯纪念奖（Neill Griffthsmm Memorial Award）"三篇提名论文之一。2013年，王树有和南宇翔（博士研究生）参加了在美国亚特兰大举办的第28届国际弹道会议。

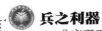

图1-138 参加国际弹道会议(1992年瑞典)

图1-139 参加国际合作和学术交流(1995年瑞典)

图1-140 蒋浩征参加国际学术会议

图1-141 与瑞典有关公司洽谈技术合作(1993年6月)

图1-142 赴美国参加冲击波物理国际会议期间，与美国国家实验室科技人员洽谈科技合作（1995年）

图1-143 王芳在第25届国际弹道会议上作大会学术报告（2010年）

图1-144 王树有等在美国亚特兰大参加第28届国际弹道会议（2013年）

6.3 为发展中国家培训军工人才

20世纪80年代以来，学校积极为亚洲、非洲多个发展中国家培训军工人才。1990年，本学科点为利比亚举办弹药培训班，冯顺山总负责，王廷增为实施责任人，李禄荫讲授航空弹药，马晓青讲授弹药作用原理，赵振荣等指导毕业设计，冯顺山主持学生毕业答辩。

2003年起，本专业开始为发展中国家培养硕士和博士研究生。其中，吴成作为硕士生导师培养的 2 名巴基斯坦硕士研究生已学成回国，4 名阿尔及利亚硕士研究生也已完成学业回国。

图 1-145　留学生毕业答辩（1992 年 4 月）

图 1-146　2010 年 4 名留学生通过毕业答辩

6.4　邀请讲学

20 世纪 80 年代起，本专业开始邀请国外一些知名大学教授来校讲学或学术交流，如 1986 年邀请剑桥大学 W. J. Stronge 教授来校讲授穿甲力学理论，邀请美国著名教授 H. Kolsky 来本专业讲授固体中应力波理论。1993 年，邀请莫斯科包曼大学弹药教研室主任一行 5 人，来本专业进行了 3 个小组范围的学术交流，在定向战斗部原理、冲击起爆准则等方面获益匪浅。1996 年，美国劳伦斯利弗莫尔国家实验室与本专业洽商国际合作事项。2009 年，俄罗斯莫斯科城市安全保障协调等部门领导及专家与冯顺山洽谈城市空中安保科技合作。2012 年，邀请英国剑桥大学 Green 和 W. J. Stronge 教授来讲学。

图 1-147　邀请英国剑桥大学教授讲学和学术交流

图 1-148　与俄罗斯专家进行
奥运安保方面的学术交流

图 1-149　西班牙马德里大学教授
参观实验室

6.5　出国学术访问和学习

1981年，马晓青赴维也纳科技大学和英国剑桥大学进修学习，与剑桥大学的 W. Johnson 教授进行了合作研究。1986年，苑文学、李德君赴美国攻读博士学位。1987年，汪绍飞去德国攻读博士学位。1992年，鲁春赴新加坡国立大学攻读博士学位。1995年，姜春兰赴澳大利亚悉尼大学进修学习；赵川东去美国做高级访问学者等。1996年，周霖赴俄罗斯门捷列夫化工大学含能材料系学习。2005年，吴成赴华盛顿州立大学冲击波物理中心进修学习。

2010年以来，本专业进一步加强了与世界一流大学的合作与学术交流，陆续派黄广炎、董永香、任云燕、张向荣、任会兰、李健、王芳、王在成、王树有、门建兵、余庆波、毛亮等青年教师赴美国、英国、加拿大、澳大利亚、新加坡等国外著名大学做访学交流。通过打开国际合作新局面，发表的 SCI 论文显著增多，教师成功申报的自然科学基金项目也大大增加，打破历史纪录，学术研究水平得到显著提高。

另外，本专业尝试与国际著名大学联合培养博士生，探索与本专业密切相关的偏理学科（冲击力学、流体力学、化学工程等）的学习和学术研究，取得了较好的经验，为后续发展提供了有益的借鉴。下面是冯顺山指导的三位博士生与国际上有关大学联合培养的情况。

赵雪（博士生）于 2008 年通过北京理工大学组织的选拔，获得马可波罗奖学金，2009 年 3 月前往西班牙马德里大学访学，为期 6 个月。在国外导师 Cermen Clemente 指导下，对各国 CO_2 捕集和储存情况做了大量调研，回国后发表了论文《探讨适合中国的 CO_2 捕集技术》，论述了当前中国捕集 CO_2 的必要性，探讨了适合中国的 CO_2 捕集技术。在马德里理工大学访学期间，她通过了西班牙语 A1 级考试，英语实践能力也得到加强。

周彤（博士生）于 2010 年 5 月通过国家留学基金委的选拔，被录取为 2010 年国家公派研究生项目出国留学人员（联合培养博士生），于 2010 年 9 月赴美国伊利诺伊理工大学交流学习，为期一年。在导师 Dietmar Rempfer 的指导下，基于计算流体力学软件 Star CCM+，对风力机的空气动力学问题进行了大量的仿真计算研究，撰写了题为"基于 Star CCM+ 的风力机的流场研究"，主要阐述了计算流体力学在风力机叶片设计方面的应用、各个参数对计算结果的影响，以及边界层、漩涡形成、压力分布等空气动力学问题。摘要被第 64 届美国物理协会流体动力学年会收录，并受邀在会议上作报告。2014 年 3 月，周彤又以联合培养博士生的身份赴美国杜克大学工程学院交流学习，为期一年。在机械工程与材料科学系主任 Earl H. Dowell 教授的指导下，从事空气动力学与气动弹性方面的研究。通过数值仿真及风洞试验数据的对比研究，发现了大攻角条件下某翼型空气绕流的抖振与经典卡门涡街的类比性，并研究了雷诺数、攻角等条件对抖振频率及振幅的影响，以及共振产生的条件。在杜克大学学习期间，撰写了两篇学术论文，发表于 SCI 期刊 Journal of Aircraft 和 Aerospace Science and Technology，并前往美国旧金山参加了第 67 届美国物理协会流体动力学会议，在会议上作交流报告。

李顺平（博士生）于 2013 年 10 月以联合培养博士生的身份赴美国布朗大学工程学院交流学习，为期一年。她在国际著名冲击动力学专家 Clifton 院士指导下，熟练掌握了压剪炮试验技术和光学干涉仪测试技术，并多次独立开展聚合物材料高应变率动态力学性能试验测试，自行设计光路，调试干涉光路，建立了聚合物材料高应变率本构模型，并根据实验结果结合数值仿真对本构模型参数进行了优化求解。

6.6 科研教学厂校联合体

5013厂是为航空、航天、船舶、兵器等导弹总体配套的导弹战斗部进行研制及生产企业,为本专业最为专业对口的企业。1986年7月在厂校多年成功合作研究科研项目基础上,李禄荫、何顺录、冯顺山等代表学校与工厂签订了"北京理工大学力学工程系—5013厂战斗部教学科研联合体"合作协议,主要内容为双方本着互惠互利、利益共享的原则,在战斗部科研、教学和人才培养方面开展紧密合作,联合开展预研和型号研制,工厂接收学校本科生进行工艺实习等。李禄荫为第一届厂校联合体主任委员、冯顺山为第二届、第三届主任委员。厂研究所、81教研室负责日常工作,何顺录(1995年前)、马晓青(2000年前)先后担任校方常委。在联合体成立的短时间内,就争取到了航天二院的某地地导弹杀爆战斗部(1988年)和某防空导弹战斗部(1990年)、014中心的某空空导弹战斗部等(1992年)多个型号的研制任务,并开展了联合研制。厂校合作模式得到军方和总体单位的充分肯定。

王秀兰、王淼勋、曾凡君等老师负责带领本科生赴厂生产实习,加深了学生对战斗部的设计、加工和试验的了解。王淼勋老师长期研究军工专业实践教学,他承担的产学研相结合的教学实践课题获得了国家优秀教学成果二等奖。

进入21世纪,随着国防科研需求的发展,工厂和学校决定加大合作力度,将原先的战斗部联合体升格为中国兵器装备集团与北京理工大学导弹战斗部研究

图1-150 1986年厂校战斗部教学科研联合体成立签字仪式,本专业教授八系副系主任李禄荫和5013厂副厂长尹玉阶在协议书上签字,八系周兰庭、何顺录、冯顺山、石岩参加仪式

开发中心，2001年11月在人民大会堂举行了成立大会和揭牌仪式，兵器装备集团与北京理工大学领导签署了合作协议，成立了理事会，设立5013厂本部和北京理工大学机电学院（本专业为主体）分部。研发中心成立后秉承了原联合体的优良传统，科研教学和人才培养的合作广度和深度得到进一步加强，在国内产生重要影响。厂校持续合作近30年，成为行业内产学研合作的典范。

图1-151　产学研合作机构成立

6.7　与国外合作研究

本专业大量承担国防科研项目，遵守保密法和保护国家利益，不便开展深入的国际学术交流或国际合作，但学科积极开展有关理论研究合作，促进学术水平提高。1984年9月20日，与英国剑桥大学工程系W. J. Stronge教授签订了合同研究"弹体破裂机理"课题，历经4年之久，获得了英国教育部对外合作司以及北京理工大学外事办公室的财政资助。研究成果发表在著名的国际力学杂志上，1990年获北京理工大学优秀论文特等奖，并获得机械电子工业部外事局优秀合作奖，是我校与外校最早合作项目之一。

2013年1月至2015年12月，黄广炎、冯顺山等与英国剑桥大学工程系Dr. Graham McShane、Prof. W. J. Stronge联合承担了爆炸科学与技术国家重点实验开放基金重点资助项目（Lightweight Ballistic Armour Made from Polymer – Metal Laminates）的研究，针对金属—聚合物复合层状结构的抗冲击性能开展研究，研究内容包括金属—聚合物材料的动态力学性能、复合结构的弹道冲击试验、复合层状结构的抗冲击设计等。双方进行了多次联合试验、学术交流与探讨，联合发表高水平论文3篇。双方将进一步拓展深化合作内容，联合申报国际科技合作项目，在爆炸冲击领域联合培养博士或博士后。

图1-152 探讨开放基金课题的合作研究计划

图1-153 就项目研究进展与阶段研究成果进行学术交流（一）

图1-154 就项目研究进展与阶段研究成果进行学术交流（二）

7 结语

本专业是我校最早创建的11个军工专业之一，经过六十几年的发展，已建设成为我国弹药战斗部工程领域的人才培养基地，形成了完整的从全日制本科生到硕士研究生、博士研究生等各层次人才培养体系，且设有博士后流动站，也可根据国家需要培养短期专项技术人员。1978年，获硕士学位授予权，1990年获博士学位授予权；2000年经教育部批准设立"长江学者奖励计划"特聘教授岗位；2001年被评为国家重点二级学科，形成鲜明的以国防、工科为主的工理结合特色、国防科技特色，（毁伤与弹药工程）学术/技术优势明显，师资力量雄厚，科研条件一流，教学和科技成果斐然，为兵器科学与技术国家一级重点学科建设和国防事业发展做出了重大贡献，经国内同类国家重点二级学科评估，名列第一。

师资队伍方面：1954年，筹建教研组，至1959年9月，17位教师队伍中仅有1位教授。截止到2020年6月，在编30名教师中，有教授12人、副教授8人、讲师9人；拥有博士学位的教师28人，博士生导师15人，包括国家有突出

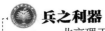

贡献中青年专家1人，"教育部长江学者奖励计划"特聘教授1人，"国家基金委优秀青年科学基金"1人，"国家万人计划青年拔尖人才支持计划"1人，"教育部长江学者奖励计划青年学者"1人。2007年，本专业被国防科工委批准为首批国防科技创新团队，具备培养高水平优秀创新性人才的综合实力。

研究生培养方面：20世纪五六十年代，研究生主要由教研组与指导老师共同培养。至80年代初，本专业仅培养硕士生9人。从20世纪80年代至今，本专业已培养硕士生376人、博士生116人，博士后10人，为兵器、航空、航天、部队科研院所、基地等领域的高层次军工创新人才培养做出了重要贡献。

科学研究与科技成果方面：20世纪五六十年代，全教研室只有几个科研项目；90年代后，逐步走向自主创新之路，特别是2000年以来，本专业瞄准国家武器装备发展的重大需求，先后承担了一大批国防科研项目，包括国防技术基础科研项目、国防"973"项目、军口"863"项目、总装先进高能毁伤重大专项子课题、总装武器装备探索研究项目、军兵种预研、演示验证和型号研制项目、火炸药专项、外协技术合作项目等；2010年后，自然科学基金申请成功数大大增加，基础研究实力得到明显加强。据不完全统计，2010年以来，年均科研经费超过3 500万元。2000年至今，本专业获国家级科技奖励10项，部级科技奖励60余项，授权专利200余项，发表学术论文1 800余篇，为提升我校"兵器科学与技术"学科的国内领先地位发挥了重要作用。

教材与著作出版方面：20世纪五六十年代，军工教材大多生搬硬套苏联军事院校教科书；80年代后，走上了自主创新之路。1980年至今，共编著出版教材、译著和专著50余部，为提升学术地位和人才培养做出重要贡献。

国际国内学术交流方面：20世纪80年代以来，本专业国际学术交流频繁，除参加和举办国内外学术会议外，还与美国、英国、德国、俄罗斯、日本等国建立长期学术关系，并为发展中国家开办军工培训班，培养研究生等。特别是45岁以下青年教师中过半数有在国外著名大学半年期以上研修访学的经历。另外，本专业是宇航学会无人飞行器学会战斗部与毁伤技术专业委员会的挂靠点和主任委员单位，兵工学会弹药学会副主任委员单位，也是兵工学会爆炸与安全专业委员会主要依托点。

实验室与学科建设方面：经三期"211"工程、二期"985"工程和战斗部基础条件建设，专业实验室和学科建设得到了长足的发展，特别是随着2013年东花园实验基地的验收完成和全面投入使用，为高水平教学和科学研究提供了有力保障。

在六十几年的发展历程中，全体教职工在教学科研一线兢兢业业扎实工作，为学科点建设、专业发展、人才培养和国防科技事业做出了贡献。

历史打下了良好的基础,前辈们的创新成果和科学精神是宝贵的精神财富。在岗全体教职工将团结一致、不断进取、努力攀登科技高峰,为国防建设的发展做出应有的贡献。

附录1 回忆录

一、记火箭战斗部设计与制造专业的首套教材编写与出版

20世纪60年代,党中央决定研制"两弹",国防科委决定在原国防院校中筹建一批新专业,火箭战斗部设计与制造专业便是其中之一,设置在北京工业学院(北京理工大学前身)。为此,北京工业学院成立了专业筹备小组,任命蒋浩征为教研组组长,教研组成员有龚至豪、南果登、何顺录、李文禄、李妙成、金承天、欧阳楚萍、王翠珍,后又调进了周兰庭、陈铁如、崔维继、熊学文等。教研组参考了相近专业的教学计划,制定了火箭战斗部设计与制造专业的教学计划,确定了专业主干课程与实践性环节。火箭战斗部设计与制造专业的学生由原一系的学生转学而来,首届学生11571班共有学生10名。

教研组教师主要工作是备课、编写教材。为了能有效提高教学水平、编出好教材,教研组采取了三个措施:第一,对从苏联引进的3个导弹战斗部型号"3067""1089""7089"进行反设计,弄清战斗部结构和工作原理、毁伤目标的机理及衡量威力的参数;第二,从搜集的文献资料中挑选具有重要价值的资料(如北航张锡钝教授编写的《导弹战斗部设计》),进行集体消化、专题讨论、加深理解;第三,进入123厂、282厂等专业生产厂向生产实践第一线技术人员、工人师傅学习,掌握战斗部制造工艺特点。

附表1-1 火箭战斗部设计与制造专业的首套教材

教材代号	教材名称	作者	出版社	出版日期
50601	火箭战斗部构造与作用原理	蒋浩征	北京科教出版社	1964
50602	火箭战斗部设计原理	金承天	北京科教出版社	1962
50603	传爆与保险	王翠珍	北京科教出版社	1964
50604	火箭战斗部制造工艺学	王秀兰 赵鸿德	北京科教出版社	1962
50605	弹道式导弹头部防热设计	周兰庭	北京科教出版社	1962

注:50603教材采用了引信教材中典型结构中的起爆、传爆结构的保险机构。

首套教材的编写、出版，为学生学习专业课程提供了保障，为国内从事导弹战斗部工程的技术人员提供了有应用价值的参考书，为后续教材的修订提供了良好的基础。

感谢北京航空航天大学导弹设计专业张锡钝教授。他在 20 世纪 60 年代以访问学者的身份去苏联访问，在访问期间，搜集到许多有关导弹战斗部的资料，回国后他认真系统地整理资料，编写了《导弹战斗部设计》（内部发行）。该资料内容丰富、数据可信、公式可用，我们编写的导弹战斗部首套教材多方面引用该份资料。特此，向张锡钝教授致敬。（蒋浩征撰稿）

二、记弹药战斗部工程专业学科博士点的申报过程

自 1978 年全国恢复高考，大学生的招生与培养问题得到了初步解决。随着全国科技战线、生产战线、教育战线的发展，高学位研究生人才的招生培养问题被提到议事日程。国务院为此成立了学位委员会，下设若干学科评议组，聘请全国知名的专家教授为学科组成员。学位委员会负责研究各专业学科的博士点在全国的设置，解决学科博士点是否设置与怎样设置的问题；审查申请设点单位是否具备设点条件；负责博士点导师的审批。学科博士点的设置成为当时各学科的奋斗目标，在某种程度上成为学术水平和教学水平的一种衡量标志。

弹药战斗部工程专业学科在"文化大革命"前已批准为硕士研究生招生点，招了 6 名研究生。在 1978 年，经国务院学位委员会核实批准成为我国首批硕士学位授予点之一。

1980 年，在学院领导下，积极投入博士点的申报工作，成立了博士点申报小组，由李禄荫（副系主任）、马晓青（室主任）、蒋浩征、王秀兰 4 人组成，蒋浩征任组长，王秀兰任秘书。申报小组所做工作有：

（1）全面搜集各学科小组的科研成果、学术论文、专利与教学成果，计有国家级科技进步奖 3 项、部级科技进步奖 8 项，论文 86 篇，申请专利 6 项，并将收集到的成果和论文分类整理，突出重点，其中特别将论文统一格式，编写了论文摘要集。

（2）填写申报表格（要求：内容真实可靠，突出学术水平）。

（3）拜访国务院学位委员会兵器科学与技术学科评议组成员，递交申报材料与论文摘要集，使专家教授对我专业有一定的了解。

1990 年，国务院学位委员会第三次会议批准弹药战斗部工程专业学科为博士学位授予点，蒋浩征教授为博士生导师。本专业申报博士点工作首次就获成功。

三、记《导弹技术词典》战斗部分册的编写、出版

《导弹技术词典》是一部专业性、实用性都很强的工具书,世界上的强国、大国多重视这类工具书的编写。1979 年,国务院第八机械部发起《导弹技术词典》的编写工作,专门成立了"词办"领导小组,制订了词典编写计划。词典由 13 个分册组成。

附图 1-1　1979 年蒋浩征教授主持《导弹技术词典》(战斗部分册)编写

考虑到国内军工战线从事导弹战斗部领域相关人员的实际情况,为便于编写工作的开展,蒋浩征被任命为战斗部分册的主编,副主编由 8511 所俞明义担任。有关词典编写行政工作由 8511 所负责。编写小组由成继东、罗胤春、俞明义、姜孙余、陆雅明、凌玉昆、黄福清、崔秉贵、隋树元、蒋浩征组成。

战斗部分册共搜集到词目 333 条,词目按照专业分类依次编写,在词目释文和内容上尽量反映战斗部的先进性;在文字的叙述上,力求技术内容确切、概念清楚、语言简明、文字通顺。词目均有相应的英文、俄文对照词。

战斗部分册初稿的编写历时两年。1981 年 6 月在广州进行初审,1982 年在河北承德进行了合审,1983 年在杭州进行了中审,1984 年在北京进行了终审。1985 年战斗部分册编写完成,送交"词办"。

战斗部分册审订过程邀请了陈熙蓉、蔡汉文、孙业斌等。

本分册编写审稿过程中还得到"词办"副主任的大力支持,他亲自参加了词目审订。

《导弹技术词典》战斗部分册为从事导弹技术及战斗部领域的广大工程技术人员提供了工具书,也为广大关心导弹事业发展的人士提供了一本通俗易懂、概念正确的技术阅读材料。北京理工大学蒋浩征、崔秉贵、隋树元为战斗部分册编

写做了大量工作。(蒋浩征、崔秉贵、隋树元撰稿)

四、回忆中国宇航学会无人飞行器分会的战斗部与毁伤效率专业委员会的成立

在1978年中国科协全国大会召开后,全国各条战线掀起了学科学、讲科学与用科学的高潮。在"文化大革命"运动中被停止活动的学会、协会都逐步恢复各种学术活动。1985年,随着我国战术导弹型号研制的开展与各种新技术的采用,在航天部二院院长刘从军、二院总工程师杨存富等一批有识之士倡导下,设在中国宇航学会下的战术导弹系统工程专业委员会成立了全国性无人飞行器学会。经过近两年的筹备,无人飞行器学会在河北省涿县①召开成立大会,选举刘从军为无人飞行器学会会长,杨存富为无人飞行器学会秘书长。设立了7个专业委员会,5个专业协会。经与会代表讨论推荐张志鸿(二院科技会主任)、晏人英(空军)、李延杰(北航)、刘文俊(炮兵)、蒋浩征(北理工)等人成立战斗部与毁伤效率专业委员会。该专业委员会挂靠在北京理工大学。经过精心筹备,于1990年10月在山东青岛举行中国宇航学会无人飞行器学会战斗部与毁伤效率专业委员会成立大会。会议制定了专业委员会的章程,推举蒋浩征为首任学会主任委员、高修柱为干事长,商定每两年召开一次学术年会,学术论文要求装订成册。

战斗部与毁伤效率专业委员会的成立,为全国战斗部工程领域的科技人员提供了学术交流平台,增加了科研队伍的互相了解,为工作合作创造了条件,对我国战斗部领域发展起到了良好作用,深受同行的欢迎与支持。2011年为满足学科发展的需求,经过无人飞行器学会批准,战斗部与毁伤效率委员会更名为战斗部与毁伤技术专业委员会。

战斗部与毁伤效率专业委员会至今已召开16届年会,参加会议活动的委员单位发展到51个。(蒋浩征,冯顺山,蒋建伟撰稿)

附表1-2 战斗部与毁伤效率专业委员会历任主任委员与干事长

序号	任期	主任委员	干事长
1	第一任(1990—1996)	蒋浩征	高修柱
2	第二任(1996—2002)	蒋浩征	午新民
3	(2002—2003)	蒋浩征	蒋建伟
4	第三任(2003—2007)	冯顺山	蒋建伟
5	第四任(2007—2011)	冯顺山	蒋建伟
6	第五任(2011年至今)	冯顺山	蒋建伟

---

① 涿县:今为涿州市。

五、回忆实践教学获奖情况

项目：实践教学质量评估研究及实践教学改革与建设

参加人：赵鸣洲、张建民、张玉璞、王淼勋、李振健

获奖时间：1997年9月获北京市普通高等学校教学成果一等奖；1997年10月获国家级教学成果二等奖。

大致内容：所研究的实践教学质量评估系统主要包括毕业设计、课程设计、实习、实验四个子系统。主要研究四个子系统的特点与功能，它们在教育计划中的地位、任务与作用，以及四大子系统之间的内在联系，研究实践教学质量评估系统的评价标准与评价方法。这对于优化培养过程，全面提高人才培养质量有着重要的理论价值和实际意义。

积极开展实践教学质量评估工作，促进实践教学改革与建设不断发展。

1. 实习教学改革与实践教学基地建设

通过开展实习教学质量评估工作，探索了实习的教学规律，并对评估工作涉及的问题采取了相应的措施，因而实习工作取得了显著成效。采取的11项措施是：①全面修订实习工作文件及各专业实习大纲；②加强师资队伍建设；③严格实践教学质量监控，开展实习教学质量评估工作；④强化学生综合素质教育，注重教书育人；⑤注重工程意识的建立及工程实践能力的培养；⑥注重实习的实际效果，严格学生的成绩考核；⑦注意实习工作的实地考察与实习教育规律的研究；⑧注意总结经验，表彰先进，实施倾斜政策；⑨加强与企业间的合作，实施产学研合作教育；⑩加强校内外实践教学基地建设；⑪加大实习教学改革力度与投入强度，实习工作力求取得新的突破。

加强校内外实践教学基地建设：①调整10个校内基地，重点加强一部分、新建一部分，以形成校内基地的新格局，为学生参加实践活动提供十分重要的条件。②建设校外基地。a. 调整校外实践教学基地的总体布局，要求每个专业需有两个以上校外实习点，每个专业均需有长期稳定的校外实践教学基地。并再建12个以上校外基地。b. 建设多种模式的校外实践教学基地。学校与企业构成"三结合"联合体，或以校外企业为基地，培养新型管理人才，学校与科研院所联合培养人才，也可以与设计单位合作，共同完成国家重点项目的设计任务。

积极推进产学研合作教育，采取的合作方式主要是：企业与高校联合培养人才；共同参与"产学研联合开发工程"的建设项目或厂校合作联合组织技术攻关，并以其内在动因来推动实习工作的顺利开展。

以改革实习的教学内容为核心，提高实习的教学质量：转变观念，扩展实习

的内涵；实习过程必须结合企业的实际任务，将完成企业的实际任务列入实习计划，并认真组织实施。以毕业实习与毕业设计结合的形式完成企业的课题任务，是多年来行之有效的重要措施。

拟定政策，增加投入，积极改进实习工作：实习工作优秀单位可以申报校级优秀教学成果奖，而且与科研成果奖等效；每年拨专款奖励校内先进实习单位。并争取校董会成员企业、科研院所和设计单位对实习工作的支持。同时要求系、室领导深入实习现场指导工作总结交流经验，这对推动学校的实习工作及建立校外实践教学基地有着重要作用。

2. 实验教学改革与建设

在实验教学中，注重科研能力的培养，充分利用实验室的条件，为学生创造良好的科研环境，培养学生掌握科学研究方法，树立严谨的科学作风，提高学生的科研能力。

（1）在实验课教学中，注重增加新技术，引入新内容，重视基本技能的培养，增加了设计性试验及综合实验和选修实验。通过分层次教育，提高学生的自学能力与实践能力，为提高教学质量和深化教学改革产生了积极的影响和推动作用。

（2）积极推进学生参与科研活动，同时校、系两级广泛组织学生参加课外科技活动，培养人才，取得了大量科技成果。组织学生参加课外科技活动是为学生早期进入科研领域创造条件。结合课题任务，开展创造发明活动，充分利用校内开放实验室的有利条件，发挥了学生的主动性与创造性。

（3）评估工作促进了实验室建设与实验教学管理的科学化、规范化。

3. 毕业设计与课程设计教学改革与建设

将设计科学和现代设计方法引入毕业设计与课程设计的教学过程中，组织交叉学科及多学科的教学，强化工程基本训练，加强综合能力的培养，促进教学质量的全面提高。

通过毕业设计与课程设计教学质量的评估工作，校、系两级修订了有关规定并拟定了新的文件，这对于加强教学基本建设，加强管理工作的科学化、规范化起着十分重要的作用，并在课题的选择、教学组织工作及评分标准与评分办法等方面形成特色，有效促进了教学质量的提高。（王淼勋撰稿）

附录2　学生名录

班级：081591

施广水　郝晋文　马永祥　黄金度　张俊秀　吴　巍　顾欣欣　周天马
阳世师　蒋宝利　周德业　梁德寿　张殿臣　王耀芝　胡永志　曹兆臣

| 李济生 | 刘佑俊 | 王连海 | 肖作智 | 孙业斌 | 曹德言 | 郭云珍 | 马小青 |
| 张功智 | 王海亭 | 黄春平 | 娄人英 | | | | |

班级：081601

王满利	韩素芝	王成高	武振有	陈玉兰	许缦阁	王增福	王文京
韩素慧	王玉明	兰庭婷	张智麟	刘光烈	王鸿春	李鼎兴	卜广超
何探凡	冯有仲	郝 斌	周才生	崔秉贵	侯能岩	王 兴	黄德林
赵生铃	杨凤仪	张文修	翁佩德	曹建南	林 或	卢秉山	刘成宗
刘菊美	齐玉珍	刘金声	高凤山	陈永顺	李德珍	张秀珍	赵克俭
赵坤龙	马建芬	张福林	高淑秀	宋寿宏	张忠盛	闫留圈	巴连擢

班级：081611

唐广发	范炳全	贺孙森	李树贵	程其昌	陈梅芳	宁守信	王明富
王林周	于忠礼	马 秋	郑典魁	孙建忠	赖炳坤	曹外仁	吴忠清
张连元	韩秀琴	李淑清	王秀敏	黄桂枝	冯明富	古怀彬	王英玉

班级：081641

王文芝	白吉宇	李文举	李化中	刘志国	刘全胜	吴碧贤	林光荣
陈中银	景致英	陈文秀	陆嘉农	梁绍明	郭洪富	张嘉忠	张润珍
李小玲	武迎平	张晓光	扈本岭	齐广谦	陶岳君		

班级：081651

苏普生	孟金生	刘维素	贾文举	鞠世忠	李雨娥	丁才珍	陈远均
王福庆	朱群兆	孙振明	陈鸿尧	陈高山	肖昭星	吴有仁	田育民
丁 宁	慕汉文	邵惠林	丁元虎	冯长升	易侧位	杨金凯	

班级：81721（12721）

马保林	刘汉卿	刘战云	肖卫红	肖红兵	李发春	李悦志	李维刚
张荣君	杨德福	张志雄	周化廷	范彦林	苑文学	郝振兰	常宝光
钱荣德	彭玉清	魏晓涛	马春常	文玉英	王蕴华	王生文	王科学
刘永太	刘海江	刘际成	李 等	李淑兰	李德君	李继章	陈生群
吴发群	张秀仁	林运清	孟广玉	赵德全	高修柱	康凤松	梁素琴
黄海滨	郭满林	葛喜元	蒋敬明				

班级：81731

丁英杰	胡浩江	王克勤	陶军生	董尚风	谢昌荣	阳盛忠	周启强
唐绍华	刘建华	熊起飞	冯玉华	王进平	孙宗山	冯顺山	刘 濬
柯纪兵	周 宏	乔久兰	石启才	孙淑琴			

班级：81741（12741）

| 王润梅 | 钟胜华 | 张玉梅 | 周 律 | 许新远 | 张月红 | 石联芳 | 王和平 |

兵之利器
——北京理工大学机电学院学科（专业）发展史

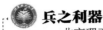

李建设	郎景顺	侯桂梅	芦小菊	汪绍飞	李庆群	吕艳茹	盛丽娟
吴修胜	俞水英	刘双录	潘再兴	黄瑞芳	陈秀芳	王金兰	田宝忠
阎星林	刘贵安	林 黎	邱国营	商卫红	陈学明	田景木	吴东满
董彦海	陈锡禄	刘 煜	刘 建	吴铁牛	钟生兵	伍维芬	袁国强

班级：81751

邹 芳	盖玉莲	宋玉芳	刘苗凤	陈湘菊	张正华	张春禾	王 智
王计文	李继安	李增地	李晓华	李福金	李喜增	李宝钧	张安华
张宝喜	扬玉忠	杨凡生	苏学札	时立德	胡增耀	郎云伟	朱伯林
杜新德	赵润旭	林树权	孙晓根	薛俊杰	高振举		

班级：081761

康文设	边会明	彭志文	曾宪军	柳 钢	王启荣	曹 明	任风琴
史坤珍	杨 林	邓迎建	张俊华	李五一	姜利君	蔡海荣	杨忠明
高乃生	刘润华	李玉珠	王广洲	张振栓	赵新朝	常 英	王凤桐
李建设	胡菊玲	李中元	韩竹林	刘海宏	杨 华	曹树霞	樊桂荣
高会文	刘 五	文忠萍	周光玲	郊景超	杨大富	刘洪军	

班级：081781

黄立娟	鞠 红	程淑贞	马小莉	鲁 宇	王华北	施惠基	谢博超
任国明	徐 刚	胡 军	李立群	张贵江	张 青	于洪深	白春华
马铁慧	孙家明	宋宝平	王学安	朱庆树	刘兆存	万 胜	祝晓斌
席如青	何新华	吴伊平	陈福泰	刘喜玉	万 程	高尔新	武卫明
郑小炉	朱 林	徐 杨	穆 锋				

班级：081791

崔文华	王玉莹	池 翊	陈家平	曹志远	林 波	谢 强	常 奇
冯志君	王映俊	谷祖林	刘惠升	田 力	徐志明	秦新华	朱定波
史 伟	于家声	姜 禄	姜春兰	张殿坤	刘圣杨	蒋建伟	吴德水
王建华	王艳平	罗 健	方 青	李 静	韩成华	刘喜玉	

班级：081801

高玉杰	邵 林	赵冬梅	李志光	宋藏珍	罗晓阳	马立基	储 毅
刘惠彬	牟瑛琳	王拱辰	王建敏	常玉锁	李 颖	徐敏刚	沈坚平
隋守东	张长春	闫 俊	杨新泌	刘 彤	古和今	黄 为	胡洪波
金 鑫	林建兴	赵景春	宋燕平	解长远	蔡光源	钟 俊	

班级：081821

| 王新建 | 代吾伦 | 王智忠 | 杨天春 | 郭宏斌 | 汤 洁 | 郭晓艳 | 王传利 |
| 贺新荣 | 徐敬彭 | 李光福 | 安显林 | 梁跃军 | 李渝群 | 陈立钦 | 王庆红 |

| 黄凤雷 | 李世才 | 黄　卫 | 周新德 | 任业君 | 栾敬建 | 林广财 | 段卫东 |
| 孙小波 | 陈荣超 | 陈望军 | 刘明喜 | 卢小云 | 柳长安 | | |

班级：081841

丁　锋	姜志坚	胡新都	步向东	李　刚	陈　栋	徐立新	侯　敏
马　军	秦国华	李少育	沈河涛	房玉军	翟永兵	张红卫	张博学
刘　夷	田晓兰	王宇东	谢贤和	孙四平	贾　岩	张彦存	于进坡
潘爱华	陈爱民	罗　克	龙　文	楚丽妍	张永强	陈少丹	贾晨望

班级：083861

刘小伟	万云海	刘　军	李进忠	王　和	崔在峰	张忠志	刘建华
付晓英	赵　刚	裴庆华	彭　刚	文　军	尹济崇	赵洪江	侯豁然
许芙蓉	陈　放	常双君	马施珉	邓召明	董国庆	马增荣	刘　礼
冯成良	侯新荣	肖　川	郭红军	李　军	杨建平		

班级：080882

魏志刚	舒继军	孙洪玉	李庆文	刘　强	侯建明	周　卉	马恩群
郭守刚	杨　军	曹翔宇	王志伟	曹　轶	谢广涛	张立华	邱永刚
张　敏	用　芸	戴宏伟	成　琦	李　健	冀晓东	李卫星	张建强
汪　盛	李佳木	陈　利	邢郁丽	李　伟	吴　洲		

班级：081921

陈　伟	唐俊川	童　垒	汪韧冬	张　勇	胡建民	杨述学	黄文宇
周　睿	夏承钢	莫文胜	李昌宏	马晓飞	翟红旗	曹德青	马　冰
段崇福	张达伟	李远俭	李雪松	毕　盛	马　威	文　河	苟洪波
丁文英	李新华	刘继明	杨洪海	喻文清	门建兵		

班级：081941

张　健	白慧生	任云燕	王肇业	张云石	关　军	李　明	刘志雄
白科战	王　勇	郑志峰	吕建国	周　玲	张百亮	张　亮	邓显池
林依春	陈华文	冷祯准	朱　盼	冯　春	牛颖昭		

班级：081951

姬聪生	张　龙	冯高鹏	王贵盛	司红利	郑海峰	靳佳波	宋金峰
岳洪涛	王丽颖	李　京	卢红立	汪永庆	伍华春	曹明军	闻　涛
龚　苹	杨　慧	熊国松	张振玉				

班级：081961

刘　雨	王　鹏	李常青	夏春山	梁　操	金　俨	林　芳	于　权
蒋龙江	毛喜平	陈剑东	吕红超	陆洪波	陈佩银	杨永刚	周　亮
蒋治海	许拥军	袁　晋	宁艳阳				

兵之利器
——北京理工大学机电学院学科（专业）发展史

班级：081971
张文明　贾守礼　陈永新　朱琳琳　姜　程　关盛华　李海峰　于新生
詹晓兰　张光辉　李　维　王　兵　郑　航　林金伟　武向辉　李向荣
廖海华　柏席峰　胡金胜　李国洋　伍俊英　何　川　廖　磊

班级：080985
芦金华　高明涛　杨　炀　杜宝青　杨　军　袁　航　江小波　张　志
王志春　刘志强　罗　宇　何　娟　龚俊杰　陈　洋　张治雄　朱长军
马天宝　何松伟　陶明星　曾华龙　王帅帅　王　芳　王者军　胡延臣
赵桂芬　潘　杰　郭　菲　金大勇　吴　煌　凌　晨　李　畅

班级：017991
谭　蜻　高　超　张从朴　吕　鹏　董　星　王俊林　钟　伟　张维娓
王团盟　郑永锋

班级：1720001
黄广炎　李　芳　彭　鹏　王　欢　王　青　余庆波　张之曈　赖　鸣
林　凌　刘科种　刘　意　马　宁　钮元元　田　宇　王俊炜　谢江春
徐豫新　张东冶　张新沅　张　璇　张　胤　赵　普　周中健　卢　熹

班级：2210201
王靖宇　陈成权　丁　勇　黄文静　李淑皎　李宗谕　马雁明　潘　琴
宋婷婷　童　磊　王　亮　王　宇　杨　宁　姚　伟　尹振宇　张清杰
张媛媛　郑偌弘　郑元枫

班级：2210301
李　杨　钟永志　白润青　白雪燕　曾庆燊　陈小波　丁　沛　郭晓亮
韩嘉瑞　郝见新　金超然　景　路　李骞姝　李金玫　李可达　李　梅
刘　柳　刘　睿　毛　亮　毛长意　彭　军　宋　健　宋　洋　王　冰
王　丛　王　壕　杨　月　杨韵嘏　尹凤麟　赵　晶　赵　雷　仲　霄
朱　旭

班级：2210401
黄　河　安玉彦　蔡琼梅　陈　磊　冯　岑　高婷婷　耿　荻　贺建华
景　莉　李　健　李健增　梁　峻　马　杰　毛明扬　冉光政　覃文志
魏　强　闫指江　杨　旭　杨　震　杨忠华　袁永旭　张　豪　张明民
张志彪　周小迪　周艳丽

班级：2210402
边江楠　陈　安　陈　晨　陈庆康　樊建威　郭　俊　郭小冬　洪　毅
巨圆圆　孔亚男　李浩渊　李　强　李仁杰　李署鹏　梁东晨　刘成粮

刘 凤　　罗国华　　吕品晶　　马 立　　欧阳根国　屈旻迓　　佘 亮　　孙德文
孙儒学　　王志刚　　肖艳文　　徐 锐　　徐思远　　杨 晋　　张冲鹏　　张宇辉
朱奕儒

班级：2210501

陈 雯　　冯 潇　　耿万钧　　韩超亚　　侯 伟　　姜 海　　李洪美　　李 宁
李 雄　　李云飞　　刘明春　　马利川　　牟智宇　　南宇翔　　倪 妍　　屈晓雪
石 川　　孙岩磊　　王方明　　吴岩兴　　杨国杰　　杨小虎　　杨晓波　　尤 凯
张国治　　张宇凡　　张长虹　　张 钊　　周 立　　周 奇

班级：2210502

柏国勇　　曹 闯　　陈 亮　　陈学咏　　陈 颖　　董 璐　　高海云　　葛 健
郭 盼　　胡绍巧　　姜 涛　　蒋 荣　　李顺平　　李长儿　　连 冠　　廖华龙
刘会超　　乔振华　　孙 坤　　万 历　　王 杰　　王曼柳　　王 奇　　王 巍
王卫杰　　王秀平　　吴 勇　　伍 叶　　熊 星　　徐晓松　　杨 亮　　郁志国
张 成　　赵崧成

班级：2210503

曹 琦　　常振坤　　朝格吐那仁　陈亮吉　　陈亚卿　　成少博　　傅 裕
韩秀雷　　郝 庆　　户艳鹏　　黄 博　　贾冠男　　李振举　　刘德智
卢晓雄　　马坤鹏　　毛思赟　　邵鹏正　　孙维昊　　王 伟　　王 毅
魏雍江　　项 鑫　　于 锋　　岳恒超

班级：2210601

李 洪　　曹 念　　陈 昂　　陈治洋　　高 宇　　郭 鸿　　郭 伟　　郝 茹
贺益多　　纪柏仰　　江安然　　江正华　　姜 楠　　金大伟　　李志龙　　刘 飞
刘若愚　　刘炜熙　　刘玉兴　　罗 毅　　孟 璇　　浦金宝　　屈金泉　　邵 辉
时军林　　王金昌　　王金龙　　王 龙　　王振雄　　夏伟光　　肖李兴　　熊光源
杨正有　　杨政文　　尤 杨　　张 凡　　张 珂　　周吉平　　周 琳

班级：2210701

陈 卜　　陈冠男　　董勤星　　郝云鹏　　胡 赛　　胡亚峰　　贾曦雨　　康 凯
李德鹏　　李 伟　　梁民族　　刘昌华　　刘健峰　　刘 鹏　　刘 涛　　刘子博
卢飞宏　　罗 广　　罗普光　　马小平　　王怀玺　　王会云　　王 政　　谢秋晨
熊 冉　　岳军政　　张 浩　　张 龙　　张 爽　　张晓敏　　郑鸿强

班级：2210801

白 洋　　陈大雄　　陈 欢　　陈 浦　　代利辉　　戴相录　　葛 超　　黄 鹤
鞠洪日　　李 帆　　李吏川　　李 延　　李 阳　　李 臻　　刘 凯　　刘 鹏
刘永亮　　吕 进　　苗 润　　苗 伟　　木沙·买买提　　彭祥飞　　彭尧尧

齐任超　商　硕　唐启超　田云峰　王成龙　王　芳　王　飞　王冠男
王　哲　王梓屹　吴　景　咸立飞　谢大磊　熊天靖　徐景林　徐作瑞
杨东阳　杨　广　杨　慧　殷艺峰　张　茜　赵遇春　周　峤　朱江江
朱巍巍

班级：2110901

张光瀚　崔　淼　杜荣超　付佳伟　郜　浩　韩　冰　洪玮博　胡闻天
见雷雷　鞠贝比　蓝莉莉　李德贵　李　磊　李生涛　李应洲　梁家彬
梁君夫　梁　潇　刘　欢　刘　凯　刘垲鉴　龙　韬　罗宗熠　马传国
马麒麟　马千理　苗清杰　彭　磊　祁一洲　秦　超　秦翔宇　孙国鑫
孙　凯　汪嗣良　汪秀明　王贤赞　王云钊　王　政　吴　丹　谢　飞
谢　一　亚库普艾力　　　　　杨　龙　叶　刚　苑思博　张乔生　张秋婷
张卫敏　张　禹　赵冬冰　赵问雪

班级：2111001

刘舒波　曹　烨　常　里　程良玉　崔　健　邓志飞　丁亮亮　段鹏宇
段旭阳　郭　飞　雷漠昂　李奕学　梁乔恒　林世聪　马凡杰　孟令博
牛浩浩　任峻峰　任芮池　商士远　史尚军　陶忠明　王恒闯　王巍巍
乌布力艾散　　　　吴英伟　肖文磊　徐进欣　徐靖然　徐天铭　许明明
阳辉辉　杨　华　杨利军　杨梦龙　张田育子　　　张　翔　张耘玮
赵　红　赵家奇　周明明

班级：2111101

蔡　泽　陈国磊　崔欣雨　高　原　韩加柱　韩　洋　何鲁哲　江代文
姜春宇　兰旭柯　雷天原　李林倩　路　迎　米海明　田　超　王　肯
王　琪　王瑞琦　王　硕　王筱锋　温建勇　谢馨远　徐慧颖　徐　嵩
朱　炜　祖丽胡玛尔

班级：2111102

白高磊　曾昊晗　陈思源　邓云亮　董人玮　杜蒙萌　郭天佑　侯　渊
胡明媛　黄　岐　李　昊　李卓林　刘　唱　刘　靖　刘位巍　缪伯睿
谭　伦　王　楠　薛东宇　杨天威　张峻铭　张羽翔　张泽政　赵海波
周明学

班级：2111201

阿布力米提　安宣谊　高岩辉　何冠男　侯子伟　李　冰　李元龙
刘　娟　刘　旺　刘元斌　柳博文　卢冠成　马洋洋　倪　磊
彭嘉诚　仝　远　汪金奎　王胜男　夏　川　杨　荣　张东辉
张秋健　张　锐　周敬辕　周　末　朱志鹏　邹道逊　郭志威

班级：02111301

牛增远	尚春明	魏家熙	邓　腾	张　亮	孙堃博	贾　非	贺佳男	
郭勋成	于　滨	任禹名	梅颖洁	于汉卿	赵忠宇	胡春雨	刘文旭	
刘嘉韵	袁　焘	尚冬辉	王战东	李　浩	章文龙	郗莉萍	朱广琛	
李姝妍	袁小雅	周绍聪	佘　艺	王　帅	卢易浩	廖　伟	王新宇	
孙圣杰	张　博	叶雨晴	赵　昂	柳　剑	苏成海	袁　盈	李　旭	

班级：2111401

陈　凯	李腾远	马红兵	薛伟召	赵宏涛	陈百权	陈　曦	邓　渝	
胡　榕	邱玖禄	王　可	王　磊	王昭元	夏晓旭	谢剑文	严朋旻	
叶　坪	张龙辉	张悦群	张　章	时振清	唐维铨	王春辉	王　爽	
肖　翔	寸　辉	赖　威	李依玲	刘伟亮	牛文煜	孙启添	余伟杰	
王鸿飞								

附录3　教学科研成果、获奖

附表1-3　所获部级以上科技奖与教学成果奖情况（1983—2019）

序号	获奖项目	获奖年份	获奖等级	获奖人员
1	活性毁伤元技术	2016	国家技术发明奖二等奖	王海福　余庆波　郑元枫　等
2	×××串联攻坚弹药技术	2015	国家技术发明奖二等奖	姜春兰　王在成　毛亮　李明　等
3	×××布撒器	2013	国家科技进步奖二等奖	姜春兰　等
4	××毁伤机理与终点效应	2008	国家科技进步奖二等奖	黄风雷　冯顺山　蒋建伟　宁建国
5	××导电纤维子弹技术	2008	国家技术发明奖二等奖	冯顺山　王芳　董永香
6	实践教学质量评估研究及实践教学改革与建议	1997	国家级教学成果奖二等奖	王淼勋
7	××穿爆延时器	1996	国家发明奖三等奖	李景云　曾凡君　梁秀清
8	调整弹道一致性的弹丸结构设计方法	1993	国家发明奖三等奖	蔡汉文　崔秉贵

续表

序号	获奖项目	获奖年份	获奖等级	获奖人员
9	××近炸可燃钨珠高射炮弹	1990	国家科技进步奖三等奖	李景云 梁秀清 曾凡君
10	带壳战斗部×光摄影系统	1985	国家科技进步奖三等奖	冯顺山 蒋浩征 崔秉贵 等
11	高榴弹×××	1985	国家科技进步奖三等奖	李景云 曾凡君 等
12	非圆截面××弹药技术	2019	部级科技进步奖三等奖	门建兵 蒋建伟 王树友 李梅
13	××关键技术与装备应用	2019	部级科技进步奖一等奖	王海福 余庆波 郑元枫 葛超
14	××熔铸炸药技术	2019	部级技术发明奖一等奖	周霖 等
15	北京理工大学高效毁伤战斗部技术创新团队	2018	部级科技进步奖一等奖（国防科技创新团队奖）	冯顺山 王海福 姜春兰 宁建国 蒋建伟 周霖 董永香
16	×××子弹药引信	2013	部级科技进步奖三等奖	姜春兰 等
17	×××多模毁伤技术	2013	部级科技进步奖三等奖	门建兵 等
18	低空布撒×××弹药	2013	部级技术发明奖一等奖	姜春兰 王在成 毛亮 李明
19	活性毁伤元技术	2012	部级技术发明奖二等奖	王海福 余庆波 郑元枫 俞为民
20	×××半穿甲战斗部	2011	部级科技进步奖二等奖	蒋建伟 等
21	无附带损伤的无人飞行器拦截技术	2011	部级技术发明奖一等奖	冯顺山 董永香 黄广炎
22	××预制破片弹研制	2010	部级科技进步奖三等奖	蒋建伟 等
23	火箭灭火战斗部技术	2009	部级科技进步奖二等奖	王树山 马峰 魏继锋
24	反机场弹药技术	2009	部级科技进步奖二等奖	姜春兰 王在成 李明 等
25	爆炸测试技术	2009	部级优秀教材奖一等奖	蒋建伟 王树有 等

续表

序号	获奖项目	获奖年份	获奖等级	获奖人员
26	××幕式拦截飞行器弹药技术	2009	国防技术发明奖二等奖	冯顺山 刘春美 董永香 邵志宇 黄广炎
27	××导弹子母弹战斗部技术	2008	部级科技进步奖三等奖	蒋建伟 门建兵 等
28	××可靠性鉴定技术	2008	部级科技进步奖三等奖	芮久后 等
29	××侵爆燃多功能战斗部	2008	部级科技进步奖一等奖	蒋建伟 门建兵 王树有
30	JK863-2007741003	2007	部级科技进步奖二等奖	邵志宇 等
31	反钢筋混凝土战斗部技术	2007	部级科技进步奖二等奖	蒋建伟 门建兵 王树有
32	××毁伤机理与终点效应	2007	部级科技进步奖一等奖	黄风雷 冯顺山 蒋建伟 宁建国 王海福 等
33	××导电纤维子弹技术	2007	国防技术发明奖一等奖	冯顺山 王芳
34	××导弹战斗部离散杆与壳体材料研究	2006	部级科技进步奖二等奖	董永香 等
35	××混凝土攻坚弹	2006	部级科技进步奖二等奖	蒋建伟 等
36	××高抗力活门研究	2006	部级科技进步奖二等奖	冯顺山 芮久后 等
37	硬目标穿透技术	2005	部级科技进步奖二等奖	蒋浩征 崔秉贵 王秀兰
38	××制备工艺及性能研究	2004	部级科技进步奖三等奖	冯顺山 等
39	××预制破片弹研制	2004	部级科技进步奖三等奖	蒋建伟 门建兵 等
40	××子母弹头技术研究	2004	部级科技进步奖二等奖	冯顺山
41	××侵爆燃战斗部	2004	部级科技进步奖二等奖	冯顺山 等
42	××预制破片弹研制	2003	部级科技进步奖三等奖	蒋建伟 门建兵 等

续表

序号	获奖项目	获奖年份	获奖等级	获奖人员
43	深层混凝土侵彻技术	2003	部级科技进步奖二等奖	蒋浩征 王秀兰 崔秉贵
44	蓄压器气体发生设计技术	2001	部级科技进步奖三等奖	王树山 隋树元 等
45	反跑道航空炸弹技术	2000	部级科技进步奖三等奖	蔡汉文
46	半穿甲弹侵彻混凝土礁石等非金属硬目标	2000	部级科技进步奖三等奖	蒋浩征 崔秉贵 王秀兰 蔡汉文
47	壳体与典型结构在动态载荷作用下非线性动力失效行为的理论和实验研究	1999	省级科技进步奖二等奖	宁建国 等
48	××穿甲机理及模拟技术	1998	部级科技进步奖三等奖	蒋建伟 李禄荫 万丽珍 冯顺山 韩峰 等
49	××试验系统	1998	部级科技进步奖二等奖	冯顺山 俞为民 等
50	××破甲弹研究	1997	部级科技进步奖三等奖	李景云 曾凡君 梁秀清
51	××反坦克导弹串联战斗部	1997	部级科技进步奖二等奖	李景云 马晓青 曾凡君 梁秀清
52	军工专业人才培养方案的改革与实践	1997	北京市教学成果奖一等奖	冯顺山 等
53	××爆炸事故发生及发展机制	1996	部级科技进步奖二等奖	王海福 等
54	××爆炸抛撒原理研究	1996	部级科技进步奖二等奖	蒋建伟 冯顺山 万丽珍
55	××发射装药及其加工工艺	1996	部级科技进步奖特等奖	芮久后 等
56	复合材料结构的力学特性及强度	1996	部级科技进步奖三等奖	韩峰 等
57	一维压杆规范化实验研究	1995	部级科技进步奖三等奖	马晓青

续表

序号	获奖项目	获奖年份	获奖等级	获奖人员
58	炮弹对武装直升机毁伤计算	1994	部级科技进步奖三等奖	李景云　梁秀清　曾凡君
59	破片形成机理研究	1993	部级科技进步奖三等奖	周兰庭　隋树元　马晓青　王淼勋
60	反新型反应装甲战斗部研究	1993	部级科技进步奖三等奖	李景云　曾凡君　梁秀清
61	反坦克导弹武器系统CAD设计	1992	部级科技进步奖二等奖	蒋浩征　崔秉贵　王秀兰
62	××定向杀伤战斗部	1990	部级科技进步奖三等奖	冯顺山　何顺录
63	FMDB—1新型粉末灭火弹	1989	部级科技进步奖二等奖	马晓青　周兰庭　隋树元　王淼勋
64	××反坦克战斗部技术研究	1988	部级科技进步奖三等奖	李景云　梁秀清
65	红旗×××导弹战斗部	1988	部级科技进步奖二等奖	蔡汉文　崔秉贵
66	弹道一致性设计与检验	1988	部级科技进步奖二等奖	蔡汉文　崔秉贵　蒋浩征
67	小口径高射榴弹对飞机平均中数研究	1988	部级科技进步奖二等奖	蔡汉文　蒋浩征　崔秉贵
67	××聚爆战斗部可行性论证	1987	部级科技进步奖三等奖	冯顺山　何顺录　李禄荫
68	××反坦克导弹战斗部改进	1983	部级科技进步奖三等奖	李景云　李德君　梁秀清
69	战斗部威力性能综合测试与设计研究	1980	国务院工办重大技改成果四等奖	蔡汉文　周兰庭　崔秉贵

附录4　弹药战斗部工程专业学科点组织形式

专业学科的组成，在专业成立初期根据承担的教学任务不同分为设计组、工艺组、实验室组。专业学科的代号是 11 教研组，归属第一机械系。1962 年，全校专业调整，我专业学科与原六系的爆炸物理组、装药火工品组、烟火组、原二系的引信技术专业合并成立力学工程系（简称八系），本专业代号改为 811。为适应改革开放形势需要，成立机电工程学院，专业学科点内部由若干个科研小组组成，一般有 1 名教授和 2~3 名青年教师，科研小组可以根据任务大小进行调整。进入 21 世纪以前，主要是以教研室为本专业的基层行政组织单位，直到 2004 年，撤销教研室，原 811 教研室和 831 教研室合并成立力学工程系。2010 年，学院进行学科和机构调整，以原弹药战斗部工程专业基层组织（原 811 教研室）为班底并联合工程力学学科的宁建国学科组，成立无人飞航工程系。

附表 1-4　历届学科点负责人

序号	专业学科点名称	负责人	任职时间
1	导弹战斗部工程	蒋浩征	1959—1962
2	火箭战斗部设计与制造	蒋浩征	1962—1972
3	战斗部工程	杨述贤	1972—1978
4	弹药战斗部工程	蒋浩征	1979—1984
5	弹药战斗部工程	周兰庭	1984—1990
6	弹药战斗部工程	马晓青	1990—2000
7	弹药战斗部工程	蒋建伟	2000—2004
8	力学工程系	白春华	2004—2008
9	力学工程系	张庆明	2008—2010
10	无人飞航工程系	王海福	2010—

附表 1-5　历届学科点党支部书记

序号	支部名称	支部书记	任职时间
1	炮弹设计与制造	王庆元	1959.12—1962.02
2	火箭战斗部工程	周兰庭	1962—1966
3	弹药战斗部工程	张俊秀	1972—1977
4	弹药战斗部工程	崔秉贵	1978—1983
5	弹药战斗部工程	崔秉贵	1983—1988
6	81 支部	万丽珍	1993—2001

续表

序号	支部名称	支部书记	任职时间
7	力学工程系1支部	王建中	2001—2005
8	力学工程系1支部	王树山	2005—2009
9	无人飞航工程系支部	李明	2010—2014
10	无人飞航工程系支部	王在成	2014—2018
11	无人飞航工程系支部	王芳	2018—

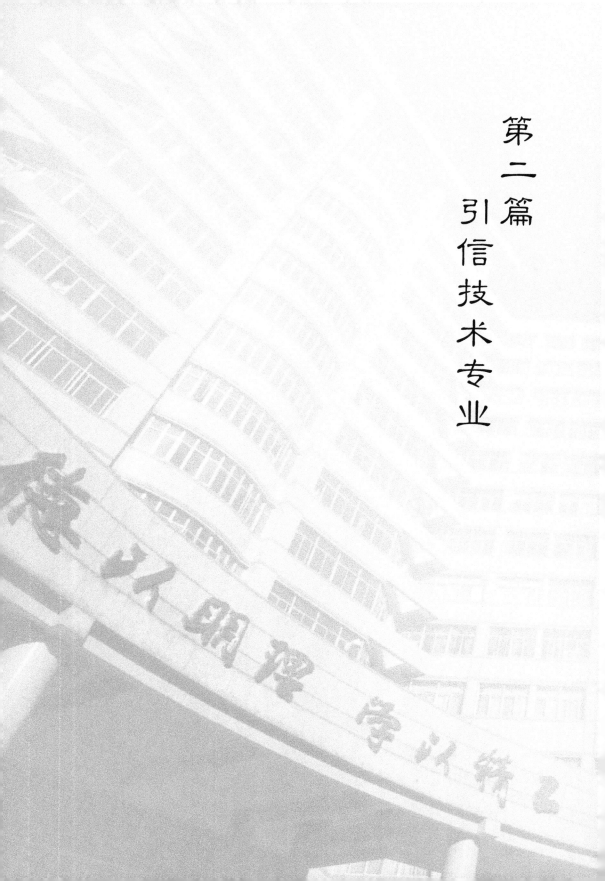

第二篇 引信技术专业

1 专业创建与发展简史

1.1 专业奠基期（1952 年 11 月—1966 年 4 月）

北京理工大学（原名"北京工业学院"）的引信技术专业是我国第一个培养引信技术高级专门人才的军工专业，历经引信设计与制造、引信设计与制造［导弹安保机构与备炸系统（即机电引信）和无线电引信两个方向］、引信技术、引信技术与电子精密机械并存、引信技术与机械电子工程并存、合并为机械电子工程、拓展为武器系统与工程专业的演变，至今已有六十多年的历史。

早在 1952 年 11 月，当时的中央人民政府第二机械工业部根据苏联顾问组长的意见，提出在北京工业学院设置 4 个系共 19 个专业。其中，在机械制造系设置弹药及引信专业，并于 1953 年 8 月经第二机械工业部批准，引信和弹药两个专业方向分别招收 50 名新生。

1954 年 3 月，引信专业方向与弹药专业方向分开，单独设立引信设计与制造专业，主要从事机械触发引信和时间引信的教学工作。我国著名机械设计专家李维临教授是本专业的创始人。当时的教师队伍还包括于道文教授、林汉藩教授、张纪昌副教授和陈肖南副教授，讲师包括吴泽炜、杨德岩、向大寰、王公侃、董庆华等，教员包括严钦勇、樊大钧等，助教包括蔡家华、赵以钧、刘纯朴、胡永生、张钦时、黄桂湖等。

1955 年 9 月，苏联莫斯科国立鲍曼技术大学的引信设计与制造专家 Е.В. 库里科夫教授来到引信专业教研组，带来了苏联引信技术专业的教材和教学方法等，指导帮助建立了引信技术专业实验室，并开始招收研究生，当时的研究生有胡永生、于庆魁等。

1956 年以来，在库里科夫教授的直接指导和帮助下，在解放军有关军兵种的大力支持下，建成了我国第一个种类较齐全、品种较配套，既反映引信技术演变过程，又代表当时引信先进水平的引信产品陈列室，收集了苏、美、德、日、英、法、瑞士、瑞典等十多个国家的大量引信实物，为引信技术专业教学提供了坚实的实践基础，影响了几代引信专业人才的培养。

1957 年，在库里科夫教授专业授课手稿的基础上（由胡永生翻译、李维临审校），北京工业学院出版了我国第一部引信技术专业主干教材——《引信设计（俄译本）》，在很长一个时期内，为我国引信技术领域的人才培养、科学研究和工程研制奠定了重要而规范的知识和技术基础。

1959 年，为适应武器弹药技术发展的需要，在触发引信专业内设置了非接触（无线电）引信专门化，在我国率先开始了无线电引信的教学和科研工作，为后来的无线电（近炸）引信专业的设置奠定了基础。

1960年，根据无线电引信技术的教学和科研需要，施聚生和秦慰泉编写了《无线电引信设计原理》讲义，曹名扬编写了《无线电引信测试》讲义。这两本讲义是国内自编的最早的无线电引信的专业教材。

1961年，为适应国民经济和国防建设的战略调整，根据国防科学技术委员会关于"北京工业学院以导弹为主，同时设置与尖端密切联系的常规专业"的决定，学院引信技术专业中的常规部分（包括业务范围、师资力量、教学科研设备和在校学生）调整至太原机械学院，留下来的教师主要承担导弹安保机构与备炸系统和无线电引信的教学和科研工作。此间，引信设计与制造专业增加了一个新的专业方向——非接触引信设计。

此后至"文化大革命"前，结合本科生毕业设计，引信专业对从苏联引进的导弹引信，如地地导弹（1069）引信、地舰导弹（542）引信、地空导弹（3069）引信、空空导弹（7089）引信，以及"麻雀""响尾蛇""百舌鸟"等美国导弹引信，进行了比较全面深入的系统分析和反求计算。

1964年，在引信设计与制造专业教研室基础上，成立了无线电引信专业化教研组。

1965年7月，经国防科委的批准，北京工业学院八系增设无线电引信专业。10月，学院将82专业（即引信设计与制造专业，当时也称机电引信专业）的在校学生做如下专业调整：1962级按原专业即机电引信培养；1963级41人，其中21人尽可能转无线电引信培养，20人仍按机电引信培养；1964级30人，全部按无线电引信培养；1965级60人，40人按无线电引信培养，20人按机电引信培养。

这一时期的引信专业师资队伍情况：教授有李维临；讲师包括胡永生、施聚生、张玉峰、郑玉群、于庆魁等；助教包括马宝华、王宝兴、曹名扬、刘传礼、秦慰泉、王翠珍、范德轩、宋世和、谭惠民、郑链、李世义、李彦学等。

1.2 发展停滞期（1966年5月—1976年9月）

1966年5月—1969年8月，引信设计与制造专业的教学、科研工作因"文化大革命"而完全停顿。

1969年9月，部分引信专业教师赴524厂、9304厂和5424厂进行"开门办学"，为引信生产企业培训专业技术人员。

1972年，学院在八系正式设置机电引信专业教研室，编号为821教研室。

1973年9月，82专业开始招收工农兵学员，至1976年9月，共招收了四个年级 124 人。

在此期间，引信专业教师编写了《引信弹簧的设计与制造》《压电引信的典型机构》《引信结构与性能》《国外压电引信》《无线电引信设计原理》《非触发引信测试》等教材。

这一时期引信专业的师资队伍情况：教授有李维临；讲师包括施聚生、于庆魁、郑玉群等；助教包括马宝华、王宝兴、陈元祯、邱荫元、杨士凯、曹名扬、刘传礼、王宝瑞、郭富、王翠珍、范德轩、江中生、王庆元、宋世和、杨双秀、谭惠民、郑链、李世义、李彦学、王宝玉、周勇、徐清泉、崔占忠、李科杰、范宁军、张序芝、李志强等。

1.3 恢复调整期（1976 年 10 月—1987 年 12 月）

1976 年 12 月，在李维临教授的主持下，821 教研室教师马宝华、王宝兴、谭惠民等编写的 120 多万字的《引信设计（上、中、下）》，由北京工业学院出版社印刷出版。这部编著总结了我国二十多年来在引信设计理论和方法上取得的成果，内容丰富，论述严谨，数据翔实，注重实用，是继《引信设计（俄译本）》以来最具权威性的引信设计教材和重要的工程技术参考书。

1977 年 10 月，新中国引信技术领域奠基人之一、我国引信技术高等教育开拓者之一、我校引信技术专业创建者李维临教授，因病逝世，享年 66 岁。

1978 年 9 月，引信专业迎来了"文化大革命"后恢复高考后的第一批大学生和研究生，专业教学和科研活动开始逐步走向正轨。

1980 年开始，引信专业一批中青年骨干教师，如谭惠民、郑链、崔占忠等，被陆续送到国外访问学习，回国后相继成为本专业的学术带头人。

1981 年 8 月，"引信技术"学科第一批硕士研究生石庚辰、梅绍宁、毛金田等毕业，并获得工学硕士学位。

1983 年 7 月，受中国兵工学会引信分会的委托，引信专业在北京协助承办了第三届引信年会，这也是第一次邀请外国专家参加的引信年会。

1984 年 12 月，经过三年多的时间，由马宝华主编，谭惠民、施聚生、王宝兴、王翠珍等参编的《引信构造与作用》由国防工业出版社出版。这是一部内容丰富、视角全面、分析深入、文图并茂的引信专业基础教材，尤其是书中展现的现代引信设计思想的提出和运用，更成为其一大亮点。该教材获 1988 年度国家优秀教材奖。

1986 年 5 月，国务院学位委员会批准北京工业学院"引信技术"学科为具有博士学位授予权的学科点，首任博士研究生指导教师为马宝华教授。

1987 年 5 月，国防科学技术工业委员会引信技术专业组在京成立，其秘书组设在本学科点。马宝华、施聚生、谭惠民为专业组成员,马宝华、谭惠民先后担任专业组副组长、顾问和秘书组组长。

1987年9月,"引信技术"学科招收的第一批博士研究生入学。

1987年11月,刘明杰、谭惠民和马宝华与国营5424厂合作研制的"新保险机构的压电引信"获国家技术发明三等奖。

这一时期的教师队伍:教授有李维临、马宝华、施聚生等;副教授包括于庆魁、王宝兴、曹名扬、刘传礼、谭惠民、王翠珍、郑链、李科杰等;讲师包括王宝瑞、郭富、范德轩、张秀兰、杨双秀、赵鸿德、李世义、李彦学、周宾香、周勇、徐清泉、王宝玉、崔占忠、程受浩、范宁军、张序芝、李志强、石庚辰、刘明杰、陈爱华、石岩、邓甲昊等。

1.4 改革发展期(1988年1月—1998年12月)

1988年4月,为适应改革开放和国家经济建设的形势,在保留引信技术专业的基础上,另外申请设置了一个民用本科专业——电子精密机械专业,作为试办专业在国家教委备案,并于次年正式开始招生。

1988年6月,马宝华被授予"国家级有突出贡献中青年专家"荣誉称号。

1989年4月,施聚生应美国战备协会的邀请,随团赴美参加了该协会第33届引信年会,开启了两国引信界的正规学术交流。

1990年2月,俄罗斯莫斯科国立鲍曼技术大学的引信技术专家、我校引信技术专业创建者之一——E. B. 库里科夫教授来我校访问,并向引信技术专业师生讲学。

1990年7月,美国匹克汀尼兵工厂高级工程师、美国军方引信标准工作委员会成员、引信技术专家丹尼斯·希尔瓦应邀来我校访问,并与引信技术专业教师进行了学术交流。这是我校引信技术专业第一次邀请美国军工技术专家来我校访问和交流。

1992年4月,"引信技术"学科第一批博士研究生范宁军、高敏毕业,并获得工学博士学位。

1993年7月,按照国家教委新颁布的《普通高等学校本科专业目录》,我校试办专业"电子精密机械"自动更名为"机械"类中的"机械电子工程"专业。目前,这个由军工专业拓展派生出的民用专业仍在招生。

1993年12月,由马宝华主持,谭惠民、范宁军参加的"国外引信技术追踪与我国引信发展战略研究"项目获兵器工业总公司科技进步一等奖。

1994年6月,"引信技术"学科点开始接受博士后研究人员,刘萍博士进入"兵器科学与技术"一级学科博士后流动站工作。

1996年9月，教育部第一期"211工程"建设工作正式启动，引信技术专业获国家近500万元的建设资金投入，为专业的大跨度发展奠定了良好的物质基础。

1996年12月，由兵器工业212所和北京理工大学联合建立的"引信动态特性国防科技重点实验室"通过国防科工委和兵器工业总公司的验收，并正式投入使用。首任实验室主任为金连宝，学术委员会主任为马宝华，北京分部主任为谭惠民。

1996年12月，根据马宝华提出引信"三化"（通用化、系列化、组合化）设计思想研制的迫击炮弹通用机械触发引信系列（DRP11引信系列）通过设计定型审查。

1997年，根据国家教委调整后的《授予博士、硕士学位和培养研究生的学科、专业目录》，我校的"引信技术"学科从"兵器科学与技术"一级学科调整到"机械工程"一级学科中的"机械电子工程"二级学科，学术实体和教师队伍不变。从1998年开始，原"引信技术"学科以"机械电子工程"学科名称招生。

1997年11月，由范宁军主持的"军工专业人才培养方案的改革与实践"项目获1997年度北京市教学成果一等奖。

1998年9月，根据学科发展建设的需要和学校的战略部署，学校决定在具有博士学位授予权的一级学科设置首席科学家和主讲教授，在二级学科设置首席教授。马宝华出任"兵器科学与技术"一级学科首席科学家和主讲教授，兼任"武器系统与运用工程"二级学科首席教授，李科杰出任"机械电子工程"二级学科首席教授，同时开始组建两个二级学科的教师队伍，进一步明确学科发展方向、重点和特色，调整教学大纲和课程设置。

1998年9月，机电工程系（八系）与机电控制工程系（一系）以机电工程学院的名称正式实体运行，同时两个引信教研室（82和85教研室）合并为新的机电工程系。

1998年12月，由马宝华教授主持研制的"××××迫击炮弹通用机械触发引信系列"获1998年度国家科技进步奖二等奖。

这一时期的教师队伍情况：教授包括马宝华、施聚生、于庆魁、王宝兴、曹名扬、方再根、谭惠民、李科杰、刘传礼、郑链、李世义、赵鸿德、崔占忠、徐清泉、周勇、范宁军等；副教授包括王翠珍、范德轩、张秀兰、郭富、程受浩、石庚辰、刘明杰、白玉贤、白玉鹏、高世桥、石岩、邓甲昊、贾云得、栗苹、胡昌振、王俊等。

1.5 开放拓展期（1999年1月—2010年12月）

1999年3月，学科队伍调整工作正式开始，"机械电子工程"学科（原"引信技术"学科）教师队伍中的范宁军等转到"兵器科学与技术"一级学科中的"武器系统与运用工程"二级学科，在继续从事引信技术的教学和科研同时，将学科面进一步拓宽至武器系统。

1999年5月，教育部批准"机械电子工程"学科为"长江学者奖励计划"特聘教授设岗学科点，并于7月开始招聘特聘教授。

1999年6月，经学校批准，依托"武器系统与运用工程"和"机械电子工程"两个博士学科点、挂靠引信动态特性国防科技重点实验室的北京理工大学微小型武器系统研究中心成立，为开展微小型武器技术的科学研究和人才培养提供了一个新的平台。

2000年7月，由马宝华和祖静教授指导的张文栋的博士学位论文《存储测试系统的设计理论及其在导弹动态数据测试中的实现》被评为当年的"全国百篇优秀博士论文"。

2000年11月，由日本回国的"长江学者奖励计划"特聘教授黄强博士来到"机械电子工程"学科，从事仿人机器人的教学与科研，使这个以引信技术为主要特色的学科得到进一步拓展。

2001年6月和9月，李科杰被分别授予"国防科技工业有突出贡献中青年专家"和"全国优秀教师"荣誉称号。

2001年12月，由马宝华任首席教授的"武器系统与运用工程"学科和由李科杰任首席教授的"机械电子工程"学科，同时被教育部评定为国家级重点二级学科。

2002年6月，教育部启动第二期"211工程"建设工作，获得近千万元的建设经费，使得学科专业基础条件显著改善。

2002年7月，马宝华任总设计师的"中大口径榴弹引信安全性改造"专项研究获总装备部批准立项，总经费1800万元。

2002年9月，范宁军被国防科工委授予"委属高校优秀教师"荣誉称号。

2003年6月，根据教育部提出的"985工程"学校可自主设置博士、硕士学科的规定，我校在"兵器科学与技术"一级学科下设置了"微小型武器技术"和"仿生技术"两个二级学科，并由教育部备案。范宁军教授和黄强教授分别担任这两个学科的带头人，2004年开始招收博士研究生和硕士研究生。

2003年6月，李科杰被国务院学位委员会聘为第五届学科评议组（机械工程）成员。

2005年5月，由范宁军主持的"建设跨学科军工专业，培养创新型国防科技人才"项目获2005年度国家教学成果二等奖。

2006年3月，学校批准在"机械电子工程"学科和"仿生技术"学科基础上组建学科特区——智能机器人研究所，黄强出任所长，李科杰出任学术委员会主任，范宁军兼任教授委员会成员。

2006年9月，国防科工委启动基础条件建设计划，我校引信技术专业获得总投资6 800万元，分别建设引信微机电系统技术、弹道修正引信技术、引信新原理新体制探测技术、引信信息化技术四个研究平台。

2006年12月，由马宝华主持研制的"×××××通用多用途子弹药技术"项目获2006年度国家技术发明奖二等奖。

2007年5月，"武器系统与运用工程"学科和"机械电子工程"学科再次被教育部评为国家重点二级学科。

2007年5月，王正杰获第五届北京市高校青年教师教学基本功大赛一等奖和最佳演示奖。

2007年6月以来，范宁军受国防科工委（局）的指派，作为中国政府代表团成员和技术专家，先后七次赴日内瓦参加联合国《特定常规武器公约》（CCW）关于集束弹药问题的政府专家组（GGE）会议，对我国的国际军控谈判提供了强有力的技术支撑。

2007年11月，石庚辰出任引信动态特性国防科技重点实验室北京分部主任，崔占忠出任重点实验室学术委员会主任。同年崔占忠任总装引信技术专业组副组长，石庚辰任成员。

2008年6月，教育部启动第三期"211"工程建设工作，由崔占忠负责的"灵巧与高效毁伤技术"项目获国家学科专业基础条件建设的支持，初步形成我国引信技术创新人才培养基地。

2009年5月，由范宁军为主要参与人员的"构建'学研融合'教学模式，培养国防科技创新人才"项目获2008年度北京市教学成果（高等教育）一等奖。

2009年12月，引信动态特性国防科技重点实验室通过国家国防科工局主持的复评。

2009年12月，完成引信基础条件建设和第二期"985"工程重点学科建设任务。建设了以西山实验区的"引信合成环境模拟实验室""微波暗室"和中关村校区的"引信虚拟设计与仿真实验室"等为主要标志的大型现代引信技术研究实验平台，使我校引信技术的教学和科研手段得到了大幅度提高。

2010年，根据学校为继续加强国防特色本科专业和名牌专业的建设力度，保持我校的传统特色与优势学科建设思路，本系开始对本科新专业"武器系统与工程"专业的申报进行准备，准备建设6个本科名牌专业之一。

2010年7月，根据学校对学科建设的统一部署，将"兵器科学与技术"一级学科下属五个二级学科调整为五个学科方向，将学院从事引信及武器系统技术的教师队伍，分布到"武器系统总体技术""智能探测与控制技术"两个学科方向及"机械工程"一级学科下属的"传感与机电控制技术"学科方向上。李东光出任"武器系统总体技术"学科方向的责任教授，栗苹出任"智能探测与控制技术"学科方向的责任教授。

2010年12月，李东光出任引信动态特性国防科技重点实验室北京分部主任。

这一时期的教师队伍情况：教授包括马宝华、施聚生、谭惠民、李科杰、郑链、李世义、崔占忠、范宁军、程受浩、黄强、石庚辰、邓甲昊、刘明杰、白玉贤、栗苹、胡昌振、白玉鹏、徐立新、李东光、罗庆生、娄文忠、谌德荣等；副教授包括王俊、金磊、李杰、黄忠华、高学山、王正杰、宋萍、曹旭平、何光林、何光、郝新红、王亚斌、申强、王婷、阎晓鹏、宋承天等。

1.6 全面发展期（2011年1月— ）

2012年，通过全体老师的努力与积极申报，教育部正式批准了武器系统与工程专业的设立，同年，该专业正式开始招生。

2013年，教育部正式将"武器系统与工程"列入本科专业目录。

2013年，邓宏彬老师作为主要成员，参与"中国指挥与控制学会"（一级学会）的筹建，2014年正式成立。

2014年3月17日，机电学院在国际教育交流中心组织召开了本科专业培养方案修订研讨会，会议邀请了行业内中国兵器工业集团、中国工程物理研究院、航天一院等有关研究院所、企事业单位的专家，就机电学院武器系统与工程等共七个专业的本科生培养方案修订进行交流和研讨。参加会议的还有教务处林海副处长和教研科赵昊老师，机电学院院长焦清介、书记栗苹，各专业责任教授、系主任及教学主任，会议由院长焦清介主持。

2015年，由我系主要支撑的中国指挥与控制学会下无人系统专委会，正式通过民政部和科协报批，李东光和邓宏彬是其中的主要委员。

2016年6月，武器系统与工程专业的本科毕业生完成了本科毕业答辩，成为本专业的首批毕业生。

2017年暑假，在马宝华、谭惠民和范宁军等退休老师的大力支持下，我系老师全面参与了新校史馆兵器馆的规划、设计和布置。

2017年，我系承办的第一届国际无人系统大会在我校顺利举行，并于2019

年参与承办了第二届国际无人系统大会。

2018年9月,智能机电实验班正式开始招生,由杨绍卿院士、王伟书记作为第一届班主任,陈鹏万院长和王伟书记共同作为这个班的负责人,以创新的模式进行学生培养。

2018年,分别以李东光和李杰为首席专家申请到军科委基础加强计划重点项目(原军内973项目)两项。李东光的《武器装备概论》获评国家级精品课程。

这一时期的教师队伍主要有范宁军、刘明杰、李东光、王建中、宋道志、李杰、娄文忠、谌德荣、王亚斌、王正杰、邓宏彬、王俊、曹旭萍、金磊、何光林、纪秀玲、申强、王玥、宋荣昌、冯跃、邓明生、李晓峰、吴炎烜、宫久路、毛瑞芝、杨成伟、王雨晴、宋基永(韩国籍)等。

2 人才培养

2.1 本科生培养

2.1.1 培养目标与培养方案

培养目标:以信息化战争条件下常规武器系统为工程应用背景,培养适应我国国防科技工业发展和国民经济及社会建设需要的,德、智、体全面发展的,获得武器系统分析、设计、研制和实验等基础理论和专业知识并经过工程实践能力训练的,可在生产企业、科研单位、高等学校从事武器系统和机电产品工程科学研究和技术开发的高级工程科技人才。

培养方案:主要学习智能武器系统设计方面的基本理论和基本知识,受到系统设计、技术开发、产品研制、实验测试及工程管理方面的基本训练,具备系统分析与综合、工程设计与计算、计算机应用、试验检测方面的基本能力。

主干学科:系统与分析、力学与机械、信息与控制。

2.1.2 课程与教材建设

通识课:微积分、线性代数、概率论与数理统计、中国近代史、毛泽东思想与中国特色社会主义理论体系概论、思想道德修养与法律基础、马克思主义、英语、体育、知识产权法基础、大学物理、大学物理实验、无机化学基础、大学计算机基础等。

主要课程(专业课程):武器系统设计基础、武器系统导论、系统工程与设计、机械系统动力学、流体动力学、飞航力学、武器系统发射理论信号与线性系统分析、自动控制原理、传感与测试技术、微控制器技术、协同控制与仿真技术、导航与制导技术（双语）。

实践课程：金工实习、工程实践。

2.1.3 实验实践教学

自 2015 年起，本专业积极创新实践教育模式和拓展学生实习渠道，先后与航天九院、中航青云、中航新兴、中航智、兵器信控集团等多家单位建立了实习合作，竭尽全力为学生更好地开阔视野、理论联系实际创造机会。

2.1.4 教学管理与研究

（1）研究型课程群试点建设。

以传感与测试技术、自动控制原理、微机电系统三门课程为试点，开展研究型课程群建设。以原有知识体系为基础进行适度更新，在教学中加强工程案例讲解、工程背景试验，提高教学的交互性和学生参与程度。

（2）实践类课程建设。

建立教学科研一体化实践基地，在教学过程中适时安排开放式专题实践课程，通过对专题任务的工程背景设定，使学生将已有理论知识进行综合，依托实践基地的硬件设施和学术指导团队，全面提高学生的自主创新能力。

（3）共建教学实践基地。

利用 208 所的优质环境条件和高水平科技人才资源，合作建设北京理工大学轻武器教学实践基地，以武器系统与工程等专业为主要面向，紧密跟踪兵器科技前沿和发展动向开展实践教学和科技创新活动，为学生提供内涵丰富、条件优越并与工程实际结合紧密的新型教学和培养环境，与课堂面对面教学相结合，服务于具有突出创新意识和实践能力的高水平专业人才的培养和造就。

（4）创新创业教育体系建设。

开设创新创业实践的课程，启发学生创新创意的兴趣与思维训练；加强学生工程实践能力与团队协作管理的训练；将创新应用到课程建设上，将创新的上课模式、上课理念及各种新奇事物引入课堂，提升学生的创新视野，在实践的过程中肯定自我、展示创新。辅导学生参与各类大学生创新创业大赛，对学生进行分组指导培训，提高学生的自主创新意识和能力。建立高校企业孵化园，进一步鼓励和支持大学生自主创业，对具有产品化潜力的科技创新作品，支持融资创业，将作品变为产品。

2.2 学位与研究生培养

2.2.1 学科建设

（1）学位点建设。

1986 年 5 月，国务院学位委员会批准北京工业学院"引信技术"学科为具有博士学位授予权的学科点，首任博士研究生指导教师为马宝华教授。

1994年6月，"引信技术"学科点开始接受博士后研究人员，刘萍博士进入"兵器科学与技术"一级学科博士后流动站工作。

1997年，根据国家教委调整后的《授予博士、硕士学位和培养研究生的学科、专业目录》，我校的"引信技术"学科从"兵器科学与技术"一级学科调整到"机械工程"一级学科中的"机械电子工程"二级学科，学术实体和教师队伍不变。从1998年开始，原"引信技术"学科以"机械电子工程"学科名称招生。

（2）学科评估。

"兵器科学与技术"一级学科在2008年、2012年学科评估中全国排名第一。

2018年5月27日，北京理工大学"兵器科学与技术""兵器工程（工程硕士）"两个学位授权点合格评估专家评审会在北京理工大学举行。经质询和讨论，评估专家组分别形成了"兵器科学与技术"一级学科学位和"兵器工程"工程硕士专业学位授权点的评审意见，一致认为学科发展和研究生培养定位准确、目标清晰，形成了优势突出、特色鲜明的学科方向，形成了一支学术水平高、科研能力强、结构合理的研究生指导教师队伍，并对学科的下一步发展提出了修改意见和建议。最后，专家组一致通过了两个学位授权点的合格评估。

2.2.2 培养目标与培养方案

培养目标：硕士、博士学位获得者应具有习近平新时代中国特色社会主义思想，坚持正确的政治方向，拥护党的路线、方针、政策，具有强烈的国家使命感和社会责任心，应适应国防现代化建设需要，成为德、智、体全面发展的高素质创新型人才。

硕士学位获得者应掌握本学科坚实的基础理论、系统的专门知识、现代实验方法与技能，具有从事科学研究工作或独立担负专门技术工作的能力，在科学研究或专门工程技术工作中具有一定的组织和管理能力，有良好的合作精神和较强的交流能力。

博士学位获得者应掌握本学科坚实而宽广的理论基础、系统深入的专门知识、先进实验方法与技能，能深入了解和熟悉本学科的现状和发展方向，在某一方向上能够把握学术前沿并有深入的研究，具有严谨求实的科学态度和作风，具备独立从事科学研究工作的能力；应富有国际视野和前沿技术敏锐性，具备国际交流和科技创新能力。

培养方案：学习公共课（外语课、学术道德与综合素质、基础课、前沿交叉课）、选修课（核心课、专业课、全英文课程）以及参与实践（包括参加国际国内学术会议、学术论坛、在国际学术会议上作报告等以及科技实践、社会实践、思想政治教育工作实践活动）。

培养环节及学位论文相关工作：①硕士、博士资格考核；②文献综述与开题报告；③中期检查；④硕士、博士论文预答辩；⑤论文答辩；⑥学位申请。

对符合要求的学位申请人分别授予工学硕士学位和工学博士学位。

2.2.3 课程与教材建设

课程建设：根据专业特色与科研需求，为本专业研究生开展了以下基础及特色课程：中国特色社会主义理论与实践研究，自然辩证法概论，中国马克思主义与当代，马克思主义经典著作选读，硕士公共英语中级，硕士公共英语高级，博士公共英语中级，博士公共英语高级，学术道德与综合素质，数值分析，矩阵分析，科学与工程计算，近代数学基础，武器系统分析与设计，弹药系统分析，信息感知与对抗技术，多介质航行器动力学与控制，导航与信息融合技术，无人系统设计与集成，群智能系统网络与协同技术，武器系统测试技术，非线性动力学数值仿真，瞬态信息处理技术，微机电系统，射频固态电路设计与应用，现代电子测量与应用，目标探测与环境识别，武器系统可靠性分析，瞬态测试技术与应用，智能仿生材料与结构，武器系统前沿技术，武器发射技术，武器系统引战控制技术，武器系统及先进终端毁伤技术，系统、信息与控制，智能系统理论及应用等。

教材建设：

（1）2002年，由国防科技出版基金资助，由国防工业出版社出版了教材《微机电系统技术》。

（2）2006年，由中国电力出版社出版了教材《微机电系统技术基础》（北京市高等教育精品教材立项项目）；2008年，该教材被评为北京市精品教材。

（3）2016年，在国家出版基金的资助下，出版教材《现代引信技术丛书》。

（4）2017年，出版专著《图像光流计算方法及其在飞行器导航控制中的应用》，出版教材《机电系统动力学》。

3 科学研究

3.1 研究任务与发展

1992年，引信动态特性国防科技重点实验室确定的研究方向：

（1）引信发射环境与效应研究。

图 2-1 《现代引信技术丛书》

(2) 引信飞行环境与效应研究。
(3) 引信终点环境、效应与炸点控制技术研究。
(4) 引信工作环境识别与安全系统技术研究。
(5) 引信现代设计理论与方法研究。

新的军事需求和军事对抗技术的发展，对引信技术发展提出了许多新的要求，实验室对原有的研究方向和研究内容进行了拓展与提高。2002 年，经国防科工委批准，新增战场电磁环境中引信生存能力研究，在原有研究方向中新增封锁机场多模引信技术、近程目标探测与识别技术、引信微机电技术、近炸引信半实物仿真及数字仿真技术等内容。引信重点实验室研究方向调整为：

(1) 引信发射环境与效应研究。
(2) 引信飞行环境与效应研究。
(3) 引信终点环境、效应与炸点控制技术研究。
(4) 引信战场环境识别与安全系统技术研究。
(5) 引信现代设计理论与方法研究。
(6) 战场电磁环境中引信生存能力研究。

北京分部的主要研究方向为 (4)、(5)、(6) 及 (3) 的一部分。

2009 年 8 月，引信动态特性国防科技重点实验室学术委员会建议将研究方向调整为：

(1) 引信设计理论与方法。
(2) 引信全弹道动态环境与效应。

（3）灵巧化、信息化与微小型引信技术。

（4）引信目标探测、识别与炸点控制。

（5）引信电磁环境与效应。

2016年，正式组建了5个课题组和1个实验组。

（1）地面无人系统与发射技术课题组（王建中、宋遒志等）。

（2）动力学与控制技术课题组（李东光、邓宏彬等）。

（3）机电系统与微系统技术课题组（娄文忠、王亚斌等）。

（4）武器系统测控课题组（谌得荣、何光林等）。

（5）智能无人系统课题组（李杰、王正杰等）。

（6）公共服务及实验组（曹旭平、宋荣昌、毛瑞芝等）。

3.2 主要成果

实验室自1996年正式运行以来，对部队的装备和引信行业的发展起到了重要的作用。由实验室设计并装备部队，发挥较大军事、经济及社会效益的主要成果有：

（1）DRP11迫击炮机械触发引信系列。北京理工大学为该引信系列的总设计师单位，9324厂和9624厂参加研制。该引信系列采用统一机芯，通用于60mm、82mm、100mm和120mm口径的非旋转迫击炮弹和120mm迫榴炮旋转弹，实现了高安全性、高可靠性、高可生产性和高作战效能。该引信系列已形成一个基型引信和10个派生型引信的系列，1998年，获国家科技进步奖二等奖。

（2）DRA04B型火箭炮基型机械触发引信。北京理工大学为该基型引信总设计师单位，304厂参加研制。该基型引信是我国第一个满足"引信安全性设计准则"的野战火箭炮引信，其中的耐高过载低阈值解除保险的安全系统，已成为火箭弹引信基型安全系统。2001年，该基型引信获国防科技进步奖二等奖。

（3）PL12导弹安全与解除保险机构。北京理工大学为主任设计师单位，与304厂联合研制。1998年开始研制，2005年10月设计定型，其技术水平处于国内领先水平。该项目重点攻克了惯性机构及抗大横向过载能力、复杂弹道环境下高精度解除保险距离控制、高可靠性和高效能的爆炸序列技术等关键技术。2006年，获国防科技进步奖二等奖。以该导弹安全与解除保险机构设计思想和主要模块为基础，先后研制了PL90空地导弹安全与解除保险机构、PL10空空导弹安全与解除保险机构、PL15空空导弹安全与解除保险机构、HQ17地空导弹安全与解除保险机构、HQ10海空导弹安全与解除保险机构、HQ27导弹安全与解除保险机构、HQ9B地空导弹安全与解除保险机构、HQ9C海空导弹安全与解除保险机构等,发挥了巨大的军事效益。

(4) 炮兵子母弹通用多用途子弹(引信)系列。该项目1999年3月启动,北京理工大学为总设计师单位,总装炮研所、304厂、9324厂、9604厂参加研制,由34.7mm、39.2mm、42.5mm三种直径子弹构成我国第一代通用多用途子弹系列。该引信系列全面解决了国内外同类产品存在的安全性差、飞行稳定性不足、易产生空炸、战斗部综合毁伤效能低、没有实现"三化"等问题,可用于加榴炮、火箭炮和迫击炮各种子母弹,填补了国内远程多管火箭炮和迫击炮子弹药的装备空白。自2001年至今累计订购2 000余万发,销售总额逾32亿元。该项目获14项国防发明专利授权,形成了由"三厂一校一所"组成的创新团队,培育了一批中青年技术骨干。2006年,获国家技术发明奖二等奖。2007年为了适配我国155mm加榴炮的恶劣过载环境,又启动了39.2mm子弹改进型的研制。

(5) 中大口径加榴炮引信序列安全性改造。该项目2002年启动,北京理工大学为总设计师、副总质量师单位,212所、南京理工大学、304厂、641厂、524厂、844厂、5424厂、5124厂为参与单位。该引信系列采用"三化"设计思想,共6种引信,全面更新了我国加榴炮配用的引信系列,使加榴炮用引信安全性、通用性、可靠性等得到大幅提高。其中重点实验室设计的通用安全系统适用于76~155mm口径加农、榴弹、加榴炮发射的弹药系统,成功解决了在155mm口径远程炮弹上使用时大横向过载下的发射安全性与作用可靠性问题。截至2008年,该项目重点实验室北京分部已获得国防科技进步奖二等奖4项。

重点实验室北京分部不断加强产学研的创新体系建设,与国内有关军工企业和国防科研院所保持着长期密切的合作关系,取得了一系列科学研究和人才培养成果。

表 2－1　实验室北京分部与国内引信厂家合作研制的主要引信

序号	弹种	军种	型号	工厂
1	高炮		双 35 触发引信	152
2	高炮		4 管 25 触发引信	152
3	高炮	海军	海军改 37 引信	9304
4	高炮	海军	海 37 无线电引信 H/DRW18	844
5	迫击炮		DRP11C	9624
6	迫击炮		DRP11A/B/D/E/F/G	9324
7	迫击炮		DRS16 钟表时间引信	844
8	迫击炮		DRS20 电子时间引信	844
9	迫击炮		DRR01 电容近炸引信	9624
10	加榴炮	陆军	DRL12 改加榴炮机械触发引信	844
11	加榴炮	陆军	DRL15 加榴炮机械触发引信	844
12	加榴炮	陆军	DRR11 加榴炮电容近炸引信	5424
13	加榴炮	陆军	DRS20 加榴炮电子时间引信	844
14	加榴炮	陆军	DRD15 加榴炮机电引信	844
15	火箭弹	陆军	DRA04B 引信	304
16	火箭弹	陆军	DRD23 无线电引信	5124
17	火箭弹	陆军	70mm 防空火箭弹时间引信	9324
18	火箭弹	海军	深联—Ⅱ引信	304
19	破甲弹		DRD06C	5424
20	航空炸弹	空军	封锁子弹药	524
21	航空炸弹	空军	KD－88	524
22		海军	AK130	844
23		海军	76mm 舰炮触发引信	641
24		海军	深联－Ⅱ引信	304
25			H/DRJ13 引信	844

续表

序号	弹种	军种	型号	工厂
26	子弹引信	陆军	通用子弹Φ34.7	9604
27			通用子弹Φ39.2	9324
28			通用子弹Φ42.5	5104
29			通用子弹Φ39.2改进型	304
30	导弹安全与解除保险机构	空军	PL12导弹安全与解除保险机构	304
31		空军	PL90导弹安全与解除保险机构	304
32		空军	PL10导弹安全与解除保险机构	304
33		空军	PL15导弹安全与解除保险机构	304
34		陆军	HQ17导弹安全与解除保险机构	304
35		陆军	HQ-9B导弹安全与解除保险机构	304
36		海军	HQ10导弹安全与解除保险机构	304
37		海军	HQ27导弹安全与解除保险机构	304
38		海军	HQ9C导弹安全与解除保险机构	304

引信动态特性国防科技重点实验室（北京分部）自成立以来，承担了近200项科研任务，包括国家自然科学基金项目、"863"项目、国防预研项目、国防基金项目、重点实验室基金项目、"995"项目等。

4 师资队伍

我国著名机械设计专家李维临教授是引信设计及制造专业的创始人。在创建初期，教师队伍内有2位教授、2位副教授，讲师、教员与助教共10余人。

1965年增设无线电引信专业，新增了一部分讲师与助教。

这一时期引信专业的教师有李维临、胡永生、施聚生、张玉峰、郑玉群、于庆魁等，助教有马宝华、王宝兴、曹名扬、刘传礼、秦慰泉、王翠珍、范德轩、宋世和、谭惠民、郑链、李世义、李彦学等。

在"文化大革命"时期，教学、科研工作经历了停顿、"开门办学"、设置专业教研室等过程，这一时期的师资队伍仍然以李维临教授为带头人，讲师队伍变化不大，助教队伍壮大了许多，马宝华、崔占忠、李科杰、范宁军等成为引信专业助教。

这一时期引信专业的教师有李维临、施聚生、于庆魁、郑玉群等，助教有马宝华、王宝兴、陈元祯、邱荫元、杨士凯、曹名扬、刘传礼、王宝瑞、郭富、王翠珍、范德轩、江中生、王庆元、宋世和、杨双秀、谭惠民、郑链、李世义、李彦学、王宝玉、周勇、徐清泉、崔占忠、李科杰、范宁军、张序芝、李志强等。

1980 年开始，本专业一批中青年骨干教师，如谭惠民、郑链、崔占忠等，被陆续送到国外访问学习，回国后相继成为学术带头人。

这一时期的教师有李维临、马宝华、施聚生、于庆魁、王宝兴、曹名扬、刘传礼、谭惠民、王翠珍、郑链、李科杰、王宝瑞、郭富、范德轩、张秀兰、杨双秀、赵鸿德、李世义、李彦学、周宾香、周勇、徐清泉、王宝玉、崔占忠、程受浩、范宁军、张序芝、李志强、石庚辰、刘明杰、陈爱华、石岩、邓甲昊等。

1997 年，"引信技术"学科从"兵器科学与技术"一级学科调整到"机械工程"一级学科中的"机械电子工程"二级学科，教师队伍不变。

1999 年 3 月，随着学科队伍调整，崔占忠、范宁军等转到"兵器科学与技术"一级学科中的"武器系统与运用工程"二级学科，继续从事引信技术的教学和科研工作。

2010 年 7 月，"兵器科学与技术"一级学科下属 5 个二级学科调整为 5 个学科方向，学院从事引信及武器系统技术的教师队伍，分布到"武器系统总体技术""智能探测与控制技术"两个学科方向及"机械工程"一级学科下属的"传感与机电控制技术"学科方向上。李东光出任"武器系统总体技术"学科方向的责任教授，栗苹出任"智能探测与控制技术"学科方向的责任教授。

这一时期的教师主要有马宝华、施聚生、谭惠民、李科杰、郑链、李世义、崔占忠、范宁军、程受浩、黄强、石庚辰、邓甲昊、刘明杰、白玉贤、栗苹、胡昌振、白玉鹏、徐立新、李东光、罗庆生、娄文忠、谌德荣、王俊、金磊、李杰、黄忠华、高学山、王正杰、宋萍、曹旭平、何光林、何光、郝新红、王亚斌、申强、王婷、阎晓鹏、宋承天等。

2010 年以后，随着学科建设发展，引信专业调整为"兵器科学与技术"一级学科下属的"武器系统总体技术"方向，这一时期的教师主要有范宁军、刘明杰、李东光、王建中、宋遒志、李杰、娄文忠、谌德荣、王亚斌、王正杰、邓宏彬、王俊、曹旭萍、金磊、何光林、纪秀玲、申强、王玥、宋荣昌、冯跃、邓明生、李晓峰、吴炎烜、宫久路、毛瑞芝、杨成伟、王雨晴、宋基永（韩国籍）等。

5 实验室建设

5.1 引信动态特性国防科技重点实验室

5.1.1 创建背景

1991年上半年，国防科工委科技委计划建设一批国防科技重点实验室，重点围绕国家15个关键技术领域、18项关键技术，以武器装备和国防科技发展作为需求牵引，长期规划，坚持不懈，集中投资，逐步形成开放流动联合的运行机制，与国家重点实验室、科学院开放实验室一起建成国家科研领域的主要科研基地；初步计划建成30个国防科技重点实验室。本专业马宝华作为专家从武器系统对抗的体系出发，将30个国防科技重点实验室进行分类，认为缺少武器系统毁伤的关键环节——引信技术国防科技重点实验室。后同机电部212所一起，将引信的重要性对有关领导进行汇报。最终国防科工委科技委决定建立31个国防科技重点实验室，引信动态特性国防科技重点实验室按照重要度列在第18个。

1992年10月6日，国防科工委〔1992〕计预字第1831号文《关于引信动态特性国防科技重点实验室建设立项批复》正式批准立项。〔1993〕计字第365号文《关于引信动态特性国防科技重点实验室建设项目计划任务书的批复》批准了重点实验室的建设计划，总投资规模1 400万元，后调整为1 984万元，实际建设总投资2 373.987万元。该实验室由兵器工业总公司212研究所和北京理工大学合建，总部在西安，北京设分部。1995年12月，通过了国防科工委和兵器工业总公司组织的验收，颁发了验收合格证。国防科工委〔1996〕计预字第2693号文《关于批准引信动态特性和柔性制造系统两个国防科技重点实验室通过验收并投入正式运行的批复》批准，于1996年10月投入正式运行。

引信动态特性国防科技重点实验室首任主任为机电部212所金连宝研究员，北京分部主任为谭惠民教授。

1995年9月25日，引信动态特性国防科技重点实验室召开了学术委员会成立大会。实验室学术委员会名誉主任为钱伟长，主任为马宝华，副主任为金连宝、张龙山；委员有吕显哉、杨辅宗、施聚生、谭惠民、路荣先、赖百坛、李绗达、周兆英、王乘、田国元。

图 2-2 引信动态特性国防科技重点实验室学术委员会成立大会

图 2-3 引信动态特性国防科技重点实验室学术委员会第一次会议

5.1.2 实验室北京分部运行情况

2000 年 9 月，总装备部对实验室进行了评估，评估成绩为 84.853 分，在同类 7 个国防科技重点实验室中排名第三。2003 年 6 月，实验室通过了国防科工委的重点实验室运行评估，评估成绩为合格；2004 年 4 月，实验室通过了总装备部的重点实验室绩效评价，评估成绩为良。2008 年 12 月，引信动态特性国防科技重点实验室迎来了国防科工局联合总装的第二次运行和绩效评估，总装备部评估的结果为良（在全部 17 个国防科技重点实验室中成绩位列 14），国防科工局评估的成绩为基本合格，限期整改，半年后复评。在各级领导的关心和支持下，在重点实验室全体人员的努力下，2009 年年底通过了国防科工局和总装备部组织的复评工作。

为适应国家武器装备研制与生产体制的改革,2007年10月,实验室在引信系统、子弹药、导弹安全与解除保险机构、导弹与航天飞行器4个领域通过了国防科工委的质量体系认证。

2007年12月,实验室在触发引信、时间引信、近炸引信、深水炸弹引信、炮兵子弹药、航空子炸弹、导弹安全与执行装置、潜射导弹图像装置和航空探测器探测装置9个领域,一次通过总装备部组织的科研资质认证。2008年1月,又通过了国防科工委组织的科研生产许可证认证。

质量体系认证、科研生产许可证、装备承制单位资格证的通过,为实验室转换科研成果、参与型号研制工作创造了必要的基本条件。

5.1.3 实验室投资情况

实验室北京分部建成时总投资792.42万元,实验室建设面积1 200 m^2。

2003年,实验室评估以后拓展提高项目,北京分部投资500万元,2004年开始实施,2010年完成验收。

2006年,国防科工委进行引信基础条件建设项目,北京理工大学引信投资6 800万元,2010年年底完成验收。

"211"工程和"985"工程建设,国防科工委条件保障建设资金,如"12号工程""直-10工程""521工程"等条件保障建设资金逾1 300万元。

通过这些建设资金投入,实验室的研究手段、研制能力得到大幅提高,为我国培养了一批又一批的中青年人才。

2015年,机电系统工程系科研经费3 500余万元,人均110万元,远高于全校平均水平。

2017年度是"十三五"的开局之年,许多老师申请的纵向课题经费多数未到校,本年度全系到校经费5 055.5万元,其中纵向科研经费498.5万元,横向科研经费占比在90%以上。

5.1.4 主要实验室

1996年,引信动态特性国防重点实验室北京分部设立了4个实验室。

(1)系统与总体技术研究室。

(2)控制技术实验室。

(3)测试技术实验室。

(4)环境实验室。

经过近二十几年的运行与发展,实验室不断拓展与提高,面积从初建1 200 m^2 扩展到近4 000 m^2。现在有:

(1)引信MEMS技术实验室。

(2) 引信虚拟设计与仿真实验室。
(3) 子弹药与引信组网技术实验室。
(4) 引信电子安全与起爆控制技术实验室。
(5) 电容引信实验室。
(6) 光电探测与成像实验室。
(7) 电波暗室。
(8) 弹目交汇合成环境模拟实验室。
(9) 引信勤务环境模拟实验室。
(10) 静电探测实验室。
(11) 引信弹道修正技术实验室。
(12) 多自由度弹道环境模拟实验室。
(13) 声/磁/探测实验室。
(14) 引信数据通信及环境效应实验室。
(15) 引信水中超声探测实验室。
(16) 无线电引信综合测试实验室。
(17) 引信电子对抗实验室。
(18) 存储测试遥测技术实验室。

5.1.5 重要历史时刻

1990年、1992年，我校引信技术专业首任苏联专家E.B.库里科夫教授两次来早期引信技术实验室访问。

图2-4 苏联专家E.B.库里科夫教授（左一）来访问

1993年11月，俄罗斯国立鲍曼技术大学常务副校长姆西亚可夫、引信技术教研室主任别拉也夫教授在谭惠民教授陪同下参观早期引信技术实验室。

图2-5 俄罗斯专家来访

1998年12月21日，国防科工委主任丁衡高为引信动态特性国防科技重点实验室题词。

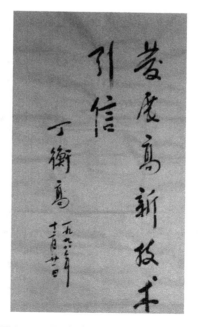

图2-6 国防科工委主任丁衡高题词

1998年，时任教育部部长陈至立在校长匡镜明、学术委员会主任马宝华教授陪同下来引信动态特性国防科技重点实验室视察。

图 2-7　时任教育部部长陈至立来视察

2000年9月18日，国防科工委组织专家对引信动态特性国防科技重点实验室运行和绩效进行第一次评估，评估结果为良，在15个国防重点实验室中位列第一名。由于成绩突出，国防科工委决定对引信动态特性国防科技重点实验室进行拓展与提高投资，其中北京分部投资500万元。

图 2-8　引信动态特性国防科技重点实验室评估专家合影

图 2-9　引信动态特性国防科技重点实验室拓展提高评审会

2010 年 7 月，空军副司令员景文春带领二十多个装备部部长来引信动态特性国防科技重点实验室视察。

图 2-10　景文春参观引信仿真实验室

图 2－11　景文春参观电子安全系统实验室

图 2－12　景文春参观子弹药与引信实验室

5.2　引信陈列室

在苏联专家 E. B. 库里科夫的指导帮助下,在解放军有关兵种支持下,1956 年建成了我国第一个引信陈列室。陈列室种类齐全,收集了苏、美等十几个国家的大量引信实物,为教学提供了支撑。

2006年,扩建引信陈列室,充实了展品将其作为本科生和硕士生的引信实验基地。马宝华和谭惠民教授从《引信手册》第一册、第二册和第三册中挑出我国自从20世纪80年代以来自主研制、有代表性的、可供学生拆装的引信共32种。范宁军教授从学校申请了25万元专门购买了样品。这一时期引信陈列室负责人为何光林老师。

图2-13 陈列室的引信

图2-14 引信和子弹药

图 2-15 老师正在给学生上引信课

引信陈列室目前已经成为我国引信产品最全的展览室，包括第一次世界大战以来的引信产品以及我国自主研发的引信产品。按照小口径弹引信、中大口径榴弹引信、迫弹引信、破甲弹引信、时间引信、火箭弹引信、导弹引信、导弹安全与解除保险机构、水下兵器引信、子弹药及子弹药引信、近炸引信陈列，共计3 000 种（个）引信。利用引信陈列室给学生讲解各个时期的引信并结合实验，切实加深他们对武器系统的基本概念、引信技术的基本要求，以及典型引信的基本结构和工作原理的了解，培养了学生对所学机械、电子、控制、机电一体化等方面知识的综合运用能力，对工程问题的综合分析能力、设计思维能力和创造能力。

目前，北京理工大学机电学院已经将引信陈列室作为本科生爱国主义教育基地、参观基地和青年教师学习的基地，切实用于加强本科学生的专业基础知识和技能以及青年教师的业务能力。

引信陈列室的建成为北京理工大学通过 2007 年质量体系认证，取得国防科工委武器装备科研生产许可证、总装备部装备承制单位资格证做出了重要贡献。同时在 2007 年为迎接教育部本科专业评估做出了重要贡献。引信陈列室现搬迁至 9 号楼 214-215。

6 交流合作

6.1 教师交流

1992 年 7 月，范宁军应美国引信工程标准工作组（US FESWG）引信技术专家丹尼斯·希尔瓦和美国陆军武器研究、发展与工程中心（USA ARDEC）引信技术专家弗里德里克·泰普尔的邀请赴美进行学术交流，围绕引信设计理论、方法和技术实现等问题展开了广泛深入的交流与研讨。美方专家对范宁军提出并创立的引信安全系统数学方法、理论定义、目标基安全系统设计原理等研究成果，表现出极大兴趣和高度评价；范宁军也在与美方的交流中针对引信安全系统设计思想、原理、准则和数学方法等，获得许多有意义的收获和启发，并带回两千多页美方公开的现代引信设计理论资料。这次学术交流为我国现代引信设计理论与方法的研究和相关军工专业的学科建设和人才培养，起到了良好的借鉴和促进作用。

1996 年和 1998 年，石庚辰两次赴德国费朗霍夫研究院弗赖堡物理测试技术研究所，进行合作研究。两次的时间均为 4 个月。1996 年合作的项目是有关多维位移测试技术，借助于研究所良好的研究条件，对六维位移测试技术进行了研究。该次合作研究为回国后进一步开展测试技术的研究打下良好的基础。1998 年的合作项目是微机电系统（MEMS）技术，此时，正是国内 MEMS 技术研究的起步阶段，急需对 MEMS 技术有比较深入的了解。弗赖堡物理测试技术研究所已开展多年的 MEMS 技术研究，在微传感器的研究上有丰富的研究成果，同时，该所丰富的资料对了解、学习 MEMS 技术有很大的帮助。此次合作研究，对回国后开展 MEMS 技术的教学与科研工作帮助很大。在合作研究的基础上，通过总结，石庚辰首次在北京理工大学开设了一门"微机电系统技术"研究生课，并在大量搜集与学习 MEMS 文献的基础上，2002 年获得国防科技出版基金资助，由国防工业出版社出版了《微机电系统技术》一书。该书的出版在当时弥补了国内在该领域有关 MEMS 书籍的不足，对 MEMS 技术研究在国内的开展以及研究生的培养起到了重要作用。

2000 年后，在国家留学基金委的资助下，更多年轻教师出国学习交流。2003 年到 2004 年，娄文忠前往德国做访问学者，李杰赴瑞典林雪平大学做访问学者；2008 年到 2009 年，王正杰赴英国克兰菲尔德大学做访问学者；2009 年到 2010 年，谌德荣赴美国俄克拉荷马州立大学做访问学者；2010 年到 2011 年，何光林、王玥、纪秀玲分别赴美国与英国大学做访问学者。

为提高学术研究水平，达到人才培养的目的，在北京理工大学"985"工程国际合作项目资助下，2011 年 2 月，范宁军老师与王正杰老师前往英国克兰菲尔德大学、布里斯托大学与英方合作开展科研项目。

图 2-16　石庚辰在德国访学

图 2-17　与英方合作者郭士钧教授及博士后合影

图 2-18　与 GUIDO 博士及其博士生合影

2008 年 9 月，王正杰参加在西班牙桑坦德大学举办的第八届国际仿真、建模与优化年会，并在会上作报告；2009 年 10 月娄文忠参加 2009 第二届海峡两岸微纳米研讨会及 IEEE – NANOMED 2009 第三届国际会议，并作口头报告；2010 年 6 月，王正杰参加在日本冈山大学举办的第三届国际建模、辨识与控制会议，并在分会场作报告。受国家留学基金委资助，2016 年 12 月—2017 年 12 月，申强赴英国南安普顿大学访学一年。2017 年 11 月—2018 年 11 月，吴炎烜赴英国克兰菲尔德大学访学一年。

6.2　邀请国外学者访问交流

6.2.1　邀请国外学者来校交流

2008 年 3 月，邀请英国克兰菲尔德大学郭士钧老师作了题目为"微小型飞行器设计研究"的报告；2008 年 12 月 16 日，邀请俄克拉荷马州立大学（OSU）电机与计算机工程系樊国良副教授作了题目为"动态目标跟踪与识别技术研究"的报告；2009 年 5 月，邀请英国克兰菲尔德大学郭士钧老师作了题目为"英国大学基于团队设计项目的硕士培养模式介绍"的报告；2009 年 8 月，邀请荷兰代尔夫特技术大学张国旗教授作主题为"微/纳电子的应用——微机电系统的前景"的讲座；2010 年 12 月，邀请英国克兰菲尔德大学郭士钧教授作了题目为"柔性翼飞行器设计中的挑战研究"的报告；2011 年 4 月，邀请英国西英格兰大学朱全民教授作了题目为"建模与控制——贯穿生活与科研的哲学"的报告；2011 年 5 月，邀请英国克兰菲尔德大学 Peter Yuan 教授作题目为"超光谱成像技术及应用"的学术报告。2012 年，先后邀请了英国伦敦大学玛丽学院的 Ranjan Vepa 与德国慕尼黑工大的 Stanislav Braun 博士来访问交流，尤其是针对"飞行系统动力学与控制"的教学内容，为我院研究生开展了系列的课堂授课以及学术讲座；2015 年，邀请德国慕尼黑工大飞行系统动力学研究所 Christoph Gottlicher 博士讲授飞行辨识技术课程。

图 2–19　英国伦敦大学玛丽学院 Ranjan Vepa（左图）与德国慕尼黑工大 Stanislav Braun 博士（右图）

6.2.2　聘请外国学者担任兼职教授与博导

2009 年，聘请英国克兰菲尔德大学郭士钧为北京理工大学兼职教授。聘任仪式上，赵长禄副校长代表学校向郭士钧教授颁发兼职教授聘书，希望郭教授结合自己丰厚的科研成果以及国际交流方面的优势为我校先进无人系统、微小型飞行器设计等领域的科学研究、人才培养以及国际合作方面做出更大的贡献。2010 年，英国克兰菲尔德大学郭士钧教授被聘为北京理工大学兵器科学与技术学科博士生导师，并于 2011 年招收了博士生。

图 2–20　赵长禄为郭士钧颁发兼职教授聘书

附录1　回忆录

亦师亦兄忆宝兴

谭惠民

1999年3月7日上午9时，已经退休的王宝兴老师骑车去大钟寺农贸市场买菜后返家途中，在友谊宾馆前被一辆公交巴士撞翻，抢救无效，不治身亡，至今已整整12个年头。宝兴老师亡故时，才67岁。对于我来说，总觉得12年前的车祸如梦似幻，从来就没有发生过。即使他现在站在我面前，我只会稍感惊讶，因为很久未见了，但不会有绝对的意外，因为他不过是一位79岁的老人罢了。我的几位同班的调干同学，已经80高龄了，前几天见面，仍然健朗得很。

宝兴老师于1932年12月20日出生在辽宁盖县①一个普通农民家里，我吃过不少他从家乡捎回北京的个头不大但味道鲜美的国光苹果，至今印象深刻。1952年，他考入北京工业学院机械系，1956年加入中国共产党，1957年大学毕业并留校任助教。1959—1963年，师从李维临教授读在职研究生，当时我正在上本科。等我有机会与专业教研室的老师有所接触时，知道有位看似很老成实际很年轻（约30来岁）的老师叫王宝兴，经常去天津大学精仪系计时专业上课。他有一架50∶1的无返回力擒纵机构模型，人在北京时总在专业陈列室做实验，写他的有关无返回力擒纵机构设计方法的研究生论文。

我1963年大学毕业留校当助教，当时宝兴老师是教研室主任。宝兴老师没有直接给我上过课，但由于他和我的导师宝华老师是同班同学，长宝华老师2岁，长我8岁，因此我们的关系一直很亲密，我视他亦师亦兄，直呼他的夫人为大嫂。他和宝华老师同为我的入党介绍人。他给过我很多教诲，比如"人这辈子有三种错误不能犯，一不能反党，二不能有生活作风问题，三是经济问题"。这话可是三十多年前说的呀。改革开放以后，我曾经受系里的委托，负责过一阵子系办公司的经营管理工作，他及时提醒我："你的目标是当个学者，而不是一个经理！"人们可以说宝兴老师是个"老派"人物，但不得不承认，他绝对是个正派人物。

大约是在1969年，我的妻子在河北涿鹿某部队锻炼即将结束，能否按原分配方案回北京工作还很不确定。为了确保我们夫妻团圆，宝兴老师专程去了一趟我妻子所在的部队落实此事。宝兴老师这种将心比心、对别人的难处感同身受的

---

① 盖县：今为盖州市。

情怀，也为我以后待人处事树立了榜样。

"文化大革命"初期，引信技术是最早走出学校去工厂"开门办学"的专业之一。先是去吉林524厂，后来又到北京通县的5424厂。1973年正式招收第一批工农兵学员。也就是说，对于引信技术专业而言，自1973年开始，即逐渐恢复正常的教学工作，编写了一批适应当时需要的教材，并根据战备需求，与工厂的工程技术人员相结合，开展了一定程度的科学研究。宝兴老师是当时"开门办学"的骨干力量之一。

经过党组织长时期的考察，1979年12月，由王宝兴、马宝华两位老师做介绍人，我加入了中国共产党。次年10月，我到德国进修，直至1982年10月我回到教研室。

我回国后3个月，即接替宝兴老师担任教研室主任的工作。当年宝兴老师刚满50周岁，晋升副教授不到两年。他对我的交代是：放手大胆改革，在系主任（马宝华老师）的带领下，把教研室的各项工作搞上去，并且在尽可能的范围下，改善大家的工作、生活条件。

1983—1994年，这十余年时间里，宝兴老师专心致力于培养学生、科学研究和著书立说。鉴于宝兴老师在学术上的突出贡献及重要影响，1989年晋升为教授，1993年起享受政府特殊津贴。他留给我们的重要著述有《机械计时仪器》《时间引信钟表机构设计基础》《碰撞与震动》等，以及和宝华老师等一起编写的多部教科书和手册、辞书等。

在我的印象中，宝兴老师除了教学生、做学问，生活极其简朴，没有任何不良嗜好，可以说一生与人为善、与世无争、光明磊落。如果没有那起意外的车祸，宝兴老师一定能健康地活到现在，他的晚年生活一定会十分平静、十分满足、十分幸福。

今天刚好是宝兴老师不幸离我而去整整12个年头，记下点滴回忆以寄托我的哀思，愿宝兴老师安息！

悼念王宝兴同志

马宝华

中国共产党党员，我国兵器行业著名专家，北京理工大学教授王宝兴同志于1999年3月7日上午9时，因突发车祸不幸逝世，享年67岁。

王宝兴同志1932年12月20日出生在辽宁盖县一个普通农民家庭。1952年考入北京工业学院机械系，1956年加入中国共产党，1957年大学毕业并留校任助教。1959—1963年作为重点培养教师在天津大学机密仪器系计时专业进修，并师从李维临教授接受研究生教育，毕业论文为"无返回力擒纵机构设计方法研究"。1978年晋升讲师，1981年晋升副教授，1989年晋升教授。

王宝兴同志将其毕生精力贡献给了我国国防科技教育事业和引信技术学科建设。1961年以来，他历任北京工业学院引信教研室副主任、主任、党支部书记，系务委员，院学报编委会委员。在他的领导下，北京工业学院引信技术教研室曾获"部级红旗单位"称号，他的卓有成效的工作，为今天的北京理工大学引信技术学科点成为国内一流博士点奠定了坚实的基础。

王宝兴同志胸襟坦荡，对学科发展具有长远的战略眼光。1982年起积极推荐起用年轻同志担任教研室的行政领导工作，本人则专心致力于科学研究和著书立说。王宝兴同志重要著述有《机械计时仪器》《时间引信钟表机构设计基础》《碰撞与震动》等；参与编写的有《钟表引信设计》《电力引信设计》《引信设计》《引信构造与作用》等多种专业教科书以及《引信设计手册》《航空工业科技词典》等工具书。由于王宝兴同志在学术上的突出贡献及重要影响，曾多次获得部级科技成果奖励。1993年起享受政府特殊津贴，直至1994年退休前，一直担任中国引信协会委员及全国军用标准化委员会委员的学术领导工作。

王宝兴同志忠诚党的教育事业，为人师表，对年轻教师和学生充满爱心，教书育人，诲人不倦。王宝兴同志从教近40年，桃李满天下。无论是在国内还是在海外，他众多的学生在各自的岗位上，不辱师名，做出了让老师引以为荣的成绩。

王宝兴同志意外不幸逝世，使我们所有与他共过事、受过他教诲的同事、朋友、学生都感到深深的悲痛。王宝兴同志的一生是清贫的一生、奉献的一生、光辉的一生，他的逝世是我国引信界和我校的一大损失。他的师德和奉献精神，将永远是我们的宝贵精神财富。

王宝兴同志永垂不朽！

我的祖师爷李维临教授
谭惠民

我的祖师爷李维临教授要是活着，应该是84岁高龄的老人了。他于1977年10月死于肺癌，这或许与他早年曾患过肺结核，以后又勤于抽烟，且不论好坏有关。他的去世，使我失去了一位忠厚长者，使我国引信技术学科失去了一位真正意义上的祖师爷。尽管他离我们而去已经整整18个年头了，每每想起他来，总让我十分伤感。

李先生早年毕业于北洋大学，专攻机械设计和制造，1952年被北京工业学院（现北京理工大学）聘为教授，历任教研室主任、系主任等职。先生学识渊博、人品高尚，有着让我们后辈钦佩并值得永远学习的敬业精神。一般说来，他

是十分严肃的,但相处熟了,也不乏幽默,我就听他讲过一个将军怕老婆的故事。我是1958年入学的,直到1962年上专业课时才有机会一睹先生的风采。他中等个,衣着绝对算不上整齐,稍微有点驼背,一头花白头发,戴一副深度的金丝边近视眼镜,是一位典型的教书先生。我听过蔡陛星先生的"普通物理"、孙嗣良先生的"高等数学"、洪效训先生的"雷达技术基础",等等。我觉得当时的北京工业学院有一批非常优秀的基础课和技术基础课教师,讲课的先生们都很有学问,讲起课来有声有色,十分精彩。上李先生课时,情况有些变化,他讲课条理很清楚,但缺乏"深度",我听他的课更多的是得益于他的答疑。他的答疑不是简单回答问题,而是课堂讲授的深化。等我当了教师之后,我曾就这个问题请教过他,我说:"先生,你何苦不在课堂上就把所有问题都讲深讲透呢?"他回答我说:"你们班有14个同学,一半是调干生,程度差别很大,我在课堂上只讲最基本的大家都应掌握的知识,有些知识需要同学通过问去学习,去掌握。"至此,我明白了因材施教的道理,也明白了如何当个好学生的道理。在课程学完后,需要做一个课程设计,我清楚地记得题目是有关美国T227引信隔离机构的反设计,有幸的是指导我完成这个课程设计的又是李先生。我十分认真地做完了这个课程设计。其计算工作量不亚于现在的一个毕业设计,但结论大大出乎我和先生的意料,因为根据我的计算,这个机构是不能正常工作的,而T227引信曾在朝鲜战场上大量使用,两者显然是相悖的。先生反复检查我的计算,没有发现任何错误,然后还是给了5分,但"原因待查"。毕业后,由于教学工作需要,我重新拣起了这个当学生时留下的问题,此时有关T227的资料已经比较齐全。我发现我进行反设计时所依据的实物短缺了一个关键零件,如果用了这个关键零件,机构是可以正常工作的。我把这个"发现"告诉先生,先生笑着跟我说:"作为一个课程设计,你当时得个优当之无愧,因为没有这个零件机构就是不能正常工作,我高兴的是你更重视那个'原因待查',现在原因查出来了,我真想再给你一个5分。"

我参加工作后,与先生见面、讨论问题的机会就更多了。我陪他去过工厂、去过学校,所到之处,总是受到十分热情的招待。其实李先生是一位很不善于言辞和应酬的人,对他的热情和敬重多半是因为他在引信界的学问和人品,以及他众多的子弟对他的由衷的爱戴。他的魅力在于他能以完全平等的态度对待别人,其中包括年轻人讨论。由于专业发展的需要,他为学生开设过"机械引信""钟表引信""电引信""无线电引信"等各类引信的课程设计,其中有的是他的专长,有的则完全是因为教学工作的需要。我觉得,他是一位将学生的利益放在首位的真正的好教师。

我最后一次见到李先生是在北医三院的一间可住三个病人的普通病房里,先生十分衰弱，但十分清醒。我和一起去看望他的同事给他捎去了一本新出版的《毛泽东选集》（第五卷），让先生精神好时翻翻。他双手接书并放在枕边，正色说道："应该是好好学习。"听了这话，我不禁肃然起敬。当时并未确诊先生得了什么病，我们都希望他能早日康复，他也谈到将来很想深入研究一下引信中的冲击和振动问题。没想到那次见面竟成了诀别。

在我的印象中，自我认得先生时他已经是位白发老人，实际当时他才五十出头。在十几年的时间里，他似乎没有什么变化。他离开我们时，享年66岁。

一 段 回 忆

马宝华

1961年上半年，北京工业学院决定上马尖端武器专业，而将原设的常规武器专业及化工系的火炸药专业合并到太原机械学院（后来由于某种原因，火炸药专业未能合并入该院）。常规武器专业即当时北京工业学院的一系，设有枪、炮、弹、引信、枪弹与药筒等专业教研室及内外弹道教研室。由于太原机械学院原系中等专科院校，1959年改为大学编制，至1961年其软、硬件方面都还处于中等水平。因此，北京工业学院这批力量的加入对于该校的发展起着关键性的作用。该校领导对此当然十分重视。时任该院院长的历任康同志亲自到北京工业学院与每位将调任该院的教师员工进行个别谈话。当时几乎绝大多数人员都服从组织调动，引信教研室机械引信设计组被北京工业学院留下的教师只有李维临和马宝华、王宝兴三位老师。调往太原机械学院的教师有赵以钧、洪琴、向大寰、彭长青、林国元、宣恒传、于庆魁、朱庆礽、余杭棣等十人，实验员有邓锦泉。除教师外，1957—1960年入学的四届学生也同时并入该院。其中，1959级、1960级只有少部分学生并入，1959级有9名学生，1960级有十余名学生。除人员外，一些教学辅助设施——陈列室的大部分陈列品，实验室的一些实验设备以及教学挂图、产品图纸、图书资料等也随行调入该院。

调往太原机械学院的教师员工在系党委书记李骐贵同志的带领下于1961年8月29日抵达太原。

太原机械学院位于太原市的远郊区，地理位置偏僻，交通十分不便，校舍简陋，生活条件更是极其艰苦。虽然同时处于三年困难时期，但是与北京相比，还是有着天壤之别。在如此艰苦的环境下，引信设计教研室的教师们还是坚持下来了。到"文化大革命"前夕的1964年，是教研室最兴盛的时期（有部分教师1963年从沈阳工学院调入）。当时开设的专业有引信设计、时间引信设计、电引信、引信构造与作用、非触发引信、终点弹道等。教学实验设备有到太原后新建的十几米高的投掷实验塔、离心机、马歇尔击锤、振动实验机等。

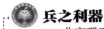

兵之利器
——北京理工大学机电学院学科（专业）发展史

"文化大革命"十年浩劫对太原机械学院也是一个沉重打击。1972年，太原机械学院改为红旗光学仪器厂。常规武器专业一部分人调回北京工业学院，一部分人员调往南京炮兵工程学院（即现今的华东理工大学），其他人员处于待调状态直至1978年复校。

附录2　学生名录

班级：5201

徐光棋	郭护生	李光亚	马如玉	周铭钊	陈淦	刘长乐	涂光苏
崔传麟	谭爱菊	金秀石	赵展洋	丁绵仲	朱淮廷	袁旭沧	邹元元
朱健豪	魏翔麟	许大森	乔大华	李永昌	李戴弘	刘振发	李迎旭
卞浩华	李立	沈念萱	陈裕堃	柱松茂	孙月明	钱平吕	吴雅信
时样琳	徐心镜	关秀琳	王丽琳	唐家范	鹿景荣	熊大柱	何少惠
苏大图	新振家	缭家耀	詹瑞琦				

班级：5202

蒋英顾	顾铭言	黄曼丽	任文煦	董木兰	梁禾	曹泛	王靖君
黄毓秀	南伯龄	张光惠	赛从瑞	潘学文	张白军	朱明武	罗光辉
胡万芬	闫铁梁	李炳恒	余荆生	陆铁尘	沈力仑	夏同桦	王世璋
姚肃昭	张志静	汪纶栋	李亨标	李万全	王嘉胜	刘长乘	王淑育
施益洪	周民裕	陈天奇					

班级：5203

潘广钺	华群	任树森	葛声洪	贾叶诚	汪叔度	锅宪达	张鹏万
方日杏	马翰秋	何广存	陈文仁	邵日新	汪复来	赵国强	董光愧
方中淮	韩树人	朱华邨	杨永宝	滕树桩	姚颂荣	杨丕均	杨天牧
郭启全	潘恒生	杨位钦	王家璐	程国光	连企厚	邓申生	易振良
江季麟	吴志新	贺修桂	黄光荣	薛汉辉	刘沧海	林俊乐	曾金木
范国俭	裴先惠	霍静娴	张守辰				

班级：4521机（5204）

尹庆南	曾科	顾宋乐	贾连城	柳晴	任锦廷	张怀三	刘景芳
马宝华	王宝兴	黄贵忠	刘广文	丁金男	董庆民	刘淑敏	侯景伟
秦宋乐	刘毓湘	陈经梅	黄瑞思	张守义	罗庄	刘义汉	许舜昌
高作霖	刘丕伟	高乃同	陈光辉	李禄阴	王润田	田广业	高学仁
侯金颐	汪章理	周振岳	钊希田	李希圣	徐天然	刘致仁	潘坤
甄泽	高文亭	郭成霖	蔡国伟	张乃发	刘东成	蔡汉钧	谈超伦

班级：53机

陈国奇	燕永器	方　英	吴　煜	林幼娜	张　惠	周　彦	黄茂林
高惠中	周召达	杨卞眉	刘利航	殷爱群	马廷萱	邢洲勋	白万荣
周　行	朱明成	蒋恕安	钱明达	谭志骞	李兆璜	胡　玲	罗裕明
范垂裕	王克中	李永光	刘景璋	陆学凯	江家藩	冯朱何	徐秀贞
吴明和	葛守泰	祝　健	吴廉中	赵一华	田荣禄	李瑞田	佟长春
张家麟	张世臣	林印理	马时芸	陈　豪	章　政	于正心	彭长清
王可励	康振雄	王砚耕	王一凡	任凌云	吴光震	王祖赐	陈思颖
张风竹	李自通	陈文儒	李　琳	王颂康	李　玺	冯惠昌	张　珍
苏　齐	吉松英	马福全	刘瑞芝	陈葆生	曹嘉琳	冯秀清	翟春浦
张桂林	陶逢茹	王士俊	蒋　逆	赵文惠	魏荣果	丁金仙	夏启宇
张崇久	姚　劳	李崇环	刘延珍	王肇恭	崔美丽	朱治强	李铃年
刘需霖	方远翻	马秉华	崔天民	李运元	丁思白	申蔼论	张志文
王锡英	刘文光	郑志鹏	郭玉瑛	张德祯	黄福求	龙赣云	王燕梅
董少峰	盖铭杰	武桂梅	葛先增	陈大勇	李　博	盛拱北	李心波
张祖圣	张天相	张世杰	洪萍萍	章家森	李玉坤	李汉杰	袁文娴
王钧明	赵鹤俊	韩玉书	聂来发	罗　刚	王鸿儒	丁镇贺	樊绪纶
姚重华	苏纯智	翟树媛	罗傅沛	杨双挥	袁犹龙	许绿漪	刘纯夫
李锦峰	孙铵苏	王世栋	王锡奎	胡芝林	周嘉蓉	王　慧	谢景连
姜法中	曹肇敏	栾庆仁	段绍循	郎志正	宋家福	尹寄文	锺　耀
蔡鸿祥	高中良	杜友松	贺华宗	夏春普	周端模	李崇权	胡鼎勤
陈毅生	王中正	曹　敏	徐守剑	陆良才	白铁英	杨　奎	戴名纯
程至远	张风岐	赵居毅	周思益	杨焕明	赵瑞生	张云飞	杨光新
金欣中	邱玉华	杨百荔	李开源	秦月贞	曾晓华	赵启骥	郝宗泽
于植桂	李文燕	刘爱黎	郑克康	陆巨曾	白文清	杨治荣	孙贞运
王甚诚	乔良镕	刘凤岐	高志让	张延禄	汪廷杰	王金达	舒同林
陈邦值	张炎培	王孝芸	卢纪申	孙辉洲	廉升昌	赵　周	张桂生
任东山	夏瑞明	秦瑞兰	张秋霞	塔里亚	常寿彭	凌岱华	朱经曾
熊友祥	战启光	田文彬	李振武	朱耀升	田清政	邓之虎	秦有定
钱家鉴	王　堪	吴　国	缪经银	李月雪	金顺义	蔡景恒	黄土元
云贤鑫	罗杏雨	贾　茂	余先知	陈鸿耀	郑秀琳	李英如	黄陆光
龙纯璿	杨　瑜	杨松林	朱印琪	陶　筠	杨藻文	李绍林	李明蓬
巩玉勤	赵立三	高　林	李士奎	王　珂	杨继康	王春庆	梁叔平
刘传礼	李厚华	周绍为	陈　恺	周永信	吴泉信	李国华	许树京

兵之利器
——北京理工大学机电学院学科（专业）发展史

汪邯群	何厚生	度振邦	虞瑾瑛	单成荣	仲正华	许宏侃	彭声亮
张友琪	李艾英	张立人	张述曾	骆思瑞	车守茂	左长庆	沈福娟
丁杏珏	耿宪骅	沈文宝	陆维钢	贾正明	徐惠诚	王家缓	胡允立
徐素芬	云佳贞	张月娥	顾雪芹	唐正浩	曹冬孙	虞树英	陆　佩
陈长元	张祖安	王邦益	萧一撰	孟若愚	陈佩玲	吴尚礼	楚国荃
杨锦瑜	曹世良	牛之宣	郑沪生	孙耀南	陈鸿钊	葛文达	董寅初
杨　锡	黄树宝	林德仁	蔡承吉	应新龙	汤圭尧	王上骝	戚永泰
陈元炎	唐瑞祁	何祖舜	高秉智	徐夏英	程正贤	陆桂康	曹玉琳
沃长生	邱贤佐	茅志成	桂雅英	乐秀康	张焕荣	赵汝珍	郁芸芳
朱建城	郑宝森	张根宝	蒋沪之	宋莲葩	施土围	杨耀宇	何弘明
包琳玉	宗云青	沈永财	高锦华	庄一鹤	陆福民	钱仁华	袁孟昂
刘康堂	陈国宁	周之伟	杜国华	邱松发	陈察衡	项为部	侯微明
姚康年	袁曾凤	施引祁	林舜娟	徐业梁	杜禁中	唐宝英	金薇芬
江亦龄	张健中	徐启桐	虞可伦	沈润华	叶水珍	施　瑛	张瑞云
王传基	黄汉刚	姚昌仁	徐宏敏	刘伯顺	王崎生	冯国栋	王　刚
管善扬	胡玉香	张桂莲	王品娟	周　治	王继高	杨凤山	宋椿年
王源荪	梁大华						

班级：8954

刘茂林	方洪涛	牛春梅	沈梅琴	郭育英	曾顺明	张士俊	何志华
殷铁柱	杨金城	杨鸿福	陶登意	沈同和	白明彬	张树桐	戚锡璋
汪国驹	张肇昌	李　严	何　理	郝敦书	王涤鹏	程维治	刘仁怀
丁先华	刘菊枝	唐腾芳	刘风卯	朱明远	吴　琦	戴永增	杜魁贞
林淑华	刘表鸿	罗一鸣	宣恒傅	李　玮	戴润林	胡杏生	刘天兴
韩前伟	王至刚	周祥玉	邓庆增	孟庆钫	张钦明	徐永善	宋光全
何国俊	林凤来	常汉林	黄能达	唐桐林			

班级：8541

孔样炎	杜强华	许社全	张振民	高贵玲	丁志欣	刘振玉	武近梅
李永安	赵　瑛	游步文	王石生	韩茂珹	周炳良	李金谘	庄子强
张鸿钧	韩新志	冯立林	肖功粥	张英云	张大鹏	张忠远	沈雪熊
赵从忠	刘之勤	刘玉春	袁石麓	余惠阶	唐仁介	苏化原	谭顾祥
李荣森	唐泽民	尹国义	邱永林	蔡祖基	黄伯文	戴傅衡	袁在康
张仁汉	荣化力	廖士江	张郭元	杨懋春	王　荣	彭兴泉	江　涛
刘善恒	姜仁富	逢维超					

班级：8542

王栗春	刘培森	侯蕴华	王文桂	姚秀芳	薛光星	杜正秋	姜仲儒
吕天雄	郑保熹	李其舜	孙世维	耿立中	阮宝富	路宝富	乔启瑞
倪志生	冯文才	廖谦元	辛德章	陆明智	马忠杰	张荣耀	伍朝栋
王积善	陈官善	李铧	吴正华	孙春茂	熊先钜	辛继隆	白锡祜
唐耀中	殷凤翔	陈道辉	赵天爵	王吉圣	邓仁亮	谭国顺	郑文彧
冯启贤	安文化	杨大钧	王少亭	何绍字	陆雅瑾	李能甲	吴爱民
厉治	唐正彦	张国威	王荣	刘茂林	安文化	李德全	方洪涛
申宗明	张静	牛春梅	沈梅琴	郭育英	杨大钧	曾顺明	张士俊
何志华	李乃昌	殷铁柱	杨金城	彭兴泉	江涛	杨鸿福	陶登意
沈同和	王少亭	白明彬	何绍字	张树桐	戚锡庠	汪国驹	张肇昌
李崴	何理	陆雅瑾	于云台	胡联才	李能甲	邹教礼	刘善恒
王涤鹏	吴爱成	万治	姜仁富	逄维超	程维治	刘仁怀	唐正彦
丁先华	刘菊枝	唐腾芳	张庆隆	张锡庆	陈为正	许立平	侯德芳
胡晋礼	孟祥銮	何明枢	蒙建国	郭西茂	王彦池	陶龙光	李英儒
刘秀武	萧顾君	邱玉材	王桂海	朱瑜菊	王必华	谢锡琪	易瑞生
徐伯礼	刘正兴	唐永钰	锤绍义	彭倍元	李耀犀	黄德昆	张宗奎

班级：11551

陈育南	乐群	金鹤喆	宾寿林	陈鉴姚	余定镍	邸宝山	王秋生
张裕天	朱钟	王贤德	朱学勤	张庭梁	赵学弘	徐学蔚	林进发
孙士权	屈昌照	宫瑞珍	边淑英	李英任	郑玉明	陶健龙	陈继熊
李新敏	肖秀芬	白栓堂	叶伟	王紫竹	肖治齐	关家旗	姚肃龄
李志峰	姜东柏	孙曹民	刘士康	杨宗富	王民选	李苏群	蔡呼民
张均享	汪令羽	陈汉超	鲍家福	赵尔祯			

班级：8551

梁明伦	陈玉江	董兴隆	贺清海	吴山豹	何绍宁	谭世青	谢秉贤
孙玉龙	张日仁	刘伯修	刘长馨	蒋尚智	程守澄	卢军	陈逸存
田德文	谢尧庭	高景澈	康立民	许春帆	刘志诀	王强	吴世辰
蒋经诚	唐义全	魏家熹	吴慎义	杨国云	朱继伦	蓝邦固	柳玉德
许淑梅	周礼中	王文谟	赵国勇	吴孝起	李淑雯	夏学信	胡立山
姚景林	王世开	许真善	王友生	徐裕俊	邓宇焦		

班级：8552

郑寿祺	李风海	石秀珍	李吉生	汤佩英	侯朝桢	陈磷堂	倪保家
吴蕴芬	叶正堂	孟庆元	秦乘坤	周炳炎	蔡世达	唐惟瑳	张秉华

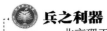

——北京理工大学机电学院学科（专业）发展史

王庆宣	胡光裕	侯国平	赵　武	耿凤飞	李伯英	盛元玉	孙新民
钱根如	张允济	刘永宝	段文斌	王才瑶	王惠敏	苏纪富	向　汉
李文林	吴昌群	杨方敏	胡定逸	周瑞民	钱维德	蒋有为	王烈锋
宋士芳	齐金淼	陈居心	朱忠龙	张生华	李　铎		

班级：8553

段耀武	张德钦	王熙英	韩学斌	谈正庭	梁羽祥	黄殿明	朱振林
郑宝奎	常强三	黄嘉友	张乃正	乐庸汗	刘兴美	张厚生	袁克妹
张金山	周福秋	邹明隙	张庆林	陈文英	王咸钩	邓庚寅	章丕中
刘元杰	李乃吉	吴兴源	唐瑞霞	王泽信	严瑛白	于俊华	邱熊飞
孙根宝	张雄远	陈达权	王庆源	李　挺	蒋荣富	刘雪莱	李评辉
张立中	平书珍	赵汉章	杨定九	李嘉树	马福全	李　嘉	

班级：8554

李启光	王宝昌	彭祖骥	周景年	刘国生	郑明善	敖茂全	刘正修
刘本中	张安荣	谢　平	吴鹤龄	王文彦	何文杰	欧阳蕳华	张孝龄
李天仲	冯玉铭	马其毅	王克全	刘必舜	邓启迪	金家成	谢馨儒
陆世爵	邸翠珍	訾世钟	冉启良	徐宇春	周润铨	杨光晰	蔡庆生
张荣华	陆黎仙	关玉相	高永峰	屠庆祥	肖正山	郑天纲	贺大愚
戴光曜	王纯忠	李福科	吴志箴	王海江	王伯祥	严顺忠	罗跃生

班级：8561

王玉铃	王庚运	王敬哲	尤晋元	司马灿	任静华	朱筱兰	刘玉贞
刘明文	刘栖山	刘彬培	李春日	李翠英	汪广平	何学年	罗效慈
吕连根	周明梁	林江孝	林维蕆	陈有根	姚　唐	姚志明	姜楚华
修振江	徐邦芬	欧阳佑兵	郑云岩	张　涛	张万秀	张宏芬	张宏渝
张宗德	张前焜	张振和	张锡九	张载道	许世安	郭同恩	陆永健
戚卓发	冯安仁	彭庆杰	傅长根	黄长胜	杨育华	鄢明柏	邹镜明
慕风春	荣顺元	顾惠廉	周长林	丁萃英			

班级：8562

丁锡成	毛纯芝	王耕禄	王招海	王明亮	王福林	王蔼梅	史福珍
司连技	杨中德	伍厚国	朱正芳	汪鸿顾	刘庆堂	李天佑	李自修
李永培	李道和	辛企明	武述兰	沈崇渊	宋克卿	汪麟祥	周政嘉
吴庆荣	胡长庆	柳美琳	徐丽芳	徐荣甫	徐信鸿	孙福麟	栾永年
曾德光	高稚允	高鲁山	汤天祥	陈定先	叶瑜生	陆敏伟	戚元燧
付占先	付宝环	张　逸	张志民	张政永	张德荣	张荣林	万文复
赵治平	邓石龙	穆瑞红	薛勤东				

班级：8563

于春泾	王铁民	王智光	王秉国	王建国	王克善	王丰尧	王晓蓉
左鸣岐	安保禄	刘望英	李 智	李国光	肖伯桐	汪祖应	邢家珍
周桂芳	苗嘉夫	苗春安	吴恒林	吴友准	吴德生	吴湘祺	郑玉才
段慎治	保伦夫	倪海清	凌汝星	梁启荣	徐仁章	徐立达	徐勤贵
马铁华	常庆之	常宁华	焦世举	黄 辉	闫 斌	陈锤田	陈开明
曾柏川	许震华	曹会忠	张世云	张振斌	张堃石	张德桐	杨居信
程伟龄	钱静汝	顾复华	桂新华	姚关元			

班级：8564

王 洪	王化亭	王家升	王致颖	方锦华	白闻喜	田振明	申伟成
朱传琳	刘君杰	刘富林	李介明	李金生	李嗣淦	吴永铭	吴孟怡
吕喜温	周惠芬	陈怀兴	郑福隆	郑举庭	施士芳	高永安	高光瑜
宫卓立	倪英英	郝景尧	连舜华	马志厚	孙秀华	孙培基	张成祥
张先金	张茹荪	张家骅	郭振英	陆学艺	陆春祥	冯云卿	汤绍怀
董钧良	邬长乐	葛树明	赵景贤	熊宏楷	熊辉丰	魏鸿基	谢良诚
朱培林	陈志刚	徐敬夔	宫钦林				

班级：8565

丁继曾	于 强	王雅芳	王敬培	王德厚	王中民	王近贤	王孟法
王有声	尤俊明	田金生	朱芝诚	刘桂林	刘晋文	刘景林	刘少钰
刘振奇	李茂鸿	李家泽	李 翁	吴应林	何秉娴	宋家吝	陈锷云
陈天锡	邵毓径	罗琳烈	孟繁升	林水昌	胡绍楼	姜学圃	姜淑贞
孙少友	孙永田	乌增森	袁银胜	宫润涛	张汝楣	张志雄	张荣国
黄润兰	梁漪玲	许文英	杨名恪	赵家琪	赵焕俊	邓伟达	骆自申
戴永盛	简立人	籍同锋	阚文水				

班级：8566

万大样	万顺清	王锡智	王豪球	王积费	王世连	王基鸿	王宝昌
王俊起	史 篯	平连庆	刘本伟	刘金声	朱德元	向德时	向定元
乔火舟	李士贤	吴永言	宋耀宗	汪人定	陈连初	陈斯诚	姜树芬
周 敏	姚觉人	姚稚刚	徐孚学	孙思远	栾庚和	马新梁	袁宏义
张景伟	陆精达	陆宗炎	崔松荣	屠居者	冯振德	冯占元	华 珂
杨兴林	董国耀	赵维攀	骆凤翔	钱沧基	薛连宝	韩立石	戴金兰
魏守礼	谭文秀	严自健	蒋昌桂				

班级：82571

李振华	沈钧浩	陈汉仪	牛振中	徐家梁	柳长智	宋军田	李秀静

班级：82572
任　宽　蔡守信　涂耀文　杨军昌　贾黎寅　刘松培　邹士祥

班级：82581
彭振声　张子明　杜银书　孙连发　韩宝太　王正温　唐崇衡　苏路宁
吴永杞

班级：82582
赵维仁　李维森　陈秉范　杨新祥　隆盛铭　宋怀正　李越荣　王月仁
丁乃镛

班级：82591
郑　链　丁荣海　郑进子　杨国麟　王耀祖　王淑来　杨德旺　宋长儒

班级：82601
赖咸年　谷月昭　邱永泉　周立崔　陶陆娣　崔兵海　王知勤　高金云
沈福昌　王铁明　王春祥　赖玉珠　朱　蔚　赵镇庄　张连昌　卢秉山
戴树柏　邹华满　梁秀娟　孔祥新　周　勇　单叙生　陈祖英　张云海
陈维生　郭金香　刘振山

班级：82602
张树新　徐培云　田恩国　朱德仁　李彦学　张凤树　宋文兴　王尔滨
戴福英　张宝贤　朱存麟　曾孝文　周康安　林嘉宾　贡立凤　黎　莉
张龙山　石灵芝　莫美文　王勤智　郑长福　李治斌　黄树棵　李世义
季昌隆　杨新民　戴洪庭　葛天钧　侯正礼　穆允金　张　录　谷林渭
王茂森　刘金铨　卢德有　朱忠德　潘继彬　刘彦亭　安德芬

班级：82611
张兴国　刘春兴　郝兰花　谷智欣　王莲香　姚丽玉　刘小群　曹正华
耿守康　王兰菊　张士奎　王纪元　姜仁元　崔汉文　斐根欣　席学文
韩国庆　欧可文　尹显章　金佩荣　郭仟政　赵国栋　王怀礼　刘天发
刘宝栋

班级：82621
中盛祚　付武忠　韩俊萍　张　毅　刘广利　曹祥荣　苏贵山　余三元
牛小梅　钱放洪　魏敏学　崔继增　史学敏　魏启家　张自明　吴昌鑫
金永富　杨钟璋　赵　鹏　刘魁元　王丹萍　侯　申　刘增玉　王宝玉
张培仁　彭喜平　丁玉海　韩瑞斌　张钟杰　曾凤章　范海宾

班级：82631
余有庆　何在洲　田国元　万忠勤　黄正斌　陈吉星　艾云生　代国清
张嘉贤　文全福　彭显智　王仁义　钱建新　江建平　徐观法　孙惠明

石来辉	叶正莉	陈金水	王　飞	吴玲玲	沈铭立	韩勇智	杜金弘
班显荣	徐健力	王　彦	尤青枝	方鹏超	王裕仁	夏孟训	颜维华
董锦麟	车　彪	公培忠	高长福	王堂先	白文顺	孙春麟	郑振国

班级：82641

于国福	方国强	王汉青	王如林	卢才金	李进才	刘公全	刘景惠
刘云集	吕青元	吴福民	孟庆长	陈义康	郝柏山	郭志伟	胡善忠
高崇甫	罗裕喜	孙畅明	张万善	赵生田	赵晓君	聂大德	王文琴
郑碧云	周荷秀	罗菊佩	郑水英	姜凯生	张淑苓	张声俐	

班级：82651

符知微	衡金生	杨卫平	郑吕梁	徐　杰	姚汝利	刘庆元	杜根水
陶一平	周文卿	张坤明	焦成龙	王建英	王长庆	熊雪华	王秉仁
于新勋	王德喜	李文会	张红旗	李木金	林国财	陈张根	高振贵
徐光辉	李茂盛	张甲义	陈铁民	郑生才	刘殿清		

班级：82652

谭宗友	王苏兵	王　尧	王忠林	王水林	白玉平	杨留钦	杜镜铸
曹丕玉	贾明法	吕顺和	丛兴顺	陈连江	赵锡禄	孙　泽	李科杰
丁梅红	沈长根	高得胜	刘家书	陈信领	卜忠占	徐汝昌	秦次森
沈　清	姚立和	李春功	高世昌	于世佩	翟德君		

班级：82731

丁英杰	胡浩江	王克勤	陶军生	董尚风	谢昌荣	阳盛忠	周启强
唐绍华	刘建华	王进平	孙宗山	冯顺山	刘　至	柯纪兵	周　宏
熊起飞	冯玉华		乔久兰	石启才			

班级：82751

王万祥	王蒿寿	王和平	刘烟青	陈秋玲	张锡慧	李学海	许巧芝
余　杰	杨　晶	徐凤霞	胡剑英	王永飞	高美兴	梁系学	徐国梁
张春华	刘全一	刘根选	李永宁	李元强	卢和平	林振河	侯建华
曲兆林	栾世华	郭保民	黄忠伟	刘文秀	胡焕绳		

班级：82761

包　琼	常明珍	常新和	崔　锐	董爱萍	高国栋	高亚梅	郭金荣
洪元军	胡其秀	贾志平	李广珍	李　桐	刘少林	芦素敏	倪希广
钱传江	宋慧嫒	隋国成	田国仁	王　臣	王慧娴	王建和	王伟国
魏玉桂	郗少雄	席凤如	许桂珍	杨士兴	姚秀亭	张德君	张万林
张秀英	张义智	张兆钧	赵树义				

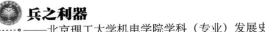

班级：85761
白继生　曾双发　常克敏　陈秀华　党巨仓　樊瑞平　高　明　黄招秀
兰顺泰　李桂英　李国贤　李　均　李士根　梁双喜　刘克友　刘文清
卢水杰　倪希广　祁喜武　孙秀刚　王鸿其　王金城　王立耀　王秀成
刑忠和　熊远明　薛凤莲　于德泉　张艳秋

班级：82781
伯　华　邓甲昊　董　亮　范　锐　高世桥　郭贵康　姬　洪　李　刚
李　亮　李伟建　李晓文　李元浩　李长庚　梁颜军　刘宏伟　罗　林
罗元军　吕　涛　沈兆昆　石　岩　苏　旭　王　昌　魏新为　武　刚
夏　虹　肖定一　肖定文　喻晓今　袁　洪　张付春　张富春　张汉兴
张曙光　张一彬　张友禄　周辽东　朱坤明　朱小俊　朱英杰

班级：82791
曾庆华　陈　健　陈一平　陈逸冰　代建国　戴　羿　杜群德　高继红
高　巍　顾照丹　郭建华　韩颖平　胡兆军　姬　洪　贾云得　姜　明
李　实　吕博雅　潘卫东　乔清杰　任英广　商继红　谭　建　田国宝
王力佳　王玉涛　吴　中　夏建中　杨　帆　杨　凯　余良国　张明明
张文芳　章卫红　周　锋　周　华　朱吉浩　韩显良

班级：82801
曹　琳　陈廷伟　程社光　顾照丹　贾毅朝　蒋加寅　兰元亮　李　明
李小元　廖开颜　林云生　刘运强　马　茵　马　勇　施坤林　王崇楼
王申生　巫　松　吴　刚　谢城立　谢泽兵　徐福君　杨　斌　张国明
张锦武　张兰英　张其悦　张宗尚　章明跃　赵永谦　郑　毅　周木艳
邹志刚

班级：82811
白红斌　陈显斌　高金敏　革三平　龚少华　贺兆光　侯　颖　井会锁
李德修　李　明　李　焰　李　颖　梁　隆　廖　霞　刘新羽　刘云辉
鲁　民　庞跃广　钱洪兴　盛建春　王远志　吴占奎　许　琛　许恩德
杨　浩　杨向太　易建强　于德泽　余　涌　虞志强　张永茂　赵　刚

班级：85821
陈俊新　杜卫民　范兆霞　何小健　何遵文　黄　宜　贾婷婷　李　波
李有科　刘春茂　刘忙龙　刘启国　孙一兰　王　磊　王志强　伍　刚
邢如萍　余翼龙　张　恒　郑新宾

班级：085831
陈　琦　范茂瑄　谷　欣　韩　军　孔晓光　李俊湘　李　伟　李亦雄

刘忙龙	刘占伍	刘正荣	路　明	马宏军	孟晓明	齐晓红	孙凤真
徐洪良	杨光清	杨　静	易伟力	张海龙	张孝顺	张兴中	周桂华
周卫斌	朱明辉						

班级：082841

蔡玉林	曾四海	方　华	郭　兵	韩庆辉	胡　兵	胡昌振	金哲洙
金哲珠	李贵军	刘东友	刘小玲	刘玉洁	潘文唐	潘文堂	彭雪民
彭雪明	屈政刚	全国碧	王诚德	王铁楠	温育忠	许华强	杨俊冉
杨俊由	姚国庆	尹　杰	于兴江	张理春	张　亮	赵立新	赵立鑫
赵月雷	周秀田						

班级：085841

陈方兴	范茂瑄	黄忠华	金龙珠	李玄曾	刘春芳	刘凤雷	苗维忠
祁　妍	石喜梅	宋　健	孙美霞	孙文静	孙英霞	王国军	王　师
闻　伟	吴卫东	严东礼	张国忠	张　阳	朱景民		

班级：082851

过永强	韩　东	韩锡红	康和花	李桂华	李晋平	李晓林	李　颖
李永日	刘爱文	刘宏宇	刘立新	刘智慧	罗步升	穆宝勤	钱国民
强家霄	曲克波	申东旭	王昌宝	王军利	王晓峰	王玉杰	杨成延
杨建民	杨素蓉	姚国庆	袁军伟	张彦梅	张永军	张长杰	

班级：082861

程　勇	崔京武	邓海君	甘文泉	胡瑞忠	李英志	刘宁宇	卢崇贵
任艳斐	陶光成	滕素艳	吴　镝	武卫平	杨海鹏	杨京文	于孝忠
袁建平	张庆文	周　军	周　力	周志剑	周志钊	郭春玲	黄　力
贾护社	李春玉	林兴祥	娄文忠	秦光泉	隋国泰	赵　刚	

班级：082871

蔡志清	曾永生	程墨深	单学英	方会军	郭新华	韩高宏	胡广群
黄敬中	贾高德	解　放	孔德新	李　东	李天白	刘焱焱	潘振民
邱永忠	申爱国	申绍中	万晓影	王晓勇	武金锁	殷　彤	余尚江
张　弘	张宏宝	赵洪文	赵玉龙	赵泽世	周家宁		

班级：080881

安　宁	常晓光	陈思聪	崔仓巍	崔桂兵	丁彦闯	高　鹏	郭怀刚
孔　戈	李朝君	李芝绒	廖礼东	刘永利	刘　跃	柳　滨	莫德彬
牛天兰	戚国馥	齐　岩	史玉江	孙广育	孙鸿成	王丹阳	王　峰
王亚芹	吴　海	姚东松	于　明	赵　锋	赵学峰	朱常青	

兵之利器
——北京理工大学机电学院学科（专业）发展史

班级：080882
曹翔宇	曹 轶	陈 利	成 琦	戴宏伟	郭守刚	侯建明	冀晓东
李佳木	李 健	李庆文	李 炜	李卫星	刘 强	马思群	邱永刚
舒继军	孙洪玉	汪 盛	王志伟	魏志刚	吴 洲	谢广涛	邢郁丽
杨 军	张建强	张立华	张 敏	张 志	周 卉	周 芸	

班级：080883
曹庆松	陈 星	陈志武	付百莉	傅卫国	甘元庆	高进东	李灿波
李生才	李 盛	李雪莲	吕 刚	任鸿杰	任嘉兴	任丽新	谭爱喜
王保民	王 一	文 勇	吴 强	徐志立	杨勇强	杨振豪	张柏超
张崇炜	张劲峰	张晓东	赵建利	赵艳丽	周 智		

班级：080886
安 志	蔡虹曼	丁振国	董亚莉	高 森	高小安	何燕宏	姜彦涛
蒋宏伟	荆 海	李全寿	李晓东	李 媛	罗先贵	吕松涛	茹 强
沈云宏	宋京梅	苏 钾	王文略	温学通	吴可佳	许 刚	杨晓泳
姚 勇	尤广为	张安庆	张 红	张 江	张 笠	张文青	章安庆
赵玉春							

班级：080891
安宇航	白 森	陈华放	方正江	冯 超	郭 刚	郭 洁	韩永杰
胡洪亮	胡景琳	胡 苓	霍 卉	李 钾	刘柏霖	刘炳胜	刘志耕
柳 滨	裴东兴	税 雄	唐 烽	王永刚	吴贵军	吴兴东	徐 捷
许方宇	许海兰	许 杭	杨德彬	杨载波	张道兴	张树东	张向庚
张兆东	周 磊	朱志芳	崔保东	崔绍庆	丁 岳	冯旭轶	盖 磊
侯文斌	吉烈均	李 军	李瑞民	刘德禹	刘海燕	罗 宏	吕付跃
毛立京	苗 刚	苗 强	钱 江	任 昱	戎 方	舒尊亮	汤松梅
王文彬	吴 龙	夏险峰	杨 枫	叶姜军	张建伟	张 萌	张永锋
张永祥	郑大军	郑学波	朱 一	安 荣	陈 曦	程 艳	阮成戈

班级：080892
艾 红	程 涛	崔伟光	方 晓	富百弟	龚红英	顾 海	郭圣延
蒋学军	解金箭	李劲松	李景清	李 莉	刘 枫	刘 静	刘先安
龙维薇	聂智勇	申 逸	生旭东	石春霄	肖 鑫	宜云雷	尹燕鸣
臧 岩	张朝晖	张怀璘	张家忠	张松正	赵 为		

班级：080896
| 刘志耕 | 周 磊 | 曹 旭 | 邓 伟 | 葛丰亮 | 龚 建 | 郝德良 | 何利军 |
| 景 剑 | 蔺心生 | 刘 军 | 卢红生 | 鲁 琳 | 马晨蓓 | 毛 戈 | 毛庆林 |

茹便霞　孙广峰　孙　嫚　陶晓芳　王吉兰　王正权　吴　琼　肖　涛
肖长鹏　杨西萍　于涌楠　张海刚　赵海鹰　赵　蓉

班级：082901

邓忠宇　程元巍　崔忠良　段新林　乐以长　李邦波　李荣融　梁　松
刘培志　吕兴利　马富强　倪邦福　任培军　申延涛　唐胜春　王建锋
王　琳　王　涛　王效农　王雁洪　许晓东　杨改萍　杨彤江　张代君
张俊杰　张　联　赵　昇　周朝晖　祝　奇　龚　渝　何仕奇

班级：080906

刘思中　曹端国　程智广　邓银艳　段文斌　古海波　黄　海　江　波
姜新全　蓝　敏　李宏晖　李林颖　李威男　李文栋　林洪军　刘恩中
刘立晗　刘　松　刘向京　陆可心　孟素兰　彭　芹　齐伟华　任志辉
孙均红　王　岩　王永海　王志强　沃苏娜　吴琰飚　徐　洁　杨华峰
杨　彦　杨志高　詹　帆　张效桂　赵庆利　朱羲光　刘　靖　于建刚
朱光辉

班级：080907

邓天余　刘根源　张　强　高玉平　郭　杨　康　兵　夏春渝　杨　莉

班级：082911

安　荣　白颖伟　曹励云　曹文晖　曾忆周　陈　斌　陈立和　陈　曦
程大夯　程　艳　邸小虎　高国连　韩黎明　何　敏　黄龙彬　李豪杰
梁尔国　刘伟明　刘湘南　彭　涛　宋介鹏　孙术武　童宏武　王　瑜
魏昕旸　吴　纲　吴绍东　薛海峰　杨安强　杨向春　姚洪飞　张　彀
周丽莉　董宏武

班级：080916

安振东　耿久红　龚　非　郝永杰　黄苏南　贾　磊　李　湛　梁瑞年
刘佳音　刘子正　牛　峰　祁　渊　邵海龙　隋　丽　孙晓波　汤文明
王巨福　王　亮　王　勇　魏维伟　吴学林　肖玉松　谢卫国　杨艳国
游　洪　俞江峰　张洪亮　张菁华　赵丽敏

班级：082921

常　静　杜少辉　樊　雨　高海锋　高海霞　郭振永　胡　平　黄华剑
雷　鸣　李　宁　李秀仓　刘俊学　刘　炜　刘　宇　马文涛　苏　磊
唐宏伟　陶　铭　王　俊　王秀君　夏胜锋　熊永虎　严全江　杨子明
张春伟　张　靖　张　望　周国勇　朱日勇　杨国罡

班级：082922

白志科　常红军　崔　昊　戴志健　盖洪涛　高　俊　江　洪　李　辉

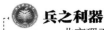

李孟川	李银林	廉　洁	梁　谦	蔺飞燕	刘慧姝	刘晋渤	刘　振
刘　卓	马　辉	马　龙	任延波	沈　煜	孙中元	田　继	王　宝
晏田钰	岳　山	运伟翠	张广才	张耀丽	高　濛		

班级：082931

陈拥军	邓波平	郭庆阳	何光林	刘海鹏	任小强	史小明	别海罡
陈大立	邓宏彬	邓荣海	方光达	黄　雷	蒋建国	李春旺	李　芳
李　刚	李　军	李美华	刘　浩	吕宏静	牛少华	潘春华	余佳芬
史博嘉	王　光	王丽红	王向东	王　一	徐　武	赵　亮	赵少伟
周　健	王再志						

班级：085931

李　伟	刘　涛	王宏生	王黄芬	魏　斌	杨学征	张　轶	周百雄
陈　宁	代方震	董胜涛	杜世强	方　亮	葛　勇	贾　炜	李兵兵
李　鹏	李琼优	李哲焕	梁　伟	史志中	孙昶辉	王大龙	王　鹏
王　炎	薛国顺	薛文轩	殷延东	翟玉喜	冷　锐	李学征	张勋牛

班级：080936

康　勇	张英戈	陈　垒	崔桂玉	高　飞	耿文江	宫　杰	顾有运
郝炳波	华　波	黄乐沾	姜吉光	姜秀美	金　途	李爱国	李爱华
李伟平	李效伟	李延芳	刘炳强	刘传亭	刘日东	时亮寿	孙希信
孙宗华	唐　超	王　微	王尧平	吴金明	邢国祥	薛　亮	阎晓军
杨春宁	于化文	于明进	于雪莲	于治华	张姜絮	张卓新	赵云平

班级：080941

艾俊波	陈教国	崔　悦	范从庆	冯国军	黄海涛	黄建国	霍　东
李高勇	廖小旺	柳世兴	孟嘉友	南术东	任　民	石　岭	孙国歧
孙世杰	唐艳英	王雅东	王彦辉	魏红霞	吴建国	谢龙昊	杨　斌
张　峰	郑宏波	李　刚					

班级：080942

崔　汉	高　城	黄　灿	蒋正雷	兰子珍	李　鹤	李　军	李开福
李　鹏	李　翔	李秀忠	林一峰	刘　伟	刘亦舟	罗　炜	牛旺杰
孙　刚	佟　奎	王松强	王　伟	韦沛明	魏革新	宿晶亮	杨素东
余　晔	翟　东	张　锋	张　吉	张　鑫	张勋牛		

班级：080951

陈凤明	董宇光	杜振宇	房　伟	金圣女	李金生	刘会强	刘万富
罗山鹰	马　军	马运刚	彭　迪	乔宗权	申　强	史高华	孙位福
王　军	王亚斌	杨　甪	张小波	真　民	钟　敏	朱大成	朱全鑫

班级：080952

张金远　蔡宁涛　陈　蔚　陈　文　陈秀梅　褚福轩　崔斌斌　崔海涛
戴义明　符诗阳　李克非　刘　峰　刘彦超　刘子成　罗恒亮　闵　骞
潘　曦　宋承天　陶高峰　王海军　王树成　闫晓鹏　叶　成　尹　航
张正维　钟仁文　周黎明　顾　征　陈　健

班级：082951

陈治宇　高国杰　郭建琴　郭　健　黄才兵　李明明　林必成　刘红军
栾　花　彭广平　秦　文　曲　波　陕朝阳　唐志刚　田世朝　涂小珍
王　东　王彦华　闫朝光　杨东晓　于胜钊　张　波　张伟民　张兴燕
张　瑜　周宝庆　周晓程

班级：080956

迟志胜　董欣荣　冯　健　冯志军　高群业　郭俊荣　韩丽丽　何　斌
侯钦华　李朝霞　林洪臣　刘翠战　刘会成　刘姝孈　柳　涛　龙光辉
鲁海棠　鲁绍涛　路海荣　吕圣锋　孟庆枢　孟书祥　邱志鸿　邵长龙
孙喜艳　孙玉昌　谭泰强　汤　滢　唐学平　王大海　王大治　徐　峰
徐巧雅　徐智琦　徐宗顺　杨　军　俞志显　张海平　张怀良　赵希善
郑学艺　周　超　朱文刚　周　磊

班级：090951

牛　楠　汪　雷　闫玥琳　夏　军　裴明涛　赵　民　王　睿　何　鑫
黄　鹤　赵洪波　康伟华　何文江　许俊杰　杨　宇　李开士　李　斌
石　锋　胡颖平

班级：080961

安振东　耿久红　龚　非　郝永杰　黄苏南　贾　磊　李　湛　梁瑞年
刘佳音　刘子正　牛　峰　祁　渊　邵海龙　隋　丽　孙晓波　汤文明
王巨福　王　亮　王　勇　魏维伟　吴学林　肖玉松　谢卫国　杨艳国
游　洪　俞江峰　张洪亮　张菁华　赵丽敏

班级：080962

白大龙　曹恩平　陈　志　丁旭峰　丁志天　樊　硕　龚文煊　韩　征
何　鹏　李　静　李　强　李秀敏　刘帮生　刘剑锋　瞿小龙　申卫安
宋　歌　孙　鹏　田丽鹏　王鸿志　邢　云　杨　磊　翟小龙　张昌河
张　璟　张　翼　赵　亮　吕守业

班级：080966

陈　睿　单联晋　邓艳平　甘小锋　高信德　耿国朋　郭文涛　侯俊川
蒋超荣　荆　杰　孔祥斌　李　强　蔺继云　刘　贺　刘甲兴　吕兰英

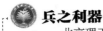

兵之利器
——北京理工大学机电学院学科（专业）发展史

马同宁	宁云强	潘玉强	钱 伟	秦永明	瞿 京	山 岳	孙云香
田 晋	田小明	王汉军	王林青	王美盈	王永波	卫红军	夏启文
谢 辉	张成功	张春云	张 慧	张金国	张 龙	郑 鉴	周爱玲
周曙霞	李云涛

班级：80971

陈立兵	程建杰	崔中杰	杜 元	郭志成	何海滨	侯春明	侯梦莹
黄 敬	黄学昌	江于力	江于力	李继峰	李 军	李雨飞	廖 峰
廖 维	刘立国	龙 江	曲铁岩	任 鹏	宋荣昌	苏 莉	汪于力
王 丹	王青松	王小刚	吴 杰	夏立国	徐文亮	徐小亮	杨 芬
张 琴	朱 江	庄腾舟

班级：80972

曹 蒙	曹 昕	陈 东	陈 言	丁 峰	范晓林	方英花	顾 磊
郭财文	郭建伟	韩 亮	纪 元	李善斌	李世龙	李 懿	刘 川
刘 怡	龙 伟	卢红末	马 泉	孟林智	商 明	田 淼	田小东
魏光明	徐小亮	许 彬	叶茂冬	张 媛	张剑磊	张 宁	张幼川
张 媛	张 宙	朱明明

班级：80973

陈达立	程 刚	代云松	董 健	淦立平	黄红凯	江 毅	李 楠
李 喆	蔺 伟	刘 超	刘 东	刘建丰	刘莎红	芦智勇	路 健
吕 涛	时广铁	史长吉	宋正刚	唐 庆	王 超	王良凤	王智鹏
徐鲲鹏	许敏华	闫 鹏	杨海峰	杨 样	杨玉海	张智钊	赵建风

班级：82971

张 锋	张立国	陈 彪	冯荣欣	黄 健	林英睿	刘 雨	马 辉
马军利	孙铭贵	孙 伟	王 为	张文春	张文凯	蔡连鹏	陈兴球
鲁 星	涂兴文	王新强	杨园觉

班级：80981

曹 艳	陈亚迪	程 宇	邓 娟	段碧海	方应龙	何 洋	何玉洁
李 聘	李亚儒	马培圣	莫中秋	邱东晓	孙世强	孙 未	唐 晗
王富强	王永明	王 勇	王 玥	吴成伟	殷 俊	岳 洋	朱鹏程
孙宝瑞	薛正浩	张瑞川	郑 鸣	杨 光

班级：80982

蔡俊英	陈建平	冯 甲	郭 剑	洪 伟	胡 洋	雷 悦	李景须
刘 颖	刘有英	刘 志	刘宗旭	毛 钧	梅跃松	欧阳灏明	申 明
田 玮	吴 佳	吴莎莎	徐 波	徐代君	张 晨	张芮斌	郑永辉

周 兴　李 楠　李 涛　何 山　康 乐

班级：80983

白 洋	曹立君	曹 昱	陈 方	杜 朋	方玉琪	付 正	高思洋
贺 伟	胡剑书	兰 琼	李 聪	李 聪	李少俊	刘兴炳	刘 雨
邱文辉	宋祎熙	孙守磊	王 伦	王仁东	吴英军	闫晓宇	闫欣伟
杨 朝	殷国平	张 平	张 伟	赵巨岩	郑世举	吕永鑫	魏 来

班级：80984

陈文聪	陈 曦	董 楠	董永进	冯小波	胡毅广	姜 岩	李 琳
李 志	梁桂鹏	梁佳鹏	卢四华	马爱娥	马 诺	司永顺	汤国东
王 炯	王林平	王 胜	王 洋	王 永	吴 瑶	徐青松	许 鑫
杨春兰	尹立彬	印建伟	张 玲	张 伟	程晓峰	韩 冰	

班级：80985

曾华龙	陈 洋	何松伟	马天宝	潘 杰	陶明星	张治雄	朱长军
杜宝青	高明涛	江小波	芦金华	杨 旸	袁 航	张 志	郭 菲
胡延臣	金大勇	李 畅	凌 晨	王 芳	王帅帅	王者军	吴 煌
龚俊杰	何 娟	刘志强	罗 宇	王志春	赵桂芬	杨 军	

班级：015991

曾 倞	陈春明	陈 嘉	崔 龙	黄 倩	李大林	李砥擎	李京飞
李 森	刘 铄	吕剑锋	宋世宁	苏盛华	谭洪开	田 驰	王 婷
王玉姗	吴 丹	鲜 铭	肖达澜	辛丽霞	杨 磊	姚 远	余伟斌
张 冰	张 超	张海建	张鸿羽	张晓冬	张 玥	赵立君	周茂奎
周义兵							

班级：015992

陈 浩	李 炜	王 琦	张 坤	张 勇	张运通	陈利霞	陈 星
符蓓蓓	贺 捷	解 禹	邝继第	李 涵	李永锋	梁 慧	林 蔚
丘仕锋	沈 浩	孙建强	汤 洁	王科夫	王 澈	王 飒	王 新
吴飞鹏	向寒飞	袁 方	岳媛媛	赵冠宇	郑 娟	郑香脂	周 力
周明明	陈 豪						

班级：015993

杨 光	尚留记	魏 巍	曹明松	邓达力	窦 炜	杜红伟	冯俊明
高 原	何 涛	赫明波	侯俊亮	胡耀金	金 鑫	刘国鹏	罗科学
钱仲辉	苏 刚	孙晓蔚	童维立	汪群山	王京涛	韦济洪	徐 焱
杨 洁	杨 彦	杨媛媛	易 辉	余 浪	袁 明	张德生	张海娜
张 彭	周 希	左媞媞	时 博				

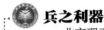

兵之利器
——北京理工大学机电学院学科（专业）发展史

班级：015994

曾令乔	邓 蕾	丁风林	贺 巍	嵇峰宇	贾 强	孔维东	李良翩
李 萌	李 巍	梁 野	刘仕平	刘 添	梅志坤	施胜浦	孙 飞
孙 雨	王小林	文 劼	武云征	谢奕广	辛 强	徐景阳	杨 波
姚晶晶	印正锋	于颖先	袁 孜	张荣强	张 涛	周振平	朱 迪
朱 健

班级：015995

班 文	鲍挺俊	曹 磊	陈海蓬	陈兰祎	陈培安	董洪莹	衡东君
黄 伟	霍 炎	康亚伟	黎军琛	李 芃	李 玮	廖伟平	刘 祺
刘 杨	潘 刚	裴振华	山 岚	石 磊	王 静	王开东	王 璞
王 微	肖 侃	邢世杰	殷通达	苑 熙	张振禹	钟 莲	朱 亮
王 森

班级：015996

曹海涛	陈丽君	陈 帅	崔 黎	冯 翔	葛小立	顾新宇	韩伟峰
孔昭龙	李福德	李 良	李 鹏	李 平	李 婷	梁漠舒	刘 璐
刘 琦	潘锡桂	乔 杰	桑硼飞	宋 涛	孙 婕	孙 凯	万 丹
王 江	吴 磊	吴炎烜	肖 龙	熊晓菲	杨国伟	杨 晶	张 杰
张 洁	赵大伟	钟 艺	武严浩

班级：1520001

安 瑞	陈海华	戴新村	董泓廷	董 磊	董 霞	段文良	段延辉
顾荃莹	郭中伟	郝 健	黄利华	黄英东	贾 雷	荆 磊	李厚芬
李 昆	李耀伟	李 赵	刘 琦	刘一勃	苗 壮	荣志刚	宋 卉
孙化东	孙少亮	谭 智	唐 磊	王 磊	王明珠	王仕强	王一鸣
谢 罡	阎 晗	杨 琳	杨一楠	姚伟光	于 婉	于志远	张 超
张晨玺	张承宗	张庆伟	赵丽艳	赵 亮	赵 帅	周仕鹏	周 渝

班级：1520002

包国兴	陈 懋	陈 平	程炳钧	邓时鹏	范 晨	付国壮	付 星
韩昌煜	何鹏林	胡万斌	黄泽杰	吉晓梅	江 莹	姜任帮	金兆鑫
兰晶晶	李星聚	李元庆	李 源	李长伟	梁 琦	梁 宇	林 枫
刘 平	陆鹏辉	施家栋	宋晓静	孙桂娟	田 园	王 静	王 鹏
王 然	王维伟	王潇茵	王晓兵	王昕昕	王志鹏	王梓韩	尉智昊
温 奇	文 广	吴 迪	谢 斌	姚 鹏	叶崛宇	翟菲莹	张 欢
张立刚	张学宝	种 栗	朱新楷

班级：1520003

卞莉莉　　曹庆轩　　曾焕东　　陈玉芹　　崔　璟　　丁文恺　　房旻清　　龚　鹏
韩那日苏　侯　良　　金　鉴　　井　杰　　李　姜　　李竞一　　李　森　　刘文超
卢　军　　陆灿辉　　罗智林　　马　婷　　马召福　　宁丹峰　　甯尤军　　唐　瑭
王　超　　王　东　　王文娟　　王　莹　　王长登　　王志衡　　吴　滨　　肖　慧
徐　嘉　　徐　朗　　徐　双　　薛　冰　　阳春华　　杨　鼎　　杨勤娟　　应　晨
张　琨　　张　雷　　张　磊　　赵　澍　　赵治国　　郑庆飞　　周　懿　　周　媛
陈　石　　史　文　　唐玮璜

班级：1520004

白兴隆　　卞在昆　　陈　锐　　程　璇　　邓彬斌　　邓国庆　　窦　波　　杜　鹃
丰　帆　　郭　彪　　郝　伟　　何双博　　胡　俊　　胡莉娟　　黄维江　　蒋一明
李　申　　李晓明　　刘　虎　　刘　晶　　刘　琳　　刘姝琦　　刘耀伟　　鲁韶群
吕正涛　　马　征　　孙　刚　　王　超　　魏　勇　　吴　薇　　吴振宇　　邢雪涛
杨振磊　　尤晓辰　　于　倩　　张晋伟　　张　乐　　赵　晨

班级：1520005

陈允刚　　龚玉永　　郭　强　　胡满红　　李　佼　　李　明　　李　旸　　秦　萌
沈小磊　　石　威　　史睿冰　　陶　敏　　王　石　　王玉欣　　王振宇　　王志浩
魏　芳　　吴菊华　　邢慧洁　　杨　萍　　于　明　　张　伟　　赵春晴　　赵　巍
赵　岩　　周衡毅　　周　明　　邹国东　　胡　鹏　　刘　洋

班级：1520011

唱月霞　　陈　赟　　崔　森　　郭永前　　何　超　　侯长春　　黄金龙　　黄　伟
蒋克旺　　李　达　　李　光　　李宏红　　李光日　　李　鑫　　李雪松　　李　岩
李昀嶙　　刘恒甫　　陆　云　　路　毅　　那　微　　施　莉　　宋伊凡　　孙观宏
孙晓霞　　唐　韬　　王婧琼　　王培彬　　王若豪　　王伟博　　王喜成　　王新宇
王　鑫　　王　洋　　吴昌裕　　吴绍荣　　徐　颖　　许环锋　　张俊明　　张志广
赵景伟　　赵亚东　　郑会明　　郑煜宇　　朱俊标　　朱智勇

班级：1520012

安　泰　　安雪冬　　边路雨　　蔡晨笛　　曹　磊　　曾令明　　陈晓霞　　丁　果
高大鹏　　郝　超　　侯　曾　　胡竞琳　　贾晶晶　　柯若耿　　李清洲　　刘敬敏
柳　青　　柳庆玲　　栾前进　　马　宁　　宁福生　　彭　章　　宋晓亮　　汪钻文
王明磊　　王念涛　　王维彦　　王　鑫　　王秀娟　　吴　迪　　吴玉平　　徐云丰
杨　冠　　于浩楠　　余德瑛　　张东伟　　张　峰　　张　浩　　张也弛　　章　鹏
钟　华　　朱闽都

班级：1520013

安 栋	陈 力	陈 曦	邓丽峰	范 鹰	高 宇	胡晓春	贾志城
李佳庆	李晶晶	李 军	李林东	李 青	李 慎	李 翔	李 铮
林 杨	刘 昊	刘 伟	刘晓冬	刘雄飞	刘永军	吕东璞	毛小东
缪 韡	乔 鹏	邱天昌	尚 飞	申 巍	唐 颖	汪 彬	王红光
王泽华	魏博宇	魏卓慧	文 雅	谢双华	徐 剑	闫继忠	杨佳鹏
杨煜丞	张国亭	张 懿	张玉波	张媛媛	郑 晖

班级：1520014

毕翔宇	曹凌芝	陈 丹	范 科	范 征	韩 杰	赫芳北	黄卓伟
李 斌	李泓锟	李 然	李 巍	李 杨	廉华卿	刘 东	刘志凯
罗婉琴	马 超	毛安国	聂聆聪	潘 然	蒲健飞	祁 楠	茹 雅
苏 禹	覃 奋	唐 成	王 瑞	王 鑫	魏 楠	吴 越	武彦伟
熙 望	徐 益	闫亚琦	杨 轶	袁辛坡	张 赓	张 林	赵 娟
赵 伟	郑亚新	朱 婧	朱月明

班级：02310201

王钟扬	吴 凡	邱 悦	田 野	李 涛	陈 昌	王 维	周佳明
王 竣	吴 飞	王达华	陈 哲	郭 猛	罗 杨	周一龙	江 风
马强生	张浩轩	杜晓伟	刘 彬	完颜振海	乔拯文	窦 炜	周涯波
巴 根	唐燕平	何 乐	张 博	杨 雪	邓丽君	李孟雯	申 健
冯 琳

班级：02310202

安建军	张 聪	李 健	谭博涛	侯永伟	贾 磊	王大雪	杨天丞
何世昕	潘 捷	魏宝剑	龚鹏程	贺 琦	段钧宝	冯 元	赵 宇
邓 俊	李 想	韦云川	高宝泉	丁 丁	张俊生	韩可伟	吕中锴
赵毅臻	徐 哲	陈 雷	赵 森	卜 方	李慧子	黄 岩	张小敏
李菁蕾	钟 琦	李砚东	杨 铭

班级：02310203

李扬帆	沈需然	马 嘉	董 超	梅 林	唐立业	王 璇	于 君
李文峰	朱建国	贾沛强	解海宁	尹申辉	陆培源	王志鹏	李 海
杨志锋	程建伟	陈清畴	王文泰	陈 成	郭波涛	熊陆斌	吕 鹏
杨 杰	王 薇	袁 雪	聂 雪	梁 园	闻秀娜	高 彩	张晶洁
马 慧	蓝 军	单 文	徐 磊

班级：02310204

| 张一龙 | 石达男 | 张 帆 | 王文茂 | 穆 斌 | 张冬生 | 崔 宁 | 张冉然 |

马彦鹏　王　超　陈汉杰　易　祥　张　林　栾晓峰　魏　亮　刘　蛟
黄柏燃　李　想　张幸伟　郝　超　秦　涛　李素文　王　睿　王明昌
杨颖斌　袁　超　刘思余　白　雪　刘　畅　唐丹旭　王乾芳　孙　钢
黄　立　闫　岩

班级：02310301

章　丹　贯胜会　王艺缘　杜忠良　刘文涛　徐　乾　赵　泓　杜伟星
吴家乐　李　衎　毕　莹　李　森　郑春月　熊小鹰　阳　光　陈云峰
鄢宏华　初　超　岳　娴　王　嵘　刘雅芳　刘思奇　许　可　陈明亮
杨　洋　沈尼洋　李雷涛　李冠英　王晓丹　苏　甲　刘　阳　陈文杰
曹勇刚　王炳祥　袁　博　毛　卓

班级：02310302

刘　统　高金京　王　毅　周　旭　李　宋　王　松　阳世坤　徐　畅
刘露咪　张海江　李　亮　王博阳　李　博　毛云娟　徐兆江　劳　力
吴松平　蔡克荣　肖琳琳　柳　科　周　宇　谭　飞　巫　瑞　罗华阳
张　南　张京波　桂进林　荀　阳　王　璐　蒋安明　张飞弦　李　璐
葛培楠　逯鹏威

班级：02310303

朱光蕾　赵　宇　林盛杰　冯　慧　刘　畅　卢　飞　孟昭韬　郝娇艳
苏婷立　高　峰　宫久路　樊　瑞　涂远方　肖　伟　彭金麟　易　泰
朱　乐　王　贺　冯　熙　冯　璐　王　迪　程　勇　牛三库　董家梅
刘　鑫　段存松　魏佩远　王怀忠　刘　萱　王　令　梁接明　马晨杰

班级：02310401

董蕴喆　卢二宝　黄　潇　张冀兴　朱永强　杨楠楠　付亚博　裴鹏斌
郅　威　宋世龙　项学锋　焦　恒　于承慧　王　超　刘金雷　张达茵
陈少波　施大鹏　王俊明　杨　帆　李　群　左　迪　白光星　李程杰
姚光明　李　岱　张　帅　周进锋　洪　金　黄飞鹏　葛　立　李治念
曹　伟　李祥成　张嘉骅　张　超　李　毅　徐　凡　王　晨　姬　超
翟天睿

班级：02310402

朱明敏　张海涛　刘　磊　王文豪　韩佩君　弓　宇　胡海波　张　威
李　政　吕亭强　邢　刚　吴敬磊　丁驰原　马　梁　李　月　薛　源
曹　晨　高晓华　雷　敏　王　璀　何　川　张顺平　王晓飞　曹庆瑞
商慧增　张首鹏　刘亦超　李　虎　西　佳　覃荣峰　张　铃　巴尔撒博卿
胡　炜　李廷珍　王　刚　袁亦方　屈广宇　龚　旭　张虎盛　丁　雷

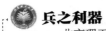

兵之利器
——北京理工大学机电学院学科（专业）发展史

班级：02310501
黄永腾　苏若曦　赵　旭　王舒琨　代锦伦　夏雪蛟　董二磊　陈　政
张　飞　倪文成　李　维　周佳晓　晋一宁　喇　超　张　虎　徐兆阳
张　希　韩旭光　李想有志　赵卿华　邓　路　王灵威　胡　杰　袁　辉

班级：02310502
李　宇　王　洋　张斯弛　郑华银　李　达　徐鹏飞　王　瑾　于文博
戴本壮　李北国　孟　见　赵鹏飞　范　睿　傅天航　陆　波　金　力
陈夏凉　龚汉越　杨　忠　孙　军　李程晟　温帝文　陈　波　邹一恒
陈　庆　何　灏　王剑锋　刘　娟　马　伟

班级：02310601
艾孜买提·艾则孜　陈　超　陈　龙　戴　闯　戴时飞　邓雄戈　高　扬
何　举　　　　　　吉　璟　蒋云友　李炳光　李海涛　李金峰　李　鑫
刘天博　　　　　　吕　滨　牛存可　彭业凌　冉崇建　苏晓东　田　丽
田小二　　　　　　王化平　王晓悦　尹　元　余　静　岳晨飞　张　旭
周　维

班级：02310602
古丽米热·吐尔地　洪荣森　蒋　晶　李创铭　李德魁　李　杰　李敬一
李美增　　　　　　李孟晔　李瑞琪　李亚敏　李振光　吕　姣　马林强
阮国伟　　　　　　唐海觅　王　强　王兆宇　王中宇　魏　博　武洪波
叶德全　　　　　　张　峰　张文滔　郑　磊　周　鑫　朱迅杰

班级 02310701
常之光　陈　燚　陈振满　高　帆　郝一阳　何小坤　　胡　丹　黄伟林
金　鑫　寇宇翔　李　鑫　梁冠豪　林润取　刘翠鹄　　刘　杨　刘　洋
吕　超　孟令超　宋　健　苏绚东　陶斯倩　特尔格乐　托鲁衡·玉山
王　超　吴阳林　许溟洋　薛　原　杨智贵　赵　琦

班级 02310702
陈　熙　邓忠丽　李萌萌　李　雄　李　扬　　　　　　梁　喆　林　颖
刘晓东　石昕明　孙云浩　王　超　王瑞石　　　　　　王　森　王　萱
王　禛　魏　炜　许环富　杨谋鹏　叶尔兰·艾赛提　　殷跃强　尹文龙
曾　星　张广月　张海波　张　矛　赵　骥　　　　　　赵鹏飞　赵　文
郑孝军

班级：02310801
秦　义　阿迪力·阿巴白克　陈士旺　陈世奇　陈兴好　董文豪　郭超亚
侯翔宇　胡晨佳　李　阳　刘　畅　刘剑锋　刘瑞瑞　刘　祥

罗树威　牛金喆　庞冠钦　宋　凯　苏　锋　吴　迪　吴　帆
辛安怡　徐　喆　严标再　杨　波　余　超　赵戈阳　赵精晶
周志武

班级：02310802

杜　琳　陈少奇　陈莹莹　慈伟程　迪力夏提·巴克阿吉　段耀洲　冯玮玮
付　睿　郭志伟　江子扬　姜一通　李　浩　　　　　　　李　婧　李鲁强
李欣航　刘晓明　马　建　毛一春　彭明政　　　　　　　申才立　汤润泽
徐一然　杨坤林　杨　阳　杨易林　张　文　　　　　　　张　洋　赵建武
刘　轶

班级：02310901

孙文涛　艾克然木江·巴图尔　　鲍时兴　陈根球　褚恒毅　高异凡　宫德麟
龚　如　郝　阳　　　　　　　　黄一峰　邝应龙　李　波　李敬文　李明明
梁　嵩　刘　超　　　　　　　　玛依拉　石梦蕊　谭宇晓　王　伟　王　曜
武晓林　武　赢　　　　　　　　杨春晖　杨卓宇　赵浩然　智　耕　周敬人
周玉霜　宋文林　　　　　　　　谭鲁湘　秦　川

班级：02310902

曹虹蛟　常智胜　陈　涛　程智能　胡盛弟　冀承骏　李　昊　李　维
李治清　刘宇轩　刘　泽　刘展赫　吕金科　马　军　孟广旭　莫　洋
聂国超　陶　灼　王和斌　王学敏　王　勇　王执权　魏天骐　杨亚超
于潇哲　张　腾　赵悦彤　周　健　宫铭遥　韦佳威　薛　涵　施　玙
蓝旭远

班级：02311001

王彭颖恺　曹浩翔　曹洺赫　付唤明　　　　　　关　平　韩　卓　胡天野
黄晓寅　　姜　浩　李轩宇　刘　军　　　　　　刘力语　聂　昭　石玉江
隋建业　　王尘远　王　坤　西尔艾力·艾力　　闫梦琦　于晓哲　于子轩
俞尚宏　　湛　月　张国秀　张旭东　　　　　　赵金龙　郑卓远　周　佳
于　兵　　罗　清　孙利旸

班级：02311002

陈科仲　戴梦彬　郭云龙　韩兴利　胡秋阳　姜　欣　寇巍巍　雷　钞
李　彬　李　辉　李　剑　李　淼　李晓云　李　璇　吕浩南　田小川
王　峰　王洪强　王曦煜　王亚楠　王志浩　喻皇钟　张兴凯　张义琪
张之得　郑光鹏　邹明杰　姜顺志　李　扬　杨成蹊　雷逸凡

班级：02311101

阿不列孜·卡地尔　安海东　代　健　范　超　高　博　高　明　柯　银

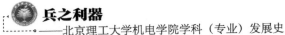

兵之利器
——北京理工大学机电学院学科（专业）发展史

刘成博　刘一荻　鲁龙泽　陆豪健　路震寰　罗　舟　石选阳
史永慧　孙中岳　万唱唱　王　雷　王璐瑶　王　旭　吴嘉豪
夏荣桢　谢家强　张　斌　张博希　张敏健　张　韬　张天乙
赵乃剑　郑宇彤　钟俊强　周伟刚　陈智振　郭耀蔚　姜富瀛
马英寸　司马伍　杨　萌

班级：02311102
高剑锋　曹　猛　陈　达　　　　　陈　珂　陈　然　陈娅琼
储筠霖　崔铭胤　迪丽努尔·艾尼娃尔　范思能　付政权　高维远
韩静茹　郝胜强　胡必尧　　　　　胡　博　黄羽童　黄忠山
刘通泽　刘宇鹏　卢以哲　　　　　史大鹏　王景康　王鹏龙
王树钰　王智宏基　徐一玄　　　　闫　磊　张浩千　张　健
赵　铖　赵　奇　郑智鑫　　　　　杨　璐

班级：02131201
包雪莲　陈　汉　程骥思　杜鹏飞　范保鑫　冯雪贝　冯宜明　高明悦
葛杰友　郝智渊　黄　磊　金子焱　王昕江　王韫泽　王泽鹏　徐少兵
薛　倩　杨添元　杨星格　张锁麒　赵　传　冯　琳

班级：02131301
格日勒图　邓子龙　叶腾钶　叶一飞　陈金戈　董志鹏　汪士堃　张世朴
高佳驰　吴宗澎　叶希洋　彭发豫　孙　庸　张驰逸　吴　锟　孙乔溪
蔡长青　夏　强　李果蒙　刘志鹏　姚　璐　杨　堃　韩世平　徐　辉
高郑州　苏　衡　周志昊　马翱闻　孙健坤　蔡伯松　王朝政　邹　航
邵渤涵　张容恺　刘宛星　周信兵　高　亮　李　可　余兴锋

班级：02131401
蔡子雷　陈　振　胡荣富　胡玉龙　李　昱　李昀燃　刘　悦　彭　航
王浚鉴　张一锋　钟科航　周　晓　高一地　韩培林　罗　飞　王子泉
吴薛勇　游　玉　郭依尘　黄天宇　刘嘉炜　刘伟桐　万初朋　熊　轰
严　浩　张　健　靳　军　叶　孜　赵新悦

班级：02131501
曹彦彬　程　全　付子瑜　韩　宇　李　淼　刘润菲　罗苇杰　梅江涛
任伟志　王　贺　徐　骁　杨子传　赵彦杰　郑永辉　扶　磊　洪晓通
吴启航　卢　跃　王晗瑜　徐小雪　徐　阳　陈昱蓉　郭兆烜　侯婷婷
胡家瑞　李世龙　罗　勇　田　港　王长勇　王纪元　王艺斌

班级：02131601
谌　宇　崇魁奇　邓　瑞　胡馨元　贾志远　梁　策　吴　浩　肖子木

谢时雨	徐华兴	张　南	张瑞宇	张　渊	扈闰乔	李鑫鹏	吴浩岩
徐浩楠	程新亚	杜瑞泽	冯宇浪	唐礼喜	张春阳	李志天	饶泽泓
孙雨荟	谭云飞	王泽虎	于子博	李金泽			

班级：02131701

李嘉航	黄红飞	朱君豪	乔晓宇	陈李扬	周于蓓蓓	卫　伊	曹信一
沈　啸	吉耿杰	杨国建	段裕熙	何　筱	李柯绪	王锦铭	李新菊
王殊晨	彭义国	李一凡	厉　昕	张正谦	王兴方	李治国	李维喆
孟繁野	胡佳辰	辛梓维	周岳兰	陈晓莹	沈上惠		

班级：02131801

张罗丹	吴嘉杨	孔唯一	何　瑶	贺辰宇	杨秋燕	胡诗苑	方展翔
杜浩源	辛少平	郝思远	吕世浩	杨喆瑀	刘奕迅	张无越	杨志东
白金龙	马雨薇	朱　振	徐　鹏	赵建壮	王婷婷	吴雨桐	初文雨
童　澳	黄竞辰	唐婷婷	金修铉	陈攸祥	马赛诺	妮　莎	

班级：02131802

于雨璇	熊　艺	余　恒	张　旭	黎开源	穆　行	朱剑雷	苏梦雅
王跃文	王玉敏	单佳琪	张芮恺	刘　宇	郭浩然	胡　可	李凯旋
陈嘉琪	张子豪	辛成龙	张安琪	吴　雕	辛文龙	杨俊杰	冯之轩
廉　政	王贻海	李笑天	卫昀沛				

班级：02131803

谢雨珊	曹　哲	张钰茗	许可煜	汪旅雁	胡　洋	边少博	谷旭凯
李　辰	韩　杰	刘炯男	傅高俊	李炜玲	曹　骏	李瀚宇	黄沁怡
赵雪峰	王朕伯	王伟翰	潘　钰	姜　洲	郁佳乐	樊　荣	韩泳辰
李旭泽	徐　鑫	温凯浩	安海洋	刘冠宇			

博士后

1987 年
冯之敬　辛建国
1988 年
潘旭峰　赵强福　王涌天　邓罗根
1990 年
徐晓文
1991 年
安　超　高　宏　吕　锐　涂侯杰

1992 年
马朝臣　夏　军　安俊平　王悟敏

1993 年
黄德双　张庆明　赵长明　顾　亮　姜　丁

1994 年
刘　萍　陶　然　万兴中　施进发　胡国荣　李　果　宗柳平
周兴灵　张百海

1995 年
张卫民　李湘民　余文华　刘昭度　王建群　杨　军　何　斌　周长春
刘圣华　张幽彤　谢　毅　吴嗣亮　张富祥

1996 年
陈　欣　丁能根　刘兴华　马铁华　钱新明　夏国栋　金乾坤　肖建明
罗运军　张宇华　杨　青　赵保军

1997 年
孙厚军　王宏利　仇武林　芮久后　钮永胜　吕晓德　谢贤平　张中民
马凡华　吴淮宁　郭文章

1998 年
张　奇　郝利君　李贵涛　孙立清　廖　波　曹文斌　李长春　景国勋
邵自强　陈　禾　郭　军　陈国瑛　邱文革　董加勤

1999 年
杨苏辉　韩珺礼　程卫民　杨　策　张永德　成　凯　王　华　李东光
王　霞　张标标　夏群力　高元楼

2006 年
郝晓剑　李彦旭

2007 年
段星光

2008 年
辛洪兵　王自营　马爱文

附录3 获奖情况

附表 2–1 部分获奖情况

序号	获奖名称	主要获奖人	获奖级别	获奖时间
1	××××通用多用途子弹技术	马宝华	国家技术发明奖二等奖	2007.2
2	××迫击炮通用机械触发引信	马宝华	国家科技进步奖二等奖	1998.12
3	×××和多点浓度检测技术	娄文忠	国防科技进步奖三等奖	2018.12
4	××××导弹安全与解除保险机构	王亚斌/李晓峰	国防技术发明奖三等奖	2018.12
5	××××电系统技术与可靠性研究	娄文忠/冯跃/吴炎烜	国防技术发明奖二等奖	2017.12
6	××××虚拟试验与测评技术	王亚斌/李晓峰	国防科技进步奖三等奖	2015.12
7	××××一体化多模引信系统演示验证	娄文忠	国防科技进步奖二等奖	2014.12
8	3kg 1型××××子弹药	李晓峰	国防科技进步奖二等奖	2014.12
9	航空型高效××××子弹药系列	娄文忠	国防技术发明奖三等奖	2013.12
10	自适应×××技术	范宁军	国防科技进步奖三等奖	2013.12
11	面目标×××引信应用技术	娄文忠	国防科技进步奖三等奖	2012.12
12	×××机械触发引信	何光林	国防科技进步奖二等奖	2010.12
13	低成本自主式×××引信	李东光	国防科技进步奖二等奖	2010.12
14	×××电子时间引信	李杰	国防科技进步奖二等奖	2009.12
15	×××安全与解除保险机构	何光林	国防科技进步奖二等奖	2008.12
16	×××榴弹引信系列通用安全系统	宋荣昌	国防科技进步奖二等奖	2007.12
17	×××弹底引信	石庚辰	国防科技进步奖三等奖	2007.12

续表

序号	获奖名称	主要获奖人	获奖级别	获奖时间
18	×××硬目标引信技术	刘明杰/李晓峰	国防科技进步奖二等奖	2006.12
19	×××导弹安全与解除保险机构	谭惠民	国防科技进步奖二等奖	2006.12
20	×××深联-Ⅱ引信	李杰	国防科技进步奖二等奖	2005.12
21	×××通用机械触发引信	范宁军	国防科技进步奖三等奖	2004.11
22	×××末制导炮弹反设计	石庚辰	国防科技进步奖二等奖	2004.11
23	×××开舱点高精度控制技术	范宁军	国防科技进步奖三等奖	2003.10
24	×××自适应控制及可编程引爆技术研究	刘明杰	国防科技进步奖二等奖	2003.10
25	×××型榴炮机电引信	刘明杰	国防科技进步奖二等奖	2002.12
26	122mm×××型火箭炮机械触发引信	马宝华	国防科技进步奖二等奖	2001.12
27	引信×××安全系统技术	李杰	国防科技进步奖三等奖	2000.12

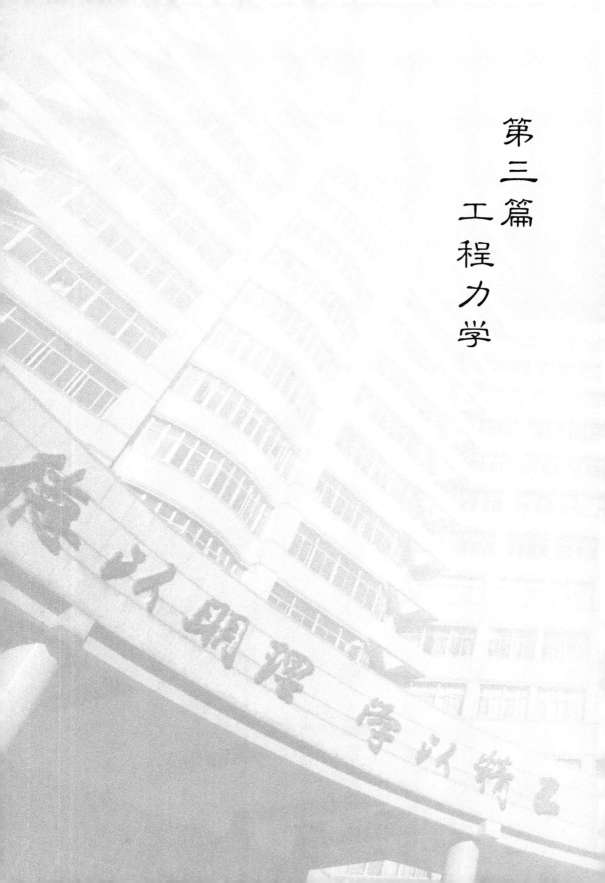

第三篇 工程力学

1　专业创建与发展简史

1954 年，北京工业学院建立我国首批 11 个军工专业，其中包括丁敬与陈福梅等一起创建的炮弹装药、火工与烟火技术专业，即北京工业学院 7 专业。7 专业完全仿照苏联模式建立，以培养从事炸药装药工艺、火工品和烟火技术的工程师为主要任务，专业教研室分为 3 个专业小组：装药、火工和烟火技术。

写出第一批质量高的教材：火工品教材是丁敬、陈福梅合译的苏联卡尔博夫编著的《火工品》（国防工业出版社，1953 年出版）；《弹药装药工艺学》是苏联专家提供的影像资料，由丁敬为主翻译、编写，是一本理论结合实际、适用于大学生学习的教科书，为 1951 级至 1955 级使用。当时也有一些由俄文翻译出版的苏联书籍，如苏联 H. A. 西林格的《炸药与炮弹装药教程》，涵盖了炸药、装药、火工品、烟火等内容，但只能作为大专教材或部队培训参考书籍。丁敬亲自讲授炸药装药工艺学，其他青年教师参加答疑、部分试讲、实验等工作。

听专家讲课：在 1955 年和 1956 年，六系（化工系）聘请苏联专家班都林为教师讲炸药理论课，讲课时有俄文翻译。教师们听完课后马上消化，再为学生开课。后来 7 专业教研室也聘请了苏联专家依留申，并成立了专家办公室，毕业于大连工学院①的李钟敏跟专家一起工作。依留申首先为教师们开了"大型弹药结构作用与原理"课程。丁敬经常主动承担课堂的翻译工作并纠正俄文翻译的某些内容。

为了进行实验教学，在丁敬的领导下，1955 年在东黄城根（原中法大学校址）建立了装药实验室、火工实验室、烟火实验室。装药实验室可进行注装、压装药柱实验，检测药柱基本性能（如密度和凝固点）；火工实验室能进行火帽和雷管装药、起爆药制造及其性能试验；烟火实验室能进行特种烟火药的制备及主要性能测试。

1958 年学校迁往巴沟校区，丁敬负责在校内建立了全国第一个可进行破片杀伤、聚能破甲等课题研究的爆炸实验室，并得到力学前辈郭永怀的热情支持。

1961 年，国防院校军工专业做了一次调整，北京工业学院的常规兵器如火炮、发射药筒、轻武器、榴弹等专业归属太原机械学院，留下其他专业向箭弹、导弹方向转型，以培养掌握尖端武器的高级技术人才。

---

① 大连工学院：今为大连理工大学。

在丁敬反复论证和努力下，7 专业从六系调整出来，与炮弹设计与制造专业、引信设计与制造专业共同组成八系，更名为爆炸技术与装药专业。丁敬为第一任系主任，吕育新同志为系总支书记。原来装药、火工品与烟火技术专业教研室分成 812、831 两个教研室。812 教研室专攻爆炸理论与作用方面的教学科研工作及筹建爆炸试验室；831 教研室则从事弹药及战斗部装药工艺、火工品、烟火技术的讲课、实验、实习、产品设计等工作。

1963 年起，丁敬从北大数学力学系招收了我国爆炸物理学科首批硕士生（崔春芳），1964 年、1965 年又陆续从中国科大和本校招收了 9 名硕士生。但受 1966 年夏开始的"文化大革命"影响，研究生的培养被迫中断。

1964 年，因现代武器技术的发展，特别是核武器技术的发展，需要大批 83 专业的人才，决定本科扩大招生。1964 年招两个班、1965 年招三个班。

1964 年，我校接受 142 会议确定的科研任务（1—国防科委，4—中国科学院，2—核工业部，即二机部）。任务的核心是研制核武器所需的精密炸药、装药。丁敬作为该项任务的负责人，在王淦昌等人的领导下，组织领导尖端武器使用的高能混合炸药及精密装药技术研究，并协助著名力学家郭永怀主持爆轰物理组的工作。

在相关师生共同努力下，一年多的时间内取得巨大成果，先后研制出 H1F、HJJ、HBJ 三种型号高性能混合炸药，其成型性能、力学性能、安全性能、长期储存性能、爆炸性能都很优秀，为我国核武器应用高能量密度炸药装药做出重要贡献。该项研究成果在 1978 年获得了 3 项全国科学大会奖。

1971 年，根据有利于专业发展的原则，将原来 812、831 合并后分成 83、84 两个专业教研室。83 是爆炸作用技术与装药教研室，84 为火工品与烟火技术教研室。

1977 年，恢复招收本科生；1980 年，建立爆炸力学硕士点；1984 年，建立我国第一个爆炸力学博士点，丁敬为博士生导师。1987 年，更名为"爆炸理论及应用"，被国家教委评为国家级重点学科。1988 年，丁敬牵头以本学科点为依托筹建爆炸灾害预防、控制国家重点实验室，1991 年经国家计委审定批准，利用世界银行贷款，购进了一批具有国际先进水平的仪器设备，显著改善了本学科点的教学和科研条件。1991 年，83 专业增设"工程力学"学科，并建立博士后流动站。2001 年，爆炸理论及应用学科点再次被教育部评为国家重点学科。2002 年下半年，教研室被取消，83 专业代号消失。

83 专业（原 7 专业）是全国唯一集炸药、装药成型、爆炸效应及测试于一身的专业，是化学（特别是有机化学、物理化学）、工程力学、爆炸力学、光测、电测技术等多个门类的结合体。它的成立与建设造就了一批能驾驭爆炸理论研究、产品研究设计与制作的高级人才。

2 人才培养

学科定位取决于人才培养的需求和方向。

本学科点本科专业始建于 1952 年,学科定位——弹药装药加工。1962 年开始,学科定位逐步转型,本科生专业为爆炸技术与装药,研究生专业为爆炸理论与应用。1980 年建立爆炸力学硕士点,增设了爆炸力学学科。1984 年,爆炸力学学科成为全国有类似专业的高等学校中最早被批准建立的唯一的博士点。1987 年,在学科调整中本学科点定名为爆炸理论及应用,同时经国家教育委员会审定被评为国家级重点学科。1988 年,作为国家重点学科的发展项目,丁敬牵头开始筹建国家重点实验室。1991 年,以本学科点为依托建立了爆炸灾害预防、控制国家重点实验室(2003 年更名为爆炸科学与技术国家重点实验室)。1991 年,经教育部评审,在本学科点增设工程力学学科,并设立了博士后流动站。2002 年下半年,教研室编制取消。

2.1 专业初创期

7 专业隶属六系,从 1952 年开始筹建,专业初创期千头万绪,但最根本的还是人才培养。当时最紧迫的是师资队伍的组建、培养和充实。1954 年,丁敬和陈福梅两位前辈首先在 1950 级毕业班学生中物色了三位作为 7 专业第一批留校的教师——许又文、恽寿榕、陈熙蓉,至此,六系第 5 教研室成立,丁敬任教研室主任。

当时,基本是全盘搬苏联模式,从教学计划、课程设置及教学大纲到教学实验项目、实习时间和内容要求,到学生毕业设计。

(1)教学计划。

针对五年学制,学生必须达到工程师水平,能胜任所属专业领域的技术和管理工作。

表 3-1 教学计划设置(1952—1961 年)

基础课	专业课	实践性环节	
政治(马列主义、中国革命史、辩证法)、数学、物理、化学、俄语	炸药理论、装药工艺学、火工品、烟火、弹药学等	实验	包含基础课、专业基础课、专业课基本实验
		实习	金工实习、生产实习、毕业前实习
		设计	机械零件设计、绘图;课程设计;毕业设计

教学计划的每一环节都要经过教学讨论，拟定学生用书，指导学生每一环节，而且要对学生考试（以口试为主）。

为保证教学计划实施，当时 7 专业所在的六系第 5 教研室紧张有序地做了如下工作：

①以丁敬、陈福梅为首的教师加强自我学习。他们下专业厂实践，搜集资料；阅读苏联专家提供的资料和情报所查找的俄文资料和书籍（英文资料很少）。

②听苏联专家讲课，并马上复习、消化后再讲给学生听。如聘请苏联专家依留申讲大型弹药、水下武器、深水炸弹、水雷、鱼雷的结构与作用原理等。

③根据教学大纲编教材。

④开出了基本教学实验，装药实验，火工品、烟火及炸药理论实验。虽然诸多实验从工厂搬来，但都很规范，为学生的专业学习提供了必要的学习条件。当时的实验室主任为申士林。

⑤合理安排专业实习。专业实习是教学计划中重要的环节之一。指导教师要先下工厂准备，制订实习计划。

⑥毕业实习、毕业设计总共一个学期，前后 4 个月。它括产品分析、工艺过程论证、工房布置、厂房总平面图设计、重点工序专题论述、计算、图纸，以及最后设计产品的成本核算。

毕业实习要求很高，6~7 周完成的实习任务，必须既深入又全面，重点解决技术问题。

最后通过毕业答辩考查学生的综合能力，包括专业知识掌握能力、绘图能力、书写表达能力、口试回答问题能力等。

7511 班是第一个具有 7 专业特色的正规毕业班（徐更光、张鹏程、王廷增所在班级）。

（2）专业主干课。

炮弹装药工艺学（丁敬主讲，恽寿榕助教，并负责实验）、火工品（陈福梅、胡瑞江主讲，胡瑞江负责实验）、烟火学（丁敬主讲，许又文助教，并负责实验）、工厂设计原理（陈熙蓉主讲）。

生产实习、课程设计、毕业实习、毕业设计环节由丁敬、陈福梅、许又文、恽寿榕、陈熙蓉负责指导，每名教师指导 3~4 名学生。每个毕业设计题目重点不同。

（3）培养要求。

①按 7 专业教学计划培养，因为工作产品对象是炸药、装药，或起爆药、火工品，或特种弹烟火药，还有在生产线上接触到的各种溶剂、虫胶漆等材料，因

此必须具有无机化学、有机化学、物理化学以及化工原理等基础。

②生产加工要应用到有各种类型的机械设备,所以应具有力学(理力,材力)、机器零件、金属工学及制图等专业基础。

③必须有电工、无线电测试基础。

④综合能力基础,如各类设计(零件设计、生产车间设计、总图设计)。

⑤因为接触的是危险物,一定要有安全、防火技术知识,还应该会计算产品的工厂成本。

⑥通过实习劳动,培养各种实验的实践技能。

⑦对本专业关联的专业的学习能力(如火炮、武器引信、弹体以及靶场试验)等。

(4)人才培养途径和方法。

①以苏联兵工建设为蓝本,接受专家的具体指导,如炸药理论专家班都林。

②从苏联引进有关的专业教材及书籍。

③积极自编教材,如出版的《炮弹装药》《火工品》《烟火学》,还有翻译的《爆炸物理》《炸药学》等。

④攻修俄语。当时从事兵工建设的是第二机械工业部,该部门有庞大的俄文翻译队伍,从口译到笔译,对迅速传播有关专业内容发挥了积极作用。

⑤厂校密切结合。国内专业工厂都已正式成熟运转,这给教学和实习提供了很好的基地,如沈阳的724厂,是日伪时期就有兵工工业基础的炮弹装药、引信、火工品的综合厂,在20世纪50年代,724厂就配有当时先进的自动螺旋装药机。

碾子山的123厂,是新中国成立后的一座弹药厂,它对支援抗美援朝有很大贡献。123厂装药生产非常全面,各种装药方法齐全,且适合大型小型弹的装药,自动化程度也很高。

还有自行设计建设的太原763装药厂、湖南湘潭的282弹药厂,以及生产火工品非常全面的抚顺474厂、齐齐哈尔的672特种弹(烟火)厂。

⑥厂所密切结合。拥有庞大的各行各业知识分子组成的第五设计院,它专门为兵工厂进行设计:有全面配套人才,从厂址选择(勘探)、画图设计、生产车间、库房、水、电到原材料库、成品库、实验室……涉及的专业不仅是产品工艺,还有土建、电力、弱电、采暖、照明、上水、下水……

有兵工产品研究基础的沈阳第三研究所(后来成为西安的204所)也拥有大批各种专业大学生。

⑦向专家学习。除了苏联专家外,还有一批原来的老兵工专家、工程师,他们具有兵工生产经验或娴熟的理论、设计知识。

2.2 转型期

2.2.1 师资培养

1962 年成立八系，这对 7 专业而言是一个转型。为了更迅速地实现专业从常规到尖端和从工程型向研究型的转变，学科带头人丁敬首先花大力气进行师资素质培养。他通过各种途径，使年轻教师逐步从原有的化工班底转型到机械、力学型人才。具体措施包括：

（1）调入转型人才。从 1963 年开始从北大数学力学系及本校一系调毕业生来本专业，改变本专业一体化的近亲繁殖体系，以适应专业从化工向机械、力学的转型。这项措施起到了非常明显的效果。化工与力学的互补和渗透造就了一大批爆炸力学高层次研究人才和非常规兵器前沿设计研究人才。

（2）逐步地转型培训。例如，丁敬指导年轻教师自学气体动力学、爆轰理论等经典著作原文，恽寿榕利用他原有炸药装药理论专长，专门给年轻教师开出系列讲座。

（3）请国内外力学界知名人士讲学和学术交流。邀请科学院力学所、中国科大、国防科大、九院、204 所等单位专家作讲座。1979 年，丁敬随中国理论和应用力学代表团赴美国考察。随后邀请国际著名学者来华讲学，如美国 Los Alamos 国家科学实验室的著名爆轰数值计算专家 Charles Mader，Stanford 研究院材料动力学家 Lynn Seaman，美国百万高斯脉冲强磁场首创者 C. M. Fowler，苏联科学院院士 V. E. Fortov 与爆轰学家 A. N. Dremin，加拿大麦克吉大学教授、气相爆轰专家李克山（J. H. S. Lee），德国著名学者 M. Held 与 H. R. Kleinhanss，日本学者匹田强、福山郁生等，有力地促进了我国在爆轰数值模拟、拉氏量测和分析技术、材料冲击动力学等方面的研究。

（4）积极参与新产品仿制、设计与反设计和研制实践活动。年轻教师分批深入专业工厂、研究所、设计院进行实习、研究、试制。例如，利用带毕业实习的机会深入 123 厂全面了解三大引进导弹产品（1059、3069、7089）的设计、试制和生产的过程。

2.2.2 本科教学

在这一时期本科教学有明显的转型和发展，其表现为：

（1）在培养目标上，这一时期的教学计划明确提出，要培养弹药装药和战斗部设计与制造工程师，而不是培养弹药装药与火工品制造技术人员。

在教学计划安排上，增加了数学、机械及力学学科的教学内容和学时数。为增强学生的机械工程与力学方面的基础理论知识，提高弹药装药与战斗部威力设计与研究能力的培养，增加了机械零件设计课教学的学时数，删除了化工原理课程，减少了化学课程教学的学时数；为增强学生的战斗部炸药装药设计能力，开设了火箭导弹战斗部结构设计课程和爆炸物理课程。爆炸物理是一门专业基础课，由丁敬亲自讲授。

（2）在教学方法上注重改革，加强了对年轻教师的培养。成立教改组，把学校讲授基础课的教师与本系讲授专业课的教师组合在一起，开展培养学生的综合性教学改革研究；学习"郭兴福教学法"，并以82专业作为试点。83专业也针对各个课程的内容及特点开展教学研究，对课程重点章节让授课老师在教研室内进行讲课分析、征求意见，以提高教师的教学水平和学生上课时的吸收效率。年轻教师上讲台，一定要试讲，让大家评头论足，从教学逻辑思维、教学内容主次安排以至板书格式等方面都提出改进意见，这对年轻教师的成长颇为有益。

同时，还要求教师深入学生中，同吃同住，了解学生生活与学习情况，征求对老师教学的意见，以改进教学。

（3）在毕业设计与毕业论文选题上，本着结合实际、真刀真枪实干的指导思想，如结合装药工艺的技改项目，将引进苏联的三种型号导弹战斗部（7089空空导弹战斗部、3069地空导弹战斗部、1059地地导弹战斗部）威力及传爆系统进行反设计作为毕业设计与论文的选题，这不但大大增强了学生的积极性和责任心，而且提高了学生独立解决实际问题的能力及技术水平。

随着我国国防建设事业的不断发展，对本专业培养人才的需求也日益增加，在这一时期的初期招生为一个班（如7571、7581、83591班，即每年一个班）。但1960年曾因发展需要招收了83601和83602两个班，前者以培养装药加工及爆炸技术人才为主，后者以培养火工品与烟火技术为主。

1964年，因发展现代武器技术的需要，特别是核武器技术发展的需求，应核工业部及一些部队提出的要求，当年招收了两个班（83641和83642班），1965年又招收了三个班（83651、83652和83653班）。

2.2.3 教学改革的探索

八系成立后，丁敬担任主任，积极推行教改，基础与专业紧密结合，加强与专业密切关联的课程。当时尚英副院长领导教改，以八系为试点，马宝华为八系教改组组长，陈熙蓉、王守实被指定为83专业代表。丁敬与基础课教师审订教学大纲。在教改积极推动下，人才培养逐渐走向规范、有序。

这一时期重点做了以下改革：

（1）明确培养方向。本专业培养的人才不只是被动地按产品图要求去生产，而是与弹体、箭体结合，联合搞产品创新，发挥炸药装药、火工品点火、烟火技术的优势，寓于产品威力、效应之中，变被动为主动。

（2）改变培养学生目标的教学计划。将重复性的毕业设计改为科研创新的毕业论文，将其作为炸药装药研究发展的推进剂。此项改革由丁敬直接领导，他打破常规，瞄准前沿培养人才。

（3）课程的调整。

a. 加强基础课：增加气体动力学、爆炸作用原理、爆炸力学、爆炸测试技术课程，并引进高精尖仪器。

b. 调整装药工艺课内容，使其与产品威力设计、安全相结合；物理化学与专业需求紧密结合，如加强化学热力学、表面化学、相变等学习内容。

（4）开展科研，加强理论联系实际，培养学生具有更深的专业理论基础与创新能力；围绕着炸药应用、混合炸药工艺的性能进行研究；爆炸性能应用研究领域全面展开，也就是直接干预产品威力与安全方面。

（5）加强实验室建设。爆炸洞实验室是由苏联专家提出、第五设计院设计的，最初叫5802工程，后改为爆炸实验室，为八系83专业专用，包括混合炸药实验室、装药成型实验室、药柱物理性能测试、爆炸性能测试等实验场所。

2.2.4 研究生培养

装药加工专业招收硕士生开始于1963年。1963年，丁敬从北京大学数学力学系招收爆炸物理学科首名硕士生（崔春芳）。1964年，从中国科技大学和本校各招收1名硕士生（丁雁生、梁德寿）；1965年招了7名硕士生。虽然由于"文化大革命"的冲击，他们的培养计划被迫中断，但他们仍受到了严格的训练和培养，后来在各自工作岗位做出了重要贡献。

2.3 改革开放发展期

十年浩劫之后，全国的大学教育重新步入正轨，恢复高考招生，本科学制由五年或六年改为四年，并建立了硕士、博士和博士后等多层次教育办学新体制。

83专业根据国民经济发展的迫切需求，开展了多层次的人才培养。

2.3.1 本科教育

本科的教学计划基本遵照1979年7月学院制定的《北京工业学院关于制订教学计划的具体规定》执行。基本变化是本科学制从5年制变为4年制。课内总学时数控制在2 800学时以内，课内周学时控制在22学时以内。

1977年，爆炸技术与装药专业（83专业）恢复招收本科生。1980年，建立爆炸力学硕士点；1984年，建立博士点，丁敬为博士生导师。1987年，该专业方向成为重点学科，更名为爆炸理论及应用专业。

83771班是83专业"文化大革命"后招收的第一个四年制大学本科生班级，专业名称为爆炸理论及应用。随后与81专业（火箭战斗部设计与制造）轮流每隔一年招一个班。1999年，为贯彻实施《中华人民共和国高等教育法》，落实第三次全国教育工作会议精神,进一步扩大高等学校的办学自主权,加快我国高等教育事业发展的步伐,教育部颁布了《高等学校本科专业设置规定(1999年颁布)》。爆炸理论及应用专业在1998年教育部颁布的《普通高等学校本科专业目录》中改为弹药工程与爆炸技术,专业代码为081603。2006年开始,除了弹药工程与爆炸技术以外,同时招收工程力学专业学生,专业代码为081701。2016年,按照学校的大类招生政策变化,工程力学专业并入武器类招生。

本阶段,在人才培养目标上明确提出:本专业既要培养能从事弹药装药工艺与设计的工程师,又要培养能从事爆炸科学技术研究的人才。在基础课程设置上,大幅度增强了数学与力学方面的教学内容;在专业课程的设置上,增加了有关爆炸理论的课程与学时数。

表3-2 专业课程设置

课程	爆轰物理学	应力波理论	爆炸作用与装药设计	爆炸实验测试技术	弹药装药工艺学	炸药性质及应用	战斗部构造与作用
学时数	100	88	80	72	64	56	48

另外还增设了爆炸力学计算方法、专业文献查阅方法及专业英语等课程。课程设计偏重机械设计,生产实习到弹药装药生产厂,毕业设计或毕业论文则在实验室、计算室和研究室中完成。这一系列措施保证了各个教学环节上的较好落实。

为满足本科生教学需要,本专业教师陆续编写和翻译出版了一系列教材和教学参考书。1984年,张鹏程、黄正平合作编写了《爆炸测试技术》,这是国内第一本系统阐述爆炸领域测试技术的书,该书1986年获评校优秀教材三等奖。

表3-3 出版教材和教学参考书情况

教材名称	作者	出版单位及出版时间
爆炸及其作用(上、下册)	张宝平,李景云,等	国防工业出版社,1979
爆炸测试技术(上、下册)	张鹏程,黄正平	北京工业学院,1981
爆炸力学	张守中,张汉萍	北京工业学院,1980
材料对强冲击载荷的动态响应	张宝平,赵衡阳,等	国防工业出版社,1986

续表

教材名称	作者	出版单位及出版时间
冲击波与爆轰学基础	张锦云	北京工业学院，1987
炸药性能与装药工艺	陈熙蓉，等	国防工业出版社，1988
爆炸物理基础	张宝平，赵衡阳，等	北京理工大学出版社，1992
爆炸作用与装药设计	恽寿榕，孙业斌，等	国防工业出版社，1987
炸药性质及应用	徐更光	北京理工大学出版社，1991
防爆工程学	赵衡阳	北京理工大学出版社，1992
气体和粉尘爆炸原理	赵衡阳	北京理工大学出版社，1996
爆炸力学计算方法	恽寿榕，张汉萍，等	国防工业出版社，1996
爆炸力学	恽寿榕，赵衡阳	国防工业出版社，2005
Explosion Measurement Techniques（爆炸测试技术）	黄正平，何远航	北京理工大学出版社，2005
爆炸化学基础	周霖	北京理工大学出版社，2005
爆炸与冲击电测技术	黄正平	国防工业出版社，2006
材料的动态力学行为	张庆明，刘彦，黄风雷，吕中杰	国防工业出版社，2006
含能材料损伤理论及应用	陈鹏万，黄风雷	北京理工大学出版社，2006
弹药战斗部设计	吴成，黄风雷	北京理工大学出版社，2008
微机电系统力学	高世桥，刘海鹏	国防工业出版社，2008
Elasticity	Zhang Jianwu, Wu Hbijun, Han Feng	北京理工大学出版社，2010
爆炸与冲击动力学	宁建国，王成，马天宝	国防工业出版社，2010
毛细力学	高世桥，刘海鹏	科学出版社，2010
方方面面话爆炸	宁建国	高等教育出版社，2011
建筑结构爆破拆除数值模拟	杨军，杨国梁，张光雄	科学出版社，2012
流体动力学程序引论	武海军，皮爱国，姚伟译	北京理工大学出版社，2012
混凝土侵彻力学	高世桥，刘海鹏，金磊，牛少华	中国科学技术出版社，2013

续表

教材名称	作者	出版单位及出版时间
微振动俘能技术	高世桥，刘海鹏，金磊，牛少华	中国科学技术出版社，2016
新型战斗部原理与设计	周兰庭，张庆明，龙仁荣	国防工业出版社，2018
微纳机电系统力学	高世桥，金磊，刘海鹏，牛少华	北京理工大学出版社，2018

2.3.2 研究生培养

多层次教学发展是这一时期本专业研究生培养工作的特点。首先表现为：开拓建立爆炸理论及应用博士点，培养高级爆炸专业人才。

1981年，丁敬开始恢复招收硕士生；1981年年底，专业更名为爆炸理论及应用，并招收第一届硕士研究生，1984年，本专业被确定为"文化大革命"后的第一批博士学位授予点，丁敬和陈福梅为第一批博士生指导教师；1988年开始招收博士生。

在研究生教学中，注重打好理论基础水平、计算机应用技术水平、实验技术水平和外语水平，且一直贯穿于研究生教育中，并成为一种传统。

聘请兼职博士生导师三位，他们是：陈能宽，学部委员，国防科工委科技委副主任；经福谦，学部委员，工程物理研究院科技委副主任，冲击波物理与爆轰物理国防重点实验室主任；章冠人，西南流体物理所科技委主任。聘请黄春平（"863-409"高技术首席专家）和张信威（北京应用物理与计算数学研究所科技委副主任）等相继为专业博士生导师；请北京应用物理与计算数学研究所王继海和李维新等知名专家为研究生讲课。在校内和"弹药战斗部工程""火工品与烟火技术"学科点经常互相听课，开展学术交流，在博士生指导和论文评阅方面进行合作。到20世纪90年代，恽寿榕、徐更光、张宝平陆续被审批为博士生指导教师，使得专业形成了一支学术水平很高的博士生指导队伍。当时国内外许多知名大学的硕士研究生慕名前来攻读博士学位，所培养的这些博士绝大部分都学有所成，成为国内高校的教授、博士生导师，以及国内外的科技精英。

当时兼职教授大多来自九院，当时九院无博士点，博导申报都是用本学科的名额。这种方式不仅培养了高质量的博士，同时促进了学术交流，充分利用了双方资源和人力。

1991年，经教育部评审，爆炸力学学科点申办成功建立我校第一个博士后流动站，第一位进站的博士是涂侯杰。

2.3.3 短训班

改革开放后,国家百业待兴,国内各行业对爆炸科技人才需求旺盛。为适应这一新形势,本专业举办了多期爆炸理论、安全技术及爆炸测试技术等多种类型的培训班和讲习班,为我国部队、国防生产厂家及相关科研院所以及社会厂矿培训了大量急需的爆炸安全科技人才。

第一期短训班是在9123厂举办的。

1975—1976年在校内办了聚能破甲短训班,全国各地来的学员近50名。

后来根据培训对象的具体工作要求,专门举办了对口培训班,如以注装弹药为主的培训、以压装方法为主的培训、以安全生产为主的短训。

1990年,为适应当时用人单位的急需,经国家教委批准,开办了一期爆炸技术与装药定向大专班,招收学员30名,学制一年。同年,还开展了对外国留学生的培训。1989年年底,机械电子工业部下达了培训某外国留学生的任务,要求结合某产品的设计、生产制造,培养高水平技术管理人员、工艺工程师和质量控制工程师。学生人数9人,讲英语,学习期1.5年。83教研室接受任务后,指定王廷增(组长)、张汉萍(秘书)、张锦云(总抓教学、实验工作)组成教学小组,全面负责培训班的相关事宜。培训从1990年7月23日开始,到1992年3月15日止,总共讲授8门课,做24个实验,听3~4个专题报告,参加一次国际学术会议(ISPE)。因教学效果好,又应甲方的要求增加了3个月学习时间(包括加3个实验),延长到1992年7月3日结束。

来华留学生学历不同,专业各异,数学基础差,与培养目标相距较大。针对具体情况,制订了专门的教学计划,理论学习和实践活动各占50%,注意培养学员解决问题的技能和实际应用的能力。

教学各环节均用英语,各科教材由任课教师自备;实验指导书由相应的指导教师提供,张锦云、王廷增、张宝平共同审订。

为了给外培班学员毕业设计做准备,陈熙蓉、王廷增和张锦云带83871班部分学生到624厂实习,回来后根据外培班学员的毕业设计题目进行了预先设计。

由于这是我校首次接受外国留学生,无先例可借鉴,只好边摸索边实践。这次培训班,从教材编写、课程设置、教学方法、语言交流多方面锻炼了教师队伍,为我校开放办学提供了较完整的经验。

3 科学研究

20世纪50年代后期,丁敬与陈福梅一起研制成功我国第一代大爆破用毫差雷管和尖端武器用微秒雷管。1963年,丁敬领导了对三种导弹战斗部的反设计研究，促进了我国导弹战斗部技术的进展。同年，丁敬参与主持了军委炮兵司令部"堑壕内有生力量炮击破坏与杀伤性能评定"的大型试验。

60年代初，丁敬开始潜心探索核爆炸技术，自选了一个与其相关的课题"爆炸产物作用下空心球的变形问题"。在此课题中，丁敬和恽寿榕建立了假设在瞬时爆轰条件下的爆炸产物驱动空心球的控制方程，求出爆炸产物压力、空心球直径与时间的关系，又计算了两种驱动条件下空心球壳内压强的分布规律。当时中国科学院计算技术研究所的电子计算机刚开始运用，该课题得到了刘国俊、覃伯良等同志的大力协助。该课题的计算是他们应用计算机研究爆炸力学的首批课题之一。

1963年，丁敬招收了我国爆炸物理学科首批硕士研究生崔春芳，研究内容是球（柱）形装药的收敛爆轰问题，这是一个与核爆炸相关的题目。崔春芳在非常简陋的计算条件下开展了数值计算工作，1964年发表了论文《球（柱）面收敛爆轰波的近似解》。

"文化大革命"之后，结合国防工业生产和国家建设需求，选题立项，分别在爆轰理论、爆炸技术、炸药应用、装药工艺、装甲防护、炸药应用中安全性能的评估与研究、民爆技术等方面，开展了相应学科研究。

- 爆轰学科组（丁敬为学科带头人，后备学术带头人黄正平）
- 炸药应用学科组（徐更光为学科带头人，后备学术带头人王廷增）
- 爆炸作用学科组（恽寿榕为学科带头人，后备学术带头人张宝平）

陈熙蓉一直是独立的，干自己的课题。到1989年9月退休。

1995年左右，爆炸作用学科组分解成三个学科组，学科研究方向增至五个：

- 爆轰学科组（丁敬、黄正平为学科带头人）
- 炸药应用学科组（徐更光为学科带头人）
- 爆炸与冲击动力学学科组（恽寿榕、黄风雷为学科带头人）
- 材料与结构动态力学学科组（张宝平为学科带头人）
- 工程爆破理论及应用学科组（梁云明、杨军为学科带头人）

2002年之后，教研室编制取消，一切活动以学科组为单位进行，形成百花齐放的局面。

3.1　032科研

1964年，丁敬和周发岐在北京工业学院院长魏思文支持下，组织和领导了032科研组，承接了国家重大科研项目142科研任务。032科研组成员有八系丁敬、恽寿榕、张宝平，六系（化工系）的周发岐、席燕文、陈博仁，负责新型单质高能炸药合成研究、高性能混合炸药及其炸药装药研究以及炸药的安定性和安全性检测等。

八系 032 科研组分设三个组：第一组为造型粉组，即混合炸药研制组，又称炸药改性组，由徐更光任组长，主要承担混合炸药的配伍研究，造型粉研制，安定性检测、安全性检测与长期储存性能检测等；第二组为成型组，由恽寿榕任组长，主要承担混合炸药的精密压装工艺研究，大尺寸圆柱形药柱的机械切削加工性能研究、机械切割取样与密度分布测量，劈裂强度、抗压强度、剪切强度与弹性模量等力学性能测量，比热、导温系数、线胀系数和蠕变温度等热力学性能测量；第三组为爆炸性能测试组，负责测量新型混合炸药成型药柱的爆速、爆压和冲击波感度等多种爆炸性能。经过一年多的奋战，先后研制出了 HIF、HJJ 和 HBJ 三种型号的高性能混合炸药，特别是采用 HBJ 型混合炸药制作的大尺寸压装药柱性能优异，具有瓷器般的外观与光泽、药柱各部分密度差小、平均密度高、爆速高（大于 8 700m/s）、冲击感度低、机械强度高、机械加工性能好、长期存储安定性好等优点。

1964—1966 年，032 科研组为研制热核武器用高能炸药装药做出了贡献。其中混合炸药的配方研制技术、精密压装技术，物理性能、机械性能与爆炸性能测量技术等方面都达到了国内先进水平，为我国核武器用高能量密度炸药装药提供了多种可供选择的型号。后来 903 所同行参考 HBJ 混合炸药的配方，研制成性能更高的混合炸药，用于热核武器。1978 年，8701 高能混合炸药和炸药爆炸性质测试方法的研究和建立都获得了全国科学大会奖。

20 世纪 80 年代，爆炸相关专业实验室联合向国家教委申报国家级重点实验室（爆炸灾害预防、控制国家重点实验室，2000 年之后更名为爆炸科学与技术国家重点实验室），申报一举成功，其中也包含了 032 科研的贡献。

032 科研锻炼了师资队伍，使教师们的思想水平、教学水平和科研水平得到了较大幅度的提高，迅速形成一批骨干，组成了以丁敬为首，以徐更光、恽寿榕和张鹏程等为骨干的教学与科研队伍，同时还培养出我国爆炸研究领域里第一批研究生，他们后来成了本领域的中坚力量，如在德国的崔春芳教授、科学院力学所爆炸力学室主任丁雁生、美国费城 Drexel 大学客座研究员梁德寿等。

3.2 爆轰学科组科研成果

从 20 世纪 70 年代末开始，丁敬率领他的助手黄正平和赵衡阳等着重进行了爆轰物理方面的基础研究及相关的条件建设。

3.2.1 燃料空气炸弹

丁敬主持领导了缴获美国 CBU-55 燃料空气炸弹的威力分析和评价工作，后又主持了大型地面试验和空投试验，对该武器做出了较全面的性能分析，并对后继研究工作提出了建议。徐更光最早参与了 CBU-55 拆弹与结构分析；1973—1974 年，徐更光、王廷增、黄正平、张汉萍和洪兵等在东花园靶场参与了燃料空气炸弹的靶场静爆试验与自由场压力测量；张汉萍还多次参与靶场静爆和空投试验等；之后，丁敬、赵衡阳和黄正平等开展了燃料空气炸弹的爆炸抛撒机制、起爆机制和多相云雾爆轰机制等方面的分析与研究，陈熙蓉、张锦云、黄正平继续了云雾爆轰机理的研究，在全国爆轰会议上作了文献调研的报告。这些研究为我国日后开展该类武器的研制奠定了科学基础。20 世纪 90 年代，在丁敬的博士生白春华带领下，对该项目做了深入研究，研发了若干新型的 FAE 武器与弹药。

3.2.2 考证中国古代火药的发明和冲击波的描述

黑火药的发明是我国古代四大发明之一，这在我国家喻户晓，但是在美国却并非如此。1980 年，第七届国际烟火技术会议（IPS）在美国举行，兵器工业部领导安排丁敬带队参加此次会议。在会上，丁敬就中国发明火药和烟火技术的发展作了讲话，但与会欧洲学者提出质疑，他们从来没有听到过中国人发明火药，历来的中学教材都说是 Roger Bacon 发明的，丁敬的报告纠正了他们的错误观点。回国以后，丁敬将这一情况在科技史研究中特别是在中国大百科全书军事卷编审组中作了报告，并引起了广泛的注意。丁敬负责编写《中国古代火药》条目（中国大百科全书军事Ⅱ卷 1321-1323 页），他在其中明确指出："现代黑火药是由中国古代火药发展而来，火药是人类掌握的第一种爆炸物，是中国古代四大发明之一，对于世界曾起重大作用"。为此，他对中国古代火药的发明、火药的早期军事应用、火药技术的发展和古代火药理论等方面做了许多研究工作。1985 年，他在访问英国剑桥大学时，专门拜访了中国文化科技史著名作家李约瑟（Joseph Needham）教授。1987 年，他应日本工业火药学会的邀请在爆炸与冲击部的会上发表演讲"中国的火药：过去和现在"，后经东京大学吉田忠雄翻译发表于日本《工业火药》杂志第 49 卷第一期。1990 年，在美国召开的十五届国际烟火技术学术会议上，他作了题为"火药与冲击波的发明发现在中国"的大会报告，对于火药的起源、理论、军事应用技术史等作了详细的阐明，受到热烈的欢迎。

经考证，我国明代宋应星首先对冲击波进行了描述。丁敬这方面的研究成果见论文《1637 年对冲击波的描述》（A Description of Shock Wave in the Year 1637），该论文是他在美国物理学会主办的 Shock Compression of Condensed Matter-1989 会议上作的报告。丁敬还研究了宋应星《论气》一文，并联系到自己对黑火药的研究和一些史书关于战争中霹雳炮、震天雷威力的描述和其他记载，得出了明朝火药的爆炸完全可以产生冲击波的结论。

3.2.3 炸药爆轰实验研究

20 世纪 70 年代后期，丁敬与助手黄正平在关注爆轰理论研究的同时，着重进行了炸药爆轰实验研究。

70 年代末，黄正平完善了 C. Yong 的电磁应力传感器理论（1970），建立了新的电磁冲量传感器理论，此理论与 C. Yong 的理论相比更具有普适性——允许作用于传感器敏感元件的冲击扰动中包含有限个强间断和弱间断，传感器命名更确切，后被同行接受。与此同时，黄正平与九院李维新合作探索了电磁冲量计敏感元件结构响应的数值模拟，有关论文已在国内外学术会议上发表。

与此同时，赵衡阳和黄正平等人研制了第一代电磁法测量系统，尽管研发时间晚于 21 所，但把电磁法用于爆轰研究是国内第一家，尤其是在国内首次用电磁传感器直接测得炸药爆轰压和爆轰产物音速及局部流场分布。此电磁法测量系统的核心部件——多次重复使用的电磁铁是赵衡阳设计的，磁头直径 130mm，两磁头空气间隙长度 120mm，均匀磁场区直径约 40mm，磁感应强度 0.06T～0.1T，中心爆炸药量不大于 200g TNT。利用此系统做了上百发爆炸实验，粗略地测量了 TNT 与 TNT/RDX 等高级炸药的爆轰参数，取得了制作小尺寸的炸药装药试件与用紫铜箔制作速度敏感元件的若干经验，也取得了设计均匀磁场和配置电磁法测量系统的经验与教训。第一代电磁法测量系统也为培养本科生、研究生提供了必要的实验研究手段。

3.2.4 大型洞库爆炸实验研究

国家计委的"七七工程设计"大型洞库爆炸科研项目，从 1977 年开始，1983 年结束。此大型科研项目要进行从几十吨到几百吨 TNT 的洞库爆炸实验研究与分析。1980 年受"七七工程设计"副总指挥的邀请，黄正平在参观大当量的岩石洞库爆炸实验后，正式提出参与该项目的请求。1981 年，学院承接了该项目中的 1 个子项目——"条形装药开口爆炸应力波实验研究和理论分析"，黄正平主持此子项目，参加实验研究的还有梁云明、赵衡阳和刘长林等。中后期的几次大型洞库爆炸实验 TNT 当量较大，爆炸近区的洞壁附近的压力高，测量难度大。项目组研制的"恒磁式壁面压力传感器"的灵敏度不必用已知压力来标定，直接根据电磁场法拉第定律计算确定，传感器 $20\mu m$ 厚敏感元件具有亚微秒级的响应速率，这在所有"七七工程设计"子项目中是独一无二的。经多次实验证明这种传感器及其测压系统的性能稳定、可靠。"七七工程设计"项目获国家科技进步奖二等奖，1986 年 12 月，该子项目获国家计委的部委级科技进步奖一等奖。

3.2.5 用电磁法测量几种炸药爆轰性能

1983 年，"用电磁法测量几种炸药爆轰性能"被列为兵器预研课题，课题组组长是丁敬，组员有黄正平、赵衡阳、梁云明和几位研究生。鉴于第一代电磁法测量系统的磁场均匀区、炸药试件尺寸小，测量精度不够，不能用于此项预研，课题组不再走苏联人 Dremin 使用的笨重巨型电磁铁之路，而是走欧美之路，建造类似美国人 Cowperthwaite，Rosenberg，Leiper，Kirby Hackett 使用的结构轻巧的大型亥姆霍兹线圈。

1986 年 4 月 1 日，黄正平承接了兵工部 Y8622 号预研合同——"用电磁法测量几种国产炸药爆轰性能"，总经费十万元，合同生效后三年完成。主要人员有丁敬、赵衡阳、张汉萍、林江和博士生杨文波等。

在 Y8622 号预研开始阶段，黄正平设计了大型亥姆霍兹线圈并绘制了工程图，请科学院电工所加工制作，后又研制了内置 20 个汽车电瓶的供电系统，配置了电磁法数字化信号的记录仪，组成了大型亥姆霍兹线圈为核心的电磁法测量系统。该系统主要特征参量为：两线圈外径 1m，相距 400mm，其框架用 10mm 低磁导不锈钢板制作，两线圈中心区的磁感应强度均匀区的直径约 180mm，磁感应强度 $0.05T \sim 0.08T$，两线圈中心的最大爆炸药量不小于 1kg TNT，炸药装药试件最大直径为 $80 \sim 100mm$。这是国内第一台可用于研究爆炸与冲击过程的大型亥姆霍兹线圈，其性能达到国际上较先进的水平。在 Y8622 号预研中，深入研究了提高电磁法测量精度的若干技术问题，提出了炸药爆炸产物导电性对粒子速度计影响的数学物理模型，创立了炸药爆炸产物导电性影响的定量修正方法和实验技术（详见《爆炸与冲击》9（3）1989，199 - 207）。

1985 年 7 月，丁敬到美国参加第八届国际爆轰会议，在大会上作了题为 "Hugoniots and Reaction Rates from EMV Gage Measurements and Lagrange Analysis" 的报告，受到广泛欢迎。与美国学者在会上宣读的文章比较，丁敬等人的工作在应用电磁速度量计（EMVG）及拉格朗日分析（RFLA）直接研究炸药爆轰性能和冲击波作用下的行为等方面已处在国际先进水平，表明我国已有性能优越、可多次重复使用的磁场装置和电磁法测试系统。《用粒子速度计及拉氏分析对炸药冲击起爆特性的研究》一文的独到之处，是将全粒子速度计测量及拉氏分析方法应用于炸药爆轰性能研究，提出了两个无量纲参量，在同等实验条件下可以把它们作为评价炸药起爆可靠性和安全性的一种判据。

在课题组全体人员共同努力下，不仅较好地完成了预研任务，而且培养了人才。"用电磁法测量几种国产炸药爆轰性能"项目获得了 1991 年度校级科技进步奖一等奖。

3.2.6　锰铜压阻效应测压技术研究

20 世纪 80 年代中期，在建立电磁法测试系统的同时，黄正平等人在研发锰铜压阻效应测压技术方面取得了较大的进展。尽管在研究锰铜压阻效应测压技方面起步晚于国防科大和中国科大等，但课题组最早完成了该技术所需要的高速同步脉冲恒流源、锰铜压阻应力仪的研制。1989年7月—1992年12月，"测量雷管端部输出压力的方法和设备""锰铜压阻应力仪""柱塞式锰铜压阻传感器"获国家发明专利，"高速同步脉冲恒流供电装置"获国家实用新型专利，并获北京市发明展览会银奖。博士生浣石等又采用康铜拉伸补偿技术把锰铜压阻法应用范围推广到非平面对称应力状态。20多年来，锰铜压阻技术的发展日趋完善，其应用范围也不断扩大，在教学与科研中的作用也越来越大。

3.2.7 多个基金项目和预研项目

"七五""八五"期间，丁敬及他的助手们争取到了多个基金项目和预研项目，如燃料－空气混合物爆轰性能研究（兵总预研项目，经费5万元），固体炸药二维爆轰波结构研究（自然科学基金，经费6.5万元），固体推进剂危险性评价方法研究（国防科工委基金项目，经费6万元），固体炸药反应区本构关系研究（兵总火炸药局基金项目，经费8万元）等。在丁敬及他的助手们指导下，多数研究生利用上述电磁法和压阻法及拉格朗日传感记录的分析方法，在炸药冲击波起爆、本构关系、爆炸产物的状态方程、唯象反应速率以及组分与工艺之间关系等方面的研究取得了较大进展。

1985年6月，丁敬在波兰举行的学术会议上作报告，题目是"Reactive Flow Lagrange Analysis of the Combustion Behind Shock Wave Front"，刊登于苏联科学院和波兰科学院合办的刊物 Archivum Combustionis 卷5，（1985）3－4期，并得到苏联著名科学家 Я. Б. 捷里多维奇（Зельдович）的赞赏。

3.2.8 二维拉氏量测及其分析技术

1986年，丁敬和他的博士研究生浣石等研制了用于新型的二维动高压流场测量的拉氏传感器———一种多环形结构的锰铜－康铜组合拉氏传感器，同时开发了二维拉氏分析方法，并把爆轰波研究拓展到二维定常爆轰和二维不定常爆轰。在爆轰研究中许多实际问题都是接近二维轴对称问题，必然包含侧向稀疏波对冲击波起爆过程和定常爆轰波的影响，这种二维拉氏量测及其分析技术就是一种二维轴对称流场的诊断方法。这种二维拉氏量测及其分析技术发表在1987年美国物理学会主办的凝聚态冲击压缩会议文集中。1987年10月12日，丁敬在烟火技术和炸药国际会议上作了题为"二维爆轰反应区的声速面和流场"的大会报告，提出了轴对称二维定常爆轰系统中的广义 C－J 条件；在1989年第一期《爆炸与冲击》杂志上又提出了爆轰波中唯象反应的5个特征量，即反应度、反应速率、体能量释放速率、瞬时反应热和热度系数；1990年在 Acta Mechanica Sinica 6(2) 作了关于爆轰研究方面的几年工作综述（报告）。这种二维拉氏量测及其分析技术在多篇国内外文献中被引用，表明该方法已处于国际领先水平。这项延续多年的研究于 1991 年获得国防科技进步奖二等奖和国家发明奖三等奖。

3.2.9　复合推进剂对冲击载荷的响应研究

1989 年,丁敬在第九届国际爆轰会议上作了"复合推进剂对冲击载荷的响应"大会报告,报告了在固体复合推进剂安全性研究中的部分工作。对两种固体复合推进剂同时应用电磁速度量计和锰铜压力量计测量了在 2.0GPa 和 10.0GPa 两种冲击波压力作用下的动态响应,首先发现复合推进剂反应过程中有一段无反应或极慢反应的阶段;还研究了其中各种组分包括氧化剂(AP)、黏结剂(HTPB,thiokol)、AP 和铝粉的混合物、AP 和黏结剂的混合物等系统对冲击载荷的响应。

3.2.10　火箭推进剂的安全性评估研究

20 世纪 80 年代,丁敬带领学科教师与研究生开展了火箭推进剂的安全性评估研究,在强冲击下 SDT、XDT 和 DDT 的研究等。

丁敬和他的博士研究生白春华与黄风雷等针对固体推进剂在冲击转爆轰时(SDT)的安全性开展了近八年的研究工作,建立了较完整的 SDT 实验研究及其分析系统。在系统中,利用特殊材料封装的锰铜压阻传感器捕获了在固体推进剂中层裂信号,与美国 Weirick 等人使用 VISAR 系统捕获的层裂信号十分相似;利用扫描电镜观测了用软回收得到的固体推进剂样品的细观结构,分析了冲击波压缩条件下固体推进剂内部破坏过程,并提出了层裂与成核机制和固体推进剂脆性断裂物理模型,并编制了相应的数值模拟计算程序;将多个片状锰铜压阻传感器埋入固体推进剂中的多个拉氏剖面上,同时记录了各剖面上的压力模拟信号,又选用了合适的拉氏分析方法,编制了相应的计算程序,分析了固体推进剂中的 SDT 过程,测量了 4 种固体推进剂的临界冲击波起爆压力,推算了状态方程的基本参数和唯象的反应速率方程中的相关参数。在此基础上,建立了固体推进剂的发生 SDT 过程的危险性评估体系。此项研究在《爆炸与冲击》《宇航学报》《兵工学报》等刊物上发表了 20 余篇文章。

3.2.11　冲击波化学和材料对冲击波压缩的动态响应研究

20 世纪 80 年代初,丁敬开展了冲击波化学和材料对冲击波压缩的动态响应研究。1984 年,他带领学生探索了对苯二醌和碳的冲击波聚合过程。1988 年,他得到国家自然科学基金项目"冲击波固态化学反应研究"的资助,开展了粉态混合物的冲击波压实、镍铝化合物和钨合金的冲击合成研究。他指导博士生熊映明完成了论文《高应变率下钨合金材料的微观结构响应与宏观本构性态》,研究了在应变率为 $1.4 \times 10^4 \sim 2 \times 10^6 \text{ s}^{-1}$ 范围内 93 钨合金的动态力学性能,发现它具有非线弹性、冲击增韧等特殊的力学行为,并在应用扫描电镜和能谱测量中发现了强动载下在黏结相中钨含量上升,镍、铁含量下降的成分迁移现象。1990 年 8 月,国际激波与高应变率对材料动态响应学术会议在圣地亚哥加州大学举行。应会议邀请,他作了"中国的冲击波研究进展"的大会报告,其中综述了我国 80 年代的工作,内容包括金属爆炸成形和硬化、爆炸焊接和复合、动态断裂和层裂、粉末的冲击压实、冲击引发的反应等方面。

3.2.12 全自动炸药注装生产线

1987—1990 年,黄正平受聘为 123 厂的技术顾问,参与"922 工程"的一个项目。123 厂从法国引进了全自动大口径炮弹炸药注装生产线,在国内属首次。此生产线是引进的,相应地,炸药装药质量标准也必须是引进的,也就是参照美军标。美军标以宏观缺陷的大小与多少作为炸药装药的质量标准,不同于苏联的底层应力作为评估炮弹炸药装药发射安全性准则。在全自动炸药注装生产线中,工艺上的核心技术有 3 条:

(1) 采用自动化的顺序凝固技术。

(2) 利用温度和投料量的产品质量实时监测值,精确计算 TNT 晶次处理中的固相含量,确保产品质量的一致性。

(3) 在同一条生产线上,当选用欧美国家生产的 TNT 炸药或 B 炸药时,炮弹注装产品质量好;当选用国产的 TNT 炸药或 B 炸药时,炮弹注装产品质量较差。进口 TNT 炸药和进口 B 炸药的颜色较灰暗,呈浅棕色,表明低熔点杂质较多,塑性较好,注装产品质量较好;而国产 TNT 和国产 B 炸药颜色明亮,呈鸭黄色,表明低熔点杂质较少,塑性较差,注装产品质量较差。另外,在注装国产 B 炸药时,近 80℃的胶状 B 炸药黏度随保温时间增长而快速增稠,只能增大 B 炸药浇注口直径。此现象表明,国产 B 炸药中的 RDX 炸药结晶形状不好,细结晶太多。

全自动炸药注装生产线的引进,带动了国内炸药装药方面的多项研究,如炮弹炸药装药发射安全性评估技术研究,国产 RDX 炸药、国产 TNT 炸药和国产 B 炸药的改性研究。

3.2.13 炸药装药发射安全性研究

黄正平、张锦云、林江、吴凤元和张汉萍等人从"七五"开始,承接兵器预研项目——"炸药装药发射安全性研究",总经费 10 万元。课题组在完成相关文献调研基础上,分析了后坐冲击模拟实验装置工作原理,提出了后坐冲击模拟实验的控制方程。在完成小型后坐冲击模拟实验装置的总体设计后,交由 123 厂完成零部件设计及加工制作。这套小型后坐冲击模拟实验装置的性能类似美国 BRL 的同类装置,用于相对比较各种炸药装药的发射安全性。利用这套装置先后做了约 200 次带宏观缺陷的炸药装药的后坐冲击模拟实验,完成了预期目标,也为后续更大规模实验研究提供了必要的技术准备。

"八五""九五"期间,"炸药装药发射安全性评估技术研究"成为兵器重点预研项目,参与单位很多,总经费几百万元。此项目的核心是建造大型后坐冲击模拟实验系统,但当时校内无合适的地方,校外无基地,只能建在 204 所,因此,204 所成为该项研究的主持单位。我们由主持单位变成第二研究单位,继续进行小型后坐冲击模拟实验研究,经 15 年的努力(1986—2000 年),做了约 500 次小型后坐冲击模拟实验研究,得出结论:没有底隙、气泡和裂缝等宏观缺陷的炮弹炸药装药在正常发射条件下都是安全的,底层应力大小不是早炸和炮弹膛炸的主因,炮弹炸药装药设计方法、质量标准和安全评估准则应参考美国军标(以宏观缺陷作为评估炮弹炸药装药发射安全性准则),同时应放弃苏联军标(以底层应力作为评估炮弹炸药装药发射安全性准则)。

"炸药装药发射安全性评估技术研究"获中国兵器工业集团公司科学技术进步奖二等奖,获奖单位:中国兵器工业集团公司 204 所、北京理工大学、中国科学院力学研究所、南京理工大学、华北工学院[①]和中国兵器工业集团公司 763 厂。

3.2.14 50Ω 锰铜压阻传感器和锰铜压阻应力仪

在小型后坐冲击模拟实验研究中,研制了 50Ω 锰铜压阻传感器和锰铜压阻应力仪,配置了相应的测压系统,测量了小型后坐冲击模拟实验装置中的气缸的压力,3~4MPa,首次把锰铜压阻计测压下限量程扩展到 MPa 量级,并获得了多项国家专利,此项技术很快被国内同行接受,压阻灵敏较高的铍压阻传感器和碳压阻传感器也很快销声匿迹了。

黄正平与白玉贤合作,为大庆油田和吉林油田研制了测量油井中压力的仪器,成功地测量了射孔弹爆炸过程的压力时程曲线或火药气体压裂过程的压力时程曲线,其中的关键技术就是采用了温度性能优良的 50Ω 锰铜压阻传感器。

3.2.15 炮弹中注装 TNT 炸药的底层应力测量

在炮弹炸药装药发射安全性评估研究中,与太原机械学院、763 厂、力学所合作,采用带长柔性扁平电缆的 300Ω 高阻值锰铜压阻传感器、加速度传感器和弹载数字记录器等直接测量了炮弹中注装 TNT 的底层应力的时程曲线和加速度的时程曲线。结果分析表明,常规按惯性力估算注装 TNT 的底层应力大小与实测底层应力大小是相近的,这表明 TNT 炸药装药的强度可以忽略。

3.2.16 爆炸与冲击条件下测量加速度技术的研究

"八五"期间,在小型后坐冲击模拟实验研究中采用加速度传感器监测了重锤的打击速度。同时从加速度记录中发现,当冲击波作用于加速度传感器后,加速度传感器输出信号的记录突发异常。其原因是加速度传感器本质上是测量压力的传感器,只能用于监测零部件整体的刚体运动,它没有能力区分应力波的作用和惯性力作用。在爆炸与冲击条件下测量加速度时,在加速度传感器输出信号中

---

① 华北工学院:今为中北大学。

必然包含应力波信号，一种冲击扰动信号，不再是单纯的加速度信号，因此把"加速度传感器输出的信号的判读值直接认定为加速度值"是错误的；同理，不能滥用"过载"参数来描述爆炸与冲击过程。

国内外高量程加速度传感器灵敏度的标定过程中，都避免出现冲击波。但是，在爆炸与冲击条件下需要测量加速度时，必定存在冲击波，为此必须解决相应的测量技术与信号处理问题。关于在爆炸与冲击条件下测量加速度技术的论文，黄正平等人已发表 3 篇。论文的主要内容之一，首次用应力波理论精细分析了霍布金森杆标定加速度传感器的原理与方法：在一种特定条件下，某个特定时域内，霍布金森杆末端（标定段）一定会出现符合刚体运动特征的不随距离变化的粒子速度与加速度，可用于正确地标定加速度传感器灵敏度。论文的主要内容之二，关于在爆炸与冲击条件下加速度模拟信号的处理技术——数值积分方法，在速度—时间平面上处理加速度传感器的输出信号，可有效地排除应力波扰动的干扰，并获取正确的加速度信息、速度信息和位移信息。

在爆炸与冲击条件下测量加速度技术方面的研究成果，有助于纠正长期存在于该项技术方面的诸多错误，使该项技术走向正确发展道路。

3.2.17 破－爆串联式组合子弹的全弹道加速度测量

1993—1994 年，在恽寿榕与 14 所合作研制反机场跑道战斗部中的破－爆串联式组合子弹时，黄正平与研究生王石磊研制了具有强抗冲击能力的测量加速度的弹载存储器，并采用了海绵缓冲方式，避免了强冲击波对加速度传感器及其数字存贮记录器的直接作用，首次捕获到了破－爆串联式组合子弹的全弹道加速度记录，这也是在爆炸与冲击条件下测量加速度技术的第一次成功应用。

3.3 爆炸作用学科组科研成果

3.3.1 破甲机理和破甲弹研究

20 世纪 50 年代末，丁敬与恽寿榕等开始研究破甲弹的结构与破甲机理问题，率 7 专业 1954 级与 1955 级部分学生去 282 厂做破甲实验研究。60 年代初，与 282 厂合作研究，改进苏联引进的两种型号的破甲弹和新研制仿苏新 40 和仿美单兵火箭破甲弹。1956 级学生赵衡阳刚毕业就受教研室委托，参与这两种型号火箭破甲弹的设计、试验到定型的全过程。先后参加破甲机理研究的还有张汉萍、梁秀清、高贵臣、王蕴华、高凤霞、房学善等。1978 年，破甲机理研究获全国科学大会奖。

3.3.2 W 型特种弹爆炸抛撒过程观测

1980—1983 年，张鹏程等参加了防化兵部 785411 项目的大型实弹试验，利用 GSJ 同步型高速分幅摄影系统记录了不同结构 W 型特种弹的壳体爆炸破裂过程与弹内液体的抛撒过程。从捕获的高速分幅摄影记录中观测到，弹内液体从弹口向外抛撒时刻，弹壳正在膨胀，但没有破裂，因此课题组建议采用预制破片的弹体结构。这种大型实弹试验共进行两次，本校参加测试的人员还有王学良、洪兵、高贵臣。

3.3.3 1501 步兵战车破甲弹威力攻关

1984年，承担本课题的5523厂进行了四五年的工作，破甲弹威力未能达到课题的技术要求，影响了工程进度，为此，兵器工业部责成张鹏程担任该课题技术顾问。张鹏程到厂后对该破甲弹进行了调查研究，发现该弹的炸药装药为 A-IX-1药柱，药柱有裂纹，壳体与药柱之间有较大间隙，弹丸初速较大，导致了射流侵彻的不稳定，使终点靶板上的弹着点有较大的散布与不规则偏移。于是张鹏程提出热蒸法新装药工艺，实施后产品性能显著提高，靶场验收合格率由原来的60%~80%提高到100%，终点弹着点分散性也减少了，使整个工程项目得以如期完成。兵器工业部三局对此给予肯定，并发给我校技术咨询费 15 000 元作为奖励。

3.3.4 BCR 系列岩石破碎具

1984年，张鹏程在5523厂担任顾问期间，东鞍山铁矿场在排除百吨险石时，发生百吨大电铲的机毁人亡事故。5523厂根据张鹏程提出的建议，利用破甲原理制作BCR系列的岩石破碎具，经实用证明其性能优良、操作简单，解决了矿山二次爆破过程中的诸多问题，免除了凿岩打孔作业与炮孔装药等作业，减少了工人的劳动强度与粉尘的吸入，也不会发生因瞎火炮眼漏检而发生爆炸事故，作业时警戒距离减小了3/4。1987年，该成果获兵器工业部科技进步二等奖。我校参加人员有张鹏程、王学良、刘长林、张连生。

3.3.5 提高破甲弹破甲威力的研究

20世纪60年代末70年代初，课题组在反坦克弹的破甲能力方面开展了比较深入的研究，如破甲弹中的炸药装药结构设计、爆轰波形控制，最佳药形罩结构设计、射流形成机制、炸高控制和破甲机理等。

80年代初，为解决破甲弹产品威力合格率过低问题，张鹏程、恽寿榕等与9123厂合作，研究单兵火箭反坦克破甲弹的结构优化与生产工艺改进。恽寿榕组以提高破甲深度为主，参加者有王蕴华、张汉萍；张鹏程组以提高破甲稳定性为主，参加者有王学良。通过改进单兵反坦克火箭破甲弹的结构，调整药形罩的角度，取消引信的传爆药柱，增大作用于药形罩的爆轰波入射角，改进药形罩材料的加工工艺与炸药装药的制作工艺等，大幅度降低了药形罩材料与炸药装药中的细观不均匀性，显著地提高了射流运动的同轴性。研究结果成效显著，很快地使破甲弹产品的威力合格率从60%~80%提高到96%。该产品定型后，正式投入生产，解决了当时国内破甲弹的破甲率不稳定的重大难题，1981年，其年产值达1 200万元，每年有1/3产品出口国外。62单兵火箭破甲弹（Ⅱ型）及改进电1-J引信获国防科工委重大技术进步奖三等奖。

3.3.6 反坦克地雷

张鹏程与某工程兵研究所合作，利用爆炸聚能效应，设计与研制了多种新型地雷，如破甲式反坦克地雷和切割式反坦克地雷等，先后参加此项工作的还有赵衡阳、黄正平、张守中等。

3.3.7 爆炸装甲

20世纪70年代末，以色列某公司向我国推销"三明治式"的爆炸装甲（又称反应装甲），可挂在坦克主装甲上，能有效地防御破甲弹攻击，实弹试验证明，新40弹的破甲深度降低了63%。在此实弹实验之后，不到一年时间，张鹏程老师主持研制了一种新型的爆炸装甲，在同样的实弹试验条件下进行了抗破甲的试验，破甲深度降低了80%，因此有关部门取消了引进反应装甲的意向。1986年1月27日，"主动防弹装置"获国家专利局的发明专利（85100905），专利证书号为国密第6号。

1986年7月，在总参装甲兵部阳坊射击试验场进行了爆炸装甲实弹试验，这是国内首次用爆炸装甲防御杆式穿甲弹的试验，兵器工业部邹家华部长、廖仲文副部长、三代主战坦克总设计师祝榆生、二十院副院长田牧、科工委领导、我校校长朱鹤荪等亲临现场视察和指导。

图3-1 我国第一次爆炸装甲防御杆式穿甲弹的试验
（图中左起第二人为邹家华部长，第三人为张鹏程）

3.3.8 聚能式双防爆炸装甲的研究

1988年8月，根据兵科院下达的科研项目J8704课题——"聚能式双防爆炸装甲研究"的安排，张鹏程等和617厂组成科研组。张鹏程完成了聚能式双防爆炸装甲初步设计，617厂完成了6个方案的工程设计与产品制作，并在该厂靶场进行了实弹射击试验。聚能式双防爆炸装甲的实弹射击试验共进行了两次，所用弹种为100滑穿甲弹、DTW-105穿甲弹、新40火箭弹、100滑破甲弹等。试验结果表明，该项研究达到了合同规定的技术指标，它的防护系数达到当前国际先进水平，对发展我国装甲防护技术具有积极的推动作用。

1990年6月29日，"主动防弹系统"获国家专利局的发明专利，专利号为89105982，专利证书号为国密第113号。1991年3月，本项研究通过了部级成果鉴定，鉴定会上将本课题名称改为"B型主动装甲研究"。B型主动装甲研究获1991年北京理工大学科技进步奖一等奖，获奖人员有张鹏程、刘长林、张连生、翟晓丽、古和金、洪兵。1991年12月，B型主动装甲研究获机械电子工业部二等奖，获奖人员有张鹏程、刘长林、张连生。

图3-2　B型主动装甲研究成果在科工委"七五"成果展览会上展出

3.3.9　组合主动防弹装置系统

为了适应国际上串联装药技术迅速的发展，课题组进行了串联式破甲装药研究。为此，张鹏程研制了一种更新颖的爆炸装甲组合主动防弹装置系统，其具有三防能力（防穿甲弹、防破甲弹、防串联装药），经试验证明这种新颖的爆炸装甲具有良好的反串联装药破甲功能。1991年3月8日，张鹏程等申请了"组合主动防弹装置系统"的发明专利，1994年2月2日获国家专利局批准，专利号为91107615.3，专利证书号为国密第284号。

3.3.10　野战工事主动遮弹层

1988年，总参工程兵部的"野战工事主动遮弹层研究"项目招标，张鹏程等和工程兵 3 所联合投标,在八个投标单位中脱颖而出,一举中标。

在未来战争中,前沿阵地上炮火密集度可达到每公顷 200 发炮弹,相当于平均每 50 平方米落到一发炮弹。因此,必须要考虑到如何防御大口径炮弹直接命中前沿指挥所掩体的问题。该项目的主要指标:即使带长延期引信的 122mm 榴弹直接命中连级等野战工事时,野战工事主动遮弹层也能有效保护在工事内的人员安全。为此,课题组利用主动爆炸装甲技术与常规工事防护技术,在榴弹与遮弹层接触时立即引爆榴弹中的炸药装药,防止榴弹进入工事内爆炸。经多次结构修改,又经过多次实弹试验考核,最终研制成了合乎战术要求的结构新颖的野战工事主动遮弹层,防护性能合格,达到了预期效果。1991 年 8 月通过部级鉴定,结论为:"更新了传统的防护观念,为野战工事防护开辟了新途径,属国内外首创,达到国际先进水平。"1992 年 12 月,获中国人民解放军总参谋部二等奖。

图 3-3　工程兵部部长参观实弹试验现场

3.3.11　"123 工程"的新型反应装甲研究

"123 工程"的新型反应装甲研究(项目代号为 1K143)是张鹏程、刘长林、张连生和 201 所龚金福、吕存良、李楠等合作研究的项目。1995 年 12 月,新型反应装甲增加防护性能 23%~29%(相对于 125mm 穿甲弹的正常穿甲性能为大于 600mm)。1996 年 9 月,抗破甲弹靶场试验证明,新型反应装甲降低破甲深度为 98.4%。新型反应装甲防御能力极佳,相当于可以防御国外当时最高性能的穿甲弹、破甲弹和串联装药。

3.3.12　间隙式装甲

20 世纪 80 年代,国内外的反坦克穿破甲武器性能都处在较高水平,如反坦克破甲导弹战斗部的破甲深度已经提高到 1 000~1 100mm,长杆穿甲弹的穿甲深度也已经提高到 550~560mm，坦克自身的防护成为急需解决的问题，单靠增加装甲厚度或增加前装甲的倾斜度是不可能解决问题的。恽寿榕得知北约有反破甲的间隙式装甲检验技术，他立即领导课题组进行研究，利用 2 层主装甲板间的缝隙干扰原理，实弹试验证明间隙式装甲大大降低了破甲弹的侵彻深度。1983 年下半年，此项新颖的间隙式装甲技术通过了部级技术鉴定。1985 年 4 月，恽寿榕主持的射流对均质靶、间隙靶斜侵彻机理研究，获国防科工委重大科技成果三等奖。

3.3.13 高穿深无杵堵油井射孔弹

20 世纪 80 年代后期，恽寿榕所领导的课题组与山东胜利油田开发了高穿深无杵堵油井射孔弹，这种射孔弹中的锥形药罩是采用粉末冶金技术制造的。在射孔弹爆炸后，药形罩闭合形成射流，在射流尾部没有形成密实的杵，不会出现密实杵堵塞由射流侵彻井壁形成出油孔，增加了油井的出油率，很受油田欢迎。1988 年 6 月 7 日，恽寿榕主持研制的高穿深无杵堵射孔弹用药形罩，获实用新型专利，专利号为 87207936.8，参加者有王志信、蔡景瑞、高凤霞、洪兵、张俊秀。1988 年 9 月，WCD86-29 型射孔弹，获能源部优质产品。

3.3.14 激光序列脉冲摄影系统

20 世纪 80 年代中期，恽寿榕所领导的课题组建立了激光序列脉冲摄影系统。该系统包含一台几十纳秒脉宽的序列脉冲激光发生器和一台 GSJ 高速扫描摄影记录仪等。这是一种新颖的观测技术，既可以用于观测聚能罩内壁多个设定微元的闭合过程、分析闭合过程的环状标记变形和运动，又可以用于观测聚能射流运动、分析射流断裂过程。这项新颖的观测技术促进了聚能射流形成与破甲机理研究的发展。

3.3.15 爆炸加速金属壁输入输出耦合关系研究

1987 年 1 月—1990 年 12 月，恽寿榕承接了兵科院下达的爆炸加速金属壁输入输出耦合关系研究课题（"七五"重点项目），经费 9 万元。任务是通过实验研究确定爆炸驱动的基本关系，为杀伤弹、破甲弹和自锻成型弹的研制、性能改进和 CAD 设计等提供正确的爆炸驱动经验公式。

在此项课题中，恽寿榕等人建立了用于观测若干环状标记位移过程的狭缝扫描高速摄影纪录系统，成功地捕获了等壁厚圆管外壁变形、变壁厚圆管外壁变形与自锻成型弹丸药形罩压垮过程的摄影记录。通过投影仪判读，可以得到狭缝视场中的垂直方向速度分量，再根据被测对象、平面反射镜与狭缝视场之间的几何关系，可推算得到环状标记所在位置的粒子速度大小及其运动方向。

在开发此项观测方法时，恽寿榕等人有多项创新：待观测表面的黑白间隔的环状标记绘制技术，两种倾斜角度平面反射镜的配置技术，标记环的位移-时间图像记录的判读与数据处理技术，以及高亮度爆炸光源的制作技术及其同步控制技术等。这种光学测试技术是国内首创。

3.3.16 破甲后效指标研究

1985年12月，恽寿榕、高凤霞、房学善进行破甲后效指标研究，获总参炮兵部科技成果四等奖。

3.3.17 破甲弹破甲后效检验方法

1987年10月，恽寿榕主持研究破甲弹破甲后效检验方法，被国防科工委批准为军标，并获总参炮兵部科技成果三等奖。

3.3.18 不定常爆炸驱动研究

1988—1990年，恽寿榕承接教委博士点基金项目"不定常爆炸驱动研究"，总经费2万元。

3.3.19 脉冲加载金属板加速过程的测定方法

1990年7月27日，恽寿榕主持研究脉冲加载金属板加速过程的测定方法，获国家发明专利，专利号为88104125。参加者还有侯晓帆、陆萌、李世宏、洪兵、高凤霞、古和今、冯喜春。

3.3.20 拦截器破碎及抛撒技术研究

拦截器破碎及抛撒技术研究是国家高技术"863—409"项目中的一个子项目，编号为409—2—3—4，起止日期为1988年4月15日至1989年9月30日，主持人为恽寿榕，参加者还有张锦云、张汉萍等。

直接碰撞方式的拦截器，必须有高精度的制导技术支持，很难实现。恽寿榕提出新的破片式拦截方案，大幅降低了制导精度的要求。这种拦截器是利用炸药爆炸使拦截器破碎并抛撒，形成一个随时间不断膨胀的破片群，在某一时刻形成直径最大、有效杀伤破片与目标碰撞概率最高的杀伤区。

根据合同要求，该项目提出了拦截器整体爆炸破碎、形成杀伤元素的设想，对面切割器和应力波破碎法进行了研究。通过69次有效爆炸试验，得到了有关装药结构、炸药品种、起爆方式及（炸药/试件）质量比等因素对破碎效果影响程度的大量数据，为选择较好的爆炸破碎方案提供了依据；用高速摄影仪测定了射流及破片速度。理论分析表明，试验结果是可信的。针对拦截器各类部件的特点，提供了几种可能的结构破碎方法。试验表明，这种整体破碎方案能明显提高拦截器的破片重量及威力半径。该项目获1990年度校科技进步一等奖；恽寿榕于1991年4月被国家高技术"863—409"主题专家组评为"863—409"主题概念研究先进工作者。

3.3.21 ME程序和2LF程序

恽寿榕在完成各项科研工作的同时，还主持研制将大型计算机上运行的软件移植到微机上使用，经过多年的努力，于1991年成功地研制了83教研室计算软件2ME程序。软件采用二维流体弹塑性模型、欧拉型网格，能计算多种材料，有无质量示踪、点显示流动历史和材料界面；同时还研制了2LF程序，即二维流体弹塑性模型、拉格朗日坐标，类似于HELP程序，能处理滑动边界，能局部重分网格，以克服网格畸变，有计算材料断裂功能。这两个软件都有丰富的彩色图形输出功能，能在IBM PC/AT机上运算，适用于计算爆炸冲击加载下材料大变形过程，如聚能、杀伤、高速碰撞、侵彻、空气中和水中爆炸流场等。

3.3.22　MMIC程序——爆炸灾害模拟和风险评估

20世纪90年代初，针对我国民用燃气的逐渐普及而带来的爆炸灾害频发这一现状，恽寿榕依托爆炸灾害预防、控制国家重点实验室，开始关注爆炸灾害模拟和风险评估等问题。课题组承接了劳动部"八五"重点或攻关项目"易爆易燃重大危险源（罐区）预测预警模拟及其计算机仿真系统""重大危险源辨识与评估"以及兵总技安司预研项目"爆炸灾害模拟与评估"，专门编制了MMIC爆炸场二维和三维的数值模拟程序，采用先进的P-I破坏准则评估爆炸源危险等级及不同等级的预防或防护设施。这些重要的研究成果为爆炸危险源相关的设施建设提供了重要设计依据。

3.3.23　炸药爆炸作用下金属结构件的动态断裂

1993年，恽寿榕承接了炸药爆炸作用下金属结构件的动态断裂项目，其中包含实验研究与数值模拟分析，经费3万元。

3.3.24　反机场跑道子弹技术

1990—1995年，恽寿榕主持反机场跑道破-爆串联战斗部设计和实验研究、反机场跑道串联战斗部威力设计与研制。该项目的参加人员还有赵衡阳、张汉萍、吴凤元、高凤霞等。1991年6月—1992年12月，航空航天部一院拨款17万元。随后几年还有相当数量的后续拨款。

其中，破-爆串联式组合战斗部，是效费比最高的一种弹药。这种弹药，主要包含1个在弹体头部的直径较小的聚能炸药装药破甲弹、1个在弹体中后部的带高硬钢头的动能侵彻随进弹和1个瞬发引信等。其中一级聚能炸药装药爆炸后，混凝土跑道上侵彻成具有一定深度和直径的坑，随进的二级动能侵彻弹在惯性作用下穿过破碎后的混凝土层进入土层，在预定时间起爆二级随进弹中的炸药装药。随进弹中炸药装药药量较多，爆炸后给机场跑道造成足够大的破坏面积。该技术被航天部十四所采用。1995年以此技术为核心的项目"反机场跑道子弹技术"获航天部科技进步奖一等奖，恽寿榕为第二获奖人，赵衡阳为第四获奖人。

3.3.25　震源弹

20世纪80年代中后期，徐更光、张宝平、刘德润前往大庆油田调研对石油射孔弹及爆炸震源弹的需求及使用中存在的问题，并应黑龙江明水县震源弹厂之邀，帮助它们解决震源弹在使用中存在半爆，甚至哑火等严重质量问题。研制出的新型震源弹，1988年8月荣获黑龙江省科技进步奖二等奖，并很快投入生产，在黑龙江和内蒙古地区石油矿普查中发挥了重要作用。

3.3.26　翻译教学参考书

1986年，张宝平、赵衡阳等翻译出版了美国科学家周培基的《材料对强冲击载荷的动态响应》一书，获中国科技大学优秀教学参考书奖。

3.3.27　冲击动力学与材料动力学研究

20世纪90年代初，张宝平承接了兵科院预研项目——"冲击动力学与材料动力学研究"，主持研制了$\Phi37mm$轻气炮；其中新颖快速阀门式高压室是由黄正平设计的，并绘制总装蓝图；院工厂胡振欧等完成37mm轻气炮工程设计，并绘制了全套工程蓝图；刘长林负责37mm轻气炮的安装与调试。轻气炮最早安装在戊区83实验室东侧一间加长的房间中，后挪至西山实验区。1995年1月，37mm一级轻气炮研制获中国兵器工业总公司部级科技进步二等奖。

90年代中后期，张宝平为进一步深入研究爆炸与冲击条件下的材料动力学问题，利用预研经费，从西北核技术研究所购置$\phi57mm$的压剪炮——倾斜碰撞方式的冲击加载装置。压剪炮最早安装在校内重点实验室楼的地下室，后挪至西山实验区。

这些装备有效地促进了本专业在爆炸与冲击条件下的材料动力学性能研究，也有助于提高研究生的培养水平。

3.3.28　飞鞭式爆炸反应装甲和飞刀式爆炸反应装甲

20世纪90年代中后期，张宝平、刘长林承接了兵科院预研项目，研制新型结构的反应装甲——飞鞭式爆炸反应装甲和飞刀式爆炸反应装甲。课题组在研究其工作机制的基础上，进行了这两种反应装甲的初步设计、制作和少量实验室实验，并在有关会议上发表了论文。

3.3.29　爆炸合成超硬材料氮化硼的研究

1988—1991年，恽寿榕、黄正平与孙艳峰等人进行了爆炸合成超硬材料氮化硼的研究，用双Ⅱ型锰铜压阻传感器测量了爆炸加载下回收管中氮化硼中的冲击波压力，分析了回收样品，着重研究了在常温条件下压制的细长圆柱形石墨相氮化硼药柱，在周边滑移爆轰波的作用下氮化硼中形成马赫波，其冲击波压力接近100GPa，在这种爆炸加载条件下实现了石墨相氮化硼向致密相氮化硼转化。实验证明，爆炸合成氮化硼的原理、方法都是正确的。

3.3.30 爆炸合成纳米金刚石

1991年起，黄风雷与仝毅等在爆炸合成纳米金刚石方面开展了近20年的研究，建立1kg TNT当量的爆炸合成容器，优选爆炸合成条件，大幅提高了纳米金刚石得率，研究了多种爆轰灰精制方法，还从俄罗斯引进了采用高温高压硝酸连续氧化方式的爆轰灰精制技术，建立了纳米金刚石实验生产线。

在爆轰合成纳米金刚石研究中采用理论分析、数值模拟和实验研究相结合的方法，理论与应用并重，对纳米金刚石的生成机理、合成与提纯技术、工艺条件、特性表征及应用技术进行了系统深入的研究，取得了一系列原创性研究成果。基于对负氧平衡炸药爆轰过程的热力学和动力学计算，以及凝聚相碳的状态方程研究和碳相图的研究，提出了纳米金刚石在爆轰条件下的生成机理，在国内外相关领域具有重要影响。经过深入分析和系统实验确定出了影响纳米金刚石得率和性能的关键控制因素和参数范围，实验探索了多种提纯和性能改进方法，建立了一套优选的完整纳米金刚石制备、改性及应用工艺，不论在理论还是技术方面都居于国内外领先水平。在此过程中，始终是采取教学与科研并举的策略，到目前已培养硕士、博士研究生近30人，在国内外期刊发表学术论文50余篇，已有5项相关发明专利获得国家授权。相关理论和技术成果对于推动我国爆炸合成超细碳材料领域广泛开展研究工作和产业化进程起到了重要的引领和推动作用，同时也得到国外同行的肯定与重视。黄风雷后来也因多项科研成果而于2001年被聘为"长江学者奖励计划"特聘教授。

3.3.31 工程爆破

在完成军工科研的总前提下也非常注重爆炸科技在民用领域的开发应用。早在20世纪80年代，就与中国工程物理研究院合作创办了北阳爆破技术开发公司，把控制爆破技术转化为生产力，先后承担了中日友好医院旧楼房、北京王府井工艺美术大楼、西直门粮库、北京理工大学水塔、杜家坎永定河大桥等一系列爆破拆除工程。后来发展成为以梁云明、杨军为带头人的工程爆破理论及应用学科组。

3.4 炸药应用学科组成果

炸药应用研究包含一系列炸药改性技术、炸药包覆技术、钝化机理、混合炸药组成配伍、流变学理论、炸药装药技术与性能检测技术、爆炸产物的化学反应机制及其能量输出结构等研究。炸药应用学科组科研工作都是由徐更光院士主持，先后参加本学科组工作的人员有孙业斌、高淑秀、孙秀兰、周霖、芮久后、王廷增、张锦云、刘德润、吴凤元、徐军培、何德昌等。

3.4.1 改性 TNT 研究

1992 年，徐更光等完成改性 TNT 研究项目，并于 1993 年获部级科技进步奖二等奖。该项目由国防科工委立项，经费为 153 万元。主要是降低 TNT 制造厂生产废水污染和弹厂实现常温装药问题。主要成果是在纯度较高的 TNT 中加入某些组分后变成改性 TNT，大幅增加了 TNT 炸药装药的塑性，实现了在常温条件下的螺旋装药，同时也大幅降低了弹药装药车间中的 TNT 饱和蒸汽压，减少了职业病对装药工人的危害。由于改性 TNT 具有优良的塑性，螺旋装药过程中必定存在应力不均匀性所产生的密度差显著减小。炮弹中炸药装药的整体平均密度相应地提高了，也就等于弹药爆炸威力的提高。与 763 厂合作，验证 4 万余发炮弹，装药质量合格率达 99.9%。这是一项重大的技术革新成果，既改进了炸药装药工艺，又实现了环保治理。

3.4.2 8701 高能混合炸药研制

20 世纪 60 年代末，为大幅提高破甲弹的威力水平，炸药应用课题组研制成功 8701 高能混合炸药。

当采用梯黑 40/60 注装炸药装填破甲弹时，破甲威力技术指标是很难达到的。为此西安近代化学研究所研制了新型的以黑索今为主要成分的 8321 高能炸药，取代梯黑 40/60 注装炸药，破甲弹威力达到了技术指标。但经短暂试用发现，该混合炸药中的添加剂安定性差，其分解产物不安全，且具有腐蚀性，在存储破甲弹中发生许多严重问题，导致成万发破甲弹报废，给国家造成极大的经济损失。相比之下，8701 高能混合炸药不仅具有较高的爆炸威力，并具有优良的化学安定性、物理安定性、储存稳定性与压药工艺性能等优点。1970 年，8701 高能混合炸药设计定型，后经试用证明各项性能指标良好，并于 1980 年投入批量生产，成为我国生产量最大和装备产品最多的一种高能炸药产品。8701 高能混合炸药先后装备了新 40 火箭弹、单兵火箭弹、红箭-73 与红箭-8 反坦克导弹、125mm 坦克炮破甲弹等三十余种弹药，总装备量达上千万发，为我国反坦克弹药发展做出了重大贡献。1978 年，获全国科学大会奖。

3.4.3 耐高温炸药及高性能石油射孔弹制作技术

在民爆技术方面，本专业与石油开采部门合作，先后研发了第一代的石油射孔弹。在 80 年代中期，徐更光等人研发了高性能石油射孔弹制作技术，其技术成果已转让给吉林省 9214 厂，创造了很好的经济效益。

1986—1990 年，恽寿榕承接华北油田的协作项目"耐高温射孔弹系统"，总经费 15 万元；徐更光、恽寿榕等人研发了耐高温炸药及耐高温火工品等，其中耐高温炸药性能优良，可耐 200℃以上的高温，耐高温时间不小于 48 小时。这表明我国也具有自主研发的耐高温射孔弹及其起爆系统，结束了从国外进口的历史，为国家节省了大量外汇，为工厂提高了经济效益，同时提高了我国石油开采技术水平。该成果获部级科技成果二等奖。

3.4.4 M-1型工程起爆药柱研制

所开发研制的 M-1 型工程起爆药柱，解决了矿山及野外工程爆破施工中所用低效工业炸药难以起爆及炸药能量利用率较低的问题，受到工矿业界的重视和欢迎。

3.4.5 海萨尔 PW30 高威力炸药研制

其代表产品为 JHL-2、JHL-3 和 PW0 炸药，均已装备部队。

在 20 世纪 80 年代后期，为大力提高我国防空弹药及海军弹药的威力水平，徐更光等人研发了一种新型的 JHL-2 含铝高威力混合炸药。1990 年，JHL-2 含铝高威力混合炸药由炮兵军工产品定委批准设计定型，大量出口，并在国内先后装备 35mm、37mm、25mm 军舰高射炮、航炮、高射炮、地空红缨与导弹等武器，获国家科技进步奖一等奖。

JHL-2 炸药的设计突破了传统高威力炸药设计的概念和方法，着眼于能量密度提高、生产工艺和应用安全性，采用新颖黏结—钝感复合添加剂，显著提高了炸药的成型密度和威力，机械撞击感度从 80% 降至 4%~8%，改善了装药生产安全性能。该炸药的综合性能达到了国际先进水平，某些指标达到国际领先水平，受到外商的欢迎，年出口 570 多吨，年外贸产值达 1 830 多万元，创利润 550 多万元。1992 年，获国家科技进步奖一等奖。

火箭破障战斗部是系统中的重要组成部分。徐更光教授任破障战斗部主任设计师，负责火箭弹战斗部及水中用新型高威力炸药设计，研究战斗部水下爆炸能量输出结构。新型 JHL-2 炸药 2004 年设计定型，大幅提高了水中破障威力，炸药冲击波能为 TNT 的 154%，为破障弹生产提供数千吨炸药。JHL-3 炸药是能量输出结构与目标力学响应体现的典型代表，也是该项目在国内竞标中获胜的主要原因。2005 年，获国家科技进步奖二等奖。

3.4.6 改性 TNT 炸药（RT-1 炸药）

改性 TNT 炸药是我国螺旋装药安全技术改造的关键和基础。该项目针对 TNT 炸药装药生产中存在的以下几个问题进行了攻关。

(1) 恶性爆炸事故多，如某厂炸药装药车间 1 次爆炸事故中炸死 26 人。

(2) 炸药装药车间中炸药蒸汽浓度高与粉尘多，危害工人健康，工人中 TNT 中毒肝炎发病约 30%，TNT 白内障发病约 90%。

(3) TNT 炸药螺旋装药产品质量差，废品率高达 30%，发生膛炸概率高。

(4) 工人普遍不愿从事炸药装药生产，从而使装药质量问题日趋严重。

项目组从国产 TNT 炸药改性入手，在国产 TNT 炸药中添加了增塑剂等组分，研制成一种新型的 RT 混合炸药，即改性 TNT 炸药。在螺旋装药车间中采用改性 TNT 炸药，有效降低了工房有毒 TNT 蒸汽与粉尘，浓度值下降至原来的 1/36，提高了炸药装药整体的平均密度，废品率从 30% 下降至 0.1%，同时也提高了炸药装药的发射安全性，大幅度减少了发生膛炸概率。由于采用常温螺旋装药，减少了炸药预热工序，简化了生产工艺，产品生产占用面积减少了 30%，也减少了车间中的工人数量，从而提高了装药生产车间本身的安全性。该项成果达到了国际先进水平，社会效益大，年经济效益达到 120 万元。1996 年，经国务院批准将该成果推广，全面规划炸药装药生产的改进。

3.4.7 火炸药粉尘爆炸事故发生与发展机制研究

在火炸药产品生产过程中，时有粉尘爆炸事故发生，国内缺少火炸药粉尘爆炸方面的研究。课题组针对火炸药组分本身具有较快反应速率、较高能量密度等特点，设计了专门的试验装置，并利用该装置系统地研究了影响火炸药粉尘爆炸特性的多种因素，测量了常用火炸药粉尘的最低着火温度、最小点火能量、峰值压力和压力上升速率等示性数据。该项研究中粉尘组分有 3 种，航天部四院的某推进剂、淮北爆破技术研究所的某工业炸药和矿业研究总院的 EPE 工业炸药。该项研究中应用气-固两相流理论与热爆炸理论，建立粉尘点火与传播模型，数值模拟的计算结果与实验结果一致，表明这种计算软件可以用于火炸药粉尘爆炸事故的预防和分析。1995 年，获部级科技进步奖二等奖。

3.4.8 水中爆炸能量输出结构控制机理与技术

针对水中破障对炸药的威力要求，通过对含铝炸药非理想爆轰机理研究，调节炸药组成的铝氧比，提高水中爆炸的冲击波能和冲击波峰值超压，从而实现对水中目标爆炸能量输出结构的控制，达到高效毁伤的目的。该原理应用到炸药配方设计中体现出较佳功能组合，具有能量高、热安定性好、机械感度低和成型性能好的优点，综合性能优良。炸药通过试制，并结合火箭破障弹装药、实弹考核，其性能稳定，满足了各项技术要求，已在部队得到应用。专家鉴定意见认为：该项成果达到了国际先进水平。

该项目研究获得国家科技进步奖二等奖和国防科工委科技进步奖一等奖，创造了显著的军事效益和社会效益。

3.4.9 改性 B 炸药研制

针对在中、大口径榴弹中装填改性 B 炸药时出现的质量问题和安全问题，徐更光等人调整了 B 炸药配方，研制成改性 B 炸药。改性 B 炸药与原 B 炸药相比，显著地改善了炸药装药的物理力学性能，降低了装药弹性模量，提高了药柱的抗拉强度，解决了炸药装药裂纹、底隙、侧隙等装药质量问题，提高了炸药装药的安全性能，顺利地通过发射安全性考核。

改性 B 炸药已应用到炮兵 155mm、152mm 和 130mm 火炮的榴弹炸药装药中，大幅提高了我军压制兵器弹药威力，实现高效毁伤。

3.4.10 抗强冲击能力的炸药装药技术

为满足 DTP05 式 105mm 攻坚弹的需求，研制成功了新型 JH-17 炸药及其装药工艺。采用两种炸药（即 JH-17 和 JHL-3 炸药）组合的装药结构配置了新的炸药装药工艺，确保了攻坚弹药的使用性能。经静态试验和 1 000 余发动态试验考核，证明这种攻坚弹药已达到了使用要求。

在攻坚弹中的炸药装药，既要求炸药装药具有较高爆炸性能，又要求炸药装药具有较强的抗冲击能力。发射安全性实验证明：无宏观缺陷的炸药装药具有很高的抗冲击能力，所以确保炸药装药质量是关键技术之一。对于压装炸药，采用分步压装；对于注装炸药，则采用顺序凝固技术。另一个关键技术是采用机械缓冲方法，把炸药装药置于一个缓冲环境之中，如采用常温固化硅胶充填炸药装药周边间隙。这种炸药装药的结构设计及配套的装配新工艺的应用集成，是一种新颖的抗强冲击能力的炸药装药技术，解决了威力与安全性之间的矛盾。查新结果表明，研究成果达到了国内先进水平。

3.4.11 低比压顺序凝固注药技术

针对大尺寸战斗部炸药装药的致密性难题，采用了新颖的低比压顺序凝固注药技术（低比压压注技术加顺序凝固技术的总称），解决了炸药枝状晶微观补缩，实现了炸药装药的一次性整体成形，提高了注药质量和产品性能。采用整体加压的方式，解决了破甲弹压注技术在工程应用技术方面的难题，拓展了低比压顺序凝固注药技术的应用领域。为实现低比压顺序凝固注药技术工程化应用，建成了国内首条低比压顺序凝固注药生产线，该线采用单元组合式，实现了柔性化生产，可满足不同批量产品生产的要求。该生产线中的工艺参数可调整，可适用于不同弹种及不同注装炸药。专家鉴定意见认为："该工程应用技术具有很高的军事、社会、经济等综合效益，对推动我国装药技术的发展起到了示范性作用，与国外注药技术相比达到了国际先进水平。"

低比压顺序凝固注药技术已成功用于某破甲弹的生产，将密度由原来的 1.65g/cm³ 提高到 1.69g/cm³ 以上，提高了该产品的破甲性能，产品交验时动破甲穿透率达到100%。自 2002 年至今，利用该技术生产该破甲弹 3.3 万发，新增产值 18 579 万元，创造了很大的经济效益。同时，该技术应用于 100mm 多用途弹的科研，满足了该弹的注药技术要求。

利用该注药技术，成功建设了低比压顺序凝固注药生产线，该生产线采用了全自动控制，生产过程微机监控，减少了现场作业人员的数量，降低了工人的劳动强度，改善了作业环境，有效保护了工人的身体健康，提高了产品的破甲性能。该技术获得国防科工委科技进步奖二等奖。

改性 B 炸药的研制历经十几年的攻关，于 2009 年 10 月通过了国家设计定型，命名代号为熔黑梯-5 炸药。2010 年国防科工局立专项用于两种大口径榴弹装药生产，到 2014 年年底已生产某榴弹 2 万多发，其装药相对密度达 98% 以上，其威力比原装药提高 35%~50%；其装药底隙远小于 0.381mm。熔黑梯-5 炸药及配套完成的低比压顺序凝固装药技术、弹药底隙检测技术研制成功是 B 炸药在大口径榴弹应用中的重大突破，是继国外发展自动装药工艺后又一重要创新，达到了世界先进水平。低比压顺序凝固装药工艺在其他产品上也得到应用。

3.5 非均质材料多尺度均匀化方法研究（1995 年之后）

材料的宏观响应依赖于内部微观结构，这种依赖关系也构成了复合材料设计的基础。该方向的主要研究成果包括：提出了微极非均匀介质均匀化框架，成功描述了非均匀介质表现出来的尺度效应；给出了复合材料宏观有效性质满足的普适微分方程和一系列普适关系；发展了基于像素的有限元数值分析方法，给出了复合材料不同物理性质之间的关联关系。针对电磁波和声波载荷及新型的超材料，给出了复合材料电磁和声波透明的一般性条件。上述成果为在静动载下材料微结构设计提供分析手段。有关成果已在 International Journal of Fracture，Int. J. Plasticity，Phys. Rev. E 等刊物上发表。

3.6 多层加筋密闭复杂结构与深层工事目标毁伤机理

该项目为"973"项目，针对多层加筋密闭复杂结构的力学特性，采用刚度等效假设将 T 型梁等效为矩形梁，建立了加筋模拟靶；得到了加筋靶与均质靶板之间的等效关系，给出了弹体侵彻多层加筋靶板含有隶属函数的计算公式；提出了战斗部侵彻加筋靶板力学模型，较为准确地预测出了弹体的剩余速度以及侵彻均质靶板的极限速度；采用自主开发的 MMIC3D 欧拉程序进行了密闭结构内爆的仿真计算。

针对混凝土/钢筋混凝土毁伤模式和综合威力毁伤表征方法，提出了弹体对混凝土/钢筋混凝土侵彻与内爆理论土深层工事的毁伤特性，从基础理论入手，研究基本毁伤效应和毁伤作用机理，提出分析模型。研究成果已在五种战斗部自主创新设计中得到应用。该项目已通过验收和成果鉴定，获得很高评价。

3.7 空间防护材料与结构超高速碰撞破坏理论

在国家"863"计划的支持下，结合典型空间目标的材料与结构特性，分析空间目标材料与结构在超高速碰撞下的破坏形式、破坏机理，建立了超高速碰撞动力学模型，包括空间碎片对前靶的破坏模型，碎片云生成与运动模型，碎片云对后靶的破坏模型，后靶形成二次碎片云的模型，开展了超高速斜碰撞的机理研究，建立了超高速斜碰撞的理论分析模型等。分析得到了空间目标的易损性和相应的毁伤准则，建立了超高速碰撞毁伤效能评价模型。研究发现多层板结构和3DC/SiC复合材料具有优良的防护性能，提出了航天器防护结构形式与防护材料方案的优化设计方法，为我国空间飞行器的防护打下了理论基础。

3.8 二维爆炸与冲击问题数值模拟软件的自主研发

开发了具有自主知识产权的二维爆炸与冲击问题仿真软件Explosion – 2D。该软件由数据输入程序Mesh – 2D、计算求解程序MMIC – 2D和数据分析程序Visc – 2D三部分组成。该软件的核心部分计算求解程序MMIC – 2D，对爆炸冲击波、射流形成等常见的爆炸与冲击问题具有很强的求解能力。目前，国内爆炸力学仿真软件市场基本上由国外的商业软件所垄断，如LS – DYNA、AUTODYN、EPIC、DYTRAN等，但由于这些软件涉及国家的经济利益和国防机密，其核心模块对国内一律禁运，不可能在其基础上发展和创新。从国家安全、国防建设的角度考虑，需要自主知识产权的软件。基于此，本学科经过潜心研究，开发了具有自主知识产权的二维爆炸与冲击问题仿真软件系统Explosion – 2D。该软件已获得计算机软件著作权3项。

该软件系统能够对爆炸与冲击过程进行数值模拟，作为该软件的理论基础，建立了二维多介质流体弹塑性动力学理论模型，构造了相应的Euler型有限差分计算方法，提出了多介质界面处理算法，成功地解决了多种介质相互作用的问题。该软件是基于有限差分方法的多物质欧拉型工程模拟软件。它能够处理可供选择的多种金属和非金属材料模型，如弹塑性、土壤、混凝土、流体、复合材料、炸药及起爆、刚性等，可以计入材料失效、损伤以及与应变率相关等性质。它可以对各类爆炸与冲击等强非线性问题进行数值仿真，如聚能射流的形成与侵彻、空中爆炸、水中爆炸、密实介质中爆炸、动能弹的侵彻问题等。

系统将数据输入子系统Mesh – 2D，构成功能强大的前处理程序，极大地减低原始数据输入的工作量。系统的后处理程序即数据分析子系统Visc – 2D，可以动态显示爆炸过程中各物理量的变化过程，并进行数据提取与分析，能够实现对计算程序模拟输出的二维数据场的可视化，即完成二维数据场图像的绘制和显示，具备图像绘制、显示、动画播放、数据分析、数据管理、交互控制等功能。

该软件系统已在中国工程物理研究院、中国兵器工业系统总体部、太原市煤气公司等单位的国防科研及民用安全项目中得到了实际的应用，产生了较大的经济和社会效益。以该软件系统为核心，构成了"先进常规战斗部毁伤机理与终点效应研究"国防"973"项目（2001—2005年）的数字仿真平台。

3.9 钢筋混凝土本构模型与边坡稳定性控制理论在爆破中的应用

结合工程实践，突破现有钢筋和混凝土本构模型，综合考虑钢筋和混凝土强度，从理论和实验得到了钢筋混凝土的本构模型，并在城市复杂环境下钢筋混凝土的建筑物爆破拆除中得到应用。提出了针对大型钢筋混凝土筒仓群结构的控制爆破拆除设计理论和设计原则，对钢筋混凝土筒仓群的拆除机理进行研究，通过量纲分析及相应的数学计算模型，推导了钢筋混凝土筒仓群结构爆破缺口的影响因素及计算公式，提出了控制爆破及综合拆除方案的设计及参数选择原则。针对不同钢筋混凝土筒仓群结构〔包括单排、双排及三排圆形和（或）方形筒仓，单层和双层框架结构以及组合复杂结构〕，以及不同工程环境条件，提出并实施了单侧倾倒、双侧定向倾倒及多向倾倒的一次性爆破拆除技术，解决了大规模、小高宽比、复杂组合结构的钢筋混凝土筒仓群的拆除难题。根据筒仓群的结构、受力特点及拆除要求，实践了针对不同钢筋混凝土筒仓群结构爆破拆除的预处理及综合保障技术，包括联体结构的切割分离、圈梁及漏斗等特殊结构的处理，化墙为柱、立柱割筋等。专家鉴定意见认为："该项成果在理论分析、数值模拟和工程应用等方面进行了综合深入的研究，具有国际先进水平。"

针对爆破振动对露天边坡稳定的影响问题，根据节理裂隙发育、地质条件复杂和边坡稳定性差等特点，运用数字地震监测仪器等现代测试手段，从理论研究、现场实验监测和数值模拟等方面，对露天台阶爆破地震效应及其影响因素和控制方法进行了深入系统研究。建立了一套能够有效降低边坡地震效应的间隔装药三维延时光面缓冲爆破技术，以提高炸药破碎岩石能量利用率、降低地震波能量的转化率为基本点，实现对爆破振动的主动控制。研究结果对类似深凹陷露天矿山、水电、公路、铁路建设也具有重要现实指导意义，而且对推动控制爆破技术的发展和边坡工程的科学研究也具有深远的意义。该项新技术已得到推广应用，取得良好的经济效益和社会效益。爆破振动明显减小，综合减振率超过25%以上；由于采用了新的装药结构，不仅改善爆破效果，同时也降低炸药单耗，爆堆松散性好。炸药单耗平均降低10%~15%，最大可降低20%；电铲作业效率提高10%~20%；用光面缓冲爆破技术，使新形成的台阶坡面质量提高，超挖和根底现象明显减少；局部半孔率达到70%以上。该项目技术取得直接经济效益481万元。

上述成果获北京市科学技术奖三等奖、中国兵器工业集团总公司科学技术奖三等奖和2006年第三届中国工程爆破协会科技成果一、二等奖。

图 3-4 钢筋混凝土建筑物控制爆破拆除技术研究

3.10 爆炸合成超细碳材料研究工作

爆炸合成超硬材料课题组于 20 世纪 80 年代末开始进行立方氮化硼、聚晶金刚石和纳米金刚石等超硬材料的动高压合成研究工作，先后在恽寿榕教授和黄风雷教授的领导下，借助爆炸理论及应用学科的优势，使相关研究工作在这一富有理论探索意义和应用价值的研究方向得到了持续的发展。早期着重研究了在冷压氮化硼基础上进行爆炸加载实现石墨相氮化硼向致密相氮化硼转化的原理、条件和测试方法，研究了聚晶金刚石的爆炸合成和化学分离方法，所取得的研究成果为后续的研究工作奠定了重要基础。1991 年起，围绕爆轰合成纳米金刚石开展研究工作。通过理论分析、数值模拟和实验研究相结合的方法，理论与应用并重，对纳米金刚石的生成机理、合成与提纯技术、工艺条件、特性表征及应用技术进行了系统深入的研究，取得了一系列原创性研究成果。基于对负氧平衡炸药爆轰过程的热力学和动力学计算，以及凝聚相碳的状态方程研究和碳相图的研究，提出了纳米金刚石在爆轰条件下的生成机理，在国内外相关领域具有重要影响。经过深入分析和系统实验确定了影响纳米金刚石得率和性能的关键控制因素和参数范围，探索了多种提纯和性能改进方法，建立了一套优选的完整纳米金刚石制备、改性及应用工艺，不论在理论还是技术方面都居于国内外领先水平。在此过程中，始终是采取教学与科研并举的策略，到目前已培养硕士、博士研究生近 30 人，在国内外期刊发表学术论文 50 余篇，已有 5 项相关发明专利获得国家授权。相关理论和技术成果对于推动我国爆轰合成超细碳材料领域广泛开展研究工作和产业化进程起到了重要的引领和推动作用，同时也得到国外同行的肯定与重视。

2007年8月，由北京理工大学爆炸科学与技术国家重点实验室作为主要主办单位在北戴河组织召开了超细金刚石技术研讨会，黄风雷担任大会组委会主席。国内第一代从事动高压合成超细金刚石研究的老教授、老专家和大专院校、科研院所的专业研究人员以及来自生产一线的专业技术人员共60多人参加了研讨。

自2003年第一届爆轰纳米金刚石国际会议在圣彼得堡召开至今已举办四届，每届学科组都应邀出席。曾担任历届会议组委会主席的亚历山大·乌里教授于2010年7月对我校爆炸科学与技术国家重点实验室进行了友好访问并进行了学术交流；应对方提议圣彼得堡物理技术学院与爆炸科学与技术国家重点实验室建立爆轰纳米金刚石联合研究组，加强双方在此领域的合作与交流。学科组在该研究方向的研究和教学工作自1989年开始至今一直持续进行，每年都有新进展。

图3-5 北戴河超细金刚石研讨会会场

2007年12月17日晚7点，黄风雷在良乡校区为新生带来一场名为"超细金刚石的高压合成及应用"的精彩学术报告，就同学们的提问给予了详尽的解答。

图3-6 黄风雷到良乡校区做专题学术报告——超细金刚石的高压合成及应用

3.11 2012 年以后科研情况

20 世纪 90 年代以后，本学科人才辈出。1999 年黄风雷入选"新世纪百千万人才工程"国家级人选，1999 年获教育部青年教师奖，2001 年受聘国家安全重大基础研究计划项目首席科学家，2002 年受聘"长江学者奖励计划"特聘教授，2004 年入选国防科技工业有突出贡献中青年专家、任教育部首批"长江学者创新团队发展计划"带头人，2008 年获国家科技进步奖二等奖（第一），2010 年被评为全国先进科技工作者，2012 年获国家科技进步奖二等奖（第二），2018 年获国防科技创新团队奖（第二），2019 年获国家科技进步奖二等奖（第三）。曾任国务院学位委员会学科评议组召集人、中国力学学会常务理事等，现担任国防重大专项副总研究师，装备发展部技术专家组副组长。

2006 年，宁建国受聘"长江学者奖励计划"特聘教授，同年获得国家杰出青年科学基金资助。2007 年入选"新世纪百千万人才工程"国家级人选。

2006 年，陈鹏万入选教育部"新世纪优秀人才支持计划"。

2008 年，王成入选"教育部新世纪优秀人才支持计划"；2013 年，获得国家杰出青年科学基金资助。

2011 年，宋卫东入选教育部"新世纪优秀人才支持计划"。

2012 年，刘彦入选 2012 年度"新世纪优秀人才支持计划"；2019 年，入选"卓越青年科学家项目"。

在这批优秀中青年教师的带领下，本专业在科学研究方面的成果更加丰富。

2012 年本专业承担纵向科研项目 86 项，项目总经费 3 805.94 万元。承担纵向课题 69 项，经费 2 852.5 万元，包括国家自然科学基金项目 17 项、军/民"973"项目 3 项、军/民"863"项目 3 项、国家科技重大专项（军民）项目 8 项、科工局预先研究项目 11 项、型号研制项目 5 项、科工局基础科研项目 3 项、科工局技术基础项目 1 项、民用航天项目 1 项、其他各类省部级纵向项目 17 项。承担横向项目共 17 项，经费 953.44 万元。获教育部技术发明奖二等奖 1 项，中国工程爆破协会科学技术进步奖一等奖 1 项，国防科学技术进步奖二等奖 1 项，国防科学技术进步奖三等奖 1 项，中国工程爆破协会科学技术进步奖二等奖 1 项。发表学术论文 49 篇（EI 收录论文 20 篇/SCI 收录论文 29 篇）。授权发明专利 15 项。

2013 年，本专业承担纵向科研项目 81 项，项目总经费 3 100.9 万元。承担纵向课题 57 项，经费 2 137.9 万元，包括国家自然科学基金项目 14 项、博士点基金项目 2 项、军/民"973"项目 2 项、军/民"863"项目 4 项、国家科技重大专项（军民）项目 10 项、科工局预先研究项目 12 项、型号研制项目 1 项、科工局基础科研项目 5 项、科工局技术基础项目 1 项、其他各类省部级纵向项目 7 项。承担横向项目共 24 项，经费 963 万元。发表 SCI 收录论文 21 篇。授权发明专利 23 项，软件著作权 7 项。

2014 年，本专业承担纵向科研项目 74 项，项目总经费 3 203.31 万元。承担纵向课题 42 项，经费 1 746.5 万元，包括国家自然科学基金项目 23 项、北京市自然科学基金项目 1 项、军/民 "973" 项目 2 项、军/民 863 项目 2 项、国家科技重大专项（军民）项目 2 项、科工局基础科研项目 2 项、科工局技术基础项目 2 项、其他各类省部级纵向项目 7 项。承担横向项目共 32 项，经费 1 456.81 万元。获教育部科学技术进步奖一等奖 1 项，国防科学技术进步奖一等奖 1 项。发表学术论文 61 篇（EI 收录论文 26 篇/SCI 收录论文 35 篇）。授权发明专利 12 项。

2015 年，本专业承担纵向科研项目 54 项，项目总经费 5 726.13 万元。承担纵向课题 43 项，经费 4 303 万元，包括国家自然科学基金项目 20 项、博士点基金 1 项、北京市自然科学基金项目 1 项、军/民 "973" 项目 2 项、军/民 "863" 项目 4 项、国家科技重大专项（军民）项目 5 项、科工局基础科研项目 3 项、型号研制项目 2 项、国际合作项目 1 项、其他各类省部级纵向项目 4 项。承担横向项目共 11 项，经费 1 423.13 万元。获国防科学技术进步奖一等奖 1 项。发表 SCI 收录论文 21 篇。授权发明专利 16 项。

2016 年，本专业承担纵向科研项目 32 项，项目总经费 6 344.15 万元。承担纵向课题 17 项，经费 2 178 万元，包括国家自然科学基金项目 8 项、军/民 "973" 项目 1 项、军/民 "863" 项目 1 项、国家科技重大专项（军民）项目 1 项、科工局基础科研项目 3 项、其他各类省部级纵向项目 3 项。承担横向项目共 15 项，经费 4 166.15 万元。公开出版专著 2 部。发表 SCI 收录论文 40 篇，EI 收录论文 51 篇。授权发明专利 12 项。

2017 年，本专业承担纵向科研项目 34 项，项目总经费 4 380.3 万元。承担纵向课题 23 项，经费 2 511.3 万元，包括国家自然科学基金项目 14 项、军/民 "973" 项目 1 项、国家重点研发计划 1 项、国家科技重大专项（军民）项目 2 项、科工局基础科研项目 3 项、科工局技术基础 2 项、其他各类省部级纵向项目 1 项。承担横向项目共 11 项，经费 1 869 万元。公开出版学术专著 1 部，英文教材 1 部。发表 SCI 收录论文 46 篇，EI 收录论文 32 篇。授权发明专利 17 项。

4　实验室建设

1953—1961 年，炸药装药、火工与烟火实验室从属于炸药装药加工专业教研室。

1962年，八系成立后，炸药装药火工与烟火实验室分为3个实验室，其中炸药装药加工实验室和爆炸实验室在现校址西部称戊区的地方，又称"5802"，火工品和烟火实验室在原5号楼一层东侧，称火工品实验室。炸药装药加工实验室（实验室主任是徐更光）和火工品实验室（实验室主任是程国元）属831教研室，爆炸实验室属812教研室（实验室主任是张鹏程），三个实验室一起建设，统一考虑。

1972年，831教研室分为83和84两个教研室，原812教研室与剩下的83人员合并，成新的83教研室，实验室称爆炸技术实验室（包括炸药装药加工实验室和爆炸实验室，还是两个实验室主任）。1991年至今，爆炸科学与技术国家重点实验室（原名为爆炸灾害预防、控制国家重点实验室）包含了原81、83和84专业的实验室，其体制是独立的和开放的，为每个教研室或每个学科组服务，但其建设继续依靠每个教研室或每个课题组的支持。尽管实验室的名称有所改变，最关键的两个字"爆炸"没变，它是实验室的特色、基础和灵魂，知名度高，影响力大。

4.1 炸药装药加工实验室（1953—1958年）

根据本专业科研与教学的需要，在丁敬和陈福梅的率领下，先后在老校舍（北京东四东皇城根）建立了炸药装药、火工与烟火实验室。实验室中用于爆炸测试的仪器设备很少，炸药装药爆速只能用道特里斯比较法测量；有可用于测量烟火剂燃烧效应的亮度计和照度计等，较大设备有100t油压机、摆锤式摩擦感度实验装置和马歇特运输安全性实验装置等，还有小型的注装设备和压药模具等。炸药装药加工专业实验室初期建设的主力是申士林。

4.2 炸药装药加工实验室（1958—1962年）

炸药装药加工实验室（1958—1962年）的地址之一为巴沟新校区5号教学楼一层东侧，地址之二为巴沟新校区（戊区）5802实验室，两处总面积近1 000m^2。在5号教学楼一层东侧有火工品实验室和烟火实验室等，炸药装药实验室与爆炸实验室在5802实验区。炸药装药加工专业初创时期的火工实验室与烟火实验室中的全部仪器与设备都搬到5号教学楼一层东侧；1959年，炸药装药实验的全部仪器与设备都搬到5802爆炸与炸药装药实验室。

爆炸与炸药装药5802实验室中最大的装备是爆炸洞，内径6m，外径7.6m，内高5m，内壁覆10mm钢板、洞壁采用密集钢筋混凝土结构，厚为800mm，洞内最大设定爆炸药量是1kg TNT当量，当时属关内第一，（国内第一个爆炸洞建在哈军工,由第五设计院参照苏联提供资料设计)。此爆炸洞最早用于破甲弹静爆实验、炸药爆炸驱动实验和测量炸药爆速实验等。

除爆炸洞外,5802实验室中较好的设备是几台国产示波器、一台安装在小防爆间中的100t油压机和一台安装在大防爆间中的半自动螺旋装药机等。这些设备为日后开展本专业的科学研究及实验研究建立了良好的基础条件。

4.3 炸药装药加工与爆炸技术实验室(1962—1968年)

这一期间,利用"032"科研项目经费(根据需要申报,无上限)为实验室添置了一大批仪器与设备,使炸药装药加工与爆炸技术实验室科研条件与教学条件获得一次较大飞跃。

为研制新型混合炸药的造型粉,添置了多种小型化工设备,多种恒温水浴、水浴恒温箱、油浴恒温箱、电烘箱、真空泵与真空干燥箱,多台万分之一克精密天平、高倍显微镜及其配套照相机等。

为实现大尺寸炸药装药取样分析,从院工厂调来两名工人——吴青和冯贵,同时又调来了一台较大的620车床,并安装于小防爆间内,为实现隔离操作又改造了车床控制器。

为研究炸药装药力学性能,购置了5t杠杆式材料试验机,并配置了可隔离操作的滑动防爆门;5t杠杆式材料试验机主要用于测量炸药装药的抗压强度和劈裂强度;为测量炸药装药试件的弹性模量和泊松比,我们又配置了多通道应变测量系统。

为研究炸药装药热力学性能,配置了多通道铜-康铜热电耦温度测量系统,测量了若干炸药装药的导温系数。

为测量炸药装药线胀系数,又购置了一台具有 μm 分辨率的光学比长仪,并自制了炸药装药温度线胀系数测量系统,观测了在测量炸药装药线胀系数过程中的非线性和蠕变特性。

在炸药的安定性和安全性分析方面,除了在六系(5号楼)安装了用于机械感度测量的两套卡斯特落锤仪和用于炸药热安定性方面的测试仪器之外,自制了真空安定性分析装置,又自制了简易热天平,测量了多种炸药的热失重。

为测量炸药爆炸性能,购置了当时国内先进的GSJ高速摄影系统,可用于爆轰波或冲击波等高速流逝过程的观测和诊断。在"032"科研中高速摄影主要用于测量炸药的爆速、水箱法测量炸药的爆轰压和观测炸药平面波透镜的不平度等。

为测量炸药爆炸性能还购置了一批示波器,其中有从苏联进口三种型号的长余辉示波器。这种具有纳秒级时间分辨率的示波器可用于爆轰波速度和冲击波速度的精确测量。当时每台示波器都配备了一台带 B 快门的相机,用于照相记录示波器荧光屏上一闪而过的多脉冲瞬态波形,然后冲洗高感度胶卷;当捕获了示波器的记录波形后,就需要精确判读,为此又购了一台大型光学投影仪。大型光学投影仪还用于高速摄影记录的判读与分析。当时,这些示波器主要用于爆速的高精度测量。通过研究与开发建立了平行双丝式电子探极法炸药装药爆速测量系统,其中包含了研制多种多通道脉冲形成网络,也包含了炸药装药爆速测量试件的精密制作与安装技术。

图 3-7 炸药装药加工与爆炸实验室(最早称为 7 专业 5802 实验室),建于 1958 年,2000 年迁至西山实验基地

图 3-8 炸药装药加工与爆炸实验室主体建筑
(高处方形屋内有内径 6m 爆炸洞)

图 3-9　爆炸技术实验室主体建筑南侧扩建部分

4.4　爆炸技术实验室（1976—1991 年）

"文化大革命"期间实验室建设中止，在"文化大革命"之后的十年中实验室建设速度也比较缓慢，直到改革开放之后实验室的建设与发展进入正轨。1972年，炸药装药加工实验室和爆炸实验室合并，命名为爆炸技术实验室。1976—1991 年，爆炸技术实验室的建设和发展主要依靠上级拨款和科研经费支持。

1979 年，赵衡阳主持了电磁法研究，并研制了一台由大功率直流源供电的电磁铁，在国内率先利用电磁法研究炸药爆轰性能。尽管当时与苏联人相比，极靴太小，磁感应强度均匀区太小，但赵衡阳等人充分利用这套自制的电磁法测量系统完成了一系列有关爆炸产物中粒子运动的初步探索。

1981 年之后，利用"七七工程设计"子课题的研究经费购买了两台国产高速示波器，又研制了两套用于测量洞壁冲击波压力的关键部件小型恒磁装置。

20 世纪 80 年代初期，恽寿榕利用科研经费从 203 所购进了高性能序列脉冲激光仪和同步控制装置。当这两种装置与 GSJ 同步扫描摄影系统连接后，可以配置成高性能的分幅摄影系统。这种分幅摄影系统已成功地用于观测爆炸产物驱动下的药形罩闭合等高速流逝过程。当时这个系统的性能达到了国内外较先进水平。

80 年代中期，利用"用电磁法测量几种国产炸药爆轰性能"的项目经费，黄正平主持研制了国内第一台直径 1m 的大型亥姆霍兹线圈及其直流供电系统，最大爆炸药量不小于 1kg TNT。大型亥姆霍兹线圈是电磁速度传感器（或电磁冲量传感器）的关键部件，不仅为完成预研项目提供了基本保证，同时也为研究生的培养提供了优良的实验条件。丁敬教授和他的研究生们（如焦清介、蒋君平和白春华等）所发表的许多学术论文都与大型亥姆霍兹线圈、电磁法测量技术相关。采用大型亥姆霍兹线圈方式的电磁法测量技术，居国内领先，达到国际水平。

80年代中期，王廷增主持研制了新型分离式内径90mm空气激波管，为实验室提供了1套压电压力传感器灵敏度的动态标定实验装置，动标范围为0.1MPa～0.2MPa，同时也成一个经典的爆炸测试技术课程教学实验装置，直至今日还继续为教学与科研服务。

"七五"期间，美国刚解除若干仪器对中国高等学校的禁运，教研室筹集若干研究项目经费购置了TEK公司两台2430A数字存储示波器（简称DSO，2.2万美元/台）。从此采用照相机底片记录显示在荧光屏上的速度（或压力等）模拟信号的方式在本实验室成为历史；同时，冲洗胶卷和在大型投影仪上判读底片的操作，在本实验室也成为历史。这种DSO数字存储技术代表了当时国际先进水平（当时对九院等单位不解禁，不能装备此类仪器），在国内本实验室引领了这种"数字化记录"新潮流。

"七五"期间，黄正平等人利用"炸药装药发射安全性研究"项目经费研制了一套小型炸药装药后坐冲击模拟实验系统（类似美国BRL的实验装置）。此实验系统不仅在后续的研究中发挥了重要作用，其中的许多核心技术和专利技术已应用于其他科研项目或研究生培养。例如，50锰铜压阻传感器的配套仪器——锰铜压阻应力仪与柱塞式锰铜压阻传感器等先获实用新型专利，后又获国家发明专利，这种低压力量程的高阻值锰铜压阻法测压技术已被国内许多单位采用，如903所、国防科大、南京理工大学、吉林油田、任丘油田及矿研院等。

徐更光等人利用科研项目经费购置了由PE公司生产的DSC-7型微热量热仪，耗资27万元，用于测定炸药的热性能和温度变化，当时DSC-7是国内引进的同类仪器中最新型号。

徐更光等人利用科研项目经费又购置了2M分光光谱仪，耗资6万元，用于材料分析和测温。

张宝平主持研制了新型的快速滑门式37mm一级轻气炮，耗资28万元，它是兵器系统第一台用于材料性能研究的"炮"。

张鹏程主持研制了单次微光高速摄影系统，耗资7.7万元，曝光时间为5ns，居国内先进水平。

黄正平主持研制了第一代多通道高速同步脉冲恒流源，获实用新型专利，又获1991年北京发明展览会银奖。高速同步脉冲恒流源是锰铜压阻法测压的配套电源，电路配置新型，具有微秒级触发同步性能，居国内外先进水平。随着高速同步脉冲恒流源制作技术不断提高，国内外先进水平一直保持至今，国内同行所使用的高速同步脉冲恒流源几乎都是由本实验室制造的（现为爆炸科学与技术国家重点实验室制造）。

黄正平主持了100t油压机改造，更新了油泵和液压控制油路，耗资0.8万元。这台老油压机是20世纪50年代制造的材料试验机，担负着全系压药任务，压药速度很慢。经过改造后的100t油压机，不仅提高了自动化水平，活塞运动速度提高了一个量级，压制药柱的速度提高了6～7倍，解决了许多应急的药柱压制问题。

83教研室建立了计算机室，筹集各课题的科研经费28万元，购买了IBM PC 286机5台、386机3台、486机1台，购买空调机3台，供教学科研使用；教研室又筹集科研费8万元，扩建实验室200m^2；后又筹集科研费4万元建立机修间，购置车床、铣床、砂轮机、切割机、台钻等各种设备，也供教学科研使用。

1988年，学校整顿实验室，对室内布置、地面、实验桌、电路、门窗等进行改造和修理，对室外路面和绿地也作了改进，使之更合理、更美观和更安全；为此耗资10万元（5万元为院系提供），后经院验收组检查通过。

通过上述努力，注意学科发展方向，注重科研经费的合理使用，不断更新仪器设备，使得爆炸理论及应用实验室继续处于兵器行业中领先水平。与九院有关实验室比，部分项目领先；在实验技术方面，个别项目也达到国际水平。

为了争取世界银行贷款，加强国际交流，根据联合国提出的1991—2000年是国际减轻自然灾害的十年，选择了世界银行贷款10个项目中的"防灾"项目，丁敬先生提出以本学科点国家级重点学科"爆炸理论及应用"为依托，建立爆炸灾害预防、控制国家重点实验室的申请，既可以为我国防止爆炸灾害（包括军工方面的爆炸灾害）事业服务（因爆炸和防爆是一个问题的两方面），又可以利用实验室设备发展学科水平，反过来为军工服务。经过校系领导的努力和我们的积极准备，在1989年经机电部专家组审查通过，并上报国家计委批准。

4.5 爆炸科学与技术国家重点实验室（1991— ）

1991年，经国家计委审定批准，以爆炸理论及应用国家重点学科为依托组建爆炸灾害预防、控制国家重点实验室，这是北京理工大学当时唯一的一个国家级重点实验室，丁敬任第一届实验室主任。该实验室曾获得世界银行贷款约20万美元及配套国家拨款中的700万元人民币经费支持，引进一批具有国际先进水平的仪器和设备。

利用世界银行贷款购进了这些仪器和设备后，实验室的硬件增加了，但使用仪器的人只有经过培训，才可能提高仪器使用水平。

获世界银行贷款之后又获得更大经费支持,如"211"工程(一期与二期)的资助,还有重点研究项目的"条保"资金的支持,先后增添了一大批具有国内外先进技术水平的仪器与设备,完成了爆炸实验室搬迁,扩建了西山实验基地。国家重点实验室建设规模攀登上了一个新的台阶。

图 3-10　北京理工大学西山实验室区东南方向全景

图 3-11　西山实验室区的 A 栋与 B 栋全景
(A 栋可进行多种类型爆炸与冲击实验,B 栋可进行混合
炸药研制、炸药性能研究和爆炸合成研究等)

图 3-12　后建的"研发楼"(可进行非爆炸性的实验研究)

图3-13 A栋中部324m² 方形建筑中（内有内径8m的爆炸洞，最大爆炸药量为5kg TNT）

图3-14 B栋

图3-15 15实验室

图 3-16　重点实验室楼外景

5　交流合作

5.1　教师参加各种学习班提高业务水平

1977 年,全国恢复了高考,83 专业招收了"文化大革命"之后第一批正规录取的本科生,也激发了教研室全体人员的工作热情。教师们一方面修订和更新教学计划和教学内容,另一方面为提高教学质量、提升业务水平,参加了诸多的校内业务学习班,如外语进修班、数理统计、数理方程和计算机应用等学习班。

1981 年,丁敬调任北京工业学院副院长、校学术委员会主任,主管教学、科研和研究生工作。他认为,重点高校既是教学中心,又是研究中心,教学和科学研究互相促进。他狠抓教学质量,大力开展国际学术交流活动,全力投身于科研与高级专门人才的培养工作。他多次邀请国内知名力学专家来本专业讲学,如九院王淦昌院士、经福谦院士、章冠人研究员,国防科大的薛鸿陆教授等;邀请中国科学院力学所朱兆祥研究员与王礼立研究员(兼中国科技大学教授)来八系开办了"应力波理论学习班"。同时他还邀请爆轰界国外知名学者来讲学,如美国 Los Alamos 国家科学实验室的著名爆轰数值计算专家 Charles Mader,Stanford 研究院材料动力学家 Lynn Seaman,美国百万高斯脉冲强磁场首创者 C. M. Fowler,加拿大麦克吉大学教授气相爆轰专家李克山(J. H. S. Lee)等。这些著名专家带来了新概念、新思想和新技术。

5.2 教师承担各种学术团体的社会兼职，积极参加国内外学术交流

丁敬曾担任国务院学位委员会第一、第二、第三届工学学科评议组成员及兵器科学与技术学科组召集人，中国力学学会和中国兵工学会理事、常务理事、荣誉理事，《力学学报》《爆炸与冲击》编委，中国兵工学会爆炸与安全技术专业委员会主任委员，中国劳动保护科学技术学会副理事长，中国工程物理研究院冲击波物理与爆轰波物理国防科技重点实验室学术委员会主任委员，中国科技大学、国防科技大学的兼职教授。被聘为美国主办的 International Pyrotechnics Seminar 的国际顾问委员会委员，美、德联合主编的 Propellants, Explosives, Pyrotechnics 杂志的顾问委员会委员，俄罗斯科学院和波兰科学院合办的 Archivum Combustionis 学报的编委，美国物理学会会员。他曾应邀访问了美、日、俄、德、英、法、波兰和比利时等国的一些著名学府和实验室，并于 1988 年 10 月—1991 年 9 月在美国新墨西哥州炸药技术研究中心（CETR）任客座教授，在凝聚相冲击波物理与化学、爆炸和安全等领域讲学，并进行学术交流。他曾多次担任国际爆轰会议、凝聚相冲击波压缩会议和国际烟火技术会议等的大会和分会场会议主席；在国内已 8 次主持了国际和全国的学术会议。

徐更光曾任国务院学位委员会第三届、第四届兵器科学与技术学科评议组召集人，中国兵器工业总公司科学技术专家委员会副主任委员及炸药专家组组长，国家国防科技工业局科学技术委员会委员，国防科工委专家咨询委员会委员，中国兵工学会理事，中国材料研究会副理事长。

恽寿榕曾任中国力学学会爆炸力学专委会副主任，《爆炸与冲击》杂志副主编，中国兵工学会爆炸与安全技术专委会副主任，《兵工学报》常务编委，中国空气动力学会物理气体动力学专委会副主任。张宝平曾任兵工学会金属材料学会应用力学学会委员及兵器材料动态力学专业委员会主任委员。

黄正平于 1987 年 3 月任第三届力学学会实验应力分析专业委员会委员。1995 年 2 月—1998 年 2 月任中国工程物理研究院冲击波物理与爆轰波物理实验室第二届学术委员会委员。张鹏程于 1987 年任中国兵工学会工程装备学会地雷爆破专业组副组长。1988 年被聘任为爆炸力学学会爆炸作用及防护学组副组长。王廷增曾任应用力学研究会委员、北京理工大学学报编委等。1988 年博士毕业留校的青年教师白春华担任中国劳动保护科学技术学会防火防爆专业委员会副主任委员，《中国安全科学学报》编委，《火炸药学报》编委等。还有更年轻的黄风雷博士，1991 年毕业留校，1996 年破格晋升为教授，1998 年被聘为博士生导师。曾任北京理工大学机电工程学院副院长、院长、爆炸灾害预防、控制国家重点实验室副主任、主任，学术委员会副主任，中国兵工学会理事，《兵工学报》

常务编委,中国力学学会爆炸力学专业委员会副主任委员等职。

在丁敬领导下,国内外学术交流频繁,教师们参加了多种学术会议,并宣读论文。如参加第一届全国爆轰会议(兰州)、第二届全国爆轰会议(南京)、第一届炸药与烟火国际会议(北京)、国际冲击压缩物理协会(北京),还参加力学学会、弹箭学会、火炸药学会、安全学会、测试学会等学术年会等。

1994年7月,在秦皇岛(北戴河)举行全国爆轰学术研讨会暨丁敬诞辰70周年,北京理工大学恽寿榕主持,出席会议的代表有90多位,会上宣读论文几十篇。1998年9月28—29日,在北京理工大学举行中国兵工学会爆炸与安全技术第四届年会、暨爆炸理论及应用国家重点学科成立十周年学术报告会,全国爆炸力学界人士云集,国防科工委陈能宽院士,九院经福谦院士,全国科协冯长根,我校徐更光院士,力学所白以龙院士,谭庆民研究员,我校校长王越院士,204所郝仲璋所长等近200位代表出席。恽寿榕、901所所长孙锦山研究员、经福谦院士、白以龙院士、北京科技大学于亚伦教授、郝仲璋所长相继作大会报告,然后分小组报告共100余篇,盛况空前。

图3-17 爆炸与安全技术第四届年会
(从左至右:恽寿榕、徐更光、王越、丁敬、陈能宽、经福谦)

还有多人多次出国参加国际会议,获取了许多科学研究的新动向和实验新技术方面的信息,促进了83专业的科学研究与实验室建设。

2001—2005年,本学科共有312人次参加了国内外学术会议,其中参加国际会议46人次,参加国内会议266人次,组织95次国内外专家来实验室讲学或作学术报告。本学科点主办了2次国际学术会议,其中国际推进剂、炸药、烟火技术国际研讨会在国内外具有较高的知名度,产生了较大影响,已成为爆炸和安全领域中著名的国际学术会议。

以访问学者身份出国的教师除丁敬外,还有王廷增(美国)、张宝平(德国)、赵衡阳(日本)、白春华(美国)、姜春兰(澳大利亚)、周霖与张连生

(俄罗斯)等。

到美国留学的博士生有张勇（1985年）、李惠玲（1987年）、王子宪（1988年）、李德君（1988年）、杨文波（1989年）、卢晓勇等；到法国留学的有贺龙廷（1987年）、杨应敏（1987年）等。

5.3 2007第八届国际不连续变形分析会议（ICADD-8）

自从"985"项目引进DDA和流形元程序以来，我校开展了在此方面的相关研究，尤其是将此计算方法应用于爆炸冲击领域取得了较大进展。此项成果受到该领域学术界的关注。为此，国际岩石力学学会2005年决定DDA-8国际会议由我校与矿大联合举办。会议在美国、德国、英国、日本、以色列等十多个国家中得到积极响应，同时也得到了国内有关单位、部门的大力支持。会议论文集收录的论文被EI、ISTP及CA等国际知名检索机构收录。基于该会议的广泛影响和传统，第八届国际不连续变形分析会议（ICADD-8）于2007年8月14—17日在北京市西郊宾馆召开。

会议主题：不连续变形分析DDA（Discontinuous Deformation Analysis）在采矿和土木工程中的应用

会议主要内容包括：
（1）DDA方法在岩石力学领域的应用。
（2）DDA方法应用于爆炸冲击领域的研究。
（3）关键块体理论及其工程应用新进展。
（4）流形元计算方法及其在土木工程中的应用。

除学术交流外，会前还安排了一周的学术讲堂，邀请知名学者石根华博士、玛丽麦克劳教授和日本大西友三教授等作讲座。

5.4 与大韩民国住宅都市研究院签订合作协定书

近年来，由于我国爆破技术的快速发展和拆除爆破科研的进展，深受国际同仁注目。2005年，大韩住宅公社、Korea Kacoh公司等专家组成的拆除爆破考察团，专程对中国爆破拆除科研进行了考察。其间，我校爆炸科学与技术国家重点实验室举办了中韩城市建筑拆除爆破学术交流会。

学术活动中，中韩两国学者就城市建设中的爆破拆除技术的发展现状、拆除理论和施工技术、环境保护监测与控制、安全防护理论与技术、拆除过程计算机数值模拟以及爆破设计专家系统和智能化设计方法，进行深入探讨和交流。韩方尤其关注我校在爆破拆除数值模拟方面的研究成果。

2006年7月5—6日，中日韩拆除爆破技术国际论坛在韩国首都大韩住宅公

图 3-18　邀请美籍华人科学家石根华博士讲学

社国际会议中心隆重举行。来自中日韩三国的从事爆破技术的专家学者约 80 人出席了会议。该论坛是在韩国建设交通部有关建设技术基础研究课题支持下，为了解决城市高层建筑拆除技术优化和降低环境危害影响，由大韩住宅公社住宅都市研究院发起，联合中国爆破协会等单位共同举办的学术研讨会。论坛围绕七个主题展开，中方发表的演讲主题分别为"中国爆破技术的现状和发展（北京科技大学于亚伦教授）"和"钢筋混凝土结构爆破拆除的有限元模拟研究（北京理工大学杨军教授）"。由于我国拆除爆破技术的快速发展以及在爆破拆除数值模拟研究的领先成果，中方的演讲主题受到与会专家学者的普遍关注和高度评价，尤其是对钢筋混凝土结构拆除爆破数值模拟研究成果，韩方科研单位表示了极大的兴趣。会议期间还就中韩爆破拆除技术合作研究等问题进行了沟通和交流，双方均表达了进一步合作研究的意向。

5.5　在爆炸加工和爆炸合成新材料研究方面开展交流合作

爆炸加工和爆炸合成新材料的研究是目前国内外研究的热点。本课题组在钨铜功能梯度材料的自蔓延爆炸烧结，TiO_2 的冲击波掺杂改性和爆炸形成新型碳纳米材料等方面进行了深入研究，取得了一些创新性成果，申请获得发明专利 3 项，在国内外期刊发表论文多篇。

在自身研究的同时，还加强和国外同行的学术交流，在国家自然基金和国家重点实验室基金的支持下，课题组于 2010 年 1 月邀请日本 National Institute for Materials Science 的 Toshimori Sekine 教授到爆炸科学与技术国家重点实验室进行参观访问，并作了有关冲击波化学和冲击波合成材料的系列学术报告，与重点实验室师生就冲击波化学和爆炸合成材料的发展及研究热点进行了专门的研讨，并就今后双方科研合作及学术交流达成了初步的共识。

图 3-19 Toshimori Sekine 作学术报告

图 3-20 参观实验室

2010 年 9 月，课题组成员参加了在韩国首尔召开的 ESPH 国际学术会议，并就爆炸合成钨铜材料、冲击波掺杂改性以及爆炸合成细观机理数值模拟进行了小组发言，发表内容引起与会专家的兴趣和好评。

2010 年 10 月，邀请日本熊本大学 Kazuyuki Hokamoto 副教授来爆炸科学与技术国家重点实验室进行交流访问，并作了题为"Dynamic Processing of Materials"的学术报告，就冲击波化学和爆炸合成材料的发展及研究热点与师生进行了专题讨论。

图 3-21 2010 年 9 月韩国首尔 ESPH 国际学术会议

图 3-22 Kazuyuki Hokamoto 作学术报告

附录 1 回忆录

丁敬先生生平

丁雁生

丁敬先生（1924—2013 年）是爆炸力学和爆轰学家、力学教育家，我国爆炸理论及应用学科的倡导者之一。

爆炸是宇宙空间普遍存在的现象，深入研究爆炸力学、物理和化学现象，掌握其发生、发展和对外界作用的规律，研究并发展爆炸科学的理论及应用，以及预防和控制爆炸灾害，对于国防现代化和国民经济建设的发展有重要的意义。丁敬先生长期从事爆炸力学的本科教学、科研和研究生培养工作，坚持理论与实际结合、教学与科研结合、言教与身教结合，对爆轰理论和爆炸材料的力学性质有深入研究，为发展我国兵器科学与技术、我国爆炸力学（特别是爆轰学）的发展以及国际交流做出了重要贡献。

1924年7月22日，丁敬出生于江苏省无锡市。

父亲丁祖庚（1890—1926年），无锡人。4岁丧父，家境清贫，求学于南京水师学堂，在校加入同盟会，成绩优异，为1909年驾驶班第六届毕业生。毕业入海军，历任二副、大副、副舰长。1917年，随护法舰队南下广东。1918年1月3日，据孙中山密令，炮击广东督军莫荣新观音山督府。1919年，任航海学校教官。1922年，任中华民国海军参谋长。1922年6月16日陈炯明炮轰孙中山的总统府时，他参与保护孙中山登"永丰"舰，并驾"肇和"舰护送孙中山脱离险境。1923年，曾参与筹建黄埔军校。1924年辞职，回乡兴办实业，后因肺病去世。

母亲冯淑（1890—1988年）知书达理，抚养2女2子读书求学。

受家庭影响，丁敬自幼懂得爱国、救国道理。

1937年，全面抗日战争爆发，丁敬被迫离开家乡，辗转武汉、天津、江西玉山等地。1941年，考取浙江大学龙泉分校电机工程系；1943年，到贵州湄潭浙江大学理学院改读化学，受到了竺可桢、郑晓沧倡导的求是学风的熏陶，加入了进步学生组织"华社"。1944年年底，日军进犯湖南、广西，浙大学生组建了"战地服务团"，竺可桢校长任名誉团长，遵义、湄潭学生自治会主席支德瑜和丁敬任正、副团长，赴前线慰劳军队，宣传抗日，鼓舞士气。1945年毕业后，到甘肃玉门油矿炼油厂工作；1947年，回到杭州母校化学系当助教。回校任教后，他开始担任进步组织"人民世纪创造建设社"（简称"民创社"）理事，负责民创社的宣传工作，主编《时代建设通讯》，学习《文汇报》《华商报》等进步报刊，学习解放区颁布的《土地法》等材料，并组织进步师生参加国统区的反饥饿、反迫害运动。

1948年，在美国Allis-Chalmers公司植物油脂提取实验工厂实习，并先后在Texas A&M College和Brooklyn Polytechnic Institute当研究生，攻读化学工程。1949年1月，和葛庭燧、侯祥麟等一同发起组织留美中国科学工作者协会。同年6月，留美科协在美国匹兹堡城正式诞生，13个地区分会340名会员的五十多位代表出席大会，通过了由丁敬起草的成立宣言。经当选理事投票，丁敬被推选为留美科协常务理事，负责编印《美中科协通讯》，并协助《留美科协通讯》的编辑出版工作，重点报道国内情况，转载解放区和香港进步报刊的文章，刊登回国参加新中国建设的留美科协会员的情况和来信，以此团结、鼓舞在美的留学人员。留美科协迅速发展，1949年8月，已有地区分会19个，会员410人。新中国成立后，留美科协积极响应祖国号召，推动留美同学回国。到1950年3月，留美科协地区分会增至32个，会员达718人。在1950年6月召开的留美科协年会上，丁敬主持会议，确定以"认识新中国，为回国参加建设做准备，一切为了回国去"为工作重点。1950 年 9 月，他毅然中断学业回到祖国，在天安门前参加了新中国第一个国庆观礼。

"二战"结束后的一个时期，美国麦卡锡主义猖獗。朝鲜战争爆发，"非美活动委员会"和美国联邦调查局将留美科协列为非法团体，开始迫害要求回国的中国留学人员。经干事会表决，留美科协于 1950 年 9 月 19 日正式宣告解散。400 多名留美科协会员陆续回国，为建设新中国做出了重要贡献。

回国后，丁敬应聘在华北大学工学院任副教授。与他前后回国并在北工任教的留美科协会员还有王守武、葛修怀、吴大昌、程光玲、胡为恒、刘淑仪、傅君诏、颜鸣皋、陈芃、陈肖南、彭兆元、谢焕章、周政岐等。

1952 年，经全国高等院校院系调整，华北大学工学院改名为北京工业学院，并被确定为我国第一所国防工业院校，丁敬遂投身于国防教学和科研事业。1954 年，北京工业学院建立我国首批 11 个军工专业，丁敬担任教研室主任，与陈福梅教授等一起创建弹药装药加工专业，向苏联专家学习，合作翻译了《火工品》，编写了《弹药装药工艺学》《爆炸作用原理》等教材，并创建了弹药装药实验室、火工品实验室和烟火技术实验室，陆续开出化工原理、弹药装药工艺学、火工品和烟火技术等一系列课程。从化学、化工到物理、力学、数学、化学、工程交融的弹药装药，从精通英语到听说俄语、翻译俄文，丁敬恭谨勤奋，带领教研室实现了漂亮的专业转型，并逐步开始爆炸理论及其应用的科学研究。

1955 年，丁敬加入中国共产党；1956 年，转为正式党员。

1956 年 6 月，丁敬参加了"全国十二年科学技术发展规划"兵器小组的工作，起草了弹药、装药工艺、火工品和烟火技术等部分的规划，钱学森先生曾亲自到兵器小组了解情况、听取意见。

1958 年，丁敬负责在北京工业学院建成了北京地区第一个直径 6m 的爆炸塔，将做毕业设计改为做毕业论文，相继开展聚能破甲、破片杀伤等课题研究，并得到郭永怀教授的热情支持。50 年代后期，他与陈福梅教授一起研制成功我国第一代大爆破用毫秒差雷管和微秒雷管。1959 年和恽寿榕合作发表了《ПГ－2 弹空心装药射流机理的探讨》。

1962 年，在战斗部、引信、装药和火工品教学科研的基础上组建了北京工业学院力学工程系，丁敬担任系主任，并建立爆炸物理教研室，部署弹药工程的基础性研究。60 年代初，领导师生对从苏联引进的地对地、地对空和空对空导弹战斗部的威力与结构展开了反设计研究。1963 年，开始招收爆炸物理首批研究生；参与主持军委炮兵司令部"堑壕内有生力量炮击破坏与杀伤性能评定"大规模试验；与恽寿榕合作发表了《爆炸产物作用下空心球的变形问题》；还与周发岐教授一同带领数十名师生投入142任务，成立032科研组，进行了新炸药合成、炸药改性、造型粉研制、精密装药成型和加工工艺、炸药性能测试、长期贮存等一系列工作。经过两年努力，先后研制了HBJ、HJJ两种爆轰性能高、贮存安定性好的塑料黏结炸药，受到王淦昌教授等著名学者和领导部门的高度评价。1964年，指导研究生崔春芳在非常简陋的条件下开展数值计算工作，发表了论文《球（柱）面收敛爆轰波的近似解》。

在1963年举行的142-2会议上，丁敬就爆轰研究工作提出了重要意见，明确指出：只追求炸药爆速，单指标突进而不考虑爆轰压和炸药使用安全等指标是不妥当的，必须加强炸药爆轰理论研究并使炸药各种性能测试方法规范化。上级部门采纳了这一建议，于1964年成立爆轰物理组，任命中国科学院力学所副所长、著名科学家郭永怀为组长，丁敬为副组长；同时还成立了丁敬、钱晋和徐康教授担纲的高效炸药性能测试技术组；1966年制定了《高效炸药性能测试方法》，由国务院国防工办科研局分发全国各有关单位。

他的许多研究与试验直接为中国的"两弹一星"做出了贡献。在完成国家重大科研任务及其他一系列科研任务的同时，添置了高压示波器、高速摄影机等大、中型精密仪器，装药加工及炸药性能检测设备，使爆炸技术实验室达到了当时国内先进水平，培养了一批较高水平的技术骨干。

"文化大革命"爆发，使正蓬勃进展的爆炸科研戛然中断，丁敬受到冲击并蒙受屈辱。恢复工作后，他不计较个人恩怨，把全部精力投入科研和教学。1969年，率领科研骨干从事反坦克武器和坦克防护技术的研究。1972年年底，参加全国力学规划座谈会预备会，随后参与制订国防口的力学规划。70年代后期，积极参与燃料空气炸弹威力的实际测定和评价工作，主持了大型地面试验和空投试验，对该武器做出了全面的性能分析，并对后继研究工作提出了意见。1978年，调任国务院国防工业办公室规划研究院筹备组副组长，参与全国力学规划的制订工作，负责起草了《国防工业系统力学规划纲要（草案）》，被聘为国家科委理论与应用力学学科组副组长，并任中国力学学会理事。

1981年，丁敬教授调回北京工业学院任副院长、校学术委员会主任，主管教学、科研和研究生工作。他认为，重点高校既是教学中心，又是研究中心，教学和科学研究互相促进。任职期间，狠抓教学质量，大力开展国际学术交流活动，领导研究生部、院的创建工作，并亲自指导培养研究生，为学校各项工作的不断发展进步做出了重要贡献。

1977年，北京工业学院爆炸技术与装药专业恢复招收本科生；1980年，建立爆炸力学硕士点；1984年，建立我国第一个爆炸力学博士点，丁敬教授为博士生导师。1987年，该学科更名为"爆炸理论及应用"，被国家教委评为国家级重点学科。1988年，经国家计委审定批准，筹建爆炸灾害预防、控制国家重点实验室，由世界银行贷款，购进了一批具有国际先进水平的仪器设备，显著改善了教学和科研条件。1991年，建立博士后流动站，先后聘请一批中国科学院院士、专家任兼职博士生导师和兼职教授。来自北京大学、中国科技大学、国防科技大学、北京航空航天大学、中国工程物理研究院、西安近代化学研究所等校所的年轻人前来攻读硕士、博士学位，或进博士后流动站从事科学研究工作。1992年起，丁敬担任爆炸灾害预防、控制国家重点实验室主任、荣誉主任。

在科学的春天，丁敬先生全力投身于爆轰学的基础和应用研究以及高级专门人才的培养工作，迎来了一个硕果累累的时期。

他领导师生先后建成了先进的电磁法和锰铜压阻法测试系统，设计开发了多种拉格朗日传感器及其分析技术，在国内最早实现了被测介质中的某剖面上粒子速度或冲量模拟信号的数字化记录、拷贝、微机通信和存取，为研究炸药冲击波起爆、本构关系、爆炸产物的状态方程、唯象反应速率，以及组分与工艺之间关系等提供了必要的手段和方法。

1985年6月，丁敬在波兰举行的学术会议上作报告，题目是"Reactive Flow Lagrangian Analysis of the Combustion behind Shock Wave Front"，刊登在苏联科学院和波兰科学院合办的刊物《Archivum Combustionis》上。同年7月，在第八届国际爆轰会议作大会报告，题目为"Hugoniots and Reaction Rates from EMV Gage Measurements and Lagrange Analysis"，受到广泛欢迎。丁敬等人在应用电磁速度量计（EMVG）及拉格朗日分析（RFLA）直接研究炸药爆轰性能和冲击波作用下的行为等方面已处在国际先进水平。1987年10月，在烟火技术和炸药国际会议上作了题为"二维爆轰反应区的声速面和流场"的大会报告，提出了柱对称二维定常爆轰系统中的广义C-J条件。1990年在《Acta Mechanica Sinica》作了几年工作综述。

丁敬指导师生在固体推进剂安全性建立较完整的研究系统，其中包括冲击破坏性能、冲击波起爆和爆轰过程、爆轰危险性评价系统。1989年，在第九届国际爆轰会议上作了"复合推进剂对冲击载荷的响应"大会报告，报道了在固体复合推进剂安全性研究中的部分工作。

丁敬指导学生做对苯二醌的冲击波聚合研究和碳化钨的冲击合成、粉态混合物的冲击波压实、镍铝化合物的合成和钨合金的冲击响应研究。在应变率为 $1.4 \times 10^4 \sim 2 \times 10^6/s$ 范围内，发现93钨合金具有非线弹性、冲击增韧等特殊的力学行为。1990年8月，在国际激波与高应变率对材料动态响应学术会议作了"中国的冲击波研究进展"的大会报告。

丁敬领导的科研团队有"文化大革命"前成长的恽寿榕、徐更光、张鹏程、张宝平、黄正平等，有改革开放涌现出来的黄风雷、焦清介、白春华等，还有多位教职工和一批硕士、博士。他和助手在国内外学术刊物和国际会议上发表论文40多篇，在二维爆轰理论与实验技术、二维拉氏量测技术、固体火箭推进剂的冲击引爆及安全性研究，以及冲击波化学和材料动态响应等研究领域取得了进展，先后获得全国科学大会奖、国家发明奖三等奖、国防科工委科技进步奖二等奖等。丁敬先生担任国务院学位委员会第一、第二、第三届工学学科评议组成员及兵器科学与技术学科组召集人，中国力学学会和中国兵工学会理事、常务理事、荣誉理事，《力学学报》《爆炸与冲击》杂志编委，中国兵工学会爆炸与安全技术专业委员会主任委员，中国劳动保护科学技术学会副理事长，中国工程物理研究院冲击波物理与爆轰波物理国防科技重点实验室学术委员会主任委员，中国科技大学、国防科技大学的兼职教授。

自改革开放以来，丁敬积极参加和推动爆炸力学、爆轰学、火工烟火技术、含能材料、凝聚相冲击波物理及化学、材料动态力学性能等学科的国际交流。1979年，作为中国理论和应用力学代表团成员赴美国考察。他邀请国际著名学者来华讲学，如美国的Charles Mader、Lynn Seaman，苏联的A. N. Dremin、V. E. Fortov，日本的匹田强、福山郁生等，有力地促进了我国在爆轰数值模拟、拉氏量测和分析技术、材料冲击动力学等方面的研究。他被聘为美国主办的International Pyrotechnics Seminar的国际顾问委员会委员，美、德联合主编的Propellants, Explosives, Pyrotechnics杂志的顾问委员会委员，俄罗斯科学院和波兰科学院合办的Archivum Combustionis学报的编委，美国物理学会会员。他曾应邀访问了美、日、俄、德、英、法、波兰和比利时等国的一些著名学府和实验室，并于1988年10月至1991年9月在美国新墨西哥州炸药技术研究中心（CETR）任客座教授，在凝聚相冲击波物理与化学、爆炸和安全等领域讲学，并进行学术交流。他曾担任国际爆轰会议、凝聚相冲击波压缩会议和国际烟火技术会议等的大会和分会场会议主席，在国内8次主持了国际和全国的学术会议。

黑火药的发明是我国古代4大发明之一，在中国家喻户晓，但是在美国却并非如此。1980年，在第七届国际烟火技术会议（IPS）上，丁敬曾就中国发明火药和烟火技术的发展作了一次讲话。非常意外的是：当时听讲的许多欧学者都表示惊疑，说他们从来没有听到过中国人发明火药，历来的中学教材都说火药是Roger Bacon发明的，丁敬的报告纠正了他们的错误观点。回国以后，他将这情况在科技史研究中特别是在《中国大百科全书·军事卷》编审组中作了报告，引起广泛的注意。他对中国古代火药的发明、火药的早期军事应用、火药技术的发展和古代火药理论的探讨做了许多研究。1985年访问英国剑桥大学时，专门拜访中国文化科技史著名作家李约瑟（Joseph Needham）教授，对以上几个问题阐明己见，得到李约瑟的完全赞同。1987年，应日本工业火药学会的邀请在爆炸与冲击部的会上用英文讲演"中国的火药：过去和现在"，经东京大学吉田忠雄教授翻译发表于日本《工业火药》杂志第49卷第一期。经考证，我国明代宋应星首先对冲击波进行了描述。丁敬研究了宋应星"论气"一文，并联系到自己对黑火药的研究和一些史书关于战争中霹雳炮、震天雷威力的描述和其他记载，得出了明朝火药的爆炸完全可以产生冲击波的结论，《A Description of Shock Wave in the Year 1637》在美国物理学会主办的 Shock Compression of Condensed Matter – 1989 会议上作报告。1990年在美国召开的十五届国际烟火技术学术会议上，作题为"火药与冲击波的发明发现在中国"的大会报告，对于火药的起源、理论、军事应用技术史等作了详细的阐明，受到热烈的欢迎。

在40余年的教学生涯中，丁敬在培养大批本科生的同时，还先后培养了12名硕士生、16名博士生和3名博士后。在他的精心培育和指导下，这些学生中的许多人现在已经成为教学、科研和生产部门的骨干，有的已经成为博士生导师、知名的专家和企事业的领导人，中国工程院院士徐更光就是其中之一。

丁敬强调教师应身教与言传并重。他经常以自己的亲身经历教育学生：科学工作者是有国家的，首先应该报效自己的祖国和人民。丁敬一丝不苟，对学生严格要求。在指导研究生时，特别强调论文的质量。他认为，质量是论文的生命，而论文的质量又体现在先进性和创造性上。他要求研究生瞄准本学科世界前沿选择课题，鼓励研究生大胆创新，做出高水平的论文来。他还注意培养学生实事求是、严谨细致的工作作风。学生的论文完稿后，他都认真审阅，仔细修改。他常告诫学生，从事科学研究一定要老老实实，来不得半点虚假，一个观点如果不是自己的，就一定要注明出处。1988—1991年，他在美国讲学期间，时刻惦记着国内博士生的论文进展。他坚持两周给博士生写一封信，不仅指导博士生的工作，还介绍国外爆炸学科的最新动态以及博士生所研究领域的最新学术成果。他还复印资料寄回国，供博士生写作论文参考。他的博士生在不到两年的时间里，先后接到了他在美国发来的40多封信件。

丁敬对待学生既是严师，又如慈父。无论是讨论问题，还是聊家常，他都是以平等的态度对待。学生生活有了困难，他会鼎力相助；学生遇有思想问题，他会耐心开导。逢年过节，他都要把研究生请到家里，做上一顿丰盛的饭菜，让学生改善一下生活，享受一份家庭的温暖。

在过去北京工业学院八系或现今北京理工大学机电学院，无论教师还是学生一直尊称他"丁先生"。丁敬的思想品德、学术造诣、治学方法和为人之道，对他的学生的成长已经产生了重大的影响。

1955年5月，丁敬与同在华北大学工学院的梁嘉玉结婚。梁嘉玉生于1930

年2月16日，温文尔雅，才学出色，是北京理工大学化工系副教授。丁敬夫妇相敬如宾，共度春秋，育二子一女，家庭和睦。

1990年年末，丁敬先生不幸罹患老年痴呆。由于梁先生和子女悉心照料、学校关怀和师生帮助、医护人员尽力，丁敬在病痛中坚持十余年，于2013年2月17日6时30分在北京市海淀医院安详辞世，享年89岁。

誉美志恒，德厚功丰。

先生的心血已经熔铸在中华民族的钢铁长城之中，绽放在国际学术花园之中。

丁先生永远活在我们心中！

给我们正能量的丁先生

陈熙蓉

丁先生是我的老师，又是我的直接领导，与丁先生相识共事50多年，现回忆他的诸多往事。

1955年9月，我刚毕业留校，分配到丁先生当教研室主任的7专业。原来我是学发射药工艺制造的，刚走进这陌生的教研室不免有些紧张。向丁先生报到时，他二话不说，信任地要我这个23岁的青年人只身到沈阳724厂学习一个月并搜集资料，同时与工厂协商提前加工为学生开实验用的122火帽模具。显然这给厂方临时加任务，有难度，最后我还是努力完成，带着模具按时返校。没想到丁先生和教研室的胡瑞江同志对我大加赞扬，说我完成得不错，保证了教学计划顺利进行。这件事对刚参加工作的我是一次执行教学计划的观念教育。

后来丁先生要我准备给高年级开"工厂设计原理"课，但一定要写出教材。实际上是要求我自己先学习。为此我上第五设计院学习并翻阅大量参考书，最后写出约5万字装药设计原理书稿交给丁先生审阅，他逐字逐句仔细看完，说"很好"，并指出个别错字。他对我没有说教，但我已感到鼓励。

丁先生要求我们青年教师共同复习苏联专家讲的炸药理论。1956年六系聘苏联专家班都林为教师讲课，丁先生提出要教研室人一起复习深入讨论。当时我内心对此有些惊讶："是不是会不自由？"不料复习过程中看到丁先生平易近人、不摆架子，讨论中还点名回答问题，学习气氛既严肃又活跃。

丁先生对学习要求严格，除要求教师进修业务外，还检查每一个教学环节。如开课要试讲，要明确讲课的重点和难点及每课时应完成的内容。开实验、指导设计、实习指导都要预做，保证学生学习计划完成，最后还要考查。所以做教师对每一项工作都要严谨。

丁先生从不自以为是，或者好面子。他与我们一起审查学生的每一张图纸，发现设计漏洞，就让学生改正。这种和谐、浓厚的学术气氛感染着我们青年教师。

丁先生是一个对工作有创新的人，他不墨守成规，不满足现状。根据党和国家建设的需要，他博览中外文献，向兄弟院所学习，清晰规划出7专业从工艺到产品研究转型的前景，打开了专业向海、陆、空、地面……高端产品研究的局面。他自己身体力行，接受挑战，首先开"爆炸作用原理"课来提高专业学生的理论水平。丁先生不仅要求我们听他讲的课，还要我们参加闭卷考试。这一切都是为了提高本专业教研室的实力，为的是能培养国防建设需要的高级技术人才。

丁先生始终不忘高校是培养人才的地方，学生质量就是"产品质量"。他仍然坚持教师先行，搞研究从小课题入手，进一步过渡到长达3~4个月学生毕业论文研究的大课题。1964年，全面改成毕业论文，要求有实际需求、理论根据、结果，"真刀真枪"地做论文，全面提高学生从事爆炸专业的理论水平和解决实际问题的能力，这是丁先生带领我们专业有质的飞跃的标志，因此，以后才有142会议032项目的光荣绽放的成果。

"文化大革命"后，他没有抱怨，仍然以满腔热情带头"开门办学"。他与青年教师一起下厂，与学员"三同"。

一直以来，丁先生教学科研并重。科研是为了深化教学质量；教学是在有限的时间内给学生系统的知识，使他们获得解决专业领域问题的基本能力。丁先生曾经对教改很重视。1964年他任八系系主任期间，八系成为教改试点单位，目的是理论与实际结合、基础教学与专业结合，不做虚功，减少讲课的盲目性。丁先生深入一线认真听取教改汇报，一起讨论问题。

与丁先生在一起工作，他话语不多，总能给你指出方向。1981年，我被北京市高校职称委员会正式批准为副教授，我想我应该自觉提高水平、提高工作能力。一次在系里工作讨论会上，我说现在杂事太多，坐下来看书时间太少。不料丁先生对我说："教授就是要到外面跑，多争取课题，国外也是这样。"几句不多的话语使我明白了形势，只有抓紧时间，该干的就要去干。

80年代中后期，丁先生不再是我们的直接领导，但他始终不忘83专业是他耕耘的土地。丁先生总要我们去参加研究生的开题报告、文献综述报告或论文答辩，看研究生论文，并要我们提意见，很尊重我们。这对我们来说，是工作，也是学习。他主持教研室研究生导师的资格评审，亲自主持历届研究生毕业答辩、评审论文、提问题等。这个过程，对教师和研究生来说既是考核也是鞭策。

随着改革开放的深入，一切工作大踏步前进。丁先生更忙了，他的宽阔的视野为我们打开了国际学术交流的大门。大家纷纷提高外语水平，书写论文，参加各种国际学术会议，走出去、请进来，营造了浓厚的学术气氛。

丁先生是一位以党和国家事业为重、不计个人得失、团结奋进的优秀共产党员。他种种感人事迹给我们带来了正能量。

丁敬先生是我的良师益友
黄正平

丁敬先生生于1924年7月，我生于1936年7月，均属"鼠"，张锦云、张宝平和吴凤元也属"鼠"，"七侠五义"中的五鼠是同辈，831教研室的"五鼠"是两辈，是师生关系。

1955年9月，7551班和7552班入学教育中，我和同学们第一次见到丁先生——年仅31岁的丁敬教授。老师和高年级学生介绍了许多关于7专业的内容，同学们只记住了：将来要成为一名红色的国防专业工程师。

我们的"爆炸作用原理"课由丁先生主讲，黄友之老师辅导。当讲到水中爆炸气泡脉动一节时，我发现参考书上的内容与丁先生授课内容有差异，便与辅导老师讨论。次日，丁先生对授课中相关内容作了更正，并表扬了我。同学们对这件事印象深刻，深感丁先生没有教授架子，平易近人。

1960年，我毕业留校被分到教务处，1年之后因"技术归队"政策，我被调到北京化工学校任教。1963年，在技术人员"专业对口"政策下，我有幸被丁先生调回北京工业学院83专业任教。这是我人生中的转折点，为此要特别感谢丁敬主任、吕育新书记和蒋作龙系办主任等领导同志。

032科研充分展现了丁先生的领导能力和组织能力；同时也为后续的教学与科研创造了良好条件，全体参与者都经受了锻炼与提高。

"文化大革命"后期，83专业也招收了几届工农兵学员，因为工农兵学员基础差异很大，各系的很多基础课程由专业教师来讲授，丁先生讲普通化学，我当辅导教师。可课程讲授到一半时，系领导要把我调离，丁先生表态"调走黄也行，但必须请2个助教来顶替"。此事也让我感到意外，没有想到丁先生对我如此器重，深感荣幸。

丁先生是学化学工程的，7专业或83专业本质上也属于化学工程专业，毕业生的力学基础水平较低，为适应爆炸科学与技术发展的需要，必须补课，提高每位毕业生的力学基础知识水平。丁先生请来一批国内外学者来校讲学和学术交流，使得我们原7专业毕业生的力学基础有显著提升，有利于提高83专业教学与科研水平，减小与国内外同行的差距。

80年代中，丁先生为研究生开了一门新课"反应流引论"，其中包含《Detonation》中的若干章节，也包含冲击波化学等。丁先生去美国任客座教授期间，由赵衡阳与我接替丁先生讲"反应流引论",他把自己的手稿交给了我们。丁先生的手稿字迹清晰工整,数学推演十分精细,论证严密。我们阅完丁先生的手稿之后,希望丁先生写一本关于反应流理论方面的专著,可惜后来丁先生因健康原因,未能实现上述愿望。

我与赵衡阳协助丁先生指导研究生的时间较长,从1981年77级毕业生攻读硕士学位开始,到1998年孙晓明取得博士学位毕业,约17年。丁先生与我们讨论最多的是研究生选题,他很关注题目的先进性、创造性、实用性和可实现性。

丁先生带领他的研究生们完成了多项探索性研究,如利用锰铜压阻传感器测量冲击波起爆阈值、采用多电磁速度传感器测量技术与拉格朗日分析技术推算炸药的唯象反应速率;采用二维锰铜压阻传感器和康铜拉伸传感器测量二维爆轰波阵面参数,分析二维爆轰波特征和广义C-J条件……根据这些研究,丁先生写了相关论文,并都已发表,学术水平很高。

我与丁先生

张汉萍

1963年9月,我由北京大学数学力学系毕业分配到北京工业学院,报到后好几天才通知我到八系工作。后来才知道校人事处原想把我分到一系空气动力学教研室,而丁先生力争把我弄到八系来。当年校庆,正值八系成立一周年,有好多校友返校。丁先生趁机举办了系学术报告会,各教研室都有学术报告分会场,还印制了八系学术报告论文集。我参与接待校友。原7专业的校友几乎都要问我是哪里来的、学什么,都奇怪怎么把学数学力学的人弄到八系来。原来是丁先生要搞爆炸力学,要加强理工结合。

我到教研室后,丁先生首先要我下实验室,掌握实验技能,并给我一篇英文资料,要求翻译出来,并且把文献中的实验重复做出来;还要我跟班听他讲"爆炸物理"课、协助辅导答疑并参加考试。在讨论爆轰一维流动理论时,他极力称赞特征线法,说"这真是聪明人想出的聪明办法"。随后安排我随1960级学生去763厂实习,尽快了解和熟悉本专业的情况,更好地理论联系实际。我在工厂除了跟学生一起走实习的全过程外,还自己增加在注装车间的实践。在032科研和以后的工作中,我参与了一系列实验,既培养了学生,又提高了自己动手能力和实验技能,受益匪浅。

丁先生对艺术很有造诣,与我国对敦煌壁画很有研究的常书鸿先生及其女儿常莎娜(原中央美术学院的院长)很熟。丁先生也爱看演出。当时我在系工会任文体委员,负责发电影票、演出票,每次演出学校发到系里只有几张好票,我一般都发给他。只有一次郭兰英的独唱音乐会,有2张前5排的,其余都是后面的票，我"自私"了一下，把最好的票自己留下，给他后面的，他二话没说，毫无怨言。从未提过此事，倒是我后来看见他就感到不好意思。

80年代初，我父母的户口从外地调入北京，学校分配我家住进"2间半"的单元房，丁先生还特意到我家看望，跟我父母谈家常，我父母都很感动，我更是受宠若惊。90年代初，我搬进3居室时，丁先生和梁先生又到我家，祝贺乔迁之喜。我父母都说："你们丁院长人真好，这么平易近人！"

20世纪80年代末90年代初，我曾两次参与整理丁先生的材料，为他争取学部委员（后称院士）名额，第一次丁先生在国外，有人说他不回来了，阴差阳错没报；第二次又说材料不够，使丁先生与院士擦肩而过。但他从来没抱怨过，仍然满腔热情地工作，做好每一件事情。

1991年，丁先生为力学学会写传记时，我有幸替他将文稿录入计算机，所以常去他家。他总是耐心解释，平等地与我讨论问题，虚心听取我的意见。帮丁先生写自传的过程中，我强烈感受到了他的爱国热情和积极献身祖国建设的赤子之心。传记最后落款没写他自己的名字，写的是恽寿榕（时任83教研室主任）、我和苏青（当时的校办主任）。

1994年，在北戴河召开了全国爆轰学术研讨会暨丁敬教授诞辰七十周年，会后，我把会议录像带和全部照片送给丁先生，他又高兴又有点失落感。退休后，他的健康状况也差了，有很多想干的事还没来得及干。以后每见到他都要提及美国××会议要开了，要大家准备文章。其实有时该会早已开过了。

丁先生像师长、像慈父、像朋友，一点没有大专家的架子，与他每一次见面都是那么温馨，那么亲切，那么受用。

怀念丁先生

张鹏程

我是丁先生的学生、同事，在和他相处将近60年的岁月中，给我印象最深的有两点。

其一，他是爱国主义者，一位谦虚、低调的人，从不炫耀自己的光荣历史和出身。

同事这么久，在他去世后，我才知道他父亲曾参与筹建黄埔军校、保护孙中山脱险。他自幼受家庭影响，非常爱国。年轻时组建"抗日战地服务团"，任副团长；在进步组织"民创社"任理事。在美国，由葛庭燧、侯祥麟、华罗庚、丁敬等人发起成立"留美中国科学工作者协会"并任常务理事，以"认识新中国，为回国参加建设做准备，一切为了回国去"作为工作重点，动员留学生回国参加社会主义建设。不到两年的时间，有近800名中国留学生参加了该组织，并有400多名会员在1949年前后陆续回国,为新生的政权输送了一批优秀科技人才。他们为建设新中国做出了重要贡献。他本人也放弃在国外的优裕生活毅然回到国内,先后在华北大学工学院和北京工业学院投身于国防教学和科研事业,做了大量开创性的工作。在一些运动中,他受到了冲击,但他不计较个人得失,积极工作,取得了重大成绩。"文化大革命"期间又受到不公正待遇,直到70年代中期才恢复,他依然不计个人恩怨,全身心工作,这充分说明他的爱国主义是一贯的、真实的、身体力行的。

其二,他是一位厚德的长者。在领导岗位上从不盛气凌人,从不摆官架子,对下属平等相待,始终以协商的精神与人相处。在他的领导下,大家做出许多重大成绩,他从不居功自傲,也不将成绩据为己有,即使失去了被评为院士的机会也无怨无悔。这种高尚品德影响了很多学生。他的品行永远值得我们尊敬和怀念,是我们学习的楷模。

共产党员的情怀
——记丁先生的两件小事
张锦云

其一:

从1966年开始,大学停止招生和上课,中学也停止上课,十几岁的娃娃们告别课堂,上山下乡、参军(或者还得有门路),几乎全部加入工农兵的行列。直至1972年,大学才开始招收由工、农、兵中推荐选拔的学生。当时我系招了81721一个班,有的人甚至连高中都未上过,必须给他们补基础课。丁先生主动承担了该班普通化学课的讲授(我和黄正平负责辅导答疑)。丁先生原本是83专业的创建者和学科带头人,但由于"文化大革命"的冲击,科研和教学被迫中断,丁先生本人也受到了冲击。在这种情况下,丁先生却毅然抓住这可能又可贵的机会,为党和国家效力。他对工作不挑拣,不摆大教授架子,兢兢业业、尽心尽力地做好。他心中装着的不是个人的权威和得失,而是对事业的忠诚和责任感。

其二:

20世纪70年代,本教研室有一位曾经带头批判过丁先生的同志的父亲从东北老家来京看病。丁先生知道后对我说:"×××的父亲是中华人民共和国成立前的老矿工,产业工人,受苦最深,我一定要去看看他。"我当时听了他这句话,受到很大触动。丁先生,不计个人恩怨,心胸宽广、纯洁,对劳动人民有着真挚、深厚的感情。

以上两件事在丁先生光辉的一生中是很小的事,但它们体现了丁先生踏实的敬业精神和真诚的共产党员的情怀。

深切追悼徐更光同志

陈熙蓉

  想不到老徐同志很快就离开了我们！前些时，我还在他家楼前遇到他晒太阳，我们聊了好一会儿。我打算在他休养时去他家坐坐，可是噩耗传来令我十分惊讶！当看到他栩栩如生的遗像时，我顿时难过得哽咽，唉！更光同志，就这样快地走了！

  1955年，丁敬先生派我们刚毕业的青年教师带领应届毕业生到123厂实习一个半月，完成各个毕业实习大纲的要求，最后以口试方式对每个人进行考查。实习后，丁先生分配6名毕业生由我指导设计，其中有优秀生徐更光、张鹏程、左汝良等人。徐更光同志在学习期间很踏实，很有智慧，思考问题很灵活。他对我们这些早毕业一年的年轻老师很尊重，总是称呼我们"××先生"。后来他当了系主任、院士后，多次在公开场合还总是诚恳地介绍我是他的老师。

  徐更光同志毕业后，留校任教，被分配到专业陈列室，与其他同志一起管理陈列室，并讲授弹药学。他不挑别工作，满腔热忱。

  1958年，他被调到系化工厂从事间苯三酚的生产，取得了很好的成果，使间苯三酚的得率大大提高，受到系里表扬。徐更光同志干一行爱一行，对工作集中精力，从未见异思迁，从不怨天尤人。

  徐更光同志从间苯三酚工厂回到教研室后，被丁先生、陈福梅先生调至83实验室，当实验室主任。徐更光以实验室为家，继续发挥他的才干。

  专业转型期，徐更光同志指导优秀毕业生孙业斌、刘德润等人进行符合尖端武器要求的混合炸药造型粉研究，为后来能与核工业部、上海有机所等单位合作奠定了基础。改革开放后，徐更光同志领导的团队蒸蒸日上，科研成果硕果累累，这是众所周知的事。

  徐更光于90年代初期，继马宝华同志后被任命为八系系主任。他还是兢兢业业，很耐心，不盛气凌人；他也担任校学科组职称评定委员，他实事求是、客观地不带个人情绪地核定被评审的同志。

  一直到90年代初，徐更光同志的家庭还是比较拮据的，因为他爱人是农村户口，粮、油票不按城市待遇发放。全家只靠他一个人的定量，显然不能像双职工那么轻松。但他从来没有与大家谈起家庭困难，从不显露、叫苦。他本来是大学生，完全可以找个对等条件的大学生为对象。可是徐更光同志选择了善良、朴实、贤惠、老实的工人沈师傅，这说明徐更光同志人生的价值观。他们不断克服生活困难，二人相濡以沫、美满幸福。

徐更光同志不幸离开了我们，让我们深深纪念这位优秀的同志。

实践和执着铸就了他的辉煌成就
——怀念徐更光院士
张锦云

一位毕生痴迷于炸药应用研究的科学家，一位对科研工作永远孜孜不倦、永远充满活力的国防科研领域、炸药应用领域的专家，工程院徐更光院士永远地离开了他终身热爱的工作岗位，永远地休息了。这是国防科研领域的重大损失。

我与徐院士共事几十年，衷心敬佩他对事业的执着精神，敬佩他重视实践与坚持深入科研、生产第一线的精神。正是这两点宝贵的基本素质铸就了他一生的辉煌成就。

他大学毕业留校工作初期，负责筹建专业陈列室。1958年，担任系办工厂厂长。在这些工作中他不挑不拣，认真踏实地工作，使他得到了很大的锻炼，增强了解决实际问题的能力。在丁敬先生领导的032科研中，他负责混合炸药的配方研究。他与教研室全体同志一起以巨大的热情投入科研，日夜坚持在实验室，亲手反复做实验。他知识面广，思维灵活，能触类旁通，寻找到了性能优良的黏结剂和成型工艺润滑剂以及造型粉的制造工艺，为我国核武器的研发做出了一定贡献。

他先后取得多项重要科研成果，在每一项科研工作中他都坚持在科研实验的第一线，亲手做实验，亲历各个环节，包括储存试验、靶场试验，并亲自下厂做试验。正是由于他坚持亲力亲为，使他能获得真知，变得睿智、手巧，能想出好主意，并将其变为现实、变成产品。他的很多科研成果都不是止步于完成鉴定或论文，而是一直亲手抓到实现产业化，使其变成实际的生产力和国防战斗力。这是他超越常人的突出优点，也是他能够创造辉煌成果，成为工程院院士的根本素质，特别值得我们认真学习。

凡是成功的人、杰出的人都有一个共同的特点，那就是对事业的执着，徐更光院士在这方面也表现得很突出。比如，在032科研中，他在配方中选择的黏结剂被当时某权威否定，理由是有文献说该物质储存15年后强度大幅下降。事后，徐更光自己把那种配方制成的药柱储存起来。过了15年、20年，我亲眼看到他拿出那种样品在材料试验机上测试强度，结果证明强度反而是提高的。

又比如他参加下厂调研，发现某种装药工艺在生产时会产生大量的炸药粉尘，严重危害工人身体健康，他和调研组的同志一起向上级机关写调研报告，要求立项，改进炸药性质以解决上述问题。对此项目，他领导的课题组坚持不懈努力数年，最终获得圆满成果。

从20世纪60年代参加032科研开始,他始终坚持高分子黏结炸药、高能炸药的配方与应用这一方向研究,取得累累硕果。

他脑子里总是时刻想着科研事业,在他身体已经不好的时候,仍不放松工作。

无论何时,和他谈起科研工作,总会被他表现出的活力而感动、感染。在生命的最后清醒时刻,谈到工作,他仍十分兴奋。

徐院士,你太累了,为工作耗尽了心血。好好安息吧!

我的导师徐更光院士

周 霖

惊闻我的恩师徐更光院士离世,万分悲痛!

徐院士是我国火炸药领域的旗手,他为我国火炸药发展倾注了毕生的心血。我师从徐院士近三十年,他教会了我从事科学研究的思维方法和科学手段,无私地为我提供了大量的锻炼机会。他使我从害怕炸药转变为体会到从事炸药研究的乐趣,使我懂得了为武器装备、为企业服务的意义以及人生的价值。由衷地感激徐院士给了我在行业里生存、打拼的本领,可以说没有徐院士的培养,就没有我周霖的今天。

围绕武器装备和企业的需求,徐院士一生都在科研第一线奋斗,取得了令人羡慕的成绩,成为行业楷模。记得1986年5月我刚到徐院士课题组,就得知8701炸药在破甲战斗部中得到成功应用,并获得国防发明奖三等奖,让我第一次朦胧地感受到科研人员的价值。1990年,为打破国外的技术封锁,徐院士率领我们课题组开展海萨尔高能炸药的研制。他总揽全局,亲自策划研制方案,开展配方设计和工艺设计等工作。无论是学校的公斤级试制,还是工厂的工程化制造,他老人家都是冲在第一线。记得徐院士亲自制备的1公斤样品经有关部门送到国外得到订货,以及经他改进的工艺在工厂制造出批量产品时,他高兴得像个孩子似的,让我第一次感受到什么是攻坚克难后取得成功的喜悦。海萨尔炸药因在各方面的成功获得外贸出口以及在"双35"平台上得到应用,并获得国家科技进步一等奖。之后徐院士又领着我们课题组成功开发了改性B炸药和实现了海萨尔产品的系列化。在徐院士带领下,我们在压制兵器、水中破障等技术方面取得了诸多成果并得到批量装备,这时让我第一次真正感受到什么是科研人员的人生价值。

徐院士对炸药事业的热爱与执着,在专业上的认真与谨慎让我无限钦佩。同时,徐院士关心我、教导我的一幕幕也让我记忆深刻,我时常想起在我刚开始工作和他相处的日子。那时,每次出差我都和徐院士住在一个房间,每天清晨他都是很早很早就醒来，坐起来靠着床头，点着一根烟，一边慢慢地吸着烟，一边专注地思考着科研的难题，思考着今天应如何解决困难……此时的我还在半梦半醒之间，而他却总是很安静，干什么都轻手轻脚，生怕吵醒我，总想让我多睡一会儿。而我也习惯了，就像一个孩子似的香甜地躺在慈父的身旁。我青年时期的大部分工作都陪伴在徐院士身旁，从海萨尔到改性B炸药，从炸药混合到装药工艺，在科学的道路上徐老师教会了我太多太多，无法计数。让我感触最深的就是徐院士深入实际，深入工厂，自觉和工厂紧密配合的宝贵经验。他带着我风里来雨里去，无论工厂多么偏僻，环境多么恶劣，他都亲自跑到生产第一线解决问题。那时，我们的经费很少，根本不敢坐飞机，就是坐火车也经常买不到卧铺票。徐老师和我们一起坐硬座四处奔忙，有时甚至为了不耽误时间买站票。30多年过去了，在他的熏陶下，我也慢慢养成了下工厂的习惯。现在一年当中，我有多一半以上的时间都是在工厂、研究所里度过。我把徐老师交给我的知识和经验都奉献给我挚爱的军工事业，徐老师永远是我事业上的指路明灯。

徐老师不仅教我如何工作、如何处事，而且教我如何做人。我23岁就离开父母，稚气未脱就跟随徐老师。每当自己在生活上遇到磕磕碰碰，他总是不厌其烦耐心地开导我、教诲我，帮我化解了一个又一个矛盾，教我如何面对各种各样的困难。他使我懂得了什么是宽容，什么是责任；他让我真正体会到了什么是温暖……

徐老师，今天您虽然离开了，离开了您钟爱的事业，离开了您朝夕相伴的学生，但我永远不会忘记您对我的培养，我今天的一切都是您给予的！我将继承您的遗志，为炸药技术发展进步而努力，为保持北京理工大学在炸药领域的地位和荣誉而奋斗！

安息吧！徐老师！

怀念徐更光老师

刘德润

2015年1月7日13点29分，惊闻徐更光老师与世长辞，噩耗使我好久没反应过来，站在那儿发呆，眼泪也止不住流下来。

徐老师走了，永远离开了他终生热爱的工作岗位和他从事的事业，这是我们国防科研事业上的重大损失！

徐老师长期从事炸药及其应用技术的教学与科学研究、爆炸能量输出结构与目标力学响应研究、非理想炸药爆炸过程的数值分析方法等前沿性基础研究，为我国武器弹药的炸药装备、装药技术的发展做出了不懈的努力和重要贡献。他所从事的炸药应用研究涵盖了陆、海、空三军及尖端武器系统的广泛应用。他所研

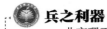

制的 8701 炸药于 1978 年获全国科学大会奖，海萨尔高威力炸药在 1992 年获国家科学技术进步奖一等奖，也是北京理工大学首获此项殊荣。他科研硕果累累，有十八项之多，近十家工厂生产，并应用于几乎所有弹厂，装备近五十多种弹药和民用爆破器材，影响广泛。他的研究不仅提高了弹药威力和性能，解决了大批弹药安全储存问题，而且促进了我国大口径榴弹安全技术改造。多项研究成果达到国内、国际先进水平，为国防建设、兵器工业的发展做出了突出贡献，取得了重大军事、经济和社会综合效益！

我既是徐老师的学生，也是一起共事多年的同事。我十分敬佩徐老师对事业的执着热爱，勇敢担当的精神。他的这种精神深深地教育着我、影响着我。

他知识面广，思路敏捷，思考问题善于以全局着想，对国内外弹药发展状况、发展趋势一清二楚。所以研究课题立项新颖，起点高，总是站在学科前沿考虑问题。这一特点，充分体现在徐老师的科研成果中，如 20 世纪 90 年代为高射武器设计的 JHL-2 高威力混合炸药，当年生产定型，当年外贸出口，其综合性能优于国外同类产品，达到了先进水平；又如熔黑梯-5 炸药及配套完成的低比压顺序凝固装药技术、弹药底隙检测技术的研制成功是大口径榴弹应用中的重大突破，达到了世界先进水平。

实践出真知、实事求是，是徐老师遵守的重要原则。每一项科研工作中他都坚持在实践第一线，亲历试验中的各个环节，不放过任何蛛丝马迹，如贮存试验、环境安全性试验、靶场试验等；为了掌握第一手资料，昼夜坚持在实验室、车间，他是一个不知疲倦的人；他重视实验现象，重视实验数据。这种实事求是的科研作风充分体现在徐老师的科研工作中。近年来，徐老师虽然年事已高，但对一些有关数据记得一清二楚，他就是一本活字典。正因如此，工厂或兄弟单位时常带着难题登门请教徐老师，清晰的思路、耐心的回答，受到兄弟单位的好评和尊重。所以他家的小客厅自然成了接待站，老师的夫人沈师傅也成了不在编的热情招待员。

徐老师由于多年的辛勤劳累，积劳成疾，曾患过脑溢血，脊柱在工作中扭伤而一直缠着医用腰带，近几年单独行走比较困难，但仍念念不忘工作，仍关心着国防事业的发展，亲自执笔向有关领导机关撰写、汇报科研项目的发展方向，他时常说："我脑子很清醒，记忆力也很好，可以坚持工作。"

只要谈起科研工作，徐老师就十分兴奋，即使在住院病重期间，仍惦记着工作，谈论项目进展、应该达到什么指标。老师就是这样一个人。

徐老师，您太辛苦了，也太累了，为您热爱的事业献出了毕生的精力和心血，安息吧！

深深怀念徐院士

黄正平

我是原北京工业学院 7 专业 7551 班学生。1958 年，在大学四年级参观专业实验室的间苯三酚试验生产线时，第一次认识徐更光老师。1963 年，我被调回 831 教研室之后，才逐渐熟悉徐老师。我记得当时徐老师一家四口人住在 2 号楼一层的一间 12 m^2 房间内，生活条件相当艰苦。当时徐老师是 831 教研室实验室主任，工作繁重，加上家庭负担过重，过早地花白了头发。

1963 年，我校接受了 142 科研任务，校内定名为 032 科研项目。八系的 032 科研任务由丁敬教授主持，下设三个组。其中混合炸药研制组，由徐老师任组长，徐老师带领小组研制出了 HBJ 造型粉热压成形的大尺寸炸药装药产品。该产品外观具有瓷器般的光泽，密度高，密度均匀性好，爆速高，冲击感度低，机械强度高，机械切削性能好，可长期存储。后某院三所参考 HBJ 的配方与工艺，并做了进一步研制，完成了适用于核武器的新型炸药装药研制任务。

徐老师及其课题组后来又研制成功了一系列适应不同需求的新型混合炸药，其品种之多、经济价值之高为国内同行之首，他无可争辩地成为我国第一批工程院院士。

徐老师一生致力于炸药装药的结构、性能与工艺等多方面的研究，为爆炸科学与技术学科培养了一批批优秀的博士研究生和硕士研究生，许多已经成为技术精英或走上部门领导岗位，他的科学研究的思想与方法早已传承于他的弟子们。徐老师过早离世，留下了许多未尽事项，例如，含铝炸药爆轰波波后流动中的化学反应与爆炸波能量输出结构之间的关系问题，如何利用 CARS 系统直接探测"无扰爆轰波的波阵面温度"……这些遗愿需要我们继续努力工作。

徐更光老师安息吧！我们将永远怀念你！

悼念徐更光院士

张汉萍

惊闻徐院士辞世，深感惋惜，他的音容笑貌还历历在目。

我于 1963 年 9 月被分配到 812 教研室，该教研室是从 831 教研室分出来的，两教研室的实验室在一起（称禁区 5802）。徐老师是 831 实验室主任，丁先生让我先在实验室待一年，我从未接触过真的爆炸，一切从头学起，所以有机会常看到他。因历史的原因，徐老师爱人户口在北京郊区，是农业户口，因此很多年里一家四口仅有徐老师一个人的定量供应，生活异常艰苦，但从未听徐老师怨声载道、怨天尤人。由于他爱人沈师傅全力照顾家庭，徐老师从搞 032 科研起就能全身心投入，总是早出晚归，除了吃饭、睡觉，其他时间都在实验室，任何人什么时候去实验室总能看见他。随着徐老师头发日渐变白，科研成果一个接一个产生，获奖项目一个又一个，徐老师也从普通的助教一步步提升为教授直至我国首批工程院院士。

教研室申报"爆炸理论与应用"重点学科、申请建博士后流动站，以及后来完成国家重点实验室统计年报，都要用到徐老师的科研成果，他都毫无保留地提供；我多次到他家里去翻拍他的奖状等，他都非常配合。

2000年以后，一大批老教师陆续退休，徐院士虽然年龄不小了，但仍然才思敏捷，活跃在教学科研第一线，继续培养研究生和搞科研。

几十年如一日，勤奋、坚持，一心只想工作，还有好多要干的事未了。我们失去了一个好同事，兵器行业失去了一个栋梁！

安息吧，徐院士！

附录2　学生名录

原中法大学1949级化学工程系学员名单

张纯乐	知　水	林　青	旋益善	马庆云	储亚才	周　鼎	于振声
苏正诚	吴德华	谢淑芳	李天铎	周玉琴	侯佐明	何元恭	劳允亮
张震亚	任玉立	曹咏先	陈丽莹	张乃恭	陈风媛		

华北大学工学院1950级化学工程系学员名单

董荫嘉	汪淑慧	张瑞海	刘宝芬	沈承珏	顾永珍	孙抱真	侯学程
陈熙蓉	席燕文	蒋　铨	商　济	周馨我	郑建华	庄　冲	杨吉人
朱畅九	夏　熙	赵秋星	周起槐	雷行之	蒋凤山	许又文	盛钟梓
杨宗文	鲍永和	万纯材	恽寿榕	孙继宗	陈务正	金忠礼	史致武
闫宏印	李风华	刘泽靖	田淑静	韦乃成	董　茵	白木兰	罗俊忠

东北军区军工部工业专门学校学员分班名单（1951级）

张宝善	张殿阁	张一卜	汤敬忠	冯国珍	杨清亮	杨毓秀	管彤贤
宁玉萍	刘景龄	刘世贤	刘恩林	刘振东	于宝贞	王文江	王光宇
田德林	曲学精	宋车孔	李　磐	李成皋	李鹏程	李　忠	武建环
周廷选	姚大美	胡果为	范士合	马青龙	马　冶	孙　焕	陈正美
许庆滨	栾玉树	肖士赏	魏希忠	邓长虹	杨荣根	李　都	黄寿伟
王振涛	王琦文	王　显	王桂珍	曲宝纯	余杭棣	何国梁	李之洞

李俊贞	李九明	李鸿儒	李敬涛	孟宪超	宋慧芬	范喜宝	郝崇文
倪明哲	时兰芬	徐耀华	安大忠	张淑清	王樟寿	胡世勋	姜永林
林向荣	刘忠经	黄一鸣	崇 语	润 德	康连乾	梁云程	陈道亭
陈 江	陈文晋	黄傅锐	曹贵田	傅殿邦	傅春浩	揣 星	温淑杰
张婉如	张守信	张玉峰	郭冰璟	孙 强	杨守绪	杨生彩	杨松秋
郑土群	郑彦修	刘洪忠	魏大放	郑功海	徐建华	夏 鹏	廖宝球
姜盛峻	陈奉献	金承天	彭化龙	李栓尧	单加木	方涛萍	戴铁垣
李景云	朱希平	周尚礼	邱升杰	林国光	林 捷	余超志	王静惠
王永琦	左汝良	王又玉	宋建壮	李森林	李树勤	岳建华	林树盛
胡文奎	周晶颖	胡志达	施立杰	苑振铎	姜国涌	陈继英	陈莉竺
陈连科	陈 贤	陆延明	计 权	张鹏程	张雅艺	张文英	张绍刚
张麟采	程菊华	杨正昌	孙华仪	孙兴福	郑春华	刘清江	刘 凯
卢爱慈	艾吉人	吴明德	吴天恩	韩树勋	王廷增	葛大同	刘捷飞
张维新	董学栋	张 寅	徐更光	李服生	袁世辅		

北京工业学院化学工程系7专业和83专业学生名单

班级：7511

左汝良	王文玉	宋建壮	李树勤	岳建华	胡文奎	姜国勇	陈继英
陆延明	计 权	张鹏程	张雅芝	张文英	张绍刚	程菊华	孙华义
孙典福	郑春华	卢爱慈	艾吉人	吴明德	吴天恩	韩树勋	王廷增
葛大同	徐更光	袁士辅					

班级：7521（化5202）

高福安	张淑敏	高仕良	郑 森	苏涌魁	刘静怡	张承苓	倪孝荣
沈祖肇	赵金城	崇广庭	王和培	王淑华	张钟儒	邹婉华	叶英勤
王克贤	李焕华	汤明钧	王耀宣	孙玉霞	施立言	周凤延	

班级：7531

单友松	李赋涛	凌翔芬	吴 双	刘正微	王宜静	秦定华	王雅春
谢天相	王守实	郭 璞	李开生	姚留绨	杨克兰	曹华银	冷兆统
张泽田	刘 钺	赵 志	林其荣	刘国粹	胡学先	曹青阳	蔡毓芳
胡世芳	应舞阳	连水林	朱学明	杜惠南	陈其定	陈荣华	俞瑞华
雷遂仁	黄蓝青	高法钰	张益中	胡国丰	黄震思	何杏君	黄伯祥
刘慎斋	黄绍元	陈俊南	冯元彬	史惠芳	徐丽华	仇佩文	方永德
陈祖愤							

班级：7541

安志兰	张宝平	翟炳忠	尹锦云	赵良发	王德铭	谢瑛华	张锦云
王友民	罗朝栋	李金泳	谈行华	蒋明学	黄文祥	张 锐	谭天德
马 正	李冬生	傅荣安	王行武	洪时祜	罗绣云	郝树杰	陈仁章
金铃坤	佟世发	李德峻	杨我喜	量青元	刘映蓉	方秀玉	李常康
谭德增	杨慎修	胡怀忠	王宗镛	周光远	程存礼	罗洪成	王君琪
周殿宝	牛仉何	姚留娣	刘 杰				

班级：7542

| 侯竹林 | 刘奎文 | 瓮秉义 | 严金良 | 袁晋良 | 刘洪新 | 万倩芝 | 熊长清 |
| 李绍白 | 李丹若 | 陈维波 | 周慰慈 | 锺希圣 | 韩世敏 | | |

班级：7551

陈于华	潘 辉	钱洪成	周 菲	高昌奎	李紫光	黄长水	吕寿福
王广富	王妙全	张殿芝	董存胜	谢 斌	奚大勇	黄正平	何雨丙
陈旦鸣	杨俊能	王伯枢	黄存尧	谈景煜	简平清	刘伟钦	张有义
郑开智	邓贞禄	骆文仪	刘兆民	尉迟明	吕宜家	钱桂林	魏振盛
张中津	杨德隆	钱必富	顾云生	郑洪城	刘淑贞	瞿林森	周申如
谢高第	顾锦林	高德安	周俊永	严一森	张红英	茫 禾	陈光远
徐永年	梁德裕	郑武成	张洪霞				

班级：7552

王铭德	杨仲奇	项建石	徐义方	茅铁华	程国元	刘淑芳	李国风
周石武	朱良宏	铁轶清	杨少惠	向星良	王煌先	丁本盛	曾象志
刘裕乃	余 润	陈禄瑜	蓝缘波	张英德	吴学贵	金佩琳	肖致和
顾映芬	戴可华	钱达人	李德晁	张光顺	罗连纮	孔繁敏	罗正和
李怡宁	王炳南	李维志	祝守荫	吴自由	张志敏	潘中和	张本彩
傅祥福	汤野浓	杨启芳	黄材冢	汤荣芳	李雪诗	向志夫	袁渭德
朱恩钧	杨春明						

班级：7561

王泽民	王水林	王兆臣	王魁安	方大忠	江祖莅	于维廉	李志初
李英畏	杜振华	沈志有	叶福义	刘蕙芳	吴祖同	周德瑞	周大正
周宝祥	何芳珍	张再花	张文田	袁来恩	陈友文	孙赛兰	陈守正
姜洪连	梁 杰	徐端义	马丽娟	范爱龄	耿文君	冯洪福	席秀曾
曾玉麟	傅秋成	郑桂求	曹毂民	翟淑雅	蔡佩华	蒋爱兴	朱志忠

班级：7562

| 卜椿源 | 方昌成 | 王伟全 | 周以兴 | 何孟芳 | 朱哲生 | 胡柳庄 | 刘志远 |

刘宏明	邵守兰	沈慧明	马儒英	马秀霞	查保谦	唐汉云	唐长荣
章士川	常铁明	许剑浩	金雄飞	金曦民	崔铭玉	李桂兰	李　槐
李蜀生	陆瑞文	高杰英	高锦成	须承本	陈文华	余长生	除文昌
长书屏	张鼎裕	张福海	杨正时	葛瑞留	董开丰	禚庆先	裘乾金
屠湖贞	寇铁船	谢智来	奚大涌	向星良			

班级：7563

王芝娥	王文恬	王陶吾	史建基	朱观新	朱鑫麟	林　彬	宋培凤
叶　彬	吴学易	胡绪发	荣瑾仙	许尹初	黄国鑫	黄生贵	徐魁智
刘可晴	荆小玲	郝之让	高霭昂	程民辉	李进祥	李惠宁	邓荣恩
陈方清	潘兆麟	赵衡阳	贾建宪	盛建文	蔡瑞娇	贺曼罗	张泰山
张建洪	郑隆鳌	蒋惠贤	蒋宏茂	盛正才	孙建伦	孙巨川	孙念平
戴宁远	鲍德龙						

班级：65571

朱信彬	尹心华	张德炎	刘瑞霞	赵鸣洲	贾惠芳	李为正	陆蕴罗
张耀正	孔庆岐	卡君和	何光亚	关贵元	聂先林	顾毅华	博介裔
严文华	刘少坤						

班级：65572

| 韩庆坤 | 宗士瑜 | 成继生 | 苏惠生 | 施梅林 | 贾保仁 | 贾云程 | 童钧安 |
| 饶宏伦 | 鲍星星 | | | | | | |

班级：83571

| 缪博学 | 李修成 | 李少荣 | 管丕恺 | 张凤君 | 张义路 | 陈永公 | 廖太仪 |
| 董幼华 | 姚立真 | | | | | | |

班级：83572

| 王澄澄 | 黄云发 | 霍汉文 | 苏河沂 | 陈志恭 | 孙尚靖 | 时思全 | 刘文华 |
| 雷沛云 | 潘树仁 | 吴允弘 | 魏欣辉 | | | | |

班级：83581

| 田凤祥 | 成银喜 | 彭金龙 | 夏娟颐 | 张今弼 | 邹守诚 | 王龙江 | 刘自明 |
| 马　露 | 林武兴 | 吴来安 | 梁　峰 | 史尚奋 | 李文华 | | |

班级：83591

邓汉祥	张景林	刘荣富	孙志甫	孙洪英	胡丽君	刘静文	刘德彬
张殿辅	黄宗文	丁方英	刘朝银	戴庆祥	廖政权	李家敏	石淼淼
罗梦志							

班级：83592

| 李　勇 | 郝仲璋 | 安景梦 | 梁文河 | 乔广文 | 徐士明 | 张金根 | 刘德润 |

兵之利器
——北京理工大学机电学院学科（专业）发展史

潘竹一　徐敏英　覃道超　谢梦飞　童焕英　陆雅明　楼民发　耿双喜
郭建超　施广水　蒋宝利　梁德寿　张殿臣　曹兆臣　刘佑俊　肖作智
孙业斌

班级：81601

王满利　韩素芝　王成高　武振有　陈玉兰　许缨阁　王增福　王文京
韩素慧　王玉明　兰庭婷　张智麟　刘光烈　王鸿春　李鼎兴　卜广趣
何探凡　冯有仲　郝　斌　周才生　崔秉贵　侯能容　王　兴　黄德林
赵生铃　杨凤仪　张文修　翁佩德　曹建南　林　彧　卢秉山　刘成宗
刘菊美　齐玉珍　刘金声　高凤山　陈永顺　李德珍　张俊秀　赵克俭
赵坤龙　马建芬　张福林　宋寿宏　巴连擢　张忠盛　闫留圈

班级：83601

卢秉山　李成宗　刘菊梅　齐玉珍　吴林源　刘金声　高凤山　陈永顺
李德珍　陈德君　汪佩兰　邵瑞年　陈于珍　戴必昌　张秀珍　郭祥熙
赵克俭　赵坤龙　马建芬　吴　钧　张福林　高淑秀　齐淑敏　宋寿宏
栾寿民

班级：83631

郑维国　罗贤荣　邱定国　朱双林　张纪成　肖诗禄　冷清富　张菊娣
丁学益　尹协基　陈志新　邱成茂　桂幼林　吴　谦　甄兰凤　曹永祥
刘振龙　邹德华　王永忠　李东衡　王可华　韩兆华　张友芳　李安宇
刘洪涛　蔡安清　赵德礼　李日忠　雷孟夏　刘先知

班级：83641

刘志才　金银奎　和小池　和洪烈　喻志强　张文庭　韩　直　葛成文
赵洪山　赵连才　董连和　庄慧文　高喜贤　张丽娟　张宝琴

班级：83642

王占表　王久良　王清水　任茂生　李思钗　刘洪彦　刘恩柢　吴源水
母禄均　马　立　杨怀祥　范晓复　陈　忠　陈　云　徐长斌　邹纯祥
徐盘忠　韩临沂　许有法　赵立民　张希山　彭彦博　蒋忠义　徐秀英
焦秋玲

班级：83651

张爱光　韩兴稳　杨正均　孙守亮　李灵叶　杨成维　朱林泉　沈全林
封延涛　陈开枝　下有方　潘安顺　范鹤鸣　赵渝生　苏玉粦　许庸枚
赵显山　朱建中　李吉高　赵纪兰　田泽南　卢成阁　周应科　段发琼
刘佑生

班级：83652

王　英	董三友	闫光信	姚谋理	杜祥琛	陈健斌	吴　慧	王云敏
何全雨	陈汝芳	丁少刚	周林宝	谭东卿	翁泉官	费冰成	周家田
牛补明	徐凤山	王惠民	杨耀明	谭远祥	文先铨	徐凤兰	刘正新
万相德	张丽娟						

班级：83653

于元民	杜　璇	张世端	林玉东	张克仁	范保国	厉德基	韩国芳
顾美娟	归心弟	史建长	张洪连	唐尚麟	徐白兰	朱德元	林荣昌
王爽寒	傅克渠	李文海	张效文	王庆甫	谢伦运	李又成	汪丹平
黄玉杨	李晓阳						

班级：83761

李世忠	张兴国	董建军	敬胜发	刘万秋	张钦广	王玉江	董汉金
翟作穆	盖元喜	王亚卿	孔德兴	蔺智彬	秦文玉	刘华内	丁光族
陈满成	宋光情	曾永昌	柏　君	张均亮	卫光法	张白军	娄双喜
翟英发	刘佰生						

班级：83771

于　丹	祝　敏	梁　静	朱丽华	屈会美	赵彦朵	李惠玲	吴林桂
杨剑波	蒋君平	罗育安	黄南川	李冬春	李熙华	彭金华	焦清介
丁建中	陆　萌	谷振权	黄文斌	陈国强	贾建军	马文奇	张清杰
尚建明	说　锋	隋建辉	冯宏图	张振堂	李跃军	郭伟嘉	陈红兵
卢晓勇	卫　琳	王风韬	甄广平	王树魁	杨　硕	王俊和	谭语农
谷冈义	陈　浩						

班级：83791

张国平	周俊祥	于世琨	张月明	罗子昂	霍建伟	龙新平	吴　成
李华新	向　永	杜　霞	张　华	刘名杰	杨文波	马增虎	李文祥
陈步月	王成波	张淑坤	章明耀	陈建中	吕夫兴	李晋庆	姚志敏
石　健	成建龙	黄纯青	袁传伟	征本銮	孙淼龙		

班级：83811

王　辉	崔继福	欧阳向东	李志瑶	黄学锋	翟晓丽	顾　明	顾　惠
郭占起	王　伟	张　勇	贾红平	刘永刚	王建平	汤玉钗	尹俊婷
张连生	于思超	徐　刚	童铁男	刘向东	刘建波	孔凡恒	王　涌
段　明	兰　海	王　可	尚晓峰	花宝玲			

班级：83831

姜才良	杨国发	高大也	何世权	张　旭	杨守杰	杨英清	孙少民

王　平	杨庆玲	李燕军	庞晓平	孙永忠	段卓平	刘键要	林旭森
郝瑞莉	王玉强	李庆云	温　刚	张　忠	马作庭	秦庆东	肖绍清
伺孔金	王　男	魏兆卓	严卫东	陶　军	王炳仁		

班级：083851

张永平	裴明敬	薛家谱	张瑞红	梁　屹	余运辉	岑　澈	吴志强
任　炜	李增义	王宏刚	薛文革	黄安平	柯　文	李志宇	赵彤继
任映来	王理明	高红伟	朴文革	吴春旗	李圣洲	王兆成	王秋野
郑水利	李红霞	朱碧艳	尤卫东	张生玉	陈　涛		

班级：083871

范　虹	冉怀军	赵文军	李向阳	宋希博	韩颖蕊	杨　军	刘　瑛
梁　建	刘　兵	武利华	程　飞	刘颖霞	邓志勇	张惠云	张晓东
张晓勇	郭彦懿	师洪波	罗先学	管红光	高晓文	薄玉奎	石　林
谢汉波	徐朝阳	丁淳彤	杨东雷	王　忠	朱爱华		

北京理工大学83专业学生名单

班级：080883

付百莉	杨振豪	李　盛	陈志武	陈　星	曹庆松	张劲峰	李灿波
赵建利	李生才	吕　刚	杨勇强	高进东	任丽新	张柏超	赵艳丽
傅卫国	任嘉兴	甘元庆	文　勇	李雪莲	任鸿杰	王保民	张晓东
谭爱喜	吴　强	徐志立	周　智	王　一	张崇炜		

班级：083911

李晓华	焦　彤	毛　坚	王旭东	李国强	杨　飞	钱　龙	柳　松
王仲琦	齐小兵	牛良永	丁　力	杜相仁	马　峰	李　冰	冯良智
张　科	宋显建	杭郁君	高明星	罗晓娟	何群力	安亚军	王　飞
韩兴国	徐永胜	姜伟华	土牛恺	任学增	黄　栋	高淑辉	

班级：083931

冯策利	朱　冰	张虎生	王　辉	赵　楠	刘　丰	李兆奎	杨晓红
邹治波	张　余	张　湛	杜道锐	许林峰	张海涛	赵　锋	刘　彦
栗保华	雷全虎	朱金虎	于学鸿	杨红光	刘　浩	胡　隽	王胜梅
董智猛	熊成刚	曹兼善	裴宏广	田　旭			

班级：083941

王卫民	邱国华	李森元	贺国锋	赵未平	李海军	张志斌	李世友
杨　玲	李秉仁	杨延刚	赵凤莹	李　江	刘红松	钟发仁	陈训华
刘安阳	宋莉莉	雷智军	张权利	佐建君	任延群	董兆波	沈玉玲

白少华　郝玖峰　刘建东　李庆伍　崔洪洲　王彦平

班级：083951

荣巨光　王玉峰　侯建云　郑世贵　王　伟　王　剑　孙占峰　李　强
孙德胜　沈　蕾　王　颖　赵永柱　邴大海　王晓宇　王晓英　张增吉
张　勇　刘新华　柴　皓　张远涛　宋保永　文　冬　陈拿权　何　花
杨华南　于海江　孔军利　刘奖励

班级：083961

陆瑞卿　李志鹏　王晓燕　梁朝阳　康　敬　李　丹　孙　莹　张加军
陈海坤　张立国　张立雷　张崇玉　史文卿　余　凯　崔　巍　卢湘江
杜永青　邰贤忠　秦学军

班级：80973

李　楠　代云松　张智钊　杨海峰　杨玉海　芦智勇　蔺　伟　史长吉
吕　涛　闫　鹏　王　超　时广轶　赵建风　程　刚　陈达立　黄红凯
宋正刚　董　健　刘　东　刘　超　杨　样　李　喆　刘建丰　徐鲲鹏
许敏华　王良风　王智鹏　淦立平　唐　庆　江　毅　刘莎红　路　健

班级：80983

高思洋　魏　来　闫晓宇　闫欣伟　杨　朝　白　洋　杜　朋　李　聪
宋祎熙　赵巨岩　陈　方　张　平　曹立君　孙守磊　曹　昱　付　正
刘　雨　王　伦　李少俊　张　伟　殷国平　方玉琪　邱文辉　贺　伟
郑世举　兰　琼　王仁东　胡剑书　吴英军　吕永鑫　刘兴炳

班级：017991

董　星　高　超　吕　鹏　谭　崝　王俊林　王团盟　张从朴　张维娓
郑永锋　钟　伟

班级：01720001

崔晓刚　黄广炎　李　芳　彭　鹏　王　欢　王　青　余庆波　张之暐
王靖宇

班级：01720011

卢　熹　赖　鸣　林　凌　刘科种　刘　意　马　宁　钮元元　田　宇
王俊炜　谢江春　徐豫新　张东冶　张新沅　张　璇　张　胤　赵　普
周中健

班级：02210201

陈成权　丁　勇　黄文静　李淑皎　李宗谕　马雁明　潘　琴　宋婷婷
童　磊　王　亮　王　宇　杨　宁　姚　伟　尹振宇　张清杰　张媛媛
郑偌弘　郑元枫

兵之利器
——北京理工大学机电学院学科（专业）发展史

班级：02210301

李　杨　　钟永志　　白润青　　白雪燕　　曾庆燊　　陈小波　　丁　沛　　郭晓亮
韩嘉瑞　　郝见新　　金超然　　景　路　　李骞姝　　李金玫　　李可达　　李　梅
刘　柳　　刘　睿　　毛　亮　　毛长意　　彭　军　　宋　健　　宋　洋　　王　冰
王　丛　　王　垛　　杨　月　　杨韵椴　　尹凤麟　　赵　晶　　赵　雷　　仲　霄
朱　旭

班级：02210401、02210402

黄　河　　安玉彦　　边江楠　　蔡琼梅　　陈　安　　陈　晨　　陈　磊　　陈庆康
樊建威　　冯　岑　　高婷婷　　耿　荻　　郭　俊　　郭小冬　　贺建华　　洪　毅
景　莉　　巨圆圆　　孔亚男　　李浩渊　　李　健　　李健增　　李　强　　李仁杰
李署鹏　　梁东晨　　梁　峻　　刘成粮　　刘　风　　罗国华　　吕品晶　　马　杰
马　立　　毛明扬　　欧阳根国　屈旻迏　　冉光政　　佘　亮　　孙德文　　孙儒学
覃文志　　王志刚　　魏　强　　肖艳文　　徐　锐　　徐思远　　闫指江　　杨　晋
杨　旭　　杨　震　　杨忠华　　袁永旭　　张冲鹏　　张　豪　　张明民　　张宇辉
张志彪　　周小迪　　周艳丽　　朱奕儒

班级：02210501、02210502、02210503

柏国勇　　曹　闯　　曹　琦　　常振坤　　朝格吐那仁　陈　亮　　陈亮吉　　陈　雯
陈学咏　　陈亚卿　　陈　颖　　成少博　　董　璐　　冯　潇　　博　裕　　高海云
葛　健　　耿万钧　　郭　盼　　韩超亚　　韩秀雷　　郝　庆　　侯　伟　　胡绍巧
户艳鹏　　黄　博　　贾冠男　　姜　海　　姜　涛　　蒋　荣　　李洪美　　李　宁
李顺平　　李　雄　　李云飞　　李长儿　　李振举　　连　冠　　廖华龙　　刘德智
刘会超　　刘明春　　卢晓雄　　马坤鹏　　马利川　　毛思赟　　牟智宇　　南宇翔
倪　妍　　乔振华　　屈晓雪　　邵鹏正　　石　川　　孙　坤　　孙维昊　　孙岩磊
万　历　　王方明　　王　杰　　王曼柳　　王　奇　　王　巍　　王　伟　　王卫杰
王秀平　　王　毅　　魏雍江　　吴岩兴　　吴　勇　　伍　叶　　项　鑫　　熊　星
徐晓松　　杨国杰　　杨　亮　　杨小虎　　杨晓波　　尤　凯　　于　锋　　郁志国
岳恒超　　张　成　　张国治　　张宇凡　　张长虹　　张　钊　　赵崧成　　周　立
周　奇　　李　洪

班级：02240601

白旭尧　　蔡松林　　陈　程　　高建立　　黄　帅　　姜　茜　　蒋凯乐　　李冰滨
李正龙　　吕健鹏　　尼加提·迪力夏提　　欧阳昌明　　潘虹宇　　乔海鹏
宋景兴　　王纪福　　王　婧　　王　伟　　徐　琳　　杨维忠　　杨懿敏　　永　盛
于　晖　　张韩宇　　张腾洲　　郑伟奇　　周　威　　朱高微

班级：02240701

巢　杰　　陈岸舒　　陈世元　　陈雪冰　　崇德袁　　邓润然　　段　妍　　段英良
冯雪磊　　付　力　　韩　狄　　姜　伟　　孔令宏　　雷　帅　　李　朦　　李伊楠
刘桓江　　刘坚成　　刘　源　　龙　波　　罗昌华　　骆振兴　　苗大东　　欧代松
庞　辰　　尚　可　　魏湘武　　吴孟龙　　熊　健　　许香照　　杨　喆　　袁　野
张青叶　　周　杰　　吕　涛

班级：02240801

白志玲　　邓　飞　　鄂智佳　　顾佳伟　　郭雅惊　　胡　宇　　黄润泽　　李锦辉
刘竞锋　　刘　磊　　刘　延　　鲁立志　　吕智超　　钱俊松　　邵建锟　　石彬彬
覃事品　　汪　健　　王　豆　　王万军　　王永洪　　王周密　　肖李军　　杨　沙
张　凯　　周　双　　周　至　　诸　斌

班级：01310902

鲍小伟　　丁晓燕　　符永康　　韩　鹏　　胡斌斌　　黄恺威　　李兴义　　刘海鹏
刘　柳　　楼嘉霖　　麻铁昌　　马春辉　　马　震　　孟　和　　苏乐德　　孟令春
卿平勇　　施廷杰　　宋清官　　谭杨康　　王　杰　　王子文　　许宇聪　　尹明超
张锐杰　　张泽林　　左　腾

班级：01311002

曹祥飞　　陈建良　　陈新祥　　邓全胜　　高田田　　高　宇　　黄　爽　　贾云超
姜春晖　　刘力源　　刘宇航　　罗先杰　　吕旸涛　　马广杰　　潘红祥　　彭　瞧
乔哲峰　　王　宁　　王逸凡　　王祚恩　　文泽航　　徐　坤　　余泽健　　周少杰
巩　浩　　刘　瑀

班级：01311102

蔡　诚　　次成尼玛　　戴连松　　范博昭　　高　博　　高端强　　郭宇飞　　李会锋
李明杰　　李树超　　李　阳　　刘佳伟　　刘书翰　　刘子豪　　毛　宇　　聂　铜
荣　凡　　王文杰　　王肇龙　　邬泽聿　　熊　邓　　杨　晨　　杨恒升　　张国辉
张伟建　　张雪岩　　张亚平　　赵　康　　周亚荣

班级：01311202

安　刚　　白学文　　邓　涛　　丁向忱　　吉　喆　　李冬阳　　庞建粟　　鑫
赵翰卿　　皇甫东震　　康　吉　　刘　宇　　刘　源　　孙玉祥　　田　猛　　伍奇峰
夏　川　　徐远圆　　尹元杰　　张　博　　张　笛　　张景开　　张　瑞　　张　振
尹腾昊　　洪　韧

班级：02511401

张羲黄　　曹宇航　　杜学达　　黄星植　　郎　琳　　李　恒　　邱靖烨　　张健东
陈　键　　陈润峰　　陈　伟　　陈　莹　　段淇元　　郭松林　　李浩阳　　刘泽荣

马　　花　　马骋骁　　蒲国豪　　王家轩　　王天立　　魏宇锋　　许礼吉　　姚志彦
章强兵

班级：02511501
赵健宇　　丁　凯　　黄嘉宁　　杨秉妍　　何　辉　　符鹏飞　　彭佳珊　　董海成
侯强中　　谢叶叶　　吴孟娇　　袁　娟　　栾英婷　　郝金鑫　　罗绍民　　陈　曦
谭远深　　赵　博　　过成昊　　焦海宇

班级：02511601
陈　曦　　过成昊　　李　萌　　李振宇　　刘　峻　　刘永辉　　宁锐嘉　　彭庭睿
任东东　　赵英池　　刘保华　　罗士超　　马　荣　　钱炳龙　　苏　阳　　尹志勇
张允祯　　康家骞　　柯　鹏　　屈银富　　申　奥　　汪海洋　　王　洋　　王跃辉
袁嘉衡　　赵　猛　　王百川　　王承平　　曾　睿　　张思危

班级：02511701
李炳成　　向昊宇　　杜雨田　　胡建鹏　　黄赫铭　　章　煜　　秦嘉鸿　　郭一阳
赵　煜　　申仕良　　郭桁溢　　覃瞳泉　　赵　建　　王业繁　　裴昊东　　刘　源

班级：062011811
刘晓东　　李晨硕　　陈文韬　　杨逸韬　　郭智毅　　刘　鹏　　郑富德　　郭佳欣
石济欣　　谭晓岚　　周立梁　　史政昊　　柳仕龙　　谌　昭　　韩泳辰　　崔浩南
王贻海　　卫昀沛　　张伯骞　　周剑焓　　刘雨辰　　单伟航　　肖炜强　　覃瞳泉
郝磊磊　　何玮钰　　张睿璇　　李沛璘　　付月琪　　马雨薇　　王言冰

附录3　教师名录

2000年
丁　敬　　马荣华　　恽寿榕　　陈熙蓉　　徐更光　　张鹏程　　王廷增　　张宝平
吴凤元　　赵衡阳　　黄正平　　张汉萍　　张锦云　　洪　兵　　刘长林　　林　江
梁云明　　徐军培　　刘德润　　何得昌　　周　霖　　张连生　　白春华　　黄风雷
张庆明　　段卓平　　宁建国　　孙远翔　　任会兰　　池军智　　何远航　　杨　军
李金柱　　郑　波　　芮久后　　史京柱

2001—2010年
徐更光　　张宝平　　徐军培　　黄风雷　　宁建国　　张庆明　　李庆明　　段卓平
欧卓成　　何远航　　高世桥　　王　成　　杨　军　　陈鹏万　　刘　彦　　魏雪霞
洪　兵　　赵肖琳　　周　霖　　杨　军　　任会兰　　郑　波　　马天宝　　孙远翔
吴艳青　　任会兰　　宋卫东　　陈　利　　李金柱　　郭香华　　张晓伟　　龙仁荣
许泽建　　仝　毅　　吕中杰　　张连生　　皮爱国　　刘海鹏　　戴开达　　安二峰

何得昌　唐永刚

2010—2018 年

黄风雷	李庆明	张庆明	陈鹏万	卢国兴	高世桥	王　成	杨　军	
段卓平	欧卓成	刘　彦	陈小伟	魏雪霞	孙远翔	何远航	吴艳青	
武海军	宋卫东	郑　波	崔庆忠	陈　利	李金柱	郭香华	张晓伟	
龙仁荣	仝　毅	吕中杰	张连生	皮爱国	刘海鹏	范吉堂	许泽建	
郭保桥	孙伟福	邵建立	谢　晶	戴开达	安二峰	牛少华	王　崇	
王东旭	王昕捷	陈东平						

曾经在 83 教研室工作过的人：

陈福梅	胡瑞江	李钟敏	周念祖	申士林	许又文	韦乃成	胡文奎
葛大同	吴明德	李树勤	黄有之	马春荣	汤明钧	王守实	施立言
侯国生	李　华	段法恩	凌翔芬	陈光远	程国元	刘伟钦	高贵臣
尹正廉	张守中	孙业斌	谢梦飞	张俊秀	汪佩兰	高淑秀	孙秀兰
胡丽爱	王学良	房学善	李惠玲	陈晓光	王蕴华	张　勇	王子宪
卢晓勇	郑玉六	杨黎明	冯喜春	高凤霞	王仪德	陈鹏万	姜春兰
范永发							

第四篇 特种能源技术与工程专业

1 专业创建与发展简史

本专业的前身是北京理工大学最早创建的 11 个军工专业之一,历经装药加工、火工品与烟火技术、火工品设计与制造、火工烟火/安全工程、军事化学与烟火技术/特种能源工程与烟火技术/特种能源技术与工程专业等几个重要发展阶段。

1951 年,华北大学工学院(北京理工大学前身)化学工程学系开设了 3 个专业:火药专业(代号为 5 专业),炸药专业(代号为 6 专业),炮弹装药、火工与烟火技术专业(代号为 7 专业,即本专业的前身)。当时 5、6 专业招本科生。7 专业只招了一届三年制的专修班,于 1953 年毕业,该班绝大多数毕业生被分配到了装药厂和火工厂,并参加了新中国成立初期的军工企业重建和改造事业。

1952 年 1 月,华北大学工学院和中法大学的数、理、化三系合并,正式更名为北京工业学院。同年 10 月,学校划归第二机械工业部,标志着学校由普通工科院校向国防军工院校转型。第二机械工业部根据我国军队武器装备特点,同时借鉴苏联兵工高等教育的建设经验,确定北京工业学院设立火炮设计及制造等 11 个专业,炮弹装药与火工品专业也在其中。同年,东北兵专的兵器系、弹药系和火药系部分教工和二年级学生转入 7 专业,成为该专业第一届本科生班,即 7511 班(徐更光院士是该班学生),该专业第一任主任是丁敬。

1962 年,7 专业(装药加工与火工品)与第一机械系的炮弹设计与制造、引信设计与制造专业合并组建为一个新系,定名为力学工程系(后改为机电工程系),丁敬任系主任。此后,7 专业的代号改为 83 专业。1971 年,成立火工品与烟火技术教研室,代号 84。

1966—1972 年,因"文化大革命"的影响停止了一切教学活动,直至 1972 年开始恢复教学秩序。84 专业于 1973 年开办了第一届专修班(10731 班)。为贯彻"开门办学、与工厂联合办学"的方针,加速培养工程技术人才,连续办了三届进修班,共培养了 100 多名科技人员,缓解了当时火工人才短缺的状况。

1978 年,改名为火工品设计与制造专业,恢复全国统一招生。1979 年,招收恢复高考后的第一届本科生。1978 年,恢复招收硕士研究生,当年招收 4 名研究生。

1981 年,火工烟火专业被批准为硕士学位授权点。1984 年,火工烟火专业被批准为博士学位授权点。1985 年,采用一个专业、两个牌子(火工烟火专业和安全工程专业,交替招生)的办法调整为军民结合型专业,以满足国家对高层次安全技术及火工、烟火技术人才的需求。1985年开始招收安全工程本科生，并在高年级时根据实际需求确定专业方向，通过选修专业课的方式进行教学。1988年，被评为部级重点学科。1993年，获批博士后流动站。

1997年，根据国家学科专业目录调整，更名为军事化学与烟火技术。

2002年，被评为国防科工委重点学科，更名为特种能源工程与烟火技术。

2006年，包含特种能源工程与烟火技术的兵器科学与技术一级学科被评为国家重点学科。

2010年，根据国家学科专业目录调整，更名为特种能源技术与工程。

2 人才培养

2.1 本科生培养

自从1951年创建装药加工专业以来，除"文化大革命"期间外，每年都招收本科生，2005年后招收本科国防生。本科生专业发展进程分为装药加工专业、火工品与烟火技术专业、火工品设计与制造专业、火工烟火/安全工程专业、军事化学与烟火技术/特种能源工程与烟火技术/特种能源工程与技术专业五个阶段。下面按时间顺序分别从专业建设与培养、课程与教材建设、实验室与科研情况三个方面介绍本科生的培养过程。

2.1.1 专业建设与培养

1. 装药加工专业（含火工品与烟火技术）（1951—1965年）

1951年，装药加工专业招收了一届三年制的专科班。1952年10月，东北兵专的兵器系、弹药系和火药系部分教工和二年级学生转入7专业，成为7专业第一届本科生班，即7511班（徐更光院士是该班的学生），随后有7521班（汤明钧为该班学生）、7531班（王守实为该班学生）、7541班（张宝平为该班学生）。1955年，招收两个班（7551班、7552班）。1956年，最初招收3个班（含俄文班），后缩编为1个班（蔡瑞娇为该班学生）。1957年，招收1个班，后与1956级俄文班合并调整为2个班（7571班、7572班）。1958年、1959年，各招收了一个班。八系成立后，这两个班的编号分别取为83581班、83591班。1960年，招收了1个班，后因发展需求分为2个班（83601班、83602班）。83601班以培养火工与烟火技术为主，83602班以培养装药加工及爆炸技术为主。83601班成为火工与烟火专业独立设置后第一届毕业班。1962年，招收1个班（83621班）（夏才宝、吴芸生、王宗舜等为该班学生）。1964年，招收两个班（83641班和83642班），当时未分专业。1965年，招收一个本科班（83651班）；当年为了解决三线火工厂急需的人才，招生了二年制的火工专科班（87651班，陈善如为该班学生）。

图4-1 1958年7531班毕业留念

图4-2 火工品与烟火技术第一届毕业生

2. 火工品与烟火技术专业（1966—1976年）

1965年年底，火工品与烟火技术专业单独设置，后因"文化大革命"的冲击，学校停止招生和上课。1971年，学校开始复课，火工品与烟火技术专业与引信专业部分教师组织教学小分队赴吉林524厂进行"开门办学"。在此期间，陈福梅、王守实受到冲击，刘伟钦、谢梦飞集中搞专案工作，当时教育力量非常薄弱，学校计划将火工品与烟火技术专业合并到82教研室。为了专业的生存和发展，汪佩兰、程国元和顾映芬组成的三人小组于1972年6月从北京出发到三线火工品工厂调研，先后到了湖南省9634厂、四川省204厂、江西9394厂、浙江9364厂、安徽9374厂及华东工程学院（现在南京理工大学）等单位深入了解工厂技术和人才需求等情况。经过充分调研后，了解到当时火工企业遍布全国，迫切需要火工专业的技术人员，尤其是在西安新建的火工研究所。他们向学校递交了一份申请书，充分说明了火工专业人才的必要性和迫切性。经上级领导批准，于1973年开办了二年制的进修班，班号为10731班（学员如赵家玉）共38人。1975年，开始招生第一届工农兵学员本科生班（冯长根为该班学生），共31人。1976年，办工农兵学员班，班号为84761班（张国利为该班学生），共34人，并为9634厂增设了一个班（84762班）。经过不懈努力，火工品与烟火技术专业终于得以生存和发展，逐渐开始走上正轨。

3. 火工品设计与制造专业（1977—1984年）

1977年，更名为火工品设计与制造专业，正式招收本科生（84781班，如苏青），共36人。1979年，招本科生（84791班，如贾晓明），共30人，以后几乎每年都招生。1978年，恢复招收硕士研究生，当年招收4名硕士生。这批研究生毕业后均为我国的杰出人才，如全国十大杰出青年、中国科协常务副主席的冯长根,北京航空航天大学博士生导师黄鹏程等。1981年11月3日,国务院批准北京工业学院包括火工烟火专业等23个学科有权授予硕士学位,我校成为全国首批硕士学位授予单位之一。1984年1月13日,国务院批准第二批博士学位授权学科、专业,我校有火工烟火专业等7个学科被授权。同时,国务院第二批批准了我校13位教授为博士生导师,其中陈福梅为火工烟火专业博士生导师,为培养高层次专业技术人才奠定了基础。

图4-3　10731班毕业合影

图4-4　1980年,84专业学生在湖南新化9634厂进行爱国主义教育合影

图4-5　84781班毕业留影

4. 火工烟火/安全工程专业（1985—1996年）

1985年前后是学校大幅度调整改造专业的阶段,鉴于火工烟火专业是以燃烧、爆炸为基础,其研究对象为易发生燃烧、爆炸危险的化学品,非常重视安全设计、安全生产的教学,于是在专业教学计划中设置了"火、化工安全工程学"

这一必修课，拓宽了专业教学范畴的条件。经研究决定，采用一个专业、两个牌子的办法调整为军民结合型专业，使我校安全工程专业以"燃烧、爆炸安全"为特色，以满足国家对高层次安全技术及火工、烟火技术人才的需求，并制订了《安全工程教学计划》。

1985 年，开始招生安全工程本科生，并在高年级时根据实际需求确定专业方向，通过选修专业课的方式进行火工、烟火技术专业内容的教学。

在研究生培养上也得到了迅速发展，每年均招 10 多名硕士生、近 10 名博士生，校内外许多相关专业的高才生纷纷报考我校。在培养方式上，理论学习与科学研究相结合。硕士论文选题为本学科领域和国家预研规划中有一定科学价值和实用意义的课题；博士论文选题瞄准学科前沿，有理论意义及实用价值的课题。研究生课程实行学分制。硕士生学习年限为两年半，博士生学习年限为 3 年。学位课分为校设公共课、系设公共课及专业基础课，为扩大学生知识面，还设选修课。学位课的内容反映了本学科最基本的基础理论及专业知识。

5. 军事化学与烟火技术/特种能源工程与烟火技术/特种能源技术与工程专业（1997 年至今）

1997 年，根据国家学科专业目录调整，更名为军事化学与烟火技术。2002 年，根据国家学科专业目录调整，更名为特种能源工程与烟火技术。2010 年，根据国家学科专业目录调整，更名为特种能源技术与工程。本专业紧紧围绕具有高敏感、高能量密度及高能量释放速率特征的含能动力系统，并以该类系统的理论、集成与评价为主线，统领从化学能源与材料、快速化学反应理论、宏观物理效应到器件及技术等研究内容，共同构成有机的学科体系。本专业是一门多学科相结合的综合性专业，主要研究有约束与无约束的固态快速化学反应，着重研究不稳定燃烧，不稳定爆轰的机理及燃烧，爆炸和所产生的力、热、光、声、烟、冲击波等各种物理效应的控制作用，实现能量的传递与转换。

本专业培养目标为：培养适应国防建设和国民经济建设需要，基础理论扎实、知识结构合理，掌握特种能源技术、理论与工程理论，具有较强的科技创新能力和开发应用能力，适应 21 世纪我国国防现代化建设和特种能源发展需求的高素质综合型高级专业人才。毕业学生多在兵工、航空、航天、研究所、军队和其他相关工业领域从事系统设计、技术开发、产品制造、实验测试和工程管理等工作。

2.1.2 课程与教材建设

1. 专业初创时期

这一时期，本科学制为五年。

在专业培养目标上，明确提出要培养弹药装药与火工品设计与制造的工程师。教学计划加强了基础课及专业基础课，增加了数学、机械及力学课程的学时，如把"化工原理"课程改为"机械零件设计"，开设了"火箭导弹战斗部结构与作用""爆炸物理"等专业基础课。专业课主要有"弹药装药工艺学""火工品""烟火学原理""火炸药学""弹药学""工厂设计与安全技术"等。加强了学生的实践环节，安排了金属工艺实习、部队使用实习、工厂生产实习和毕业设计实习。在毕业设计与毕业论文选题上，尽量结合工厂及科研实际，提高学生独立解决问题的能力。所培养的学生绝大多数成了各专业厂、所的技术骨干、厂级领导。

这一时期主要采用苏联教科书或苏联专家讲义，如《火工品》（П. П. 卡尔博夫）、《起爆药》（П. Ф. 布勃诺夫）、《爆炸物理学》（φ. A 鲍姆等）、《炸药与弹药装药》（H. A. 施令格）等。丁敬、陈福梅翻译的《火工品》（原作者为［苏］П. П. 卡尔博夫）由国防工业出版社于 1955 年出版；劳允亮作技术校阅的《化学工业的安全技术与防火技术》（原作者为［苏］И. С. 罗依金）由化学工业出版社于 1958 年 5 月出版。其后不久，更新了教材，丰富和深化了教学内容。

图 4-6　苏联专家在授课

化学工业的安全技术
与防火技术
（苏）И. С. 罗依金
中央化工局设计公司出版
1953-04

火工品
（苏）П. П. 卡尔博夫
北京：国防工业出版社
1955-12

起爆药
（苏）П. Ф. 布勃诺夫
北京：国防工业出版社
1958-04

图 4-7　专业初创时期主要教材示例

2. "文化大革命"时期

这一时期主要针对工农兵学员的特点及需求,解决了教材的有无问题,自编教材6部,多数为内部教材。

表 4 – 1 1971—1977 年部分教材

教材(著作)名称	作(译)者	出版单位	出版时间	备注
火工品概论	程国元	北京工业学院	1971	油印
雷管性能	陈福梅	北京工业学院	1974	油印
火工品概论	汪佩兰	北京工业学院	1975	油印
起爆药学	劳允亮	北京工业学院	1975	油印
火工英语	陈金跃	北京工业学院	1976	油印
炸药与危险品鉴定方法	蔡瑞娇	北京工业学院	1976	油印

3. 改革开放初期

这一时期,根据学校提出的从社会主义现代化建设需要和教学工作实际出发的教材质量目标,本专业在总结已有经验的同时,重视借鉴国外有益的东西,逐步提高自编教材质量,争取有更多的教材达到国内较高水平。这一时期,主要编写了新订教学计划中课程设置尚缺的教材,公开出版、铅印教材增多,教材质量有大幅提高,教材类别齐全,为本专业的教材建设奠定了基础。

表 4 – 2 1978—1984 年部分教材(含译著)

教材(著作)名称	作(译)者	出版单位	出版时间	备注
火工品电测试	实验室集体编写	北京工业学院	1977	油印
火工品	教研室集体编写	战士出版社	1977	油印
火工品概论	蔡瑞娇	北京工业学院	1979	铅印
弹药爆炸序列原理与设计	陈福梅,等(译)	国防工业出版社	1979	1979 年第 1 版
起爆药学	劳允亮,黄浩川	国防工业出版社	1980	校教材二等奖
火工品制造	刘伟钦	国防工业出版社	1981	铅印
火工品设计	陈福梅	北京工业学院	1981	院优秀教材二等奖
火工品实验	集体编写	北京工业学院	1983	胶印
工业雷管制造与安全	曾象志	北京工业学院	1984	胶印
火化工安全工程学	汪佩兰,劳允亮	北京工业学院	1984	胶印
工业雷管性能	程国元	北京工业学院	1984	胶印
炸药理论基础	蔡瑞娇	北京工业学院	1984	胶印
静电安全讲义	梁君言	北京工业学院	1985	胶印

火工品设计	起爆药学	火工品制造
陈福梅	劳允亮，黄浩川	刘伟钦
北京：北京工业学院	北京：国防工业出版社	北京：国防工业出版社
1981	1980	1981

图 4-8 1978—1984 年主要教材示例

4. 专业调整时期

1985 年开始招生安全工程专业本科生，并在高年级时根据实际需求确定专业方向，通过选专业课的方式进行火工、烟火技术专业内容的教学。

研究生培养也得到了迅速发展，每年均招 10 多名硕士生、近 10 名博士生。在培养方式上，理论学习与科学研究相结合。研究生课程实行学分制。学位课分为校设公共课、系设公共课及专业基础课，为扩大学生知识面，还开设了选修课。

这一时期专业教材建设发展较快，并取得了良好成绩。在这一阶段，努力贯彻国家教委提出的"抓好重点教材，全面提高质量，适当发展品种，力争系列配套，完善管理制度，加强组织领导"的教材建设方针。兵总成立了教材编审室及兵工专业教学指导委员会，本专业劳允亮、刘伟钦、蔡瑞娇相继成为该委员会委员，确定了编写火工与烟火技术系列教材的目录及主编，并成立了火工与烟火技术系列教材编审委员会。该委员会主任委员为劳允亮，副主任委员有孙业斌、蔡瑞娇、徐振相，委员有冯长根、许又文、刘伟钦、李桂茗、吴幼成、吴学易、张景林、陈福梅、徐云庚、谢高弟、戴实之。

教材涉及火工品、起爆药与烟火药剂的设计、合成原理、生产工艺、应用研究、性能测试、分析及技术安全等各方面，全面反映了现代火工烟火技术的科学水平，又结合了我国火工烟火技术科研生产实际及编著者本人多年积累的科研和教学实践经验。陈福梅编写的《火工品原理与设计》于 1995 年被评为兵器工业部部委级优秀教材二等奖;蔡瑞娇编写的《火工品设计原理》于2002年获全国普通高等学校优秀教材二等奖。在这一期间,冯长根出版了学术专著《热爆炸理论》和《热点火理论》,其中《热爆炸理论》于1990年获第五届全国优秀科技图书奖一等奖。

表4-3 1985—1996年部分教材(专著)

教材(著作)名称	作(译)者	出版单位	出版时间	获奖情况
弹药爆炸序列原理与设计	陈福梅,等(译)	国防工业出版社	1985	
烟火原理与实践	许又文(译)	北京工业学院	1985	
火工品测试技术	程国元	北京工业学院	1986	
火工品实验	程国元	北京工业学院	1986	
烟火化学	冯长根,冯宏图	北京理工大学	1988	
传热与传质	蔡瑞娇	北京理工大学	1988	
传热与燃烧学(上册)	蔡瑞娇,冯长根	北京理工大学力学工程系	1988	
热爆炸理论	冯长根	科学出版社	1988	第五届全国优秀科技图书奖一等奖
反应安全工程学	劳允亮	北京理工大学出版社	1989	
防火工程学	刘伟钦,曾象志	北京理工大学	1989	
火工品原理与设计	陈福梅	兵器工业出版社	1990	兵器工业部部委级优秀教材二等奖
热点火理论	冯长根	吉林科学技术出版社	1991	第六届中国图书奖二等奖
燃烧理论与火的科学(上)	杜志明,等	北京理工大学出版社	1991	
安全检测技术	李国新	北京理工大学出版社	1992	
抽样检验	冯长根,惠宁利	北京理工大学出版社	1992	
起爆药实验	刘自汤,劳允亮	北京理工大学出版社	1995	
火工与烟火安全技术	汪佩兰,李桂若	北京理工大学出版社	1996	校优秀教材二等奖

烟火原理与实践
许又文，译
北京：北京工业学院
1985

火工品实验
程国元
北京：北京工业学院
1986

热爆炸理论
冯长根
北京：科学出版社
1988

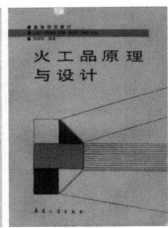

烟火化学
冯长根，冯宏图
北京：北京理工大学
1988

防火工程学
刘伟钦，曾象志
北京：北京理工大学
1989

火工品原理与设计
陈福梅
北京：兵器工业出版社
1990

图 4-9　1985—1996 年主要教材

第四篇　特种能源技术与工程专业

燃烧理论与火的科学（上）
杜志明，蔡瑞娇，冯长根
北京：北京理工大学
1991

热点火理论
冯长根
长春：吉林科学技术出版社
1991

抽样检验
冯长根，惠宁利
北京：北京理工大学出版社
1992

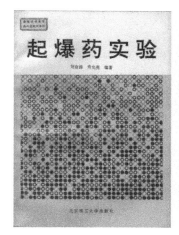

起爆药实验
刘自汤，劳允亮
北京：北京理工大学出版社
1995

火工与烟火安全技术
汪佩兰，李桂茗
北京：北京理工大学出版社
1996

图4-9　1985—1996年主要教材（续）

5. 快速发展时期

这一阶段出版了大量的教材和专著。

表4-4　1997—2018年主要教材和专著情况

教材（著作）名称	作（译）者	出版单位	出版时间	获奖情况
起爆药化学与工艺学	劳允亮	北京理工大学出版社	1997	校优秀教材一等奖
烟火学	潘功配，杨硕	北京理工大学出版社	1997	
起爆药实验	刘自炀，劳允亮	北京理工大学出版社	1997	
非线性科学的理论、方法和应用	冯长根，等	科学出版社	1997	
火工品实验与测试技术	李国新，程国元，焦清介	北京理工大学出版社	1998	
小尺寸微通道爆轰学	冯长根	化学工业出版社	1999	
火工品设计原理	蔡瑞娇	北京理工大学出版社	1999	全国高校优秀教材二等奖
Thermal Theory of Explosion and Ignition	冯长根	新时代出版社	2000	
含铝炸药爆轰	陈朗，龙新平，冯长根，蒋小华	国防工业出版社	2004	
化学振荡混沌与化学波	冯长根，曾庆轩	北京理工大学出版社	2004	
起爆药化学与工艺学	劳允亮	北京理工大学出版社	2004（再版）	

续表

教材（著作）名称	作（译）者	出版单位	出版时间	获奖情况
有限空间内爆炸和点火的理论与实验	王丽琼，等	北京理工大学出版社	2005	
军用火工品设计技术	王凯民，温玉全	国防工业出版社	2006	
起爆理论与技术（英文版）	严楠，等	北京理工大学出版社	2007	
火工与烟火安全技术	汪佩兰，李桂茗	北京理工大学出版社	2007（再版）	
烟火辐射学	焦清介，霸书红	国防工业出版社	2009	
激光支持爆轰波	陈朗，鲁建英，伍俊英，冯长根	国防工业出版社	2011	
微纳米含能材料	任慧，焦清介	北京理工大学出版社	2015	
炸药热安全性理论与分析方法	陈朗，马欣	国防工业出版社	2015	
起爆药学	张建国，张至斌，许彩霞（译）	北京理工大学出版社	2016	
高能材料化学	张建国，秦润（译）	北京理工大学出版社	2016	
高价值弹药引信小子样可靠性试验与评估	王军波，宋荣昌，董海平，王玮	国防工业出版社	2016	
光电对抗材料基础	周遵宁	北京理工大学出版社	2017	
硼氮系储氢化合物的结构与性质	张建国，王昆，吴曼，满田田	科学出版社	2017	
配位化合物的立体化学	张建国，杨婷，张同来，白林轶（译）	北京理工大学出版社	2018	

起爆药化学与工艺学
劳允亮
北京：北京理工大学出版社
1997

烟火学
潘功配，杨硕
北京：北京理工大学出版社
1997

火工品实验与测试技术
李国新，程国元，焦清介
北京：北京理工大学出版社
1998

火工品设计原理
蔡瑞娇
北京：北京理工大学出版社
1999

小尺寸微通道爆轰学
冯长根
北京：化学工业出版社
1999

Thermal Theory of Explosion and Ignition
冯长根
北京：新时代出版社
2000

图 4-10　1997—2018 年主要教材

第四篇　特种能源技术与工程专业

含铝炸药爆轰
陈朗，龙新平，
冯长根，蒋小华
北京：国防工业出版社
2004

化学振荡混沌与化学波
冯长根，曾庆轩
北京：北京理工大学出版社
2004

有限空间内爆炸和
点火的理论与实验
王丽琼，冯长根，杜志明
北京：北京理工大学出版社
2005

军用火工品设计技术
王凯民，温玉全
北京：国防工业出版社
2006

火工与烟火安全技术
汪佩兰，李桂茗
北京：北京理工大学出版社
2007

起爆理论与技术（英文版）
严楠，何远航，焦清介
北京：北京理工大学出版社
2007

图 4-10　1997—2018 年主要教材（续）

烟火辐射学
焦清介，霸书红
北京：国防工业出版社
2009

激光支持爆轰波
陈朗，鲁建英，
伍俊英，冯长根
北京：国防工业出版社
2011

微纳米含能材料
任慧，焦清介
北京：北京理工大学出版社
2015

炸药热安全性理论与
分析方法
陈朗，马欣
北京：国防工业出版社
2015

起爆药学
张建国，张至斌，许彩霞，译
北京：北京理工大学出版社
2016

高能材料化学
张建国，秦涧，译
北京：北京理工大学出版社
2016

图4-10　1997—2018年主要教材（续）

高价值弹药引信小子样可靠性试验与评估
王军波，宋荣昌，董海平，王玮
北京：国防工业出版社
2016

光电对抗材料基础
周遵宁
北京：北京理工大学出版社
2017

硼氮系储氢化合物的结构与性质
张建国，王昆，吴曼，满田田
北京：科学出版社
2017

配位化合物的立体化学
张建国，杨婷，
张同来，白林轶，译
北京：北京理工大学出版社
2018

图 4-10　1997—2018 年主要教材（续）

2.1.3 实验室与科研情况

1. 专业初创时期

1951年,开始筹建装药加工(火工品与烟火)实验室。当时马庆云和丁敬到沈阳724厂参观苏联援建的自动化炮弹装药的流水线,发现724厂生产了测量火工品性能的实验设备。回校后,订购了该全套实验设备。这套实验设备最早放置在老校舍(北京东四东黄城根40号)原中法大学西南角的地下职工食堂内。装药加工专业在丁敬和陈福梅的率领下自力更生、因陋就简、白手起家,建立了炮弹装药实验室,安装了装药工艺、部分药剂感度实验装置。1958年年底,搬迁至巴沟新校区的化工系5号楼一层东部,火工品与烟火实验室占据了5号教学楼一层的一半,条件得到很大改善,并于1958年在巴沟新校区(戊区)建立了室内爆炸实验设施,以及压装与注装工艺实验室,为开展学生的专业学习实验及日后专业科学研究打下了初步的基础。

1958—1961年,学校在抓教学改革的同时,也掀起了国防科研的新高潮。当时,校党委书记兼院长魏思文,在党中央和中央军委、国防部长彭德怀的支持下,组织了新中国第一代大型号的探空二级火箭弹(代号为"505")和火箭弹(代号为"265")的试验研制工作。本专业在教研室主任丁敬、陈福梅的领导下,负责火箭弹发射点火、一二级分离和二级延期点火以及箭体回收开伞等火工系统的研制,另外还承担了发动机内壁防蚀技术的研究、玻璃钢复合材料研制发动机的任务。参加的有马庆云、许又文等老师,当时还未毕业的刘伟钦、曾象志、李德晃等也参与了研究工作。

本专业除了在火箭弹点火系统等方面做出很出色的工作之外,在常规武器弹药技术方面,先后研发了毫秒雷管、反坦克破甲弹药、反坦克地雷、散兵坑一次爆炸成坑技术以及燃烧弹、照明弹、烟幕弹、信号弹等特种弹用的多种烟火剂。

2. "文化大革命"时期

1969年,参加100mm增程高射炮弹的研制(代号"661"),参加此项工作的有侯国生、汪佩兰,主要负责增程点火、延期药及其装置的研究。

1973年4月,与七机部一院703所合作研制大面积光起爆起爆药研究工作。教研室许多老师都参加了此项工作,如程国元、蔡瑞娇、曾象志及当时还作为学生的赵家玉等,经过约两年的研究,取得了阶段性成果。通过此项科研工作为实验室购置一些仪器设备,如X衍射仪等。

1976年,与北京光电研究所合作研究激光起爆炸药感度仪。参加此项工作有程国元、汪佩兰、刘淑珍、李国新等,同时对各种起爆药、延期药、点火药等药剂进行激光感度测试,这是国内首次进行该工作。这项科研成果和测试方法编写在后期出版的《火工品实验与测试技术》教材中。

3. 改革开放初期

在改革开放初期，科研条件得到了较大改善，科研也取得了重大成果。当时，经常承担外单位的火工品产品检验工作，如为航天部等有关单位进行火工产品检验、爆炸螺栓分离时间测试、未知火工药剂成分分析、电雷管和电发火管的静电感度测试、火工品性能和安全性测试以及先进火工品研发等，为在引进瑞士的双3-35高炮弹生产许可证转让中，因保密不转让的高安全性、高可靠性的针刺雷管进行开发和研制等。其间，科研获奖的有：①D·S沉淀起爆药，获1979年度全国科学大会奖。获奖人：劳允亮、胡丽爱、吴敏等。

图4-11 "D·S沉淀起爆药"获1978年度全国科学大会奖

②SSL无雷汞击发药（第一协作单位），获1980年度重大技改二等奖。获奖人：陈福梅、汪佩兰等。③羧甲基纤维素氮化铅（第一协作单位），获1980年度重大技改二等奖。获奖人：劳允亮、吴敏、胡丽爱等。④氨-酒二硝D·S共晶起爆药（第一协作单位），获1980年度重大技改四等奖。获奖人：劳允亮、胡丽爱等。⑤底-6乙底火（第一协作单位），获1982年度重大技改四等奖。获奖人：顾映芬、陈福梅等。⑥HY-1机载红外诱饵弹，获1985年度国家科技进步奖二等奖，获奖人：许又文等。⑦YJG-1药剂激光感度仪，获1985年度重大科技成果四等奖。获奖人：程国元等。

另外，除了开展国防科研工作外，还积极开展民用科研研究。例如，1979年开始与上海黄浦中心医院合作研究激光通过光导纤维引爆起爆药炸碎胆结石。参加人员有程国元、汪佩兰、李国新、孔晓明、刘淑珍等，他们在上海黄浦中心医院进行实验研究。在此基础上，又与中国人民解放军301医院和北京光电研究所合作进行临床实验研究。北京光电研究所负责临床使用激光仪器，本专业科研小组负责对激光仪器提出技术指标和做激光纤维的药头，301医院负责临床实验，并成功治疗胃结石。该项目获得北京理工大学科技进步奖一等奖和中国人民解放军科技进步奖二等奖。

图 4-12 "激光碎结石器"中国人民解放军科技进步奖二等奖

图 4-13 "激光碎结石器"获北京理工大学科技进步奖一等奖

4. 专业调整时期

火工与烟火实验室在原 5 号教学楼一屋东头，450 平方米左右，有 20 个工作室，含起爆药制备室，火工药剂热分析室，粒度分析室，X 衍射分析，各种雷管制造室，静电感度测试室，火焰、撞击、针刺和摩擦感度测试室，雷管输出能力测试室，激光感度测试室，红外冷烟幕遮蔽性能测试室，烟花和烟火研究室，各种火工品安全性检验室，各种火工品作用时间和燃速测试室等。20 多位专业老师（包括教授、副教授、讲师、助教）和 3 名实验员全部在实验室工作。本科生所有实验课程全部在实验室进行，本科生毕业设计和硕士生课题研究的实验基本上也都在实验室进行。

自 20 世纪 80 年代后，本专业参与了火工品与烟火技术行业预研规划的制定。军工专业成立了预研规划专家组，劳允亮被选为火工品与烟火技术专业预研规划专家组副组长，曾参与调研、论证和编制火工品与烟火技术全行业的"八五""九五""十五"等预研规划的制定工作，编制火工品与烟火技术行业的发展与对策的研究报告。

随着专业从火工品拓展到火工烟火技术、军事化学与烟火技术，火工品应用从武器装备的点火、引燃、引爆传爆控制系统，扩展到含能动力源做功系统，军用扩展到民用、医用等，科研内容也从简单类火工品、典型起爆药拓展至火工装置、新型先进火工品、钝感火工品、新型火工药剂，也开展了烟火技术研究，还从药剂和产品的结构、性能、测试方法研究，深入到反应机理、起爆机理以及基础理论研究。

当时主要研究方向有：

（A）爆炸序列。

研究与火工、烟火技术有关的爆轰现象与作用；火工、烟火元器件的起爆机理；燃烧转爆轰的规律及其应用；其他特殊爆轰现象。研究火工、烟火元器件在静、动态条件下燃烧与爆炸输入、输出及爆轰成长特性，爆轰传递过程的规律；新型特殊用途的火工品和烟火元器件。

（B）固相非平衡态反应原理与技术。

研究有约束与无约束的固相快速、慢速反应热力学与动力学规律及其应用；火工、烟火药剂的结构与性能；相变动力学、安全钝感型特殊用途"火工、烟火药剂"；火工、烟火药剂安全性与相容性判据标准的论证和标准的制定。

（C）烟火技术。

研究烟火药剂在着火与燃烧条件下的化学与物理效应；特殊烟火效应及其应用技术；烟火型、非烟火型复合材料遮蔽红外辐射、雷达波辐射的干扰（隐身）等无源干扰技术；气溶胶效应、强热效应、音响效应、气动效应等应用技术，高、新烟火技术的基础理论。

"八五"期间的主要科研项目有：

①安全钝感药剂技术研究；②提高大口径火炮点火精度技术研究；③爆炸隔离模块和导弹精确动力源火工品技术研究；④安全钝感电雷管技术研究；⑤动态着靶模拟测试技术研究；⑥火箭弹、导弹安全多点点火技术研究；⑦爆炸逻辑网络技术研究；⑧提高火工品延期精度技术研究；⑨传爆序列总体性能匹配技术研究。

主要获奖情况有：①耐高温火工系统，获1986年度兵器工业部科技进步奖二等奖。获奖人：刘伟钦、劳允亮、曾象志等。②热爆炸理论，获1986年度北京市青年科学奖。获奖人：冯长根。③工业防火防爆技术研究，获1986年度兵器工业部科技进步奖二等奖。获奖人：王守实。④激光碎结石器粉碎胃结石器技术系统JS-1型激光引爆器研究（主要研究单位），获1988年度部级科技进步奖二等奖。获奖人：程国元、汪佩兰、刘淑珍等。⑤内镜药头激光引爆胃结石的实验及临床研究（第一获奖单位），获1989年度部级科技进步奖二等奖。获奖人：程国元等。⑥燃烧波引发爆轰波研究，获1991年度部级科技进步奖三等奖。获奖人：陈福梅、焦清介等。⑦全波段复合烟幕隐身技术，获1991年度国防科工委"863"高技术研究发展重要贡献奖，同时获"863"国家高技术先进工作者奖。获奖人：劳允亮等。⑧引信火工品传爆序列和新起爆技术研究，获1993年度科技进步奖二等奖。获奖人：蔡瑞娇、华光、焦清介等。⑨起爆机理和固体中的快速反应机理研究，获 1994 年度科技进步奖三等奖。获奖人：蔡瑞娇、华光、焦清介、杜志明等。⑩火炸药悬浮尘爆炸特性研究，获 1993 年度部级科技进步奖二等奖。获奖人：刘伟钦、汪佩兰、曾象志等。

5. 快速发展时期

经过近十几年的建设与发展，本专业目前依托爆炸科学与技术国家重点实验室，并作为该实验室的重要支撑学科，也是"211"工程和"985"工程重点建设的学科之一。特别是经过火工品基础条件建设，学科的实力显著增强，学科的教学科研平台建设和研究条件在国内高校学科中名列前茅。

本学科围绕具有作用首发性、高敏感性、高可靠性、高能量输出、一次性作用的火工烟火装置与点火引爆控制系统，形成 4 个稳定的研究方向。①火工品及其可靠性技术方向，紧紧围绕高技术武器装备对火工品的需求，重点研究先进火工品设计理论、设计方法及可靠性试验与评估技术。②火工药剂及其应用技术方向，围绕先进火工品对高反应速度的亚稳态含能材料的需求，突出高能、环保型火工药剂的分子结构、晶体结构、组分设计，重点解决新型火工药剂的合成与制备、表征与测试以及应用技术等。③固体快速化学反应动力学方向，主要研究易燃、易爆物质化学反应动力学及药剂安全理论与技术，以及装药结构的燃烧与爆轰动力学机理和数值模拟、仿真技术。④化学物理效应及应用技术方向，围绕我军特种弹药和新概念弹药的技术需求，研究烟火药剂和其他氧化还原体系的燃烧、爆炸反应过程中伴随的各种物理现象与物理效应，包括利用化学反应产生热、光、电、磁、声音、颜色、烟雾、冲击波等效应的原理、方法以及这些效应的应用技术。4 个方向相互支持、有机结合，对促进武器弹药的安全性和可靠性以及威力的提高具有重要的作用。本专业还是民用爆破器件及民用烟花行业的技术基础，具有良好的发展前景。

本专业承担了国防"973"国家自然科学基金、国防科工局基础研究、国防预研等多项基础研究项目，主要有爆炸序列能量匹配原理与技术，爆炸逻辑网络起爆技术，火工品小样可靠性试验与评估方法，环保型起爆药设计、合成、结构表征及性能测试研究，GTG 起爆药技术和 GTG 型火雷管技术，易燃、易爆体系化学反应动力学理论及应用技术，起爆与点火动力学理论与技术，新型非隔断起爆点火技术，炮射耐高过载的强闪光干扰技术，宽波段光电对抗原理与干扰材料等。

近年来，本专业紧紧围绕国防建设和国民经济建设需求，把握学科发展前沿，注重知识创新，不仅承担了大量的科研项目，而且取得了丰硕的成果。"十五"以来，获得省部级以上奖励 30 余项；获得省部级教育教学成果奖 2 项。授权发明专利 100 余项；SCI 收录论文 700 余篇。由于很多科研都与军工有关系，鉴于保密原因不再对所承担的科研项目进行详细列出。

2.2 教学与人才培养

2.2.1 本科教学计划

1. 教学计划的制订

教学计划是贯彻教育方针、实现人才培养目标的总体设计，也是教研室组织教学过程的主要依据。1954 年刚建专业时，本专业的教学计划均包含在装药加工专业中，那时各类专业的教学计划由高教部统一制订，并颁发至各高校执行。1965 年年底，火工品与烟火技术专业单独设置后，因历史原因未制订教学计划。1973—1976 年，按学院下发的《关于制订和修订教学计划的几个问题》文件确立指导思想为："坚持为无产阶级政治服务，为工农兵服务，为社会主义建设和常规兵器的发展服务；坚持德、智、体全面发展，并把坚定的政治方向放在首位；坚持'开门办学'，教育同'三大革命'实践相结合；坚持实践第一、理论与实践结合的观点，结合典型任务、典型产品组织教学"。故教学安排各年不尽相同，视生源情况及典型任务、典型产品而不同。如 8476 级同学用 1 学期补高中课程，结合雷管自动生产线去 9634 厂学习 3 个月。

直至 1977 年恢复高考制度后，1978 年开始按火工品设计与制造专业招生。1979 年 7 月，学院要求按《北京工业学院关于制订教学计划的具体规定》（以下简称《规定》）修订教学计划。《规定》提出的制订教学计划的原则是：①要坚持又红又专的社会主义方向，重视政治理论教育，加强学生思想政治教育；②要根据"专业面要宽、基础要厚、适应性要强"的要求，正确处理理论与实践、基础与专业、设计与工艺等关系，明确主干学科，突出主要课程；③要切实贯彻"少而精"的原则；④要坚持德、智、体全面发展的方针和劳逸结合的原则；⑤要努力贯彻因材施教的原则。《规定》提出的教学日历安排是：四年中理论教学为 131.5～137.5 周，考试 13.5 周，毕业设计 10～14 周，实习 12～14 周，公益劳动 1 周，机动 2 周，假期 27 周。课内总学时不得超过 2 800 学时，课内周学时不得超过 20～22 学时。

1985 年前后是学校大幅度调整专业的阶段，本专业采用一个专业、两块牌子的办法调整为军民结合型专业，并制订了《安全工程教学计划》。

1989 年 5 月，学校要求各专业修订本科教学计划，提出的指导思想和原则是：①全面贯彻党的教育方针，努力适应我国社会主义初级阶段经济建设、社会发展、科技进步和军民结合的需要，体现科学性、先进性和适应性的结合，努力培养专业面宽、基础厚实、能力较强、适应性强的合格人才；②遵循高级工程专门人才成长和培养规律，在认真总结历史经验、吸取国内外高等教育的有益经验的基础上，从我校实际出发解放思想，勇于探索，改革创新，切实可行；③遵循"淡化专业，活化方向，强化基础，按需培养"的专业调整方向，试行按学科设系、系办专业、按系招生录取，一、二年级不分专业，以系为基础按学科大类组织教学，三、四年级根据实际需要，确定学生专业和方向，按需进行专业方向的教育，拓宽专业面，增强适应性；④各系、专业应发挥特长，办出特色。按上述原则，学校编制了《本科教学概览》。1992年修订后的本专业教学计划以"安全工程专业"命名，内含校定必修课、系定必修课、限定选修课及任意选修课，限定选修课分为A类B类两组，A类以安全工程的专业课为主，B类以火工与烟火技术的专业课为主。

2002年，本专业更名为特种能源工程与烟火技术，并对教学计划进行了修订。

2. 各重要阶段的教学计划

本专业的教学计划都是按专业发展的各历史阶段及学校当时发布的文件制（修）订的。本专业较完整及执行时间较长的教学计划主要有1979年、1992年及2014年制订的教学计划。

- **1979年制订的教学计划**

时间：1979年12月，学制四年。

一、培养目标

本专业培养德、智、体全面发展的又红又专的火工品设计与制造专业方面的国防工业高级工程技术人才。具体要求是：

认真学习马克思列宁主义和毛泽东思想的基本原理，并通过实践，逐步树立无产阶级的阶级观点、群众观点、劳动观点和辩证唯物主义观点；拥护中国共产党，热爱社会主义；培养共产主义道德品质，自觉维护社会主义民主和法制；服从组织分配，积极为社会主义现代化建设服务。

获得工程师的基本训练：掌握火工品设计与制造专业所需要的比较宽厚的基础理论知识；掌握运算、实验、制图等基本技能和必要的工艺操作技能；受到工程设计和科学研究方法的初步训练；具有一定的专业技术知识和组织管理生产的知识，对本专业范围内科学技术的新发展有一般的了解；具有解决一般工程实际问题的初步能力；掌握一门外国语，能够阅读本专业书刊。

具有健康的体魄，能够承担建设祖国和保卫祖国的光荣任务。

本专业毕业生要求做到：①能掌握炸药与起爆药的性能，起爆药与火工品制造及燃烧、传爆机理；②能设计各种火工品，掌握火工品的测试技术；③能制定火工品工艺程序和检验项目；④具有能从事火工品方面的科研能力。

二、课程设置与学时数安排

（1）课程设置。

a. 本专业学科是爆炸力学（包括燃烧）和化学的跨学科专业。培养的学生除要求学好公共课、基础课、技术基础课外，应在气体动力学、物理化学、有机化学、爆轰理论、火工品设计原理、火工品制造和测试技术方面有较深的知识。

b. 根据专业的性质与培养目标的要求，共设必修课25门，选修课6门。课程设置与时数的安排原则是加强基础与外语，突出爆轰理论和火工品设计与工艺及测试方面的课程。加强专业和基础的结合，处理好专业设计与工艺方面的关系，加强实践环节，加强外语基本功的训练。加强新技术内容的讲授，扩大专业知识面，增加必要的选修课。

c. 各类课程的时间比例。课程分为五大类，课程教学总学时数为2 798学时。

（2）学时数安排。

本教学计划学时数是按课内每周20~24学时，课内外共48学时安排。四年中理论学习总学时是2 798学时（不计选修课学时）。安排的原则是：低年级周学时稍多一些，但不超过24学时，高年级学时数稍低一些，但不低于18学时。高年级每周可适当增加一些选修课。课程内容与学时数尽可能适当合理。每学期各门课程尽可能合理，做到循序渐进，上下呼应，衔接紧密，不重复，不遗漏，各门课程要紧密配合。

表4-5 教学进程（1979年）

课程类别	课程名称	学期安排		学时数				各学期课内周学时数							
		考试	考查	合计	讲课	实验	课堂讨论	课程设计	一	二	三	四	五	六	七	八
公共课	政治理论	3, 5	1, 2 4, 6	180					2	1	2	1	2	1		
	体育	2, 4	1, 3	140					2	2	2	2				
	外语	2, 4, 7	1, 3, 5, 6	280					4	4	4	3	0/2	0/2	0/2	

续表

课程类别	课程名称	学期安排		学时数					各学期课内周学时数							
		考试	考查	合计	讲课	实验	课堂讨论	课程设计	一	二	三	四	五	六	七	八
基础课	高等数学	1, 2	3	250					6	5	2					
	工程数学		3, 4	160								4	2			
	普通物理	2, 3	4	240	190	50				6	4	2				
	普通化学	1		80	67	11			4							
技术基础与专业基础课	机械制图		1	90	90				4							
	理论力学	3, 4		120	84		34				4	2.5				
	材料力学	4, 5		120	88	12	20					4	3			
	机械原理与零件	5, 6		80	70	10							2	3		
	机械制造基础		4	50	50							4				
	金属材料及热处理		6	50	46	4								4		
	电工学	6	5	150	108	34	4						5	4		
	互换性及技术测量		6	38	32	6									2	
	计算机原理及应用		5	60	60								4			

表4-6　总周数分配（1979年）

学期	理论教学	考试	实习及专业劳动	毕业设计（论文）	公益劳动	机动	学期小计	寒暑假	总计
1	20	1.5			1	0.5	23	3	26
2	19	2					21	5	26
3	20.5	2				0.5	23	3	26
4	14	2	5				21	5	26
5	20.5	2				0.5	23	3	26
6	19	2					21	5	26
7	21	1.5				0.5	23	3	26
8	5.5	0.5	3	12			21		21
总计	139.5	13.5	8	12	1	2	176	27	203

三、教学环节

表 4－7　课程设计及实习（1979 年）

类型	名称	课内学时	内容及要求
课程设计	爆轰理论	20 学时	在课程结束时用 3 天时间做一个综合性题目，计算验证巩固所学内容，培养独立工作与解决问题的能力
	火工品工艺学	26 学时	火工品生产线设计，如年产 300 万枚雷管车间整体布局设计，年产 150 万枚点火具的各种模具设计，生产工房静电消除设计等
	火工品设计原理	20 学时	各种燃烧、传爆系列的设计，包括结构性能、能量传递、燃烧爆轰规律以及实验数据处理与分析等。目的是验证所学的理论，巩固提高、培养独立工作和解决问题的能力
实习	机械制造基础	5 周	在第三或第四学期进行，是工程技术人员初次入门教育。在我院实习工厂结合机械制造基础课以冷加工为主进行冷热加工实习，使学生对冷热加工工艺有初步了解，并学习一定操作技能，为学习专业工艺课打下基础
	专业工艺	6 周	安排在第六或第七学期，结合工艺理论课在专业工厂进行，参加一定的生产劳动，了解生产过程，增强感性认识，学习巩固加深所学理论以及必要的工厂管理知识、设备工艺及技术关键等，为课程设计创造必要的条件
	毕业实习	3 周	在毕业设计之前带毕业论文或设计任务到工厂、研究所进行调研、收集资料、数据，为毕业设计创造条件

- **1992 年制订的教学计划**

时间：1992 年 1 月，学制四年。

一、培养目标

本专业培养适应社会主义需要的，德、智、体全面发展的，思想开阔、基础扎实、适应性强、勇于创新，系统掌握工业生产中的火工烟火技术理论和现代管理方法的高级工程技术人才。

二、业务范围

（1）燃烧爆炸过程机理及工程应用。

（2）系统的安全基础理论、有害因素的检测、事故预测与评估，危险环境与状态模拟。

（3）现代化防火防爆技术。
（4）工业生产系统的一般知识及现代管理方法。
（5）火工品与烟火燃烧爆炸机理。
（6）现代火工产品的结构设计、制造工艺及产品性能测试。
（7）烟火的设计、制造与应用。

三、主干学科及主要课程

主干学科：物理化学、爆轰物理学

主要课程：

（1）物理化学、系统安全工程、传热与传质、燃烧物理学、防火防爆工程学。

（2）爆轰物理学、火工品设计原理、火工品制造、火工品试验与测试。

四、知识结构和能力结构

（1）数学、物理、化学、力学、电学等方面的基础理论知识。

（2）系统的火工品与烟火技术的基础理论知识，燃烧与防燃烧、起爆与防起爆技术，事故分析预测，安全测试，生产环境改善的知识和能力。

（3）火工品设计，火工品与烟火技术开发研究的初步能力。

（4）一定的科学实验、工程检测技术及计算机在设计、仿真技术中的应用等基本技能。

五、专业特色

本专业是一门综合性多学科相结合的专业。主要研究有约束与无约束的固态快速化学反应，着重研究不稳定燃烧、不稳定爆轰段的机理及燃烧、爆炸和所产生的力、热、光、声、烟、冲击波等各种物理效应的控制作用，实现能量的传递与转换。

本专业另一个特点是军民相结合。在军用方面，能从事各种高新领域中使用的火工产品与烟火的设计和制造。在民用方面，能预测和分析燃烧爆炸等事故的发生并实施减少灾害的措施，为安全生产和安全防护提供良好而可靠的环境。

六、学生毕业

（1）符合德育培养目标要求。

（2）最低毕业学分应达到 412 学分。其中所有课程总计为 313 学分，实践教学环节 65 学分，思想教育、军训、公益劳动 26 学分，社会实践 8 学分。

（3）符合大学生体育合格标准。

表4-8 教学计划进程（1992年）

类别	课程名称	学期安排 考试	学期安排 考查	课内学时	其中 实验	其中 上机	学分	各学期课内周学时分配 一	二	三	四	五	六	七	八
校定必修课	中国革命史	1		54			6	3							
	中国社会主义经济建设	3		54			6			3					
	马克思主义原理	5		54			6					3			
	思想教育		1,7				14	2	2	2	2	2	2	2	
	体育		1,4	128			8	2	2	2	2				
	基础外语	1,4		252			35	4	3	3	4				
	高等数学	1,2		190			32	6	5						
	线性代数	2		40			6		2						
	概率论与数理统计	3		54			9			3					
	大学物理	2,3		144			20		4	4					
	物理实验		2,3	56	52		6		1.5	1.5					

续表

类别	课程名称	学期安排		课内学时	其中		学分	各学期课内周学时分配							
		考试	考查		实验	上机		一	二	三	四	五	六	七	八
系定必修课	普通化学	1		72	21		8	4							
	画法几何及机械制图	1, 2		136		4	19	4	3.5						
	理论力学	3	4	99	4		14			3	2.5				
	材料力学	4		72	8		10				4				
	机械原理	5		72	6		10					4			
	机械零件	6		72	6		10						4		
	电工技术	4		64	16		9				4				
	电子技术	5		72	17		10					4			
	互换性与技术测量		5	36	8		4					2			
	计算机应用基础		2	90	30		10		5						
	微机原理与应用	5		72		18	8					4			
	金工实习		4									2.5			
限定选修课选其一类	专业外语		5, 7	54			6					1	1	1	
	物理化学	5		90			13					5			

续表

类别	课程名称	学期安排		课内学时	其中		学分	各学期课内周学时分配							
		考试	考查		实验	上机		一	二	三	四	五	六	七	八
限定选修课选其一类	A类传热与传质	6		54			6						3		
	A类燃烧物理学	6		72	8		8						5		
	A类系统安全工程学	6		54			6						3		
	A类防火防爆工程学	7		54			6							3	
	A类化学反应安全	7		36			4							2	
	A类安全检测技术	7		36			4							2	
	A类人机工程学	7		54			6							3	
	A类电器安全	7		36			4							2	
	A类安全管理	7		30			3							1.5	
	B类爆轰物理学	7		72			8						5		
	B类火工品设计原理	7		54			6						3		
	B类起爆药学	7		54			6							3	
	B类火工品制造	7		54			6							3	

续表

类别	课程名称	学期安排		课内学时	其中		学分	各学期课内周学时分配							
		考试	考查		实验	上机		一	二	三	四	五	六	七	八
限定选修课选其一类	B类烟火学	7		36			4							2	
	B类火工品测试	7		54			6							3	
	任意选修课			180			20								
合计				2 957	176	22	384	29	26	19.5	19	21	24	14.5	

表4-9 实习、课程设计、毕业设计（1992年）

项目	内容	场所	学期	周数	学分
京工实习	冷、热加工工作法	校工厂	4	4.5	9
机械原理课程设计	机构设计	本校	5	1	2
制图综合测绘	测绘典型机构	本校	5	1	2
生产实习	到有关厂、所实习、参观	专业厂	6	3	6
机械零件课程设计	机械传动装置设计	本校	7	3	6
毕业实习	结合毕业论文任务调研	有关厂、所	8	2	4
毕业设计		本校	8	18	36
合计				32.5	65

- **2014年制订的教学计划**

时间：2014年4月，学制四年。

一、培养目标

本专业培养适应社会主义需要的，德、智、体全面发展的，思想开阔、基础扎实、适应性强、勇于创新，掌握工业生产中系统的火工烟火技术理论的高级工程技术人才。

二、业务范围

(1) 燃烧爆炸过程机理及工程应用。
(2) 系统的安全基础理论，有害因素的检测，事故预测与评估，危险环境与状态模拟。
(3) 工业生产系统的一般知识及现代管理方法。
(4) 火工品与烟火燃烧爆炸机理。
(5) 现代火工产品的结构设计、制造工艺及产品性能测试。

三、主干学科及主要课程

主干学科：物理化学、爆轰物理学

主要课程：

(1) 物理化学、可靠性工程、燃烧物理学、化学电源。
(2) 爆轰物理学、火工品设计原理、火工品制造、火工品试验与测试。

四、知识结构和能力结构

(1) 数学、物理、化学、力学、电学等方面的基础理论知识。
(2) 系统的火工品与烟火技术的基础理论知识，燃烧与防燃烧、起爆与防起爆技术的知识和能力。
(3) 火工品设计，火工品与烟火技术开发研究的初步能力。
(4) 一定的科学实验、工程检测技术及计算机在设计、仿真技术中的应用等基本技能。

表 4-10　教学计划进程（2014 年）

课程类别	课程性质	课程名称	学分	总学时	讲课学时	实验学时	上机学时	开课学期	备注
公共基础	必修课	大学英语（Ⅰ、Ⅱ）（普通班，G）	6	96	64	32		1，2	
		大学英语视听说（Ⅰ、Ⅱ）（普通班，G）	6	96	64	32		1，2	
		微积分 A（Ⅰ、Ⅱ）	12	192	192			1，2	
		线性代数 B	3	48	48			1	
		概率与数理统计	3	48	48			3	
		复变函数与积分变换	3	48	48			4	

续表

课程类别	课程性质	课程名称	学分	总学时	讲课学时	实验学时	上机学时	开课学期	备注
公共基础	必修课	大学计算机基础	2	32	24		8	1	
		C语言基础	3	48	32		16	2	
		大学物理（Ⅰ、Ⅱ）	8	128	128			2,3	
		物理实验B（Ⅰ、Ⅱ）	3	48	4	28		2,3	2/0
		无机化学基础	3	40	8			1	
		思想道德修养与法律基础	3	48	32	16		1	1
		中国近现代史纲要	2	32	32			1	2
		知识产权法基础	1	16	16			1	1
		大学生心理素质发展	1	16	16			2	2
		毛泽东思想与中国特色社会主义理论体系概论	4	64	48	16		3	
		马克思主义基本原理	3	48	48			7	
		体育（Ⅰ~Ⅳ）	4	128	128				
	选修课	专项英语	4	64	64				
		通识教育课专项	校公共选修课	8	128	128			
		实验选修课专项		8	128		128		
大类基础	必修课	工程制图	4	64	64			2	
		理论力学B	5	80	72	8		3	0
		电工和电子技术（Ⅰ,Ⅱ）	7	112	80	32		4	0
		材料力学B	4.5	72	64	8			
		有机材料化学基础	3.5	56	48	8		5	
		机械设计基础	5.5	88	80	8		4	0
		制造技术基础训练	3	48		48		5	0
		爆炸物理学	3	48	40	8		5	1
		应用物理化学	4	64	56	8		5	
		动态测试技术	3	48	40	8		6	0

续表

课程类别	课程性质	课程名称	学分	总学时	讲课学时	实验学时	上机学时	开课学期	备注
专业教育	必修课	含能元器件设计原理	3.5	56	48	8		6	
		含能材料学	3.5	56	48	8		7	
		光电磁材料基础	3	48	48			7	
		毕业设计（论文）	16	256		256		8	
	选修课	专业教育选修课（学分）	17	272	272				
总计			175.5	2 864	2 100	652	32		

表4–11　实习实践周计划（2014年）

课程名称	内容	学分	学期	周数	周次	场所
军事理论	军事理论教学	1	1	3	1~4	校内外
军事训练	军事实践训练	1.5	1			校内外
人文社会实践	社会调查、研讨	1	2	1	暑假	校内外
文献检索	科技文献查阅方法及实践	1	3	1		校内
工程实践Ⅰ——特能	认识实习	2	3	2		校内
计算机工程实践	Matlab在火工烟火技术中的应用	1	3	1		校内
工程实践Ⅱ——特能	创新实践	2	5	2		本院
机械设计基础课群（Ⅱ）综合设计	机械设计课群综合设计	2	5	2		校内
专业综合实验——特能	课程设计	1	7	1		校内
专业实习——特能	产品工艺和生产过程专题研究	2	7	3		校内外
大学生职业生涯规划	实践环节	2	3			本院
合计		16.5				

2.2.2　研究生培养

1. 历程

1954年3月，中央人民政府第二机械工业部同意北京工业学院暂设火炮设计及制造专业，其中包括炮弹装药与火工品专业。1978年，学校规定的招收研究

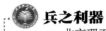

生专业有火工品。1981 年 11 月 3 日，国务院批准北京工业学院包括火工烟火专业等 23 个学科有权授予硕士学位，成为我国首批硕士学位授予单位之一。同时，可以接受外单位硕士论文答辩和授予硕士学位。1984 年 1 月 13 日，国务院批准第二批博士学位授权学科、专业，其中包括我校火工烟火专业等 7 个学科。同时国务院第二批批准了我校 13 位教授为博士生导师，其中陈福梅为火工烟火技术专业博士生导师。1978 年，开始招收培养第一名硕士生；1984 年，开始招收培养第一名博士生。1988 年，被评为国家机械委重点学科，同年被授权招收博士后研究人员。1997 年，根据国家学科专业目录调整，更名为军事化学与烟火技术专业，招收培养的研究生人数不断扩大。2002 年 8 月，被评为国防科工委重点学科，并于国内本专业重点学科点评估时获得第一。

2. 培养方案

- 1978 版硕士研究生培养方案

一、课程

（1）哲学课程。

（2）基础课和专业基础课，根据研究方向选择 3～5 门。第一外语要求能熟练地阅读本专业的外文资料，有一定的写作能力和初步的听说能力；第二外语要求有阅读本专业外文资料的初步能力。

（3）基础理论课和专业课。设置有关基础理论和专业学位课程和其他课程，包括拓宽专业基础需要的理论课和实验课，为进入学科前沿或结合研究课题需要的理论专著、文献、专题，为适应学科交叉的跨学科课程。

表 4-12 硕士生课程设置（1978 年）

课程类别	课程名称	学分数	学时数	备注
公共学位课	自然辩证法	3	54	考试
	第一外国语	6	108	考试
	概率与数理统计	3	54	考试
基础和专业学位课	计算方法	3	54	考试
	量子化学	3	54	考试
	统计物理化学	3	54	考试
	热爆炸理论	2	54	考试

续表

课程类别	课程名称	学分数	学时数	备注
选修课程	线性规划	3	54	
	非线性规划	3	54	
	优化设计	3	54	
	固体化学	2	36	
	一维不定常流动	3	54	
	反应流理论	3	54	
	燃烧理论	3	54	
	传热与传质	3	54	
	变分法	2	36	
	第二外国语	3	54	
文献选读		2	36	综述
教学实践		2	36	带本科生论文
实习、调研				
学位论文				

同期提出了硕士生提前攻读博士学位、优秀应届毕业硕士生免试攻读博士学位的实施办法和优秀应届本科生免试直接攻读博士学位试行办法。

二、学位论文

（1）硕士学位论文要充分反映前人的科学研究成果，并在前人成果的基础上，具有一定的独立见解。

（2）要有理论根据，有可靠的资料和充分的实验数据作为依据，并要求具有严肃、严密、严格的科学态度和作风。要求论文题目必须在一年内确定，报教研室主任批准，且题目一经确定，不得任意改变。

（3）对硕士生的论文选题、工作计划、时间安排和工作步骤、论文要求、格式及开题报告制度等也做了明确的规定。

（4）研究生答辩委员会通常由7名高级职称的教师组成，除本专业教授及教师外，必须由本行业知名专家（教授级）参加。

开题报告成绩考核以合格、不合格记分。

图 4 – 14　硕士生毕业论文答辩合影

近期研究生培养是在发展过程中不断调整的，主要有 2004 年、2007 年以及 2009 年的研究生培养方案。

- **2004 版硕士研究生培养方案**

火工烟火技术是多学科交叉形成的边缘学科，它以化学、物理学、力学、电子信息与机械学为基础，研究火工烟火药剂的合成与分析、快速化学反应、化学物理效应、化学能量转换等理论，以及各种起爆、点火、做功、特种烟火效应、能量转换等火工烟火装置和火工系统的设计、分析与评估。本学科基础研究与应用研究并重，直接为国防建设和国民经济建设服务。主要研究方向有：

（1）快速反应理论：研究化学反应流理论及数值模拟；起爆与点火机理；非稳态燃烧现象；非理想爆轰现象；燃烧转爆轰及爆轰转燃烧机理；热爆炸及热点火理论，含能材料的反应热力学和动力学，开放体系中非平衡态热力学及非线性化学动力学。

（2）含能药剂与材料化学：研究单质含能化合物及其混合体系的计算机结构设计、计算化学、设计原理、合成和制备技术、纳米技术、结构表征、性能测试与评估技术、结构与性能的关系，以及在国防科学技术领域和民用爆破器材等领域的应用技术、工程化技术。

（3）化学物理效应：研究化学反应及相关过程产生特殊物理效应的原理与应用，主要包括各种军用和民用烟火药剂配方及工艺、化学物理效应过程、烟火装置与系统的设计与效果仿真、无源干扰及光电对抗技术、新概念软杀伤原理及应用技术。

（4）火工系统设计与仿真：研究火工装置与火工系统的设计理论与设计方法，新型换能元及其换能机理，爆炸、燃烧、冲击波的激发、放大、传递及能量转换理论与应用技术，火工系统的数字仿真与验证技术，火工系统新理论、新概念、新技术等。

(5) 火工燃爆系统可靠性与安全性技术：火工燃爆器件、装置与系统的可靠性与安全性理论，可靠性与安全性设计及工艺控制，可靠性与安全性试验与评估方法，失效理论、失效模式与失效分析技术等。

一、培养目标

掌握坚实的火工烟火技术基础理论和系统的专门知识，具有独立从事科研工作及在相关工程中担任技术骨干的能力。具备严谨求实的科学态度和作风，毕业后可从事科研院所、高等学校和武器规划与管理机构的科研、教学和技术管理工作。

二、学制

硕士研究生基本学制由2.5年调整为2年。

三、必修环节

必修环节主要包括：①文献综述报告（1学分）；②学术活动（1学分）；③专业外语（1学分）。

四、科学研究与学位论文

（1）学位论文选题和开题报告：论文选题应紧跟国内外发展前沿，具有一定的理论价值；涉及工程应用的选题应具有明确的工程实用价值和技术上的先进性。

（2）发表论文：应满足校学位评定委员会的要求。

（3）学位论文：硕士学位论文应当表明作者具有从事科学研究工作或独立担负专门技术工作的能力，反映出作者在科学研究或专门技术上的新见解。

- **2009版硕士研究生培养方案的总体框架和要求**

一、学科简介与研究方向

各学科的培养方案应对本学科进行简要介绍。研究方向的设置要科学、规范、宽窄适度、相对稳定，反映学科先进性和前瞻性，要能适应和引导学科的发展和社会的需求，并能体现我校的办学优势和特色。按一级学科制定研究生培养方案，所确定的研究方向一般不超过6个；按二级学科制定研究生培养方案，所确定的研究方向一般不超过4个。

二、培养目标

硕士生培养应当使学生掌握本学科坚实的基础理论和系统的专门知识，掌握相应的技能、方法和相关知识，具有从事科学研究工作或独立担负专门技术工作的能力。硕士研究生培养应坚持德、智、体全面发展，努力适应国家经济、政治、科技和文化发展的需要；应培养学生具有良好的思想品德、修养和事业心、责任感。

三、学制

硕士生基本学制为2.5年，最长学习年限为3年。

原则上硕士生应在一学年内完成课程学习。

四、课程与学分要求

在制订硕士生培养计划或对硕士生培养方案进行调整和修改时，在课程和学分设置方面必须满足学校规定的最低要求。

1. 公共必修课

政治理论和外语（一外）课是硕士生公共必修课。其中：

（1）政治理论课：科学技术哲学，2学分；科学社会主义理论与实践，1学分。

（2）外语（一外）：外语Ⅰ为所有硕士生的公共必修课，3学分。

外语（二外）：第一外语为非英语的硕士生必须选修英语为第二外语（2学分），但不能作为必修课。

2. 学科必修课

（1）学科基础理论课：学科基础理论课是指本学科理论基础所涉及的数学、物理、化学、生物方面的基础理论课程。在制定本学科培养方案时，学科基础理论课应参照由高等教育出版社1999年出版、国务院学位办和教育部研究生办公室共同编写的《授予博士、硕士学位和培养研究生的学科专业简介》一书中对相关学科课程设置的要求，制定一门或若干门基于本学科研究范围要求的数学、物理、化学、生物类基础课程。对于文、管、法、艺术等门类的学科，应参照上述要求制定一门相应的学科基础理论课程。该类课程为必修课程，总计不低于2学分。

说明：数学类基础课程专指由理学院开出的数学类课程，现有数值分析、矩阵分析、随机过程、应用泛函分析、最优化新方法、数学物理方法、数学建模、图与网络、数理统计、模糊数学、运筹学等课程，建议从数值分析、矩阵分析、随机过程、应用泛函分析、数学物理方法五门课程中选课。工学、理学学科门类的专业除少数特殊学科外，均应学习此类数学课程，以加强理论基础。其他学科门类也应列出相应的一门课程作为本学科的学科基础理论课。

（2）专业基础课：本专业的必备基础课，所有学生必选，总计不低于3学分。

（3）专业课：必须修完4门及以上的专业学位课，总计不低于10学分。

3. 选修课与跨学科课程

硕士生应选修总计8学分以上（含8学分）的选修课，其中跨学科课程至少4学分。

跨学科课程必须是硕士生所在的一级学科之外的课程。二外可作为非外语专业硕士生的跨学科课程，除本节四1（1）节规定之外的政治理论课程，可作为政治人文专业之外硕士生的跨学科课程。

五、必修环节

必修环节在前三个环节的基础上新增科学研究训练与创新能力培养，该环节由指导教师负责讲授或指导硕士生学习与学位论文密切相关的课程，进行实验技能训练、科学研究及创新能力培养，由导师负责考核。文献综述、学术活动和专业外语三个环节各为1学分，而科学研究训练与创新能力培养为2学分。

六、中期检查

中期检查由学院负责，对课程学习、文献综述、开题报告及学位论文工作的研究进展情况等进行检查。应于第四学期的第八周前完成。

七、学位论文工作安排

硕士生必须在导师指导下完成一篇达到硕士学位要求的学位论文。学位论文要反映硕士生在本学科领域研究中达到的学术水平，表明本人较好地掌握了本学科的基础理论、专门知识和基本技能，具有从事本学科或相关学科科学研究或独立担负专门技术工作的能力。

培养方案应对学位论文工作的全过程，如文献综述、开题报告、中期检查、论文评阅和答辩程序等环节和要求做出具体规定和时间节点要求。

八、教学大纲与课程简介

硕士生培养方案确定的必修课（包括公共必修课和学科必修课）必须制定教学大纲。教学大纲内容包括课程编码、课程名称、学时、学分、教学方式、考试方式、适用专业、先修课程、各章节主要教学内容和学时分配、参考文献等。

• 2009版博士研究生培养方案的总体框架和要求

根据入学前是否已取得硕士学位，将博士研究生（以下简称博士生）分为硕士起点博士生和本科起点博士生两个大类。凡在入学前已取得硕士学位或具有同等学力身份的博士生，称为硕士起点博士生。否则，不论是直博生，还是硕博连读生的博士阶段，都属于本科起点博士生。

博士生培养方案是培养单位对博士生进行培养的主要依据。博士生培养方案的调整、修改必须按学校规定的程序进行，经批准之后方可执行。各培养单位应根据博士生入校时的学位起点，执行相应的博士生培养方案。直博生、硕博连读生入学后按本科起点博士生培养方案培养。

一、培养目标

博士生教育应以培养教学、科研方面的高层次创新性人才为主。博士生应在本门学科上掌握坚实宽广的基础理论和系统深入的专门知识，具有独立从事科学研究工作的能力，在科学或专门技术上做出创造性的成果。各学科应阐明对本学科专业博士学位获得者在基础理论和专门知识方面应达到的广度和深度，科学研究能力或独立承担专门技术工作能力，以及政治思想、道德品质、身心健康等方面的具体要求。

博士生培养的核心在于知识创新和通过科学研究取得创造性研究成果。

二、学制

博士生的培养可以分为两种类型：

硕士起点博士生学制由3年调整为4年，最长学习年限不超过6年。

本科毕业起点博士生（含本科毕业直接攻博和硕博连读）学制由4.5年调整为5.5年，最长学习年限不超过7年。

原则上博士生应在一学年内完成课程学习。

三、课程与学分要求

在制订博士生培养计划或对博士生培养方案进行调整和修改时，在课程和学分设置方面必须满足学校规定的最低要求。

1. 公共必修课

政治理论和外语（一外）课是博士生公共必修课。其中：

（1）政治理论课：所有博士生必修"科学技术与社会"，2学分；本科起点博士生还要求必修"科学技术哲学"，2学分。

（2）外语（一外）：外语Ⅱ为所有博士生必修的学位课，2学分。它包括：外语ⅡB综合英语课程，1学分；外语ⅡA口语与写作课程，1学分。外语Ⅰ为本科起点博士生的公共必修课，3学分。

外语（二外）：第一外语为非英语的博士生必须选修英语为第二外语（2学分），但不能作为必修课。

2. 学科必修课

（1）学科基础理论课。

学科基础理论课是本学科理论基础所涉及的数学、物理、化学、生物方面的基础理论课程。在制定本学科培养方案时，应参照由高等教育出版社1999年出版、国务院学位办和教育部研究生办公室共同编写的《授予博士硕士学位和培养研究生的学科专业简介》一书中对相关学科课程设置的要求，制定一门或若干门基于本学科研究范围要求的数学、物理、化学、生物类基础课程。该类课程是必修课程，总计不低于3学分。

学校开设的博士生数学类课程为：近代数学基础Ⅰ、近代数学基础Ⅱ、科学与工程计算三门课程。上述课程如能满足本学科对数学类课程的要求，可将此课程定为本学科的学科基础理论课。如不能满足本学科基础理论课程的要求，可另制定其他相关的数学、物理或化学、生物类学科基础课程。

(2) 专业基础课。

专业基础课程是基于本一级或二级学科专业研究范围的学科基础类课程。专业基础课程应具有严密的理论体系，是博士生的必修课程，总计不低于3学分。

(3) 专业课。

专业课应当趋近科学研究的前沿和主流的方向领域；应有广泛的学科交叉，能涵盖很多其他学科的研究内容；应有很强的实践性，能传授给学生一项技能。

硕士起点博士生必须修完3门及以上的专业课，总计7学分以上。本科起点博士生必须修完7门及以上的专业课，总计17学分以上，其中博士层次的专业学位课3门及以上，总计7学分以上。

3. 选修课与跨学科课程

对硕士起点博士生，由各学科和指导教师根据具体情况在培养计划中提出要求。

对本科起点博士生，要求至少8学分的选修课，其中跨学科课程至少4学分。

跨学科课程必须是博士生所在的一级学科之外的课程。

四、必修环节

对以下各项必修环节，制定博士生培养方案时，必须满足学校规定的最低要求。

1. 文献综述（1学分）与开题报告

作为高层次人才，博士生必须具有良好的写作能力和表达能力。培养方案应确定本学科博士生文献阅读范围及数量，提出综述报告撰写与评阅要求。博士生文献综述报告最低应不少于5 000汉字，引用的参考文献不少于50篇。

硕士起点博士生应于第四学期的第十五周前完成文献综述和开题报告，本科起点博士生应于第六学期的第十五周前完成文献综述和开题报告。

2. 学术活动（1学分）

博士生在校期间至少参加8次以上学术活动，其中本人进行正规性的学术报告2次以上。每次学术活动要有500字左右的总结报告，注明参加学术活动的时间、地点、报告人、学术报告题目，简述内容并阐明自己对相关问题的学术观点或看法。学校提倡研究生尽可能多地参加跨学科的学术活动。

3. 专业外语（1学分）

由指导教师负责指导研究生选读和笔译相关专业外文文献，学院组织考试。

使研究生了解、熟悉外语论文的写作及在国际会议发表论文和进行学术报告的要求。对硕士起点博士生，各学科和导师可以根据具体情况提出专业外语要求，但不计学分。

4. 教学实践

博士生必须完成至少 36 学时的教学实践。教学实践包括授课、答疑和指导学生实验等，教学对象为本科以上学生。

五、中期检查

中期检查由学院负责组织，应对博士生的课程学习、文献综述、开题报告及学位论文工作的研究进展情况等进行检查。硕士起点博士生应于第五学期末完成，本科起点博士生应于第七学期末完成。

六、学位论文工作安排

博士生必须在导师指导下完成一篇达到博士学位要求的学位论文。博士学位论文应当表明作者具有独立从事科学研究工作的能力，并在科学或专门技术上做出创造性成果。

在完成学科专业培养方案中的课程学习并成绩合格后，博士生要有一定的科研成果，具体要求可参见学校对于博士生申请学位科研成果的相关规定。达到学分和科研成果要求的研究生方可进入论文评审和答辩程序。

培养方案应对学位论文工作的全过程，如文献综述、开题报告、中期检查、论文评阅和答辩程序等环节和要求做出具体规定和时间节点要求。

七、教学大纲与课程简介

博士生培养方案确定的必修课（包括公共必修课和学科必修课）必须制定教学大纲。教学大纲内容包括课程编码、课程名称、学时、学分、教学方式、考试方式、适用专业、先修课程、各章节主要教学内容和学时分配、参考文献等。

博士研究生培养方案确定的选修课须制定课程简介。课程简介内容包括课程编码、课程名称、学时、学分、教学方式、考试方式、适用专业、先修课程、内容概要、参考文献等。

- 2012 版硕士研究生培养方案的总体框架和要求

一、培养目标

坚持党的基本路线，热爱祖国，遵纪守法，品行端正，诚实守信，身心健康，具有良好的科研道德和敬业精神。

为适应国防现代化建设需要，需培养德、智、体全面发展的高素质创新型人才。本着有利于学科建设和促进科学技术发展，有利于学科交叉、按宽口径培养研究生的精神，本学科按一级学科培养硕士生。

培养具有宽广的基础理论和深入的专业知识，具备学术研究的基本能力和独立从事兵器科学研究工作的创新性人才。具体包括：①对于兵器知识有系统掌握和透彻理解，能创造性从事兵器科学研究工作；②对于本专业、本领域的研究及其成果，有全面和深入掌握；③了解不同研究方法的特点及方法论基础，并能够合理运用；④思维严谨，逻辑严密，具有发现问题、提出问题和解决问题的基本能力。

二、基本修业年限

普通硕士生基本修业年限为2.5年，长修业年限不超过3年。原则上普通硕士生应在第一学年内完成全部课程学习，学位论文工作时间不少于一年。

普通硕士生应在学校规定的修业年限内完成学业，不允许提前毕业。

三、课程设置及学分要求

表4-13　硕士生培养课程设置及学分要求（2012年）

课程类别	课程名称	学时	学分	学期	考核方式	备注
公共必选课	中国特色社会主义理论与实践研究	36	2	1.2	考试	≥7学分
	自然辩证法概论	18	1	1.2	考试	
	硕士英语	54+54	3	1.2	考试	
	科学道德与学术诚信	18	1	1.2	考试	
学科基础理论课	数值分析	36	2	1.2	考试	≥2学分
	矩阵分析	36	2	1.2	考试	
	随机过程	36	2	1.2	考试	
	应用泛函分析	54	3	1.2	考试	
	数学建模	36	2	1.2	考试	
专业必修课	火工理论与技术	54	3	1	考试	≥13学分
	含能材料制备工艺学	54	3	1	考试	
	军用功能材料	54	3	1	考试	
	含能材料结构表征技术	54	3	1	考试	
	非线性化学数值计算	36	2	2	考试	

续表

课程类别	课程名称	学时	学分	学期	考核方式	备注
专业选修课	武器力学环境测试技术	36	2	2	考查	≥6学分
	无人系统导航定位技术	36	2	1	考查	
	系统可靠性工程	36	2	2	考查	
	现代内弹道学Ⅰ	36	2	1	考查	
	火箭导弹发射技术	36	2	2	考试	
	射频微机电系统	36	2	2	考查	
	嵌入式系统设计	36	2	2	考查	
	现代战斗部及装药设计理论与方法	54	3	1	考试	
	易损性与毁伤评估	36	2	2	考试	
	爆炸力学	36	2	2	考查	
	连续介质力学	54	2	2	考查	
	敏感性数据分析与可靠性评定	36	2	2	考查	
	高功率密度电源技术	36	2	2	考查	
校公共选修课	文献检索和数据库利用	18	1	1.2	考试	≥1学分
	专利及知识产权保护	18	1	1.2	考试	

说明：硕士英语是本学科所有普通硕士生的必修课程，3学分。硕士英语为英语的普通硕士生，达到入学当年免修条件的，可以申请免修硕士英语。硕士英语为非英语的普通硕士生必须选修"英语（二外）"作为第二外国语课，3学分（可作为选修课学分）。

四、必修环节（2学分）

1. 文献综述（0.5学分）

普通硕士生在学期间应结合学位论文任务，阅读至少30篇研究领域内的国内外文献，了解、学习本领域的新技术、新工艺、新方法、新材料的研究进展，并在此基础上撰写不少于4 000汉字的文献综述报告。

普通硕士生应于第三学期第15周前完成文献综述。

2. 开题报告（0.5学分）

开题报告以文献综述报告为基础，主要介绍课题研究的目的、意义、技术路线、实施方案、计划安排和预期成果。

普通硕士生应于第三学期第15周前完成开题报告。

3. 学术活动（0.5 学分）

普通硕士生在校期间应参加不少于 6 次学术活动，其中由本人进行正规性的学术报告不少于 1 次。每次学术活动要有 500 字左右的总结报告，注明参加学术活动的时间、地点、报告人、学术报告题目，简述报告内容并阐明自己对相关问题的学术观点或看法。学校提倡研究生尽可能多地参加跨学科的学术活动。

4. 专业外语（0.5 学分）

指导教师负责指导普通硕士生选读和笔译相关专业外文文献，使研究生了解、熟悉外语论文的写作及在国际会议发表论文和进行学术报告的要求。指导教师负责组织专业外语的考核。

5. 实践环节

指导教师负责讲授或指导学术型硕士生学习与学位论文密切相关的课程，进行实验等相关技能训练、科学研究及创新能力培养，由导师负责考核。

五、学位论文相关工作

1. 中期考核

负责对普通硕士生的课程学习、文献综述、开题报告、发表科技论文及学位论文工作的研究进展情况等进行中期检查。普通硕士生的中期检查应于第四学期的第 8 周前完成。

2. 培养环节审查

普通硕士生学习期满，修满培养方案规定的课程学分，完成专业外语、学术活动、科学研究训练及创新能力培养等必修环节以及文献综述、开题报告等学位论文相关工作，通过培养环节审查后，可申请学位论文答辩。

普通硕士生的培养环节审查一般在第五学期第 3 周前完成。

3. 论文撰写与论文答辩

普通硕士生必须在导师指导下完成一篇达到硕士学位要求的学位论文。学位论文要反映硕士生在本学科领域研究中达到的学术水平，表明本人较好掌握了本学科的基础理论、专门知识和基本技能，具有从事本学科或相关学科科学研究或独立担负专门技术工作的能力。

普通硕士生学位论文答辩时间距提交开题报告时间至少为 12 个月。

普通硕士生在申请答辩前，必须达到《北京理工大学关于博士、硕士学位申请者发表学术论文的规定》的要求。普通硕士生学位论文答辩工作按照《北京理工大学学位授予工作细则》进行。

六、教学大纲与课程简介

普通硕士生培养方案确定的必修课（包括公共必修课、学科基础理论课、专业必修课）必须制定教学大纲。教学大纲内容包括课程编码、课程名称、学时、学分、教学方式、考试方式、适用专业、先修课程、各章节主要教学内容和学时分配、参考文献等。

普通硕士生培养方案确定的选修课须制定课程简介。课程简介内容包括课程编码、课程名称、学时、学分、教学方式、考试方式、适用专业、先修课程、内容概要、参考文献等。

- **2012年博士研究生培养方案的总体框架和要求**

一、培养目标

坚持党的基本路线，热爱祖国，遵纪守法，品行端正，诚实守信，身心健康，具有良好的科研道德和敬业精神。

为适应国防现代化建设需要，需培养德、智、体全面发展的高素质创新型人才。本着有利于学科建设和促进科学技术发展，有利于学科交叉、按宽口径培养研究生的精神，本学科按一级学科培养博士生。

培养掌握本学科坚实而宽广的理论基础和系统深入的专门知识，掌握本学科的现代实验方法和技能，熟练地掌握一门外国语，具有一定的国际学术交流能力，能深入了解和熟悉本学科的现状和发展方向，在某一方向上能够把握学术前沿并有深入的研究，具有严谨求实的科学态度和作风，具备独立从事学术研究和教学的高层次人才。具体包括：①在已有的兵器科学与技术学科知识基础上，对于与自己研究相关的重要理论、核心概念及其历史脉络，有透彻了解和把握；②有敏锐的思辨和分析能力，能够判断问题的价值，跟踪学术前沿，进行理论和知识创新；③对某一领域或方向，有深入研究和独特理解，并做出自己的创新性贡献；④忠诚学术，淡泊名利，认真治学，努力进取，回报社会。

二、基本修业年限

硕士起点博士生基本修业年限为4年，长修业年限为6年。

本科起点博士生基本修业年限为5.5年，长修业年限为7年。

原则上硕士起点博士生应在第一学年内完成课程学习，本科起点博士生应在两学年内完成课程学习，博士生的学位论文工作时间不应少于一年。

三、课程设置与学分要求

表4-14 硕士起点博士生课程设置（2012年）

课程类别	课程名称	学时	学分	学期	考核方式	备注
公共必修课	中国马克思主义与当代	36	2	1.2	考试	≥5学分
	马克思经典著作选读	18	1	1.2	考试	
	博士英语	54	2	1.2	考试	
	科学道德与学术诚信	18	1	1.2	考试	

续表

课程类别	课程名称	学时	学分	学期	考核方式	备注
学科基础理论课	科学与工程计算	54	3	1.2	考试	≥3学分
	近代数学基础Ⅰ	54	3	1.2	考试	
	近代数学基础Ⅱ	54	3	1.2	考试	
专业必修课	快速化学反应理论与计算	36	2	1	考试	≥8学分
	新型含能材料理论与技术	36	2	2	考试	
	现代火工系统理论与技术	36	2	2	考试	
	现代光电对抗理论与技术	36	2	2	考试	
专业选修课	武器系统前沿技术与实例分析	36	2	1	考查	
	火炮与自动武器导论	36	2	2	考查	
	自动目标识别技术	36	2	2	考查	
	弹药战斗部理论与技术进展	36	2	2	考试	
专业选修课	灵巧与智能弹药技术	36	2	2	考试	
	动高压物理	54	3	1	考查	
	损伤与断裂	36	2	2	考查	
	纳米材料复合技术	54	3	1	考查	
	含能系统光电磁脉冲功率技术	36	2	2	考查	
校公共选修课	文献检索和数据库利用	18	1	1.2	考试	≥1学分
	专利及知识产权保护	18	1	1.2	考试	

四、必修环节（硕士起点博士1.5学分，本科起点博士2学分）

1. 文献综述（0.5学分）

博士生应在导师指导下根据选定的研究方向，阅读不少于50篇国内外文献（其中外文文献应不少于20篇），撰写出不少于5 000字的文献综述报告。博士生应在文献综述报告中对本学科、专业及其研究方向和研究课题目前的国内外研究现状、动态有充分的了解和掌握，并对其进行深刻的分析和详细的评述，以保证所掌握的资料和文献以及所选课题和拟解决问题的先进性。

硕士起点博士生完成文献综述时间范围为第三学期第1周至第六学期第15周。

本科起点博士生完成文献综述时间范围为第五学期第1周至第八学期第15周。

2. 开题报告（0.5学分）

开题报告以文献综述报告为基础，主要介绍课题研究的目的、意义、技术路线、实施方案、计划安排和预期成果。

硕士起点博士生完成开题报告时间范围为第三学期第 1 周至第六学期第 15 周。

本科起点博士生完成开题报告时间范围为第五学期第 1 周至第八学期第 15 周。

3. 学术活动（0.5 学分）

博士生在校期间参加不少于 8 次学术活动，其中本人进行正规性的学术报告不少于 2 次。每次学术活动要有 500 字左右的总结报告，注明参加学术活动的时间、地点、报告人、学术报告题目，简述报告内容并阐明自己对相关问题的学术观点或看法。学校提倡研究生尽可能多地参加跨学科的学术活动。

4. 专业外语（0.5 学分）

指导教师负责指导本科起点博士生选读和笔译相关专业外文文献，使研究生了解、熟悉外语论文的写作及在国际会议发表论文和进行学术报告的要求。指导教师负责组织专业外语的考核。据学科特点，学院也可以统一安排该环节内容并进行考核。指导教师可以根据具体情况对硕士起点博士研究生提出更高专业外语要求。

5. 实践环节

由指导教师负责讲授或指导博士生学习与学位论文密切相关的课程，进行实验等相关技能训练、科学研究及创新能力培养，由导师负责考核。

五、学位论文相关工作

1. 中期考核

学院具体负责对博士生的课程学习、文献综述、开题报告、发表科技论文及学位论文工作的研究进展情况等进行中期检查。

硕士起点博士生的中期检查应于第七学期期末完成。

本科起点博士生的中期检查应于第九学期期末完成。

2. 培养环节审查

博士生学习期满，修满培养方案规定的课程学分，完成专业外语、学术活动、科学研究训练及创新能力培养等必修环节以及文献综述报告、开题报告等学位论文相关工作，通过培养环节审查后，可申请学位论文答辩。

硕士起点博士生的培养环节审查一般在第八学期第 3 周前完成。

本科起点博士生的培养环节审查一般在第十一学期第 3 周前完成。

3. 论文撰写与论文答辩

博士生必须在导师指导下完成一篇达到博士学位要求的学位论文。博士学位论文应当表明作者具有独立从事科学研究工作的能力，并在科学或专门技术上做出创造性成果。在完成学科专业培养方案中的课程学习并成绩合格后，博士生要有一定的科研成果，具体要求可参见学校对于博士研究生申请学位科研成果的相关规定。达到学分和科研成果要求的研究生方可进入论文评审和答辩程序。

博士生学位论文答辩时间距提交开题报告时间至少为 12 个月。

博士生在申请答辩前，必须达到《北京理工大学关于博士、硕士学位申请者发表学术论文的规定》的要求。博士生学位论文答辩工作按照《北京理工大学学位授予工作细则》进行。

六、教学大纲与课程简介

博士生培养方案确定的必修课（包括公共必修课、学科基础理论课和专业课）必须制定教学大纲。教学大纲内容包括课程编码、课程名称、学时、学分、教学方式、考试方式、适用专业、先修课程、各章节主要教学内容和学时分配、参考文献等。

博士生培养方案确定的选修课须制定课程简介。课程简介内容包括课程编码、课程名称、学时、学分、教学方式、考试方式、适用专业、先修课程、内容概要、参考文献等。

2.2.3 教学成果

1. 优秀教学实验奖

为加强实践教学，提高学生动手能力，对教学大纲中各门专业课有关实验课程进行教学改革，将过去各科分散独立的实验课串联在一起，设计了"一条龙"的实践环节，即由学生自己制造火工药剂→进行成分分析和测试→压装成火工器件→对器件进行主要性能测试和可靠性分析，使学生获得本专业完整的实践知识，提高了学生动手能力和解决、分析问题的能力。

2. 优秀博士论文奖

本专业共培养了约 300 名硕士研究生、200 余名博士研究生，其中 12 名学生获得北京理工大学优秀博士论文。

优秀学位论文指导教师证书 1

优秀学位论文指导教师证书 2

图 4-15 获奖证书

优秀学位论文指导教师证书3　　　　鲁建英优秀博士论文获奖证书

图4–15　获奖证书（续）

3　科学研究

3.1　主要研究方向

随着专业从火工品设计与制造拓展到火工烟火技术、军事化学与烟火技术，火工品应用从点火、引燃、引爆扩展到含能材料高压气动力源做功装置，军用扩展到民用、医用等，科研内容也从简单类火工品、典型起爆药拓展至点火引爆换能元装置、新型先进火工品、钝感火工品、安全钝感型起爆药以及火工序列控制等点火序列和爆炸序列研究，同时开展了以光电对抗为目标的烟火技术、红外诱饵弹作燃烧型冷烟幕分散技术研究，从药剂和产品的结构、性能、测试方法研究，深入到反应机理、起爆机理和基础理论技术研究。由于火工品在武器系统中具有首发性特征，因此对可靠性要求的不断提高，又开展了火工品可靠性研究。

目前本专业的主要研究方向有：

（1）单质含能材料设计与合成。
（2）复合含能材料的设计与合成。
（3）特种功能材料设计与制备。
（4）含能系统设计。
（5）特种光电对抗。
（6）含能系统安全性、可靠性。

3.2　重要研究成果

（1）机载红外诱饵弹。

1984年，本专业接受中国人民解放军空军司令部研制机载红外诱饵弹的科研任务，与空军第二研究所协作。空军第二研究所主要设计飞机上的投放器性能测试与飞行试验，本专业负责机载红外诱饵弹的研制。该弹燃烧时产生的红外辐射与飞机的空气动力加热与尾喷管的红外辐射波谱相似，但强度大大高于飞机尾喷管与空气动力加热的辐射。当敌机用红外制导导弹攻击我机时，投放的诱饵弹可诱惑敌方红外制导导弹脱靶而保护载机，经多次地面与空中实验获得成功。

诱饵弹机载红外诱饵弹在配方选择、制造工艺、包装方式等方面大胆探索，勇于实践，在理论与实践上均有所创新。诱饵弹主要性能达到并超过美国 ALA-17 红外诱饵弹的性能和空军司令部明确的战术技术要求。地面、空中的各种试验表明红外干扰效果明显，使用、操作简便、安全可靠，符合部队使用要求。首次在国内研制出使用的机载红外诱饵弹为我军电子对抗技术与装备发展做出了重大贡献。目前，该诱饵弹已装备多种作战飞机，该项目被评为1985年度国家科技进步奖二等奖。许又文为该项目的负责人，教研室的其他教师也都参与了此项工作。

图 4-16　机载红外诱饵弹
获国家科技进步奖二等奖证书

图 4-17　机载红外诱饵弹
个人获奖证书

地面试验

空中投放试验

图 4-18　机载红外诱饵弹试验

(2)"505"探空火箭点火发射。

1958年,我校党委书记兼院长魏思文,在党中央和国防部长彭德怀的支持下,全校掀起大搞科研的热潮,其中有新中国第一代大型号的探空二级火箭弹。这项任务意义重大,涉及许多技术领域,如火箭总体设计、发动机设计、固体颜料推进剂、点火发射技术、点火二级分离、雷达测高、遥控技术、箭体回放全屏和非全屏材料等相关技术。

本专业在当时的教研室主任丁敬和陈福梅的领导下,承担了火箭弹发射点火、一二级分离和二级延期点火以及箭体回收开伞等火工系

图4-19 控空火箭弹的研究

统的研制任务,另外还承担了发动机内壁防蚀技术的研究、玻璃钢复合材料制发动机的研制任务。由于许又文研究工作很出色,后来领导决定将这部分研究任务独立成立一个专门的课题组。点火系统仍由汤明均和李华负责,带领刘伟钦、曾象志、李德晃等学生进行研究。任务一开始师生对火箭弹及其点火二级分离回收开伞等都是一无所知。在教研室主任的指导下,汤明均带领大家查阅资料、讨论方案,优化点火药,延期药配方,改进几种点火器的结构设计。当时老师也从未实践过,学生连专业课也还没有学,相关资料也缺乏,仪器设备不齐全,师生们凭借着对党的忠诚,克服各种困难,边学习边实践,边加班加点,真是日夜奋战。师生们深知火工系统质量好坏是关系到探空二级火箭弹研究成败的重点因素之一,绝对不能有丝毫的马虎。为了提高发火点火性能,准时两级箭体分离、二级点火和回收开伞的可靠性,课题组所用的药剂配方和点火器结构都是经过反复优化试验的。不断学习,不断总结,不断改进,不断完善。为了做到绝对可靠,师生们不仅在实验室模拟现场,还与火箭弹总体(一系飞行设计专业)和固体火箭推进剂(化工系62专业)在校外基地配合组装,进行大型现场静止倒挂实验。

在校党委领导下,全校各系、各课题之间,相互配合,从不分你我,从不讲条件,按研究计划和组织分工,各负其责,保质保量圆满完成了上级交给的任务。1960年8月,在内蒙古锡林郭勒盟某军团靶场试验时,师生们睡在大草原上的帐篷里,酷热难忍,吃水得去几公里外拉,捡牛粪当柴炊饭,条件十分艰苦,但师生们有颗赤胆之心,忠于党的事业心。8月17日,箭体回收试验,不仅成功点火发射,同时也在预定的时间地点内实现了箭体回收,这也是中国的第一次尝试且获成功。8月28日,又发射了一枚编号为"东方16"的二级探空火箭,上午10点准时点火发射升空,10秒后第一、第二级火箭按时分离,在预定高度

第二级火箭又成功点火,测试飞行高度78km,飞行时间3分45秒。

先后四次靶场发射试验证明,点火系统基础试验充分。提供优质点火药、延期药以及三保险的点火器,不仅保证了可靠点火发射,同时获得了延时精度和可靠性越来越高的效果。

(3) 新型钝感药剂及其基础研究。

该项课题是兵科院下达"七五"预研规划重点课题之一。20世纪70年代中期,美国提出"低易损性药剂",即把安全钝感型药剂作为起爆药、炸药发展的方向。CP药即高氯酸2-(5-氰基四唑酸)五氨络钴(Ⅲ),是起爆药领域低易损性药剂的典型,1975年美国列为重点发展项目。因此,CP药的研究代表了当时国际起爆药领域的发展方向和最新成果。本专业于1987年开始此项课题的研究,完成了CP药的制备工艺、各种感度和燃烧爆炸性能研究、热分解动力学研究、安定性与相容性研究、理化分析和分子结构测定分析,从分子结构上认识了CP药的安定性和钝感性等性能的内在原因,同时进行了CP药的应用研究等。该项成果在专家组鉴定会上的评价为:"CP药的研制成功,属国内首创,为火工药剂的研究开拓了新的领域,为起爆药增加了安全钝感新品种,达到了国际80年代公布的主要技术指标和研究水平。"参加此项目研究人员有劳允亮、耿俊峰、王文杰等。

(4) 激光碎石研究。

1979年,本专业开始与上海黄浦中心医院合作研究激光通过光导纤维引爆起爆药炸碎胆结石,参加人员有程国元、汪佩兰、李国新、孔晓明、刘淑珍等。上海黄浦中心医院负责进行实验研究。在这个基础上,由上海黄浦中心医院医生介绍,又与301医院和北京光电研究所合作,进行了临床实验研究。北京光电研究所负责临床激光仪器,本专业负责对激光仪器提出技术指标和做激光纤维的药头,301医院负责临床实验,开始用狗进行实验,最后治疗胃结石,并获得成功。当时人民日报、北京科技报等媒体报道了此消息。该项课题获得北京理工大学科技进步奖一等奖和总后勤部二等奖。

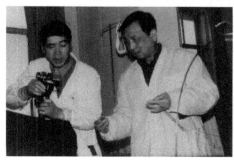

图4-20 激光碎石研究及获奖证书

（5）爆炸序列技术。

本专业在陈福梅领导下围绕火工品理论与设计开展了一系列科学研究项目，并在此基础上，于1975年由陈福梅领衔，丁敬、劳允亮等参加的编译组翻译了美军编印的"Explosive Trains"，即由我国国防工业出版社出版的《弹药爆炸系列的原理与设计》一书。后来，它成了本专业拓展科研方向的指导用书。

从此，本专业的科研全面展开，主要有：

①火工品基础理论；②火花式电雷管作用原理；③雷管小型化；④火工品静电测试及抗静电性能；⑤新型起爆药酒-羧D·S共晶和羧甲基-氮化铅；⑥无汞击发药；⑦延期药燃烧机理；⑧火工品安定性、防射频防静电火工品等基础研究等。此外，还在我国领先提出了火工品、引信、弹药设计基础基本理论之一的传爆序列研究。

随着研究的深入，火工专业研究人员逐渐认识了火工品原理与设计的研究实质上是传爆序列的引爆（输入和感度）、爆轰成长及传爆（作用时间）和输出系列的理论、设计与相关技术研究。主要研究内容为：①与火工、烟火技术有关的爆轰现象与作用，火工、烟火元器件的起爆机理，燃烧转爆轰的规律及其应用，其他特殊爆轰现象；②火工、烟火元器件在静、动态条件下燃烧与爆炸输入、输出及爆轰成长特性，爆轰传递过程的规律；③新型特殊用途的火工品和烟火元器件，如各类烟火做功元件。

图4-21 《弹药爆炸系列的原理与设计》

1981—1985年的"六五"计划期间，当时的20院6处给本专业列的主要科研项目有：①激光起爆机理；②建立雷管能量输出试验标准；③火工品仪器分析方法研究；④防射频防静电火工品研究；⑤传爆序列研究；⑥锆系延期药研究等。

1986—1990年的"七五"计划期间，本专业的研究项目有：

①加速试验理论与方法研究；②激光感度测试技术研究；③热安定性动力学参数研究；④火工品热起爆判据数值模拟研究；⑤引信火工品传爆序列和新起爆技术研究；⑥起爆机理和固体中的快速反应机理研究等。

1991—1995年的"八五"计划期间，本专业的研究项目有：

①安全钝感药剂技术研究；②提高大口径火炮点火精度技术研究；③爆炸隔离模块和导弹精确动力源火工品技术研究；④安全钝感电雷管技术研究；⑤动态着靶模拟测试技术研究；⑥火箭弹、导弹安全多点点火技术研究；⑦爆炸逻辑网络技术研究；⑧提高火工品延期精度技术研究；⑨传爆序列总体性能匹配技术研

究等。

这些项目分别对其相关技术作了分解研究，并取得成果，为后续的研究提供了方向。如"七五"的引信火工品传爆序列和新起爆技术项目分别研究了"适用于小径装药的混合炸药，小径装药的爆速测量技术，炸药爆轰传递的拐角效应，爆炸逻辑零门的实验技术"等，并取得了成果应用。1993年12月，该项课题获得了部级科技进步奖二等奖。

起爆机理和固体中的快速反应机理项目分别进行了机械起爆机理、炸药恒温热爆炸和冲击波起爆机理的实验研究。激光起爆机理研究及HZ-2火帽动、静态感度的测定与研究，于1995年1月获得了部级科技进步奖三等奖。GJB 2865—97火箭和导弹固体发动机点火系统安全设计准则（参加单位）获2000年度国防科学技术奖三等奖。

随着武器、弹药高新技术含量的增多，对可靠性要求越来越高。本专业针对武器、弹药对火工品可靠性要求的不断提高，90年代初在"八五"的"传爆序列总体性能匹配技术研究"项目中依据火工品在弹药、引信中匹配的高可靠性指标需求，开展了火工品可靠性评估方法研究。

（6）光起爆。

1973年4月，84教研室与七机部一院703所合作开展大面积光起爆起爆药研究工作。84教研室许多老师都参加此项工作，如程国元、蔡瑞娇、曾象志及当时还是学生的赵家玉等，经过约两年时间，研究取得阶段性结果。

（7）双3-35牵引高炮弹（高安全性）针刺雷管。

双3-35牵引高炮弹系统是当代先进的低空武器，是"八五"期间兵器工业总

图4-22 引信火工品传爆序列和新起爆技术部级科技进步奖二等奖

公司从瑞士引进的重点项目之一。其整个系统属生产许可证技术转让，但其弹药引信所配用的火工品及火工药剂属不转让部分，仅随弹药技术标准资料提供了部分火工药剂的验收标准。由于该高炮弹在产品结构和性能上具有高初速、高射速、高膛压、高精度和威力大等优点，要求全保险引信中的针刺雷管应具有抗高过载、耐热烤和耐热冲击等高安全性、高可靠性指标。当时国内尚没有相应的药剂能满足上述要求。因此，该研究项目的关键在于研制和设计新型针刺药和雷管的装药结构。所研制的新型二组分针刺药为Tylose叠氮化铅，即安全钝感型α-羧甲基纤维素叠氮化铅-Ⅱ型。其特点是"三高一严"。三高是高纯度、高添加

剂含量、高精度和严格的粒度分布。另一组分为细颗粒四氮烯,其粒度分布同样具有严格的要求,即大于 $100\mu m = 0$、大于 $60\mu m$ 微量、$20 \sim 45\mu m$ 最少占 60%。该研究项目不仅填补了国内两种安全钝感型起爆药、新型针刺药和装药结构等方面的空白,而且满足了双 3 – 35 牵引高炮系统(含杀爆燃等七种弹型)所用针刺雷管抗高过载、耐热烤和耐热冲击等高安全性、高可靠性指标的要求,为双 3 – 35 牵引高炮系统装备部队和外贸出口做出了贡献,获得较大的军事效益和经济效益。该项目于 1999 年获批发明专利,证书号为 93112252.X。本项目负责人为劳允亮、刘伟钦,当时教研室的全体人员都参加了研制工作。

(8) 起爆药研究。

"D·S 共沉淀起爆药"项目具有两项创新成果。其一,根据共沉淀原理通过调整溶液离子浓度,使两种(叠氮化铅和斯蒂酚酸铅,简称 D·S)不同反应速度的生成物,达到离子浓度乘积相近,即 $Ksp[Pb(N_3)_2] \approx Ksp[C_6H(NO_2)_3O_2 \cdot \cdot Pb]$,从而得到一种 D·S 共沉淀起爆药,代替两种单质起爆药。它既有叠氮化铅起爆能力强的优点,又具有斯蒂酚酸铅良好的火焰感度。其二,根据结晶学原理,通过优选晶形控制剂,使两种不同结晶习性的叠氮化铅和斯蒂酚酸铅,都能趋向一种晶形聚集而成为球形化颗粒,该种球形颗粒具有良好的安定性和流散性。以上两项创新成果,既简化了制药工艺,又改善了雷管的装配工艺,为以后的各类共沉淀火工药剂的开发起到了先导性作用。该项目获 1978 年全国科学大会奖,获奖人有劳允亮、胡丽爱、汪佩兰等。

"羧甲基纤维素叠氮化铅起爆药"项目开始于 20 世纪 70 年代。当时,在国内雷管小型化的需求背景下,要求研制纯度高、起爆能力强、极限药量要少、流散性好、便于小尺度直径装药的新型药剂,代替制式糊精叠氮化铅。该项目根据叠氮化铅晶体生成和成长的规律,优选表面活性剂羧甲基纤维素钠作为晶形控制剂,在晶体成长过程中抑制晶体某些晶面自发成长,使晶体聚集而成为球形颗粒,制得纯度高($>97.5\%$)、流散性好、感度适中的叠氮化铅新品种,满足雷管小型化发展的需要。当前该药剂已取代糊精叠氮化铅,扩展应用在多种制式雷管中。该项目获 1980 年重大技改二等奖,获奖人为劳允亮、吴敏、胡丽爱等。

(9) 无源干扰复合微粒冷烟幕剂及其爆炸气动分散技术。

该项目是国家专题下达的需求,为在 "409" 应用光电对抗无源干扰中研究"全波段复合烟幕隐身技术"。根据微粒的光学性质和干扰红外辐射机理,在国内首次提出非烟火型壳 – 核型复合微粒冷烟幕新概念,并设计和研制出三大类"壳 – 核包覆型"复合红外冷烟幕遮蔽干扰材料。其中有:①高分子聚合物微球以及采用化学(非电)沉积包覆技术,在微球表面镀覆金属膜(厚度约为 $1\mu m$ 的铜、镍、银等)作为垂直型红外冷烟幕遮蔽干扰材料。②无机鳞片状微粒以及采用化学（非电）沉积包覆技术，在鳞片状微粒表面镀覆金属膜（厚度约为 $1\mu m$ 的铜、镍、银等）作为水平型红外冷烟幕遮蔽干扰材料。③石墨渗杂（膨化石墨）遮蔽干扰 8mm 波冷烟幕材料。上述"壳－核包覆型"复合红外冷烟幕遮蔽干扰材料，在 $4m^3$ 烟幕箱中，分别用 SPR－314 型双通道红外光谱辐射计和瑞典产 AGEMA－900 成像系统，测定高聚物微球表面镀铜垂直型复合冷烟幕剂和无机鳞片状微粒表面镀铜水平型冷烟幕。对 $3\sim5\mu m$ 中红外和 $8\sim14\mu m$ 远红外两波段消光性能试验，其透过率均低于 15% 的指标要求。

该项目被航天部以刘得成总师和陆怡放、闻立时等院士组成的专题验收组评价为："在以下两方面研究工作有特色：在化学冷烟幕复合型新材料的组成设计、微球技术和微球（包括鳞片状研究材料）的镀铜技术有新的突破，为在'409'应用光电对抗技术方面做了有益的探索。"该项目于 1991 年获国防科工委颁发的国家"863 高技术"研究发展计划"七五"期间的工作重要贡献奖。该项目参加了由国防科工委主办的"七五"期间国防科

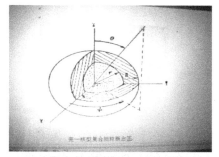
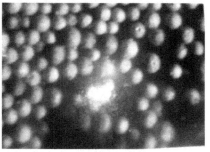

图 4－23　镀铜 YM 鳞片状微粒样品

技预研成果展示会，展台上对该项目的评价为："高级自动寻的末制导技术、复合烟幕隐身技术……一批重点研究课题取得进展和突破。"同年，该项目主要负责人劳允亮荣获国家"863 高技术"先进工作者奖。该项目于 2004 年应用于总参四部下达的，以中科院成都光电技术研究所为总体的×××系统项目中，用于无源干扰冷烟幕自动喷射设备中。9374 厂由初样机定型转正样机生产。该项目于 2003 年获发明专利。参加本项目人员有劳允亮、耿俊峰、乔小晶、王文杰、刘洞、李放、王继红、孙剑利等。

（10）"八号工程"用"双防"钝感电火工品改性斯蒂芬酸钡的研制。

"八号工程"是航天部空空导弹研制的重点项目。1984 年，根据"八号工程"的需求，将研制具有"双防"功能电火工品的任务下达给本专业和 204 厂。按照设计任务书要求，本专业负责研制具有良好防静电性能和防射频性能的电火

工品药剂。通过反复论证，选定国内尚未研制的改性羧甲基纤维素三硝基间苯二酚钡（简称羧-斯蒂芬酸钡），它是国外20世纪70年代后期发展的一种新型药剂。1979年在第九届炸药与烟火药会议上，英国PERME首次报道了改性羧-斯蒂芬酸钡的物理形态、流散性和燃烧稳定性能以及静电感度低等特征。通过反应机理研究、羧甲基纤维素等原材料的优选以及工艺实验论证，于1985年9月完成了设计定型鉴定，同年转入生产定型，装配双防电火工品用于空空导弹，为"八号工程"装备部队和外贸任务做出了贡献。参加此项目的研究人员有劳允亮、曾象志、胡丽爱、吴敏、王平等。

（11）多组分化学液相沉积技术研究。

该项目是兵科院下达"八五"预研规划重点课题之一。研究目的是用先进的化学液相沉积技术代替传统的机械混合工艺，提高火工药剂混制的安全性和均匀性。该项目先以二组分延期药为先例，成功后再扩展到三组分、多组分延期药以至其他混合药剂。

多组分化学液相沉积技术是根据化学液相沉积原理和温度-溶度积机理，将液相沉积技术与表面包覆技术组合在一起，制备多组分为一体的火工药剂均匀颗粒，代替传统的机械研磨和机械混合造粒等烦琐工艺，即在液相介质中，通过化学反应生成氧化剂包覆已经悬浮在液相中的可燃剂，同时采用温度溶度积效应，使其他氧化剂沉积在晶粒表面，形成多组分氧化剂包覆可燃剂为一体的"壳-核型"火工药剂均匀颗粒，改善繁杂机混工艺的不安全性和组分的不均匀性。该项技术成功研制出化学沉积钛-铬酸钡延期药、化学沉积硼-铬酸钡延期药、化学沉积锆-铝-铬酸钡延期药、化学沉积硅-铬酸钡延期药等毫秒级延期药。其中化学沉积钛-铬酸钡延期药，经500克生产工艺，4个连续批的考核并装配66#针刺延期雷管，计125×4发雷管性能考核试验，全部达到了延期时间指标要求。在化学沉积钨-高氯酸钾-铬酸钡三组分28±2s级延期药研制中，将其应用于122榴弹子母弹自炸用1号组合点火管的金属延期索中。产品设计定型时，完全达到性能指标要求。在1999年，多组分化学液相沉积技术鉴定会上，专家组鉴定意见为："该技术开拓了制备火工药剂新的技术途径，具有明显的优越性、创新性。达到90年代国际先进水平。"该项目于2000年获批发明专利，参加研究人员有劳允亮、王文杰、陆政等。

（12）火工品可靠性技术。

针对火工品高可靠性指标和受研制周期、经费的制约而难以再用GJB 376计数法进行可靠性评估的问题，本专业探索了火工品可靠性小样本评估方法。同时在兵科院申请了"火工品可靠性试验与评估软件应用研究"项目，1996年7月，通过部级鉴定。2001—2005年，申请了武器装备预研项目"小子样可靠性试验技术",根据理论研究结果和大量实验验证,总结出了"火工品可靠性评估计量－计数综合小样本方法"。2003 年,向国防科工委申请了"火工品可靠性计量－计数综合评估及数据处理方法标准编写"项目,于 2007 年通过了科工委标准化中心组织的评审。2010 年 5 月 5 日,国家知识产权局授予国防发明专利"一种火工品高可靠性评估的小样本方法",发明人有蔡瑞娇、董海平、温玉全等。

图 4－24　发明专利证书

与此同时,本专业还参加了 GJB 2865—1997《火箭和导弹固定发动机点火系统安全设计准则》标准的编写,该标准于 2000 年获得了国防科学技术奖三等奖。

另外,本专业还承担了与各部委武器装备可靠性急需解决的外协研究任务。航天工业部五院 501 所为研究"神舟五号"飞船返回舱火工品点火后舱内污染,于 2001—2002 年让本专业承担了"飞船返回舱火工品点火后舱内一氧化碳(CO)含量的计算"项目。项目组分别计算了飞船上用的非电传爆装置、抛底火工装置、座椅缓冲装置和着陆反推发动机中的通气阀、电爆阀等内装火工药剂燃烧产物中 CO 的含量,为飞船乘员舱防止舱内污染设计提供了有益的参考。为此,"神舟五号"顺利返回后,航天工业部五院为感谢本专业的支持,还专为我校颁发了"神舟五号"发射成功纪念匾。

歼 11A 型飞机航炮加换装用火工品共 23 件。为掌握这些火工件的可靠性状况,2004—2007 年,沈阳飞机研究所委托本专业进行歼 11A 型飞机加换装用火工品可靠性指标分析和评估方法研究,分别于 2002 年、2004 年和 2008 年完成了可靠性指标分析报告、评估方法研究总结和评估方法标准。

其他还有中国航空救生研究所委托开展关于"××号工程"飞机用火箭弹射座椅火工品系统可靠性评估方法研究,为 804 厂、474 厂开展部分航空用火工品可靠性评估,为航天 12 所进行可靠性预计、分配与可靠性评估方法研究及软件开发;为航天一院一部开展线式分离机构可靠性评估方法及其可靠性设计分析验证研究和火工品可靠性安全性技术国防科技重点实验室基金的拔销器可靠性设计方法研究等。

2001年1月，为深入与扩大可靠性研究，本专业提出了成立"火工燃爆产品可靠性与失效分析中心"的申请。2004年3月，经校长办公室讨论批准，挂牌成立校级"火工燃爆产品可靠性与失效分析中心"。中心重点研究火工品可靠性评估与设计方法。十几年来，中心取得了可喜的成绩，尤其在火工元件的小样本评估方面成果显著，不仅为高可靠度0.999的火工品可靠性评估降低了9/10的样本量，还完成了两项国军标的研究任务。

①国军标GJB 6478—2008《火工品可靠性计量-计数综合评估方法》已于2008年3月由国防科学技术工业委员会颁布实施。

②国军标GJB 8185—2015《火工品可靠性评估信息量等值鉴定与验收》已于2015年3月通过总装颁布实施。

在火工品可靠性设计方面，创新地提出了"以可靠性指标为依据，以同类产品历史信息为参考的通用设计方法"，并已成功应用于某隔板点火器的可靠性设计。目前，本专业火工燃爆产品可靠性研究已在国内具有一定的影响和知名度。

（13）烟花及烟火技术的研究。

关于烟火技术的专业内容在1965年前包含在装药加工专业中，那时主要从事军用烟火的教学与科研。许又文在1955年毕业留校后就从事这一方向的研究工作，曾参与研究我国第一枚探空火箭的研究，负责点火药、延期药、弹箭分离等烟火技术的研究，后来又参与了与烟火技术相关的特种弹的研究。

民用烟花是我国传统产业，它主要应用烟火药剂的声、光、色等效应，达到观赏、喜庆的目的。但长期以来烟花生产多采用师傅带徒弟、手工作坊式的生产，烟花品种单一，生产技术落后，烟花安全性较差，燃放后垃圾和烟雾污染环境，影响了庆典礼花燃放的喜庆效果，并带来许多安全隐患。周恩来总理指示：希望北京工业学院搞烟火技术的老师去北京礼花厂进行技术支援。该厂当时负责我国国庆礼花生产。于是，我校派出许又文进行技术支援。他协同工厂技术人员增加了礼花弹花色品种，改进了配方，取消了安全性差的氯酸钾成分，提高了礼花弹质量，同时改进了该厂传统落后的生产工艺，用机械化操作代替手工操作，提高了烟花生产的安全性，确保了国庆庆典燃放的喜庆效果及燃放安全性，减少了燃放垃圾，为国庆烟花燃放及烟花产品打入国际市场奠定了坚实基础。

1981年，随着改革开放的需要，国内军工企业纷纷响应国家号召，着手民用项目开发。广西百色836厂（建华机械厂）慕名来到我校找许又文要求技术合作。在院、系领导的支持下，双方签订了技术合作协议，本专业负责民用观赏烟花品种的开发、技术改进，工厂主要负责产品的生产、销售等。教研室派出了以许又文老师为主的团队。许又文深入工厂第一线，瞄准国际先进水平，在较短的时间内开发了民用观赏烟花新品种，提高了产品质量，使该厂产品打入国际烟花市场。1984年，我国国庆35周年庆典时，在天安门广场燃放获得极大成功，其中礼花弹获该年度国家"金龙奖"，并在澳门燃放比赛中获奖。从此以后，我校烟火技术以技术转让的方式在全国越做越大。1984年7月，成立了烟火技术研究室，许又文任研究室主任，全面负责烟花品种的开发、技术指导等工作。在此期间，许又文还翻译出版了《烟火原理与实践》，请国际著名专家来中国讲学，参加了国际烟火技术学术交流会，观摩了轻工部组织的在摩纳哥举办的国际烟花比赛等，加强了与国际烟火技术领域中的交流，使中国的烟花逐渐走向世界。这一系列举措，不仅使我校烟花技术水平在全国处于领先水平，在国内享有很高的知名度，还大大提高了我国在该领域中的国际地位。

随着烟花在全国全面生产与燃放，安全生产技术跟不上烟花生产的发展，烟花生产的安全问题及燃放后的环保问题制约了烟花的发展。1992年后，许多大中城市实行了烟花禁放政策，烟花市场及技术转让进入低潮。1996年，许又文退休，赵家玉老师继续在民用烟花领域进行研究，他认为中国烟花爆竹乃至世界烟花爆竹的根本出路在于安全环保。他着重开发研究安全环保型的民用烟花产品。1997年，赵家玉老师设计的无烟环保、电发火的手持烟花被香港回归庆典大量应用，其技术处于世界领先水平；2002年8月，赵家玉为世界大学生运动会主火炬做的设计被成功运用。2005年9月，北京市人大常委会通过了在北京市燃放烟花由禁止改为限制的决议，受北京市政府的委托，北京理工大学利用原八系的人员和仪器设备条件，筹备成立了北京市烟花爆竹质量监督检验站，在我校西山火工实验区挂牌，对进入北京市的烟花爆竹进行检验。2005—2011年，我校已经对进入北京市的个人燃放烟花爆竹进行了6年的检验，没有出现任何差错。1988—2006年期间，共有30余项应用型的科技成果被应用在烟花爆竹生产及影视烟火等领域。

（14）钝感的碳-叠氮化铜复合材料。

火工药剂技术在武器弹药、航空航天中起点火、传火、引爆、传爆、延期、精确做功以及烟火效应等作用。它是武器系统始发能源的关键器件和装置，也是武器系统中最重要的子系统。起爆药作为初始装药直接装填或者与氧化剂、还原剂等混合后装填于火工品，直接控制着火工品或火工系统的感度、威力和各种作用效果。美国、俄罗斯、德国、英国等国从未间断对新型起爆药的开发与研究，一直都在不断探索与寻找性能更加优异、安全稳定性好的新型起爆药。

北京理工大学爆炸重点实验室杨利首次创新性地实现了以含铜有机框架（MOFs）作为前驱体，通过高温碳化和气-固叠氮化反应制备得到一类静电钝感的叠氮化铜-碳复合材料。该方法的提出，有效地借用了MOFs中的结构特点，有机配体和金属离子或团簇的排列具有明显的方向性，可以形成不同的框架孔隙结构。选取含铜离子的MOFs材料作为基底，通过碳化的方式使得配体结构中的原子转变为碳原子,其结构仍会保持原有结构中的原子排序与多孔性能的存在。这种多孔性能的极大优势是使得该化合物在进行叠氮化反应时更加完全,避免了部分未发生叠氮化反应即保留着铜原子本身而影响叠氮化铜的起爆威力,也避免了在叠氮化过程中产生叠氮亚铜,增加起爆药的不安全因素。原有结构中的原子排序有效地隔离了叠氮化铜分子,降低了其在受到外界弱刺激下的敏感程度。

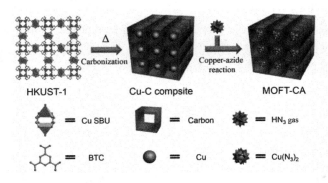

图4-25 叠氮化铜-碳复合材料的合成方法

该叠氮化铜-碳复合材料具有钝感的静电火花感度,50%静电发火能量为1.6 mJ,明显高于叠氮化铜(0.2 mJ)和斯蒂芬酸铅(0.5 mJ)等常规的高能量起爆药,具有合成方法简单、安全稳定等显著优势。同时,通过该方法得到的叠氮化铜-碳复合材料10 mg就可以独立完成点火起爆黑索金,具有更小的极限药量,在航天航空、武器系统以及民用爆破器材等领域中具有极大的应用价值。

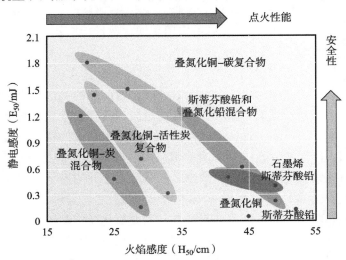

图4-26 叠氮化铜-碳复合材料的感度性能

目前,该成果以"Metal – Organic Framework Templated Synthesis of Copper Azide as the Primary Explosive with Low Electrostatic Sensitivity and Excellent Initiation Ability"为标题在线发表于国际顶级期刊《Advanced Materials》(影响因子17.43)。审稿专家给予了高度评价:"利用新型多孔骨架材料通过简单方法获得高能钝感起爆药,有效地改善了高能起爆药敏感、不安全的特点,这种理念的提出打破了使用复杂的有机合成方法制备含能材料的传统思想,是一种全新的设计方法,是近年来含能材料领域基础研究的重大突破,该论文第一时间就被推荐作为 VIP 文章发表。"

该工作主要由杨利指导的博士研究生王乾有完成,并得到了爆炸科学与技术国家重点实验室自主课题基金的资助。

4 师资队伍

4.1 专业初创时期

1951—1965 年为专业成立初期。教师队伍约在 1950 年组建,最早由刚从美国归国的爱国学者丁敬任组长,由浙江大学化工系毕业的陈福梅任副组长。教师主要有周念祖、马荣华、胡瑞江等。此后,教师基本由本校毕业生留校补充。由于教学规模的扩大,教师队伍严重不足,有的学生提前毕业留校工作。当时任教的教师有:恽寿榕、陈熙蓉、许又文(1950 级);徐更光、张鹏程、王廷增、马春荣(调出)、胡文奎、葛大同、吴明德、李树勤(调出)、黄友之(调出)(1951 级);汤明钧(调出)(1952 级);王守实、施立言(调出)(1953 级);张宝平、张锦云(1954 级);刘伟钦、程国元、陈光远(调出)、黄正平(1955 级);赵衡阳、李惠宁(调出)(1956 级);尹正廉(调出)(1957 级);刘德润、孙业斌(调出)、谢梦飞(调出)(1959 级);汪佩兰(1960 级)。

4.2 "文化大革命"时期

成立 84 专业时的教师有:陈福梅、劳允亮、马荣华、王守实、程国元、侯国生、刘伟钦、顾映芬、谢梦飞、汪佩兰、胡丽爱。曾象志和蔡瑞娇为 1973 年由二机部调来。"文化大革命"前丁敬为教授、陈

图 4 – 27 1976 年 1 月,火工教研室教师在天安门悼念周恩来总理

福梅为副教授，周念祖、马荣华、劳允亮为讲师，其余留校工作的教师均为助教。这一阶段先后留校及校外分配来的教师有赵家玉、华光、刘淑珍、张左英（后出国）、吴敏（后调出）、孔晓明（后调出）、吴凤臣（后调出）、许俊（后调出）、罗俊昌（后调出）、汤忠迪（后调出）、崔和芳（后调出）等。

4.3 改革开放初期

"文化大革命"后，陈福梅和王守实恢复工作，陈福梅仍担任84教研室主任，汪佩兰任支部书记，程国元任实验室主任。这一阶段除原有教师外，先后补充的教师有王宗礼（后调出）、曹铭（后出国）、李国新、梁君言（后出国）、甄广平（后出国）、耿俊峰（后出国）、张春华。

4.4 专业调整时期

这个时期火工品专业教学队伍比较强大，教研室教师有20多人，劳允亮任教研室主任。老一辈教师主要有陈福梅、王守实、程国元、许又文、汪佩兰、劳允亮、曾象志、蔡瑞娇、刘伟钦、梁君言（后出国）、甄广平（后出国）、吴敏（后调出）、刘淑珍、华光、赵家玉等。新增加教师有冯长根（于1983年从英国回国执教）、焦清介（于1984留校工作）、冯宏图（后出国）、郭新亚、洪又新（后调出）等。后来毕业留校具有博士学位的有曾庆轩、杜志明、陈朗、乔小晶、钱新明等。张同来由外单位调入。

图4-28 1988年，火工教研室全体老师在紫竹院合影

4.5 快速发展时期

学校采取引进与培养相结合的途径，进一步加强学科队伍的建设；与相关学科交叉、协作，共同建设兵器科学与技术学科创新的大平台；将创新性科研与人才培养相结合，为国家培养更多的高水平创新性人才。这个时期，老一辈教师相

继退休。在职教师有冯长根、曾庆轩、李明愉、李金凤、王亚军、张同来、乔小晶、张建国、杨利、周遵宁、焦清介、华光、任慧、臧充光、聂建新、罗琼（后调出）、刘淑珍、严楠、温玉全、董海平、郭学永、陈朗、李生才、郭新亚、伍俊英、常雪梅、白春华、郭泽荣、张奇、刘庆明、王文杰、宁江、杜志明、丛晓明、赵林双、赵家玉（已故）、汪佩兰、黄平、钱新明、刘振翼等。

2010年7月，一部分教师从军事化学与烟火技术专业划分出去，新成了安全工程专业，其中白春华、郭泽荣、张奇、刘庆明、王文杰、宁江、杜志明、丛晓明、赵林双、赵家玉（已故）、汪佩兰、黄平、钱新明、刘振翼等老师到了安全工程系。其余老师留在原系，此时系又更名为特种能源与动力工程系。自2010年以后，特种能源与动力工程系又新增加了6位老师，分别是穆慧娜、朱艳丽、李楠、闫石、甘强、张韬、李志敏和韩纪旵。后来，罗琼调出，郭新亚、刘淑珍和华光相继退休，李生才调入安全系。截至2018年12月，本系在职教师总人数为28人，其中教授9人，副教授11人，具有博士学位的有26人，基本建成了全面的教学和科研队伍。本教研室拥有国家级突出贡献专家1人，"973"技术首席教授1人，新世纪优秀人才1人。

图4-29 特种能源与工程系部分教师合影（2015年5月）
第三排　王亚军　周遵宁　董海平　温玉全　张建国　李楠　郭学永　杨利
第二排　乔小晶　甘强　聂建新　焦清介　华光　陈朗　郭新亚　常雪梅　曾庆轩
第一排　朱艳丽　穆慧娜　许又文　劳允亮　程国元　刘伟钦　王守实　曾象志　刘淑珍
　　　　伍俊英　李生才（从左到右）

5 实验室建设

5.1 实验室建设与管理

最早的爆炸试验是在车道沟的一个小型地下爆炸洞进行的。火工品与烟火实验室始建于 1951 年，建在东黄城根原中法大学院内一条长长的半地下室，隔为多个房间，主要实验装置由专业工厂调拨而来，条件非常简陋。1958 年，学校迁到巴沟现址，建立了新的实验室，装压药和爆炸洞建在 5802 试验场。火工品与烟火实验室占据了 5 号教学楼一层的一半，约 450 平方米，含起爆药制备室、起爆药热分析室、粒度分析室、X 衍射分析、各种雷管制造室、静电感度测试室、针刺和摩擦感度测试室、雷管输出能力测试室、光电对抗非燃烧冷烟幕遮蔽研究室、激光感度测试室、烟花和烟火研究室、各种火工品安全性检验室、各种火工品作用时间和燃速测试室、粉尘爆炸性能参数测试室等 20 个实验室。1991 年，爆炸科学与技术国家重点实验室落成，一部分实验设备仍然保留在 5 号教学楼，另一部分设在校内爆炸科学与技术国家重点实验室地下实验室，还有一大部分实验设备放置在西山实验室。二十多位专业老师（包括教授、副教授、讲师、助教）和 3 名实验员全部在实验室工作。

图 4-30 实验室

本科生专业课所有实验课程以及本科生毕业设计或毕业论文的实验，本专业的科研项目，研究生的科研基本上都是在实验室进行。

 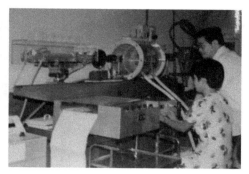

悬浮粉尘着火温度参数测定实验　　　　　　非燃烧型冷烟幕红外遮蔽性能实验

图 4-31　火工与烟火专业本科生专业课程实验

表 4-15　火工与烟火专业本科生专业课程实验

序号	实验项目名称	所用仪器设备	备注
一、起爆药的制备和性能测试			
1	起爆药的制备与分析	试剂配制和制备室及纯度分析仪	
2	起爆药的感度实验		
a	摩擦感度	摩擦感度仪	
b	冲击感度	冲击感度仪	原六系
c	针刺感度	针刺感度仪（电落锤仪）	
d	静电感度	针刺感度仪	
e	药剂静电积累	药剂滑槽试验装置	
f	激光感度	激光感度仪	本实验室研制
g	火焰感度	火焰感度仪	
3	起爆药的性能分析	差热分析	
4	未知药剂分析	X 射线仪	
二、火焰（针刺）雷管、火帽等制备和性能测试			
1	火焰（针刺）雷管、火帽等制备	精密压机和收口等	火焰（针刺）雷管、火帽等制备室
2	针刺雷管、火帽的针刺感度实验	电落锤仪和针刺雷管的针刺感度仪	国家标准设备

续表

序号	实验项目名称	所用仪器设备	备注
3	火焰雷管的火焰感度实验感度	火焰雷管的火焰感度仪	国家标准设备
4	火焰（针刺）雷管、火帽等威力实验	火焰（针刺）雷管用铅板法火帽用点火距离	有国家标准
三、电雷管和电火工品等制备和性能测试			
1	电雷管和电火工品等制备	电引头电焊设备	
2	电雷管和电火工品等感度实验和性能测试		
a	安全电流（或电压）实验	安全电流（或电压）测试仪器	
b	静电感度	静电感度仪	国家标准设备
c	电雷管和电火工品等作用时间	各种时间电子测量仪器，从几毫秒到零点几微秒	有些是国外进口仪器设备
d	电雷管等作用能力测试	电雷管用铅板法	有国家标准
e	电火工品点火距离测试		
f	电雷管爆炸过程分幅投影	进口分幅投影机	国外进口仪器设备
四、火工品安全性测试			
a	运输安全性检验	震动机（俗称打板机）	国家标准设备
b	冲击安全性检验	击锤机	国家标准设备
c	长期储存安全性检验	差热分析仪等	有国家标准
五、烟花和烟火制造室		烟花和烟火制造设备	
六、粉尘性能参数测试		最小发火能量、点火压力、爆炸极限浓度等	

根据科研和教学的需要，实验室还自主设计、加工了一批具有创新性的实验装置及测量系统，当时在国内火工品领域中处于领先行列。

1976 年，与北京光电研究所合作研究火工药剂激光感度仪，把火工药剂激光感度仪运到 5534 厂和 474 厂进行火工药剂激光感度测试，取得大量实验数据。火工药剂激光感度测试是国内第一家，对起爆药、延期药、点火药等的激光感度测试数据，为研究火工药剂的热爆炸理论、激光雷管、激光发火管等产品提供了参考。

1979 年，与上海黄浦中心医院合作，研究激光通过光导纤维引爆起爆药炸碎胆结石，后又与 301 医院和北京光电研究所合作，进行临床实验研究，成功治疗胃结石。

在红外诱饵弹诱饵剂辐射波谱能量测定方面，HY-1 机载红外诱饵弹在配方选择、制造工艺、包装方式等方面大胆探索、勇于实践，在理论与实践上均有所创新。首次在国内研制出使用的机载红外诱饵弹，为我军电子对抗技术与装备发展做出了重大贡献。

在非烟火型复合微粒冷烟幕剂遮蔽 8～14μm 红外激光器透过率的测定研究方面，根据微粒光学性质和干扰红外辐射机理，在国内首次提出非烟火型冷烟幕新概念，并设计和研制出三大类"壳-核包覆型"复合红外冷烟幕遮蔽干扰材料。该项目于 2004 年应用于总参四部下达的以中科院成都光电技术研究所为总体的××系统项目中，用于无源干扰冷烟幕自动喷射设备。

在粉尘爆炸方面，建立了粉尘爆炸主要特性参数测试装置和系统：粉尘爆炸最低点火温度测试系统；粉尘爆炸浓度极限（上、下限）测试系统；粉尘爆炸最小点火能量测试系统；粉尘爆炸压力和压力上升速率测试系统。1990 年，兵器工业集团质量安全部组织有关专家鉴定，专家认为：研制的 BJ-841 点火装置技术先进，操作方便，达到了国内先进水平；测出的十余种常用火炸药粉尘最小点火能量、爆炸下限浓度和动态压力数据填补了国内空白。

在点火引爆、火工序列测试技术研究方面，本专业实验室实力雄厚。在可靠性安全评估、火工药剂分析、火工品性能测试等方面具有国内领先水平，得到了同行的认可，经常承担外单位有关火工品产品检验工作。如为航天科技集团和航天科工集团等有关单位研制的动力源产品进行了大量的检验工作（爆炸螺栓分离时间测试、火工药剂成分分析、电雷管和电发火管的静电感度测试、火工品性能和安全性测试等）。

对于实验室的建设，一些老实验员功不可没，最早有李华、侯国生等，当年化工系实验员多来自太原化工学校。后来有吴凤元、胡丽爱、华光（1965 年由沈阳化工学校分到我校）、王文杰、刘淑珍等。曾经工作过后调走的还有崔和芳、齐永华。

2012 年，在学院的统一规划和部署下，能源与动力工程系成立了特种能源工程实验室，隶属于爆炸科学与技术国家重点实验室，王亚军任实验室主任。

特种能源工程实验室主要分布在新 5 号教学楼 5 层中部、9 号教学楼 6 层和地下一层，车库东以及西山 11、12、13 号实验楼，实验室总面积约 815m²。

目前，在"985"工程，"211"工程和国防科工局的火工品基础条件建设一期、二期等项目支持下，实验室除了对传统及早期基础实验设备进行更新换代之外，还增添了大量先进实验仪器和设备，新增了多个特色研究平台。实验室设备更加先进，实验条件也取得了极大改善，为本专业及相关专业的人才培养和科学研究创造了更好的实践条件。

5.2 重大仪器设备

截至 2018 年 12 月，本专业实验室拥有仪器设备 970 余台（套），总价值约 6 000 余万元。

表 4 – 16　特种能源工程实验室特色大型仪器设备

仪器名称	主要用途
ICP 等离子体发射光谱仪	多种元素分析和测试
X – 单晶衍射仪	单晶体 X 射线衍射分析
薄膜换能元静态参数测量系统	换能元材料的参数测量
表面形貌与化学成分测试分析仪	材料表面形貌分析，化学成分分析
表面张力仪	测量液体表面张力
超高速数字成像系统	高速、高分辨率数字图像拍摄
磁控射频溅射镀膜机	薄膜制备
等离子体发光强度光电测量系统	等离子体定量测量
等离子体流场测量系统	等离子体产生流场测量
动态分析系统	多参量动态测试
动态真空安定性测试仪	分析材料真空状态下的安定性能
高速数字成像仪	高速、高分辨率数字图像拍摄
固体激光器	产生激光
光斑质量分析系统	光斑测量
光刻机	微加工图形转移
光时域反射仪	测试光纤长度、失效点位置光纤衰减分布
红外光谱辐射测试系统	红外光谱辐射测试
红外光谱仪	材料红外光谱分析
混合药剂计算机辅助制备装置	药剂辅助制备
混合炸药过程样品制备系统	药剂样品制备
混合炸药配方化学稳定性分析系统	材料热稳定性测试
混合炸药热反应碎片质量分析仪	材料热分解气相产物测试
机械摩擦敏感度测试仪	材料摩擦感度测试

续表

仪器名称	主要用途
基体力学与热性能测试仪	测试材料导热性能
刻蚀机	微加工中材料刻蚀
粒子图像速度场仪	粒子速度测量
摩擦能量测试系统	材料摩擦感度测试
纳米材料合成分析系统	纳米材料制备与合成
捏合机	药剂样品捏合
桥膜定位黏结系统	火工品半导体桥定位和黏结
清洗系统	微加工中材料的清洗
全自动比表面和孔径分析仪	材料比表面和孔径测试
热爆炸延滞期测量分析系统	药剂样品延滞期分析
热分析仪	材料热分析，热安全性
热失重/同步差热扫描分析仪	材料热分析
扫描探针显微镜	材料微表面分析
视频光学接触角测量仪	材料表面/界面性能研究
数字示波器	数字信号采集、处理、显示
双脉冲高亮度光源	高性能、高强度光源
微热量热仪	测量材料放热量
在线粒度仪	实时监测粉体材料粒度
炸药威力性能水箱测试系统	炸药威力测试
真空安定性测试系统	材料真空安定性测试
撞击能量测试系统	材料撞击感度测试
紫外－可见－近红外分光光度计	材料光学测试
自动键合机系统	材料、系统的键合

实验室拥有专业软件60余套，总价值约1 000万元，包括量子化学计算、热分析、流体力学计算、可靠性分析评估、化学反应计算、分子模拟、动力学分析、材料模拟、有限元分析、燃烧爆轰模拟计算等方面。

表 4-17 特种能源工程实验室特色软件

软件名称	主要用途
ADF	反应分子动力学计算
ANSYS	流体并行计算，多物理场并行计算
CHEMKIN	反应动力学计算
COMSOL Multiphysics	结构电热仿真
EDEM	颗粒体结构动力行为仿真
Explo	爆轰性能参数计算
LS-DYNA	非线性显示动力学分析
MAPS	多尺度模拟计算
Materials Studio	分子结构设计
Nanodcal	微纳米器件电子输运模拟
SMC	材料结构分析计算
Zencrack	三维断裂损伤过程仿真
导弹武器系统安全性建模与仿真分析软件	可靠性分析
基于 GO 的核电设备可靠性建模与软件开发	可靠性分析

新增的研究平台主要有：先进含能（功能）材料合成及分析，高速影像系统，含能元器件微加工，高性能计算仿真等。

先进含能（功能）材料合成及分析平台拥有完成化学合成、材料制备及分析所需的先进高端实验仪器和设备。重要仪器有：日本理学公司 72 mm CCD 面探 X-射线单晶衍射仪、带有静电扫描模块的扫描探针显微镜、BRUKER 公司 E-QUINOX 55 型傅里叶变换红外光谱仪（FT-IR）、美国 PE 公司 Pyris-1 型 DSC 和 TGA 热分析仪、美国 CDS 公司 PYROPROBE 2000 型热裂解分析仪、法国 SATARAM 公司 C-80 量热仪、美国 PARR 燃烧热测定仪、美国 ARC 加速反应量热仪、FBRM 在线粒度仪、气相色谱、高效液相色谱仪等。

高速影像系统平台可用于对含能材料及器件瞬态作用过程进行高精度观测，可获得材料及器件发光过程的流场、密度等特征。平台主要由超高速纹影仪成像系统和真空爆发器组成。其中超高速纹影仪成像系统包括超高速相机、高速摄影

图4-32 材料合成及分析实验室

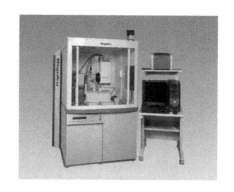

图4-33 72 mm CCD 面探
X-射线单晶衍射仪

仪、纹影仪成像系统、光学平台和闪光背景灯。真空爆发器和纹影系统安放在光学平台上,超高速相机和高速摄影仪均安放在三脚架上。真空爆发器用于测试微小药量器件在高真空或大气环境下的点火过程。在真空爆发器的前后左右分别开有4个观察窗口,全部采用K9光学玻璃,在保证一定强度的情况下具有很好的成像功能。工作时,由顶端接出发火导线,器件悬挂在爆发器内或搁置在内板上,并由电信号触发,超高速相机、高速摄影仪分别架设在光学玻璃窗外,调整拍摄场景以达到要求,调节纹影系统观察流场、密度场变化,同时采用英国SI公司的两对快速强闪光灯作为背景光源。

图4-34 高速影像系统平台

含能元器件微加工平台主要用于含能元器件作用发火元件的桥膜制备和加工,主要包括磁控溅射镀膜机、刻蚀机、台阶仪、清洗系统等。整个平台放置在超净间中。磁控溅射镀膜机是根据要求设计的多功能系统,主要由进样室、磁控溅射镀膜室和主机操控台三部分组成。通过施加磁场改变电子的运动方向,并束缚和延长电子的运动轨迹,进而提高电子对工作气体的电离效率和溅射沉积率,能够在直径为6英寸的导体、半导体、绝缘体等基片上镀膜。刻蚀机是用来将磁控溅射镀膜加工好的半成品按设计要求刻蚀成不同形状的桥膜。台阶仪用于对镀膜的厚度进行精确测量。

图4-35 含能元器件微加工平台

高性能计算仿真平台主要用于实现含能元器件和材料的数字化设计、仿真研究。从材料配方设计、结构设计、作用过程模拟仿真，到可靠性和安全性分析，均可在该平台上通过数值方法完成。平台系统由硬件和软件两部分组成。硬件部分主要由高性能计算机服务器、外围计算工作站、结果展示设备和输出打印设备组成。计算机服务器和外围计算工作站由网络连接组成计算机局域网，并可同其他计算机网络连接，以实现资源共享，通过高性能的交换机和其他网络设备将这些系统连接在一起，组成性能高、稳定性好的计算环境。

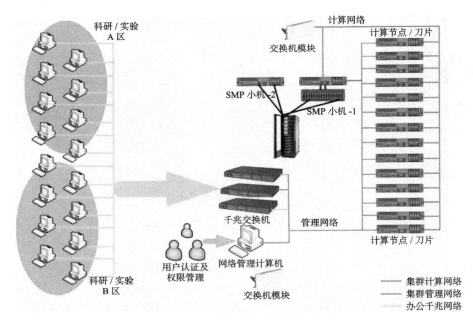

图4-36 高性能计算仿真平台组成

图 4 – 37　计算仿真平台计算机终端

5.3　支撑保障情况

本专业实验室的建设获得了国家、部委和学校各项研究项目、条保项目等的大力支持。

表 4 – 18　实验室支持保障情况

项目名称	时间	主要建设内容	投入经费/万元
"211"工程	2005—2006 年	仪器设备	19.4
火工品基础条件建设一期	2006—2007 年	仪器设备，专业软件，仿真实验系统，新增面积	4 280
特种能源工程实验室教学基础条件建设	2012 年	仪器设备，专业材料	8.599
火工品基础条件建设二期（建设中）	2017—	仪器设备，专业软件，新增面积	4 528

6　交流合作

6.1　教师交流

改革开放以来，本专业先后与日本、美国、英国、加拿大、俄罗斯等国同行专家进行学术交流和国际合作，积极主办和承办国际会议和学术期刊。1979 年，本专业还是硕士生的冯长根被派遣到英国利兹大学留学，1980 年攻读博士学位，他不负众望以优异的成绩完成了博士论文，仅 1982 年、1983 年两年他就在《英国皇家学会会刊》等国际著名刊物上与导师一起发表学术论文 14 篇，且第一篇论文结束了当时这个领域内有关热自燃判断数据的一个重要参数的学术争论。他的博士论文题目为"扩展的热自燃理论：自点火中的临界性，转变性和温度时间历程"。这是一篇广义的热自燃理论的论述，从自燃的临界点说起，说到转变性与温度和时间之间的关系。它不仅适用于激烈的热变化，如爆炸，也适用于缓慢的热变化，如非点火自燃。他的这篇论文获得了该年学校的最佳物理化学博士论文奖。一心想报效祖国的他，博士论文答辩一结束，婉言谢绝导师的挽留，于1983年12月回到了祖国。1990年，本专业已经留校的焦清介教师被公派到英国利兹大学化学院，攻读博士学位；1992年8月学成回国。

近年来，本专业先后派出李生才、杨利、张建国等赴英国、美国、俄罗斯等国留学进修。李生才在英国曼彻斯特大学学习期间，获双语教学证书。同时还有严楠、陈朗等应邀到伊朗、巴基斯坦等国讲学授课。另外，每年都有多位教师和学生出国参加国际学术交流。

图4-38 李生才在英国曼彻斯特大学与教师合影

图4-39 杨利在美国加州大学洛杉矶分校进修时与Garcia教授实验室的全体教研人员合影

图4-40 劳允亮等人与俄罗斯专家就安全钝感型起爆药座谈交流

在国际合作方面，本专业与俄罗斯门捷列夫化工大学的科学家有较长时间的交往和科技合作，多次进行经验会谈、交流，主要涉及药剂制备试验和性能测试。

图4-41　张同来、杨利等人于2010年7月赴俄罗斯访问

在主办和承办国际会议和学术期刊方面，本专业在冯长根的带领下成功举办了国际推进剂、炸药、烟火技术秋季研讨会（IASPEP），安全科学与技术国际会议（ISSST），环境科学与技术国际会议（ISEST）和先进材料研究国际研讨会（ISAMR），还创办了《安全与环境学报》学术性期刊。

其中，国际推进剂、炸药、烟火技术秋季研讨会，每两年在我国召开一次，已成功举办了12届，分别是1996年（北京）、1997年（深圳）、1999年（成都）、2001年（绍兴）、2003年（桂林）、2005年（北京）、2007年（西安）、2009年（昆明）、2011年、2013年、2015年（青岛）、2017年（韩国首尔）。会议在美国、英国、法国、德国、加拿大、俄罗斯、印度、意大利、伊朗、希腊、波兰、捷克、巴基斯坦、土耳其、哈萨克斯坦、韩国、澳大利亚、南非、新加坡、葡萄牙、瑞典、比利时等许多国家中得到积极响应。每届会议参会代表有200人左右，国外代表接近一半，且每届会议都邀请一些国际知名专家参与，如M. Held、W. Waesche、P. Wanninger、G. Shvetsov、P. Williams等。

安全科学与技术国际会议每两年在我国召开一次，目前已成功举办了11届，分别是在1998年（北京）、2000年（北京）、2002年（泰安）、2004年（上海）、2006年（长沙）、2008年（北京）、2010年（杭州）、2012年、2014年、2016年（昆明）、2018年（上海）。会议论文被EI、ISTP收录。

环境科学与技术国际会议，每两年在我国召开一次，已成功举办了6届，分别是2007年（北京）、2009年（上海）、2011年（东莞）、2013年（大连）、2015年（重庆）和2017（北京）。会议在美国、英国、法国、加拿大、日本、澳大利亚、波兰、匈牙利、印度、韩国等多个国家中得到积极响应，同时也得到了国内有关单位、部门的大力支持和踊跃参与。

图 4-42　2005 年北京国际推进剂、炸药、烟火技术秋季研讨会

图 4-43　2009 年昆明国际推进剂、炸药、烟火技术国际会议

图 4-44　2009 年冯长根教授在国际推进剂、炸药、
烟火技术国际会议上给大会报告代表颁发证书

先进材料研究国际研讨会每两年在我国召开一次，已成功地举办了 2 届，分别是在 2016 年（昆明）和 2018 年（上海）。会议在美国、英国、俄罗斯、加拿大、日本、澳大利亚、印度、韩国等国家和地区取得积极响应，同时也得到了国内有关单位、部门的大力支持和踊跃参与。会议期间，还举办了复合材料专家、悉尼大学 Yiu - Wing Mai 院士以及《Advanced Materials》编委、南京工业大学黄维院士专场等。

第四篇 特种能源技术与工程专业

图4-45 2010年杭州安全科学与技术国际会议

图4-46 2018年上海先进材料研究国际研讨会合影

《安全与环境学报》2001年创刊，是安全与环境学科的学术性双月刊，国内外公开发行，逢双月下旬出版，北京理工大学博士生导师冯长根任主编。《安全与环境学报》是中文核心期刊、中国科技论文统计源期刊（中国科技核心期刊）、中国科学引文数据库（CSCD）、《中国学术期刊综合评价数据库》来源期刊，俄罗斯文摘杂志、美国化学文摘（CA）和《中国学术期刊文摘》收录期刊，入编《中文科技期刊数据库》、《中国核心期刊（遴选）数据库》、"万方数据——数字化期刊群"。

图4-47 安全与环境学报

表 4-19 教师参加国际会议情况

序号	时间	姓名	国际会议名称	地点
1	2014.9	任慧	第25届金刚石和碳材料国际研讨会	西班牙马德里
2	2014.11.13—19	董海平	美国机械工程师协会机械工程会议	加拿大蒙特利尔
3	2015.4.13—18	张建国	第18届含能材料国际研讨会	捷克帕尔杜比采
4	2015.11.13—19	穆慧娜	美国机械工程师协会机械工程会议	美国休斯敦
5	2016.4.17—22	张建国	第19届含能材料国际研讨会	捷克帕尔杜比采
6	2016.6.18—6.26	伍俊英、陈朗	第43届国际等离子体科学会议	加拿大班夫
7	2016.6.28—7.1	陈朗	第47届弗劳恩霍夫化学技术ICT会议	德国卡尔斯鲁厄
8	2016.8.1—4	穆慧娜	第7届计算方法国际会议	美国伯克利
9	2016.8.4—7	穆慧娜	第22届质量与可靠性设计国际会议	美国洛杉矶
10	2016.12.4—7	穆慧娜	IEEE工业工程与管理国际会议	印度尼西亚巴厘岛
11	2017.4.25—28	张建国	第20届含能材料国际研讨会	捷克帕尔杜比采
12	2017.6.18—6.22	穆慧娜	第27届安全性与可靠性国际会议	斯洛文尼亚波尔托罗日
13	2017.6.28—7.1	陈朗	第48届弗劳恩霍夫化学技术ICT会议	德国卡尔斯鲁厄
14	2017.8.28—9.3	伍俊英、李生才、钱金鑫	第4届韩国高含能材料国际会议暨2017国际推进剂、炸药、烟火技术秋季研讨会（4th KISHEM & 2017 IASPEP）	韩国首尔

续表

序号	时间	姓名	国际会议名称	地点
15	2017.8.29—9.2	张建国	第4届含能材料国际会议暨2017国际推进剂、炸药、烟火技术秋季研讨会	韩国首尔
16	2018.4.17—22	张建国	第21届含能材料国际研讨会	捷克帕尔杜比采
17	2018.4.23—4.28	伍俊英	第6届激光点火会议	日本横滨

表4-20 教师互访情况

序号	时间	姓名	访问学校
1	2011.9—2012.9	任 慧	美国佐治亚理工学院
2	2012.4—2013.4	伍俊英	加拿大卡尔加里大学
3	2014.4—2015.4	董海平	美国康涅狄格大学
4	2014.7—2015.7	李明愉	美国波士顿大学
5	2015.9—2016.9	穆慧娜	美国康涅狄格大学
6	2015.10—2018.2	韩纪旻	美国西北大学
7	2015.12—2017.5	李志敏	中国香港科技大学
8	2017.1—2017.2	张建国	英国牛津大学
9	2017.10—2018.10	朱艳丽	美国德州大学奥斯汀分校
10	2018.7—2018.8	张建国	美国华盛顿大学

6.2 学生交流

表4-21 学生参加国际会议情况

序号	时间	姓名	国际会议名称	地点
1	2016.6.28—2016.7.1	刘丹阳	第47届弗劳恩霍夫化学技术ICT会议	德国卡尔斯鲁厄
2	2017.6.28—2017.7.1	刘丹阳	第48届弗劳恩霍夫化学技术ICT会议	德国卡尔斯鲁厄

续表

序号	时间	姓名	国际会议名称	地点
3	2017.8.28—9.3	李雅瑟	第4届韩国高含能材料国际会议暨2017国际推进剂、炸药、烟火技术秋季研讨会（4th KISHEM & 2017 IASPEP）	韩国首尔
4	2017.8.29—9.2	李燕华	第4届含能材料国际会议暨2017国际推进剂、炸药、烟火技术秋季研讨会	韩国首尔
5	2018.1.8—12	孙亚伦	结构动态性与材料国际会议	美国基西米
6	2018.4.17—22	孙亚伦	第21届含能材料国际研讨会	捷克帕尔杜比采
7	2018.4.23—4.28	刘嘉锡	第6届激光点火会议	日本横滨
8	2018.6.11—13	侯鹏	IEEE故障诊断国际会议	美国西雅图
9	2018.6.26—29	孙亚伦	第49届ICT国际会议	德国卡尔斯鲁厄
10	2018.12.13—15	李燕华、汪靖诚	第35届国际振动工程会议	印度大诺伊达
11	2018.12.16—19	杨媛媛	IEEE工业工程与管理国际会议	泰国曼谷

表4-22 学生互访情况

序号	时间	姓名	访问学校
1	2013.10—2014.10	王昆	英国牛津大学
2	2013.10—2015.10	王文庆	美国伊利诺伊州立大学香槟分校
3	2015.5—2016.6	伊枭剑	加拿大渥太华大学
4	2015.7—8	何飘	以色列理工大学
5	2016.7—8	吴金婷	以色列理工大学
6	2016.10—2017.10	何飘	英国牛津大学
7	2018.9—2019.3	孙亚伦	美国新泽西理工学院

7　学科展望

本专业将按照我国特种能源技术基础研究、应用研究、试验验证能力和评价体系建设的发展框架，结合国内工业科技整体发展水平，积极探索有利于推进武器能源技术发展的新原理、新技术、新材料；广泛开展有利于加速科研成果转化成实际应用的产品设计研究、测试方法研究、工艺技术和工艺设备研究；深入开展先进能源系统、新概念能源及分析测试方法研究，提高试验验证能力，完善评价体系建设。未来主要发展方向有以下几个方面：

（1）加强对前沿技术、新兴技术的探索性研究，创新理论和概念。

高效的能源是武器装备的共用技术，也是发展各种高性能武器系统的基础技术，加强基础研究，关注基础理论研究方面的立项和选题，催生武器能源技术新思想、新概念、新原理、新方法的诞生，是提升技术自主创新能力，构筑并完善自主研发体系，实现又好又快发展的根本路径。

（2）深入开展模拟仿真技术研究，提高产品的数字化研究能力和试验验证能力。

我国初步建立了武器能源系统设计方法，但总体上我国的设计理论和方法还比较落后，缺少基于发展现状的模拟仿真软件。在产品设计方面，仅能对部分产品的少数技术参数进行经验或半经验理论计算，研究、设计方法基本沿袭以经验为主的传统模式，导致产品研制周期长、费用高、一致性较差。

深入开展模拟仿真技术研究，建立完善符合我国武器能源系统的专用材料特性、药剂特性、产品结构特性等的信息库，提高产品的设计可靠性和性能稳定性；通过建立仿真模型，提升产品研制过程中的试验验证能力，降低研制成本，缩短研发周期，推动武器能源技术实现从经验型向科学型发展的跨越式转变。

（3）加强新材料和新工艺研究。

先进的设计理念和设计方案，需要通过先进的工艺设备来实现。特种能源技术属于专业性非常强的工程应用领域，技术研究过程中需要用到一些工艺方法、材料或设备，具有一定的特殊性，难以从其他行业获得借鉴或通过常规渠道采购。而且，随着武器能源技术朝向集成化、微小型化、灵巧化方向不断发展，对特种材料和特种工艺设备的需求更甚于以往，需要及时开展相应的特种工艺研究，需要更多的专用工艺设备予以支撑。比如，先进的芯片技术、异型结构装药技术、微小型火工序列成型及密封技术、微小型飞片加工技术等，都需要用到特种材料或特种工艺设备。因此，加强新材料和新工艺研究，有利于解决技术发展过程中的材料和工艺瓶颈，是建设并完善符合我国特种能源技术研发体系的重要途径。

（4）深化安全性、可靠性技术研究。

科学全面的测试试验方法和分析评价方法，对提高产品性能、加快技术进步具有非常重要的推动作用。目前，我国现行的火工品技术基础标准，有些以等效移植国外标准为主，对这些标准中为什么进行这样或那样的试验和测试，原因不很清楚；有些评价标准中提到的指标，国内不清楚应该采用何种试验来获得，或者因为不具备相应的手段，无法按标准完成试验。

在开展新技术研发过程中，缺乏新型的试验方法、技术和手段等问题，表现得尤为突出，如缺少适用于爆炸箔冲击片雷管性能测量的试验方法、爆炸网络能量传递的测试技术与方法、微爆轰和亚爆轰的测试技术与方法、无损检测技术等。再比如，药剂尺度已从宏观发展到了细观乃至微观，药剂的结构从本体发展到表面和界面，粉体技术也从微米发展到纳米。产品和技术的发展需要尽快建立起一套与之相适应的测试试验方法和评价体系。

根据我国特种能源技术的主要发展方向，本专业未来在该学科领域，以先进技术为牵引，以新的理论、研究方法和数字仿真技术为核心，以新型换能元技术、新材料技术、可靠性和安全性技术为支撑，针对微机电、新概念换能等先进技术，开展基本原理、基础理论、计算方法、制备技术和测量方法研究，围绕控制起爆、精密传爆、做功控制、有源无源干扰等进行关键技术攻关、预先研究，肩负我国特种能源技术的新概念提出、新理论建立、新技术推广的核心任务和使命。

附录1　回忆录

被称为"先生"的女教授
苏　青

先生，一般表示"有学问的人"或特指男士。但在北京理工大学，上至校长下至研究生，却对身为女性的陈福梅教授不约而同地称为"陈先生"。这其中除了间接表达出陈教授不让须眉的个性外，更多的则是透出了人们对这位女学者的深深敬意。

作为我国爆炸与安全技术专业的主要创始人，陈先生的一生与她所从事的专业一样轰轰烈烈、光彩耀目。整日与雷管、炸药打交道，这样的工作本该由胆子大的"先生们"来干。陈福梅却凭着她的学识和胆识，闯进了这个充满危险的领域，并先后在国内外学术刊物和会议上发表论文50余篇，出版了《火工品设计》《火工品工艺学》《雷管性能》等学术著作,以及多种译著。

20世纪50年代初,这位浙江大学毕业的高才生,自荐来到中国共产党创建的第一所理工科大学——北京工业学院,在一穷二白的基础上,筹建起了我国第一个火工品专业及其实验室。在她的带领下,教师们艰苦创业,专业规模不断发展,成为我国该领域第一个具有博士学位授予权的学科点,该专业实验室继而发展成为国家重点实验室。

丰硕的成果、坚忍不拔的品格,不仅奠定了陈福梅在学术界的地位,也赢得了同行们赠予她的"先生"这一敬称。

自古以来,先生的职责无外乎"传道、授业、解惑"。年逾古稀的陈先生,在四十余年的教学和科研生涯中,教书育人,治学严谨,培养了一批又一批优秀专门人才。1978年恢复研究生招生制度以来,她先后招收培养了8名博士生、10名硕士生。著名的青年学者冯长根教授,大学期间得到过陈先生的精心指导,他曾激动地说:"我永远也忘不了陈先生对我说过的一句话。那是在我考上研究生刚取得一点进步的时候,陈先生语重心长地说:'小冯,你可千万不能骄傲啊!尽管和班上其他同学相比你是优秀的,但不见得是全校最优秀的;即使成为全校最优秀的,你也应该和全国乃至全世界最优秀的比;哪怕有一天你成了我们这一领域最优秀的学者,那也只能代表你这个领域、这个时代。我们永远也没有理由骄傲啊!'"

陈先生是学校仅有的两位女博士生导师之一。她认为,学生超过先生是理所当然的,研究生如果不能在某个方向上突破导师的成果,就不能算是合格的研究生。在她的鼓励下,博士生们都选择了难度大、国内尚属起步的研究课题,并取得了可喜的成果,有的还获得了部级科技进步奖,并受到有关部门的表彰。

对学生,陈先生既是严师又是慈母。研究生大都结婚成家,生活比较清苦,陈先生除了教育学生要胸怀大志,不要计较眼前利益外,还尽量在生活上关心和帮助他们。研究生的家属来京,她就请他们到自己家里拉家常,问寒问暖。一次,有位博士生患病卧床,陈先生天天让人把营养品送到他的床头。平时严厉的陈教授,此时已由"先生"变成慈爱的"母亲"。

(发表于1993年4月20日《光明日报》第6版)

我所见的陈先生
王守实

1956年的下半年,陈先生给我们开专业课"火工品"。我的第一印象是她穿着小碎花的中式棉袄,课间在原中法大学的"物理小院"里打羽毛球,身手矫捷,那时,她还年轻。上课时觉得她是个比较严厉的老师,我作为学生对她有点敬而远之。毕业后留校,在一个教研室工作,逐渐感到陈先生是个心地单纯、胸无城府、坦率正直的人,不世故、不做作、不善于搞人际关系,是有良心的知识分子一样,热爱祖国,追求真理,事业心强,勤奋刻苦,不计较名利待遇,一心想把本职工作做好,教书育人,为国防建设、火工专业发展尽心尽力。她不大会说漂亮话,是干实事的人。

陈先生是浙江大学化工系毕业的,1950年到北京工业学院后根据国防建设需要,跟随苏联专家为火工专业课开课,翻译教材,筹建实验室,可以说白手起家、艰苦创业。新中国培养的第一代兵器工业火工专业技术人才就出自陈先生门下。"文化大革命"前各火工厂的领军人物都是我校校友。陈先生是一个好老师,她教出了一大批好学生,他们勤勤恳恳地在兵工战线上奉献一生,可能在业内名声显赫,也可能默默无闻,但都做出了实实在在的贡献。许多学生白发苍苍时也不忘来看她,情深意长。每当专业会议上老少弟子济济一堂,陈先生的房间总是最热闹的地方,让旁观者羡慕不已,叹服老先生的确是桃李满天下。陈先生不少弟子在国家机关、部队院所做领导工作,从没见她找关系要项目、托人情,也令人心生敬意。

那时和厂校联系十分密切,厂校之间的协作可以说是无偿、无私的。学校的许多研究课题与生产实际紧密结合,工厂生产遇到问题或开发新产品可以随时来学校讨论研究、做实验。工厂也无偿为学校提供科研所需的物质和资料。师生经常下厂,厂校亲如一家。陈先生的学问和为人赢得了同行的一致敬意。

令人佩服的是她一贯的尊重科学的学风。她一向认真严谨,绝不浮夸,对弄虚作假、投机取巧深恶痛绝,不肯违心地跟风,不唯上,而是踏踏实实做学问。1958年,学校里也搞土法上马的小高炉,没人敢提出不同意见,她在下面颇有微词。"大跃进"之风刮到学校,教学科研也要搞"高产",各单位不断"突击献礼",竞相提出若干天出多少张图纸、多少份教材、多少项科研成果,她对之有所抵制。在研制微秒雷管时产品性能极不稳定,她主张做系统实验找影响因素,被斥为"我们要的是'指标',不要资产阶级的曲线"。类似的不合时宜的表现免不了遭到批判,但这些点滴可看出她对科学的执着和为人的坦率。"文化大革命"中我们曾一度共同负责打扫3号教学楼的所有厕所,她工作起来和搞试验一样一丝不苟，边边角角都擦拭得干干净净，而且不以为苦，一如平日。"文化大革命"后她对曾经遭受过的不公平待遇并不耿耿于怀，而是胸怀坦荡地投入工作中，在改革开放的大环境下畅快地发挥自己的专长，做出自己的贡献。

她对学生和青年教师一向要求严格，批评起来不分场合，不留情面，其实这正是对年轻人的关爱。她曾对我说，青年教师确实不易，工资不高，住房拥挤，他们上有老下有小，负担重，对他们要体谅、关心，重要的是要使他们尽快成才，既学会做事，更学会做人。

在家里，陈先生性格豁达，生活俭朴，她的工作就是她的爱好和兴趣所在，其他琐事不大上心。老伴邵先生耐心细致，文质彬彬，仿佛是持家主事的人。两人优势互补，愉快和谐。上了年纪以后，先是邵先生身体欠佳，陈先生忙前忙后照顾他。1983年，陈先生罹患癌症，邵先生身体立即变好了，多年的病痛也不提了，转而全心全意照顾起陈先生来。俩人一生风风雨雨，不离不弃，相濡以沫、白头偕老的情景实在让我们后辈感动。

好人最终平安。陈先生的一生在事业和家庭两方面都应说是圆满的、无憾的吧！

我的教学与科研工作回顾
许又文

一、大学毕业留校当老师（1955—1958年）

我读的是化工系火药专业，五年制，1950年入学，1955年毕业时留校当教师。当时正开展肃反运动，把我和恽寿榕、陈熙蓉三人抽出来，马上安排去724厂参观实习。我被安排收集有关引信装配的技术资料，对PTM-2、KTM两种引信深入了解，包括一些零部件的表面处理。

我还辅导过火工品实验，随后我当丁敬教授的助教，辅导"烟火学"并筹建烟火实验室：首先建立照明剂光度测定室，在暗室中对照明剂发光强度进行测定；进一步模拟炮弹曳光管在高速旋转、高速气流条件下不同偏转角度发光强度的测定；对信号发光剂色调与纯度的测定；还建立了我国首个烟幕测定箱，可对各种发烟剂的烟幕遮蔽力及稳定性进行评估，这在当时是国内首创；对燃烧剂的各种热物理性能也进行了测定。

二、参加探空火箭（505）的科研工作（1958—1960年）

1958年，学校在魏思文院长领导下，向科学进军，彭总和叶帅接见了我们，叶帅还与我们合影留念。之后，我们开展了探空火箭的探索研究（代号505）。第一次是在东北白城子靶场发射，火箭壳体是由钢板卷制、焊接成的，推进剂是自制的橡胶火药，但发射失败。第二次设计为双基推进剂的二级火箭，在河北昌黎空军靶场试验，这次发射基本成功。

为降低火箭发动机的消极重量，我还对玻璃纤维增强塑料火箭发动机进行探索，并在内蒙古二连发射了一枚自制全塑火箭，获得成功。后进一步设计用玻璃纤维线按薄壁圆筒径向与轴向等强度2/1的缠绕成型的火箭发动机，并设计了缠绕成型机。

三、筹建航天非金属材料教研室（1960—1964年）

20世纪60年代初，国家进入困难时期，科研暂时停滞，我们在科研基础上建立航天非金属材料专业与教研室，开始由施盖善任教研室主任，后她调走由我接任。教师有李惠生、欧育湘、李友享、李维志等。在较短时间内我们开出了"合成树脂与塑料""航天非金属材料学""航天非金属材料加工成型工艺学"等课程，并编写出教材，同时指导了两届学生的毕业论文与设计。到1964年国家因暂时困难，要求缩短战线，专业下马。

四、调入火药研究室（1964—1966年）

进行了两项工作：

（1）对改性双基推进剂配方与工艺的研究：在NC中加入AP压成药条，切成小粒，然后注入NG，加温溶胀使之成为一体，我采用高温恒温测定电阻率的方法判断二者溶胀为一体的终点。

（2）对推进剂比冲计算方法进行探索。

"文化大革命"开始后，我受到冲击，业务工作中断。1968年，到首钢劳动，当了几个月油漆工、架子工（助手）。

五、在北京礼花厂工作（1969—1980年）

1969—1980年，我被借调到了礼花厂工作。由于当时礼花燃放会掉下大量脏东西，周总理指示礼花要改进，又因1969年北京礼花厂发生严重的燃烧爆炸事故，在这种情况下，北京市二轻局向五机部求助，五机部通过学校借调我到礼花厂。礼花厂有许多烟花爆竹实践经验的老师傅（他们自称为"老炮"），但缺乏系统、科学理论与安全知识，我到厂后一边向他们学习一边工作。总结起来，主要做了如下工作：

（1）审查了药剂配方，将原来配方中含有高感度与安全性差的$KClO_3$全部删除，代之以感度较低、安定性较好的高氯酸盐与硝酸盐，不仅提高药剂的稳定性与安全性，也增加了光色的色调和纯度。

（2）用机械操作代替人工手工作业，如粉碎、过筛、混药、药柱压制等，提高操作的安全程度。

（3）设计了抗爆小室。操作工人在抗爆小室另一侧，有防爆墙与铁门隔开，万一发生爆燃事故，爆燃气体冲向曳爆窗（大窗户），外面是土坯子，吸收冲击波，确保工人安全。

（4）设计了旋转式自动压药柱机，大大提高工作效率与产品质量，完全实现隔离操作。

（5）研制了滚药球新工艺（基本上是一种湿法生产），此方法可生产。

（6）将礼花炮、连珠花燃放由人工擦火改为电引头发火，大大节省人力，为以后的程序燃放创造条件。

（7）设计了多种新花型的礼花弹与连珠花，并将其系列化，如菊花系列、拉波系列、闪烁系列、花色系列、椰树系列、横打系列、彩蝶系列、造型系列、彩灯系列及日景系列等。

（8）整理药剂配方、礼花零部件、礼花弹、连珠花等图纸、资料，使之更形象、系统与科学。

（9）当时国内湖南浏阳、醴陵，广东东莞传统烟花产区只生产小型烟花爆竹，我们无保留地向他们传授礼花弹技术。

在北京市礼花厂期间被评为北京市二轻局先进工作者。

六、调回北京工业学院（北京理工大学）（1980—）

70年代末，北京礼花厂下马，我调回学校，到84（火工与烟火）教研室从事"烟火学"的教学工作，除教学工作外，还带领学科积极开展有关军用与民用烟火的科研工作。

如接受空军司令部第二研究所有关机载红外诱饵弹的科研任务，该弹燃烧时产生的红外辐射大大高于飞机尾喷管的红外辐射与空气动力加热的辐射，当敌机用红外制导导弹攻击我机时可诱惑敌方红外制导导弹脱靶而保护载机，研制成功后在工厂生产，很快装备了空军各种作战飞机，该项目获国家科技进步奖二等奖。

还研究了红外隐身照明弹，该弹在近红外700～1 100nm有强辐射，而可见光辐射很低，可提高夜视仪的能见度，还研究了电网干扰弹、警用闪光弹等项目。

在民用烟火技术方面，研制了用于汽车行车安全的气体发生剂与汽车安全气囊，用于航空表演与军事演习的彩色发烟剂，1990年北京亚运会火炬点火系统，用于火锅、野炊的固体酒精和固体燃料，各种颜色的彩焰灯与彩焰烛，地面大型表演烟火，如组合喷泉、大瀑布、大转轮、火字火画、飞鸽、孔明灯等，还研制了人工降雨、防冰雹的云雾成核剂及人工降雨火箭等。

<h2 style="text-align:center">我的教学与科研工作回顾</h2>

劳允亮

随着中法大学与华北大学工学院合并，我成为红色革命大学华北大学工学院化工系的一名学员。当时中法大学的学生可以转入北京大学化学系并给保留学籍。我抱着对革命老区学校的敬仰和积极参加革命的热情，加入了华大工学院。1952 年，华北大学工学院改名为北京工业学院，后更名为北京理工大学。从 1949 年到现在，我学习、工作和生活在北京理工大学，已有 62 年之多的时光。

我 1953 年毕业于化工系无烟药专业。临毕业前，领导通知我已被留校，提前调出是为了参加 1953 级招生工作。当时要报考北京工业学院的中学生，不仅学习成绩是最优秀的，而且在政治上是进步的和"可靠"的。因此，学生在报名之前首先要通过政治审查。1953 年，北京工业学院在全国大学中很有名气，报考的中学生十分踊跃。所以我院在 50 年代招收的中学生都是优秀的，个个都是拔尖的。

50 年代，学校全盘贯彻苏联教学体制，系统学习苏联国防高等学校教学计划和经验。化工系成立了无烟药制造、炸药制造和装药加工三个专业。即化工系 5、6、7 三个专业。按苏联式教学计划，在上述三个专业学习中，"安全技术"是必修课（64 学时），在学生毕业设计中还设有安全技术篇，而且必须由安全技术老师对安全技术篇进行批改和审查、签字后，学生的毕业设计才能获通过。我就是在这样的条件下，服从领导的分配，承担了化工系三个专业的安全技术课和三个专业学生的毕业设计安全技术篇的指导。当时是按苏联专家拉扎列夫提供的教学大纲，边学习边下厂搜集资料，边备课边编写教材。我负责指导毕业设计的第 1 个班是 5501 班。讲授安全技术课程的首届班级是 5511 班、6511 班和 7511 班。1956 年，我编写出第 1 本教材《火化工业安全技术与防火技术》。

1965 年，我参加丁敬教授组织的教改组，目的是加强基础理论、联系实际、提高教学质量。当时，我除在 83641 班辅导部分学生英语阅读外，还担任 84651 班班主任经常深入学生中，了解学生生活和学习情况，对学习困难的同学给予具体指导。我还与教师研究总结教学的重点、难点和疑点以及改进和提高教学方法等，在教师和学生之间建立起纽带联系。加强基础理论，联系实际，提高教学质量，培养学生的综合分析和解决问题的能力，是高等院校教育工作的永恒的话题。"文化大革命"的浩劫，使刚刚有点起色的教改工作最终被荒废。

1972 年，开始恢复教学秩序，我参加了火工品与烟火技术教研室的恢复和发展工作，积极参与 1973 年开办的第一届进修班，讲授"起爆药"课程。当时学生基础较差，我给学生补习有机化学基础等课程。为贯彻开门办学、与工厂联合办学，加速培养工程技术人员，连续办了三届短训班和进修班。我不仅为这些班上课还于 1974 年编写了教材《起爆药》。

我于 1992 年 10 月退休。退休后，除继续完成：①"八五"预研规划所承担的"化学液相沉积延期药研究"的课题任务（1999 年 5 月通过技术鉴定）；②兵科院下达的"隐身干扰烟幕弹技术"课题任务（1996 年 12 月通过技术鉴定）；③总参四部 54 所下达的"无源干扰冷烟幕自动喷射设备"（2004 年通过初样机技术鉴定）等几项科研任务。此外，还为我们教研室和火工行业做了三件有益的事：

（1）赴俄罗斯考察，为教研室引进三项技术。1996 年 11 月，受兵科院的委派赴俄罗斯考察，通过参观、座谈、考察和演示试验，签订了技术引进三项协议。

①由莫斯科门捷列夫化工技术大学引进两种新型安全高能配位化合物起爆药：一种是可以替代叠氮化铅的 ZIRCAR（英文简称 CCP），另一种是 NICAR（英文简称 NCP）。CCP 和 NCP 两种药的生产工艺并不复杂，仅两步合成就可制出产品。这两种药的结晶颗粒表面十分光滑，流散性非常好。其感度和性能，也比美国的 CP 药有很大的优越性。对新型安全高能配合物起爆药（它是起爆药的发展方向），在设计思路上和分子组合研究方面，需要开辟新的途径，CCP 和 NCP 也起到了借鉴作用。

②引进两项软件，即含能材料燃烧性能数据库（Flame）和计算热力学函数和参量的（Real New）软件。莫斯科门捷列夫化工技术大学工程化学系搜集众多国家文献资料和大量计算工作，编制了一套有 700 多种炸药、推进剂和 200 多种混合物的燃烧性能的试验数据库（名称为 Flame）。Real New 软件含有 75 种元素 2 500 多个反应产物，按化学分子式输入组分、生成热，即可计算输出九种参数，如燃烧速度、燃烧热、爆热、比冲、点火温度、火药力等热力学参数。这两种软件检索方便，资料内容丰富，很有实用价值。这两种软件的引进，对我们教研室课题研究水平和学术水平的提高有重要意义。

③由圣·彼得堡工学院爆炸逻辑网络实验室引进磁控溅射镀膜技术。该项技术属物理气相沉积（Physical Vapour Deposition，PVD），是比较先进的一种表面成膜技术。通过参观试验演示了解到，圣·彼得堡工学院应用此项技术，不仅可以在陶瓷基片上镀覆一定厚度的镍铬金属薄膜，作为发火件（替代金属桥丝），而且还能在聚四氟乙烯基片上或刻有沟槽的基片上镀覆炸药（RDX）。另外，在镀覆真空罩内装有旋转机构，可以镀覆一定宽度和长度的炸药条，相当于导爆索。该项技术正是我教研室"八五"预研规划承担的重点项目之一。引进此项技术，对我们教研室的技术创新、完成镀膜技术、爆炸逻辑网络课题产生了指导作用。

（2）协助李国新老师完成耐高温导爆索和煤矿许用导爆索的研制开发，"973"子专题"推冲序列点火、燃烧机理与推冲做功机理研究"，直至2010年通过验收鉴定。

另外，于2005年始根据学院安排为三个专业本科生每学年讲述"特种能源的发展和技术途径"专题讲座。

（3）在李国新老师和汪佩兰老师的鼓励和大力支持下，我与盛涤纶合编《火工药剂学》。该书于2011年6月完稿，实现了我多年想为火工行业编写一本书的夙愿。

附录2　学生名录

班级：83581
成银喜　李文华　梁　峰　林武兴　刘自明　马　露　彭金龙　吴来安
张今弼　邹守诚　史尚酋　田凤祥　王龙江　夏　颐

班级：83591
代庆祥　邓汉祥　丁方英　胡丽君　黄宗文　李家敏　廖政权　刘德彬
刘静文　刘荣富　张殿辅　张景林　刘朝银　罗梦志　石淼淼　孙洪英
孙志甫

班级：83601
卢秉山　陈德君　陈永顺　高凤山　高淑秀　郭祥熙　李德珍　刘金声
刘菊梅　马建芬　齐淑敏　齐玉珍　邵瑞年　宋寿宏　汪佩兰　吴　钧
吴林源　张秀珍　赵克俭　赵坤龙　张福林　陈于珍　戴必昌　李成宗
栾寿民

班级：83621
覃珈琪　王宗舜　吴芸生　夏才宝　许丽云　许世昌　张清修　赵德忠
汪明海　耿玉麟　李启甲　李淑坊　刘洪章　王　琏　吴保存　杨孚多
杨鸿喜　杨凯睿　于士荣

班级：83641
高喜贤　金银奎　赵洪山　董连和　葛成文　和洪烈　和小池　刘志才
喻志强　张宝琴　赵连才　庄慧文　张丽娟　韩　直　张文庭

班级：83642
范晓复　刘洪彦　王占表　吴源水　许有法　陈　云　陈　忠　韩临沂
蒋忠义　焦秋玲　马　立　任茂生　王久良　王清水　徐盘忠　徐长斌
杨怀祥　张希山　赵立民　邹纯祥　李思钗　刘恩柢　母禄均　彭彦博

徐秀英

班级：84761

曾桂芳	戴保山	樊桂芳	谷同义	康克强	李宝英	李江明	李岁仓
李元森	刘根发	刘想元	罗少云	梅筑华	欧阳柏连	彭恕伟	乔延平
任百林	隋开新	孙建国	谭建新	王金宝	吴　杰	吴启军	杨　忠
袁关昌	翟玉盛	占必文	张定汎	张国利	郑　斌	张济洲	张全来
张一纯

班级：84781

蔡　漠	曹文明	陈美菱	杜传智	樊树奎	符绿化	高辛平	宫建芳
龚康平	郭　鹏	何　洪	贺　丽	华　琦	黄继明	黄守环	贾泉生
姜　力	康　松	李振煜	刘加基	刘君阁	刘章义	苏　青	谭　峰
唐远明	王金宝	王　平	王千鹏	闫利伟	严英俊	杨吉明	杨继跃
杨　廷	张光磊	张和平	赵希俊

班级：84791

陈　义	陈志明	高　毅	龚　翔	贺洪华	贾晓明	柯一飞	李昌利
李洪波	李　明	李增秋	刘季夫	卢淑桂	潘火保	潘　进	盘　琳
王　成	王万勇	韦玉锋	张国林	张家鹏	张守峰	张喜明	张晓成
张志国	周木艳	周长生	朱安宁	邹泽海

班级：84811

曹晓红	陈杭梅	陈宏德	陈　涛	戴雪康	高　欣	谷　岩	贺龙廷
李　杰	李　琳	李　明	李顺亮	李相锋	栗　琳	陆新霖	宁　斌
钱立亚	秦建武	邱天舒	邵蕊莉	王光平	王　黎	王文华	杨斌林
杨国义	杨应敏	于　君	赵光伟	赵明星	周从章

班级：84821

王　涌	白春光	陈慧敏	陈　锐	程映昭	单利亚	房修义	郭　旗
黄　翀	贾晓宏	李传兴	李　刚	李友成	刘　杰	刘向东	刘云彬
柳忠荣	马居田	毛金生	任必胜	孙艳峰	唐德明	王念瑞	吴锦阔
于国宁	喻德禄	张连生	张秀清	周　凯	周　塈

班级：84831

杜志明	付英奎	高以龙	侯　萍	黄万福	孔振民	李爱民	李　豪
罗宏伟	牟宗庆	彭昆雅	尚廷东	施所提	孙剑利	王明松	王树山
王永辉	王月兰	魏　萍	吴进玲	闫国有	闫　杰	姚文炳	于洪波
于开勇	袁庆华	原　震	张江柱	郑宏凯	郑又生

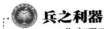

兵之利器
——北京理工大学机电学院学科（专业）发展史

班级：84841
曾庆轩　褚　强　邓　琼　刁士军　杜建庄　吉利国　李春祎　李红兵
刘文秀　刘晓民　刘　颖　刘子聪　罗江涛　马红伟　潘庸健　乔小晶
上官小红　唐南军　滕茂勇　田录平　温万治　谢　兵　徐金生　杨启先
姚文佳　岳　坤　张海新　张聚伅　张瑞萍　钟小革

班级：84851
艾书忠　陈海红　陈家庆　高　军　霍红平　金　勇　雷　胜　李　亮
李学军　李　准　梁全根　龙立新　马　宏　欧阳宜　庞稳绩　乔福照
苏绍林　万　伟　王海福　王庆萍　王廷相　吴茂玉　邢延平　徐君堂
张　建　张　昕　张咏梅　张玉林　张志强　赵成明

班级：84861
韩　聪　李瑞成　李治国　刘建民　柳沿河　马文生　孟庆旺　唐劲松
田向阳　王　凯　王　新　荀祖胜　杨秋波　叶　凯　张兵峰　张兴林
程庆华　崔卫东　邓　方　巩翠新　黎　强　蒲加顺　孙　静　王锦林
薛　飞　杨安民　张继英　张　齐　赵俊保　赵彦龙

班级：84871
陈政南　郭鸿宝　何光斌　何启军　侯玉珺　黄式峰　黄振华　贾文发
江　伟　刘道广　刘天新　聂家军　孙继峰　孙利民　田春卉　王杜春
王彦明　吴忠群　肖　雁　徐守彬　徐晓玲　许文东　杨萍萍　于　雷
张华颖　张　玲　邹祖彬　刘爱民　肖　勇

班级：80883
曹庆松　陈　星　陈志武　付百莉　傅卫国　甘元庆　高进东　李灿波
李生才　李　盛　李雪莲　吕　刚　任鸿杰　任嘉兴　任丽新　谭爱喜
王保民　王　一　文　勇　吴　强　徐志立　杨勇强　杨振豪　张柏超
张崇炜　张劲峰　张晓东　赵建利　赵艳丽　周　智　陈　星

班级：80892
艾　红　程　涛　崔伟光　方　晓　富百弟　龚红英　顾　海　郭圣延
蒋学军　解金箭　李劲松　李景清　李　莉　刘　枫　刘　静　刘先安
龙维薇　聂智勇　申　逸　生旭东　石春霄　肖　鑫　宜云雷　尹燕鸣
臧　岩　张朝晖　张怀璘　张家忠　张松正　赵　为

班级：84901
李文斌　王志刚

班级：84911
刘宏波　唐　飞　宿世春

班级：84941

邓永刚

班级：84961

韩秀艳　李　斌　李红旗　李　顺　李振锋　王承凯　王长福　魏继锋
闻　明　谢　华　阎继锋　袁　璐　张静伟　张世文　祝明水

班级：84971

胡金胜　姜　程　李国洋　李海峰　李向荣　王　兵　张文明　郑　航
朱琳琳

班级：80985

郭　菲　胡延臣　金大勇　李　畅　凌　晨　王　芳　王帅帅　王者军
吴　煌

班级：18991

董　畅　冯　晋　李　敏　马艳妮　潘　亮　涂小鹏　杨明渝

班级：18992

王　鹏

班级：1820001

鲁　静　孙　乾　王新颖　卫晓芬　许良才　张菊兰　赵云峰

班级：1820011

陈树伟　陈　勇　高海亮　高琳琪　卢　伟　罗　灿　魏阁麟　徐　菲
许珑远　杨怀贵　杨　琨　杨跃宇　尹志敏　张丽芳　张永波

班级：02220201

荼晓燕　段金山　樊　帆　高　扬　李　娜　刘　竹　罗毅欣　彭海洪
蒲金秋　王　俊　王　周　吴泽林　杨　军　杨　轶　朱　磊

班级：02220301

柴大克　杜仲秋　高凤川　江海洋　雷　鸣　李　鑫　刘宝峰　刘来东
刘　玲　刘馨慧　任　瑾　覃剑锋　王桂波　杨婷婷　叶耀坤

班级：02220401

曾庆辉　陈　哲　崔　彬　范子辉　付春雨　傅　宏　高雅惠　黄祎丰
贾　鑫　金渭明　赵　双　凌铭博　刘　寅　吕军军　任　淼　邵　将
王丹丹　尹　昕　张　健　张　憬　张又新　周婷婷

班级：02220501

彭红如　包　菁　蔡自强　程丽强　高恒烜　高永强　韩保良　蒋滨安
金剑雄　刘继承　刘　沭　卢作晋　毛立异　秦　飞　冉　靖　宋　焘
杨家山　张利敏　郑翰昌　周鹤峰　朱　旭　万继波

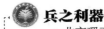
——北京理工大学机电学院学科（专业）发展史

班级：02220502
陈　燕　　程清光　　郭　超　　李　科　　李　特　　刘　星　　刘志飞　　南　通
裴红波　　彭晨光　　任　伟　　闪　雨　　王建华　　许俊奇　　殷长冬　　张琪儒
张正旭　　周　航

班级：02220601
白瑞祥　　毕李坤　　丁　冲　　郭　祎　　李小雷　　梁　攀　　刘　玥　　孟凡群
蒲　洋　　孙　谋　　孙廷儒　　万　翔　　唐琦鑫　　王　倩　　夏林祥　　许灿啟
许求迪　　杨　健　　杨文龙　　赵盼盼　　赵宇航　　周　庆　　朱妍琦

班级：02220701
白海军　　蔡勋祥　　曹落霞　　曾丹丹　　陈佳和　　陈　乐　　陈　鹏　　陈旖扬
邓　岩　　方国峰　　郭德洲　　郭生智　　和　旭　　贺健洋　　姜东辉　　康　越
李云龙　　李振华　　刘　洋　　盛中华　　孙　星　　孙喆夫　　王　迪　　王　勇
魏　龙　　武　明　　肖志夏　　杨　琦　　杨运通　　张　黎　　张雨晨　　赵　鑫
周　一　　邹宝强　　邹　浩

班级：　02220801
陈大朝　　褚　罡　　邓霄霄　　丁旭冉　　董文杰　　豆　牛　　冯　语　　韩俊强
郝波涛　　何　强　　李　铎　　李　珊　　李　阳　　刘　飞　　刘　婷　　陆上舟
马　楠　　马　弢　　孙　翠　　孙肖宁　　田嘉明　　涂普强　　王嘉伟　　徐　强
闫　野　　杨　琳　　张　忆　　赵瑞嘉　　朱晓凌

班级：02120901
王　楚　　陈惠卿　　关　勇　　郭俊峰　　郭晓铛　　黄梓莹　　金振华　　李朝振
李　娟　　李　彤　　李晓晓　　刘　斌　　刘　斐　　刘剑超　　刘荣强　　刘壮壮
任致博　　施亚骏　　宋海强　　唐　婉　　王军学　　熊　辉　　王书亮　　王雪慧
王亚东　　向永飞　　徐联杰　　徐文泽　　杨　航　　杨　坤　　杨　淞　　郑　葳
周宇航　　朱建朋

班级：02121001
蔡利军　　达　阳　　邓见楼　　丁柯夫　　高广泽　　郭广浩　　李富洋　　李雅茹
梁晓爱　　刘鹏征　　刘雨季　　马朝江　　马文龙　　米振昊　　邱　天　　商启晟
孙志鹏　　王德鑫　　王　涛　　吴兴宇　　熊文杰　　徐洪汛　　岩　石　　殷敬轩
张至斌　　张　瑶　　周捷雨

班级：02121101
郭旭东　　麻　超　　石永相　　宋海通　　王贺琦　　张明华　　张星辰　　曹　可
董　睿　　哈海荣　　毛　鑫　　秦　婕　　王虹阳　　于海洋　　张嘉凌　　张　开
万泓杉　　曹　杨　　陈长凯　　李　朋　　唐　志　　王　震　　魏学宾

班级：02141201

孙亚伦	付文娟	金炜航	李　强	林　源	刘　琛	王　浩	王　震
王志昊	温思翰	徐鹤鸣	闫　安	严晨光	杨　铭	杨　婷	余绪胜
湛　赞	张海军	张天河	赵泽宇	朱　尧	朱玉荣		

班级：02141301

章固丹	吴芷瑶	潘术怡	张　帆	陈光亮	李德荟	王　前	霍俊达
王思懿	迟殿鹏	饶　航	刘　琴	汪靖程	李新锐	刘卫男	吴　昊
魏　桐	任杨阳	范文琦	蒋超达	梁　昊	樊志伟	王治伟	高树梅
薛　颢	陈丽扬	胥玉帛	王　硕	张玉平	曾昀聪	范　宇	梁斯卿

班级：02141401

唐　磊	梁　亮	任　杰	孙堂延	靳　芬	李皓柯	李姚江	时　超
王慧心	熊　鹏	颜禄森	张思维	马　岩	蒲天力	唐浩然	张辉超

班级：02141501

高钰佳	官敏榕	李京儒	龙茂豪	张　腾	谌　雯	贾京祥	贾启才
梁海彬	廖茂雄	刘　娟	万　奕	王涵旭	王星皓	谢志明	张忠银
钟　炳	朱　旭	贾美银	李　颖	秦　剑	王泓元	赵　朴	

附录3　教师名录

附表4－1　能源与动力工程系在岗教师简况（截至2019年7月）

序号	姓名	性别	出生年月	学历	职称	备注
1	乔小晶	女	1961.11	博士	教授/博导	
2	焦清介	男	1958.10	博士	教授/博导	兵器科学与技术一级学科负责人
3	曾庆轩	男	1964.10	博士	教授/博导	
4	张同来	男	1960.2	博士	教授/博导	
5	陈朗	男	1965.9	博士	教授/博导	系主任
6	严楠	男	1960.1	博士	教授/博导	
7	张建国	男	1974.8	博士	教授/博导	机电学院副院长
8	温玉全	男	1965.2	博士	副教授/博导	
9	王亚军	男	1975.1	博士	讲师/硕导	系实验室主任
10	臧充光	女	1965.10	硕士	副教授/硕导	

续表

序号	姓名	性别	出生年月	学历	职称	备注
11	杨利	女	1972.3	博士	教授/博导	
12	董海平	男	1969.6	博士	副研究员/硕导	
13	聂建新	男	1977.11	博士	副研究员/博导	
14	任慧	女	1973.9	博士	教授/博导	系教学主任
15	李明愉	女	1971.11	博士	副教授/硕导	
16	李金凤	女	1965.1	博士	高级实验师/硕导	
17	常雪梅	女	1972.10	本科	实验师	
18	李楠	女	1981.3	博士	副教授/博导	
19	伍俊英	女	1977.1	博士	副教授/博导	
20	周遵宁	男	1969.9	博士	副研究员/硕导	
21	郭学永	男	1975.11	博士	副研究员/博导	
22	穆慧娜	女	1981.7	博士	讲师/硕导	系党支部书记、行政副主任
23	朱艳丽	女	1980.10	博士	长聘副教授/博导	新体制教师
24	闫石	男	1985.10	博士	讲师/硕导	
25	甘强	男	1984.8	博士	讲师/硕导	
26	张韬	男	1983.9	博士	讲师/硕导	
27	李志敏	男	1986.10	博士	预聘助理教授/硕导	新体制教师
28	韩纪旻	男	1983.10	博士	预聘助理教授/硕导	新体制教师

附录4 教学科研成果、获奖等

附表4-2 教学获奖情况

序号	获奖名称	获奖人
1	1988年霍英东教育基金会青年教师奖	冯长根
2	1990年机械电子工业部青年教师教书育人工作奖	冯长根
3	1990年全国总工会全国优秀教育工作者及五一劳动奖章	冯长根

续表

序号	获奖名称	获奖人
4	1994年北京市总工会北京市职工职业道德标兵	冯长根
5	1994年全国总工会五四全国十大杰出职工	冯长根
6	1995年北京市人民政府北京市先进工作者	冯长根
7	1995年国务院全国先进工作者	冯长根
8	1995年中国兵器工业总公司优秀中青年科技工作者	冯长根
9	1997年香港柏宁顿（中国）教育基金会第三届孺子牛金球奖	冯长根
10	1997年北京市普通高等学校教学成果一等奖	焦清介（排名第四）
11	2001年北京市教育教学成果（高等教育）二等奖	焦清介（排名第二）
12	2008年北京理工大学青年教师教学基本功比赛二等奖	任慧
13	2011年北京理工大学青年教师教学基本功比赛三等奖	张建国
14	2014年北京理工大学第十一届优秀教材一等奖	聂建新（排名第二）
15	2015年北京理工大学青年教师教学基本功比赛二等奖，优秀教案奖	穆慧娜
16	2016年北京理工大学青年教师教学基本功比赛三等奖	朱艳丽
17	2017年北京理工大学优秀教育教学成果二等奖	聂建新（排名第二）
18	2018年北京理工大学青年教师教学基本功比赛三等奖	穆慧娜

附表4-3 科研获奖情况

序号	获奖项目	奖项名称	获奖人
1	D·S共沉淀起爆药	1979年度全国科学大会奖	劳允亮，胡丽爱，吴敏，等
2	羧甲基纤维素叠氮化铅	1980年度重大技改二等奖	劳允亮，吴敏，胡丽爱，等
3	氨-酒二硝D·S共晶起爆药	1980年度重大技改四等奖	劳允亮，吴敏，胡丽爱，等
4	SSL无雷汞击发药	1980年度重大技改一等奖	陈福梅，汪佩兰，等
5	底-6乙底火	1982年度重大技改四等奖	顾映芬，陈福梅，等
6	××机载红外诱饵弹	1985年度国家科技进步奖二等奖	许又文，等

续表

序号	获奖项目	奖项名称	获奖人
7	温度具有空间分布的系统的热爆炸延滞期	1985年度校优秀学术论文一等奖	冯长根
8	YJG-1药剂激光感度仪	1985年度重大科技成果四等奖	程国元,等
9	热爆炸理论	1986年度北京市青年科技奖	冯长根
10	耐高温火工系统	1986年度兵器部科技进步奖二等奖	刘伟钦,劳允亮,曾象志,等
11	工业防火防爆技术研究	1986年度兵器部科技进步奖二等奖	王守实
12	激光碎结石器粉碎胃结石器技术系统JS-1型激光引爆器研究	1988年度部级科技进步奖二等奖	程国元,汪佩兰,刘淑珍,等
13	内镜药头激光引爆胃结石的实验及临床研究	1989年度部级科技进步奖二等奖	程国元,等
14	CSTR在定态、非绝热条件下的稳定性	1990年度优秀学术论文特等奖	冯长根
15	燃烧波引发爆轰波研究	1991年度部级科技进步奖三等奖	陈福梅,焦清介,等
16	先进个人获奖	1991年度光华科技基金二等奖	冯长根
17	无原干扰复合冷烟幕剂及其分散技术	1991年国家"863"高技术贡献奖	劳允亮,耿俊峰,李放,等
18	电热丝起爆及其临界性	1992年度优秀学术论文特等奖	冯长根,杜志明
19	引信火工品传爆序列和新起爆技术研究	1994年度部级科技进步奖二等奖	蔡瑞娇,华光,焦清介,等

续表

序号	获奖项目	奖项名称	获奖人
20	火炸药悬浮尘爆炸特性研究	1993年度部级科技进步奖二等奖	刘伟钦,汪佩兰,等
21	微波无损检测及缺陷部位处理技术	1994年度部级科技进步奖二等奖	李国新,程国元,等
22	起爆机理和固体中的快速反应机理研究	1994年度部级科技进步奖三等奖	蔡瑞娇,华光,焦清介,杜志明,等
23	个人获奖	1994年获光华科技基金三等奖	蔡瑞娇
24	热起爆与点火研究	1995年度校级科技进步奖一等奖	冯长根
25	火炸药粉尘爆炸事故发生和发展机制的研究	1996年度兵器工业部级科技进步奖二等奖	汪佩兰,刘伟钦,曾象志,焦清介,等
26	电磁脉冲干扰弹可行性研究	1996年军队科技进步奖三等奖	焦清介
27	若干爆轰波非常规传播现象研究	1996年度校级优秀科技成果一等奖	冯长根
28	个人获奖	1996年获光华科技基金二等奖	汪佩兰
29	易燃、易爆、有毒重大危险源辨识评价技术研究	1997年度劳动部科技进步一等奖	冯长根
30	个人获奖	1997年中国科学技术协会全国优秀科技工作者	冯长根
31	爆炸实验系统	1998年度部级科技进步奖二等奖	焦清介,汪佩兰,等
32	碳酰肼制备技术	1999年度国防科学技术奖二等奖	张同来,张建国,乔小晶,王文杰,等
33	高、低压下延期药、点火药燃速测试技术	1999年度国防科学技术奖三等奖	杜志明,华光,王丽琼,劳允亮,等

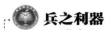

续表

序号	获奖项目	奖项名称	获奖人
34	GJB2865-97 火箭和导弹固体发动机点火系统安全设计准则	2000年度国防科学技术奖三等奖	蔡瑞娇
35	几类典型重大工业火灾、爆炸、毒物泄漏事故预防技术及应用	2002年北京市科学技术奖二等奖	冯长根，等
36	××枪抛、手掷强光暂时致盲弹	2003年国家技术发明二等奖	张同来
37	重大工业火灾、爆炸、毒物泄漏事故分析模拟技术及其后续示范工程	国家"九五"科技攻关项目/2003年国家安全生产监督管理局科技成果二等奖	冯长根，钱新明，等
38	天然鳞片石墨改性技术研究及应用	2006年建筑材料科学技术发明一等奖	任慧
39	微晶共沉淀安全点火药技术	2006年中国兵器工业集团公司科技进步	张同来，杨利，张建国
40	三种新型黑火药	2007年国防技术发明二等奖	焦清介
41	高压高功率爆电换能多点起爆技术	2008年国防科技进步奖三等奖	陈朗，冯长根，等
42	33号点火具	2008年国防科技进步奖三等奖	任慧
43	缓倾斜采空区处理新方法研究	2009年安全生产科技成果奖三等奖	李俊平，冯长根，钱新明，等
44	微晶共沉淀安全点火药技术	2009年中华人民共和国工业和信息化部科技进步	张同来，杨利，张建国
45	微晶共沉淀安全点火药技术	2010年度中国爆破器材行业协会科学技术进步奖三等奖	张同来，杨利，张建国
46	×××新材料与技术	2010年国防技术发明三等奖	臧充光

续表

序号	获奖项目	奖项名称	获奖人
47	长行程推动器研究	2010年国防科学技术进步奖二等奖	陈朗，冯长根
48	先进个人获奖	2010年中国兵工学会科学技术奖二等奖	张同来
49	××电引火药头及高效生产线技术	2010年中国兵器工业集团公司科技进步奖三等奖	张同来，杨利，张建国
50	先进火工品作用机理与技术	2011年工业和信息化部科技进步奖一等奖	严楠
51	含铬电镀废水处理和铬离子回收的新设备	2011年国家知识产权局中国专利优秀奖	冯长根，曾庆轩，李明愉，等
52	飞行器小扰动分离技术	2012年工业和信息化部科技进步奖二等奖	严楠
53	长行程推动器研究	2012年国防科学技术进步奖二等奖	陈朗
54	军工产品失效分析手册	2012年中国航空工业集团公司科技进步奖二等奖	严楠
55	GTX起爆药及系列雷管	2012年广西壮族自治区人民政府科技进步奖一等奖	张同来，杨利，张建国
56	高价值弹药小子样可靠性试验与评估技术	2013年军队科技进步奖一等奖	温玉全，穆慧娜
57	火工品电磁及力学环境作用机理研究	2016年中国兵器工业集团公司科技进步奖一等奖	聂建新
58	×××抗静电和力学环境作用机理	2016年中国兵器工业集团公司科技进步奖一等奖	张同来
59	起爆药连续化自动化生产技术	2018年中国爆破器材行业协会科学技术进步奖一等奖	张同来

第五篇 近炸引信技术专业

1 专业创建与发展简史

1.1 专业创建和早期发展（1952年11月—1966年5月）

北京理工大学的近炸引信技术专业是我国第一个培养近炸引信技术高级专门人才的军工专业，至今已有六十多年的历史。

1952年11月，北京工业学院在机械制造系设置弹药及引信专业，并于1953年8月在引信和弹药两个专业方向分别招收50名学生。

1954年3月，引信专业方向与弹药专业方向分开，单独设立引信设计及制造专业。

1955年9月，苏联引信设计与制造专家E. B. 库里科夫来到引信专业教研组，带来了苏联引信技术专业的教材和教学方法等，指导帮助建立了引信技术专业实验室，并开始招收研究生。

1959年，为适应武器弹药技术发展的需要，在触发引信专业内设置了非接触（无线电）引信专门化，在我国率先开始了无线电引信的教学和科研工作，为后来的无线电引信专业的设置奠定了基础。

1960年，根据无线电引信技术的教学和科研需要，施聚生和秦慰泉编写了《无线电引信设计原理》，曹名扬编写了《无线电引信测试》。这两本讲义是国内自编的最早的无线电引信的专业教材。

1961年，为适应国民经济和国防建设的战略调整，根据国防科委关于"北京工业学院以导弹为主，同时设置与尖端密切联系的常规专业"的决定，学院引信技术专业中的常规部分（包括业务范围、师资力量、教学科研设备和在校学生）调整至太原机械学院，留下来的教师主要承担无线电引信的教学和科研工作。此间，引信设计与制造专业增加了一个新的专业方向——非接触引信设计。

1964年，在引信设计与制造专业教研室基础上，成立了无线电引信专业化教研组。

1965年7月，经国防科委批准，北京工业学院八系增设无线电引信专业。10月，学院将引信设计与制造专业的在校学生做了专业学习调整：1963级41人中的21人转按无线电引信专业培养，1964级30人全部按无线电引信专业培养；1965级60人中的40人按无线电引信专业培养。

这一时期引信专业的教师有李维临、胡永生、施聚生、张玉峰、郑玉群、于庆魁等；助教有马宝华、王宝兴、曹名扬、刘传礼、秦慰泉、王翠珍、范德轩、宋世和、谭惠民、郑链、李世义、李彦学、周勇等。

1.2 "文化大革命"时期的专业概况（1966年6月—1976年9月）

这一时期，无线电引信专业的教学、科研工作因"文化大革命"而完全停顿。

1969年9月以后，张玉峰、周勇长期住9304厂，与工厂共同开展107火箭弹无线电引信研究，成为"文化大革命"期间为数不多的从事专业技术活动的高校教师。

1972年年初，学院在八系正式设置无线电引信专业教研室，编号为851教研室，无线电引信专业编号为85专业。

因为专业教研室刚刚成立，一批教师严重缺乏引信专业知识，由教研室党支部书记陈元祯提议，派出一批教师去212所参加到P87科研项目中去，在科学研究中学习。学习从1972年8月始，持续4个月。参加这次学习的有刘传礼、宋世和、杨士凯、徐清泉、崔占忠、刘世平等。这次学习对非引信专业出身的教师成长起到了非常重要的作用。

学校虽然在1973年9月已经开始招收工农兵学员，但由于本专业归属八系，电类基础课学校无法解决，直至1976年9月，85专业才招收了一个年级29名学生，除公共基础课外的其他基础课、专业课全部由85专业老师承担。

在此期间，本专业老师与南京炮兵工程学院（现南京理工大学）无线电引信专业老师开展了共同编写专业教材工作。施聚生、宋世和与南京炮兵工程学院张清泰、张玉铮合编了教材《无线电引信设计原理》，崔占忠、徐清泉与南京炮兵工程学院李官发合编了教材《非触发引信测试》。

1975年10月始，刘传礼、孙嗣良（数学教授）、崔占忠、甄春然、施聚生、曹名杨、徐清泉赴5124厂"开门办学"，对5124厂60多名青年技术人员进行培训，从数学到无线电引信知识，历时近5个月。特别是刘传礼老师，一个人从头至尾一直坚持在工厂。本次培训提高了工人的技术能力，密切了厂校关系。

在这段时间内，张玉峰、秦慰泉老师因解决夫妻分居问题调离本教研室。这一时期无线电引信专业的教师有施聚生、张玉峰、郑玉群、曹名扬、秦慰泉、刘传礼、宋世和、王庆元、江中生、周滨香、郑链、周勇、陈元祯、邱荫礽、杨士凯、杨双秀、崔占忠、刘世平、甄春然、白玉贤、孙瑞萍、张银珠、孙学诚、贾永红、刘华、马卫星等。

1.3 恢复高考后的专业概况（1976年10月—1987年12月）

1978年9月，引信专业迎来了"文化大革命"后恢复高考的第一批大学生和研究生，专业教学和科研活动开始逐步走向正轨。

1980年开始，引信专业一批中青年骨干教师，如郑链、崔占忠等，被陆续送到国外访问学习，回国后相继成为本专业的学术带头人。

1981年8月，"引信技术"学科第一批硕士研究生石庚辰、梅绍宁、毛金田等毕业，并获得工学硕士学位。

1983年7月，受中国兵工学会引信分会的委托，本专业在北京协助承办了第三届引信年会，这也是第一次邀请外国专家参加的引信年会。

1986年5月，国务院学位委员会批准北京工业学院"引信技术"学科为具有博士学位授予权的学科点，首任博士研究生指导教师为马宝华教授。

1987年5月，国防科工委引信技术专业组在京成立，其秘书组设在本学科点。施聚生为专业组成员。

1987年9月，"引信技术"学科招收的第一批博士研究生入学。

这一时期无线电引信教研室的教师有施聚生、郑玉群、曹名扬、刘传礼、邱荫礽、杨士凯、郑链、周勇、徐清泉、江中生、王庆元、方再根、李在庭、周滨香、杨双秀、崔占忠、程受浩、甄春然、白玉贤、孙瑞萍、张银珠、孙学诚、梅绍宁、贾永红、刘华、马卫星等。

1.4 兼顾军民初期的专业概况（1988年1月—1998年12月）

1989年4月，施聚生应美国战备协会的邀请，随团赴美参加了该协会第33届引信年会，开启了两国引信界的正规学术交流。

1990年7月，美国匹克汀尼兵工厂高级工程师、美国军方引信标准工作委员会成员、引信技术专家丹尼斯·希尔瓦应邀来我校访问，并与引信技术专业教师进行了学术交流。这是我校引信技术专业第一次邀请美国军工技术专家来我校访问和交流。

1991年7月，俄罗斯莫斯科国立鲍曼技术大学的引信技术专家、我校引信技术专业创建者之一 E. B. 库里科夫教授来我校访问，并向引信技术专业师生讲学。

1993年7月，按照国家教委新颁布的《普通高等学校本科专业目录》，我校试办专业"电子精密机械"自动更名为"机械"类中的"机械电子工程"专业。目前，这个由军工专业拓展派生出的民用专业仍在招生。

1995年，施聚生在《自差机理论》中第一次在国内系统地阐述了自差体制无线电引信的构造和原理，为我国无线电引信技术的发展提供了基础。

1996年9月，教育部第一期"211"工程建设工作正式启动，引信技术专业获国家近500万元的建设资金投入，为专业的大跨度发展奠定了良好的物质基础。

1996年12月，由崔占忠主持的"反坦克自适应电容近炸引信发火控制系统"项目获 1996 年度国家技术发明奖三等奖。

1997 年，根据国家教委调整后的《授予博士、硕士学位和培养研究生的学科、专业目录》，我校的"引信技术"学科从"兵器科学与技术"一级学科调整到"机械工程"一级学科中的"机械电子工程"二级学科，学术实体和教师队伍不变。从 1998 年开始，原"引信技术"学科以"机械电子工程"学科名称招生。

1998 年 5 月，国家教委新颁布的《普通高等学校本科专业目录》将"兵器"类中的"引信技术"和"火控与指挥系统工程"两个专业的全部与"鱼雷水雷工程"和"航空航天"类中的"飞行器制导与控制"两个专业的部分调整合并，更名为"武器"类中的"探测制导与控制技术"专业，突出该专业的武器系统的目标探测、导航制导和状态控制等的学科特点。从此我校的"引信技术"本科专业也随之改名为探测制导与控制技术专业。

1998 年 5 月，机电工程系（八系）与机电控制工程系（一系）合为一个单位，以"机电工程学院"的名称正式实体运行，当年秋天两个引信教研室（82 教研室和 85 教研室）合并为学院下属的机电工程系。

这一时期本专业的教师主要有施聚生、刘传礼、宋世和、邱荫礽、杨士凯、方再根、李在庭、王庆元、郑链、周勇、徐清泉、周滨香、赵鸿德、崔占忠、程受浩、白玉贤、白钰鹏、黄晓梅、张鹏飞、贾永红、刘华、邓甲昊、黄忠华、栗苹、何遵文、石小平、马施珉等。

1.5 开放拓展期的专业概况（1999 年 1 月—2009 年 12 月）

1999 年 3 月，学科队伍调整工作正式开始，"机械电子工程"学科教师队伍中的崔占忠等转到"兵器科学与技术"一级学科中的"武器系统与运用工程"二级学科，在继续从事引信技术的教学和科研同时，将学科面向进一步拓宽至武器系统。

1999 年 3 月，崔占忠被授予"国家级有突出贡献中青年专家"荣誉称号。

1999 年 12 月，由周勇主持的"无线电引信抗干扰性能改进"项目获国防科技进步奖一等奖。

2000 年 5 月，崔占忠被授予"北京市先进工作者"荣誉称号。

2000 年 12 月，由周勇、白钰鹏、施聚生等完成的"×××无线电引信抗干扰性能改进"项目获 2000 年度国家科技进步奖二等奖。

2001 年 12 月，由马宝华和崔占忠先后任首席教授的"武器系统与运用工程"学科，被教育部评定为国家重点二级学科。

2002 年 6 月，教育部启动第二期"211"工程建设工作，由崔占忠负责的

"智能探测与控制技术"项目获国家支持，获得近千万元的建设经费，使得学科专业基础条件显著改善。

2005年6月，崔占忠主编的《近炸引信原理》由北京理工大学出版社再版，并被评为北京市精品教材。

2005年6月，我校在"兵器科学与技术"一级学科下自主设置了"信息感知与对抗"二级学科，栗苹任学科带头人，并于2006年开始招收硕士和博士研究生。

2006年9月，国防科工委启动基础条件建设计划，我校引信技术专业获得总投资6 800万元，分别建设引信微机电系统技术、弹道修正引信技术、引信新原理新体制探测技术、引信信息化技术四个研究平台。

2007年5月，由崔占忠任首席教授的"武器系统与运用工程"学科再次被教育部评为国家重点二级学科。

2007年11月，石庚辰出任引信动态特性国防科技重点实验室北京分部主任，崔占忠出任重点实验室学术委员会主任。同年崔占忠任总装引信技术专业组副组长，石庚辰任成员。

2008年6月，教育部启动第三期"211"工程建设工作，由崔占忠负责的"灵巧与高效毁伤技术"项目获国家学科专业基础条件建设的支持，初步形成我国引信技术创新人才培养基地。

2009年10月，周勇为首都中华人民共和国成立60周年庆祝活动筹备工作（焰火燃放）做出积极贡献。

2009年12月，完成引信基础条件建设和第二期"985"工程重点学科建设任务。建设了以西山实验区的引信合成环境模拟实验室、微波暗室和中关村校区的引信虚拟设计与仿真实验室等为主要标志的大型现代引信技术研究实验平台，使我校引信技术的教学和科研手段得到了大幅度提高。

这一时期近炸引信方向的教师主要有施聚生、刘传礼、宋世和、郑链、周勇、徐清泉、方再根、李在庭、周滨香、赵鸿德、崔占忠、程受浩、白玉贤、白钰鹏、邓甲昊、黄忠华、栗苹、徐立新、贾永红、刘华、何遵文、李银林、马施珉、郝新红、闫晓鹏、宋承天、陈曦、王婷、潘曦、陈慧敏等。

1.6 新时期的专业概况（2010年1月—2018年12月）

2010年7月，根据学校对学科建设的统一部署，将"兵器科学与技术"一级学科下属五个二级学科调整为五个学科方向，将学院从事引信及武器系统技术的教师队伍，分布到"武器系统总体技术""智能探测与控制技术"两个学科方向。李东光任"武器系统总体技术"学科方向的责任教授，栗苹任"智能探测与控制技术"学科方向的责任教授。

2010年12月，李东光任引信动态特性国防科技重点实验室北京分部主任。

2011年12月，石庚辰、隋丽等完成的"双摆无返回力矩钟表机构"项目获2011年度国防科技进步奖三等奖。

2012年1月，栗苹牵头获批了引信行业第一个国防"973"项目"电磁环境作用下XX失效机理与防护理论"。

2014年12月，黄忠华、李银林等完成的"未来士兵体域通信组网技术"项目获2014年度国防科技发明奖三等奖。

2014年1月，陈曦牵头获批了引信技术领域"探索一代"国防重大科技专项，提出了基于体系信息交联的××控制系统。

2015年10月，罗庆生荣获第十一届北京市高等学校教学名师奖。

2016年5月，徐立新接替栗苹担任本学科方向责任教授，准备第四轮学科评估中"兵器科学与技术"一级学科的相关申报材料准备工作，支撑其弹药智能化技术方向。

2017年5月，李银林、黄忠华指导的研究生马超、张伟、王之骐完成的"基于人体准静电场体域通信的音频传输系统"项目获2017年全国高校物联网应用创新大赛创意赛一等奖。

2017年6月，陈曦任引信动态特性国防科技重点实验室北京分部主任。

2017年9月，龚鹏、栗苹、闫晓鹏等指导本科生完成的"虚实一体化全网模拟与测试平台"项目，获得了第三届中国"互联网+"大学生创新创业大赛（北京赛区）创意组一等奖。

2017年10月，陈慧敏主编的《激光引信技术》获第六届兵工高校优秀教材二等奖。

2018年1月，"近感探测与毁伤控制技术"系列丛书（主编：崔占忠、栗苹；副主编：徐立新、邓甲昊等）获得国家出版基金支持，9部专著由本专业教师牵头组织撰写。

2018年4月，罗庆生（排名2）等完成的"从概念创新、方法创新到实践创新的全程贯通式国防拔尖人才培养模式"项目获2017年度北京市教育教学成果一等奖。

2018年10月，罗庆生指导的"基于ROS系统的多功能仿蛛足轮多用途机器人"项目，在教育部主办的第十一届全国大学生创新创业年会荣获"最佳创意项目"和"我最喜爱的项目"两项奖项，并在"我最喜爱的项目"评比中排名第一。

2018年12月，栗苹（排名3）等完成的"基于人才成长规律的本硕博一体化培养探索与实践"项目获高等教育国家级教学成果二等奖。

2018 年 12 月，邓甲昊、陈慧敏、宋承天等完成的"基于巨磁阻抗效应的新型磁探测技术"项目获 2018 年度国防科技进步奖二等奖。

2018 年 12 月，李银林、黄忠华等完成的"云计算大数据可视化终端的人机通信技术"项目获中国通信学会科学技术奖三等奖。

2018 年 12 月，陈慧敏指导的硕士学位论文《脉冲激光引信半实物仿真系统研究》（作者：高志林）被评为兵工学会兵器科学与技术学科全国优秀硕士学位论文。

这一阶段的本科专业依旧是探测制导与控制专业。

2010 年以近炸引信教师为主要组成人员的探测与控制工程系基层单位成立。

这一时期的教师主要有才德、曹荣刚、陈慧敏、陈曦、崔占忠（2013 年 3 月退休）、代俊、邓甲昊、龚鹏、郝新红、何光、黄忠华、贾瑞丽、李建华、李鹏斐、栗苹、刘华（2018 年 12 月退休）、李银林、罗庆生、穆成坡、潘曦、秦跃（2013 年 9 月退休）、石庚辰（2017 年 3 月退休）、宋承天、隋丽、王婷、徐劲祥、徐立新、闫晓鹏、张振海等。

2 人才培养

2.1 教师队伍

专业教研室从成立至今，一直是一支团结向上、兢兢业业、艰苦奋斗、创新能力强、学术气氛活跃的队伍。"传帮带"成为队伍建设的传统。"事业留人，感情留人，待遇留人"，"给年轻人压担子，加快年轻人成长速度"等做法对稳定和壮大教师队伍起到了积极作用，也成为很多单位的队伍建设口号。

2.2 学生培养

自 1959 年在引信设计与制造专业增加了一个新的专业方向——非接触引信设计（近炸引信设计的前身）至今，本专业共计为国家培养本科毕业生约 700 名，硕士毕业生约 500 名，博士毕业生约 140 名。他们已经成为各自工作领域的骨干，为国家做出了应有的贡献。

本专业在近 60 年的发展过程中，伴随科学技术的进步和国家需求，在为国家培养具有创新能力的社会主义事业建设者的基本思想指导下，在不同的发展时期，对学生的要求有所不同。

2.3 不同时期对学生培养的基本要求

2.3.1 在专业创建初期对课程学习的基本要求

非接触引信是现阶段引信发展的重要方向之一,它主要配用在地空和空空导弹上,同时也成功用于炮弹、迫击炮弹和航弹等弹种上,由于它显著提高了武器的作用效率,因此获得了迅速的发展,现已成了国防新技术的一个重要组成部分。非接触引信的这种重要作用,决定了该课程在培养引信专业人才的教学计划中占有较重要的地位。

由于非接触引信是在第二次世界大战后期才发展起来的一种新武器,目前还处在不断发展过程中。由于发展的时间短,实际使用和生产的经验本身还很少,另一方面由于保密的关系,资料很难获得,因此,教学大纲虽然是在总结了本院4~5年来教学实践的基础上制定的,但就其内容和各教学环节的安排上来说,还是很不成熟,必须根据以后的教学科研实践的经验,不断加以补充修改。

非接触引信的种类很多,根据少而精、突出重点的原则,教学选用了用得最多且比较成功而相对资料又较多的多普勒无线电引信为主,对于已有应用,但也有一定资料的调频引信和红外线引信也保证了一定的教学时间。至于其他作用原理的,如声、磁、静电等作用原理的引信,则只作简单的原理介绍,以说明技术的可能性及简单的优缺点。

(1) 课程的目的与任务。

目的:学习关于非接触装置方面的知识,使学生了解非接触引信低频线路的特点及要求。

任务:使学生了解各种非接触引信的作用原理,掌握根据战术技术要求来分析几种主要类型的非接触引信性能的一般方法,为学生进行非接触引信总体设计准备,以便运用过去所学的基本理论知识,解决非接触引信低频线路的设计问题。

(2) 课程的基本要求。

a. 初步掌握分析非接触引信性能的方法,具有对非接触引信各组成部分提出要求的初步能力。

b. 掌握多普勒无线电引信的工作原理,并具有验算米波多普勒无线电引信的初步能力。

c. 掌握调频无线电引信和红外线引信作用原理,并具有分析现有产品线路的初步能力。

d. 了解其他各种非接触引信的作用原理及其技术可能性。

e. 具有分析和验算非接触引信执行装置线路的初步能力。

f. 了解非接触引信放大器的特点及要求，利用前修课自动控制电子学所学到的理论知识，具有设计非接触引信放大器的初步能力。

g. 了解非接触引信所用电源的作用原理及特点。

h. 掌握一种研究引信噪声和测试线路惯性时间的方法，了解用实验来研究无线电引信作用的方法。

2.3.2 2000年以后对研究生专业学习的基本要求

1986年，获得硕士学位授予权；1996年，获得博士学位授予权，2002年被评为国家级重点学科。1998年按"兵器科学与技术"一级学科设立博士后流动站。

武器系统与运用工程是运用系统科学的理论与方法，研究现代战争条件下各种武器系统的系统分析、方案论证、总体设计与综合集成、安全工程、技术管理、全寿命技术运用与技术保障以及技术与战术协同等问题的综合性工程技术学科。主要研究方向有：

（1）武器系统总体设计与仿真：武器系统分析；武器系统总体设计理论与方法；武器系统参数优化与仿真；系统评估与决策；武器智能化与灵巧化；武器系统综合集成；地面武器机动作战平台虚拟样机与仿真实验技术。

（2）武器系统探测、控制、毁伤及其效果评估：目标特性分析；发射、飞行、终点环境特性及其识别；中近程探测与制导技术；武器系统命中与毁伤控制及其评估；弹目高速交会条件下的目标探测、识别与起爆控制技术；战场侦察传感系统及其信息处理。

（3）武器系统信息化及信息对抗：武器系统信息获取；武器系统信息交联；制导、引信信息一体化；制导、引信干扰与抗干扰；武器系统信息对抗。

（4）武器系统安全性与可靠性：武器系统安全性理论与分析方法；武器系统危险性辨识与评估；武器系统安全检测与监控；武器系统安全失效分析：起燃起爆机理与抑制；材料、结构失效机理与预测技术；武器系统可靠性设计与评估；武器系统维护与技术保障工程。

（5）武器装备体系对抗及新概念、新原理武器：武器装备体系对抗策略；武器系统新概念及新原理；非致命性武器系统；人工智能与仿生技术在武器系统中的应用；武器系统自主移动技术。

博士生的培养目标：博士学位获得者应拥护中国共产党领导、拥护社会主义制度、坚持四项基本原则；掌握武器系统与运用工程学科领域坚实宽广的基础理论和系统深入的专门知识，具有独立从事科学研究工作的能力，在科学和相关技术上做出创造性成果；掌握两门外国语，其中一门具有较强的听、说、读、写的能力；具有严谨求实的科学态度和学术作风，具备学术带头人或重要研究项目技术负责人的素质，能够胜任高等学校、科研院所及有关军兵种相关部门的教学、科学研究、产品研制或技术管理等工作。

2.3.3　2016年本科生专业学习的基本要求

培养目标：适应社会主义现代化建设需要，培养德、智、体、美全面发展，基础扎实、理工结合、素质全面、工程实践能力和创新能力强的工程（复合）型人才。在国防科技工业领域及相关民用技术领域中从事目标探测与识别、武器系统安全与起爆控制等方面的理论与应用研究、工程设计与产品开发、试验测试、人才培养与技术管理等工作。

主干学科和主要课程（群）：以信息与通信工程、电子科学与技术、控制科学与工程为主干学科。主要课程包括电路分析基础、电子技术基础、信号与系统、数字信号处理、高频电子电路、随机信号分析、数据结构与算法设计、近感探测原理、控制工程基础、电磁波辐射与传播、基于运算放大器的电路设计、微机原理及应用、单片机与嵌入式系统、近感探测原理、近感探测原理实验、武器系统概论等。

毕业生专业领域：面向国防科技工业领域及相关民用技术领域，主要从事目标探测与识别技术、引信技术、武器系统安全与起爆控制技术等方向的理论与应用研究、工程设计、产品开发、试验测试、人才培养及技术管理等工作。

毕业生工作类型：技术类岗位、商务类岗位、综合管理类岗位等。

学分要求：总学分不低于166学分，其中实践类课程学分不少于31学分。

学制及授予学位：学制四年，授予工学学士学位。

2.3.4　2018年学术型研究生专业学习的基本要求

研究方向：结合世界兵器科学技术发展前沿和我国武器装备的发展需求，兵器科学与技术学科形成了六个二级学科方向。

（1）武器设计与应用工程。主要研究武器总体设计理论与方法、武器集成与体系对抗、武器系统分析与效能评估、武器与平台一体化设计、武器发射与弹道规划及无人机系统技术、智能机器人、精确制导武器、智能与灵巧武器跨域协调指控技术、新概念新原理系统等。

（2）毁伤技术与弹药工程。主要研究毁伤机理与理论、战斗部技术、弹药设计理论、毁伤评估及协同毁伤、弹药与平台一体化、光电磁毁伤、赛博空间对抗、新概念毁伤等。

（3）爆炸理论与冲击工程。主要研究爆轰与爆炸理论、材料与结构冲击动力学、高速侵彻理论与应用、计算爆炸力学及冲击波物理与化学、水中爆炸与冲击、生物损伤机理、超高速碰撞、新概念爆炸理论等。

（4）含能材料与特种能源。主要研究高能量密度化合物、绿色含能化合物、高能混合炸药、复杂体系含能材料、高活性反应材料、高能量密度储能材料、高效功能材料、先进火工品、军用烟火装置及材料、固态储备电池及材料、特种化学电源及材料、新概念能源及材料等。

（5）目标探测与弹药信息化。主要研究目标探测、弹药智能控制、武器末端信息对抗、弹药信息化及智能信息处理、智能集群技术、毁伤控制、单兵装备数字化、新概念新原理探测技术等。

（6）安全技术与防护工程。主要研究武器安全性设计、弹药安全技术、防护理论与技术、先进防护材料与结构及智慧安防技术、反恐防爆技术、可穿戴式防护、新概念防护技术等。

培养目标：兵器科学与技术学科硕士、博士学位获得者应具有习近平新时代中国特色社会主义思想，坚持正确的政治方向，拥护党的路线、方针、政策，具有强烈的国家使命感和社会责任心，应适应国防现代化建设需要，成为德、智、体全面发展的高素质创新型人才。

硕士学位获得者应掌握本学科坚实的基础理论和系统的专门知识和现代实验方法与技能，具有从事科学研究工作或独立担负专门技术工作的能力，在科学研究或专门工程技术工作中具有一定的组织和管理能力，有良好的合作精神和较强的交流能力。

博士学位获得者应掌握本学科坚实而宽广的理论基础、系统深入的专门知识和先进实验方法与技能，能深入了解和熟悉本学科的现状和发展方向，在某一方向上能够把握学术前沿并有深入的研究，具有严谨求实的科学态度和作风，具备独立从事科学研究工作的能力；应富有国际视野和前沿技术敏锐性，具备国际交流和科技创新能力。

2.3.5　2018年专业型研究生专业学习的基本要求

研究方向：结合世界兵器科学技术发展前沿和我国武器装备的发展需求，兵器工程形成了六个研究方向。

（1）武器设计与应用工程。主要研究武器总体设计理论与方法、武器集成与体系对抗、武器系统分析与效能评估、武器与平台一体化设计、武器发射与弹道规划及无人机系统技术、智能机器人、精确制导武器、智能与灵巧武器跨域协调指控技术、新概念新原理系统等。

（2）毁伤技术与弹药工程。主要研究毁伤机理与理论、战斗部技术、弹药设计理论、毁伤评估及协同毁伤、弹药与平台一体化、光电磁毁伤、赛博空间对抗、新概念毁伤等。

（3）爆炸理论与冲击工程。主要研究爆轰与爆炸理论、材料与结构冲击动力学、高速侵彻理论与应用、计算爆炸力学及冲击波物理与化学、水中爆炸与冲击、生物损伤机理、超高速碰撞、新概念爆炸理论等。

（4）含能材料与特种能源工程。主要研究高能量密度化合物、绿色含能化合物、高能混合炸药、复杂体系含能材料、高活性反应材料、高能量密度储能材料、高效功能材料、先进火工品、军用烟火装置及材料、固态储备电池及材料、特种化学电源及材料、新概念能源及材料等。

（5）智能探测与控制工程。主要研究目标探测、弹药智能控制、武器末端信息对抗、弹药信息化及智能信息处理、智能集群技术、毁伤控制、单兵装备数字化、新概念新原理探测技术等。

（6）安全技术与防护工程。主要研究武器安全性设计、弹药安全技术、防护理论与技术、先进防护材料与结构及智慧安防技术、反恐防爆技术、可穿戴式防护、新概念防护技术等。

培养目标：兵器工程硕士学位应具有兵器工程领域坚实的理论基础和深入的专业知识。较好掌握武器系统分析、有关子系统或部件总体设计与仿真关键学术/技术解决方法等，能够熟练运用相关理论、计算方法和仪器设备等科技手段独立从事本学科领域某一专业的科学研究、技术开发或在工程中应用。较为熟练地掌握一门外语，能阅读本专业的外文资料，了解本学科的国内外现状与发展方向。具有严谨的科学态度和作风。具有在企业、科研院所及有关军兵种相关部门从事工程技术及产品开发、科研、工程运用及技术管理等工作的能力。

培养方式：培养方式实行全日制和非全日制两种方式。对于全日制硕士专业学位研究生，实行集中在校学习和社会实践相结合的培养方式，并增强实践教学培养环节。对于非全日制硕士专业学位研究生，采取在职不脱产的学习方式。

实行双导师负责制或导师指导小组负责制。双导师制是指1名校内学术导师和1名校外社会实践部门的导师共同指导学生，其中以校内导师指导为主，校外导师参与实践过程、项目研究、部分课程与论文等环节的指导工作。导师指导小组负责制是由3~5人组成的指导小组进行合作指导制度。导师指导小组中必须有1人为首席导师，主要负责研究生的业务指导和思想政治教育，其余导师参与实践过程、项目研究、部分课程与论文等环节的指导工作。

2.4 出版著作和教材

（1）崔占忠，宋世和，徐立新．近炸引信原理［M］．3版．北京：北京理工大学出版社，2005．

（2）栗苹，赵国庆，杨小牛，等．信息对抗技术［M］．北京：清华大学出版社，2008．

（3）陈慧敏，贾晓东，蔡克荣．激光引信技术［M］．北京：国防工业出版社，2016.

（4）隋丽，牛少华，石庚辰，等．引信 MEMS 微弹性元件设计基础［M］．北京：国防工业出版社，2016.

（5）陈慧敏，李铁，刘锡民，等．近程激光探测技术［M］．北京：北京理工大学出版社，2018.

（6）穆成坡，龚鹏，张睿恒．军事通信网络技术［M］．北京：北京理工大学出版社，2018.

（7）潘曦，闫建华，郑建君．数字系统与微处理器［M］．北京：北京理工大学出版社，2018.

（8）宋承天，蒋志宏，潘曦，等．随机信号分析与估计［M］．北京：北京理工大学出版社，2018.

（9）宋承天，王克勇，刘欣，等．光学近感探测技术［M］．北京：北京理工大学出版社，2018.

3 科学研究

本专业的科学研究涉及近炸引信相关理论与技术，主要集中在中近程目标探测、信息感知与对抗、引信微小型化。

3.1 中近程目标探测

3.1.1 电容引信

电容引信是利用引信电极与目标接近时产生的电容变化的信息来控制近炸的引信，探测器采用直接耦合式电容探测体制。随着弹目不断接近，引信电极与目标间的互电容逐渐变化，将这种变化检测出来，作为目标信息利用。经过信号处理器的信号识别和干扰抑制后，出现满足启动要求的信号时输出启动信号。电容引信具有定距精度高、炸高散布小和很强的抗人工干扰能力，并有反隐身功能等显著的技术特点。

电容引信是我国自主研发的近炸引信，具有自主知识产权，达到世界领先水平。在电容探测理论、电极布设方法、电容信号处理、半实物仿真测试等方面进行了大量研究，建立了系统的理论与方法。研制出电容引信目标特性测试方法，利用半实物仿真测试系统模拟靶试，仿真达到世界先进水平。

从 20 世纪 80 年代开始，电容引信已经陆续在多个弹种上完成了型号研制任务，目前已经定型的电容引信生产了 30 多万发。

电容引信先后获得国防科学技术进步奖三等奖、兵器工业集团公司科学技术一等奖等奖励。

3.1.2 超宽带无线电引信

超宽带无线电技术是 20 世纪 90 年代兴起的一门新技术，国内外十分重视超宽带无线电引信的研究。超宽带无线电引信具有定距精度高、抗干扰能力强、距离截止特性好、反隐身能力强等特点，特别是其具备穿透烟雾、沙尘、云、雪、雨等而探测到目标的能力，因此，超宽带无线电引信有广泛的应用前景。

北京理工大学从 20 世纪 90 年代初就开始超宽带无线电引信的研究工作，先后承担了多项总装预研、兵器支撑等项目，主要研究内容包括极窄脉冲产生技术、小型超宽带天线技术、超宽带信号接收技术、目标信号识别与炸高精确控制技术等。目前已解决了极窄脉冲产生、小型超宽带天线、微弱信号产生等关键技术，完成了超宽带无线电引信原型样机设计和调试，在迫击炮、枪榴弹等多个平台上进行了靶场试验。北京理工大学在超宽带无线电引信研究领域处于国内领先水平。

3.1.3 调频连续波技术

传统调频连续波体制引信存在固有的定距误差，定距精度受到调制频偏的制约。而常规弹药采用的调频连续波引信由于体制和功耗等均受限，大幅度提高调制频偏对于引信来说相对困难。经过对调频连续波体制的深入研究分析，提出新的差频分析方法和定距误差分析公式，进一步完善了调频连续波定距理论，建立了新的调频定距方法，打破了固有误差的约束，可实现连续定距，并大大提高了调频连续波体制引信的定距精度。

同时，在调频连续波精确定距的基础上，正在进行多谱伪信号引信抗人工有源干扰的研究和研制工作。

另外，将调频连续波定距方式应用于激光定距领域，提出了调频连续波激光引信。采用调频连续波调制激光的方式，较脉冲激光体制，可较好克服云雾、烟尘的干扰，实现较低能见度情况下的精确定距。

3.1.4 静电探测技术

本专业从 1994 年率先在国内进行了静电目标探测技术的研究，对其应用的可行性和具体实现方法进行了初步的探讨。在物体荷电特性研究（包括大气带电因素和目标起带电机理）、被动式静电探测器设计、静电引信原理研究等方面进行了一系列的研究，已在关键技术领域取得进展。主要有：研究并掌握了静电探测的部分理论基础；建立仿真分析与实验系统以提高静电探测实验研究水平；经多次实验获得了多种典型目标特性数据；开展了目标与干扰信号特征分析与识别方法的研究。

经多年努力，在大量理论和实验工作基础上，已在静电测试理论、静电目标特性理论与实验、被动式静电引信探测器设计与实现、对目标定向探测等领域取得大量成果，研究水平处于国内领先水平。

（1）静电探测。

静电探测从静电目标特性分析、探测原理和探测方法三个方面开展了研究。完成了对空中静电目标的场源特性分析、喷流对航空器电荷影响的研究、平面分层介质对目标电场的影响研究；分析了地面感应电场对静电目标的影响、弹壳静电分布对引信微带天线的影响，并对静电目标电场进行了建模，实现了空中目标静电场的矢量定位和跟踪。构建了多种静电目标探测方式和模型，主要有被动式球形电极静电探测方式、基于阵列的探测方式，包括平面圆阵的被动式地面静电探测阵列、有向性探测阵列，还对探测单元的方向性进行了研究，使实现对静电目标局部静电信息的探测成为可能。为实现准确获取静电目标信息，提出了多种探测方法，包括电极扫描结合静电感应原理探测方法、电流差式静电探测方法、适应旋转弹丸的短路轴向式的静电探测方法，并且实现了数字式放大器在静电感应信号检测中的应用。

（2）静电成像。

静电成像探测是一种通过探测目标周围空间的静电场来得到目标轮廓及各部分带电信息的探测方法。静电成像探测能使引信在近距离通过静电信息获取目标几何形状与表面特征信息，因而能可靠地识别目标与弹的交会状态，改善引战配合性能，提高对目标毁伤效果。与非成像体制引信相比，它可以大幅度地提高抗人工与环境干扰的能力。其中主要研究静电成像的目标空间电场分布，静电成像系统的构成、工作原理、功能定义及层次化体系。针对具体的静电成像应用背景，进行系统总体结构设计，构建静电成像模式，开展层次化体系研究，确定各层间的接口标准，完成图像处理与目标识别的研究，验证静电成像探测方法的可行性，并在此基础上完成基于MEMS的静电成像微系统体系。

（3）静电测向。

静电测向技术是指利用带电目标自身产生的静电场来获取目标信息并利用电极阵列对目标进行测向的方法。静电探测不仅具有良好的隐身性能和抗干扰特性，而且利用三维静电探测器阵列可以实现对于目标的准确定位，是一种很好的实现目标定向的探测机制。其中主要针对基于阵列相位的测向算法和静电场矢量探测法这两种静电测向算法进行了深入的探讨，讨论了提高测向精度的方法，分析了静电目标的信号特征，并通过静电探测电极阵列的优化、电荷放大电路的标定、数据采集与信号处理电路的设计完成了用于对带电目标测向的静电测向系统。同时，借助FPGA对数据采集与信号处理系统进行时序和逻辑控制，并利用

VHDL语言实现测向算法，后期依据大量的室内外测向试验验证该系统的合理性。

（4）人体步态静电信号识别。

人体步态静电信号识别主要是通过非接触式静电探测器对人体踏步过程中的步伐静电信号进行采集，研究人体步伐在时间尺度上的变化规律，运用适当的信号处理方法滤除信号中的噪声和干扰，并得到能体现个人特征的信号参数，进而完成人体识别。这种方法主要利用人体步态静电信号在时间域上的信息，通过找到信号中的信号峰值点来确定信号的步伐周期，对所得的步伐周期序列进行分析，研究步伐周期的长程相关性以达到研究人体步伐特性的目的。在此基础上完成了非接触式人体步态静电信号获取系统的设计。

（5）静电人机交互技术。

静电人机交互技术是一种基于人体静电的非接触式人机交互方法，主要通过布设探测极板阵列，设计探测电路以及控制后端处理系统对手部运动进行识别及显示。对人体手部运动时在极板上产生的静电感应电流进行检测，通过获取极板上产生的静电感应电流并进行处理后，得到手部运动的静电感应信号波形。然后通过对波形特征的分析，可以有效识别手部的运动状态，并将信号数据通过Labview进行程序设计，对得到的各极板波形数据进行分析处理，在前面板上将各个参数实时地显示出来。

3.1.5 新体制磁探测技术

现代战争越来越向着信息化、立体化、快速、多变的方向发展，从而对导航、制导及引信等武器系统的智能化、精确化、小型化、抗干扰能力与实时性等方面提出了新的要求。非晶丝是一种新型磁性材料，该材料的显著特点在于：在没有高频交变电流或脉冲激励的前提下，它不会显示出任何磁特性，因此该材料用于导航、制导及引信等武器系统可抵御弹道上的各种有源和无源干扰。利用非晶丝的巨磁阻抗（GMI）效应则可显著提高该类武器系统的探测灵敏度和定距精度。非晶丝的体积甚小（普通的非晶丝直径约为$150\mu m$，一般二维集成的MI传感元件其尺寸为：$1.5mm \times 0.5mm$），十分有利于该类武器系统的微小型化。导弹的三维地磁匹配制导系统、磁近炸引信、可攻顶反坦克导弹复合引信等现代武器装备系统，都需要灵敏度高、响应速度快、温度特性好、功耗低、可微型化等优点的微磁传感探测技术。因此应用该领域技术，不仅可提高上述武器系统的抗有源干扰能力及作用可靠性，而且对导航、制导及引信领域摆脱对GPS、伽利略等系统的依赖均具有重要战略意义。另外，坦克、装甲车、潜艇、舰船、鱼雷等陆地或海洋战场上的主战武器都属铁磁物质，在现代战争中起着举足轻重的作用。因此该磁探测技术无论是在导航、制导还是在引信领域均具有广阔应用前景。

本专业智能信息处理学科组是国内最早开展该领域应用基础及应用技术（特别是在国防应用方面）研究的单位之一。先后开展了 GMI 效应基本理论、非晶丝微磁传感器基本特性、GMI 传感器电路、典型铁磁目标特性等研究工作，设计集成了一维及三维 GMI 探测器，突破了该探测器在制导、引信及汽车实时检测等方面的应用关键技术。

自 2009 年起至今先后承担了国家自然基金、航天科技创新（CAST）基金、总装基金、亚太经合组织（APEC）国际合作基金、总装预研等该领域研究项目。

3.1.6 激光探测技术

自 2000 年起，本专业将激光引信技术列为专业新的研究方向，先后进行了主动激光成像技术、脉冲激光引信技术、调频连续波激光引信技术、近程激光抗干扰、近程激光仿真测试技术等方面的理论与实验研究。

脉冲激光引信技术通过精确定距、目标特性测试、抗高过载等技术的研究，目前已解决了窄脉冲产生、精确定距等关键技术，完成了脉冲激光引信原型样机设计和调试，在迫击炮、制导炸弹、高射炮等多个平台上进行了靶场试验。

调频连续波激光引信技术将调频连续波定距方式应用于激光领域，进行了调频连续波激光收发系统研制、调频数字化信号处理研究，完成了调频连续波激光引信原理样机。

3.2 信息感知与对抗

自 1996 年开始，85 专业将引信对抗技术列为专业新的研究方向，并安排栗苹等教师在此方向从事科研及教学研究。1996 年，崔占忠作为北京理工大学代表参加了"967"工程给军委首长的演示试验，受到了中央领导同志的接见。

1999 年，本专业为硕士研究生开设了"信息对抗技术"课程。在"十五"期间获得普通高等教育国家级规划教材资助，《信息对抗技术》教材于 2007 年 3 月由清华大学出版社出版，2008 年 11 月又进行了第二次印刷。2009 年获得兵工高校优秀教材一等奖。

在 2004 版博士、硕士研究生培养方案中，在"武器系统与运用工程"国家级重点二级学科中增列"武器系统信息化及信息对抗"方向（武器系统信息获取；武器系统信息交联；制导引信一体化；制导、引信干扰与抗干扰；武器系统信息对抗）。

2005 年，"信息感知与对抗"作为"兵器科学与技术"国家重点一级学科下的自主增列二级学科获得博士、硕士学位授予权（学科代码 082621），并同年开始招生博士、硕士研究生。在 2007 版博士、硕士研究生培养方案中作为二级学科单独制定了培养方案，同时在 2007 版培养方案中，又新增加了博士层次的学位选修课"信息对抗理论与应用"。

2009 版博士、硕士培养方案中，学校规定按一级学科招生，"信息感知与对抗"作为"兵器科学与技术"一级学科的 6 个方向之一。

本学科以国防科技领域为主要研究背景，是近年来发展迅速、具有军民两用特色的新兴前沿学科。信息感知与对抗主要研究内容有环境与目标信息感知、武器系统终端信息对抗、瞬态信息处理、网络安全态势感知与对抗。

在"十五"期间，正式承担总参四部预研项目，开展引信对抗技术研究。"十一五""十二五"期间继续从事此方向研究，在总装备部引信技术方向预研中也获得项目支持。经过十几年的努力，在国内引信技术和电子对抗技术领域具有一定的学术地位与影响，北京理工大学作为牵头单位于 2012 年 1 月获批了引信行业第一个国防"973"项目"电磁环境作用下××失效机理与防护理论"，研究周期 4 年，经费 2 600 万元。

3.3 引信微小型化

3.3.1 非硅微机电系统技术

本学科自"九五"期间开始将微机电系统技术应用于引信安全系统中，主要研究内容包括引信微小型化技术、引信 MEMS 安全系统设计、微材料力学性能研究、微机械器件性能检测与应用技术。

在国内率先开展了引信 MEMS 微弹簧特性的研究。研究了高膛压、高转速和低膛压、低转速 MEMS 安全系统，创造性地提出双功能 MEMS 作动器，为引信微小型化的工程实现提供了可行的技术途径。

学科组在微弹簧设计的基础理论、MEMS 安全系统的设计上研究水平处于国内领先水平。"十二五"期间承担预研项目、基金项目 10 余项，发表学术论文 30 余篇，申报发明专利 7 项，培养博士和硕士研究生二十余人。

3.3.2 射频微机电系统技术

射频微机电系统学科组（带头人徐立新）多年来在目标探测与识别、射频微机电系统（RF MEMS）等方面开展了大量研究工作，主要研究方向包括 RF MEMS 器件设计与集成、RF MEMS 探测器应用、目标感知技术以及智能信号处理等领域。

近些年来，课题组对电感、电容、开关等 RF MEMS 无源器件的优化设计以及 CMOS 兼容单芯片设计制造技术进行了深入研究，并结合本学科的应用背景对 RF MEMS 无源器件在高冲击环境下的性能可靠性开展了大量的理论研究和试验工作；同时课题组还开展了 RF MEMS 相阵控智能天线、柔性 MEMS 器件以及氮化铝谐振器的研究,并取得了一批成果。

3.4 取得的成果

表 5-1 获奖情况

序号	获奖名称	获奖等级	颁奖单位	获奖日期	获奖人及排名
1	××近炸引信	二等奖	机械工业委员会	1987.12	周勇(3)
2	××近炸引信目标作用仿真仪	三等奖	机械工业委员会	1987.12	周勇(4)
3	无返回力矩××机构动态设计理论计算机模型及测试仪	三等奖	机械工业委员会	1987.12	邓甲昊(2)
4	近炸引信××研究	三等奖	中国兵器工业总公司	1991.12	周勇(1)
5	××半实物仿真技术研究	二等奖	中国兵器工业总公司	1993.8	刘华(4)
6	反坦克自适应××近炸引信发火控制系统	国家发明奖三等奖	中华人民共和国国家科学技术委员会	1996.12	崔占忠(1)
7	90mm××仿真测试系统	三等奖	中国兵器工业总公司	1997.12	邓甲昊(2)、刘华(4)
8	××航空火箭弹电容近炸引信	二等奖	中国兵器工业总公司	1998.11	周勇(1)、邓甲昊(5)
9	×××无线电引信抗干扰性能改进	国防科学技术奖一等奖	国防科学技术工业委员会	1999.11	周勇(1)
10	光电××传感器系统	国防科学技术奖二等奖	国防科学技术工业委员会	1999.11	石庚辰(1)
11	×××无线电引信抗干扰性能改进	国家科学技术进步奖二等奖	中华人民共和国国务院	2001.1	周勇(1)、白钰鹏、施聚生、邓甲昊
12	××型加榴炮机电引信	国防科学技术奖二等奖	国防科学技术工业委员会	2002.12	石庚辰(4)

续表

序号	获奖名称	获奖等级	颁奖单位	获奖日期	获奖人及排名
13	×××末制导炮弹反设计	国防科学技术奖二等奖	国防科学技术工业委员会	2004.11	石庚辰（7）
14	中大口径××电容近炸引信	兵器工业集团公司科学技术进步奖一等奖	中国兵器工业集团公司	2007.12	崔占忠（1）
15	中大口径××电容近炸引信	国防科学技术进步奖三等奖	国防科学技术工业委员会	2007.12	崔占忠（1）
16	××弹底引信	国防科学技术进步奖三等奖	国防科学技术工业委员会	2007.12	石庚辰（2）
17	典型产品（××）经济的可靠性鉴定试验技术	国防科学技术进步奖三等奖	工业和信息化部	2008.12	何光（3）
18	采用微电子机械技术的微小型可××引信	国防科学技术进步奖二等奖	工业和信息化部	2009.12	石庚辰（5）
19	××对抗关键技术研究	军队科技进步奖三等奖	中国人民解放军总参谋部	2009.9	栗苹（6）
20	××国产化研制	军队科技进步奖二等奖	中国人民解放军总装备部	2010.12	栗苹（3）
21	××防护系统	军队科技进步奖二等奖	中国人民解放军总参谋部	2010.10	闫晓鹏（8）
22	××管理系统	军队科技进步奖三等奖	中国人民解放军总参谋部	2011.10	栗苹（4）
23	双摆无返回力矩××机构	国防科学技术进步奖三等奖	工业和信息化部	2011.12	石庚辰（1）隋丽（2）
24	××验证系统	军队科技进步奖一等奖	中国人民解放军总参谋部	2012.12	栗苹（9）
25	××作业系统	军队科技进步奖一等奖	中国人民解放军总装备部	2013.12	栗苹（9）
26	×××效应及防护研究	军队科技进步奖二等奖	中国人民解放军总装备部	2014.12	闫晓鹏（4）

续表

序号	获奖名称	获奖等级	颁奖单位	获奖日期	获奖人及排名
27	未来士兵××××组网技术	国防发明奖三等奖	工业和信息化部	2014.12	黄忠华（1）李银林（2）
28	云计算大数据可视化终端的××××技术	科学技术奖三等奖	中国通信学会	2018.12	李银林（1）黄忠华（3）
29	基于巨磁阻抗效应的新型××探测技术	国防科学技术进步奖二等奖	中华人民共和国工业和信息化部	2018.12	邓甲昊（1）陈慧敏（2）宋承天（3）
30	智能××可靠性优化设计及验证技术	国防科学技术进步奖二等奖	中华人民共和国工业和信息化部	2018.12	何光（10）

图 5-1　获奖代表合影

4　实验室建设

实验室是专业赖以发展的重要平台和依托。几十年来，实验室基本条件不断改善和提高，现已基本满足培养高水平创新人才和高水平科学研究之需求。

4.1　实验室获得的投资

实验室在"重点学科""211 工程""985"工程和国防科工委条件保障建设的支持下不断进行提升建设，合计资金近亿元。

4.2　主要实验室简介

4.2.1　引信动态特性国防科技重点实验室

该实验室由兵器工业总公司 212 所和北京理工大学合建，总部设在西安

(212所)，北京设分部（北京理工大学）。1995年12月，通过了国防科工委和兵器工业总公司组织的验收，颁发了验收合格证。国防科工委〔1996〕计预字第2693号文《关于批准引信动态特性和柔性制造系统两个国防科技重点实验室通过验收并投入正式运行的批复》批准，于1996年10月投入正式运行。

2002年，经国防科工委批准，对实验室进行拓展与提高，在原有研究方向中新增封锁机场多模引信技术、近程目标探测与识别技术、引信微机电技术、近炸引信半实物仿真及数字仿真技术等内容。本专业正式参与引信动态特性国防科技重点实验室运行。

2009年8月，引信动态特性国防科技重点实验室学术委员会建议将研究方向调整为：

(1) 引信设计理论与方法。
(2) 引信全弹道动态环境与效应。
(3) 灵巧化、信息化与微小型引信技术。
(4) 引信目标探测、识别与炸点控制。
(5) 引信电磁环境与效应。

重点实验室历任领导：

1995—2003年，引信动态特性国防科技重点实验室主任金连宝，北京分部主任为谭惠民，学术委员会主任为马宝华。

2003年后，石庚辰任引信动态特性国防科技重点实验室北京分部主任，崔占忠为引信动态特性国防科技重点实验室学术委员会主任。

2010年12月，国防科工局正式任命引信动态特性国防科技重点实验室主任为邹金龙，北京分部主任为李东光，学术委员会主任为崔占忠。

2017年6月，陈曦任引信动态特性国防科技重点实验室北京分部主任。

引信动态特性国防科技重点实验室的建设和发展对本专业的发展起到了重要作用。

4.2.2 中近程目标探测实验室

(1) 电波暗室。

该暗室是北京理工大学第一个真正意义上的电波暗室。

实验室位于西山332号楼105室，建筑面积320m^2，设备总值850万元人民币，具体指标如下：

暗室净空尺寸：16.6m（L）×12.4m（W）×12.4m（H）；

工作频率范围：500MHz～40GHz；

屏蔽效能指标：≥100～70dB 线性下降；

图 5-2 电波暗室外室

静区尺寸：横向 2.4m，纵向 4m，高度方向 2m。

微波暗室可以进行：小型全尺寸目标及缩比目标模型的近场散射特性测试；无线电引信启动特性检测，抗干扰性能实验；引信天线性能测试和天线系统实验。上述用途按功能可归为三类测试系统：一是目标散射特性测量系统；二是无线电引信启动特性与抗干扰性能检测系统；三是天线方向图、增益、极化特性等辐射特性的天线远场测量系统。

图 5-3 微波暗室内部

（2）静电探测实验室。

该实验室经过十几年的建设，已建成含有高压发生器、静电计、功率计、无线电综合参数测试仪、微波信号发生器、频谱分析仪、矢量网络分析仪、多通道数字示波器等多种先进仪器设备的静电实验室。国防科工委引信国防基础条件建设提供的弹目交会数字仿真实验平台、ANSOFT 电磁场仿真软件、静电目标特性模拟测试系统经过持续建设，为准静电场与负电晕放电辐射场测试、静电与其他体制复合探测提供了良好的实验研究条件。

静电探测实验室主要包括 4 个测试系统，设备总值约 395 万元人民币。

①静电目标探测系统：设备总值 165 万元人民币，占地面积 $200m^2$，系统主要包括交会主控系统、原理样机、高压电源、飞机模型、交流电机、模型小车、小车轨道、龙门架。该系统的主要作用是将飞机悬挂于龙门架上，用高压电源给飞机模型通电，利用交会主控系统控制交流电机，使搭载原理样机的模型小车在轨道上运动，以进行弹目交会地面仿真实验。

图 5-4　静电目标特性测试系统

②静电成像系统：设备总值约 100 万元人民币，系统主要包括静电探测阵列、运动控制器、驱动电源、电机、传动装置、静电信号采集处理设备、图像处理系统。该系统的主要作用是通过计算机设定参数，控制屏蔽筒与其内置电场传感器的相对位置，调整电场传感器的感应范围，使探测阵列获得前方的电场信息，并经过采集处理得到探测阵列前方的静电目标图像。

③静电人机交互实验系统：设备总值约 80 万元人民币，主要包括探测极板阵列、信号探测电路、数据采集卡 PXI-6259、信号处理装置。该系统的主要作用是通过布设探测极板阵列，对手部运动时在各个极板上产生的静电感应电流信号进行探测，并设计探测电路对各路信号进行放大滤波等处理，随后由 NI 数据采集设备采集到 PC 中，最后通过 Labview 进行程序设计，对得到的各极板波形数据进行分析处理，然后分析得出手部运动的方向及速度等参数，并在前面板上将各个参数实时显示出来。

图 5-5　静电成像系统

④静电标定系统：设备总值约 50 万元人民币，主要包括可调稳压电源、电阻分压网络、平行板电容箱、4 通道示波器、万用表、金属极板。该系统的主要作用是用于静电探测装置的标定，首先架设上下极板，将探测电极固定于下极板圆孔上方，再将探测电路上电，并利用示波器进行波形与数据的采集。

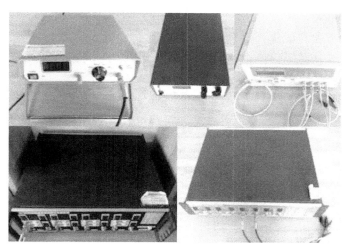

图 5-6　静电实验室常用仪器设备

（3）光电探测与成像实验室。

该实验室长期从事激光引信技术研究，在红外、激光引信等方面开展了一系列的理论和实验研究。目前已建成含有光学平台、激光功率计、激光收发视场检测仪、工作站、激光成像引信仿真处理平台、多通道数字示波器、逻辑分析仪、目标特性测试系统等多种先进仪器设备的光电实验室，为光电探测的研究提供了良好的实验研究条件。

激光成像引信照射器可为脉冲激光引信的目标探测与成像提供激光光源，还可用作半主动激光引信的目标照射器。

图 5-7　激光成像引信照射器

水下激光探测与成像实验系统，采用半导体泵浦及调 Q 脉冲工作方式的全固态激光器作激光光源辅以蓝绿频段的激光探测器或成像探测器，为工作于水下蓝绿激光窗口的目标探测与成像提供实验、测试与分析平台。

在该实验室条件的支持下，开展了近程激光探测和目标识别、近程激光抗干扰、近程激光仿真、测试及评估等方面的研究，在对地脉冲激光引信、调频连续波激光引信、近程激光半实物仿真与抗云雾干扰仿真等方面处于国内领先水平。

（4）电容探测实验室。

该实验室长期从事引信技术研究，在电容近炸引信等领域已有多种型号装备部队。实验室主要设备为电容引信目标特性仿真与测试系统，该系统用于电容引信研制和生产。系统包括目标控制信号和目标作用的形成。通过采集静态检波电压数据，形成目标作用的控制信号，加入目标作用仿真箱，产生弹目交会的目标信号，模拟电容引信处于弹目交会的仿真环境。在室内使电容引信产生弹目交会

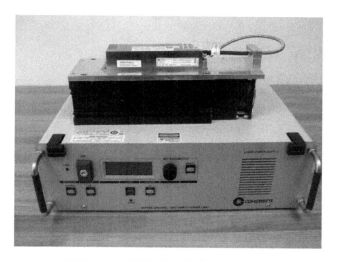

图 5-8　水下激光探测与成像实验系统

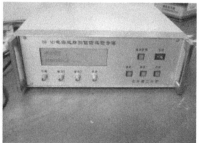

图 5-9　电容探测常用设备

信号，对电容引信的各项控制因素进行研究和测试。该系统的仿真试验精度达到 ±15%，处于世界领先水平。

(5) 无线电引信综合测试实验室。

该实验室主要包括无线电引信优化设计实验系统、无线电引信目标特性测试实验系统、无线电引信综合参数测试实验系统等，可支持 100MHz～40GHz 范围内各种体制无线电引信（包括连续波多普勒、调频、脉冲多普勒、超宽带）设计、仿真优化和性能测试。

主要设备：矢量网络分析仪、射频信号发射器、频谱分析仪、宽带示波器、逻辑分析仪、PXI 组合仪器、目标信号采集仪、示波器、波形发生器。

图 5-10　宽带示波器

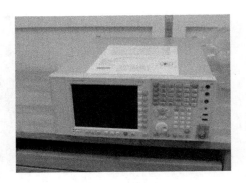
图 5-11　频谱分析仪

4.2.3　信息感知与对抗实验室

该实验室由 2003 年成立的引信信息对抗实验室演变而来，2007 年学校正式批准命名为信息感知与对抗实验室。下设武器系统终端信息对抗实验室、计算机网络对抗仿真实验室和环境与目标信息感知实验室 3 个分室。地点在西山实验区 11 号楼。

实验室可进行多种体制的无线电引信干扰抗干扰实验，包括连续波多普勒体制、调频体制、伪随机码调相体制和脉冲多普勒体制等，可进行末制导对抗仿真实验，还可以进行激光等体制的近程探测实验。对干扰作用下的失效机理、抗干扰性能评估方法与理论等提供实验研究平台。

实验室方向：引信干扰抗干扰技术，计算机网络对抗仿真技术，智能信息处理和武器系统目标探测技术。

实验室任务：开展电子对抗、信息处理、目标探测、仿真技术等研究，为机械电子工程、探测制导与控制本科专业开设相关的教学实验课，为学科建设、人才培养和科研提供条件保障。

设备：仪器设备总计 86 台（套）。主要仪器设备：模拟引信系统、干扰收发机、干扰信号模拟器、射频信号源、激光收发视场检测仪、网络服务器 Octane/S 等。

4.2.4　引信微小型化实验室

（1）引信非硅 MEMS 实验室。

实验室建设面积 70m²，总价值 645 万元人民币。

实验室由微系统及器件的力学特性测量系统及设计仿真系统两部分组成，具有版图设计、工艺模拟、性能分析等主要功能，包括计算机建模、虚拟装配、微器件物理特性的模拟、实验结果的评估和分析，通过对微尺度下材料特性的试验

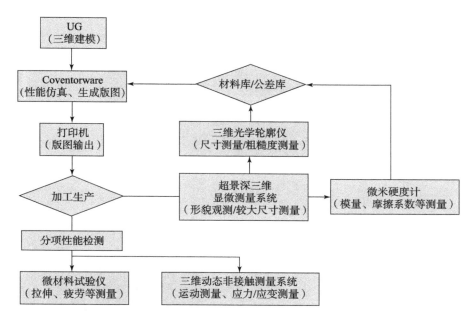

图 5-12　引信非硅 MEMS 实验室软件及检测设备

分析，积累第一手资料和数据，形成丰富的材料参数及模型数据库资源。建设目标旨在提高 MEMS 引信微器件、微装置设计、仿真及建模的能力，深入了解微小范围内电、磁、热、机械等能量之间的相互作用，可避免多次重复试验，优化 MEMS 结构，并可缩短研制周期，减小研制成本，提升 MEMS 在引信中的应用研究水平，为引信 MEMS 基础理论和基础技术研究提供手段。

主要仪器设备包括：微材料拉伸仪、压痕仪、三维光学轮廓仪、超景深三维显微镜和三维动态非接触测量系统。

图 5-13　微材料拉伸仪

图 5–14　微米压痕划痕测试仪

图 5–15　三维光学轮廓仪

图 5–16　超景深三维显微镜

（2）引信 RF MEMS 实验室。

实验室具有良好的人才培养与科学研究的先进设施，现拥有 $70m^2$ 洁净室一个，配备有磁控溅射镀膜机、反应离子刻蚀机、光刻机等 MEMS 加工设备，设备

图 5–17　洁净室

价值100多万元，具备MEMS标准工艺（表面微加工工艺、金属剥离工艺、硅干法刻蚀等）加工和后CMOS加工能力。

图5-18 磁控溅射镀膜机

图5-19 清洗台

图5-20 干法刻蚀机

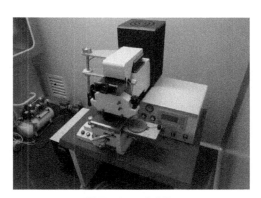

图5-21 光刻机

正在开展的研究工作主要有：RF MEMS 振荡器，RF MEMS 器件在冲击作用下的可靠性，MEMS 相控阵智能天线的设计与制作工艺，柔性基底 MEMS 器件设计与制作工艺。

已形成的特色工艺主要有：后 CMOS 兼容单芯片集成加工工艺，RF MEMS 无源器件加工工艺。

5 交流合作

5.1 专业参与的学术组织

本专业参与的学术组织主要有：中国兵工学会，中国兵工学会引信分会（副组长单位）、中国宇航学会、中国宇航学会特种装备专业委员会（副组长单位）、中国航天协会制导与引信信息网（副网长单位）、中国微米纳米学会、中国光学学会等。

5.2 国际交流合作

国际学术交流对学科的发展起着十分重要的作用。改革开放前，西方国家对我国实行技术封锁，特别是近炸引信技术对我国防范更甚。改革开放后，本专业引进来、走出去，积极参与国际学术交流与合作，在引信技术方面同国际上的交流也逐渐广泛。

1986年2月，应英国马可尼公司的邀请，兵工部派出以杨卓为组长的电容近炸引信考察组，到英国进行考察访问，周勇作为电容近炸引信领域的专家参加了这次交流活动。通过此次访问，对英国马可尼公司电容近炸引信的科研与生产水平有了比较深入的认识，对我国的电容近炸引信的发展起到了很好的推动作用。

1989年，中国兵工学会引信分会接受美国第34届引信年会的邀请，派出了我专业施聚生、南理工陈庆生、212所郜少雄、兵器情报所张卫等同志组成的代表团与会，对美国由海陆空三军轮流主持的引信年会的组织情况、规模、学术交流内容等有了初步的了解。通过与世界引信界同仁的交流，本专业对世界范围内引信技术的发展有了粗浅的认识，同时也建立了一定的联系。

2001年8月，崔占忠应兵器212所邀请参加212所代表团赴俄罗斯考察静电引信。本次考察在俄罗斯国立鲍曼技术大学停留三天，仔细探讨了静电引信有关技术问题。通过考察，我们对俄罗斯静电引信的发展情况有了深入的了解，对本专业发展静电引信提供了一些有益经验。

2004年年初，为了解南非引信研制及生产情况，组织部分高校与企业联合代表团赴南非考察，崔占忠任团长，范宁军、栗苹参加考察。在南非期间重点考察了RDI公司科研、生产情况。本次考察使我们对南非引信的科研、生产模式及引信水平有了深入的了解，并建立了良好的沟通机制。在此次考察的推动下，兵器304厂从南非引进了一套无线电引信（微波波段）性能测试实验系统，该系统对提高我国无线电引信设计水平有重要作用。

在走出去积极参加学术交流的同时，本专业不断邀请专家学者来我校访问。20世纪八九十年代，应力学工程系的邀请，莫斯科国立鲍曼技术大学副校长Мусьяков、Хохлов（哈哈洛夫）、Верает（贝拉耶夫）教授先后几次来我校访问讲学。特别是Хохлов教授讲授的近炸引信信号处理电路的综合法，以及其"将设计者的理念形成物理模型，由物理模型变成数学模型，然后由电路去实现这一数学模型"的科研方法给本专业教师带来不少启发。Хохлов 教授还饶有兴致地参观了郑链教授课题组基于神经网络人脸识别技术的演示。

2005 年 12 月 6 日,应北京理工大学邀请,俄罗斯国立鲍曼技术大学学术委员会秘书,无线电系谢尔曼·切尔尼雪夫教授对我校进行学术访问,并同冲激引信课题组的教师和研究生们进行了关于冲激雷达信号处理技术的学术讲座与技术交流,在脉冲雷达信号处理技术方面提出了一些新的见解。

2006 年 8 月 21 日,俄罗斯国立鲍曼技术大学副校长 Коршунов С. В. 应邀来本专业访问,并在国际交流中心同我系教师进行了学术交流。

图 5 – 22　与俄罗斯国立鲍曼技术大学副校长 Коршунов С. В. 学术交流

请进来、走出去。本专业有超过半数教师陆续走出去,学知识,开眼界,对专业的发展起到了很好的作用。

5.3　国内交流合作

在积极参与国际学术交流,同国际同行接轨的同时,本专业在国内不断开展学术交流活动。在引信领域,国内有三个重要学术会议,即中国兵工学会引信年会、中国宇航学会特种装备专业委员会会议和中国航天协会制导与引信信息网会议。

中国兵工学会引信年会,从 1983 年开始,每两年举办一次,已经成功举办了 18 届。北京理工大学作为引信分会的副组长单位,每届会议都参加,并在大会上做大会发言。

中国航天宇航学会特种装备专业委员会会议,每两年举办一次,与引信年会隔年举办。

中国航天信息协会制导与引信信息网会议，由航天 802 所作为网长单位，下设四个副网长单位，每年举办一次。北京理工大学作为副网长单位，已经主办了 4 次会议。

多年来，本专业与国内多家研究所、企业开展合作，既培养了队伍，又为装备发展做出了贡献。主要合作单位有：兵器 212 所，航天 802 所，中国工程物理研究院 905 所，航天一院，兵器 304 厂，兵器 524 厂，兵器 844 厂，兵器 5124 厂，兵器 5424 厂，兵器 9304 厂，兵器 9324 厂，兵器 9624 厂等单位。

图 5-23　参加学术交流

图 5-23 参加学术交流（续）

6 专业文化

6.1 团队精神

探测与控制工程系具有良好的人文环境，各学科组成员团结和睦。全系教师弘扬"和谐、进取"的理念，构建相互包容、相互支持、共同奋进的工作氛围，合力打造具有凝聚力和创造力的探测与控制工程系。全体教师紧密结合新时期下新特点、新要求，解放思想，转变观念，拓宽思路，不断创新，牢固树立和落实科学发展观；把握自身发展的特点，用发展的眼光看待问题，开掘自身的潜能，力争全面发展。特别是注重对自身创新素质、创新意识、创新能力的培养，从建设国际知名学科的高度，提高思想认识和办学经验，凝练科学发展共识，为学科发展和把学校建设成为国际知名、国内一流大学贡献力量。

6.2 丰富多彩的生活

2008 年 10 月 10—13 日，在中国共产党十七届三中全会召开之际，探测与控制工程系全体党员和入党积极分子，赴革命圣地延安参观学习，接受革命传统教育。

延安是中国共产党人精神的故园，是催生新中国的革命圣地。延安的宝塔山下，党员们参观了杨家岭、枣园、延安文艺座谈会址和党的七大会址，参观了中国抗日军政大学，增强了对延安精神的感受，提高了对党的认识水平。

在教学与科研工作之余，探测与控制工程系教师坚持开展一系列党员理论学习活动，把党的思想建设放在首要地位，在全系党员和入党积极分子中掀起了学

图 5-24 丰富多彩的党日活动

习《中国共产党章程》、"三个代表"、科学发展观、解读"两会"精神、延安精神等重要思想的高潮,并通过主题讲座和爱国宣传片推动学习向广度和深度发展。

为帮助学生明确学习方向,树立专业思想,同时解决同学们学习和生活中遇到的困难,探测与控制工程系教师每学年都要赴良乡校区看望慰问"探测制导与控制技术"专业大一、大二两个班的同学,与同学们进行了座谈交流。教师们为每位同学准备小礼物,礼物虽小,却令同学们感受到了温暖和贴心。

2018 年 3 月 23 日,探测与控制工程系教工党支部在 3 号教学楼 146 会议室举行"师德传承"主题党日活动。党支部邀请原兵器科学与技术一级学科带头人崔占忠教授,讲解和回顾了机电学院和探测与控制工程系的发展历史、兵器科学与技术学科的发展历程,讲述学科在由弱变强的发展过程中,老一辈党员同志们所担负的责任和义务。在新形势下,探测与控制工程系教师如何以创新思维搞好学科建设和团队建设,成为面临的机遇和挑战。机电学院王伟书记结合十九大报告和"两会"精神,号召党员要提高创新思维、增强团队奋斗精神和团队意识。党支部号召全体党员和老师立足岗位,以德立身、以德立学、以德施教,把知识教育同价值观教育、能力教育结合起来,提升人才培养质量和水平。

图 5-25 "师德传承"活动

2018 年 10 月,探测与控制工程系教师在 3 号教学楼 146 会议室同本专业大三学生进行专业、考研等交流。

图 5-26 同学生交流

附录1 回忆录

忆电容近炸引信的研制过程

周 勇 崔占忠

电容近炸引信是通过检测引信电极遇目标时电容的变化而工作的近炸引信。它具有良好的抗干扰性能和抗隐身性能，炸点稳定、散布小，是一种性能良好的近炸引信。我国电容近炸引信由近炸引信技术专业提出立项，经过十几年的艰苦工作，最后形成装备，现已经装备多种弹药。电容近炸引信的研制过程集中体现了对引信技术发展的贡献。其研制过程大致经历了三个阶段：调研立项阶段、预先研究阶段和型号研制阶段。

1. 调研立项阶段

1981年前三个季度为调研、立项阶段。针对如何对付坦克的问题，兰大段一士率领科研人员以40mm火箭弹为背景进行了研究，在实验室内可使电容近炸引信的作用距离达到50mm左右。在五机部的支持下，教研室成立了以曹名扬为组长的课题组，并开始对电容近炸引信进行调研。课题组先后走访了国内多家引信研究所和工厂，并重点访问了段一士教授；同时收集了大量国外资料。经过这一系列工作，课题组对电容近炸引信的基本概念有了初步了解，并决定把这项工作深入搞下去。这一阶段参加人员有曹名扬、郑玉群、徐清泉、程受浩。

2. 预先研究阶段

为加速电容近炸引信的研制进度，五机部决定设立电容近炸引信预先研究课题，并确定学校与5424厂合作以新40mm火箭弹为背景开展工作。经过13个月的工作，于 1982 年 10 月在 5424 厂靶场用新 40mm 火箭弹进行了第一次实弹打靶试验。限于当时的试验条件，没有进行炸高测试，但从破甲入孔和出孔大小可准确判断引信近炸、触发或瞎火。本次试验共射击 5 发弹，其中 4 发近炸，1 发瞎火（经分析安全系统工作不正常）。这样的试验结果在我国近炸引信发展史上也绝无前例，极大地鼓舞了课题组成员。该阶段工作为电容近炸的发展奠定了极好的基础。此段工作受到五机部的充分肯定，给予了通报表扬（《兵器试验简报》1984 年第 8 期）。这一阶段参加人员有曹明扬、崔占忠、郑玉群、徐清泉、程受浩、周滨香、甄春然。

为进一步摸清电容近炸的若干理论和技术问题，如抗自然环境和人工电磁干扰的问题、炸点控制的问题等，并为早日投入前期开发做更充分的准备，课题组不断改进电路设计，使电容近炸引信技术日臻完善，逐步接近型号开发的水平。

与此同时，科研组开展了电容引信的打靶仿真研究，利用相似理论，首次实现了打靶试验的半实物仿真，制成了"电容近炸引信目标作用仿真仪"，实现了电容引信在实验室条件下，预测炸高、判断产品的工作情况。由于科研取得了重大进展，电容引信科研组受到了国家机械委（原五机部）召开的预研大会的表扬。其间，机械委组织了电容引信专家考察团（科研组周勇参加）去英国进行了电容引信的考察与交流学习，使科研组获得了启发，开发出了可以提高电容引信炸高的新的技术途径。电路经过重新设计和调试，进行了靶场试验，其炸高提高到了 50cm 以上，为电容引信的型号产品提供了技术基础。

1986 年，对电容引信进行了预研鉴定。鉴定会上受到了与会专家和领导机关赞扬，一直认定电容近炸引信技术已经达到了世界先进水平，电容近炸引信的半实物仿真，开创了预测近炸引信炸高的先河。"电容近炸引信"预研项目获得了国家机械工业委员会（部级）科技进步奖二等奖（获奖人：施聚生、周勇、程受浩、徐清泉等）；能够预测炸高的"电容近炸引信目标作用仿真仪"获得了国家机械工业委员会（部级）科技进步奖三等奖（获奖人：徐清泉、程受浩、周勇等）。

在预研中，电容近炸引信经受了多种环境试验。防雨研究获得了兵器工业总公司科技进步三等奖（获奖人：周勇、程受浩等）。同时，课题组成员在国内各种刊物上发表了数十篇关于电容近炸引信技术的文章，大大推动了电容近炸引信的发展。这一阶段参加人员有施聚生、曹名扬、周勇、徐清泉、程受浩等。

3. 型号研制阶段

电容近炸引信经过预先研究和几年的型号前期开发工作，从 1988 年 7 月正式开始型号研制工作。先后在反坦克导弹、火箭弹（空地、地地）、迫击炮弹、中大口径榴弹上开展了型号研制工作，已有五种产品定型装备部队。电容近炸引信的定型装备使我军近炸引信增加了新品种，对推动我国引信技术的发展起到了

附图 5-1 "电容近炸引信"预研获奖证书

重要作用。

（1）重型反坦克导弹电容近炸引信。

从 1987 年开始，我专业与兵器 304 厂合作，以 HJ-73 为应用背景，开始反坦克导弹电容近炸引信型号前期开发工作。后根据军方的需求，改为以重型反坦克导弹为应用背景开展工作。1988 年 8 月，以马宝华教授为首的校厂联合投标工作组参加了由国防科工委组织的招标会，一举夺标。该项目是北京理工大学第一个投标中标科研项目。在项目研制过程中，电容近炸引信经受了各种环境试验考核，包括弹道淋雨、穿烟、穿火、穿稀疏树叶、穿 3mm 胶合板、穿 12mm 并排树枝，弹道侧面钢板，弹道上凸起土堆等各种模拟干扰试验。通过该项目的研制，更深刻地揭示了电容近炸引信目标探测、炸点控制、抗干扰等一系列关键问题。

附图 5-2 "反坦克自适应电容近炸引信发火控制系统"获奖证书

验收专家组验收意见认为："重型反坦克导弹电容近炸引信综合技术达到世界先进水平"。以该项目研究成果结合"偏压自激微波振荡器"开展的"微波电容复合引信技术研究"，以"反坦克自适应电容近炸引信发火控制系统"申报国家发明三等奖获得成功。参加该项工作的人员有施聚生、崔占忠、徐清泉、周勇、程受浩、邓甲昊、贾永红、刘华、石小平、范德轩、王俊、马俊等。

(2) 90mm 航空火箭弹电容近炸引信。

1990—1996 年,与 524 厂合作,开展了 90mm 航空火箭燃烧弹电容近炸引信型号工作。该项任务是我校第二个投标中标科研项目。研制小组根据产品的战术技术指标要求,先后经历了方案论证阶段、初样机阶段、正样机阶段、设计定型阶段和工厂鉴定阶段,解决了早炸问题、瞎火问题、安全系统问题、电源噪声对产品的干扰问题和产品稳定性等问题,完成了产品的设计定型和工厂鉴定,装备了部队,使空军机载弹药首次装备了近炸引信,大大提高了航空弹药的毁伤效果。

验收意见指出:"产品性能达到世界先进水平;填补了国内空白。""90mm 航空火箭弹电容近炸引信"获得了兵器工业总公司科技进步二等奖;"90mm 航空火箭弹电容近炸引信仿真测试系统"获得了兵器工业总公司科技进步三等奖。参加该项工作的人员有施聚生、周勇、程受浩、邓甲昊、刘华、崔占忠、徐清泉等。

(3) 60-82 迫击炮弹电容近炸引信。

60mm、82mm 迫击炮弹通用电容近炸引信由北京理工大学与湖南 9624 厂合作研制。从 2001 年 7 月立项到 2004 年 6 月完成设计定型。从 2005 年到 2018 年共生产装备 60mm、82mm 迫击炮弹用电容近炸引信十几万发。该引信具有近炸、电碰炸、机械碰炸功能。其功能依次递补,从而提高了引信作用的可靠性;亦可根据目标的不同,在发射前装定为近炸或碰炸。引信电源采用涡轮发电机供电,成本低,工作可靠。为了增强引信的抗干扰性能,引信设置了过顶点接电电路,在过了抛物线弹道顶点,再适当延迟一定时间再给引信供电。

该引信的研制成功并装备部队,大大提高了迫弹的作战效能。参加该项目的工作人员有崔占忠、白玉贤、程受浩、徐清泉。

附图 5-3 迫击炮弹通用电容近炸引信

(4) 榴弹电容近炸引信。

2001—2005年，本专业与兵器5424厂、304厂合作开展了中大口径榴弹电容近炸引信的型号研制工作。该产品对电容近炸引信的探测电路、抗干扰措施、炸点控制策略进行了全面改进，很好地完成了抗环境干扰、提高炸高等工作，产品已有30多万装备。到目前为止，均是一次交验成功，经部队试用，反映良好。在项目进行过程中，对电容近炸引信目标作用仿真仪进行了更适合生产线和科研使用的改造，大大提高了仿真仪的易用性和智能性。

该项目分别获兵器工业集团公司科技进步奖一等奖、国防科工委科技进步奖三等奖。榴弹"电容近炸引信目标作用仿真仪"获全军科技进步奖三等奖。参加该项目的人员有崔占忠、徐清泉、白玉贤等。

（5）122mm火箭弹电容近炸引信。

2001—2005年，与兵器5124厂合作开展了122mm地地火箭弹电容近炸引信的型号研制工作，主要解决提高炸高的问题，同时还解决由于连发带来的互相干扰和火箭尾焰对引信风帽的烧蚀问题。该产品研制过程中对电容近炸引信的重要贡献在于改变了电极布设结构，为电容近炸引信防飞行静电、防热、防雨提供了一种极好的结构设计。该产品在各次外贸交流中均顺利一次通过。参加该项目的教师有崔占忠、邓甲昊、程受浩、徐清泉、白玉贤等。

附图5-4　122mm地地火箭弹电容近炸引信

近炸引信技术专业从1981年开始，在没有多少资料可借鉴的情况下，在五机部的支持下，白手起家，从概念论证开始，最终在多个弹种上装备。在电容近炸引信发展过程中，项目组的众多工作人员熬过了多少不眠之夜，他们长期坚守在工厂，与工厂的技术人员、工人共同摸爬滚打。他们克服了数不清的科学技术和生活等各方面的困难，体现了作为高校教师以身作则、团结奋斗的精神，也展现了我专业的学术水平。在此我们要特别提到，曹名扬老师在电容近炸引信立项过程中的突出贡献，可以说没有曹名扬老师的敏锐洞察力，电容近炸引信当时就不可能立项，也就无从谈起后续的发展。感谢前前后后参加电容近炸引信研究工作的十几位老师，感谢他们为专业的发展和引信事业的发展所做出的贡献。感谢所有支持，关心，参与电容近炸引信工作的同行们。

附录2 学生名录

班级：082922

马 龙	高 濛	岳 山	廉 洁	白志科	田 继	蔺飞燕	王 宝
高 峻	晏田钰	沈 煜	李银林	戴志健	李孟川	张耀丽	孙中远
张广才	梁 谦	常红军	刘 振	江 洪	马 辉	任延波	崔 昊
刘慧姝	刘晋渤	刘 卓	运伟翠				

班级：085931

孙昶辉	李兵兵	王 鹏	冷 锐	翟玉喜	贾 炜	李 鹏	代方震
李 伟	魏 斌	张 轶	王黄芬	李哲焕	梁 伟	陈 宁	王 炎
王大龙	张勋牛	董胜涛	王宏生	葛 勇	杨学征	薛国顺	史志中
周百雄	薛文轩	方 亮	李琼优	刘 涛	殷延东	杜世强	

班级：080942

李 鹏	林一峰	张 锋	兰子珍	李秀忠	张 吉	佟 奎	张 鑫
余 晔	杨素东	宿晶亮	魏革新	黄 灿	高 城	罗 炜	李 军
王松强	牛旺杰	崔 汉	李开福	韦沛明	李 翔	王 伟	李 鹤
刘 伟	蒋正雷	刘亦舟					

班级：080952

蔡宁涛	闵 骞	崔斌斌	尹 航	刘彦超	王海军	陈 文	刘子龙
顾 征	陈秀梅	张正维	褚福轩	张金远	周黎明	陶高峰	罗恒亮
李克非	崔海涛	闫晓鹏	刘 峰	戴义明	钟仁文	王树成	潘 曦
符诗阳	叶 成	宋承天	陈 蔚				

班级：080962

龚文煊	韩 征	何 鹏	樊 硕	白大龙	李 强	邢 云	申卫安
田丽鹏	孙 鹏	刘帮生	丁旭峰	刘剑锋	赵 亮	李秀敏	曹恩平
丁志天	杨 磊	宋 歌	张昌河	张 璟	陈 志	张 翼	王鸿志
翟小龙	李 静	吕守业					

班级：080972

范晓林	马 泉	纪 元	刘 川	魏光明	田 淼	叶茂东	陈 东
韩 亮	田小东	张 媛	商 明	李善斌	方英花	陈 言	刘 怡
丁 峰	朱明明	张幼川	徐小亮	张剑磊	卢红末	郭建伟	许 彬
李 懿	郭财文	张 宙	李世龙	顾 磊	龙 伟	曹 蒙	张 宁
曹 昕	孟林智						

兵之利器
——北京理工大学机电学院学科（专业）发展史

班级：080982
张 晨　张 宁　张芮斌　田 玮　刘宗旭　李 楠　郭 剑　申 明
胡 洋　吴莎莎　梅跃松　周 兴　徐代君　吴 佳　雷 悦　欧阳灏明
徐 波　李 涛　李景须　毛 钧　冯 甲　刘 涛　刘 志　何 山
康 乐　蔡俊英　洪 伟　刘有英　陈建平　刘 颖　郑永辉

班级：02320302
曾 光　曾 贞　常一笑　陈学超　陈 昀　成雪光　高 冰　胡 亮
胡 洋　贾志远　姜 薇　李 伟　李 云　李重远　刘瑞雪　穆成军
潘 越　锁大江　王秀翠　王杨玲　王 宇　卫 炜　徐 玲　徐兴建
徐远华　姚 远　张 鹏　张育宁　章 静　朱 刚

班级：02320402
曹白玉　陈 攀　崔倩楠　党 巍　董进龙　付 蝶　高云磊　苟 睿
韩 续　何广城　李占魁　刘升才　刘士杰　龙思佳　吕振杰　那兴宇
宋佳赟　宋玉亭　王 凯　王 璐　邢福逸　徐敏虎　徐 强　杨登红
杨殿亮　于杭健　余 洋　张东方　张万威

班级：02320502
陈西川　陈 悦　邓 涛　高银阁　关震宇　郝小宁　侯 丁　柯晓贤
李 律　刘 铭　卢冲赢　吕 鹏　农贵军　潘 敏　沈一清　宋喜强
孙路路　王伯冲　王浩浩　王 辉　王裕军　王 渊　吴倩颖　夏飞龙
杨成伟　于华涛　张 彩　张鲁楠　张 弩　张晓宇　张 雪　周 阳
宗 勇　吴寅虎

班级：02320602
曹海文　陈昆仑　何 波　李廷震　林 焕　林小荣　马 蓓　宁雪莹
盛晓彦　王明锦　王彦龙　王元超　王正浩　熊 英　杨 波　杨轶飞
杨宇星　于仕哲　张志军　郑 健　钟馥鸾　周 超　朱湘龙　宗 睿

班级：02320702
曹 岚　曾泽贤　洪泽强　江 文　蒋飞宇　金晓帆　雷俊杰　李连杰
李名冠　李 威　李 伟　刘 湘　刘 洋　鲁士珑　吕 腾　孙常凯
王静文　王新龙　王 莹　向程勇　徐 璟　杨凯程　余 铠　岳 凯
张少枫　周 昕　朱熙来　朱子奇

班级：02320802
韦龙飞　陈慧玲　崔 静　郭艺进　孔志杰　李 丹　李孟君　李韦宏
林智莘　刘晨曦　刘 栋　刘俊儒　罗 浩　马 超　孟凡坤　苗志慧
牛 锴　任 伟　宋 博　孙煜杰　田 震　王方洲　王 硕　武宏祥

徐翊涵　杨　萱　张　伟　赵远东　朱雄伟

班级：02320902

陈英南　程思备　樊　垚　高志林　郭晨曦　刘　津　刘宇鑫　马天成
裴震宇　彭明松　任　凯　施雨薇　谭　笑　陶　艳　王匡亚　王文斌
武　侃　徐　淼　于苏显　俞见云　郁　海　张　康　张心玥　赵添骁
周　俊　邹　尧

班级：02321002

唐宏立　摆冬冬　陈霄霄　狄　珂　丁雅坤　高　翔　胡习婷　黄　莹
李　辉　李　澍　李　铮　李志滨　柳新宇　娄志毅　宋　萌　苏　羡
孙一铭　孙则鸣　万　栋　王　陆　王仁斌　王新宇　沃　远　吴海乔
杨振振　游鸿飞　张津玮　张绪东　郑　灿　周磊陈　周婉馨　左环宇

班级：02321101

曹　睿　陈齐乐　陈兴正　陈熠达　冯星泰　郭晨曦　胡宗毅　黄依依
黄源泉　李彻嬴　李　凡　李学思　李夷渊　林　鹏　林文杰　刘炳楠
刘士川　陆春希　马胜利　马　帅　彭　勃　任　晔　汤含秋　王嘉宇
王若愚　王新伟　杨国东　杨昊伟　张凤萍　张鹏杰　周　飞　朱波达

班级：02321202

蔡熹微　曹光浦　陈　旭　陈玉龙　杜涵宇　段冉阳　朵　祯　付　强
高　媛　吉凤强　季文东　姜星宇　蒋子杰　李　舸　李慧博　李季阳
李　涛　刘　畅　刘　江　刘梦颖　刘伟博　卢宛萱　罗昕迪　闫　冰
秦　浩　冉　鑫　尚思豫　史秀锋　宋佳乐　王正吉　武昕昊　杨世泽
朱志强

班级：02321301

白紫星　陈天仪　傅文进　管恩铭　贾森元　龙胤宇　吕世颉　马　超
孟　琪　裴清辰　彭　博　邱智洲　孙天璞　孙　尧　王雄武　闫昭实
俞理超　喻云飞　袁耀辉　张嘉文　张　磊　张临乙　张英飒　赵雨奇
朱凌飞

班级：02321401

陈　杭　陈锦曦　陈　岩　高文博　华云龙　焦　岩　廖鹏君　蒙怡先
孟鑫子　齐宣萌　冉　江　沈小曼　陶志刚　王海洋　吴　过　徐仲秋
杨瑞欣　俞佳豪　张志强　赵厚洁　周　文　周　宇

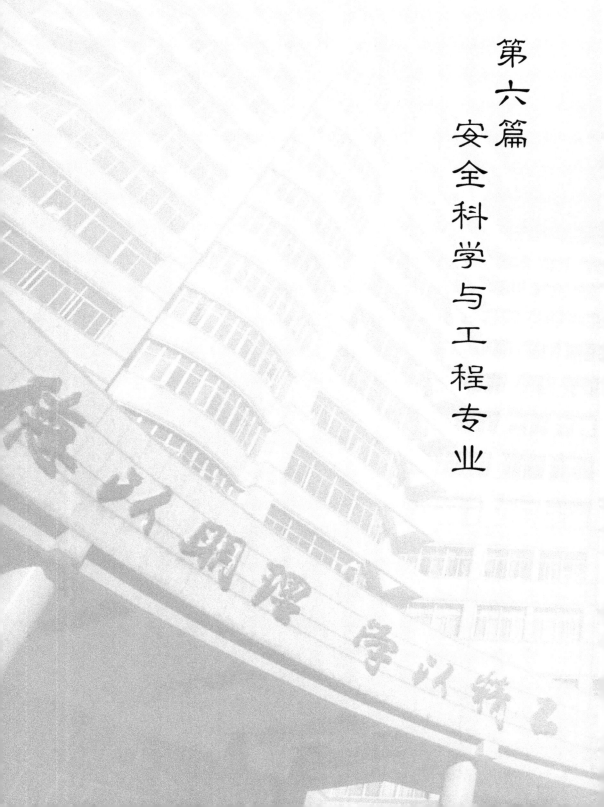

第六篇 安全科学与工程专业

1 专业创建与发展简史

安全科学与工程专业的历史可追溯到20世纪50年代初。火工品与烟火技术、武器弹药等军工危险品生产、存贮、使用安全等一直是其核心研究方向。20世纪70年代，开展了新武器、火工品及弹药中与安全有关或以安全为目标的研究。1985年，经国家教委批准，正式招收安全工程专业本科生；1986年获"兵器安全技术"硕士学位授予权；1996年获"兵器安全技术"博士学位授予权。随后，经国家学科调整，原硕士点、博士点并入"武器系统与运用工程""应用化学""军事化学与烟火技术"学科作为学科方向。

20世纪80年代末，结合我国安全生产和重大灾害防治与控制的迫切需要，安全工程专业将国防与军工燃烧爆炸危险品安全研究向国民经济拓展，获得国家计委、科委和世界银行贷款的支持，成立以工业爆炸安全为特色的爆炸灾害预防、控制国家重点实验室（后更名为"爆炸科学与技术国家重点实验室"）。随着国家和社会对生产安全的需求日益提高，在安全科学与工程方面投入大量资源，2005年获"安全技术与工程"博士授予权。2011年，经学科调整，获"安全科学与工程"一级学科博士学位授予权。2013、2016年两次通过中国工程教育专业认证（2016年认证，有效期6年）。2017年，在教育部全国第四轮学科评估中，安全科学与工程专业被评为"B+"，在参评的53所高校和科研院所中位列"6～10"位。

经过半个多世纪的发展，在军民两方面迫切需求下，本专业在燃爆物质本质安全性、爆轰和爆炸作用理论、爆炸毁伤与材料破坏效应、爆炸危险性评估、爆炸灾害控制等领域形成了优势，成绩突出，展示出国防科技和国民经济协调发展、军民融合的鲜明特色。结合国家在国防工业和安全生产、爆炸安全领域重大需求开展科学技术研究；为满足国防工业和安全生产领域需求，培养高级安全科技人才，开展高层次国际学术交流；为国家和社会提供爆炸安全相关领域技术服务，为我国国防工业和安全生产领域的发展和人才培养做出重要贡献。本专业成为爆炸安全为特色的人才培养基地和社会服务窗口，成为国际、国内知名的爆炸安全研究中心和学术交流中心。

1.1 专业初创时期（1954—1961年）

尽管安全工程专业在1985年才开始招生本科生，但其学科体系的形成却已经经历了数十年的历程。早在1952年，中央人民政府重工业部要求："北京工业学院逐渐发展为国防工业学院或国防工业大学"，"其任务主要是培养兵工、弹药、汽车、坦克及航空等一般机械加工及其生产的高级专门人才"。1954年，建立了为制造弹药服务的"装药加工""炸药制造""火药制造"等燃烧、爆炸危险性较大的制造专业，因此在这些专业的教学计划中就设置了"火、化工安全工程学"这一必修课，并选用了我校劳允亮老师做技术校阅的《化学工业的安全技术与防火技术》（译著）作为教材。

图 6-1 《化学工业的安全技术与防火技术》，
（苏）И. С. 罗依金，中央化工局设计公司出版，1953-04

1.2 第一次转型发展时期（1962—1966 年）

1965 年年底，火工品专业单独设置，鉴于该专业以燃烧、爆炸为基础理论，接触的是最易发生燃烧、爆炸的危险化学品，故火工与烟火的安全技术为该专业重要专业课。安全工程成为该专业的主要学科方向。

1.3 改革开放迎来了专业发展的峥嵘岁月（1977—2003 年）

20 世纪 70 年代末 80 年代初，我国兵工行业高速发展，各兵工企业及公安部门急需一批掌握火炸药、火工品危险特性，防火防爆基础理论及安全技术的专业人才。兵器工业部要求我校为战斗在技安及治安第一线的干部进行在职培训，安全工程专业相继于 1982—1984 年为兵器工业部办了一期学习期限为一年的培训班，办了二期学习期限为半年的培训班，为公安部办了一期学习期限为一年的培训班，编写了相应的培训教材。这些培训班的举办为安全工程专业本科生的培养积累了教学经验，奠定了教学基础。

1985 年，开始招收安全工程专业本科生，本专业采用一个专业、两个牌子

图 6-2　北京工业学院力学工程系安全技术培训班结业留念

的办学策略为军民培养综合型专业人才，军用专业名称为"火工与烟火技术"、民用专业名称为"安全工程"，并制订了安全工程教学计划。

1986 年，获"兵器安全技术"硕士学位授予权。1989 年 5 月，学校要求各专业修订本科教学计划，提出的指导思想和原则是：①全面贯彻党的教育方针，努力适应我国社会主义初级阶段经济建设、社会发展、科技进步和军民结合的需要，体现科学性、先进性和适应性的结合，努力培养专业面宽、基础厚实、能力较强、适应性强的合格人才；②遵循高级工程专门人才成长和培养规律，在认真总结历史经验，汲取国内外高等教育的有益经验的基础上，从我校实际出发，解放思想，勇于探索，改革创新，切实可行；③遵循"淡化专业，活化方向，强化基础，按需培养"的专业调整方向，试行按学科设系、系办专业、按系招生录取，一、二年级不分专业，以系为基础按学科大类组织教学，三、四年级根据实际需要，确定学生专业和方向，按需进行专业方向的教育，拓宽专业面，增强适应性；④各系、专业应发挥特长，办出特色。按上述原则，学校编制了《本科教学概览》。1992 年修订后的本专业教学计划以安全工程专业命名，主要教学范围为：

（1）燃烧爆炸过程机理及工程应用。

（2）系统的安全基础理论、有害因素的检测、事故预测与评估，危险环境与状态模拟。

（3）现代化防火防爆技术。

（4）工业生产系统的一般知识及现代管理方法。

课程包括校定必修课、系定必修课、限定选修课及任意选修课。限定选修课分为 A 类、B 类两组，A 类以安全工程的专业课为主，B 类以火工与烟火技术的专业课为主。

在系领导下，以原火工烟火教研室老师为主，组织全系相关老师编写了专业教材。其间，共出版教材（专著）11 种。

1991 年，由国家立项，世行贷款，建设了爆炸灾害预防、控制国家重点实验室，从此以爆炸灾害预防、控制国家重点实验室为培养基地，确立了学科主要研究方向。

（1）危险物质安全性分析与检测技术：危险品结构及分解特性；危险物质的危险特性辨识及评价；燃爆产品安全失效模式；危险性物质和装置的探测等。

（2）爆炸安全理论与事故预防技术：不同流动条件（包括层流、湍流）不同介质（包括均相介质、气固液多相介质）的燃烧理论、爆炸理论；燃烧向爆炸的转换过程及其控制技术；爆炸对周围环境设施、人员的毁伤作用及防护。

（3）阻燃机理与防火工程：燃烧理论与燃烧机理；阻燃理论与技术；环境友好的无卤阻燃聚合物材料的研究方法；阻燃材料燃烧性能的分析测试理论与技术；燃烧烟气成分及毒性分析；烟气流动扩散规律；建筑物构件的火安全评价及性能设计；建构筑物消防性能化设计评价。

（4）系统安全分析、安全评价与应急救援理论与技术：易燃、易爆危险系统的安全分析、评价的理论及方法；复杂系统重大危险源辨识、评价与控制技术；事故预测及风险分析理论与方法；事故应急救援理论与技术。

1.4 专业整合进入跨世纪的发展（2003 年至今）

2003 年，获"安全技术与工程"硕士学位授予权；2005 年后获"安全技术与工程"博士学位授予权；2011 年，经学科调整，获"安全科学与工程"一级学科博士学位授予权。2017 年，在教育部全国第四轮学科评估中，被评为"B+"，在参评的 53 所高校和科研院所中位列"6~10"位。

专业研究方向为：

（1）易燃易爆物质危险性与安全预防技术：物质结构与危险性关系；物质组分相容性；物质危险性影响因素；混合物配方安全设计理论与方法；燃爆产品安全性与可靠性；热、冲击等条件下物质安全性；物质危险性检测技术等。

（2）燃爆事故机理与预报技术：单相与多相燃烧、爆炸发生发展过程；燃烧、爆炸发生机理与控制条件；燃烧向爆轰的转变过程与条件；燃烧爆炸转变规律与阻隔技术；燃烧爆炸过程数值计算与仿真；燃烧爆炸过程测试技术等。

（3）燃爆危害效应与再现技术：燃烧、爆炸事故现场分析理论与方法；空气中燃烧、爆炸状态场与破坏效应；岩石中爆炸地震波与结构破坏；燃烧毁伤技术与新型防燃材料；材料与结构爆炸载荷响应与抗爆性能设计；燃烧、爆炸事故现场实验和计算再现技术等。

（4）系统安全分析与评价：系统安全评价理论与方法；易燃易爆危险系统的安全性分析；复杂重大危险源辨识与评价；系统燃烧、爆炸演变机理与在线检测技术；系统燃烧、爆炸事故应急处理及消防技术等。

本专业逐渐形成了稳定的学科方向和高水平的研究队伍，在人才培养、科学研究、条件建设等方面开展了大量工作并取得了显著成果，形成了以爆炸安全为特色及向相关方向拓展融合的学科体系。

在科学研究中，承担了多项国家重大科技计划项目，其中包括"九五""十五""十一五"国家科技攻关项目，"十一五"国家重大科技专项，"十一五""反爆炸恐怖技术"国家专项，"十二五"国家重大科技专项，"十三五"国家重大研发计划等，承担了一批国家自然科学基金等基础研究项目；已在重大工业火灾、爆炸事故分析模拟技术，危险源辨识评价技术，粉尘爆炸机理，岩巷定向断裂爆破理论，爆炸灾害实验系统等方面取得重要成果；与美国、俄罗斯、加拿大、英国、日本等国的大学和科研机构建立了广泛的交流及合作关系。

2 人才培养

2.1 本科生培养

我校于 1985 年经国家教委批准，正式招收安全工程专业本科生。1985—1986 年连续两年招生后，因故停招；1999 年恢复招生至今。1986 年，获"兵器安全技术"硕士学位授予权；1996 年获"兵器安全技术"博士学位授予权。2003 年，获"安全技术与工程"硕士学位授予权；2005 年，获"安全技术与工程"博士学位授予权。2011 年，获"安全科学与工程"博士学位一级学科授予权。

2007 年和 2008 年"安全工程"分别被教育部、国防科工委及北京市批准为特色专业和国防特色紧缺专业。

本专业现每年招收和毕业本科学生 25 名左右，毕业生主要在国防工业领域从事安全工程技术、安全管理工作，成为安全工程、安全管理与技术骨干，部分优秀人员已成为安全生产负责人，是国防战线的一支生力军。

实践教学平台分布在中关村校区、西山实验区、河北怀来东花园实验基地，以及相关校外实习基地。

本专业在燃烧爆炸安全教育方面具有显著优势，毕业生可以从事武器系统安全设计、燃烧爆炸过程机理及工程应用、系统和环境的安全基础理论、燃烧、爆轰、毁伤效果与预防、危险环境与状态模拟、现代化防火防爆技术及应用、武器系统安全性评价、安全生产控制和管理等。在兵器、航空航天、公安、石油石化、民爆等部门,也可从事安全系统设计、燃烧爆炸毁伤作用及物理模型、事故预测与控制、人机安全、设备安全防护、事故评价和安全管理等。

2.1.1 培养目标

本专业根据学校的办学定位(类型定位、服务定位、层次定位、教育形式定位、目标定位、校风校训、人才培养理念等)、学校国防特色、社会发展需求,制定了具有燃烧爆炸安全鲜明特色,兼顾国防科技工业发展和国民经济建设需要的安全工程实践能力和创新能力强的复合型人才的培养目标定位,毕业生主要从业领域有兵器、航空航天、公安、民爆、石油石化、安全监察监督管理。与国内同类专业相比,本专业的特色在于燃烧爆炸安全理论、防火防爆技术、易燃易爆危险源辨识与灾害机理分析、爆炸效应及作用、数值模拟与仿真、安全性评估与监测、安全系统工程等方向,强调坚实的理论基础、创新的思维方法,注重熟练的计算机应用技能和实践创新能力培养。

表6-1 培养人才定位及目标

人才定位	培养目标
适应社会主义现代化建设需要,培养德、智、体、美全面发展,基础扎实、理工结合、素质全面、工程实践能力和创新能力强的工程复合型人才	防火防爆工程设计及产品开发
	安全设计、危险辨识、安全评价
	安全监督管理,安全技术文件制定
	从事安全工程咨询、教育与培训

2.1.2 毕业要求及其指标点

基于安全工程专业 OBE(Outcome Based Education)规范建设,结合安全工程专业培养目标,不断深化教育教学改革,建立健全安全工程专业培养体系,构建培养模式,使毕业生掌握安全科学、安全工程及技术的基础理论、基本知识、基本技能,具有良好素质和创新精神及从事安全科学与工程方面的设计、研究、监测、评价和管理等工作的基本能力,逐步成为安全工程实践能力和创新能力强的复合型人才。在安全工程专业培养方案2014修订版中明确提出,经过4年系统培养,毕业生具备12个方面的知识和能力及其相应指标点,即毕业要求。这12项毕业要求与通用标准要求的12项毕业要求一一对应,并完全能够支撑4项专业培养目标达成所具备的知识和能力。

(1)工程知识:能够将数学、物理、化学、力学、安全工程专业基础知识用于分析和解决系统中的安全工程问题。

①具有对生产系统防火防爆工程设计、安全评价等相关问题的建模、求解的数学知识。

②具有对系统中的防火防爆工程设计、安全评价等相关问题进行表征、分析的物理、化学、力学等知识。

③具有解决危险物质及其安全性、系统安全评价、灾害演化等相关问题的安全工程基础和专业知识。

④能将安全工程知识运用于安全工程问题的解释、分析，提出解决方案。

（2）问题分析：能够应用数学、物理、化学、力学、安全科学与工程的基本原理识别、表达，并通过文献研究分析系统中涉及燃烧、爆炸的工程问题，以获得有效结论。

①运用数学知识、自然科学知识对生产系统中防火防爆工程设计、安全评价等相关问题进行识别、表达。

②应用安全工程知识，结合文献研究对系统中涉及燃烧、爆炸等安全工程问题进行分析，以获得解决方法或有效结论。

（3）设计/开发解决方案：能够设计系统中人、机、环境等安全工程问题的解决方案，设计满足特定需求的系统、单元（部件）或工艺安全操作规程，并能够在设计环节中体现创新理念，考虑社会、法律、文化等因素。

①能够设计/开发系统中人、机、环境等安全工程问题的解决方案。

②能够实施系统中人、机、环境等安全工程问题的解决方案，并进行评价，进而提出优化建议。

③能够针对特定需求的系统、单元（部件）或工艺等制定安全技术文件、安全监管文件，并能够在设计环节中体现创新理念，考虑社会、法律、文化等因素。

（4）研究：能够基于安全科学原理并采用科学方法对系统中涉及的燃烧、爆炸等问题进行研究，包括设计燃爆实验、分析与解释实验数据，得到合理有效的结论。

①具有应用化学、力学、物理、电工电子等基础知识进行实验设计的能力，并能够对实验方案进行安全评价。

②熟悉测试装置、控制系统的工作原理、技术参数和适用范围。

③应用安全工程专业知识分析、讨论与解释燃烧、爆炸等实验数据和实验现象，得到合理有效的结论。

（5）使用现代工具：能够针对系统中安全工程问题，开发、选择与使用恰当的技术、资源、现代工程工具和信息技术工具，包括对复杂工程问题的预测与模拟，并能够理解其局限性。

①针对安全工程设计、评价、咨询中的问题，能够恰当地选择现有的软件、程序和信息技术工具。

②能够正确使用现有的软件、程序和信息技术工具，并针对安全工程实际问题能够进行预测、模拟、优化处理。

③能够对安全工程实际问题预测、模拟、优化处理的结果进行分析、讨论、解释，并理解其局限性。

（6）工程与社会：能够基于安全工程相关背景知识进行合理分析，评价安全工程实践和安全工程问题解决方案对社会、健康、安全、法律以及文化的影响，并理解应承担的责任。

①具有工程实习和社会实践的经历。

②熟悉与安全相关的技术标准、知识产权、法律法规，并了解HSE体系。

③能够识别、评价生产系统对社会、健康、安全、法律以及文化的影响。

（7）环境和可持续发展：能够理解和评价安全工程实践对环境、社会可持续发展的影响。

①熟悉安全工程领域相关的方针、政策与法律法规，并用于安全评价、安全文件制定、安全监管、安全教育等。

②理解安全工程与环境保护的关系，能够评价安全工程实践对环境、社会可持续发展的影响。

（8）职业规范：具有人文社会科学素养、社会责任感，能够在工程实践中理解并遵守安全工程职业道德和规范，履行责任。

①具有人文社会科学知识和素养、社会责任感，明确个人在历史、社会及自然环境中的地位。

②理解安全科学发展观，了解安全工程师的责任、职业性质、职业道德，在安全监管、安全文件制定、安全咨询与培训等中能够自觉遵守。

（9）个人和团队：能够在不同学科背景成员组成的工程团队中体现个人、团队成员以及负责人的角色。

①能够理解在安全监管、安全文件制定、安全咨询与培训等团队中的定位以及对于整个团队的作用和意义。

②能够在不同学科背景成员组成的团队中做好自己承担的角色，并能与其他成员协同合作。

（10）沟通：能够就安全工程问题与业界同行及社会公众进行有效沟通和交流，包括撰写报告和设计文稿、陈述发言、清晰表达或回应指令；并具备一定的国际视野，能够在跨文化背景下进行沟通和交流。

①能够就安全监管、安全文件制定、安全咨询与培训等工程实践与业界同行及社会公众进行有效沟通和交流,包括撰写文件、报告、总结,并能陈述发言、清晰表达或回应指令。

②能够在跨文化、跨语言情境中就安全工程问题进行沟通和交流。

(11) 项目管理:理解并掌握安全工程管理的原理与经济决策方法,并能在多部门、多行业及学科交叉环境中应用。

①理解并掌握安全工程管理原理,并能在国防、石化、民爆等多行业中应用。

②理解并掌握工程经济决策方法,并能在国防、石化、民爆等多学科环境中应用。

(12) 终身学习:具有自主学习和终身学习的意识,有不断学习和适应发展的能力,能及时了解安全科学与工程的最新理论、技术及国际前沿动态。

①能认识不断探索和学习的必要性,具有自主学习和终身学习的意识,能够选择合适的途径实现自身发展的能力。

②能够针对个人或职业发展的需求,采用合适的方法,自主学习,了解安全科学与工程学科相关技术与理论的重要进展和前沿动态,适应发展。

2.1.3 课程与教材建设

1. 教学计划

本专业依托机电学院先进的教学条件,本着与时俱进的教学理念,进行了几次教学改革,完善了教学计划。部分教学计划如下。

(1) 2012 年前的教学计划。

1992 年教学计划

时间:1992 年 1 月,学制四年

培养目标:本专业培养适应社会主义需要的,德智体全面发展的,思想开阔,基础扎实,适应性强,勇于创新,掌握工业生产中系统的火工烟火技术理论和现代管理方法的高级工程技术人才。

一、业务范围

(1) 燃烧爆炸过程机理及工程应用。

(2) 系统的安全基础理论、有害因素的检测、事故预测与评估,危险环境与状态模拟。

(3) 现代化防火防爆技术。

(4) 工业生产系统的一般知识及现代管理方法。

(5) 火工品与烟火燃烧爆炸机理。

(6) 现代火工产品的结构设计、制造工艺及产品性能测试。

（7）烟火的设计、制造与应用。

二、主干学科及主要课程

主干学科：物理化学、爆轰物理学。

主要课程：

（1）物理化学、系统安全工程、传热与传质、燃烧物理学、防火防爆工程学。

（2）爆轰物理学、火工品设计原理、火工品制造、火工品试验与测试。

三、知识结构和能力结构

（1）数学、物理、化学、力学、电学等方面的基础理论知识。

（2）系统的火工品与烟火技术的基础理论知识，燃烧与防燃烧、起爆与防起爆技术，事故分析预测，安全测试，生产环境改善的知识和能力。

（3）火工品设计，火工品与烟火技术开发研究的初步能力。

（4）一定的科学实验、工程检测及计算机在设计、仿真技术中的应用等基本技能。

四、专业特色

本专业是一门综合性多学科相结合的专业。主要研究有约束与无约束的固态快速化学反应，着重研究不稳定燃烧、不稳定爆轰段的机理及燃烧、爆炸和所产生的力、热、光、声、烟、冲击波等各种物理效应的控制作用，实现能量的传递与转换。

本专业另一个特点是军民相结合。在军用方面，能从事各种高精领域中使用的火工产品与烟火的设计和制造。在民用方面能预测和分析燃烧爆炸等事故的发生并实施减少灾害的措施，为安全生产和安全防护提供良好而可靠的环境。

五、学生毕业

（1）符合德育培养目标要求。

（2）最低毕业学分应达到412学分。其中所有课程总计为313学分，实践教学环节65学分，思想教育、军训、公益劳动26学分，社会实践8学分。

（3）符合大学生体育合格标准。

2010年的教学计划

时间：2010年4月，学制四年

主干学科：力学、化学、机械工程。

主要课程（群）：工程力学、工程数学、应用物理化学、流体力学、机械设计基础、电工和电子技术、爆炸物理学、爆炸测试技术、防火防爆技术、安全系统工程学、电气安全工程、人机安全工程、危险源辨识与安全评价等。学生最低毕业学分应达到 188 学分，其中理论课程 144.5 学分，实践教学环节 41 学分，军训 2.5 学分。

（2）2012 年之后的教学计划。

2012 年开始，安全工程专业着重于 OBE（Outcome Based Education）规范建设，并结合工程教育认证建设，在北京理工大学安全工程专业教育教学优势的基础上，根据毕业生反馈意见和建议、毕业生用人单位的意见和建议、2012 年和 2014 年安全工程专业培养目标、培养方案和课程设置研讨会纪要，形成了 2014 安全工程专业培养方案（修订版），并完成了课程体系的设计。

课程体系由"公共基础教育模块""大类基础模块""专业模块"三大模块组成，包括公共课、专业基础课和专业课（含必修、选修）、实践环节，其中公共课和专业基础课按教育部工程专业的一般要求设置。专业基础课是安全专业的基础课，是进一步学习专业课的前提，基本上是以必修课为主；安排充足的选修课，则是为了拓宽学生的知识面，根据学生将来的就业方向有针对性地选择而设计的。

本专业学生应参加培养方案规定的各教学环节的学习，获得最低毕业学分要求，2012 修订版和 2014 修订版的专业培养方案中规定学生毕业的最低学分要求分别是 188.5 和 193.5（理论课程教学 132 学分，实践教学环节（含实验）61.5 学分）。

教学活动原则上按 16 学时折算 1 个学分；实践教学原则上按 1 周折算 1 个学分。每门课程经考核合格，方能取得该课程相应学分。

本专业课程体系设计与修订原则上保持与专业培养方案的修订同步，课程体系设计依据北京理工大学专业特色、社会需求、毕业生反馈意见和建议、毕业生用人单位的意见和建议、校内外专家研讨、安全科学与工程学科发展等。根据这些调研及分析结果，结合培养目标及毕业要求的修订，对课程设置进行调整。必要时有些课程进行优化调整，课程教学内容进行增减。2012 年和 2014 年安全工程专业培养目标、培养方案和课程设置研讨会后，先后两次修订了课程体系设置。经过这两次修订，本专业的课程体系能够支持毕业要求的达成。

在现行的安全工程专业培养方案（2014 修订版）中，数学与自然科学类课程公共课程包括微积分、线性代数 B、概率与数理统计、复变函数与积分变换、大学计算机基础、C 语言程序设计、大学物理、物理实验、无机化学基础等，共计 40 学分，占总学分的 20.67%。

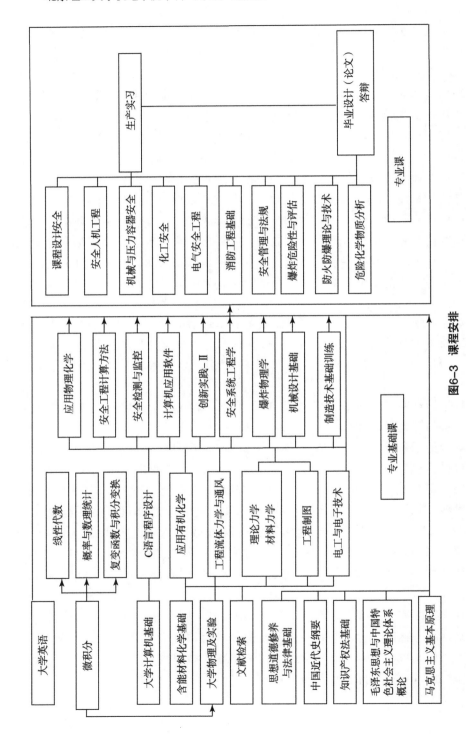

图6-3 课程安排

在现行的安全工程专业培养方案（2014 修订版）中，安全工程基础类课程包括理论力学、材料力学、电工和电子技术、工程制图、机械设计基础、制造技术基础训练等，共计 31 学分，占总学分的 16.02%；安全专业基础类课程包括应用有机化学、工程流体力学及通风、爆炸物理学、应用物理化学、安全系统工程学、防火防爆理论与技术、电气安全工程、安全人机工程学等，共计 22 学分，总学分的 11.37%；安全专业类课程包括机械与压力容器安全、安全检测与监控、安全工程计算方法、化工安全、结构力学（选修）、危险化学物质分析、应用爆炸力学（选修）、消防工程基础（选修）、爆炸危险性及其评估、学科前沿与发展动态、安全管理与法规，共计 19 分（要求选够 14 学分），占总学分的 7.24%。这三类课程占总学分的 34.63%。

在现行的安全工程专业培养方案（2014 修订版）中，工程实践类课程与毕业设计（论文）包括实验选修课专项（选择性必修课）、文献检索、工程实践Ⅰ、计算机软件实践、工程实践Ⅱ、机械设计基础课群（Ⅱ）综合设计、专业综合实验、生产实习、大学生职业生涯规划（含德育答辩）2 学分、毕业设计（论文）、人文社会实践、军事训练等，共计学 41.5 分，占总学分的 21.45%。

2. 出版教材

表 6-2 教材出版和获奖（译著）情况

教材（著作）名称	作者	出版单位	出版时间	获奖情况
火化工安全工程学	汪佩兰 劳允亮	北京工业学院	1984	
工业雷管制造与安全	曾象志	北京工业学院	1984	
安全工程实验	程国元	北京工业学院	1986	
防爆工程学	赵衡阳	北京工业学院	1988	
传热与传质	蔡瑞娇	北京理工大学出版社	1988	
热爆炸理论	冯长根	科学出版社	1988	全国优秀科技图书奖
反应安全工程学	劳允亮	北京理工大学出版社	1989	
防火工程学	刘伟钦	北京理工大学出版社	1989	
人机工程学	曾凡君	北京理工大学出版社	1989	
热点火理论	冯长根	吉林科技出版社	1991	
燃烧理论与火的科学	杜志明	北京理工大学出版社	1991	

续表

教材（著作）名称	作者	出版单位	出版时间	获奖情况
安全检测技术	李国新	北京理工大学出版社	1992	
气体和粉尘爆炸原理	赵衡阳	北京理工大学出版社	1996	
火工与烟火安全技术	汪佩兰	北京理工大学出版社	1996	校优秀教材二等奖
有限空间内爆炸和点火的理论与实验	王丽琼	北京理工大学出版社	2005	国防科工委"十五"规划专著
燃烧与爆炸基础	张奇、白春华、梁慧敏	北京理工大学出版社	2007	
爆炸测试技术	李国新	兵器工业出版社	2008	第二届兵工教材一等奖
防火防爆技术基础	王丽琼	北京理工大学出版社	2009	
云雾爆轰	白春华、梁慧敏、李建平、张奇	科学出版社	2012	
机械与压力容器安全	袁梦琦、郭泽荣	北京理工大学出版社	2017	
炸药震源地震波控制理论与技术	王仲琦	地质出版社	2017	
危险化学品概论及应用	韩志跃	天津大学出版社	2019	
四唑类富氮化合物	韩志跃	天津大学出版社	2019	

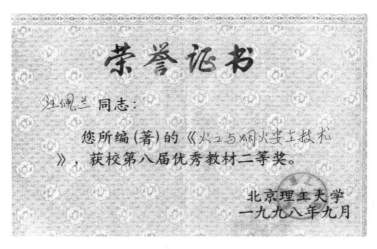

图 6-4 《火工与烟火安全技术》获校优秀教材二等奖

2.1.4 实验实践教学

本专业除利用专业教学实验室以外，还在专业教学中充分运用校公共课实验室，如物理实验教学中心、电工电路电子实验教学中心、工程训练中心及各专业研究所的专业实验室等进行实践教学。

本专业是爆炸科学与技术国家重点实验室主要学科，重点实验室的设施、设备均向本专业本科学生开放。

爆炸科学与技术国家重点实验室：1991 年，由国家计委批准依托于北京理工大学建设；1996 年 9 月，建成并通过国家验收正式对外开放。实验室定位为基础和应用基础研究，以解决爆炸安全及爆炸载荷预防方面的重大科学问题为目标，以取得更多原始创新成果，为国民经济建设和国家安全做重要贡献。目前是国内唯一从事爆炸安全及爆炸灾害预防研究的国家重点实验室。

实验室已经具备一些实施本项目所需的大型实验研究平台（设施）：爆炸洞、爆炸容器及不同尺寸的爆炸罐（$1.5m^3$、$3m^3$），可用于凝聚相爆炸条件、过程和特性的研究；地下爆炸水平管（卧式爆炸系统）和垂直管道，可用于研究气相和多相起爆、传爆和爆轰过程的研究；材料超动态加载平台（一级轻气炮、二级轻气炮、多级轻气炮和 Hopkinson 杆系统、压剪炮等），主要用于研究防护和防爆材料等动力学特性和本构关系的研究；因特摩（INTEMOR）智能化实时监控及事故预报系统，可以在实验室模拟工业过程的波动导致的系统故障和事故隐患，建立专家知识库进行故障诊断和事故应急，动态实时监控并模拟工业过程中不同类型事故的发生、发展过程并获得事故数据信息；20L 粉尘爆炸罐，用于研究粉尘危险性和燃爆特性的研究与评价；核四级共振仪可用于研究和探测未知的爆炸性物质的特征；超高速数字化仪、激光高速摄影记录仪、数字化超高速运动分析系统可用于研究超高速爆炸过程及特征；激光拉曼光谱分析系统；加速度量热仪、微热量热仪、氧弹量热仪、炸药热蒸发安全控制仪用于研究危险性物质的热安定和热爆炸特性；武器轻量化与延寿试验系统、智能武器系统功能试验平台可进行爆炸危险源的智能探测并发出应急指令。还有炸药威力综合测试系统、多功能烟火试验箱、爆炸燃烧实验装置、多光速测速系统等和相关计算软件。

经多年共建，与一些企业形成了固定的实习和训练基地，以保证学生实习环节保质保量的完成。本专业已和京煤集团化工厂、河北蠡县德茂花炮厂、北京辰安科技股份公司等建立了认识实习基地；与 732 厂、804 厂、204 所、213 所建立了生产实习基地，为学生提供了参与工程实践的平台。

2.1.5 教学管理与研究

随着科学技术及教学理念的发展，2010年，对1992年制订的教学计划进行了改革。

（1）改革适合于国防科技工业的安全工程人才培养方案，构建国防科技工业和经济社会发展对安全工程本科专业需要的课程体系。通过国防科技相关产业和领域对安全工程专业发展趋势和人才需求研究，制定了与生产实践、社会发展需要相结合的培养方案和课程体系。新的课程体系依托于国防科技工业需求，充分体现武器系统安全技术和防火防爆技术专业特色，探索加强基础、着力创新和实践能力培养的专业教育模式。

（2）改革课程教学内容，加强与国防科技工业的安全工程相适应的新内容教学。课程内容充分反映国防科技工业相关产业和工业安全、公共安全领域的新发展、新要求，删改陈旧内容。

（3）完善综合实验教学，改善和建立校内实验教学基地。在原有基础上，更新和完善了实验教学系统，开展研究型教学、综合实验型教学，增加学生实践动手和创新能力培养的机会。通过研究型、综合实验型教学，提高了学生对本专业的学习兴趣，使其了解科学研究的基本方法，了解安全工程科技发展前沿，掌握科技论文（报告）的撰写格式；锻炼了学生提出科学问题、设计研究方案、分析实验结果和总结研究规律的综合创新能力。

我校安全工程专业办学历史悠久，是教育部、北京市特色专业和国防科工委国防特色紧缺专业；2013年、2016年两次通过中国工程教育专业认证（2016年认证，有效期6年）。

2.2 研究生培养

2.2.1 研究生培养目标与标准

1. 培养目标

培养坚持党的基本路线，具有国家使命感和社会责任心，遵纪守法，品行端正，诚实守信，身心健康，富有科学精神和国际视野的高素质、高水平创新人才。

硕士生应掌握本学科坚实的基础理论和系统的专门知识，具有从事科学研究工作或独立担负专门技术工作的能力。

博士生应掌握本学科坚实宽广的基础理论和系统深入的专门知识，具有独立从事科学研究工作的能力，在科学或专门技术上做出创造性的成果。

2. 学位标准

（1）基本学制。

表 6-3 基本学制

学生类型	学制
硕士研究生（全日制）	3 年（留学生 2 年）
硕士研究生（非全日制）	3 年
普博生（含留学研究生）	4 年
本科直博生	5 年
硕博连读生（硕一转）	5 年（含硕士阶段 1 年）
硕博连读生（硕二转）	6 年（含硕士阶段 2 年）

全日制硕士生最长修业年限在基本学制基础上延长 0.5 年，非全日制硕士生最长修业年限在基础学制上延长 2 年，博士生最长修业年限在基本学制基础上延长 2 年。硕士研究生不允许提前毕业。

（2）课程设置与学分标准。

根据培养方案要求，学术型硕士研究生要求不少于 16 学分的专业课程，其中必修课不少于 10 学分，选修课不少于 6 学分（可有交叉学科课程 2 学分）。

普博生、硕博连读生的博士生要求不少于 6 学分的专业课程，其中必修课不少于 4 学分，可有交叉学科选修课 2 学分。

本科直博生要求不少于 19 学分的专业课程，其中必修课不少于 12 学分（博士层次的专业必修课不少于 4 学分），选修课不少于 7 学分（可有交叉学科课程 2 学分）。

在导师的指导下，硕士生可根据需要选修该学科本科专业的专业核心课作为研究生专业选修课的有益补充。若选修一门课程，按所选课程的学分折半计入；若选修多门课程，按所选课程学分折半计入、累计不超过 2 学分，或按照所选课程中单门课程最高学分折半计入。选修本科生课程超过以上折算标准的部分，不计入研究生课程学分，但可以计入课程成绩档案。

（3）必修环节。

研究生必修环节为 2.5 学分，其中包括文献综述（0.5 学分）、开题报告（0.5 学分）、学术活动（0.5 学分）、专业外语（0.5 学分）及实践环节（0.5 学分）。

（4）学位论文相关要求。

研究生申请学位论文答辩前应修满培养方案规定的课程学分，完成专业外语、学术活动、科学研究训练及创新能力培养等必修环节以及文献综述报告、开题报告等学位论文相关工作。

博士生在完成学位论文初稿并通过导师审阅后,可进行论文预答辩。预答辩工作按照《北京理工大学关于博士学位论文预答辩的规定》执行。

研究生在申请学位时的学术成果要求见《北京理工大学关于博士学位申请者发表学术论文的规定》《北京理工大学关于硕士学位申请者发表学术论文的规定》。对于硕士学术学位,以第一作者公开发表 1 篇学术论文;对于博士学位,要求在 SCI 源期刊,影响因子大于 1 的期刊上发表 1 篇论文,或 SCI 源期刊,影响因子小于 1 的期刊上发表 2 篇,或 SCI 源期刊,且影响因子小于 1 期刊发表 1 篇,EI 源期刊发表 3 篇。

外国留学生申请硕士学位者,暂不要求发表学术论文;外国留学生申请博士学位者,应满足北京理工大学关于博士学位申请者发表学术论文的系列规定之一。

2.2.2 研究生培养方向

本专业设有 5 个培养方向,现任学科首席教授为冯长根教授。

(1) 系统安全理论与评价。

本专业重点研究多因素系统安全性理论与方法,系统安全评价理论与方法,危险源辨识与评价方法,多因素协同作用下事故致因理论,复杂系统的危险性分析与评价,区域定量危险评价(AQRA)理论与方法等。

本专业在易燃、易爆、有毒危险源辨识与评价、石油化工系统安全性分析与评估、武器系统安全性定量评价等方面取得了一批处于国际先进或国内领先的研究成果,已建成了覆盖可燃性气体、粉尘、烟火剂、火炸药、火工品等系统的安全性分析和评价平台。本专业提出的气、液、固危险源爆炸及火灾后果定量化模型,被国内外广大者广泛用于安全评价之中;提出的危险评价突变理论,在国内外有很大的影响;提出的复杂系统量化理论,为定量安全分析提供了重要的基础支撑。本专业研究在石油、化工、军工、航空航天等国民经济和国家安全重大领域的安全性分析方面发挥了重要作用。

(2) 危险物质及安全性。

本专业重点研究易燃易爆等危险物质的结构、分解特性、危险特性、热安全性及临界爆炸判据,危险源辨识、热力学和反应动力学反应机理与安全理论,易燃易爆危险物质,如民用炸药、烟火药、烟花危险物、军用气体发生剂特殊配方设计、制备、安全技术条件及安全性评价,乳化炸药生产的安全在线检测技术与安全分析,灭火剂及消防器材的研制,新型高能含氮材料的合成,天然气泄漏和燃爆安全,危险物质的危险性辨识与感度评价,燃爆产品安全失效模式,危险性物质和装置的探测及燃爆特性参数的安全测试技术等。

本专业从火炸药、火工烟火技术等拓展、演化而来,对易燃、易爆等危险物质研究已有 50 多年的历史,在国内外具有广泛影响。研究条件、人才队伍、科研能力及学术水平等方面处于国内领先水平,其中在危险物质的热分解、热自燃和热爆炸等基础研究领域居于国际先进水平。

(3) 灾害演化动力学。

本专业重点研究爆炸危险源的起爆、传爆、燃烧与爆炸相互转换动力学理论,气体混合物、液体蒸汽云、凝聚态爆炸事故诱导机理及过程,温度、速度、湍流度、压力等环境条件和危险源理化性能等对事故诱导过程的影响,建立事故诱导临界条件和演化规律等。

本专业经多年研究积累,建立了爆炸事故诱发的实验平台。现有多种气相、多相和凝聚相实验设备和测试系统,包括大型水平管道和垂直管道,加载、起爆控制系统,瞬态观测系统,瞬态压力和温度测试系统等。爆炸洞、爆炸容器和大型野外实验基地可用于凝聚相、气相和多相起爆、传爆和爆轰过程研究,具有国际先进水平。

(4) 安全监控与事故再现。

本专业重点研究事故前及事故中对系统参数实时再现监测方法,不安全状态快速处置技术,传感器、电子、网络、通信等现代技术与安全科学技术交叉融合技术;事故现场分析及破坏效应评价方法与技术,事故状态反演方法和技术;事故调查分析方法和事故预防及应急方案的制定等。

本专业在燃爆事故效应分析、燃爆过程再现、结构爆炸防护等形成了鲜明的研究特色,在爆炸地震波理论与防护、爆炸现场反演方法等研究处于国内领先水平。依托的爆炸科学与技术国家重点实验室,研究条件处于国际先进水平。国家安监总局[①]爆炸物检验检测及爆炸事故物证分析平台的主要支撑之一。本学科积极拓展合作,与我国香港理工大学联合成立城市与公共安全联合研究中心,与澳大利亚西澳大学、阿德莱德大学、科廷大学和马来西亚马来亚大学等建立项目合作和交流关系。

(5) 工程安全与控制技术。

本专业重点研究工程安全体系,重大及危险工程安全隐患与防范,应急预案设计,含能材料与结构安全性,工程结构破坏过程数值模拟技术,爆破工程安全理论,大型人工震源技术,工程爆破效应及减震控制技术,工程灾害数值模拟技术,工程结构破坏和安全防护技术等。

---

① 现为应急管理部。

本专业在爆破工程安全理论与控制技术方面形成了明显的学科特色和优势。岩石爆破损伤理论模型及模拟技术研究在国内具有领先地位，建构筑物爆破拆除过程数值模拟和露天台阶爆破地震效应及控制技术达到国际先进水平。在含能材料损伤理论及应用、工程材料的动态力学行为及防护技术等方面有较深入的研究，并取得了高水平的研究成果。

2.2.3 工程专业硕士培养目标与标准

1. 培养目标

（1）培养坚持党的基本路线，具有国家使命感和社会责任心，遵纪守法，品行端正、诚实守信，身心健康，富有科学精神和国际视野的高素质、高水平创新人才。

（2）掌握安全工程某一特定职业领域相关理论知识，具有较强解决实际问题的能力，能够承担专业技术或管理工作，具有良好职业素养的高层次应用型专门人才。

2. 学位标准

（1）培养方式。

培养方式实行全日制和非全日制两种方式。对于全日制硕士专业学位研究生，实行集中在校学习和社会实践相结合的培养方式，强化实践教学培养环节。对于非全日制硕士专业学位研究生，采取在职不脱产的学习方式。

培养实行双导师负责制或导师指导小组负责制。双导师制是指1名校内学术导师和1名校外社会实践部门的导师共同指导学生，其中以校内导师指导为主，校外导师参与实践过程、项目研究、部分课程与论文等环节的指导工作。导师指导小组负责制是由3~5人组成的指导小组进行合作指导制度。导师指导小组中必须有1人为首席导师，主要负责研究生的学术指导和思想政治教育，其余导师参与实践过程、项目研究、部分课程与论文等环节的指导工作。

（2）学制。

全日制硕士专业学位研究生学制一般为2年，最长修业年限在基本学制基础上延长0.5年；非全日制硕士专业学位研究生学制一般为3年，最长修业年限在基本学制基础上延长2年。专业学位教育指导委员会的指导性培养方案对此有其他明确要求的，学制、最长修业年限以指导性培养方案中规定为准。硕士专业学位研究生不允许提前毕业。

硕士专业学位研究生要求不少于12学分专业课，可有交叉学科选修课2学分。专业学位研究生通过国家注册安全工程师职业资格考试，可免修2学分选修课1门。

表6－4　课程与学分的最低要求

名称		硕士专业学位研究生
公共必修课	政治理论课	3学分
	外国语	3学分
专业课程		≥12学分
课程总学分		≥18学分

（3）必修环节。

研究生必修环节为7.5学分，其中包括文献综述（0.5学分）、开题报告（0.5学分）、学术活动（0.5学分）和实践环节（6学分）。

（4）学位论文相关要求。

专业学位研究生应在导师指导下独立完成学位论文。鼓励学位论文工作与专业实践内容的衔接。专业学位论文应反映研究生综合运用知识技能解决实际问题的能力和水平，可将研究报告、规划设计、产品开发、案例分析、管理方案、发明专利、文学艺术作品等作为主要内容，以论文形式表现。硕士专业学位研究生学位论文评阅、答辩工作按照《北京理工大学硕士专业学位授予工作暂行规定》进行。硕士专业学位研究生在申请学位时的学术成果要求见《北京理工大学关于博士、硕士学位申请者发表学术论文的规定》。

本领域对于符合要求的学位申请人授予安全工程领域工程硕士专业学位。

3　科学研究

3.1　科学任务与发展

气体、云雾和粉尘等爆炸是爆炸安全领域研究的主要问题，本学科开展了大量基础和应用方面工作。在工业粉尘二次爆炸机理和过程研究中，在国际上首先开展了层状粉尘冲击波卷扬过程直接测量工作，得到了粉尘层厚度与冲击波参数间关系，研究成果受到国际同行的好评和关注。本学科在气－液－固三相混合物爆炸点火、传播、爆轰等方面处于国际前列，研究工作最全面、最系统并与实际结合最紧密，系统开展了以铝粉为固体组分、环氧丙烷或乙醚和硝基甲烷等为液体组分、空气为气体组分构成的三相混合物的起爆、传播、爆轰和爆轰波结构等工作，得到了起爆条件、爆炸过程、爆轰状态和螺旋爆轰波结构等系统研究成果，在Feal、Combustion and Flame等本领域顶级刊物上发表了系列文章，受到国际同行的好评和关注，研究成果很好地支持了我国云爆武器的研究。

1987年3月15日，哈尔滨亚麻厂发生了一起震惊世界的特大粉尘爆炸事故，引起了各行各业对工业粉尘爆炸的关注。研究粉尘爆炸发生的机理，预防工业粉尘爆炸事故的发生成为各个工业安全部门迫切需要解决的课题。特别在北京，粮食贮存及加工均存在粮食粉尘爆炸的危险因素，万一发生粮食粉尘爆炸，不仅会造成人员伤亡及经济损失，而且会带来严重的政治影响，所以北京市科委要求本专业人员参加粮尘防爆研究课题。本专业成立了以刘伟钦为组长的课题组针对某粮库的粮食提升机进行防爆、泄爆、隔爆、灭火等综合安全措施的示范性样机的研究，研究成果进行了技术鉴定，取得了专利，并在1988年2月25日北京新闻中进行了报道。

图6-5　北京市粮尘防爆鉴定会

兵器工业部安全生产局针对火炸药在生产及装药过程中所产生大量粉尘存在粉尘爆炸危险的情况下，迫切需要研究炸药粉尘特性及发生、发展机制，以便为制定安全防范措施提供依据。于1987年立项"火炸药悬浮粉尘爆炸特性研究"，由本专业和华北工学院、213所共同承担。通过该项目的研究，本专业建立了粉尘爆炸基本特性测试装置，为进一步的研究创造了条件。该项目于1990年12月通过部级鉴定，1994年获部级科技进步奖二等奖。

"八五"期间，兵器工业总公司又让本专业承担"火炸药粉尘爆炸事故发生和发展机制的研究"。该研究项目针对火炸药的特点，参照国际标准，改进设计，突破同类装置的局限性，建立了火炸药粉尘爆炸特性参数测试装置和测试技术，

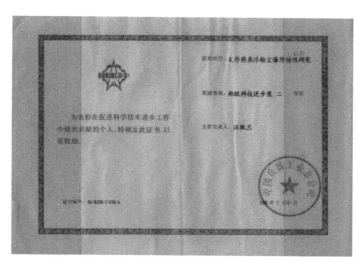

图 6-6　部级科技进步奖二等奖

所测数据填补了国内空白,为火炸药生产和使用安全提供了科学依据。于 1994 年 12 月通过部级鉴定,1995 年获兵器工业总公司科技进步奖二等奖,证书编号 95-BJ09-2-012-01。

安全工程学科的科研工作从"八五"期间开始,当时国家安全生产主管部门是劳动部。整个国家对安全科技投入十分有限,国家"八五"攻关项目中只设置了一个安全科技方面的项目——"劳动安全关键技术"。"劳动安全关键技术"研究是劳动部首次列入国家重点科技攻关计划的项目,其研究目的是形成对易燃、易爆、有毒物质安全评价与控制技术。1992 年,本专业与劳动部劳动保护科学研究院共同承担了"八五"国家科技攻关课题"易燃、易爆、有毒重大危险源辨识评价技术的研究"。经过三年多的努力,取得了一系列科技成果。本专业作为课题的承担单位之一,在易燃、易爆物质爆炸后果模型方面做了大量研究,提出了包括液池火灾、凝聚相爆炸、气体爆炸、沸腾液体扩展蒸汽云爆炸、封闭空间火灾等七大类事故的后果计算模型。这些模型已经成为定量安全评价的基准,在国家对深圳、青岛、大连、天津、宁波、杭州等城市的危险源辨识评价中,得到了广泛的运用。"八五"科技成果在 1996 年获得劳动部科技进步一等奖,1998 年获得北京市科技进步奖二等奖。

在 1991 年由国家立项,世行贷款建设爆炸灾害预防、控制国家重点实验室时,重点建设了研究气体、粉尘爆炸发生、发展过程的先进的爆炸实验系统,1998 年获兵器工业集团公司级科技进步奖二等奖,证书编号 98-BJ04-2010-5。

"九五""十五"期间,国家在安全科技领域的科研投入依然十分少。2001

图 6-7 获奖证书

年成立国家安全生产监督管理局后,安全科技管理才开始进入相对专门化的轨道。北京理工大学安全工程专业作为国内在爆炸安全领域的重要力量,相继承担了国家"九五""十五"科技攻关项目的课题。其中,国家"九五"科技攻关课题"易燃、易爆重大危险源监控技术研究",取得了2004年的国家安全生产科技成果二等奖。

进入"十一五"以后,我国的安全科技迎来了自己的春天。国家在安全科技方面的投入大大提升,从原来的每个五年计划的一到两个项目、一两千万的科研经费,飙升到"十一五"的十一个国家科技支撑计划重大、重点项目(等同于国家科技攻关项目)和两三个亿的科研投入。在这期间,北京理工大学安全工程专业作为项目牵头单位,负责了国家"十一五"十一个科技支撑项目中的一个——"烟花爆竹事故预防、控制关键技术研究与示范工程"(项目总经费4 618万元)。北京理工大学安全专业联合了国内烟花爆竹产学研领域的优势单位,组成了一支实力强劲的科研队伍,展开了3年的科技攻关工作,力争从烟花爆竹药剂、生产过程、储运和燃放,到生产装备的科技革命,大幅度提高烟花爆竹行业的安全生产水平。

除了在国家科技支撑领域的贡献,本专业还在兵器、航天、石油、化工、矿山、城市生命线等行业和领域开展了大量的安全科研工作,如安全导爆索研究、火炸药粉尘防爆研究、火箭点火系统为危险性分析与评估、硫化氢气田开采应急技术和装备研发、二氧化碳驱油安全技术研究、长输管道风险分析与应急技术研究、金矿山采空区爆破处理等,解决了不同行业许多安全生产的实际问题,提升了行业的安全水平,为国民经济支柱行业的安全生产做出了重要的贡献。

在注重运用技术研究的同时,本专业也十分重视对安全科学基础问题的研究。依托爆炸科学技术(原爆炸灾害预防、控制)国家重点实验室这个国内唯一的爆炸安全研究平台,在国家自然科学基金委、教育部等支持下,相继开展了含能材料绝热危险性、多相爆轰、民用爆炸物安全性、爆炸破坏效应、氯酸钾替代物等方面的基础研究。

1992年2月7日,辽阳375厂发生特大爆炸事故后,邹家华副总理指示:"请安委办和兵器工业总公司除对在375厂事故中吸取教训外,要对全国火炸药厂和炮弹装药厂进行分析,逐步采取措施,预防事故发生。"依据邹副总理的指示,本专业老师参加兵器工业总公司及全国安委会组织的专家组对6个工厂、8个危险源"燃烧、爆炸危险隐患"进行评估,为兵器工业今后进行安全技术改造创造了条件。

图6-8 评估检查

1994年,"风云二号"在卫星发射基地进行卫星测试过程中突然起火。本专业参加航天"风云二号"卫星突发起火事故调查分析,为最终确定"风云二号"卫星事故原因做出了积极贡献,并受到航天五院相关领导的感谢。

图 6-9　事故分析会

本专业烟火组承担了 2008 北京奥运、国庆 60 周年大庆、2010 上海世博会焰火燃放的安全技术支撑，是 2008 年奥运、2009 年国庆 60 周年和 2010 年上海世博会、2014 年北京 APEC 会议焰火燃放安全专家组组长单位。

图 6-10　奥运焰火项目

北京理工大学在成立安全工程专业的 25 年来，参与了国内大量的重特大爆炸事故的调查，如 1993 年深圳清水河危险化学品仓库大爆炸，1997 年北京东方化工厂大爆炸，2005 年吉林双苯厂大爆炸，2010 年秦皇岛骊骅淀粉厂大爆炸，

2015年"8·12天津滨海新区爆炸事故"等多起重特大爆炸事故的调查分析。通过实验、模拟等手段,为发现事故原因、解释破坏过程,提出安全改进措施等发挥了重要作用。

北京理工大学安全工程专业还在安全生产标准化建设上做出了贡献。特别是在烟花爆竹安全标准化建设中,已经完成了10多项标准的起草颁布。

北京理工大学安全培训中心2003年5月经国家安全生产监督管理总局批准正式挂牌,2005年、2008年两次通过国家安全生产监督管理总局评估。多年来在国家安全生产监督管理局和北京理工大学的领导下,以军工安全、防火防爆为重点开展培训业务。

图6-11　中国兵器工业集团公司第一期安全生产管理人员培训班合影留念

安全生产培训中心直属北京理工大学,以安全科学与工程作为主要依托学科,以爆炸科学与技术国家重点实验室作为主要技术支撑和培训基地,机构独立设置,负责培训中心的日常管理工作。北京理工大学分管实验室及技术安全管理工作副校长负责培训中心的领导工作。该中心以爆炸科学与技术国家重点实验室为技术依托,实行主任负责制的运行管理模式。

培训中心依靠已有的教学、科研、人才培养和学科发展的技术物质平台和人力资源面向全国,尤其针对国防科技工业的安全生产培训业务,一方面拓展学科的服务面向,更加广泛地服务于国民经济的发展,另一方面通过扩展学科建设的服务领域,进一步促进我校安全工程学科的建设与发展。

培训中心开展的主要培训内容有：安全生产法律法规；燃烧爆炸机理与预防技术；危险物质安全性及侦检技术；系统安全评价与检测技术；爆炸破坏机理与防护技术。安全生产培训中心充分利用北京理工大学的师资队伍和办学条件，根据不同行业、不同部门人员从事安全生产和安全管理的特点和需要，有针对性地开展培训。所培训的安全生产技术人才现已成为各工厂的安全生产技术骨干，部分优秀人才已成为国家级、兵器行业的安全监督员和国家安全专家。

培训中心现有教师10人，其中专职教师5人，教授占80%，博士学位获得者占90%。

2006年，制定了国防科技工业企事业单位安全生产培训通用大纲、通用考核标准，负责人安全生产培训通用大纲，负责人安全生产通用考核标准，安全生产管理人员安全生产培训通用大纲，安全生产管理人员安全生产通用考核标准。

2007年，完成中国科协项目"农民工安全培训挂图"。

2006年，完成军工安全技术基础教材的编写，制定军工安全生产管理教程，完成安全法律法规汇编（烟花爆竹生产经营单位主要负责人和安全生产管理人员培训教材），完成北京市危险化学品安全培训试题库。

2009年，完成涉爆人员安全培训教材和北京理工大学实验室安全培训教材的编写。

本安全生产培训中心主要培训以防火防爆为主要特色的专门人才，曾先后举办了多期安全生产技术培训班，培训内容丰富、培训时间灵活、培训方式多样。其中培训时间上，包括长训班、短训班；培训内容上，包括证书班、普通班、提高班、防火防爆技术专修班、烟花爆竹技术专修班、爆破器材安全技术专修班等；在培训方式上，根据学员的素质和知识层次，采用教学为主、实验和参观为辅，教学为主、实验和操作为辅等多种形式，培训效果显著，受到学员的普遍好评。

图6-12 国防科工委军工安全资格培训班合影

图 6-13 国防科工委安全资格培训第一期（舰船造修）培训班合影

3.2 近五年科研任务

近五年本学科点承担科研项目 100 余项，科研经费近 2 亿元，发表 SCI 论文 150 余篇，授权发明专利 30 余项，获得省部级以上奖励 2 项。

表 6-5 2013—2017 年研究成果

序号	研究成果	
1	省部级科研获奖	2 项
2	国家自然基金科研项目（包括"杰青"、重点、仪器专项、国际合作、"优青"、面上和青年基金）	16 项
3	国家重点研发计划项目	8 项
4	国防预研等项目	10 项
5	企、事业单位科技合作等项目	54 项
6	年均科研经费	>4 000 万元
7	授权专利数	30 项
8	SCI 检索论文数	150 篇
9	出版专著数	3 部

依托重点科研项目，在以下几方面取得重要科研进展并服务于社会。

（1）发挥资源优势助力学科发展，国际交流与科普效应凸显。

本专业依托爆炸科学与技术国家重点实验室等国家级平台，充分发挥人才和资源优势，在学科发展顶层设计、国际交流、科学传播和普及等方面取得重要进展,有力推动学科发展,形成爆炸安全学术交流和科学传播中心。

推动学科顶层设计规划,助力学科发展建设。冯长根教授在担任国务院学位委员会安全科学与工程学科评议组联合召集人、教育部高等学校安全科学与工程类专业教指委副主任、国家自然基金委员会委员期间,针对我国公共安全的新形势以及对高端科技人才的迫切需求,会同其他院士专家,制定安全科学与工程学科发展规划,提高了高端安全人才的培养层次,研究生教育培养水平得到显著提升。

深化国际战略合作,形成国际交流中心。本专业创办的"安全科学与技术国际会议"已成功举办11届,已成为安全科学与工程领域具有重要影响的国际会议。获批"安全与防护"学科创新引智基地、"一带一路"教科文卫引智计划等国际合作项目20余项。与全球最大的爆炸风险咨询公司Gexcon、澳大利亚科廷大学等世界知名学府和科研院所签订战略合作协议。获批"工业爆炸防控与应急救援国际联合研究中心",建立的"国际结构与安全联合研究中心"和"城市与公共安全联合研究中心"得到持续加强,国际辐射效应和影响力显著提升。

强化安全科学普及,形成科学传播中心。以冯长根教授为主编,本专业作为秘书单位主持中国大百科第三版"安全科学与工程卷"的编撰工作,有力推动了科学知识普及。依托本专业的北京市科普基地,组织系列公众开放日活动和科普报告,吸引了大中小学和研究院所的广大师生及社会各界参观学习,累计接待3 000余人次,被光明网、中国科学报等多家媒体关注和报道,显著提高本专业的社会影响力。

(2)引领爆炸安全理论技术创新,助力公共安全行业体系建设。

随着我国经济社会的快速发展,由易燃易爆危险物质引发的爆炸事故频发,造成了重大人员伤亡和财产损失,对社会稳定产生严重影响,已成为国家公共安全中亟须解决的重大问题。本学科,针对典型易燃易爆危险物质,攻克了实际工况危险物质爆炸致因机理、工程尺度数值仿真和试验、快速高效爆炸防控技术等关键难题,实现了"事前预防,事中控制,事后反演"的全方位爆炸事故防控,为保障工业安全生产、城市安全运行做出了重要贡献。

例如,为解决爆炸事故中普遍存在的"爆炸机理不明、爆炸影响不知、爆炸控制不足"的难题。本专业发明了多因素耦合起爆测试系统,实现了极端环境下爆炸极限的理论预测,给出了非理想爆炸反应理论和时空演化规律,突破了惰性及多相介质、新型多孔材料连续阻隔爆技术、自启闭式无焰泄爆等关键技术,研制成功我国爆炸安全领域首个拥有完全自主知识产权的大规模、高精度多相爆炸仿真软件,解决了爆炸过程中海量数据的多维度、全视角、连续再现交互难题,并适应亿亿次超级计算机,突破发达国家技术封锁,实现了软件自主可控,在石油化工、航空航天安全等领域得到广泛应用，形成了"明因－知果－控爆"的危险物质爆炸防控理论、技术与装备体系，使我国爆炸安全防控技术与装备进入世界先进行列。研究成果获2019年度国家科学技术进步奖二等奖。

又如，为解决大型城市燃气风险综合辨识困难，导致城市燃爆事故频发的难题，本专业建立了大开放空间天然气管道爆炸危害效应测试方法与理论计算模型，实现了天然气管道爆炸危害范围快速评估，为天然气管网建设规划提供了理论依据。基于中国典型地域燃气管网特征，构建了量化评估的城市级燃气爆炸风险识别模型，实现了城市大规模燃气爆炸实时防控，现已建成2 000余公里的城市生命安全监控网络，准确预警1 000余次。研究成果获2019年度安徽省科技进步奖一等奖和2017年度中国职业安全健康协会科学技术奖一等奖。

（3）引领军工燃烧爆炸安全理论与技术发展，推动形成我国武器装备安全生产新局面。

军工燃烧爆炸品安全生产技术是武器装备发展的保障条件，关系到国家安全及公共安全。随着我国新型武器装备的迅速发展，已有安全生产技术、安全评价标准、防护技术设施不能适应科研生产能力建设的要求，成为制约国防科技工业高速可持续发展的重大瓶颈。本专业与军工集团和各个科研院所密切合作，组织编制了"国防科学技术工业军工某安全生产技术总体发展规划"，在此基础上建议在国防科技工业局"强基工程"计划中设立"军工某安全生产技术科研专项"，并承担了多项重点科研课题，取得了一批解决重大难题的成果，推动形成了我国安全军工燃烧爆炸品安全生产的新局面。

本专业围绕武器弹药的安全性设计和评估、复杂生产环境中的事故诱发和演化、多种耦合毁伤元对人员和建筑的毁伤和防护等亟须解决的重大问题，攻克了弹药战斗部安全性与能量控制难以协调、多相体系在复杂空间中事故发展机理未知、耦合毁伤效应的时空演化规律不清、高动态地面试验系统危险源机理认识不足等关键问题，研发了多物理量融合的弹药起爆数据算法平台，实现了新型高能装药点火风险、安全性设计的平台化；基于自主设计开发的多相燃烧爆炸及安全防护的试验测试系统，提出了以云爆燃料为代表的多相燃烧爆炸体系的燃转爆机理和防护技术；开发了典型事故场景下冲击波和破片联合毁伤的大尺度事故演化数值仿真系统，进而建立了冲击波与破片耦合毁伤元的安全距离预测系统；建立了高动态试验系统的爆炸地震波、冲击波与破片耦合的毁伤模型；填补了超高动态武器试验系统安全技术的空白。这些突破性成果为系列国防工业行业安全规范的制定奠定了基础，其中《导弹战斗部安全距离》《云爆弹装药安全监控规范》《火箭橇试验安全防护规范》等投入使用。

（4）引领烟花民爆行业科技创新，为国家重大活动提供关键支撑。

烟火药剂和民用爆破技术密集度高、安全风险极大，对公共安全有重大影响，受到党和政府的高度重视。在评估期内，本专业的烟花、民爆团队将军工高精尖科技成果，转化应用于烟花和民爆领域，引领行业取得了显著技术进步，为国家大型活动和重点工程提供了出色服务保障和关键技术支撑。

例如，受聘作为国庆70周年天安门庆祝活动焰火表演的唯一技术支持单位，克服现场重点建筑密集、人流密度大、备场时间紧等不利条件，编制了《国庆70周年焰火产品质量验收方案》，完成了406个批次106种烟火药剂和347个烟花产品验收检验，组织了13次专家论证评审，确保了50余吨焰火产品质量和全过程勤务处理安全可靠。将军工发射技术应用于国庆特效焰火，创造出了震惊世界的"双线70""人民万岁"等时空律动特效造型，并配合联欢活动主题和旋律依次展示了"光柱""红黄牡丹配国旗""常青树""孔雀开屏""和平羽翼""金色麦浪"等题材新颖的特色焰火，受到了以习近平主席为首的党中央和全国人民的一致肯定和高度赞誉，获得了国家有关部门和北京市的多次表彰。

又比如将军工爆炸仿真技术应用于岩土爆破、拆除控制爆破等工程设计，使设计更加科学、高效，实现了爆破作业智能化，降低了爆破地震效应，大幅度提升了行业爆破设计水平和爆破作业安全性，成果应用于锦州港旧粮爆破、兰州连城电厂和唐山西郊电厂拆除爆破等国家重点工程，取得了显著经济和社会效益，多次荣获中国爆破行业协会科技进步奖，并被央视"走近科学"栏目追踪报道。

（5）发挥军工优势，服务国家重特大爆炸事故调查。

近年来，重特大危化品爆炸事故多发，如2015年天津港"8·12"事故、2019年江苏响水"3·21"事故等，给国民经济和社会生活带来了严重影响。2019年11月，习近平总书记在中央政治局学习中就应急管理体系和能力建设发表了重要讲话，把危化品事故放在所有事故的第一位，充分表明危化品事故已经是最严重的工业事故灾难。

本专业不仅拥有我国唯一的爆炸领域国家重点实验室、危化品事故与边坡灾害防控工信部重点实验室、应急管理部爆炸物检测检验与爆炸物证分析平台，而且牵头承担国家"十三五"重点研发计划"典型危险化学品爆炸机理及事故防控关键技术研究及示范"项目，还在点火与爆炸理论、爆炸效应等研究领域居于世界领先水平。

本专业参与了我国几乎所有重特大爆炸事故的技术调查工作，从1993年深圳清水河危化品仓库"8·5"爆炸事故，到近年的天津港"8·12"爆炸事故，以及江苏响水"3·21"爆炸事故等，利用军工优势，再现爆炸"原点"，开启事故调查"第一道门"，为查明事故直接原因发挥了重要作用，多次得到国务院事故调查组和国防科工局的高度认可。

如 2019 年 3 月 21 日，江苏响水天嘉宜公司发生特别重大爆炸事故，造成 78 人遇难，爆炸中心半径 300 米左右范围内的绝大多数化工生产装置和建构筑物被摧毁，爆炸波及范围约为 266 平方公里，最远达 14.7 公里。该起事故现场波及面广、爆炸破坏极其严重，给调查工作带来极大的技术难度，国内外高度关注。面对如此困难复杂的局面，本专业钱新明教授作为国务院事故调查组专家组副组长，负责事故直接原因的调查。在点火源确定上，提出了掺杂与绝热等多因素耦合模拟实验方法，并通过理论分析，得到了硝化废料自燃的结论，排除了现场人为因素导致起火的可能。在爆炸当量确定上，通过不同类型后果模型计算和自主研发的爆炸高精度大规模仿真软件模拟，确定本次事故爆炸当量为 260 吨 TNT，为揭示事故真相，做出了重要贡献。

3.3　获奖情况

（1）热爆炸理论，获 1986 年度北京市青年科学奖。获奖人：冯长根。

（2）工业防火防爆技术研究，获 1986 年度兵工部科技进步二等奖。获奖人：王守实。

（3）激光碎结石器粉碎胃结石器技术系统 JS-1 型激光引爆器研究（主要研究单位），获 1988 年度科技进步奖二等奖。获奖人：程国元、汪佩兰、刘淑珍等。

（4）起爆机理和固体中的快速反应机理研究，获 1994 年度科技进步奖三等奖。获奖人：蔡瑞娇、华光、焦清介、杜志明等。

（5）火炸药悬浮尘爆炸特性研究，获 1993 年度兵器工业总公司科技进步二等奖。获奖人：刘伟钦、汪佩兰等。

（6）易燃、易爆、有毒重大危险源辨识评价技术研究（参加单位），获 1997 年度劳动部科技进步奖一等奖。获奖人：冯长根（960203）。

（7）爆炸实验系统（参加单位），获 1998 年度科技进步奖二等奖。获奖人：焦清介、汪佩兰等。

（8）高、低压下延期药、点火药燃速测试技术，获 1999 年度国防科学技术奖三等奖，获奖人：杜志明、华光、王丽琼、劳允亮等。

（9）CSTR 在定态、非绝热条件下的稳定性，获 1990 年度优秀学术论文特等奖，获奖人：冯长根。

（10）电热丝起爆及其临界性，获 1992 年度优秀学术论文特等奖。获奖人：冯长根、杜志明。

（11）凝聚炸药起爆动力学，获 1995 年度国防科工委科技进步奖二等奖。获奖人：白春华。

(12) 某云雾爆轰效应,获 2007 年度国防科技进步奖二等奖。获奖人:白春华。

(13) 某云爆效应在火箭弹应用,获 2009 年度国防科技进步奖三等奖。获奖人:白春华。

(14) 某云爆效应在导弹应用,获 2010 年度国防科技进步奖三等奖。获奖人:白春华。

(15) 某云爆扫雷效应,获 2009 年度国防科技进步奖二等奖。获奖人:白春华。

(16) 基于多自锻破片某技术,获 2010 年度国防科技进步奖二等奖。获奖人:杜志明、赵林双。

(17) 地下空间爆炸衬砌技术,获 2006 年度河北省科技成果三等奖。获奖人:冯长根、王丽琼。

(18) 固态燃料云雾爆轰技术及应用,获 2014 年度教育部科学技术进步奖一等奖。证书编号:2013-211;获奖人:白春华。

(19) 2014 年北京 APEC 环保焰火,获 2015 年北京市发明协会/北京市职工技术协会特等奖。证书编号:9-0978;获奖人:赵家玉。

(20) 北京安全生产监督大数据平台关键技术研究与应用示范,获 2017 年中国职业安全健康协会科学技术奖一等奖。证书编号:2017-1-14-05;获奖人:袁梦琦。

(21) 管道全尺寸爆破试验场建设及试验关键技术,获 2017 年中国石油天然气集团公司科学技术进步奖一等奖。证书编号:2017-KJ-1-09-R16;获奖人:刘振翼。

(22) 城市燃气管网及其相邻空间燃爆风险监测预警技术研究与应用,获 2018 年中国职业安全健康协会科学技术奖一等奖。证书编号:2018-1-1-04、05;获奖人:钱新明。

(23) 城市燃气管网及其相邻空间燃爆风险监测预警技术研究与应用,获 2019 年安徽省科技进步奖一等奖。获奖人:钱新明。

(24) 易燃易爆危险物质爆炸防控关键技术与装备,获 2019 年国家科技进步奖二等奖。获奖人:钱新明。

3.4 成果转化

近年来获得的多项专利完成成果转化,其中新型 BC 干粉灭火剂技术、新能源车锂电池箱灭火技术、气体浓度检测仪、用于检测介质状态的传感器及固液混合云爆剂生产技术等,实现成果转化金额达到 2 000 余万元。

图 6-14 工信部批复

4 师资队伍

为了满足国防工业对安全技术人才、科学研究和安全技术改造的需求，我校于 1985 年经教委批准，正式向社会招收安全工程专业本科生。这是国防科工委属高校中成立最早、专业师资力量最强、实践和实验条件最好的安全工程专业。开始采用一个专业、两个牌子的办学策略，与火工与烟火技术共同培养军民两用型人才。1996 年，安全工程专业单独招生，稳定了以冯长根教授为首席教授、共 23 人的教师队伍，从此进入了快速发展期。本专业现有教授 8 人、副教授 9 人、讲师 6 人，其中博士获得者 23 人。已退休教师 4 人。

教授简介如下：

汪佩兰，女，1942 年 11 月生，1960 年 9 月考入北京工业学院化工系，1965 年 7 月毕业留校任教，教授、博士生导师，已退休。

长期从事以引燃引爆理论为基础的火工与烟火技术、兵器安全技术等方面的教学、科研工作。1984 年后，侧重兵器安全技术、安全工程方面的教学、科研工作，先后讲授"武器安全工程""火工与烟火安全技术""系统安全工程"等课程，指导培养博士生、硕士生 30 多名。在火炸药粉尘爆炸事故发生与发展机制，易燃易爆有毒重大危险源辨识与评价技术等方面做出了一些创新性成果。作为课题负责人及主要参加者先后获劳动部科技进步一等奖1项，兵器工业部科技进步奖二等奖3项，光华科技基金三等奖1项，国家实用专利1项。先后在国内外学术会议及刊物上发表科技论文30余篇，其中10篇论文被EI收录，6篇论文被ISTP收录；出版教材2部。在"安全科学与工程"等学科建设上做了一些工作，荣获校学科建设集体一等奖。

李国新，女，1949年12月生，曾先后担任本专业的党支部书记、教学主任和责任教授，已退休。

1976年，毕业于华中理工大学无线电二系，后在西藏广播事业局做技术工作。1981年，调入北京理工大学，1985年，进修完北京邮电大学研究生班课程，之后在北京理工大学火工与烟火技术专业任教，直到2010年年初退休。主讲本科生课程"安全检测技术""爆炸测试技术"，并编写出版《火工品试验与测试技术》《爆炸测试技术》等教材。其中《爆炸测试技术》获第二届兵工部教材一等奖，该课程被评为2004年校精品课程。主讲研究生"安全检测与控制"课程，指导硕士和博士研究生二十余人。承担国家、部级科研项目十余项，获部级科技进步奖2项，获国家专利2项、国防专利1项。

张奇，男，1956年4月出生，教授，博士生导师，已退休。

工业和信息化部安全生产专家组成员，近年来主要从事气体爆炸及灾害理论研究。建立了多量级（10-1mJ-101J）气体粉尘爆炸实验点火系统和点火能量测试系统；建立了瞬态温度测试系统，编制了多通道多种热电耦通用瞬态温度测试分析软件，通过数值模拟和实验得到巷道内瓦斯/空气混合物爆炸及其冲击波的物理特征。曾负责完成国家支撑科技项目子课题、国家自然科学基金项目等，先后获国防科技进步二等奖、三等奖和教育部科技进步一等奖，获发明专利4项；出版燃烧与爆炸等专著2部，以第一作者在国际爆炸和安全科学领域重要刊物Safety Science，Hazardous Materials，Loss Prevention in the Process Industries，Experimental Techniques，Fire Safety Journal，Combustion Explosion and Shock Waves，Experimental Thermal and Fluid Science，Soil Dynamics and Earthquake Engineering，International Journal of Impact Engineering，Defence Science Journal发表了多篇论文，并产生较大反响，经SCI系统引用检索，其中仅"Motion State of Fuel with Shell in Projection Acceleration Process"一篇论文即被他引64次。主要从事多相扩散与爆炸、岩土动力学与应用、战斗部技术、安全技术等方面的基础研究。

冯长根，安全科学与工程、应用化学专业博士生导师，教授，北京理工大学学科带头人之一，北京理工大学学报（英文版）主编，北京理工大学、中国环境科学学会、中国职业安全健康协会主办的《安全与环境学报》主编。已执教26年。目前指导博士生6名，已毕业81名。他的著作曾获第五届全国优秀科技图书一等奖和第六届中国图书奖二等奖，每年在国内外发表学术论文近10篇，已完成重要科研项目10多项，包括国家自然科学基金、国家科技攻关项目等，获多项科技奖励。获全国"五一劳动奖章""1994年全国十大杰出职工""中国青年十大杰出人物""北京市先进工作者""全国先进工作者""全国优秀留学回国人员""全国优秀科技工作者"等多项奖励和荣誉称号。

白春华，男，1959年9月出生，教授，博士生导师。1988年，北京理工大学获得博士学位并留校任教；1991—1992年，美国密西根大学高级研究学者；1993年，晋升教授；1996年，被聘为博士生导师；2007年8月至11月，新加坡南阳理工大学高级研究学者；2001—2009年，爆炸科学与技术国家重点实验室主任。曾入选新世纪百千万人才工程国家级人才、教育部新世纪优秀人才，获国家重点实验室建设先进工作者（金牛奖）等称号。目前，兼任国家安全生产专家组成员，装备发展部专业组成员等学术职务。

长期从事多相爆轰理论与应用技术研究工作。在工业粉尘爆炸机理与技术研究中，针对层状粉尘二次爆炸问题，在国际上首先建立了层状粉尘冲击波卷扬过程试验直接测量方法，通过激光在粉尘中透射和反射特征，定量测量了粉尘层厚度随时间变化过程，得到了不同强度冲击波与粉尘卷扬的时空分布，所发表论文受到国际同行的广泛关注和好评，并得到美国燃烧学会的优秀论文奖励。在多相爆轰理论与技术研究中，建立了开展气－液－固三相混合物燃烧转爆轰研究试验系统，并获得部级科技进步奖，在国际上首先开展了以铝粉为主体含液体和气体三相混合物燃烧转爆轰机理与控制条件研究，发现了多阶段爆轰形成过程和多头螺旋爆轰波结构，得到了理想爆轰状态参数和影响因素。多相爆轰研究成果已应用于民用和军用技术中，取得了很好经济和社会效益。到目前为止，已发表学术论文200余篇，出版学术专著4部；获得部级科技成果奖6项，获发明专利授权12项。

钱新明，男，1967年9月生，教授，博士生导师。1986—1996年，东北大学安全科学与工程专业本科、硕士和博士。1996—1998年，北京理工大学兵器科学与技术博士后流动站博士后。1998—2003年，北京理工大学机电工程学院副教授。2003年至今，北京理工大学机电学院教授，博士导师。任中国兵工学会爆炸安全专业委员会委员，中国兵工学会高级会员，北京工程热物理学会理事，中国职业安全健康协会（中国劳动保护科学技术学会）理事。

负责并承担了包括中国博士后基金项目、国家自然科学基金、科技支撑项目、国家科技攻关项目等国家、省部级和企业项目共10多项。获省部级科技二、三等奖各1项。在国内外学术刊物发表论文50多篇，其中被SCI、EI、ISTP三大权威检索系统收录论文 30 多篇。参编论著 2 本，编著论文集 3 本，获发明专利 4 项。

杜志明，男，1962 年 2 月出生，教授，博士生导师。任兵工学会高级会员、火工烟火专业委员会委员、北京市公安局外聘安全专家，并主持北京市烟花爆竹质量监督检验站工作。2000 年，被聘为教授，同年在"兵器科学与技术"学科被聘为博士生导师，2010 年成为"安全科学与工程"与"兵器科学与技术"双聘博士生导师。

长期从事与含能材料燃烧、爆炸及安全相关的教学与科研工作，在火炸药等危险物质热安全性、热自燃与热爆炸理论研究、烟火药剂理论及应用、系统安全裕度理论、气溶胶消防灭火等方面有深入研究和独到见解。主持完成多项国防和民用科研项目，多次获得部级科技奖，并为北京市春节期间烟花爆竹的安全燃放、2008 年奥运会、2009 年国庆 60 周年庆典做出突出贡献。共发表学术论文 120 余篇；独立指导并培养博士、硕士研究生近 40 人。

刘庆明，男，1963 年 12 月出生，教授，博士生导师。任中国力学学会高级会员。1982—1986 年，在河北工学院机械工程系学习；1988—1991 年，在太原机械学院机械电子工程专业攻读硕士学位；1991—1994 年，在哈尔滨工业大学机械学专业攻读博士学位；1994—1996 年，在南京理工大学兵器科学与技术博士后流动站从事工业气体粉尘燃烧爆炸的研究工作。1996—2003 年，在北京理工大学爆炸科学与技术国家重点实验室从事气-固-液多相燃料空气混合物燃烧、爆炸与爆轰等研究工作，参加国防科工委项目多项。2003—2004 年，在美国新泽西理工大学机械工程系做测试微流体控制方面的研究工作。2004 年至今，在北京理工大学爆炸科学与技术国家重点实验室从事燃料空气混合物燃烧、爆炸及其爆轰机理等方面的研究工作。在燃料空气混合物燃烧、火焰传播及其燃烧转爆轰等研究领域进行了深入研究，研究成果发表在 Fuel，Combustion and Flame 等国际著名杂志上。作为主要完成人完成国家自然科学基金 2 项，作为项目负责人承担国家自然科学基金 1 项，同时负责火炸药基础专项、"973"项目、公安部反恐项目等科研项目。

王丽琼，女，1959 年 11 月出生，教授，博士生导师。曾任机电工程学院力学工程系副主任，现任爆炸科学与技术国家重点实验室副主任。

现从事安全科学与工程和军事化学与烟火技术专业方面的教学科研工作。主讲数门本科生和研究生课程，如"热爆炸理论""工业热安全工程""高等有机反应动力学""防火防爆技术"等课程。已指导研究生 20 余名，作为博士生副导师指导博士研究生数名。获省部级三等奖 2 项。发表学术论文 80 余篇，被三大检索工具收录 20 余篇。出版《有限空间内爆炸与点火的理论和实验》1 部（国防科工委"十五"重点专著）。

5 实验室建设

本学科校内实验平台包括 1 个国家重点实验室、6 个部级重点实验室及研究中心。本学科支撑爆炸科学与技术国家重点实验室的爆炸安全理论与技术研究方向，牵头负责工业和信息化部危险化学品事故与边坡灾害预防与控制重点实验室，负责应急管理部爆炸物检测检验与物证分析平台，参与工业和信息化部安全与防护创新协同中心、国家阻燃材料工程技术研究中心及火安全材料与技术教育部工程研究中心等平台的建设。其中，爆炸科学与技术国家重点实验室建筑面积 15 400m^2，主要分布于中关村实验基地、河北怀来实验基地和山东联合实验基地；仪器设备 4 209 台套，总价值超过 27 472 万元，其中 30 万元以上的大型仪器设备 205 台套，价值达 16 835 万元。实验室长期以来形成了以燃烧爆炸安全为特色的学科体系，成为良好的研究生教学和培养平台。

表 6-6 校外实习基地

序号	校外实践基地名称	基地所在单位名称
1	河北怀来小山口试验基地	北京理工大学
2	东花园实验室	北京理工大学
3	北京京煤化工有限公司	北京京煤化工有限公司
4	河北蠡县德茂花炮厂	河北蠡县德茂花炮厂
5	兵器 732 厂	732 厂
6	兵器 804 厂	804 厂
7	天津宏泰华凯科技有限公司产学研合作基地	天津宏泰华凯科技有限公司
8	中煤科工集团淮北爆破技术研究院有限公司战略合作基地	中煤科工集团淮北爆破技术研究院有限公司
9	保利民爆哈密有限公司校企合作基地	保利民爆哈密有限公司

6 交流合作

从 1998 年开始，本专业每两年负责举办一次安全科学与技术国际学术会议（ISSST 系列会议），至今已经举办了 6 次，吸引了 20 多个国家的 1 000 多名安全科技领域的专家、学者、工程技术人员参会，出版了 6 本会议论文集。

图 6-15 ISSST 会议

ISSST 会议已经成为国内规模最大、影响最大的安全科技国际会议。

从 2001 年开始,出版《安全与环境学报》,该杂志为中文核心双月期刊,据 2009 年版《中国科技期刊引证报告》(核心版),2008 年《安全与环境学报》影响因子为 0.975,在 34 种环境科学技术、安全科学技术类期刊中排第 10 位,其中安全类排第 1 位。

与美国、俄罗斯、加拿大、英国、日本等国的大学和科研机构建立了广泛的交流及合作关系。

图 6-16 中俄防火防爆学术研讨会留念

7 附录

附录1　现任系负责人名录

首席教授：冯长根
系主任：王仲琦
系支部书记兼行政副主任：赵林双
教学副主任：刘振翼
实验副主任：张庆明

附录2　现任教职工名录

白春华	冯长根	钱新明	杜志明	刘庆明	王丽琼	王仲琦	刘志跃
黄　平	李生才	李建平	梁慧敏	薛　琨	刘振翼	郭泽荣	丛晓民
赵林双	王永强	韩文虎	袁梦琦				

附录3　历任系负责人名录

首席教授：白春华
系主任：钱新明
系支部书记兼行政副主任：郭泽荣
教学副主任：张奇　黄平

附录4　离退休人员名录

汪佩兰　李国新　赵家玉　张　奇

附录5　学生名录

84851班

艾书忠　陈海红　陈家庆　高　军　霍红平　金　勇　雷　胜　李　亮
李学军　李　准　梁全根　龙立新　马　宏　欧阳宜　庞稳绩　乔福照
苏绍林　万　伟　王海福　王庆萍　王廷相　吴茂玉　刑延平　徐君堂
张　建　张　昕　张咏梅　张玉林　张志强　赵成明

84861班

韩　聪　李瑞成　李治国　刘建民　柳沿河　马文生　孟庆旺　唐劲松
田向阳　王　凯　王　新　荀祖胜　杨秋波　叶　凯　张兵峰　张兴林

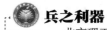

84871 班

陈政南　郭鸿宝　何光斌　何启军　侯玉珺　黄式峰　黄振华　贾文发
江　伟　刘道广　刘天新　聂家军　孙继峰　孙利民　田春卉　王杜春
王彦明　吴忠群　肖　雁　徐守彬　徐晓玲　许文东　杨萍萍　于　雷
张华颖　张　玲　邹祖彬

80883 班

刘爱民　肖　勇　曹庆松　陈　星　陈志武　付百莉　傅卫国　甘元庆
高进东　李灿波　李生才　李　盛　李雪莲　吕　刚　任鸿杰　任嘉兴
任丽新　谭爱喜　王保民　王　一　文　勇　吴　强　徐志立　杨勇强
杨振豪　张柏超　张崇炜　张劲峰　张晓东　赵建利　赵艳丽　周　智
刘思中

80892 班

艾　红　程　涛　崔伟光　方　晓　富百弟　龚红英　顾　海　郭圣延
蒋学军　解金箭　李劲松　李景清　李　莉　刘　枫　刘　静　刘先安
龙维薇　聂智勇　申　逸　生旭东　石春霄　肖　鑫　宜云雷　尹燕鸣
臧　岩　张朝晖　张怀璘　张家忠　张松正　赵　为

84901 班

李文斌　王志刚

84911 班

刘宏波　唐　飞　宿世春

14991 班

李　涛　毕代晖　陈　军　程思亮　段永衡　郭　磊　郭　倩　侯云辉
黄华伟　黄　奇　江晶辉　李　磊　李士兵　李　涛　李　琰　李战莉
梁鹏飞　刘　春　刘　萍　龙仁荣　米　悦　钱华林　乔　毅　卿　城
宋昕阳　陶　攀　吴艳红　伍泳燕　肖方雄　薛鑫莹　郁红陶　张　浩
张玲珑　张文杰　赵　亮

1420011 班

陈勇昌　陈　远　楚开猛　代金波　郭宏亮　黄　维　姜　雪　李宝润
李本胜　李　娜　刘　楠　伦　婧　马建胜　马　娟　宁　雷　彭瑞雪
沈忠胜　汪　乾　王　聪　王一楠　王志英　文　力　吴相彬　徐新春
许　磊　杨大鹏　杨　燊　张俊锋　张天奇　张延耿　张志斌　钟　颖
周小健　朱　方

2230201 班

戴文喜　郭兴伟　郭占平　贾智超　李国栋　李　俊　李四光　李　伟
刘传钰　刘　淼　刘　伟　马　喆　南小波　孙　艳　万振雄　王　方
王海鹏　王　亮　王　燕　魏子卿　向　凯　雍顺宁　张　超　张琛晨
张　川　张家毓

2230301 班

安尼瓦·阿里木　白雪飞　常伟涛　丁大帅　方敏杰　费高原　符俊强
胡　蓓　胡冬梅　胡雯婷　黄丽玲　李　琦　李　杨　梁　爽　林浩森
刘　瑜　屈利伟　石未凡　孙　赓　孙国平　王　波　王　曦　魏　锴
温炳庆　夏文娟　许　飞　许乃嘉　张成刚　张　磊　周元晨　朱　磊

2230401 班

白宇灏　曾一鑫　陈　翰　陈勇坚　冯彦茂　洪少炜　李　健　李　倩
刘仁杰　钱　超　邱　林　曲丹丹　石伟敬　孙　妍　孙玉芳　唐力晨
汪　桥　王　超　王熠星　吴　博　肖　朋　熊　奔　杨颢豪　杨钧雄
尹　昊　张　宇　周　彤　朱文文

2230501 班

常　艳　陈静静　陈　婷　陈晓婷　陈一夫　邓皓友　董新庄　范小娇
方彬屹　方　杰　郭　迪　郭寅寅　金　浩　金　晶　李方琦　李明敏
李宜蓬　林　鑫　刘益儒　龙　楠　卢秋实　罗　丹　毛　楠　平　伟
钱　飞　钱　艮　乔　溪　邱　睿　任　娜　商春辉　唐新颖　王安祺
王　博　王　谋　王勤智　王　彦　徐　静　徐　康　于天宇　于政伟
张　典　张　磊　赵　斌　周　伟

2230601 班

陈　翔　高　锐　侯　杰　梁光军　刘冠群　刘永宁　刘　彧　罗　丹
马秋菊　宁　晨　秦　臻　施云辉　宋　洋　苏　能　孙有彬　田　园
拓　睿　吴依笛　徐廷玥　杨　帆　于国柱　张　博　张守刚　张希茜
郑静怡　周　峰　朱龙涛

2230701 班

燕佳鸿　郭晓燕　胡　浩　黄盼飞　黄　莹　黄　芸　金海林　孔雪珍
匡格平　旷　刚　李景渊　梁　媛　刘坤伟　龙　恋　罗　毅　彭　灏
秦洪洲　饶昊苏　魏中明　杨　珊　张蕴龙　赵　旋　周一丰　朱　聪
卓建育

2230801 班

陈丹红　陈嘉琛　陈　莺　迟力源　次旦卓嘎　黄　茜　晋碧瑄　李　豪

兵之利器
——北京理工大学机电学院学科（专业）发展史

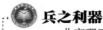

李剑洪	李　菁	罗　苇	吕　旭	潘　松	任举飞	宋世达	孙　健
王　浩	习　悦	阴　彬	于　鹤	张　鹏	张　威	张　鑫	周　佼
周　炜	朱美旗	邹　勇					

2210901 班

曹凤祥	陈风云	陈　曦	成　曦	成重任	次旦扎西	丛　岳	
方翔宇	黄武周	黎火荣	李　靖	李墨松	李晓芸	李　鑫	
李　璇	刘丹阳	刘　洁	路伟靖	吕芸蕙	邱士起	沈世磊	
石新未	斯松倍	孙军军	王传昊	王　森	王秋实	王少鹏	
王斯特	王昕捷	王旸阳	王之辽	武丽森	肖英淋	徐峰悦	
杨道锟	杨华鑫	杨　欢	杨　洋	袁盛玥	袁　婷	詹含笑	
张洁丽	张　琨	张宇宸	赵　耀	郑克勤	郑翔宇		

2811001 班

陈思同	程亚楠	方嘉垚	冯子国	耿宝群	耿德珅	何敏杰	胡惟佳
冀腾宇	蒋博楠	蒋锦辉	李林明	李鹏亮	廉　政	刘　戈	刘剑男
刘丽娟	刘　楠	陆阳予	路环畅	马　超	聂　源	潘　昱	裴智昊
任　韬	孙　磊	覃　峰	王玢玢	王　军	吴　飞	相　尚	闫俊伯
杨嘉懿	杨同会	张　帝	张静远	张　强	张　越	赵星宇	赵　炎
郑　楷	郑晓顿	周潇雅	邹梓涵				

2211101 班

白　萱	崔浩然	董朝平	甘澄溪	高天雨	高　幸	黄识杰	李承泽
李晓博	刘　灿	刘焯安	闵小根	闵　新	任　杰	施雅韵	王德志
王　雪	吴　忌	吴远平	宿峰荣	杨月桢	尹晓强	张晋钰	张世浩
郑　路	祝加鹏	左　昊					

2811101 班

陈超南	陈　达	姜怀玉	李　涛	李　尉	林诗彬	商　成	王璐瑶
熊　健	徐梓熙	张慕天	张纬经	张馨予	朱斐宇		

2211201 班

白孟璟	白筱雅	畅紫君	杜开元	张泽玮	傅经纬	管　笛	郝　彧
黄　捷	贾承志	李泓润	李梓一	刘佳琦	明德涵	赵　敏	王权奇
王向儒	王卓群	许　焯	叶　睿				

2211301 班

马　英	李璟一	韩　禹	郭　优	夏泽远	黄千函	马瑞恒	岳东旭
张　琦	许墨涵	周静宇	胡永煌	张　宁	缑宇超	刘星栋	司徒博阳
李树林							

2211401 班

郑婧菲　陈敏泽　李　聪　马　娜　佘李云飞　王振源　温　兴　姚本林
苏　帅　王　曦　张　琦　张　煜　吴斌鑫　　张　航　毕玉帆　段　琛
范泽远　韩盼盼　李　帅　李熊伟　吕逍遥　　石世旭　谢鑫尧　叶嘉奇
张浩田

80906 班（安全工程与爆炸技术，专科）

曹端国　程智广　邓天余　邓银艳　段文斌　古海波　黄　海　江　波
姜新全　蓝　敏　李宏晖　李林颖　李威男　李文栋　林洪军　刘恩中
刘根源　刘立晗　刘　松　刘向京　陆可心　孟素兰　彭　芹　齐伟华
任志辉　孙均红　王　岩　王永海　王志强　沃苏娜　吴琰飚　徐　洁
杨华峰　杨　彦　杨志高　詹　帆　张效桂　赵庆利　朱羲光

第七篇 机械电子工程——智能机器人与系统(学科)专业

第七篇　机械电子工程——智能机器人与系统（学科）专业

1　专业创建与发展简史

机械电子工程专业是在长期面向国民经济、国家安全建设的科研工作中，以国家重大任务为牵引，以探索前沿理论为先导，以服务高层次人才培养和科学技术发展为目标自然孕育、共同发展形成的。

本专业起源于北京工业学院（现北京理工大学）1954年专业调整成立的第二机械工程系。1962年专业调整，组建成立八系。1983年年底，学校将新八系定名为力学工程系，系内设五个教研室。机械电子工程专业源自引信技术教研室（82教研室），1997年学科点调整时由我校引信技术等多个二级学科所组成。

机械电子工程学科点在我校是博士、硕士学位授权点，具有按一级学科招收博士、硕士的学位授予权，设有博士后流动站。1999年，被批准设置长江计划特聘教授岗位。2000年，以长江学者奖励计划引进留日博士黄强教授，开启我校仿人机器人研究。2005年，北京理工大学智能机器人研究所（学科特区）成立，致力于开展智能机器人、微小型系统等研究，并参与机械电子工程专业研究生和本科生教学工作。黄强教授任研究所所长。

图7-1　智能机器人研究所学科特区成立仪式

2007年，从"立足学科创新、突破共性技术"发展思路出发，以智能机器人研究所为依托，申请的特种机动平台设计制造科学与技术高等学校"111"学科创新引智基地获批，黄强教授为基地负责人，福田敏男教授和Costas P. Grigoropoulos教授为基地海外学术大师。2008年8月，成立了北京理工大学—日本早稻田大学仿生机器人联合实验室。2010年12月，获教育部批准立项建设仿生机器人与系统教育部重点实验室，黄强教授为实验室主任。2011年2月，仿生机器人机理、感知与控制成为复杂系统智能控制与决策国家重点实验室培育基地的一个研究方向。2013年10月，仿生机器人与系统教育部重点实验室通过验收，2014 年 1 月，对外开放运行。

2014 年 9 月，北京市为落实习近平总书记关于北京"四个中心"建设重要讲话精神，决定建设一批北京高校高精尖创新中心。学校整合校内和海外智能机器人领域的部分优势资源，申报的智能机器人与系统高精尖创新中心获批建设。2015 年 7 月，高精尖中心正式授牌运行，高精尖中心整体入驻学校国防科技园 6 号楼。2014 年 12 月，获批成立了教育部仿生机器人与系统国际合作联合实验室。2016 年 5 月，科技部智能机器人与系统创新人才推进计划——创新人才培养示范基地获批准。依托多个国家级、省部级优势平台，机械电子工程专业进入全面发展期。

图 7-2　智能机器人与系统高精尖创新中心启动仪式

至 2018 年年底，智能机器人所已汇聚中科院外籍院士/IEEE2020 总主席 1 人、长江学者/"杰青"/"万人计划"1 人，"海外高层次人才计划"5 人等高端人才。仿生机器人核心关键技术研究取得重大进展，获国家技术发明二等奖；人工组织微纳组装、脑功能成像匹配等前沿领域初步取得了具有国际影响力的成果，在 Small、IEEE T-RO 等顶级期刊发表论文 50 余篇，获国际学术论文奖 20 余项。

1.1　机器人学科特区的前身（1953—1999 年）

机器人学科特区起源于北京工业学院（现北京理工大学），我国第一个培养引信技术高级专门人才的军工专业——引信技术专业。1953 年 8 月，中央人民政府在学院机械制造系设置弹药及引信专业。1954 年 3 月，引信专业方向与弹药专业方向分开，单独设立引信设计及制造专业，主要从事机械触发引信和时间引信的教学工作。我国著名机械设计专家李维临教授作为专业创始人，建立了机器人学科特区的前身。

1962 年专业调整，组建成立八系。1972 年，学院在八系正式设置机电引信专业教研室和无线电引信专业教研室,编号分别为 821 教研室和 851 教研室。1983 年年底,学校将新八系定名为力学工程系,系内设五个教研室。机械电子工程专业源自引信技术教研室。1988 年 4 月,为适应改革开放和国家经济建设的形势,在保留引信技术专业的基础上,另外申请设置了一个民用本科专业——电子精密机械专业,作为试办专业在国家教委备案,并于次年正式开始招生。

1993 年 7 月,按照国家教委新颁布的《普通高等学校本科专业目录》,我校试办专业电子精密机械自动更名为"机械"类中的"机械电子工程"专业。1997 年,根据国家教委调整后的《授予博士、硕士学位和培养研究生的学科、专业目录》,我校的"引信技术"学科从"兵器科学与技术"一级学科调整到"机械工程"一级学科中的"机械电子工程"二级学科,学术实体和教师队伍不变。从 1998 年开始,原"引信技术"学科以"机械电子工程"学科名称招生。至此,机械电子工程专业初步建成。

1.2 机器人学科特区孕育与起步发展(2000—2007 年)

2000 年,北京理工大学以长江学者奖励计划引进黄强教授,创立仿生机器人实验室和仿生技术学科方向,开启我校仿人机器人研究。2002 年 12 月,在国内首次研制集机构、控制、驱动、传感器、电源等于一体的第一代汇童仿人机器人,实现了仿人机器人无外接电缆独立行走。

本着"建设一流大学的关键是要建立一流学科"的宗旨,北京理工大学尝试以学科特区的方式,对少数能特别迅速地产生标志性成果,对学校建设和发展能起到特别重要作用,对国家与北京等地区经济建设、社会发展、科技进步服务能起到特别作用的学科给予特殊政策,包括在人、财、物方面给予特殊支持。同时允许这些学科采取超常规的措施、办法、手段等,以取得特殊的建设成果。并且提出,通过学科特区建设组建大团队、构筑大平台、争取大项目、创造大成果。在 2003 年 11 月 20 日的校长办公会议上,学校决定在 3~5 年内建成 5 个学科特区。

2005 年 11 月 18 日,智能机器人研究所(学科特区)成立。所长为长江学者特聘教授黄强,顾问委员会主任为美国华盛顿大学的谈自忠教授,学术委员会主任为李科杰教授。智能机器人研究所在发挥现有相关学科综合优势的基础上,通过学科特区建设,重点发展机器人仿生技术、智能技术方向,成为在我国以仿人机器人为高水平代表的智能仿生机器人技术领域内,具有较强竞争力和影响力的高素质人才培养和研究开发中心,使我校在智能仿生机器人研究领域的综合实力居国内领先、国际先进水平。研究所的成立对学校机器人发展是一次重大机遇。

在此期间，主持"十五""863"计划仿人形机器人技术与系统重点课题工作以及国防科工委、自然科学基金、教育部等多项科研项目，科研经费3 000余万余元。2005年，研制出第二代汇童仿人机器人，突破了仿人机器人复杂运动规划等关键技术，国际上首次实现太极拳、刀术等复杂动作，整体功能达到国际先进水平，入选国家"十五"重大科技成就展。研制了八种微小型机器人——无人系统，达到或接近国际先进水平。"仿人机器人动力学仿真系统""多传感器探测与控制"等项目获国防科学技术三等奖。黄强教授提出的无须预设零力矩点的规划方法成为国际双足机器人运动规划两大方法之一，成果发表在机器人领域国际顶级期刊 IEEE Transactions on Robotics and Automation 上，SCI 单篇他引365次，是该期刊上仿人机器人方向单篇他引最多的论文。

1.3 稳步发展期（2008—2013年）

长期以来，北京理工大学国防特色与优势突出，同时也为国际学术交流与合作的开展带来一定的困难。为此，学校凝练出相关研究平台的共性关键技术，通过在共性关键技术方面与国际交流合作，取得了共性关键技术突破，带动了相关学科和平台建设发展。

智能机器人研究所所长黄强教授，1991年10月起在日本早稻田大学师从世界仿人机器人之父加藤一郎教授，获博士学位，而后在日本通商产业省、日本东京大学工作。在日本学习和工作10年，与福田敏男、谈自忠、中村仁彦、高西淳夫、菅野重树、小菅一弘、新井健生、刘云辉、孟庆虎等机器人领域知名教授学者建立了良好的合作关系，为建立实质性国际合作奠定了基础。

2007年，申报的"特种机动平台设计制造科学与技术"高等学校"111"学科创新引智基地获批建设。本引智基地以仿生机器人学、感知与控制、极端制造、机动平台的集成与应用研究作为四个主要研究方向。基地遵循"立足学科创新、突破共性技术、服务国防建设"的发展思路，在特种机动平台的前沿与共性技术方面与国际一流机构和学者开展了实质性合作，形成了稳定的合作机制，汇聚了在国际有影响力的队伍，取得了一批重要的科学研究和学科建设成果，为我国国防科技做出了重要贡献，已成为我国在该领域创新引智的基地和对外合作交流的窗口。依托该引智基地，机械电子工程专业坚持"引培并举"原则，在人才与团队引进方面取得重大突破。2012年7月，"111"学科创新引智基地成功通过验收评估，并被纳入新一轮引智基地计划，继续支持建设。

在此期间，仿生机器人与系统教育部重点实验室已于2010年12月17日获批并进行立项建设，于2013年10月通过教育部验收，2014年1月教育部批准正式开放运行。

牵头承担国家"863"计划目标导向项目"具有环境感知和作业功能的高仿真度仿人机器人"、国家"863"计划重点项目"仿人机器人高性能单元与系统"、国家自然科学基金杰出青年基金等项目,项目总经费7 000余万元。相继研发了第三、第四、第五代汇童仿人机器人。第三代汇童仿人机器人,突破可靠性及工程化设计,在中国科技馆、广东科学中心等单位应用,使我国成为继日本之后仿人机器人走出实验室进行示范应用的第二个国家。第四代汇童仿人机器人,突破人体表情模拟关键技术,实现喜、怒、哀、乐等表情动作,是国内首个具有全身运动能力和面部表情的高仿真仿人机器人。第五代汇童仿人机器人,突破基于高速视觉伺服的灵巧动作控制等关键技术,两仿人机器人对打乒乓球达200回合,实现了自主乒乓球竞技演示验证。适应特种环境的机器人操控技术取得重要进展,为中国空间技术研究院验证了大型空间机械臂对接任务的力柔顺控制的可行性,抛投式探测机器人在北京武警部队的"雪豹突击队"进行了示范性应用。

新增"海外计划"教授2人(含外专计划1人),新增杰青1人次、"万人计划"科技创新领军人才1人次。

1.4 全面发展期(2014年至今)

2014年6月,习主席在两院院士大会上的讲话指出:"机器人革命"有望成为"第三次工业革命"的一个切入点和重要增长点,将影响全球制造业格局。机器人是"制造业皇冠顶端的明珠",其研发、制造、应用是衡量一个国家科技创新和高端制造业水平的重要标志。智能机器人与系统技术必将深入到人们的日常工作和生活中,成为不可或缺的组成部分。

北京理工大学针对北京全国政治中心、文化中心、国际交往中心、科技创新中心的城市战略定位,面向首都经济社会发展和科技自主创新的重大战略需求,结合自身学科基础和优势,为显著提升智能机器人与系统的自主创新实力和解决重大实际问题的能力,促进高等教育与科技、经济、文化的有机结合,掌握新一轮全球科技竞争的战略主动,统筹优势资源和科研团队,积极申报建设北京市首批高精尖创新中心。2015年7月,北京智能机器人与系统高精尖创新中心授牌,成为北京市首批13个高精尖中心中唯一以机器人为建设领域的中心,2016年7月在新落成的国防科技园集成建设。机器人研究所教师的研究工作也集中到高精尖中心开展,人事组织关系仍保留在机电学院,教学、学科和实验室建设任务仍然由机电学院统一安排部署。高精尖中心建立了15个PI团队和4个培育PI团队,在基础研究、关键技术与平台研发、国家重大工程应用、产品研发4个方面布局。

2015年，在高精尖中心成立的同时，以积极吸引汇聚仿生机器人与系统方向国际创新力量和资源，集聚世界一流专家学者，合作培养国际化人才，形成对科学研究、人才培养、学科发展的立体支撑为目标，学校申报的教育部仿生机器人与系统国际合作联合实验室获批建设。该联合实验室通过以日本早稻田大学为外方协议单位，依托日本早稻田大学仿人机器人研究所、意大利比萨圣安娜大学仿生机器人研究所、新加坡国立大学无人系统研究中心，以校际协议的形式开展智能机器人与系统国际化深度合作，开展原创性科学研究，探索高校国际科技合作新模式，提升实验室的创新能力和学术声誉。

2016年5月，智能机器人研究所申报的科技部智能机器人与系统创新人才培养示范基地获批，力求在机器人领域人才培养中的体制机制改革获取突破性与创新性成果。依托该基地，本专业先后提出了"引培并举、重在培养"的科研人才培养模式，创建机械电子工程全英文教学专业，在学生培养中也尝试了"国际联合培养"与"双导师制"，使机械电子工程专业在多层次人才培养中取得了突破性的成果，并以智能机器人为突破口，带动了仿生机构、智能控制、机电一体化等多学科的协同发展。至此，机械电子工程专业进入全面发展。

在此期间，形成了诸多重要成果。人工组织微纳组装、脑功能成像匹配等前沿领域初步取得了具有国际影响力的成果，在Small、IEEE T-RO、IEEE T-IE、IEEE-TII、IEEE T-ASE、IEEE T-MECH、Acta Biomaterialia等顶级期刊发表论文20余篇，获授权发明专利60余项。研制的仿生机器人、空间机器人等平台在国防、航天等领域得到了初步应用。主导创办IEEE CBS国际技术委员会，举办IEEE CBS2017、IEEE ROBIO 2017、ICME 2017、IEEE Humanoids 2018、IEEE ARSO 2019等国际学术会议18次，创办了Cyborg and Bionic Systems期刊，担任国际学术期刊编委10人，形成了显著的国际影响。重大重点类项目20余项，合同经费2.5亿元，"仿人机器人关键技术及应用"先后获教育部技术发明一等奖和国家技术发明二等奖，"神经根型颈椎病中医综合方案与手法评价系统"项目获国家科技进步奖二等奖，获国际学术论文奖12篇。

2 人才培养

机械电子工程是集机械学、电子学、信息技术、控制技术等为一体而形成的一门综合性的工程学科，本学科的研究重点是机电一体化的系统总体、感知与控制等技术。我校机械电子工程学科的前身最早创建于1954年，1955年开始培养研究生，1986年批准有权授予博士学位，并设有博士后流动站。机械电子工程学科是1997年学科调整时，由原来3个二级学科组成。目前，本学科的综合实力和教学、科研水平在中国同类学科中名列前茅。

智能机器人研究所成立之初，即被学院安排具体主持机械电子工程专业研究生教学，参与机械电子工程专业本科生教学。2013 年，学院部署由机器人研究所具体主持机械电子工程专业本科教学工作。2014 年，修订机械电子工程专业培养计划，调整了部分教学内容，课程设置增加了机器人相关课程。2017 年，为应对智能机器人研究国际化的大趋势，培养具有国际视野、适应国际深度合作的优秀人才，机械电子工程全英文专业成立，并于当年招收了首届全英文班本科生。该班的专业教学与培养工作由机电工程系和智能机器人研究所共同负责。

近年来机器人研究所培养的学生中，每年本科毕业生 50~80 人，硕士毕业生 20 余人，博士毕业生 10 人左右。

2.1 本科生培养

2.1.1 培养目标与培养方案

随着学科的不断发展与演化，以及以人工智能、机器人技术、量子信息技术等技术为突破口第四次工业革命的到来，2010 年开始，机械电子工程专业的培养目标逐步从培养服务于我国国民经济和国防领域的传统的机电产品的设计、开发的工程性人才，发展到培养具有机械、电子、计算机、控制、人工智能等多学科交叉背景，以机器人技术为核心的基础扎实、素质全面、工程实践能力强的创新型人才。

为了适应新工科建设需要和改造现有课程体系满足以成果为导向（OBE）的工程教育认证，对机械电子工程专业的培养目标与培养方案进行了大幅修订。

本专业学生通过系统的基础科学和专业知识培养、实践教学和动手能力的训练，学生将获得力学、机械工程、电子科学与技术、控制科学与工程、机器人学等学科专业技能。机械电子工程专业培养的目标是培养适应社会主义现代化建设需要，培养德、智、体、美全面发展，基础扎实、理工结合、素质全面、工程实践能力和创新能力强的工程（复合）型人才。

毕业五年左右具备的能力：
- 具有良好的职业道德，强烈的社会责任感，爱岗敬业。
- 具有综合所学知识，对机电系统进行分析和综合研究的能力。
- 对机电产品进行使用、维护、管理的能力。
- 对机电系统进行设计、生产、研发的能力。
- 对机电产品项目进行规划、管理、组织、商务的能力。

毕业生具备以下几方面的知识和能力：

①工程知识：能够将数学、物理、力学及其他相关的自然科学基础理论和机械电子工程专业工程技术知识相结合用于解决国民经济建设和国防科技工业的机电系统的工程问题。

②问题分析：能够应用数学、物理、力学、机械工程的基本原理，识别、表达、并通过文献研究分析机电系统中涉及设计、制造、控制等工程问题，以获得有效结论。

③设计/开发解决方案：能够提出机电系统设计、制造、控制等工程问题的解决方案，设计满足特定需求的系统、单元（部件）或工艺安全操作规程，并能够在设计环节中体现创新理念，考虑社会、法律、文化等因素。

④研究：能够基于机械工程科学原理并采用科学方法对机电系统中涉及的设计、制造、控制等问题进行研究，包括设计测试实验、分析与解释实验数据，得到合理有效的结论。

⑤使用现代工具：能够针对机电系统的研发，开发、选择与使用恰当的技术、资源、现代工程工具和信息技术工具，包括对复杂工程问题的预测与模拟，并能够理解其局限性。

⑥工程与社会：能够基于机械电子工程相关背景知识进行合理分析，评价复杂机电系统的解决方案对社会、健康、安全、法律以及文化的影响，并理解应承担的责任。

⑦环境和可持续发展：能够理解和评价机电系统的工程实践对环境、社会可持续发展的影响。

⑧职业规范：具有人文社会科学素养、社会责任感，能够在工程实践中理解并遵守工程职业道德和规范，履行责任。

⑨个人和团队：能够在多学科背景下的团队中承担个体、团队成员以及负责人的角色。

⑩沟通：能够就机电系统工程问题与业界同行及社会公众进行有效沟通和交流，包括撰写报告和设计文稿、陈述发言、清晰表达或回应指令，并具备一定的国际视野，能够在跨文化背景下进行沟通和交流。

⑪项目管理：理解并掌握机电系统、产品的管理原理与经济决策方法，并能在多部门、多行业及学科交叉环境中应用。

⑫终身学习：具有自主学习和终身学习的意识，有不断学习和适应发展的能力，能及时了解机械电子工程学科的最新理论、技术及国际前沿动态。

2.1.2 课程与教材建设

机械电子工程专业在2010年以前，专业课主要由武器系统、探测等专业的教师负责讲授，智能机器人研究所的教师参与。随着智能机器人研究所的师资力量逐步增强，2018 版培养方案对课程授课教师进行了调整，专业课主要由智能机器人研究所的教师讲授。在最新版的培养方案中，课程进行了进一步优化，学分进行了缩减，大量增加了创新创业的实践类课程，大幅增加了学生认识机器人、了解机器人、学习机器人、制作机器人的教学和实践环节，提升了学生创新实践能力。

表 7-1　2010 版培养方案

	课程名称	学时
专业课	自动控制原理 B	48
	现代控制理论 B	32
	信号与系统 A	56
	机器人学	64
	微机原理及应用技术基础	64
	传感与测试技术	48
	科研项目指导与训练	64

表 7-2　2018 版培养方案

	课程名称	学时
专业课	机电控制工程基础	32
	机器人学科前沿与发展动态	32
	传感与测试技术	32
	信号与系统 B	48
	机器人学	64
	微机原理与接口技术	48
	计算机控制与伺服系统	48
	创新创业实践——机电系统综合实践Ⅰ、Ⅱ	64
	创新创业实践——智能机器人综合实践Ⅰ、Ⅱ	64
	计算机软件实践	32
	工程实践Ⅱ-机电——创新实践（机电系统仿真）	64

围绕机器人技术理论与技术，建设了机器人相关课程，出版了《机器人学基础》等教材与专著。

表7-3 出版专著与教材

书名	作者	出版单位与时间
现代传感技术	李科杰,等	电子工业出版社,2005
控制技术	黄强,高峻峣	机械工业出版社,2006
光机电一体化系统典型实例	高学山	机械工业出版社,2007
感测技术	李科杰,宋萍	机械工业出版社,2007
强冲击试验与测试技术	吴三灵,李科杰,等	国防工业出版社,2010
机器人学基础	蒋志宏,李辉	北京理工大学出版社,2018
空间站多臂机器人运动控制研究	李辉,蒋志宏	北京理工大学出版社,2019
微纳机器人生物操作与生物制造	王化平	国防工业出版社,2019

2.1.3 实验实践教学

机械电子工程专业新建设了多门实验实践类课程,包括机器人学、计算机控制与伺服系统、创新创业实践——机电系统综合实践Ⅰ和Ⅱ、创新创业实践——智能机器人综合实践Ⅰ和Ⅱ共6门课程。为了满足实践教学的需求,机电学院统筹协调建设了专业实验室。目前机械电子工程专业具备了进行机器人、机电系统教学、制作相关的仪器、设备、工具等。

表7-4 实践课程

课程	实践教学
机器人学	• 机器人运动学 • 机器人动力学 • 视觉伺服 • 运动规划与控制
计算机控制与伺服系统	• 控制系统构建 • 电机伺服驱动与控制 • 控制律设计与参数整定
创新创业实践类课程4门	• 选题与方案设计 • 电路系统设计、制作 • 机械系统设计、装调 • 系统仿真与分析 • 系统集成、调试、实验 • 报告撰写与汇报

2.1.4 教学管理与研究

智能机器人是一个国际研究前沿领域,智能机器人研究所依托仿生机器人与系统教育部国际合作联合实验室、"111"的引智基地、高精尖创新中心等高水平平台建立了良好的国际合作关系,为本科生培养的国际化提供了基础和保障。利用国际合作优势,将海外名校领先的教学和科研模式引入机械电子工程本科生培养。积极邀请海外学术大师参与本科生的课程体系建设,并直接开设英文课程、参与课程教授、举办系列学术报告、与学生座谈及指导本科生论文等。制定实施了贯穿选拔、培养、课程体系、管理方式全过程,涵盖智能机器人等多学科,数理、通识、专业课程并重,本硕博纵向贯通式培养的人才培养"明精计划",促进了校内的本专业研究生的培养。

2.2 学位与研究生培养

2.2.1 学科建设

机械电子工程专业为北京理工大学机械工程学科下设的核心专业,依托机械工程学科6个稳定研究方向中的"智能机器人与系统"方向建设。机械工程学科1998年获全国首批一级学科博士学位授予权,2007年入选首批国家一级重点学科。在全国第四轮学科评估中,被评为A类学科,具有高端人才培养能力和重大基础研究、重大工程型号研究的能力。

在2013年的学位授予和人才培养一级学科方案中,"机械工程"一级学科主要包括5个学科方向,其中机械电子工程方向是将机械、电子、流体、计算机技术、检测传感技术、控制技术、网络技术等有机融合而形成的一门学科,是机械工程与电子工程的集成。其任务是采用机械、电气、自动控制、计算机、检测、电子等多学科的方法,对机电产品、装备与系统进行设计、制造和集成。机械电子工程学科培养从事机电一体化设备以及生产过程自动化相关开发研究等的高级专门人才。机械电子工程主要研究机电系统控制及自动化、流体传动与控制、传感与测量、机器人、机电系统动力学与控制、信号与图像处理、机电产品与装备故障诊断等。2015年,在一级学科规划中将机械工程学科下设的方向增加至6个,其中机械电子工程负责建设的方向为仿生与机器人技术。仿生与机器人技术重点研究运动仿生学、生机电融合机理与技术、仿生感知与人机交互、仿生控制与系统集成等,在仿生机器人尤其是仿人机器人、多尺度微纳操作、野外多足机器人、仿生感知等基础理论与关键技术方面具有鲜明特色及优势。2018年,机械工程学科对培养方案进行了更新与调整,以应对中国制造2025战略计划对新时代人才的需求。"仿生与机器人技术"学科方向更名为"智能机器人与系统"研究方向,依托北京智能机器人与系统高精尖创新中心、仿生机器人与系统教育部重点实验室和国际合作联合实验室,围绕智能机器人领域的前沿基础科学问题和重要关键技术,重点研究运动仿生学、多尺度感知与操作、生机电融合与交互、系统控制与集成等理论方法和技术,在仿人机器人、微纳操作机器人、双向人工神经接口、多感觉脑认知机制、空间机器人、主控内窥镜胶囊等研究方面具有明显优势和特色。仿生机器人研究获 2018 年度国家技术发明二等奖。

2.2.2 研究生培养目标与培养方案

1. 硕士研究生

应坚持习近平新时代中国特色社会主义思想,坚持正确的政治方向,具有国家使命感和社会责任心,遵纪守法,品行端正,诚实守信,身心健康,具有良好的科研道德和敬业精神,成为德、智、体、美全面发展的社会主义事业建设者和接班人。

应掌握本学科坚实的基础理论和系统的专门知识,掌握本学科的现代实验方法和技能,具有从事科学研究工作或独立担负专门技术工作的能力,能够胜任科研院所、企业、高校的科学研究、工程设计、产品开发和教学等工作。

2. 博士研究生

应坚持习近平新时代中国特色社会主义思想,坚持正确的政治方向,具有国家使命感和社会责任心,遵纪守法,品行端正,诚实守信,身心健康,具有良好的科研道德和敬业精神,成为德、智、体、美全面发展的社会主义事业建设者和接班人,同时富有科学精神和国际视野。

应掌握本学科坚实宽广的基础理论和系统深入的专门知识,掌握本学科的现代实验方法和技能,熟练地掌握一门外国语,具有一定的国际学术交流能力,具有独立地从事科学研究的能力,并有良好的合作精神,能够在科学研究或专门技术上做出创造性的成果。

表 7-5 学制

学科门类	学术型硕士	学术型博士	
		硕士起点	本科起点(含硕士阶段)
工学 [08]	3 年	4 年	6 年

注:1. 学术型硕士最长修业年限在基本学制基础上增加 0.5 年;
  2. 学术型博士最长修业年限在基本学制基础上增加 2 年;
  3. 特别优秀并提前完成学位论文的博士最多可提前 1 年毕业。

2.2.3 课程与教材建设

机械电子工程专业研究生培养环节中,公共课程类别中博士研究生需修满 6 学分,硕士研究生修满 7 学分;基础课类别中博士研究生与硕士研究生均需修满

2 学分；选修课类别中博士研究生需修满 13 学分（核心课程不少于 2 学分），硕士研究生需修满 13 学分；此外，针对机械电子工程专业特色，博士研究生还需选修前沿交叉课程不少于 1 学分，硕士研究生仍需选修全英文课程不少于 2 学分。

表 7-6 研究生课程

类别	课程代码	课程名称	学时	学分	学期	是否必修	课程层次	学分要求
前沿交叉课	0300203	机器人与智能制造	8	0.5	1	选修	博士	博士≥1
学科核心课	0200035	机器人系统设计与应用	48	3	2	选修	硕士	硕士≥4
	0200075	现代传感与测试技术	48	3	2	选修	硕士	
专业选修课	0200141	现代探测技术	32	2	2	选修	硕士	博士≥2
	0200075	现代传感与测试技术	32	2	2	选修	硕士	
	0200095	先进机器人学	48	3	1	选修	硕士	
	0200096	高级控制系统设计方法概论	32	2	2	选修	硕士	
	0200167	仿生机器人技术	32	2	2	选修	硕士	
	0200168	生物医疗与微纳机器人技术	32	2	2	选修	硕士	
	0200169	微纳生物测量技术	32	2	2	选修	硕士	
	0200058	微机电系统	32	2	2	选修	硕士	
	0200024	机器人前沿技术	48	3	1	选修	博士	
全英文课		从留学生培养方案选修				选修	硕士	硕士≥2
合计			硕士≥25	博士≥11				

3 科学研究

根据国家中长期规划，智能机器人研究所围绕国际科技发展前沿和国家重大需求，重点开展仿生机器人的前沿基础理论和核心关键技术研究探索，建立仿生机器人与系统的高端科学研究集成平台，在仿生机器人学方面取得原始创新，引领智能机器人和系统技术的发展，为机器人战略性新兴产业和若干国家安全领域等提供技术支撑与储备，成为国家科技创新和人才培养的重要基地。

近 5 年来，智能机器人研究所承担 KJW 重大项目、国家自然基金委重大国际合作/重点/面上/青年项目、国家重点研发计划、国防基础科研等国家级项目以及北京市科技计划项目共 40 余项，累计合同经费近 3 亿元，发表 SCI 论文 110 余篇，EI 论文 160 余篇；获授权国家发明专利 90 余项；获国家技术发明奖二等奖、国家科技进步奖二等奖、教育部技术发明一等奖各 1 项；获 IEEE ICRA、Advanced Robotics、IEEE ROBIO 等国际学术论文奖 12 项。

3.1 研究任务与发展

智能机器人研究所主要集中在运动仿生学、生机电融合、仿生感知与人机交互三个方向，承担了一批重大重点研究任务，取得了重要进展。

- 运动仿生学方向：重点研究多足高等动物以及人类双足自然行走等行走机理、行走机构、行走模式、运动学及动力学，建立高等动物的运动学、动力学及机构模型，突破制约实现机器人运动、作业的认知瓶颈，形成新型运动与作业的仿生机构设计、运动规划和稳定控制理论及方法。
- 生机电融合方向：重点研究宏观、微观跨尺度机器人生物操作理论与方法，生物–机电系统单元集成与融合，人工精密组织与器官再生构建方法，建立微纳尺度机械–生物交互模型，突破机器人微纳操作走向实际应用的关键难题，形成机器人微纳操作与生物医学工程相结合的新理论与方法，突破医用人工血管模型、假肢等方面关键技术瓶颈。
- 仿生感知与人机交互方向：重点研究生物的感知与交互机理，环境的仿生识别与适应理论、方法与物理实现，仿生自然交互模式与操作。构建感知系统模型以及与周围环境的互动和情感交流模式，突破机器人获取环境信息的视觉、触觉等的感知机理和物理实现，形成较为完整的仿生感知理论体系及研究方法。

3.2 代表性研究成果

智能机器人研究所在仿生机器人及其应用研究方面取得了诸多成果，其中 4 项代表性成果如下。

- 面向复杂环境适应的仿人机器人

针对目前国际上仿人机器人摔倒后不能继续工作，不能根据环境进行行走、爬行、摔倒保护等运动模态的自主转换，从而难以适应复杂环境的问题，在军委科技委重点项目、国家自然科学基金重大重点项目的支持下，突破了人体运动机理分析、刚柔兼备多模态运动规划、动态平衡控制等关键技术，研制了国际首个"刚柔兼备"的"摔滚走爬跳"多模态运动仿人机器人，入选国家"砥砺奋进的五年"大型成就展，获国家技术发明二等奖（2018 年）和教育部技术发明一等奖（2016 年）。学术带头人黄强教授当选 IEEE Fellow（2016 年），获 IFToMM 卓越成就奖（2019 年）。

第七篇 机械电子工程——智能机器人与系统（学科）专业

图 7-3 多模态运动的仿人机器人

- 微纳生物操作

针对目前器官移植、组织修复等治疗手段所存在的供源不足、免疫排斥等，开展基于跨尺度微纳机器人生物组装的人工生物组织体外构建方法的研究。利用组织工程中"底层到顶层"细胞三维组装理论，通过对细胞封装模块的机器人化三维操作与有定向组装，开发具有再现或恢复人体机能的人工组织。突破当前再生医疗领域由于生物制造难以兼顾精度与效率的科学难题，以微纳机器人自动化操作使构建的人工组织从外部形貌至内部微尺度结构均能真实模拟人体组织。在世界上首次实现了 200 微米直径微血管的机器人化构建，并实现了血管化人工肝组织的三维重构。在该领域的研究成果在 ACS applied materials & interfaces、IEEE/ASME Transactions on Mechatronics 等一系列高水平杂志上发表 SCI 论文近 20 篇，获得国际会议优秀论文奖 5 项。学术带头人福田敏男教授当选中国科学院外籍院士、IEEE 2020 总主席。

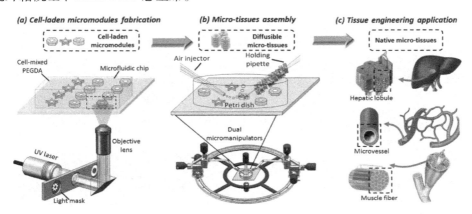

图 7-4 基于微机器人生物组装的人工微组织构建

- 人工双向神经接口技术

针对神经双向传输瓶颈问题，瞄准前沿的植入式神经接口下行控制和感觉反馈技术作为突破目标,在国际上提出具有革命性的人工双向神经接口技术体系。在神经接口核心硬件方面,在国际上首次研发出双向全植入式无线外周神经接口系统(NeuroBITs);在人工神经构建和耦联方面,攻克了人工神经束的体外定向构建培育和猕猴大脑神经接口的长期植入的难关,处于国际先进和国内领先的水平;在神经接口信号获取方面,解决了猕猴运动脑区神经信号高通量采集,人脑高分辨率等素体功能成像等难题,绘制出了目前国际最新的精细脑功能图谱;在神经接口解析和控制方面,实现了猕猴大脑皮层运动意图的解码和机械臂的猕猴脑实时控制,研制出了一系列初步产品化的智能假肢系统,将对人工智能、脑机交互、人/机器人融合等领域产生变革性的影响。

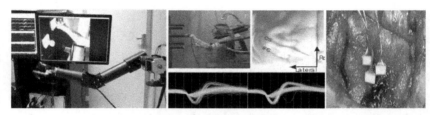

图7-5 猕猴大脑植入神经接口实现脑运动意图解码和机械臂脑实时控制

● 空间站智能服务机器人核心技术

面向国家空间站等航天重大工程,针对机器人在轨智能维护作业需要,实现了多自由度智能服务机器人实时漂浮基动力学建模与前馈稳定控制、大型空间机械臂辅助25吨大质量大惯量舱体仿生力柔顺对接、多自由度大型空间机器臂地面全负载高低温真空动力学测试与验证、适应空间杂散光及包覆层类似镜面反射等复杂环境的机器人视觉、航天员空间站操纵天和机械臂的运动控制等核心技

天宫2号在轨维护机器人双目视觉精确引导系统

中国空间站天和机器臂动力学测试验证系统

空间站天和机器臂辅助25T舱体仿生力柔顺对接

航天员空间站操纵天和机器臂的运动控制系统

图7-6 空间站智能服务机器人核心技术在我国空间站重大工程中的应用

术,研制了适应空间复杂光照环境的机器人双目视觉精确引导系统和我国空间站天和机械臂 -2 500Nm~2 500Nm 全惯量负载动力学验证系统,机器人双目精确引导系统在"天宫 2 号"在轨成功应用。在 IEEE Transaction 等国际机器人期刊发表了 40 多篇高水平论文、授权发明专利近 20 项。

4 师资队伍

4.1 师资队伍概况

智能机器人研究所自成立以来,采取了"引培并举、重在培养"的战略,以加强学科队伍的国际化建设。通过良好的科研条件、国际化的学术氛围、合理的薪酬激励、有利于创新的运行管理机制吸引和培养了大批高端人才,研究队伍领军人才快速增长。同时,依托浓厚的国际化学术氛围、有效的激励机制、优良的科学研究环境,本学科专业选派优秀青年教师到国外著名大学访问并深入开展研究,他们迅速成长为学科骨干和领军人才后备军,使机械电子工程专业形成老中青结合的学术梯队。

智能机器人研究所由成立之初 10 余人,已发展形成了以中国科学院外籍院士、IEEE Fellow、"杰青"、"长江"、"海外高层次人才计划"教授为核心的国际化高水平师资队伍。现全职教职工 25 人,其中,中国科学院外籍院士 1 人,IEEE 总主席 1 人,IEEE Fellow 3 人,"海外高层次人才计划"教授 4 人,"长江""杰青""万人计划"各 1 人。

图 7-7 智能机器人研究所成立之初教职工合影

4.2 专业知名教授

黄强，教授，博导，IEEE Fellow，长江学者特聘教授，国家杰出青年基金获得者，"万人计划"首批科技创新领军人才。北京智能机器人与系统高精尖创新中心常务副主任，仿生机器人与系统教育部重点实验室主任，北京市政协常委。任 Advanced Robotics、Intl. J. Social Robotics、Neuroscience and Biomedical Eng. 等国际期刊编委（Associate Editor），联合创立了 IEEE TC on Cyborg and Bionic Systems（CBS）、IEEE - CBS 国际会议，创办了 Cyborg and Bionic Systems 期刊。作为大会主席，近年来举办了 IEEE - Humanoids 2018、IEEE - ROBIO 2017、IEEE - CBS 2017、ICME 2017 等多个国际著名会议。从事仿生机器人、机器人微纳操作、智能假肢等研究与开发工作，先后研制了六代汇童仿人机器人。在 IEEE 汇刊等国际期刊发表 SCI 论文 100 余篇，获国际会议优秀论文奖 10 余项。获授权国家发明专利 80 余项。以第一完成人获国家技术发明二等奖、教育部技术发明一等奖，IFToMM 卓越成就奖。

福田敏男，中国科学院外籍院士，教授，IEEE 2020 总主席。福田教授是世界公认的生物医学微纳操作机器人领域的开拓者和引领者。在我校工作以来，福田教授领导团队创建了世界首个跨尺度协同生物微组装机器人系统，实现了 200 微米人工微血管的自动化加工。作为联合主席之一创办了"机器人—人功能单元融合仿生系统"IEEE 技术委员会和 Cyborg and Bionic Systems 期刊，并任 2017 年首届 IEEE CBS 国际会议总主席。

李科杰，教授，曾任北京理工大学首席教授、机电工程系主任、无人系统研究院副院长，中央直接掌握联系的高级专家，国务院学位委员会第五届学科评议组成员，中国计算机测控技术协会常务理事，中国仪器仪表学会传感器分会副理事长、名誉副理事长；曾任北京理工大学学术委员会委员、国家科学技术奖评审专家、科技部创新基金光机电一体化评审组长、国防科工委试验与测试技术专家组专家、国家基金委信息科学部评审专家等三十余个学术职务；获美国国际发明博览会金奖和省部级一、二、三等奖十余项；主编了新编传感器技术手册、光机

电一体化技术等十余部书籍；培养博士和硕士生 113 名；被评为全国优秀教师、国防科技工业有突出贡献专家、全国测控行业有突出贡献专家并终生享受国务院政府特殊津贴。

何际平，"海外高层次人才计划"教授，美国亚利桑那大学神经联接与脑控制研究中心创始人，首届中美脑机接口技术交流合作论坛发起人，外周神经接口领域的领军人。开创了神经肌肉控制理论体系，相关论文总引用数近 3 千次，在神经接口领域产生了广泛深远的影响。实现了猕猴神经接口三维 8 分量控制，创国际同期最好水平。在 BRAIN、PAIN、BIOMATERIAS、IEEE TNSRE、J Neural E 等国际一流刊物发表论文 180 余篇。获科学中国人 2016 年度人物奖。

新井健生，IEEE Fellow，"海外高层次人才计划"外专教授。日本建设机器人学会会长，曾为日本大阪大学教授。主要从事微纳操作机器人研究，研制出首套微纳快速操作器，获日本机械工程领域最高奖项"Funai 奖"，发表期刊论文 150 余篇，获国际学术论文奖 20 余项，授权多项欧美、日本发明专利。

吴景龙，QR 计划特聘教授。曾为日本国立冈山大学教授，国际复合医学工程学会及 Neuroscience and Biomedical Engineering 期刊创始人。主要从事视触觉脑功能成像方面研究，发表 SCI 论文 50 余篇，获国际优秀论文奖 4 项。

5 实验室建设

以机电学院智能机器人研究所为核心，先后获批仿生机器人与系统教育部重点实验室、"特种机动平台设计与制造"学科引智基地等省部级科技创新平台，在学校、机电学院、智能机器人与系统高精尖创新中心的支持下，办公场地、仪器设备、实验室建设方面取得了重大进展，已经拥有总价值近亿元的实验设备，建设了国际一流的实验支撑环境。

5.1 实验室建设与管理

按照"集中建设、构建平台、展示成果、持续发展"的原则，机械电子工程专业（智能机器人研究所负责的部分）建设得到了北京理工大学、高精尖中心的大力支持，在国防科技园 6 号楼安排集中建设，于 2017 年 6 月 15 日正式启用。同时，将原属机电学院智能机器人研究所长期以来积累的科学研究设备全部纳入机械电子工程专业建设进行统一管理、维护和使用，使实验室具备了国际一流的实验环境。通过高精尖中心专项经费、教育部重点实验室、"海外高层次人才计划"科研启动费等创新平台建设经费，以及国家纵向科研项目经费所购置的仪器设备也全部统一管理和使用。

5.2 重大仪器设备

机械电子工程专业具备了大量世界先进的仪器设备，具有完善科研仪器平台。依托仿生机器人与系统教育部重点实验室的建设经费支持，建成一套用于室外/空间仿生机器人运动/位姿、力反馈等信息的测试平台，主要包括绝对激光跟踪仪、惯性导航仪、机器人接触碰撞动力学特性研究平台、混合信号示波器、电磁导航仪等设备，构成仿生运动、力反馈测试平台，完成室外大范围机器人精确位姿、力反馈等的测试、空间作业接触碰撞动力学参数获取和接触碰撞动力学特性分析等，需补充完善仿生机器人运动、力等信息测试平台，购置数字信号分析仪、CAVE 虚拟现实显示系统等设备；开拓生机电人工生命系统方向，建设机器人化细胞微操作与生命体检测平台，主要包括环境扫描电子显微镜、TMS 定位器、MRI 同期信号器、TMS 磁刺激提示器、MRI 用生机电反应按键、核磁共振成像仪（MRI）、MRI 用眼球运动测量系统、MRI 用眼球运动捕捉系统、MRI 液晶成像系统、MRI 液晶成像显示系统、头部线圈用反光镜、MRI 用视力调整眼镜等设备，主要用于机器人化细胞微操作与检测和生命体的相关检测等。

近 5 年来，依托高精尖中心、教育部重点实验室、"海外高层次人才计划"启动费等支持，机械电子工程专业旗下实验室先后新增了运动仿生捕捉系统、共聚焦显微镜、机器人位姿跟踪测量系统、室内视觉定位系统、无线干电极 72 通 EEG/ERPs 系统、多模态数据整合分析系统、灵巧手协同微操作系统等新仪器设备共计 20 多台（套）。同时，机械电子工程专业以仿生机器人研究方向为核心，搭建了国内最完整的仿生机器人研究设备群。实验室根据研究需要，持续对运动仿生捕捉系统、BHR 仿人机器人系统、多维测力分析系统、超动态运动机器人及其测试平台、多模态数据整合分析系统、基于环境扫描电子显微镜的纳米操作平台等研究设备进行升级改造和优化配置，形成了一整套国内完整的仿生机器人研究、测试、分析设备群。并实现了仪器设备的开放共享、制定了科学规范的管理制度，向全校和社会开放了 BHR 仿人机器人系统、立式加工中心等"贵、大、精、稀"仪器设备，总使用时数超过了 1 500 小时。

表 7-7 部分贵重仪器设备和辅助设备

序号	设备名称	厂家及型号
1	神经信号采集系统	PLEXON
2	聚焦离子束电子束双数电镜	Thermo Fisher Scientific
3	场发射透射电子显微镜	Thermo Fisher Scientific
4	双球差校正透射电子显微镜	Thermo Fisher Scientific
5	共聚焦显微镜	Nikon A1
6	环境扫描电子显微镜	QUANTA FEG 650
7	穿刺机器人	FUTURE ROBOTICS/FR-KKC-010
8	灵巧手协同微操作系统	Olympus
9	研究级倒置显微镜	Olympus/IX83
10	机器人位姿跟踪测量系统	瑞士 LEICA GEOSYSTEM AG/AT960-MR
11	室内视觉定位系统	美国 Motion Analysis/Osprey
12	无线干电极 72 通 EEG/ERPs 系统	Cognionics/Cognionics72/
13	触觉角度辨别系统	ICMEI/ICMEI-BT010
14	多模态数据整合分析系统	iMOTIONS/iMOTIONS6.1
15	ESEM 低温控制系统	FEI/FP 2300/12
16	体视显微镜	奥林巴斯株式会社/SZX16
17	研究级倒置显微镜	奥林巴斯/IX73
18	运动仿生捕捉系统	Motion Analysis Eagle 500RT
19	嵌入式视觉开发套件	加拿大 POINTGREY
20	BHR 仿人机器人系统	BHR5、BHR6P

6 交流合作

6.1 教师交流

机械电子工程专业在建设过程中依托高精尖创新中心，借助仿生机器人与系统国际联合实验室在海外合作方面的突出优势，长期以来与海外著名高校的一流团队开展了实质性合作，形成了稳定的合作机制，引进了一批著名海外学者，人才队伍的水平和层次迅速提高,在国际学术组织、国际期刊、国际学术会议中担任了多个重要职务,提升了我国智能机器人与系统在国际上影响力。

(1) 汇聚国际顶尖人才,取得系列国际合作成果。

在国家外专局学科创新引智基地("111"计划)支持下,以体制创新为手段,吸引了一批高端人才队伍,科技创新能力得到显著提升。北京理工大学与日本早稻田大学、意大利比萨圣安娜大学等知名高校和研究单位签订了合作协议,建立了实质性合作关系,并于2015年建立了教育部仿生机器人与系统国际合作联合实验室。充分利用国内外的资源,互派青年教师赴国内或国外高校进修或作为访问学者,联合培养了一大批青年人才。近五年,国内研究人员出国短期访问或者参加学术会议共计300余人次,国外学术骨干到北京理工大学做短期访问200余人次,年均举办国际学术会议3次。

图7-8　实验室教师海外研修

(2) 创办国际学术组织。

2016年5月,研究所黄强教授、福田敏男教授与美国MIT、德国慕尼黑工业大学的教授作为共同主席发起并创立IEEE类生命系统(Cyborg and Bionic Systems, CBS)国际技术委员会;2017年10月,在北京召开了首届IEEE CBS国际学术会议,2018年、2019年分别在深圳、德国慕尼黑举办,2020年将在美国北卡罗来纳州举行。该技术委员会以福田教授为主编,黄强教授为执行主编成立国际期刊Cyborg and Bionic Systems,这将对北理工乃至我国在该领域成为领跑者产生积极的推动作用。

(3) 担任重要国际学术职位。

研究所教师在国际学术组织中担任重要职位,并以研究所成员为核心创办了具有重要影响力的国际学会、技术委员会及学术期刊3个。研究所有 IEEE Fellow 3人，国际学会会议创始主席、主席或联合主席20余人次。福田敏男教授于2018年当选为 IEEE 2020 总主席，担任过 IEEE 第十领域（系统与控制）主席（2017—2018）、IEEE 亚太区主席（2013—2014）。黄强教授担任 International Advanced Robotics Programme（国际先进机器人组织）中方代表，为 IEEE CBS 技术委员会创始人、IEEE – RAS 北京区主席。研究所成员在 Science Robotics、International Journal of Social Robotics 等机器人领域著名国际期刊担任主编2人次、编委20余人次。

（4）主办承办国际学术会议。

2014年以来，研究所主办和承办了2018年 IEEE – RAS 仿人机器人国际会议（黄强教授为大会主席）、2017年 IEEE CBS 国际学术会议（福田敏男教授为大会主席）、2017年 IEEE ROBIO 国际会议（黄强教授为大会主席）、IEEE ARSO 2019（新井健生教授为大会主席）等有重要影响力的国际学术会议13次，超过150人的国际会议有5次。

图7-9 2017年 IEEE CBS 国际会议参会嘉宾

（5）国际会议作大会/特邀报告。

2014年以来，研究所教师在国际学术会议上作大会或特邀报告15次。2016年10月，WRC2016 世界机器人大会上，福田敏男教授受邀围绕微纳操作机器人、胶囊机器人、仿生机器人及其应用作大会报告。黄强教授在2017 ICIRA、2018 IEEE ROMAN、2019 IEEE IROS 等国际会议上作大会报告。2018年11月，余张国教授在 IEEE Humanoids 2018 国际会议上作特邀报告。

图 7-10　2018 年 IEEE Humanoids 国际会议开幕式

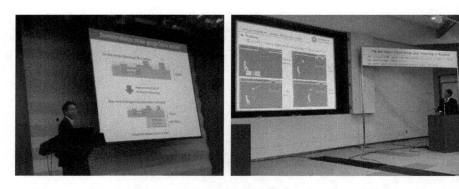

图 7-11　新井健生教授及余张国教授在国际会议上作报告

6.2　学生交流

机械电子工程专业在学生培养方面高度重视学生在国际交流合作方面的能力培养。在研究生培养方面，采用国内外"联合培养"的模式，实施"双导师制"，力求培养出具有国际视野的研究生。利用既有的国际合作交流的优势，每年派出大批研究生赴国际知名高校联合培养，显著提高了培养质量。北理工与日本早稻田大学、意大利比萨圣安娜大学、日本名古屋大学、意大利卡西诺大学、日本电气通信大学等联合培养的学生王化平、李敬、孙韬、刘晓明、黄高等获国际学术会议论文奖/提名奖人均 1 项。在本科生全英文培养方面，采用理论与实践结合的国际化培养方式，培养具有科学思维能力、创造能力和创新精神的高素质人才。加强本科生的课程体系改革,将海外名校领先的教学和科研模式引入实验室,在培养计划中提升实践教学比重,加强与企业的合作,大幅度提高了本科生的培养质量。

近五年,机械电子工程专业学生参加国际学术交流累计 50 余次,在学术会议中以口头报告或展板形式介绍研究所机器人方向相关研究成果,年均获学生优秀论文奖/提名奖 4 项。近五年,研究生以创新引智基地资助、国家留学委基金资助形式赴境外学习交流 3 个月以上的人数共计 17 人,境外学生到本专业学习交流人数 18 人次,有效提升了本专业学生国际学术交流能力,为具有国际视野的梯队后备人才培养建立了坚实的基础。

7 结语

机械电子工程专业自成立以来,在不断的求实创新、锐意进取中走过了十余年,在人才培养、科学研究、学科建设、师资队伍汇聚等方面取得了优秀的业绩。本专业未来将继续围绕国家重大需求和学科前沿,重点开展运动仿生学、生机电融合、仿生感知与交互等方向的研究,培养一大批高层次人才,做到"顶天立地",即在前沿研究方面努力取得一批有国际影响力的创新成果,并产出一批对国家重大需求、国民经济发展、民生问题有重要贡献的成果,支撑北京理工大学"双一流"建设,力争成为我国智能机器人领域教学和科研的一张靓丽国际名片。

附录 1 教职工名录

附表 7-1 在职教职工名录

姓名	职称	最高学历毕业院校
黄强	教授	日本早稻田大学
福田敏男	教授	日本东京大学
吴景龙	教授	日本京都大学
何际平	教授	美国马里兰大学
新井健生	教授	日本东京大学
段星光	教授	北京理工大学
宋萍	教授	北京理工大学

续表

姓名	职称	最高学历毕业院校
蒋志宏	教授	清华大学
余张国	教授	北京理工大学
张伟民	副教授	北京理工大学
高峻峣	副研究员	北京理工大学
黄远灿	副教授	北京理工大学
陈晓鹏	副教授	中国科学院自动化研究所
石青	副教授	日本早稻田大学
陈学超	副教授	北京理工大学
李辉	副教授	北京理工大学
王化平	副教授	北京理工大学
缪林清	预聘副教授	北京大学
赵静	预聘副教授	中国科学院大学
聂立	高级实验师	日本京都工艺纤维大学
李方兴	讲师	北京理工大学
田野	讲师	北京理工大学
李庆威	助理教授	清华大学
谢琳	实验员	中国人民大学
郭文娟	实验员	山西师范大学
王占蕊	实验员	郑州大学

附录2 学生名录

附表7-2 本科生名录（2003—2018年）

姓名	班号/学号	入学时间	专业	毕业时间
毕莹	20031324	2003	机械电子工程	2007
蔡克荣	20031366	2003	机械电子工程	2007
曹勇刚	20031347	2003	机械电子工程	2007
陈明亮	20031337	2003	机械电子工程	2007

续表

姓名	班号/学号	入学时间	专业	毕业时间
陈文杰	20031346	2003	机械电子工程	2007
陈云峰	20031329	2003	机械电子工程	2007
程勇	20031410	2003	机械电子工程	2007
初超	20031331	2003	机械电子工程	2007
董家梅	20031412	2003	机械电子工程	2007
杜伟星	20031321	2003	机械电子工程	2007
杜忠良	20031317	2003	机械电子工程	2007
段存松	20031414	2003	机械电子工程	2007
樊瑞	20031399	2003	机械电子工程	2007
冯慧	20031390	2003	机械电子工程	2007
冯璐	20031408	2003	机械电子工程	2007
冯熙	20031407	2003	机械电子工程	2007
高峰	20031396	2003	机械电子工程	2007
高金京	20031350	2003	机械电子工程	2007
葛培楠	20031384	2003	机械电子工程	2007
宫久路	20031398	2003	机械电子工程	2007
贯胜会	20031315	2003	机械电子工程	2007
桂进林	20031378	2003	机械电子工程	2007
郝娇艳	20031394	2003	机械电子工程	2007
蒋安明	20031381	2003	机械电子工程	2007
劳力	20031364	2003	机械电子工程	2007
李博	20031361	2003	机械电子工程	2007
李冠英	20031341	2003	机械电子工程	2007
李衎	20031323	2003	机械电子工程	2007
李雷涛	20031340	2003	机械电子工程	2007
李亮	20031359	2003	机械电子工程	2007
李璐	20031383	2003	机械电子工程	2007
李森	20031325	2003	机械电子工程	2007

续表

姓名	班号/学号	入学时间	专业	毕业时间
李宋	20031353	2003	机械电子工程	2007
梁接明	20031419	2003	机械电子工程	2007
林盛杰	20031389	2003	机械电子工程	2007
刘畅	20031391	2003	机械电子工程	2007
刘露咪	20031357	2003	机械电子工程	2007
刘思奇	20031335	2003	机械电子工程	2007
刘统	20031305	2003	机械电子工程	2007
刘文涛	20031318	2003	机械电子工程	2007
刘鑫	20031413	2003	机械电子工程	2007
刘萱	20031417	2003	机械电子工程	2007
刘雅芳	20031334	2003	机械电子工程	2007
刘阳	20031345	2003	机械电子工程	2007
柳科	20031369	2003	机械电子工程	2007
卢飞	20031392	2003	机械电子工程	2007
逯鹏威	20031385	2003	机械电子工程	2007
罗华阳	20031374	2003	机械电子工程	2007
马晨杰	20031421	2003	机械电子工程	2007
毛云娟	20031362	2003	机械电子工程	2007
毛卓	20032887	2003	机械电子工程	2007
孟昭韬	20031393	2003	机械电子工程	2007
牛三库	20031411	2003	机械电子工程	2007
彭金麟	20031403	2003	机械电子工程	2007
沈尼洋	20031339	2003	机械电子工程	2007
苏甲	20031343	2003	机械电子工程	2007
苏婷立	20031395	2003	机械电子工程	2007
谭飞	20031372	2003	机械电子工程	2007
涂远方	20031401	2003	机械电子工程	2007
王炳祥	20031348	2003	机械电子工程	2007

续表

姓名	班号/学号	入学时间	专业	毕业时间
王博阳	20031360	2003	机械电子工程	2007
王迪	20031409	2003	机械电子工程	2007
王贺	20031406	2003	机械电子工程	2007
王怀忠	20031416	2003	机械电子工程	2007
王令	20031418	2003	机械电子工程	2007
王璐	20031380	2003	机械电子工程	2007
王嵘	20031333	2003	机械电子工程	2007
王松	20031354	2003	机械电子工程	2007
王晓丹	20031342	2003	机械电子工程	2007
王艺绦	20031316	2003	机械电子工程	2007
王毅	20031351	2003	机械电子工程	2007
魏佩远	20031415	2003	机械电子工程	2007
巫瑞	20031373	2003	机械电子工程	2007
吴家乐	20031322	2003	机械电子工程	2007
吴松平	20031365	2003	机械电子工程	2007
肖琳琳	20031368	2003	机械电子工程	2007
肖伟	20031402	2003	机械电子工程	2007
熊小鹰	20031327	2003	机械电子工程	2007
徐畅	20031356	2003	机械电子工程	2007
徐乾	20031319	2003	机械电子工程	2007
徐兆江	20031363	2003	机械电子工程	2007
许可	20031336	2003	机械电子工程	2007
荀阳	20031379	2003	机械电子工程	2007
鄢宏华	20031330	2003	机械电子工程	2007
阳光	20031328	2003	机械电子工程	2007
阳世坤	20031355	2003	机械电子工程	2007
杨洋	20031338	2003	机械电子工程	2007
易泰	20031404	2003	机械电子工程	2007

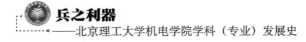

续表

姓名	班号/学号	入学时间	专业	毕业时间
袁博	20031349	2003	机械电子工程	2007
岳娴	20031332	2003	机械电子工程	2007
张飞弦	20031382	2003	机械电子工程	2007
张海江	20031358	2003	机械电子工程	2007
张京波	20031377	2003	机械电子工程	2007
张南	20031375	2003	机械电子工程	2007
章丹	20031314	2003	机械电子工程	2007
赵泓	20031320	2003	机械电子工程	2007
赵宇	20031388	2003	机械电子工程	2007
郑春月	20031326	2003	机械电子工程	2007
周旭	20031352	2003	机械电子工程	2007
周宇	20031370	2003	机械电子工程	2007
朱光蕾	20031387	2003	机械电子工程	2007
朱乐	20031405	2003	机械电子工程	2007
向俊	20033678	2003	机械电子工程	2009
巴尔撒博卿	20041326	2004	机械电子工程	2008
白光星	20041273	2004	机械电子工程	2008
曹晨	20041310	2004	机械电子工程	2008
曹庆瑞	20041317	2004	机械电子工程	2008
曹伟	20041284	2004	机械电子工程	2008
陈少波	20041267	2004	机械电子工程	2008
丁驰原	20041306	2004	机械电子工程	2008
丁雷	20041335	2004	机械电子工程	2008
董蕴喆	20041251	2004	机械电子工程	2008
付亚博	20041257	2004	机械电子工程	2008
高晓华	20041311	2004	机械电子工程	2008
葛立	20041282	2004	机械电子工程	2008
弓宇	20041299	2004	机械电子工程	2008

续表

姓名	班号/学号	入学时间	专业	毕业时间
龚旭	20041333	2004	机械电子工程	2008
韩佩君	20041298	2004	机械电子工程	2008
何川	20041314	2004	机械电子工程	2008
洪金	20041279	2004	机械电子工程	2008
胡海波	20041300	2004	机械电子工程	2008
胡炜	20041327	2004	机械电子工程	2008
黄飞鹏	20041281	2004	机械电子工程	2008
黄潇	20041253	2004	机械电子工程	2008
姬超	20041291	2004	机械电子工程	2008
焦恒	20041262	2004	机械电子工程	2008
雷敏	20041312	2004	机械电子工程	2008
李程杰	20041274	2004	机械电子工程	2008
李岱	20041276	2004	机械电子工程	2008
李虎	20041321	2004	机械电子工程	2008
李群	20041271	2004	机械电子工程	2008
李廷珍	20041328	2004	机械电子工程	2008
李祥成	20041285	2004	机械电子工程	2008
李毅	20041288	2004	机械电子工程	2008
李月	20041308	2004	机械电子工程	2008
李政	20041302	2004	机械电子工程	2008
李治念	20041283	2004	机械电子工程	2008
刘金雷	20041265	2004	机械电子工程	2008
刘磊	20041296	2004	机械电子工程	2008
刘亦超	20041320	2004	机械电子工程	2008
卢二宝	20041252	2004	机械电子工程	2008
吕亭强	20041303	2004	机械电子工程	2008
马梁	20041307	2004	机械电子工程	2008
裴鹏斌	20041258	2004	机械电子工程	2008

续表

姓名	班号/学号	入学时间	专业	毕业时间
屈广宇	20041332	2004	机械电子工程	2008
商慧增	20041318	2004	机械电子工程	2008
施大鹏	20041268	2004	机械电子工程	2008
宋世龙	20041260	2004	机械电子工程	2008
覃荣峰	20041324	2004	机械电子工程	2008
王超	20041264	2004	机械电子工程	2008
王晨	20041290	2004	机械电子工程	2008
王璀	20041313	2004	机械电子工程	2008
王刚	20041329	2004	机械电子工程	2008
王俊明	20041269	2004	机械电子工程	2008
王文豪	20041297	2004	机械电子工程	2008
王晓飞	20041316	2004	机械电子工程	2008
吴敬磊	20041305	2004	机械电子工程	2008
项学锋	20041261	2004	机械电子工程	2008
邢刚	20041304	2004	机械电子工程	2008
徐凡	20041289	2004	机械电子工程	2008
薛源	20041309	2004	机械电子工程	2008
杨帆	20041270	2004	机械电子工程	2008
杨楠楠	20041256	2004	机械电子工程	2008
姚光明	20041275	2004	机械电子工程	2008
酉佳	20041322	2004	机械电子工程	2008
于承慧	20041263	2004	机械电子工程	2008
袁亦方	20041331	2004	机械电子工程	2008
翟天睿	20041292	2004	机械电子工程	2008
张超	20041287	2004	机械电子工程	2008
张达茵	20041266	2004	机械电子工程	2008
张海涛	20041294	2004	机械电子工程	2008
张虎盛	20041334	2004	机械电子工程	2008

续表

姓名	班号/学号	入学时间	专业	毕业时间
张冀兴	20041254	2004	机械电子工程	2008
张嘉骅	20041286	2004	机械电子工程	2008
张铃	20041325	2004	机械电子工程	2008
张首鹏	20041319	2004	机械电子工程	2008
张帅	20041277	2004	机械电子工程	2008
张顺平	20041315	2004	机械电子工程	2008
张威	20041301	2004	机械电子工程	2008
郅威	20041259	2004	机械电子工程	2008
周进锋	20041278	2004	机械电子工程	2008
朱明敏	20041293	2004	机械电子工程	2008
朱永强	20041255	2004	机械电子工程	2008
左迪	20041272	2004	机械电子工程	2008
李奇奋	20051127	2005	机械电子工程	2008
陈波	20051173	2005	机械电子工程	2009
陈庆	20051175	2005	机械电子工程	2009
陈夏凉	20051167	2005	机械电子工程	2009
陈政	20051132	2005	机械电子工程	2009
代锦伦	20051129	2005	机械电子工程	2009
戴本壮	20051159	2005	机械电子工程	2009
邓路	20051147	2005	机械电子工程	2009
董二磊	20051131	2005	机械电子工程	2009
范睿	20051163	2005	机械电子工程	2009
傅天航	20051164	2005	机械电子工程	2009
龚汉越	20051168	2005	机械电子工程	2009
韩旭光	20051144	2005	机械电子工程	2009
何灏	20051176	2005	机械电子工程	2009
胡杰	20051149	2005	机械电子工程	2009
黄永腾	20051121	2005	机械电子工程	2009

续表

姓名	班号/学号	入学时间	专业	毕业时间
金力	20051166	2005	机械电子工程	2009
晋一宁	20051138	2005	机械电子工程	2009
喇超	20051140	2005	机械电子工程	2009
李北国	20051160	2005	机械电子工程	2009
李程晟	20051171	2005	机械电子工程	2009
李达	20051155	2005	机械电子工程	2009
李维	20051136	2005	机械电子工程	2009
李想有志	20051145	2005	机械电子工程	2009
李宇	20051151	2005	机械电子工程	2009
刘娟	20051178	2005	机械电子工程	2009
陆波	20051165	2005	机械电子工程	2009
马伟	20051179	2005	机械电子工程	2009
孟见	20051161	2005	机械电子工程	2009
倪文成	20051135	2005	机械电子工程	2009
苏若曦	20051122	2005	机械电子工程	2009
孙军	20051170	2005	机械电子工程	2009
王剑锋	20051177	2005	机械电子工程	2009
王瑾	20051157	2005	机械电子工程	2009
王灵威	20051148	2005	机械电子工程	2009
王舒琨	20051125	2005	机械电子工程	2009
王洋	20051152	2005	机械电子工程	2009
温帝文	20051172	2005	机械电子工程	2009
夏雪蛟	20051130	2005	机械电子工程	2009
徐鹏飞	20051156	2005	机械电子工程	2009
徐兆阳	20051142	2005	机械电子工程	2009
杨忠	20051169	2005	机械电子工程	2009
于文博	20051158	2005	机械电子工程	2009
袁辉	20051150	2005	机械电子工程	2009

续表

姓名	班号/学号	入学时间	专业	毕业时间
张飞	20051133	2005	机械电子工程	2009
张虎	20051141	2005	机械电子工程	2009
张斯弛	20051153	2005	机械电子工程	2009
张希	20051143	2005	机械电子工程	2009
赵鹏飞	20051162	2005	机械电子工程	2009
赵卿华	20051146	2005	机械电子工程	2009
赵旭	20051124	2005	机械电子工程	2009
郑华银	20051154	2005	机械电子工程	2009
周佳晓	20051137	2005	机械电子工程	2009
邹一恒	20051174	2005	机械电子工程	2009
朝高	20051128	2005	机械电子工程	2010
吴静弦	20051134	2005	机械电子工程	2010
艾孜买提·艾则孜	20060986	2006	机械电子工程	2010
陈超	20060987	2006	机械电子工程	2010
陈龙	20060988	2006	机械电子工程	2010
戴闯	20060989	2006	机械电子工程	2010
戴时飞	20060990	2006	机械电子工程	2010
邓雄戈	20060991	2006	机械电子工程	2010
高扬	20060992	2006	机械电子工程	2010
何举	20060993	2006	机械电子工程	2010
吉璟	20060994	2006	机械电子工程	2010
蒋云友	20060995	2006	机械电子工程	2010
李炳光	20060996	2006	机械电子工程	2010
李海涛	20060997	2006	机械电子工程	2010
李金峰	20060998	2006	机械电子工程	2010
李鑫	20060999	2006	机械电子工程	2010
刘天博	20061000	2006	机械电子工程	2010
吕滨	20061001	2006	机械电子工程	2010

续表

姓名	班号/学号	入学时间	专业	毕业时间
牛存可	20061002	2006	机械电子工程	2010
彭业凌	20061003	2006	机械电子工程	2010
冉崇建	20061004	2006	机械电子工程	2010
苏晓东	20061005	2006	机械电子工程	2010
田丽	20061006	2006	机械电子工程	2010
田小二	20061007	2006	机械电子工程	2010
王化平	20061008	2006	机械电子工程	2010
王晓悦	20061009	2006	机械电子工程	2010
尹元	20061010	2006	机械电子工程	2010
余静	20061011	2006	机械电子工程	2010
岳晨飞	20061012	2006	机械电子工程	2010
张旭	20061013	2006	机械电子工程	2010
周维	20061014	2006	机械电子工程	2010
古丽米热·吐尔地	20061015	2006	机械电子工程	2010
洪荣森	20061016	2006	机械电子工程	2010
蒋晶	20061017	2006	机械电子工程	2010
李创铭	20061018	2006	机械电子工程	2010
李德魁	20061019	2006	机械电子工程	2010
李杰	20061020	2006	机械电子工程	2010
李敬一	20061021	2006	机械电子工程	2010
李美增	20061022	2006	机械电子工程	2010
李孟晔	20061023	2006	机械电子工程	2010
李瑞琪	20061024	2006	机械电子工程	2010
李亚敏	20061025	2006	机械电子工程	2010
李振光	20061026	2006	机械电子工程	2010
吕姣	20061027	2006	机械电子工程	2010
马林强	20061028	2006	机械电子工程	2010
阮国伟	20061029	2006	机械电子工程	2010

续表

姓名	班号/学号	入学时间	专业	毕业时间
唐海觅	20061031	2006	机械电子工程	2010
王强	20061032	2006	机械电子工程	2010
王兆宇	20061033	2006	机械电子工程	2010
王中宇	20061034	2006	机械电子工程	2010
魏博	20061035	2006	机械电子工程	2010
武洪波	20061036	2006	机械电子工程	2010
叶德全	20061037	2006	机械电子工程	2010
张峰	20061038	2006	机械电子工程	2010
张文滔	20061039	2006	机械电子工程	2010
郑磊	20061040	2006	机械电子工程	2010
周鑫	20061041	2006	机械电子工程	2010
朱迅杰	20061042	2006	机械电子工程	2010
常之光	20070969	2007	机械电子工程	2011
陈燊	20070970	2007	机械电子工程	2011
陈振满	20070971	2007	机械电子工程	2011
高帆	20070972	2007	机械电子工程	2011
郝一阳	20070973	2007	机械电子工程	2011
何小坤	20070974	2007	机械电子工程	2011
胡丹	20070975	2007	机械电子工程	2011
黄伟林	20070976	2007	机械电子工程	2011
金鑫	20070977	2007	机械电子工程	2011
寇宇翔	20070978	2007	机械电子工程	2011
李鑫	20070979	2007	机械电子工程	2011
梁冠豪	20070980	2007	机械电子工程	2011
林润取	20070981	2007	机械电子工程	2011
刘翠鹊	20070982	2007	机械电子工程	2011
刘杨	20070983	2007	机械电子工程	2011
刘洋	20070984	2007	机械电子工程	2011

续表

姓名	班号/学号	入学时间	专业	毕业时间
吕超	20070985	2007	机械电子工程	2011
孟令超	20070987	2007	机械电子工程	2011
宋健	20070988	2007	机械电子工程	2011
苏绚东	20070989	2007	机械电子工程	2011
陶斯倩	20070990	2007	机械电子工程	2011
特尔格乐	20070991	2007	机械电子工程	2011
托鲁衡·玉山	20070992	2007	机械电子工程	2011
王超	20070993	2007	机械电子工程	2011
吴阳林	20070995	2007	机械电子工程	2011
许淏洋	20070996	2007	机械电子工程	2011
薛原	20070997	2007	机械电子工程	2011
杨智贵	20070998	2007	机械电子工程	2011
赵琦	20070999	2007	机械电子工程	2011
陈熙	20071000	2007	机械电子工程	2011
邓忠丽	20071001	2007	机械电子工程	2011
李萌萌	20071002	2007	机械电子工程	2011
李雄	20071003	2007	机械电子工程	2011
李扬	20071004	2007	机械电子工程	2011
梁喆	20071005	2007	机械电子工程	2011
林颖	20071006	2007	机械电子工程	2011
刘晓东	20071007	2007	机械电子工程	2011
石昕明	20071008	2007	机械电子工程	2011
孙云浩	20071009	2007	机械电子工程	2011
王超	20071011	2007	机械电子工程	2011
王瑞石	20071012	2007	机械电子工程	2011
王森	20071013	2007	机械电子工程	2011
王萱	20071014	2007	机械电子工程	2011
王禛	20071015	2007	机械电子工程	2011

续表

姓名	班号/学号	入学时间	专业	毕业时间
魏炜	20071016	2007	机械电子工程	2011
许环富	20071017	2007	机械电子工程	2011
杨谋鹏	20071018	2007	机械电子工程	2011
叶尔兰·艾赛提	20071019	2007	机械电子工程	2011
殷跃强	20071020	2007	机械电子工程	2011
尹文龙	20071021	2007	机械电子工程	2011
曾星	20071022	2007	机械电子工程	2011
张广月	20071023	2007	机械电子工程	2011
张海波	20071024	2007	机械电子工程	2011
张矛	20071025	2007	机械电子工程	2011
赵骥	20071027	2007	机械电子工程	2011
赵鹏飞	20071028	2007	机械电子工程	2011
赵文	20071029	2007	机械电子工程	2011
郑孝军	20071030	2007	机械电子工程	2011
秦义	20080976	2008	机械电子工程	2012
阿迪力·阿巴白克	20081023	2008	机械电子工程	2012
陈士旺	20081024	2008	机械电子工程	2012
陈世奇	20081025	2008	机械电子工程	2012
陈兴好	20081026	2008	机械电子工程	2012
董文豪	20081027	2008	机械电子工程	2012
郭超亚	20081028	2008	机械电子工程	2012
侯翔宇	20081030	2008	机械电子工程	2012
胡晨佳	20081031	2008	机械电子工程	2012
李阳	20081032	2008	机械电子工程	2012
刘畅	20081033	2008	机械电子工程	2012
刘剑锋	20081034	2008	机械电子工程	2012
刘瑞瑞	20081035	2008	机械电子工程	2012
刘祥	20081036	2008	机械电子工程	2012

续表

姓名	班号/学号	入学时间	专业	毕业时间
罗树威	20081037	2008	机械电子工程	2012
牛金喆	20081038	2008	机械电子工程	2012
庞冠钦	20081039	2008	机械电子工程	2012
宋凯	20081040	2008	机械电子工程	2012
苏锋	20081041	2008	机械电子工程	2012
吴迪	20081042	2008	机械电子工程	2012
吴帆	20081043	2008	机械电子工程	2012
辛安怡	20081044	2008	机械电子工程	2012
徐喆	20081045	2008	机械电子工程	2012
严标再	20081046	2008	机械电子工程	2012
杨波	20081047	2008	机械电子工程	2012
余超	20081048	2008	机械电子工程	2012
赵戈阳	20081049	2008	机械电子工程	2012
赵精晶	20081050	2008	机械电子工程	2012
周志武	20081051	2008	机械电子工程	2012
杜琳	20080967	2008	机械电子工程	2012
陈少奇	20081052	2008	机械电子工程	2012
陈莹莹	20081053	2008	机械电子工程	2012
慈伟程	20081054	2008	机械电子工程	2012
迪力夏提·巴克阿吉	20081055	2008	机械电子工程	2012
段耀洲	20081056	2008	机械电子工程	2012
冯玮玮	20081057	2008	机械电子工程	2012
付睿	20081058	2008	机械电子工程	2012
郭志伟	20081059	2008	机械电子工程	2012
江子扬	20081060	2008	机械电子工程	2012
姜一通	20081061	2008	机械电子工程	2012
李浩	20081062	2008	机械电子工程	2012
李婧	20081063	2008	机械电子工程	2012

续表

姓名	班号/学号	入学时间	专业	毕业时间
李鲁强	20081064	2008	机械电子工程	2012
李欣航	20081065	2008	机械电子工程	2012
刘晓明	20081066	2008	机械电子工程	2012
马建	20081067	2008	机械电子工程	2012
毛一春	20081068	2008	机械电子工程	2012
彭明政	20081069	2008	机械电子工程	2012
申才立	20081070	2008	机械电子工程	2012
汤润泽	20081071	2008	机械电子工程	2012
徐一然	20081072	2008	机械电子工程	2012
杨坤林	20081073	2008	机械电子工程	2012
杨阳	20081074	2008	机械电子工程	2012
杨易林	20081075	2008	机械电子工程	2012
张文	20081077	2008	机械电子工程	2012
张洋	20081078	2008	机械电子工程	2012
赵建武	20081079	2008	机械电子工程	2012
刘轶	20082218	2008	机械电子工程	2012
孙文涛	20090320	2009	机械电子工程	2013
艾克然木江·巴图尔	20090334	2009	机械电子工程	2013
鲍时兴	20090335	2009	机械电子工程	2013
陈根球	20090337	2009	机械电子工程	2013
褚恒毅	20090338	2009	机械电子工程	2013
高异凡	20090339	2009	机械电子工程	2013
宫德麟	20090340	2009	机械电子工程	2013
龚如	20090341	2009	机械电子工程	2013
郝阳	20090342	2009	机械电子工程	2013
黄一峰	20090343	2009	机械电子工程	2013
邝应龙	20090344	2009	机械电子工程	2013
李波	20090345	2009	机械电子工程	2013

续表

姓名	班号/学号	入学时间	专业	毕业时间
李敬文	20090346	2009	机械电子工程	2013
李明明	20090347	2009	机械电子工程	2013
梁嵩	20090348	2009	机械电子工程	2013
刘超	20090349	2009	机械电子工程	2013
玛依拉	20090350	2009	机械电子工程	2013
石梦蕊	20090351	2009	机械电子工程	2013
谭宇晓	20090352	2009	机械电子工程	2013
王伟	20090353	2009	机械电子工程	2013
王曜	20090354	2009	机械电子工程	2013
武晓林	20090355	2009	机械电子工程	2013
武赢	20090356	2009	机械电子工程	2013
杨春晖	20090357	2009	机械电子工程	2013
杨卓宇	20090358	2009	机械电子工程	2013
赵浩然	20090359	2009	机械电子工程	2013
智耕	20090360	2009	机械电子工程	2013
周敬人	20090361	2009	机械电子工程	2013
周玉霜	20090362	2009	机械电子工程	2013
宋文林	20090456	2009	机械电子工程	2013
谭鲁湘	20090457	2009	机械电子工程	2013
秦川	20090790	2009	机械电子工程	2013
曹虹蛟	20090363	2009	机械电子工程	2013
常智胜	20090364	2009	机械电子工程	2013
陈涛	20090365	2009	机械电子工程	2013
程智能	20090366	2009	机械电子工程	2013
胡盛弟	20090367	2009	机械电子工程	2013
冀承骏	20090368	2009	机械电子工程	2013
李昊	20090369	2009	机械电子工程	2013
李维	20090370	2009	机械电子工程	2013

续表

姓名	班号/学号	入学时间	专业	毕业时间
李治清	20090371	2009	机械电子工程	2013
刘宇轩	20090372	2009	机械电子工程	2013
刘泽	20090373	2009	机械电子工程	2013
刘展赫	20090374	2009	机械电子工程	2013
吕金科	20090375	2009	机械电子工程	2013
马军	20090376	2009	机械电子工程	2013
孟广旭	20090378	2009	机械电子工程	2013
莫洋	20090379	2009	机械电子工程	2013
聂国超	20090380	2009	机械电子工程	2013
陶灼	20090381	2009	机械电子工程	2013
王和斌	20090382	2009	机械电子工程	2013
王学敏	20090383	2009	机械电子工程	2013
王勇	20090384	2009	机械电子工程	2013
王执权	20090385	2009	机械电子工程	2013
魏天骐	20090386	2009	机械电子工程	2013
杨亚超	20090388	2009	机械电子工程	2013
于潇哲	20090389	2009	机械电子工程	2013
张腾	20090390	2009	机械电子工程	2013
赵悦彤	20090391	2009	机械电子工程	2013
周健	20090392	2009	机械电子工程	2013
宫铭遥	20090450	2009	机械电子工程	2013
韦佳威	20090463	2009	机械电子工程	2013
薛涵	20090465	2009	机械电子工程	2013
施玙	20092187	2009	机械电子工程	2013
蓝旭远	20092944	2009	机械电子工程	2013
王彭颖恺	1120100287	2010	机械电子工程	2014
曹浩翔	1120100329	2010	机械电子工程	2014
曹洺赫	1120100330	2010	机械电子工程	2014

续表

姓名	班号/学号	入学时间	专业	毕业时间
付唤明	1120100331	2010	机械电子工程	2014
关平	1120100332	2010	机械电子工程	2014
韩卓	1120100333	2010	机械电子工程	2014
胡天野	1120100334	2010	机械电子工程	2014
黄晓寅	1120100335	2010	机械电子工程	2014
姜浩	1120100336	2010	机械电子工程	2014
李轩宇	1120100337	2010	机械电子工程	2014
刘军	1120100338	2010	机械电子工程	2014
刘力语	1120100339	2010	机械电子工程	2014
聂昭	1120100340	2010	机械电子工程	2014
石玉江	1120100342	2010	机械电子工程	2014
隋建业	1120100343	2010	机械电子工程	2014
王尘远	1120100344	2010	机械电子工程	2014
王坤	1120100345	2010	机械电子工程	2014
西尔艾力·艾力	1120100346	2010	机械电子工程	2014
闫梦琦	1120100347	2010	机械电子工程	2014
于晓哲	1120100348	2010	机械电子工程	2014
于子轩	1120100349	2010	机械电子工程	2014
俞尚宏	1120100350	2010	机械电子工程	2014
湛月	1120100351	2010	机械电子工程	2014
张国秀	1120100352	2010	机械电子工程	2014
张旭东	1120100353	2010	机械电子工程	2014
赵金龙	1120100354	2010	机械电子工程	2014
郑卓远	1120100355	2010	机械电子工程	2014
周佳	1120100356	2010	机械电子工程	2014
于兵	1120100357	2010	机械电子工程	2014
罗清	1120100461	2010	机械电子工程	2014
孙利旸	1120100464	2010	机械电子工程	2014

续表

姓名	班号/学号	入学时间	专业	毕业时间
陈科仲	1120100359	2010	机械电子工程	2014
戴梦彬	1120100360	2010	机械电子工程	2014
郭云龙	1120100361	2010	机械电子工程	2014
韩兴利	1120100362	2010	机械电子工程	2014
胡秋阳	1120100363	2010	机械电子工程	2014
姜欣	1120100364	2010	机械电子工程	2014
寇巍巍	1120100365	2010	机械电子工程	2014
雷钞	1120100366	2010	机械电子工程	2014
李彬	1120100367	2010	机械电子工程	2014
李辉	1120100368	2010	机械电子工程	2014
李剑	1120100369	2010	机械电子工程	2014
李淼	1120100370	2010	机械电子工程	2014
李晓云	1120100371	2010	机械电子工程	2014
李璇	1120100372	2010	机械电子工程	2014
吕浩南	1120100373	2010	机械电子工程	2014
田小川	1120100374	2010	机械电子工程	2014
王峰	1120100375	2010	机械电子工程	2014
王洪强	1120100376	2010	机械电子工程	2014
王曦煜	1120100377	2010	机械电子工程	2014
王亚楠	1120100378	2010	机械电子工程	2014
王志浩	1120100379	2010	机械电子工程	2014
喻皇钟	1120100380	2010	机械电子工程	2014
张兴凯	1120100381	2010	机械电子工程	2014
张义琪	1120100382	2010	机械电子工程	2014
张之得	1120100383	2010	机械电子工程	2014
郑光鹏	1120100384	2010	机械电子工程	2014
邹明杰	1120100385	2010	机械电子工程	2014
姜顺志	1120100452	2010	机械电子工程	2014

续表

姓名	班号/学号	入学时间	专业	毕业时间
李扬	1120100455	2010	机械电子工程	2014
杨成蹊	1120100466	2010	机械电子工程	2014
雷逸凡	1120103298	2010	机械电子工程	2014
阿不列孜·卡地尔	1120110343	2011	机械电子工程	2015
安海东	1120110344	2011	机械电子工程	2015
代健	1120110345	2011	机械电子工程	2015
范超	1120110346	2011	机械电子工程	2015
高博	1120110347	2011	机械电子工程	2015
高明	1120110348	2011	机械电子工程	2015
柯银	1120110349	2011	机械电子工程	2015
刘成博	1120110351	2011	机械电子工程	2015
刘一荻	1120110352	2011	机械电子工程	2015
鲁龙泽	1120110353	2011	机械电子工程	2015
陆豪健	1120110354	2011	机械电子工程	2015
路震寰	1120110355	2011	机械电子工程	2015
罗舟	1120110356	2011	机械电子工程	2015
石选阳	1120110357	2011	机械电子工程	2015
史永慧	1120110358	2011	机械电子工程	2015
孙中岳	1120110359	2011	机械电子工程	2015
万唱唱	1120110360	2011	机械电子工程	2015
王雷	1120110361	2011	机械电子工程	2015
王璐瑶	1120110362	2011	机械电子工程	2015
王旭	1120110363	2011	机械电子工程	2015
吴嘉豪	1120110364	2011	机械电子工程	2015
夏荣桢	1120110365	2011	机械电子工程	2015
谢家强	1120110366	2011	机械电子工程	2015
张斌	1120110367	2011	机械电子工程	2015
张博希	1120110368	2011	机械电子工程	2015

续表

姓名	班号/学号	入学时间	专业	毕业时间
张敏健	1120110369	2011	机械电子工程	2015
张韬	1120110370	2011	机械电子工程	2015
张天乙	1120110371	2011	机械电子工程	2015
赵乃剑	1120110372	2011	机械电子工程	2015
郑宇彤	1120110373	2011	机械电子工程	2015
钟俊强	1120110374	2011	机械电子工程	2015
周伟刚	1120110376	2011	机械电子工程	2015
陈智振	1120110472	2011	机械电子工程	2015
郭耀蔚	1120110474	2011	机械电子工程	2015
姜富瀛	1120110478	2011	机械电子工程	2015
马英寸	1120110484	2011	机械电子工程	2015
司马伍	1120110486	2011	机械电子工程	2015
杨萌	1120110494	2011	机械电子工程	2015
高剑锋	1120110318	2011	机械电子工程	2015
曹猛	1120110377	2011	机械电子工程	2015
陈达	1120110378	2011	机械电子工程	2015
陈珂	1120110379	2011	机械电子工程	2015
陈然	1120110380	2011	机械电子工程	2015
陈娅琼	1120110381	2011	机械电子工程	2015
储筠霖	1120110382	2011	机械电子工程	2015
崔铭胤	1120110383	2011	机械电子工程	2015
迪丽努尔·艾尼娃尔	1120110384	2011	机械电子工程	2015
范思能	1120110385	2011	机械电子工程	2015
付政权	1120110386	2011	机械电子工程	2015
高维远	1120110387	2011	机械电子工程	2015
韩静茹	1120110388	2011	机械电子工程	2015
郝胜强	1120110389	2011	机械电子工程	2015
胡必尧	1120110390	2011	机械电子工程	2015

续表

姓名	班号/学号	入学时间	专业	毕业时间
胡博	1120110391	2011	机械电子工程	2015
黄羽童	1120110392	2011	机械电子工程	2015
黄忠山	1120110393	2011	机械电子工程	2015
刘通泽	1120110394	2011	机械电子工程	2015
刘宇鹏	1120110395	2011	机械电子工程	2015
卢以哲	1120110396	2011	机械电子工程	2015
史大鹏	1120110397	2011	机械电子工程	2015
王景康	1120110399	2011	机械电子工程	2015
王鹏龙	1120110400	2011	机械电子工程	2015
王树钰	1120110401	2011	机械电子工程	2015
王智宏基	1120110402	2011	机械电子工程	2015
徐一玄	1120110403	2011	机械电子工程	2015
闫磊	1120110404	2011	机械电子工程	2015
张浩千	1120110405	2011	机械电子工程	2015
张健	1120110406	2011	机械电子工程	2015
赵铖	1120110407	2011	机械电子工程	2015
赵奇	1120110408	2011	机械电子工程	2015
郑智鑫	1120110409	2011	机械电子工程	2015
杨璐	1120110493	2011	机械电子工程	2015
黄骞	1120120006	2012	机械电子工程	2016
陈焰屹	1120120343	2012	机械电子工程	2016
戴骐	1120120344	2012	机械电子工程	2016
杜明伟	1120120345	2012	机械电子工程	2016
冯运铎	1120120347	2012	机械电子工程	2016
甘梓舜	1120120348	2012	机械电子工程	2016
高枫	1120120349	2012	机械电子工程	2016
高雨豪	1120120350	2012	机械电子工程	2016
郝黎明	1120120351	2012	机械电子工程	2016

续表

姓名	班号/学号	入学时间	专业	毕业时间
何磊	1120120352	2012	机械电子工程	2016
吉史日方	1120120353	2012	机械电子工程	2016
江会欣	1120120354	2012	机械电子工程	2016
姜鑫洋	1120120355	2012	机械电子工程	2016
焦鹏举	1120120356	2012	机械电子工程	2016
李宝金	1120120357	2012	机械电子工程	2016
李嘉瑞	1120120359	2012	机械电子工程	2016
廖茂浩	1120120360	2012	机械电子工程	2016
刘存秋	1120120361	2012	机械电子工程	2016
刘弘扬	1120120362	2012	机械电子工程	2016
吕海波	1120120363	2012	机械电子工程	2016
马宠涵	1120120364	2012	机械电子工程	2016
马宏川	1120120365	2012	机械电子工程	2016
宋真子	1120120366	2012	机械电子工程	2016
孙泽源	1120120367	2012	机械电子工程	2016
谭洁玉	1120120368	2012	机械电子工程	2016
王鸿睿	1120120369	2012	机械电子工程	2016
温鑫宇	1120120371	2012	机械电子工程	2016
许炷嘉	1120120372	2012	机械电子工程	2016
兰恭婷	1120120464	2012	机械电子工程	2016
邢鹏	1120120479	2012	机械电子工程	2016
赵思媛	1120120485	2012	机械电子工程	2016
季开进	1120122614	2012	机械电子工程	2016
陈虹百	1120122911	2012	机械电子工程	2016
刘易鑫	1120120331	2012	机械电子工程	2016
白佳林	1120120373	2012	机械电子工程	2016
蔡兆旸	1120120374	2012	机械电子工程	2016
曹康	1120120375	2012	机械电子工程	2016

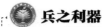

续表

姓名	班号/学号	入学时间	专业	毕业时间
雷思雨	1120120376	2012	机械电子工程	2016
欧一森	1120120377	2012	机械电子工程	2016
潘鑫	1120120378	2012	机械电子工程	2016
祁博文	1120120379	2012	机械电子工程	2016
佘啸宇	1120120380	2012	机械电子工程	2016
孙安东	1120120381	2012	机械电子工程	2016
陶治	1120120382	2012	机械电子工程	2016
涂小兰	1120120383	2012	机械电子工程	2016
王水澄	1120120384	2012	机械电子工程	2016
王垚雄	1120120385	2012	机械电子工程	2016
魏浩宇	1120120386	2012	机械电子工程	2016
吴万东	1120120387	2012	机械电子工程	2016
武贤君	1120120388	2012	机械电子工程	2016
杨鹏	1120120389	2012	机械电子工程	2016
杨天奇	1120120390	2012	机械电子工程	2016
杨媛媛	1120120391	2012	机械电子工程	2016
姚勇	1120120392	2012	机械电子工程	2016
尹健	1120120393	2012	机械电子工程	2016
于添淇	1120120394	2012	机械电子工程	2016
于泽杰	1120120395	2012	机械电子工程	2016
张家伟	1120120396	2012	机械电子工程	2016
张嘉朔	1120120397	2012	机械电子工程	2016
张天奇	1120120398	2012	机械电子工程	2016
钟心亮	1120120399	2012	机械电子工程	2016
周良冠	1120120400	2012	机械电子工程	2016
周钦钦	1120120401	2012	机械电子工程	2016
朱可惟	1120120402	2012	机械电子工程	2016
黄珏	1120120462	2012	机械电子工程	2016

续表

姓名	班号/学号	入学时间	专业	毕业时间
李道坚	1120122917	2012	机械电子工程	2016
汪常进	1120130360	2013	机械电子工程	2017
黄佩雯	1120130362	2013	机械电子工程	2017
代烨晗	1120130363	2013	机械电子工程	2017
戴政豪	1120130365	2013	机械电子工程	2017
刘雪妍	1120130366	2013	机械电子工程	2017
李鹏	1120130368	2013	机械电子工程	2017
李文哲	1120130370	2013	机械电子工程	2017
张哲	1120130372	2013	机械电子工程	2017
陆胥坛	1120130375	2013	机械电子工程	2017
赵晓磊	1120130376	2013	机械电子工程	2017
林涵人	1120130378	2013	机械电子工程	2017
徐佳锋	1120130379	2013	机械电子工程	2017
王廷轩	1120130381	2013	机械电子工程	2017
张元	1120130382	2013	机械电子工程	2017
孙杰	1120130383	2013	机械电子工程	2017
付道勇	1120130384	2013	机械电子工程	2017
姚卓	1120130427	2013	机械电子工程	2017
肖斯雨	1120130428	2013	机械电子工程	2017
李明珠	1120130433	2013	机械电子工程	2017
钟俊杰	1120130440	2013	机械电子工程	2017
庞中清	1120130446	2013	机械电子工程	2017
梁震烁	1120130449	2013	机械电子工程	2017
霍达	1120130454	2013	机械电子工程	2017
张健	1120130465	2013	机械电子工程	2017
张若然	1120130466	2013	机械电子工程	2017
陈信霖	1120130469	2013	机械电子工程	2017
杨行健	1120130470	2013	机械电子工程	2017

续表

姓名	班号/学号	入学时间	专业	毕业时间
方玺	1120132692	2013	机械电子工程	2017
大帅	1820130018	2013	机械电子工程	2017
周彦宏	1820130020	2013	机械电子工程	2017
丹尼尔	1820131401	2013	机械电子工程	2017
黄则临	1120130369	2013	机械电子工程	2017
陈俊男	1120130373	2013	机械电子工程	2017
麻孟超	1120130391	2013	机械电子工程	2017
刘可	1120130394	2013	机械电子工程	2017
文俊彦	1120130395	2013	机械电子工程	2017
朱宝昌	1120130396	2013	机械电子工程	2017
庞琳	1120130397	2013	机械电子工程	2017
秦鸣悦	1120130399	2013	机械电子工程	2017
刘美浪	1120130404	2013	机械电子工程	2017
黄博远	1120130405	2013	机械电子工程	2017
于越	1120130407	2013	机械电子工程	2017
丁文朋	1120130408	2013	机械电子工程	2017
王洪枫	1120130409	2013	机械电子工程	2017
李嘉宁	1120130410	2013	机械电子工程	2017
范家萌	1120130411	2013	机械电子工程	2017
刘伯源	1120130413	2013	机械电子工程	2017
段淇耀	1120130414	2013	机械电子工程	2017
陈炳博	1120130415	2013	机械电子工程	2017
李林松	1120130416	2013	机械电子工程	2017
刘雨禾	1120130417	2013	机械电子工程	2017
郭佳亮	1120130419	2013	机械电子工程	2017
叶承展	1120130420	2013	机械电子工程	2017
黄淦	1120130422	2013	机械电子工程	2017
闪陆通	1120130423	2013	机械电子工程	2017

续表

姓名	班号/学号	入学时间	专业	毕业时间
李宗伦	1120130424	2013	机械电子工程	2017
李馨逸	1120130425	2013	机械电子工程	2017
崔源	1120130429	2013	机械电子工程	2017
曲奎东	1120130430	2013	机械电子工程	2017
戚方瑞	1120130432	2013	机械电子工程	2017
陈敬	1120130439	2013	机械电子工程	2017
张欧	1120130442	2013	机械电子工程	2017
程凌霄	1120130452	2013	机械电子工程	2017
彭深	1120130457	2013	机械电子工程	2017
邓星亮	1120130459	2013	机械电子工程	2017
王坚	1120130460	2013	机械电子工程	2017
董胜男	1120133866	2013	机械电子工程	2017
毕思远	1120140325	2014	机械电子工程	2018
陈健聪	1120140326	2014	机械电子工程	2018
程炜	1120140327	2014	机械电子工程	2018
胡学海	1120140329	2014	机械电子工程	2018
黄国朝	1120140330	2014	机械电子工程	2018
刘筱韵	1120140333	2014	机械电子工程	2018
刘元钊	1120140334	2014	机械电子工程	2018
束燮宇	1120140337	2014	机械电子工程	2018
王晨	1120140340	2014	机械电子工程	2018
魏松松	1120140341	2014	机械电子工程	2018
谢元	1120140342	2014	机械电子工程	2018
张晟	1120140345	2014	机械电子工程	2018
张馨月	1120140346	2014	机械电子工程	2018
张岩	1120140347	2014	机械电子工程	2018
周谊轩	1120140348	2014	机械电子工程	2018
周月寒	1120140350	2014	机械电子工程	2018

续表

姓名	班号/学号	入学时间	专业	毕业时间
陈涛	1120140353	2014	机械电子工程	2018
来潇雨	1120140360	2014	机械电子工程	2018
王振北	1120140371	2014	机械电子工程	2018
张正	1120140397	2014	机械电子工程	2018
刘劲涛	1120140408	2014	机械电子工程	2018
徐沐阳	1120140418	2014	机械电子工程	2018
朱斯	1120140425	2014	机械电子工程	2018
阿里	1820142015	2014	机械电子工程	2018
文特	1820142017	2014	机械电子工程	2018
周佩华	1920140003	2014	机械电子工程	2018
董宗昊	1120140328	2014	机械电子工程	2018
李朗	1120140331	2014	机械电子工程	2018
张帆	1120140344	2014	机械电子工程	2018
曹忠忠	1120140351	2014	机械电子工程	2018
房嘉豪	1120140355	2014	机械电子工程	2018
韩连强	1120140356	2014	机械电子工程	2018
黄童双	1120140357	2014	机械电子工程	2018
贾朝	1120140358	2014	机械电子工程	2018
靳家豪	1120140359	2014	机械电子工程	2018
刘思灿	1120140362	2014	机械电子工程	2018
卢奕昂	1120140363	2014	机械电子工程	2018
潘弘宇	1120140366	2014	机械电子工程	2018
王鑫	1120140370	2014	机械电子工程	2018
徐心悦	1120140373	2014	机械电子工程	2018
蔡利来	1120140376	2014	机械电子工程	2018
贺乾清	1120140381	2014	机械电子工程	2018
廖文希	1120140385	2014	机械电子工程	2018
刘健	1120140386	2014	机械电子工程	2018

续表

姓名	班号/学号	入学时间	专业	毕业时间
陆逸州	1120140387	2014	机械电子工程	2018
孟凡星	1120140388	2014	机械电子工程	2018
秦博文	1120140389	2014	机械电子工程	2018
苏红	1120140390	2014	机械电子工程	2018
孙源徽	1120140391	2014	机械电子工程	2018
朱西硕	1120140400	2014	机械电子工程	2018
陈润亭	1120140401	2014	机械电子工程	2018
邓子健	1120140402	2014	机械电子工程	2018
田焕玉	1120140413	2014	机械电子工程	2018
薛超	1120140419	2014	机械电子工程	2018
张继豪	1120140421	2014	机械电子工程	2018
付钊元	1120150337	2015	机械电子工程	2019
郭子源	1120150338	2015	机械电子工程	2019
李悦	1120150342	2015	机械电子工程	2019
刘锦坤	1120150343	2015	机械电子工程	2019
孟永奇	1120150346	2015	机械电子工程	2019
聂富宇	1120150347	2015	机械电子工程	2019
孙立文	1120150348	2015	机械电子工程	2019
他雪楚	1120150349	2015	机械电子工程	2019
陶硕林	1120150350	2015	机械电子工程	2019
王少为	1120150351	2015	机械电子工程	2019
王雅锋	1120150352	2015	机械电子工程	2019
王予泽	1120150353	2015	机械电子工程	2019
吴松	1120150355	2015	机械电子工程	2019
杨康	1120150356	2015	机械电子工程	2019
张富原	1120150357	2015	机械电子工程	2019
张鹏	1120150358	2015	机械电子工程	2019
张晟	1120150359	2015	机械电子工程	2019

续表

姓名	班号/学号	入学时间	专业	毕业时间
曹新宇	1120150387	2015	机械电子工程	2019
程明星	1120150390	2015	机械电子工程	2019
陶晗	1120150401	2015	机械电子工程	2019
董宸呈	1120150413	2015	机械电子工程	2019
董宇光	1120150414	2015	机械电子工程	2019
苟思远	1120150416	2015	机械电子工程	2019
黄舜勇	1120150419	2015	机械电子工程	2019
苏子龙	1120150423	2015	机械电子工程	2019
王璐	1120150426	2015	机械电子工程	2019
王星北	1120150428	2015	机械电子工程	2019
周权	1120152366	2015	机械电子工程	2019
李梓漩	1120152729	2015	机械电子工程	2019
戴洋	1320151001	2015	机械电子工程	2019
崔天伟	1320151004	2015	机械电子工程	2019
刘佳伟	1320151005	2015	机械电子工程	2019
汪雅琦	1320151006	2015	机械电子工程	2019
李鹏程	1320151115	2015	机械电子工程	2019
郝世钧	1320151117	2015	机械电子工程	2019
赵蕊	1320151118	2015	机械电子工程	2019
王雨彤	1320151119	2015	机械电子工程	2019
陈晨	1120150362	2015	机械电子工程	2019
陈金红	1120150363	2015	机械电子工程	2019
陈潇扬	1120150364	2015	机械电子工程	2019
陈卓	1120150365	2015	机械电子工程	2019
金毅	1120150368	2015	机械电子工程	2019
冷衍川	1120150370	2015	机械电子工程	2019
梁凯文	1120150371	2015	机械电子工程	2019
齐皓祥	1120150373	2015	机械电子工程	2019

续表

姓名	班号/学号	入学时间	专业	毕业时间
任广晟	1120150374	2015	机械电子工程	2019
王圣杰	1120150376	2015	机械电子工程	2019
王天誉	1120150377	2015	机械电子工程	2019
王洋	1120150378	2015	机械电子工程	2019
王毅博	1120150379	2015	机械电子工程	2019
王煜	1120150380	2015	机械电子工程	2019
徐榕	1120150384	2015	机械电子工程	2019
杨郅贤	1120150385	2015	机械电子工程	2019
张道统	1120150386	2015	机械电子工程	2019
郝熠	1120150393	2015	机械电子工程	2019
闫书睿	1120150406	2015	机械电子工程	2019
毕元珍	1120150411	2015	机械电子工程	2019
戴伟恒	1120150412	2015	机械电子工程	2019
冯时	1120150415	2015	机械电子工程	2019
郭德昭	1120150417	2015	机械电子工程	2019
胡豪俊	1120150418	2015	机械电子工程	2019
孟祥	1120150421	2015	机械电子工程	2019
王加乐	1120150425	2015	机械电子工程	2019
许李悦	1120150429	2015	机械电子工程	2019
张世豪	1320151002	2015	机械电子工程	2019
李昊伟	1320151003	2015	机械电子工程	2019
雷子禾	1320151008	2015	机械电子工程	2019
王宇明	1320151009	2015	机械电子工程	2019
徐文倩	1320151116	2015	机械电子工程	2019
李晓翔	1320151120	2015	机械电子工程	2019
何至迪	1320151121	2015	机械电子工程	2019
陈立鹤	1120160340	2016	机械电子工程	
韩季洲	1120160344	2016	机械电子工程	

续表

姓名	班号/学号	入学时间	专业	毕业时间
黎铭康	1120160345	2016	机械电子工程	
齐蔚洁	1120160350	2016	机械电子工程	
陶启	1120160353	2016	机械电子工程	
张纵横	1120160358	2016	机械电子工程	
陈竞阁	1120160360	2016	机械电子工程	
赖权斌	1120160361	2016	机械电子工程	
李鸣原	1120160363	2016	机械电子工程	
李问渠	1120160364	2016	机械电子工程	
王启航	1120160368	2016	机械电子工程	
王雨童	1120160369	2016	机械电子工程	
吴延坤	1120160371	2016	机械电子工程	
尹翔宇	1120160374	2016	机械电子工程	
黄泰奕	1120160380	2016	机械电子工程	
黄泽林	1120160381	2016	机械电子工程	
籍浩林	1120160382	2016	机械电子工程	
冀春旺	1120160383	2016	机械电子工程	
颉九龙	1120160384	2016	机械电子工程	
黎国庆	1120160385	2016	机械电子工程	
李磊	1120160386	2016	机械电子工程	
罗维焜	1120160387	2016	机械电子工程	
吕孟倬	1120160388	2016	机械电子工程	
孟繁盛	1120160389	2016	机械电子工程	
沈晃	1120160390	2016	机械电子工程	
盛丹婷	1120160391	2016	机械电子工程	
王宇轩	1120160393	2016	机械电子工程	
翁奕成	1120160394	2016	机械电子工程	
谢宏钊	1120160395	2016	机械电子工程	
闫鸣瑞	1120160396	2016	机械电子工程	

续表

姓名	班号/学号	入学时间	专业	毕业时间
于晗	1120160397	2016	机械电子工程	
张权	1120160398	2016	机械电子工程	
马克	1320161001	2016	机械电子工程	
冯英建	1320161002	2016	机械电子工程	
丛烁	1320161003	2016	机械电子工程	
冯源	1320161004	2016	机械电子工程	
赵耀凯	1320161005	2016	机械电子工程	
金雨彬	1320161006	2016	机械电子工程	
孟伯远	1320161007	2016	机械电子工程	
张文	1320161008	2016	机械电子工程	
李犇	1320161009	2016	机械电子工程	
徐鸿林	1320161010	2016	机械电子工程	
赵健源	1320161011	2016	机械电子工程	
贾子宸	1320161012	2016	机械电子工程	
郑惠中	1320161013	2016	机械电子工程	
王萌	1320161014	2016	机械电子工程	
郑萃杰	1820161003	2016	机械电子工程	
陈承辉	1820161008	2016	机械电子工程	
维来风	1820161009	2016	机械电子工程	
阿努帕	1820161011	2016	机械电子工程	
萨哈	1820161072	2016	机械电子工程	
迪玛	1820161074	2016	机械电子工程	
郭浩飞	1120170115	2017	机械电子工程	
陈乾	1120170192	2017	机械电子工程	
赖俊杭	1120170303	2017	机械电子工程	
刘康宁	1120170325	2017	机械电子工程	
廖宏哲	1120170326	2017	机械电子工程	
张祺	1120170330	2017	机械电子工程	

续表

姓名	班号/学号	入学时间	专业	毕业时间
董陈小虎	1120170505	2017	机械电子工程	
张岭	1120170508	2017	机械电子工程	
陈希玉	1120170662	2017	机械电子工程	
陈雨虹	1120170669	2017	机械电子工程	
杨宇航	1120170735	2017	机械电子工程	
郭晓雯	1120170875	2017	机械电子工程	
高伟博	1120170884	2017	机械电子工程	
徐汉鼎	1120171238	2017	机械电子工程	
王贺琪	1120171239	2017	机械电子工程	
刘太晔	1120171552	2017	机械电子工程	
谢谦	1120171579	2017	机械电子工程	
刘佳雄	1120171583	2017	机械电子工程	
仪传库	1120172256	2017	机械电子工程	
郝光福	1120172261	2017	机械电子工程	
乔鹏	1120172264	2017	机械电子工程	
肖帅	1120172272	2017	机械电子工程	
王浩然	1120172276	2017	机械电子工程	
张棣	1120172279	2017	机械电子工程	
薛永瑞	1120172280	2017	机械电子工程	
王绍安	1120172283	2017	机械电子工程	
左兆丰	1120172284	2017	机械电子工程	
邹琪鹏	1120172286	2017	机械电子工程	
康海满	1120173063	2017	机械电子工程	
刘力赫	1120173065	2017	机械电子工程	
陈柯宏	1120173073	2017	机械电子工程	
胡建鹏	1120173077	2017	机械电子工程	
钟至德	1120173485	2017	机械电子工程	
吴小颖	1120173519	2017	机械电子工程	

续表

姓名	班号/学号	入学时间	专业	毕业时间
田泽越	1120173730	2017	机械电子工程	
李俊昇	1820171005	2017	机械电子工程	
赵玄德	1820171006	2017	机械电子工程	
塔那卡	1820171052	2017	机械电子工程	
赵润	1920170008	2017	机械电子工程	
王思锴	1320171002	2017	机械电子工程	
杜明	1320171003	2017	机械电子工程	
董岱阳	1320171004	2017	机械电子工程	
孙颖轩	1320171005	2017	机械电子工程	
贾志阳	1320171006	2017	机械电子工程	
王子祺	1320171007	2017	机械电子工程	
唐昊民	1320171008	2017	机械电子工程	
谢秦海	1320171009	2017	机械电子工程	
谷伊阳	1320171010	2017	机械电子工程	
徐瑞良	1320171011	2017	机械电子工程	
张佳	1320171012	2017	机械电子工程	
黄楠	1320171013	2017	机械电子工程	
彭强	1320171014	2017	机械电子工程	
任羿飞	1120170549	2017	机械电子工程	
裴宇康	1120170744	2017	机械电子工程	
刘静怡	1120170995	2017	机械电子工程	
杨顺岩	1120171247	2017	机械电子工程	
李雨珂	1120171412	2017	机械电子工程	
邓双良	1120171750	2017	机械电子工程	
甘润泽	1120171791	2017	机械电子工程	
凌嘉欣	1120172282	2017	机械电子工程	
曹舒泓	1120172390	2017	机械电子工程	
万轶	1120172442	2017	机械电子工程	

续表

姓名	班号/学号	入学时间	专业	毕业时间
杜嘉恒	1120172799	2017	机械电子工程	
韩咏烜	1120173363	2017	机械电子工程	
阮宁烨	1120173482	2017	机械电子工程	
曾子健	1120173486	2017	机械电子工程	
阿翰	1820172038	2017	机械电子工程	
赛格	1820172065	2017	机械电子工程	
陈淑玲	1820172081	2017	机械电子工程	
石川贝贝	1120180122	2018	机械电子工程	
王华	1120180266	2018	机械电子工程	
杜镕杰	1120180452	2018	机械电子工程	
张诗琪	1120180469	2018	机械电子工程	
吴思达	1120180554	2018	机械电子工程	
陆星存	1120180669	2018	机械电子工程	
胡沛炫	1120180930	2018	机械电子工程	
周昱炜	1120181251	2018	机械电子工程	
潘乐昕	1120181349	2018	机械电子工程	
何鹏发	1120181583	2018	机械电子工程	
吕添	1120181730	2018	机械电子工程	
郭榕	1120181767	2018	机械电子工程	
孙雨桐	1120182198	2018	机械电子工程	
汤牧远	1120182433	2018	机械电子工程	
赵清锐	1120182599	2018	机械电子工程	
郭泓灏	1120182749	2018	机械电子工程	
薛世彤	1120182760	2018	机械电子工程	
尹云可	1120182791	2018	机械电子工程	
王睿茜	1120182815	2018	机械电子工程	
李子明	1120182894	2018	机械电子工程	
张琪悦	1120183059	2018	机械电子工程	

续表

姓名	班号/学号	入学时间	专业	毕业时间
黄炜然	1120183192	2018	机械电子工程	
崔韶森	1120183225	2018	机械电子工程	
巩俐安	1120183248	2018	机械电子工程	
谢旺华	1120183274	2018	机械电子工程	
陈鹏	1120183305	2018	机械电子工程	
谢亦石	1120183595	2018	机械电子工程	
刘思语	1120183798	2018	机械电子工程	
穆斯塔	1820182036	2018	机械电子工程	
陈柿安	1820182038	2018	机械电子工程	
许家成	1820182048	2018	机械电子工程	

兵之利器
——北京理工大学机电学院学科(专业)发展史

机电学院历年硕士研究生名录

1978 年
石庚辰　李学海　汪绍飞　毛金田　梅绍宁　黄鹏程　沈中南　梁　毅
冯长根
1979 年
范宁军　张序之　苑文学　张学斌　李德君　郗小雄
1980 年
冯顺山　陈爱华　曲新生
1981 年
李惠玲　陆　萌　彭金华　焦清介　罗育安　蒋君平
1982 年
高修柱　叶龙森　万　程　高尔新　石　岩　肖定文　邓甲昊　高世桥
张曙光　白春华　苏　青
1983 年
席如青　王玉莹　蒋建伟　陈建牛　杨文波　卢晓勇　杜　霞　姜春兰
李世宏　张　华　冯宏图　甄广平　李　明　高　翔　贾泉生　王　平
冯　欣　贾云得　曾庆华
1984 年
钟　俊　武　刚　夏建中　张长春　赵博森　胡少亭　杨境奎　吕连营
黄振中　丁政平　徐敏刚　李晓莹　冯喜春　张　敬　田志勇　鲁　春
于　遥　牟瑛琳　侯晓帆　刘　润　陈志明　林孔建　刘利明　王任飞
李伟建
1985 年
顾　明　李相锋　杨　硕　周从章　杨振煜　马忠梅　高金敏　翟晓丽
段　明　戴雪康　曹晓红　吴占奎　孙家明　陈步月　古和今　屈江贵

龚少华　　高　敏

1986 年
黄凤雷　　李世才　　卢小云　　李海昌　　黄　卫　　王新建　　黄芝平　　杨青海
韩颖平　　郭昭平　　商继红　　孙艳峰　　周　凯　　张连生　　段卫东　　毛金生
白春光　　卢淑桂　　刘启国　　孙一兰　　何尊文　　高　巍

1987 年
罗兴柏　　罗　健　　张庆明　　陈　松　　钱明伟　　李新龙　　冯瑞光　　杨向太
任英广　　李　辉　　孙长贵　　江显平　　李　伟　　周卫斌　　孙凤云　　张富勇
王明松　　彭昆雅　　张淑坤　　段卓平　　罗宏伟　　杜志明　　王永辉

1988 年
诸德放　　周秀田　　李　健　　曹达彩　　张明明　　彭雪明　　马建光　　刘晓春
施坤林　　刘宏伟　　刘小玲　　刁士军　　郑玉六　　刘　敏　　言志信　　丁刚毅
曾庆轩　　乔小晶　　张瑞萍　　陈方兴　　范兆霞　　陈小才　　杨瑞明

1989 年
潘文庚　　周　刚　　贾祥瑞　　于立志　　汤　超　　王树山　　陈海红　　高辛平
王　京　　高培旺　　宗国庆　　蒋子郭　　陈美菱　　王卫东　　曲克波　　李建良
刘金钢　　赵广波　　齐杏林

1990 年
邓　方　　沈河涛　　马　越　　孙剑利　　严　楠　　楚丽妍　　李进忠　　廖于宁
孙迎九　　祁　妍　　赵　刚　　张　斌　　周　军　　朱吉浩　　李立名　　王玉涛
杨有金　　程永生　　吴卓明　　李小元　　孙志杰　　余翼龙

1991 年
王亚群　　温玉静　　郭颜懿　　丁淳彤　　程　飞　　贺晓荣　　张　杰　　武锐军
沈晓军　　王　剑　　王继红　　吉利国　　何光斌　　金从军　　李　杰　　高德勇
张宏宝　　李　颖　　吴小平　　黄忠华　　江志青

1992 年
许文东　　李生才　　钟　涛　　王石磊　　孙广育　　李灿波　　王　辉　　周　去
吴维平　　李卫星　　王丽琼　　李俊安　　单利亚　　张晓东　　史晓斌　　高进东
蒲加顺　　周美林　　魏光明　　高　鹏　　邢郁丽　　王玉杰　　包斯日古楞
张颜梅

1993 年
李德鹏　　温万治　　薛再清　　成余良　　李　钢　　戚会庆　　崔焱鑫　　江　涛
张　昕　　魏　军　　刘宝华　　李　滔　　孙晓明　　王长庆　　胡景林　　易军凯
霍　卉　　高怀孝　　胡广平　　徐立新　　赵文杰　　王　可　　王志朋　　方　晓

兵之利器
——北京理工大学机电学院学科（专业）发展史

刘　静	尹燕鸣	王铁桥	许海兰	冯　超	刘炳胜	李劲松	李　钾
翟性泉	胡　苓	张　亚	臧　岩	侯永华	娄文忠		

1994 年

徐守彬	周世罡	魏　煜	刘际伟	石光明	徐连胜	杨秀芸	叶国庄
袁昌利	李泽华	赵海波	刘银川	杨国平	赵文军	刘仙绒	王建栋
姚翠友	赵　锋	赵忠和	董小瑞	钱明伟	游少雄	乐以长	刘培志
孟湘红	倪帮福	申延涛	王　涛	袁　斌	张　磊	祝　奇	孙运强
王　彪	王军波	冯俊婷					

1995 年

赵　飞	邓屹峰	钟　萍	王　晓	常世平	雷　成	李　勇	孙文莉
伍庆龙	谢　宇	林霄映	刘向阳	汪永波	郑培枫	周丕佐	邹　琼
谷志良	黄晓梅	唐宵东	姜正中	牛　禄	隋玉堂	王　军	梁世杰
涂双章	赵文江	钟效培	王继连	丁玉奎	吕春华	张小虎	胡益民
焦　彤	罗晓娟	何海翔	胡小安	怀文明	李豪杰	李金柱	刘　靖
史天贵	吴　楠	易　静	岳　欣	张红芬	张　俊	何利军	赵　玲
赵　升	李　斌	马惠敏	牛良永	王　琳	王　鑫	张　科	张升奇
张　颖	邹　颖	陈志峰	翟永兵	董华梅	李卫青	龙启铭	张月琴
高国连	李晋平	王　耘	王志刚	梁慧敏	王仲琦	赵玉坤	周铁华
朱爱华							

1996 年

雷娟棉	鲁向阳	张　琰	褚海波	董　巍	刘海涛	王正杰	张　艳
焦泽兵	刘　开	马　燕	唐陵波	王　娟	曾　青	朱　宁	万　瑾
李惟杰	林德福	刘　斌	王海龄	魏　琼	李荣宁	楼先迪	张　旺
胡吉来	李显明	罗　勇	杨向东	刘进亮	魏昭荣	丁四如	杨立新
郝　玲	李秀仓	刘　杰	刘　俊	唐宏伟	汪　光	王　飞	于　明
周国勇	孟照魁	杨庆瑞	郭俊波	廖　频	林　森	刘　卓	龙　斌
沈　煜	唐　飞	殷　明	张文耀	郑相启	李昌宏	李少育	刘继明
门建兵	周　睿	侯　丹	李国罡	尚雅玲	王秀君	张　望	赵东新
张建光	周　智	曹德青	田丽燕	郝新红	马　威		

1997 年

丁　鹏	李炯亮	庞　晔	张宝林	高　超	李　华	于英杰	华展才
柯常红	袁海涛	许坤梅	张　蠹	郑　伟	朱斌峰	徐永辉	臧　勇
贾金锁	李　永	梁作宝	关为群	刘　勤	王宏刚	吴立志	张翼燕
赵书斌	陈光权	全国庆	邢　琰	张　伟	胡学义	江　昀	祝义强

机电学院历年硕士研究生名录

陈 钧	刘 彦	吕中杰	张海涛	杨金柱	卢 斌	李 芳	卢向红
邱红兵	王 静	王在成	薛志坚	陈 宁	程 艳	崔春风	高 岗
李凤国	刘毅敏	王旭东	詹 毅	张 晖	郑祖国	王剑青	陈旭东
王 诚	杨 利	张 蕊	张建国	邓宏彬	何光林	冷树林	李兵兵
李朝君	李文杰	鹿存跃	吕宏静	王 炎	王瑞刚	于建港	

1998 年

于广泽	刘红军	张 磊	谢晓竹	王洁春	刘新民	罗喜霜	李丽芳
宋加洪	秦海林	杨晓华	李 冬	焦玉峰	刘 敏	张华雄	张晓琳
刘文婧	白 涛	柴明建	李 巍	李 琰	王文会	李 伟	李咏春
路光明	张志刚	黄 韬	韩秀娟	宋永双	杨文海	武海军	马 洁
朱 旻	汤 华	苏少华	孟嘉友	艾俊波	李 军	刘 伟	罗 炜
马立军	佟 奎	高 城	宿晶亮	文志刚	崔 昊	孙 彤	孙 娟
裴洪安	刘 宁	马晓飞	郭晓燕	周 玲	李 明	任云燕	牛兰杰
王彦平	王志勇	危胜军	张 嵘	安 荣	王云峰	吴 琼	陈 利
黄毅民	赵 楠	张虎生	任延群	沈玉玲	郝玖峰	刘安阳	海群力

1999 年

韩秀凤	何 碧	李子锋	杨永明	张慧卿	张兴燕	宋卫东	耿永兵
李 强	李帅辉	霍喜乐	乐 莉	宋保永	孙占峰	王荣兰	赵 勇
董宇光	杜振宇	顾红静	胡 勇	金 磊	刘红喜	刘万富	罗山鹰
毛晓艳	苗常青	欧阳黎明	房 伟	傅元良	潘 曦	申 强	石国强
宋承天	王晓英	王亚斌	肖 旸	谢龙昊	徐四平	徐 武	杨彩霞
袁 野	朱志芳	佘浩平	闫永军	关智勇	刘 宇	代国邦	任 慧
李 广	饶思成	熊淑杰	丛治淇	韩利竹	孔祥涛	李 海	力兴龙
王 燕	崔斌斌	代方震	冯 春	高国杰	梁 伟	刘彦超	罗恒亮
明 峰	邱国华	时景峰	宋 宁	汤淑芬	陶高峰	王立维	王 伟
姚秀娟	尹 航	袁志昌	张 勇	郑 珊	何 军	贾秋凤	李新鹏
刘志荣	邵 兵	耿慧朋	贺媛媛	魏先利	刘 朋	蔡宁涛	高 波
李朝阳	裴益轩	张伟民	梁 征	刘 琦	苗佩云	龚 苹	李 京
卢永刚	汪韧冬	汪永庆	张雷雷	张新伟	李明明	蒲薇华	

2000 年

成日青	丛晓民	蒋敏荣	马桂霞	王长福	邓 琼	潘海燕	李 丹
商 霖	王志利	陈沿海	陈雪莲	姜 芳	谢久林	康 敬	李 澎
史文卿	耿久红	韩 磊	黄 艳	李晓峰	李 湛	刘海鹏	刘子正
牛 峰	牛少华	隋 丽	魏 斌	张 峰	张青华	郑世贵	韩 芳

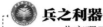

刘佳音	邢 云	毕军建	郭振永	刘生东	潘志康	孙晓波	魏维伟		
侯宇芳	吴春波	赖华平	冷谢军	李 涛	李 伟	刘剑锋	刘志雄		
刘子成	陆洪波	钱 龙	沈巧蓉	宋 博	唐永刚	王忠韬	杨 磊		
袁 璐	张 景	张加军	张立雷	赵晓旭	闫晓鹏	李 强	聂海霞		
王 伟	高伟涛	王 伟	李 云	朱华桥	曹 禹	闫 华	刘承恩		
宋 歌	蒋小华	金 俨	靳佳波	王丽颖	王 鹏	陈佩银	于 权		
魏继锋	张静伟								

2001 年

王 鹏	刘佳文	司 源	张光辉	姚惠生	苗艳玲	李玉锋	于任光		
马少华	王晓宁	艾右宏	郭 洪	唐桂林	高 颂	宋江闯	郭少华		
雷 进	陈宗权	景掌业	卢红立	戴开达	刘国振	刘鸿明	李海军		
刘 雨	张文凯	宋正刚	姜彦东	田力男	石 前	李 喆	张 琴		
王新强	郭建琴	刘 超	芦智勇	徐文亮	王 丹	廖 峰	别海罡		
马 龙	陈梅荪	孙东宁	刘嘉瑞	彭广平	左 冰	刘建丰	舒 雯		
白桂明	陆 庆	廖 宇	屈澳林	赵中伟	郭福生	王良凤	董 健		
张 迪	杨东晓	相 干	王 坤	张 锋	孙 伟	柳世兴	郭常勇		
程 刚	曹 昕	杨建兵	柴鑫刚	王海虎	李继刚	赵玉印	蒲晓辉		
许 彬	郭建伟	王建防	王卫霞	李志鹏	秦剑飞	陈金兰	陈 潜		
孙远华	刘远传	吴悟贤	柳 晴	范晓琳	崔海涛	刘世毅	高润芳		
崔中杰	时广轶	郑 恒	胡 军	何 川	姬聪生	李向荣	廖海华		
石志杰	郑 航	张文明	李继峰	伍俊英	姚天玮	范军政	绛植淇		
王 薇	刘 帅	高 恒	石 奥						

2002 年

郭金玉	任 艳	刘思宏	李文瑛	程治国	王帅帅	崔庆忠	刘伟华		
李汝劼	王 慧	朱艳丽	纪艳华	陈海利	武玉玉	吴晗玲	张光雄		
唐恩凌	廖英强	苏建河	吕庆山	张宏兵	刘晓琳	李晓颜	孙元虎		
朱长军	马天宝	赵巨岩	董永进	李 华	黄文倩	王兴毅	郭 剑		
曹 艳	刘志强	张 晨	杨志国	王 勇	陈文聪	吴莎莎	王 飞		
任国祥	袁诚敏	齐伟伟	张计恒	孙 鹏	易春宏	何玉洁	李 军		
李月琴	王 东	贺 伟	高 磊	权晓蕾	常新月	苏 番	张 华		
张 雷	王海龙	孟庆锋	王林平	于国辉	郑永辉	陕朝阳	韩京飞		
顾乃威	王良春	李 宇	申 明	李景颀	张正维	谷 帅	吴成伟		
郑世举	温冬明	梁桂鹏	张永亮	陈建平	李 志	汤国东	殷 俊		
赵桂芬	罗玉锋	杨春兰	董 楠	唐胜春	尹 伟	张宪玉	李 鹏		

季成	陈渝	李合新	郭征	王向辉	郑和喜	李少俊	孙毓富
陈祺	杜朋	张哲	归莹	冯清娟	郭众宝	孙振海	雷悦
王晨阳	唐炜	杨瑞伟	吴翔	敖挺	张洪斌	张楠	李志昕
霍子磐	伍宇	万福新	李凯	周波	曾庆国	孙伟娜	王岩
凌晨	周兴	刘鹏	段碧海	赵红艳	王永强	马雨祥	党海燕
王智鹏	陶鹏	何娟	张宁	钟宁	宫会元	贾雪松	郅斌伟
刘海	刘志峰	陈颖瑜	胡玉昌	袁航	江增荣	谢书凯	罗宇
马建国	于颖贤	李宏亮	芦金华	周鹏	王辉	展婷变	江小波
杨军	冯高鹏	刘千寿	陈兴	孔维红	房玉军	徐伟华	赵林双
樊武龙	周宝庆	黄红凯	涂小珍	鲁建英	马义刚	胡晓春	王志新
曾强	李畅	臧春喜	金善科	宋志民			

2003年

王沛	李冬	李江存	施平娇	张栋	张丽琴	解娜	郑红
方延和	赵振军	薛妙轶	钱轶	黄涛	陈凡红	肖雪莲	魏立尧
张菊兰	李明辉	侯志勇	王志芳	段丽霞	刘喜莹	佐建君	林华长
魏可臻	杨莉	孔令超	陈茹	贺卫平	刘谈平	沈浩	钱莹
陈锐	蔡劭佳	张志江	许沛	魏文	倪艳光	吴艳红	侯俊亮
吴延强	丰平	陈海坤	孙可平	李琰	孙晓蔚	李京飞	周希
杨洁	王婷	尹朝晖	李大国	肖涛	刘涛	黄志翔	孙崇波
王春生	邱辉	马立俊	杨彦	李涵	李国建	马维贤	杨立辉
胡玉川	吴丹	胡剑书	钟莲	齐斌	吴会彬	李建峰	曹东杰
周松强	张晓晖	谭毅	李林峰	刘松	陈钰	郑香脂	伍蔡伦
廖伟平	崔保健	吴国玺	王浩	杨晶	耿浙原	李可诚	申正波
张雪奇	李庭伟	李遗	张波	胡耀金	周明明	崔黎	刘琦
郑娟	周力	王静	陈培安	黎军琛	徐焱	朱建平	王芳
王辉	任燕芸	朱春雷	陈实	柏席峰	王飒	吴飞鹏	蔺伟
李雨飞	纪红	蒋武	潘刚	张海娜	王小林	陶微微	李叶青
张晶	刘子星	山传文	毛新	胡毅	熊永家	张瑜	张杰
孙振环	王绍宗	李鹏	张琳霞	秦剑	陈凌	王大鹏	马艳妮
孙建强	胡光俊	张顺涛	阿苏娜	刘萍	施胜浦	崔俊梅	林双红
薛乾生	岳媛媛	程庆伟	吴志坚	徐虎	刘国杰	庞艳珂	贺金丽
李淳	杨彬	王晋平	刘红梅	王圣学	肖琳娜	李园	王俊林
郭磊	李国强	宋金峰	钱仲辉	刘宗伟	王江波	付晓磊	滕晓琴
赵婉	孙尉	杜志军	张沿杰	耿海虹	刘建	陈春淳	黄海龙

兵之利器
——北京理工大学机电学院学科（专业）发展史

| 赵耀辉 | 田敬爱 | 韩成智 | 吴 瑶 | 张美凤 | 赵开云 | 赵 佳 |

2004 年

刘振华	邵风雷	孙翠娜	吴 晓	薛富民	张丹丹	雷 娟	刘建国
刘 静	刘武军	马 征	徐 辉	许绍辉	赵 凯	赵 迁	周 磊
李学彬	潘 阳	徐少辉	陈 军	程素秋	董良慈	范军芳	高富强
郭长文	胡华权	金 辉	李 芳	刘 锦	刘志芳	倪 虹	史 锐
宋春芳	王修益	杨国梁	于荣刚	郁 锐	张东江	张凤芹	张国宁
戴华艳	何鹏林	胡满红	胡勇华	花金水	黄 凯	黄晓娟	金 全
李安宁	李大林	李建玺	李京涛	李 龙	李 明	李 帅	李元庆
梁 杰	刘姝琦	刘亚山	吕华磊	吕书生	马 驰	欧中云	时 有
宋 卉	宋 崧	孙 凯	田先军	田 园	王 欢	王维伟	王振宇
魏 勇	夏 炎	杨国伟	叶崛宇	游传羽	张 杰	张 军	张晓玲
张 玥	赵厚宽	赵丽艳	郑俊花	包国兴	韩喜林	井 杰	刘 昕
商广良	王志浩	徐 旻	杨 慧	朱锐锋	陈 辉	梁月红	刘 通
史松坡	王永恒	魏 哲	于煜斌	张冬彦	白玉新	邓国庆	董 霞
段争云	韩晓丽	胡章丰	黄素君	李光明	李银钊	刘东芳	刘艳丽
卢月品	路海龙	马 婷	穆飞鹏	裴振华	屈 磊	申延波	孙常林
孙世杰	田粒卜	王 兵	王 娟	王潇茵	易小芳	张 辉	张维利
张 伟	周建成	周 亮	朱 琼	朱玉洁	丁伯林	何 伟	柯 浩
刘 影	卢 琼	马 骞	裴 琴	童 勇	吴中伟	谢杨林	张 娟
李贵兰	缪 诚	臧 娜	张金菊	张雄为	秦 萌	苏玉跃	隋 超
文 广	张 三	赵媛媛	高 辉	韩那日苏	韩一丁	郝 强	胡延臣
贾晓东	李 源	李 召	刘大江	乔 杰	石 琳	宋晓静	孙 澍
覃 彬	徐 达	杨 卓	姚浩辉	袁 媛	张德郁	章 涛	赵 阳
郑 坚	崔晓刚	葛成建	何 锁	金 俊	刘晓飞	帅俊峰	宋 锋
宋 磊	谭书怡	王新颖	吴 君	吴俊斌	吴俊全	肖友霖	徐德琛
杨笑月	余庆波	袁 晋	曾必强	张 彬	张 函	周敦文	黄歌德
季 涛	李晓刚	穆慧娜	王立明	王智慧	邢 军	徐国玉	许良才
杨 庆	岳皎洁	臧充光	陈丽丽				

2005 年

毕玉刚	楚亚卿	黄辉胜	孔 磊	李玲慧	李 琴	马肖燕	王丽霞
张航海	赵 雪	甄 伟	左小丽	董 畅	宫玲玲	韩九阳	何 文
贺潇潇	姜 雪	李 伟	刘哲峰	米建龙	宁 雷	武清晓	武织才
周秦源	安丰江	王海峰	吴茂云	张学换	朱鹏飞	李志鹏	梁新建

刘科种	刘陆广	刘 骞	马月芬	门丽娟	曲 威	王兵臣	温丽晶
吴相彬	谢春明	徐黄杰	徐钰巍	徐执彬	闫树威	杨长生	杨红光
杨井瑞	杨子玉	于 琦	张延耿	郑 楠	邹方方	艾泽潭	安 堃
柴 奇	陈 丹	陈同辉	陈 妍	董天文	高静静	郭运雷	胡建华
贾晶晶	揭建英	解 禹	李晨晨	李 春	李红果	李 娟	李 军
李清洲	刘一勃	刘志凯	柳庆玲	罗孝龙	马子领	孟 晶	漆光平
阮立志	桑硼飞	沈可豹	石剑飞	宋荣昌	孙 俊	孙志慧	汪钻文
王 东	王 倩	王 涛	王占涛	魏博宇	吴彩鹏	曾庆文	张云涛
张志广	赵 辉	赵巧刚	赵小川	朱新楷	崔永强	樊 鹏	管仁良
李光日	刘春城	彭 章	覃 奋	王 鑫	王志杰	杨佳鹏	岳 敏
张秀云	付永杰	胡宏华	李宏红	刘晓冬	马 毅	张新沅	郑鹏超
边桂彬	陈 尧	唐 亮	王 帅	王永涛	陈东辉	范 科	盖鲁峰
高秀珲	耿小明	龚绍丹	管志丽	韩 刚	华 磊	黄宜婕	霍 炎
江 莉	李 达	李泓锟	李 杰	刘 杰	陆 伊	马遵锋	谭璐芬
王灵美	王 香	王 新	王志刚	于 淼	张翠霞	张英文	郑 华
朱磊磊	曹允玲	丁小蕾	冯清伟	韩 超	李延奎	王 黎	熊宇迪
修良章	杨化浩	郑秋雨	白华新	宫广东	马茂冬	苏福鹏	王登贵
王鹏飞	杨振磊	周利东	朱 方	廖莎莎	孙 昊	吴玉平	杨晓华
赵景伟	陈晓红	方百里	龚东军	纪 琼	姜任帮	蒋新广	李耀伟
刘 意	庞 艳	石 鑫	孙 静	孙晓霞	唐 颖	万金刚	王 峰
王 锋	王培彬	王 然	王荣庆	武 坤	殷国良	袁 孜	张朝前
张 辉	张玉波	赵 静	赵 娟	常志远	范艺凯	方文泯	韩 尧
胡 洋	姬鹏远	金学科	李 军	李 娜	梁 茜	刘 畅	刘 晶
刘 鹃	穆 磊	任 良	司洪利	王海燕	魏卓慧	吴 广	严翰新
张党龙	张 谋	周晋祎	朱礼尧	安晓科	蔡文健	韩世贤	何春林
洪东跑	贾宏伟	金建峰	石邵美	王伟锋	谢燕玲	杨贵丽	岳远著
张庆利	赵 彦	安雪冬	毕翔宇	赫庆哲			

2006 年

敖国军	多丽君	冯丽娜	王胜胜	臧 艳	张 强	赵鹏娟	郑慧慧
陈红迁	费广磊	康宝臣	李 朋	史爱民	陶春红	王 颖	王志勇
叶 挺	于 波	张 博	张雪飞	郝陈朋	刘 雷	张 杰	杜宝民
高 翔	谷鸿平	郭海峰	黄文静	惠仁杰	姜 兵	李淑皎	梁 园
刘 学	马光旭	潘 琴	彭瑞刚	申 健	史继涛	宋婷婷	孙铭贵
王 闯	王 磊	王 阳	王 周	姚 伟	袁三喜	张家毓	赵 赫

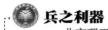

兵之利器
——北京理工大学机电学院学科（专业）发展史

陈 昌	陈 婷	高 彩	黄 勇	李慧子	李江峰	李伟波	李文峰	
李 宇	李智辉	刘建华	刘 蛟	刘晓松	马保政	马万峰	穆 斌	
牛占云	钮 永	沈洪蕾	孙 峰	孙韶春	田 野	汪 强	汪毅峰	
王 超	王大雪	王立久	王世虎	韦在陆	文 暄	文 雅	闻秀娜	
吴晓昱	夏 雪	徐祥红	许寒晖	银 晋	袁小东	曾 涛	张 帆	
周殿平	周涯波	周之辉	安朝卫	高宝泉	何 乐	贺 芳	贾玉姣	
姜晓宇	李远枫	唐燕平	王金鑫	王 亮	王艳梅	袁俊瑞	曾 直	
郑利英	黄 立	李云志	孟显涛	杨 勇	王 猛	王 睿	王 通	
王一凡	徐海运	李鹏程	苏 浩	尹 明	张 燚	董建华	何志宽	
胡海雷	李 钰	李子颢	罗 涛	明祖衡	任 娟	任晓松	桑文华	
汪家全	王 璇	韦 韬	武国栋	肖 瑞	许 威	闫 岩	姚 鹏	
于玉亭	庄茂兰	安 伟	凡庆涛	蒋芳芳	兰 慧	林日斌	刘新帅	
孟凡青	田秀丽	王春迎	王 岩	王义惠	吴雪贞	于 帅	赵红果	
楚开猛	郭兴伟	李 伟	刘 群	马新爱	王 炜	王志勇	张 超	
景建清	刘爱丽	陆 雷	田 铮	许凤凯	赵伟栋	常玲善	戴文喜	
杜井庆	郭波涛	郝建伟	江林锋	赖康华	雷新华	李 坤	李尧尧	
刘 琨	刘自立	倪 亮	聂红霞	潘 捷	尚亚萍	宋 磊	孙 钢	
王科学	燕永敦	杨 萍	杨 轶	翟小强	周 恒	朱晓鹏	茶晓燕	
郜沁宇	康彦龙	赖 鸣	李 清	刘 丹	刘 珲	刘 恺	陆培源	
马 力	宋艾平	王 宇	王 湛	谢中元	杨春旺	杨 宁	杨伟苓	
张显奎	张智明	赵誉婷	郑元枫	朱金保	陈清畴	陈 皪	樊 帆	
郭洪卫	胡 端	霍兴巍	蒋丹萍	李守殿	李 薇	齐书元	王广海	
杨 藤	曾 亮	曾雅琴	朱 峰	管 晨	刘 昊	吕 婧	孟 飞	
吴 琼	杨 勇	张 弛						

2007 年

林万峰	冀慧莹	李恩重	李坤远	刘 娟	刘俊伟	马 丽	穆海燕	
彭金平	尚 静	吴 曼	赵 慧	毕 莹	陈 琢	林庚浩	刘思奇	
申 丽	王 栋	赵 泓	王 令	张 强	白雪燕	董 静	冯永星	
付德义	侯东旭	胡国平	槐浩举	亢 芬	李可达	梁 爽	刘春雷	
刘 柳	马 娟	孙细刚	孙 昱	汪 平	王 冰	徐 玲	张海英	
周中健	杜忠良	胡雯婷	李冠英	肖乃凤	修文昊	严 成	杨 月	
周 铜	周元晨	安 泰	柏 利	昌成格	陈茂刚	楮厚斌	单晓东	
丁伯圣	杜昌磊	范志国	冯 璐	高 颖	郭善镜	韩成杰	韩雪梅	
胡江雪	胡晓春	贾 煜	康 晓	李国栋	李雷涛	李伟华	李象萍	

李 哲	梁 园	林 琳	刘庆欣	刘 爽	刘雅芳	刘艳军	刘子青	
罗 创	马 奎	宁 展	宋仁龙	孙蓓蓓	孙 超	田海静	王方超	
王敬水	王石林	王书军	王兴涛	吴福延	肖 猛	徐远华	杨 帆	
岳 娴	张贵鑫	张艳清	张 毅	朱凌云	范 鹰	郝 鑫	齐江飞	
王 超	王冬晓	王 敏	王 嵘	徐 乾	颜 辉	姚晓永	张 滆	
章 静	毕文辉	崔德邦	葛 胴	安恩杨	卜 方	蔡克荣	陈卫卫	
陈羽通	高 森	葛培楠	郭志刚	胡联贵	胡 晴	柳飞荣	时 浩	
殷晓芳	赵艳丽	张媛媛	方敏杰	付小芬	高福磊	李建博	刘晓亭	
罗 伟	马晓燕	马 欣	唐正强	王成龙	魏思凡	徐宜瑞	姚 琪	
周成英	卓晓曦	郭占平	牛 芳	石未凡	孙 赓	王 飞	王丽茸	
温炳庆	尤祖明	袁玉红	周忠彬	程鑫轶	胡 亮	王 蓓	王 贺	
富玲峰	杨登峰	张步允	宫久路	姜 威	孙高戎	于东俊	曹 欢	
曹勇刚	查宇锋	陈 茹	陈耀坤	郭 鹏	何春全	胡永利	刘大勇	
刘桂林	刘 昊	罗 霄	王 斌	王世秋	魏宝剑	向 聪	张 鑫	
张 璇	赵 慧	赵振乾	郑 玮	包春光	柴传国	龙 骁	罗 莉	
马 明	马 强	毛 亮	邵庆新	孙文旭	王 岩	谢长友	张宏亮	
赵 黎	仲 霄	周建东	周 元	安尼瓦尔		陈少春	韩晶晶	
郝志坚	何爱军	金超然	李一鸣	梁其照	刘 玲	刘媛媛	任晓亮	
汤 崃	王 晨	熊 振	叶耀坤	陈 静	程归鹏	劳 力	李永盛	
刘 炜	吴 涛	徐 磊	陈 铭	陈 曦	成天桢	冯肖珊	郭灵犀	
郭珊珊	李化龙	林 毅	刘 鹏	刘永春	吕 晨	马文静	毛云娟	
史灿灿	孙晓宁	徐玲峰	闫 哲	岳文辉				

2008 年

王 真	暴丽霞	陈 诚	李敬玉	任晓婷	任 雁	王 昆	王 琴	
王 颖	谢少华	薛 冰	尹艳丽	张 旭	艾德友	刁 凯	丁浩亮	
冯彦茂	关 爽	关 田	韩 刚	郝凤龙	郝 轶	贺佰平	贺建华	
胡宗元	黄学义	贾智超	景 莉	康朝阳	梁 峻	刘 博	刘 丹	
刘 函	刘 龙	刘露咪	刘青嵩	刘 锐	卢黎阳	马耀华	宋小杰	
孙春勇	王海波	王玉娟	魏 强	肖 星	薛 锋	杨楠楠	杨新茂	
尹 昊	于明洋	袁永旭	臧 博	张宏松	张鹏飞	赵红燕	赵子豪	
周 燕	朱树仁	朱 旭	曹 渊	陈 龙	陈少波	陈 哲	崔师虎	
代 俊	邓建中	杜秀明	顾新伟	韩惠婕	韩小兵	何 川	何 昫	
胡海波	胡延祯	李 晨	李传梁	李 敬	李明波	李修峰	李 政	
梁金龙	林 然	林 伟	刘宏伟	刘嘉宇	吕亭强	马江涛	孟 非	

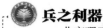

宋佳赟	孙 硕	王长安	王文豪	徐文超	闫 新	杨艳军	姚光明
于杭健	张 兵	张文仓	赵鸿娟	朱永强	左 迪	毕胜军	丁 江
葛 立	胡义武	李程杰	庞 瀚	邵 洁	石 波	孙 荣	席永帅
徐 坤	郑毅彬	宗传明	弓 宇	董显彬	窦润江	郭志东	凌 蕾
陶鸿儒	杨 帆	张 健	张顺平	周晓婧	朱炜炜	解海宁	孔凡勋
寇义芹	肖富华	杨忠华	郑志嘉	刘国萃	刘文芳	刘 雄	马 腾
孟令桥	王其辉	王文杰	杨 帅	张飞飞	张国涛	赵 双	赵燕雯
赵 云	周 文	陈 翰	何 乐	洪少炜	李 浩	彭 川	王 超
王 晶	王丽丽	王娜峰	曾一鑫	周光巍	周 彤	陈鄂平	李林涛
刘 畅	毛瑞芝	孟艳刚	张首鹏	陈 乾	彭林科	孙海远	唐婉玲
陈皓明	陈 哲	段 晖	付淑玲	高 超	李 倩	刘海峰	卢秀娟
牛国涛	蒲利亚	邱从礼	田月全	王 博	王建路	王晓博	向前有
张 锋	郑明江	安玉彦	何明胜	纪刘奇	蒋海燕	李 娟	李之明
刘雅文	卢 熹	宁晓巍	王 波	王 静	王顺虹	徐翔云	印立魁
周燕妮	杜姝婧	傅 宏	韩骏奇	李含健	李旺昌	李志敏	林凯城
刘央央	鲁 峰	吕军军	王丹丹	武碧栋	杨立欣	杨 阳	张晓铭
程东青	龙洋波	熊 琨	许 芃	杨登红	杨 喆	朱明敏	曹智禹
崔 宁	黄 韬	黄 哲	靳佰良	刘亦超	彭 玥	彭宙锋	宋玉亭
隋春春	孙家希	谭启驹	王 晨	王 刚	王鹏飞	王 荣	王晓博
王宇飞							

2009 年

李 敏	李铁成	李 妍	梁彦会	刘 芮	牛晓庆	魏 蕾	徐云霞
陈 雯	陈一夫	董 璐	董新庄	段中焕	傅燕红	郭 超	郭希旺
郭 媛	贾 伟	康小平	李大龙	李文月	李 莹	刘 海	刘益儒
卢晓雄	钱 飞	石海军	史晓岚	孙 坤	谭长男	田光东	田 媛
王利鹏	王荣惠	王伟丽	王伟忠	王 星	王银菊	杨 敏	杨 品
杨 炎	杨园园	于洋洋	禹文敏	袁鹏刚	翟天睿	张琪儒	张玉龙
赵 岩	赵迎春	邹宗山	陈 波	陈 悦	龚汉越	何 灏	李北国
李 涛	刘传钦	刘华欣	龙静静	吕 鹏	吕永佳	马 淦	宋方园
唐供宾	陶小可	王浩浩	王会彬	王倩倩	王一平	吴倩颖	夏晓林
夏雪蛟	熊 鑫	徐鹏飞	杨 健	袁 帅	张龙飞	张志宝	赵正杨
郑华银	周英才	陈 飞	黄 威	靳少然	李丹凤	李方琦	李 蕊
连龙刚	卢秋实	任沛杰	于华涛	赵鹏飞	白 阳	陈兴福	党静雅
海 燕	李 询	帅 冰	宋智良	张长虹	张 弩	张 伟	张 扬

机电学院历年硕士研究生名录

张智鹏	祖绍鹏	吴培娟	夏晨曦	徐环环	徐荣正	张 凯	曹占强
何洪优	李 芳	李学军	刘丽琼	陆科呈	王士卫	王文庆	吴英娜
于 兰	张国英	张慧君	张 力	朱祥东	常 艳	方 杰	高克平
李华波	林海燕	邱 睿	吴德建	张 冰	周 轶	朱 琼	关震宇
郭亚丽	李 潇	刘会超	赵海旭	陈 洪	陈婉玲	段相杰	方东洋
高丽丹	耿万钧	郭延磊	韩操正	韩 青	韩 笑	韩言勋	何 新
侯月振	胡绍巧	贾晨阳	姜 铖	靳育霖	喇 超	李 陈	李 杰
李美红	李小林	刘 航	卢冲赢	路 禹	马 良	孟繁磊	孟菲菲
南宇翔	彭晨光	秦会国	邵文熙	沈 磊	苏若曦	孙银娣	谭向楠
唐时敏	田亚锋	万九亮	汪 堃	王 坤	王勤智	王瑞斌	王晓宇
王义海	王 钊	王振兴	魏鹤怡	薛 田	叶骊锋	尹庆国	于 超
于成大	曾广裕	张 帆	张洪才	张利敏	张 娜	张晓炜	赵崧成
赵 霞	周利存	周雪松	祝青钰	边江楠	严文康	胥 敏	

2010 年

袁晓坤	陈 霞	崔寒松	崔乃夫	段晓瑜	甘元超	郭 超	何 韡
黄 凯	黄 蒙	贾 宇	巨圆圆	冷德新	梁 超	刘海庆	刘 杰
刘 敏	刘晓俊	刘夔龙	刘宗宝	柳艳云	吕 宁	欧阳昌明	秦国帅
邵海波	王彩锋	王 婧	王 鹏	王彦莉	温博轩	武 强	徐 健
徐 琳	徐 琳	杨朝霞	杨立伟	杨懿敏	杨 镇	于 晓	曾春荣
张道驰	张韩宇	张欣欣	张振泉	张中亚	周 琳	周正青	朱龙涛
包 涵	陈 超	付 悦	葛 卓	郭庆波	郭文增	洪荣森	黄承祖
江安然	蒋 晶	靳 飞	李国中	李洪杰	李 杰	李敬一	刘 超
刘天博	潘 敏	冉崇建	宋 娜	苏晓东	孙祥溪	王 成	王化平
王青云	王晓悦	王亚军	王 云	魏 博	武江鹏	夏卫杰	徐 静
杨 芳	张 峰	张茂松	张 思	赵向麒	周 翮	朱翔宇	董 晶
郭 敏	韩忠飞	姜丽娟	李 兵	梁春波	尚晓倩	王丽娜	徐 刚
陈昌明	杜 欣	季玲玲	李芳芳	李 磊	刘 彧	罗星娜	宁慧珍
彭先泽	田 园	王 谋	吴依笛	邢其凤	宣旭丹	杨 帆	张 博
张 婷	郑静怡	白瑞祥	白旭尧	曹海文	曹梦雨	陈 洋	陈远迁
程 俊	单 义	丁 剑	丁敏刚	段 继	段若颖	方 晶	高 昭
郭 佳	郭鹏飞	韩 琦	蒋国涛	蒋铁英	蒋亦蠓	李聪颖	李建平
李 萌	李廷震	李小雷	李 元	李 源	梁 营	林小荣	刘 瀚
刘瀚文	刘 强	刘欣平	刘 宇	刘志军	孟凡群	牛三库	皮铮迪
冉黎明	任 明	任庆国	沈 剑	史雪飞	宋 佳	孙崔源	孙 谋

田鹤飞	万 贯	王 倩	王 伟	王晓光	王彦龙	王 赟	王正浩
武晓娟	肖李兴	许洪宇	许胜刚	杨国强	杨 亮	伊枭剑	岳明昊
张广华	张计传	张 朴	张雪朋	张志军	赵宇峰	赵志华	郑志猛
钟馥鸾	周 庆	朱湘龙	董 笑	吴 韬	郭 俊	李 强	侯 师
孙雪阳	王敬章	袁志杰	满田田	张雪梅			

2011 年

徐 锐	仇 好	李玉路	吴金婷	周铭锐	陈静静	邓建华	段 妍
段英良	冯春雨	冯雪磊	高 鑫	管延伟	韩 狄	何运丽	洪丹丹
黄 荣	姜 茜	蒋滨安	刘桓江	刘坚成	刘世鑫	刘雪梅	刘 源
龙 波	马 赟	倪 妍	邱万超	王大奎	王 毅	魏湘武	魏雍江
谢 然	岳恒超	张 桔	张开阳	张清南	赵 旋	周佳晓	朱 聪
薄维杰	崔云飞	邸 方	傅 戈	高 帆	高 嵩	胡 丹	胡 萌
黄 高	李 勐	李 鑫	梁冠豪	刘士龙	鲁士珑	马文睿	倪文成
苏绚东	王 磊	王 瑛	王永贵	王 祺	薛景涛	姚利明	袁纬国
曾 星	赵水平	冯天宇	邵立勇	师 彬	王纪元	简彦强	孙文静
孙志岗	汪 晶	王静思	王思懿	宇微微	丁龙瀚	黄 莹	姜晓婧
寇智慧	李晋杰	苗雅琳	秦 花	施 龙	史晓慧	汪建平	王 博
王 飞	王盟盟	王文娟	吴瑞波	徐 静	许如燕	姚 宁	鲍丙亮
曹 岚	曹 琦	曹先鹏	常会勇	陈思远	程合蛟	初建鹏	丛 琳
但 栩	丁 力	董 晨	段吉栋	段亚博	冯建锐	韩 超	韩庆伟
韩 用	郝 庆	郝云鹏	何小坤	黄伟林	贾冠男	金 星	敬怡东
亢静曙	孔雪珍	赖少宗	李 晨	李建新	李连杰	李名冠	李 申
李石川	李 伟	李 雄	李燕华	李永亮	李振华	梁 东	刘红梅
刘洪光	刘 娟	刘 铭	刘小建	刘晓东	刘永宁	陆盼盼	吕 超
罗普光	蒙君煚	闵冬冬	牟泳霓	聂为彪	牛建凯	潘少鹏	乔 良
曲洪飞	饶 彬	宋 鹏	宋 卿	苏如意	孙宝亮	孙 帅	陶斯倩
万 林	王 超	王芳芳	王 刚	王 磊	王 力	王 鹏	王瑞石
王永智	吴寅虎	吴宇航	吴政隆	向程勇	谢秋晨	徐晓松	闫道广
杨 诚	杨国山	杨智鑫	殷跃强	尹文龙	尤志华	于 扬	岳军政
岳 凯	张 迪	张广月	张 浩	张垒垒	张献雷	张一凡	张兆森
张郑伟	张志强	张志正	赵 超	赵 骥	赵 倩	赵士津	赵旭东
赵 卓	周海峰	邹 浩	马一通	高 超	韩莉莉	黄盼飞	宇 灿
贺岩龙	黄心人	伍霞清	赵 宇	周 龙			

2012 年

王华敏	简国祚	蔡华通	陈 昂	陈建宇	鄂智佳	顾佳伟	何成龙
胡 宇	季 霞	匡格平	李志兵	刘海博	庞洪鑫	裴晓羽	钱俊松
任秀敏	申 超	陶 醉	王 豆	王 菲	王淦龙	王明扬	王万军
王 勇	王周密	王宗炼	肖李军	徐 萧	杨 沙	杨 震	余月月
於中良	张 超	张 爽	钟云岭	周 双	朱美旗	朱 强	杜 琳
段 帅	韩 杰	郝创博	侯 帅	贾静波	荆 涛	李 常	李 超
李建丽	李 玲	刘芳怡	刘国华	刘 研	卢宇飞	孟立波	牛 锴
彭业凌	秦 义	申跃跃	宋永博	孙冬雪	孙 勇	王 茹	王兆宇
徐 喆	许 涛	杨 阳	杨 洋	袁双石	张通通	张 文	赵海磊
何 飘	靳恒集	李贝贝	刘 璐	钱金鑫	邢家超	杨大勇	郑婷婷
曹 辰	曹福宝	曹同堂	曹晓文	陈华华	陈慧玲	陈 舒	陈泽宁
陈振奎	代利辉	党明朝	董清先	范红波	冯玮玮	甘德国	高 波
高春晖	葛 超	耿梓圊	龚 杰	郭艺进	郭志伟	韩 静	郝淑文
胡 赛	胡洋成	黄相柏	贾曦雨	金 鑫	金 鑫	孔志杰	赖岳华
李 川	李东伟	李 铎	李 晗	李建华	李孟君	李 娜	李 珊
李 延	李 扬	李 中	连 捷	刘彩连	刘宁宁	刘少坤	柳泽鑫
路志超	罗树威	马 超	马 建	马 殳	马有志	毛一春	欧三立
裴伍明	裴永乐	齐任超	任梦晴	史忠翰	宋 凯	汤润泽	万 翔
王 博	王成龙	王方洲	王海涛	王 军	王鹏飞	王少飞	王 鑫
王 鑫	王 哲	王 喆	位经传	魏 锦	温 洋	辛 琦	熊 俊
熊诗辉	徐蓓蓓	许 帅	薛林军	闫 卓	杨东阳	杨 慧	杨柳风
杨正有	要雪峰	殷艺峰	尤 杨	喻青霞	翟剑雯	张 超	张静骁
张静元	张 良	张眉眉	张帅重	张 伟	赵凤俊	赵万萍	赵 莹
周 峤	周渝捷	朱 航	朱雄伟	陈嘉琛	候云娟	黄 茜	回 岩
李 洛	刘丽斌	刘燕燕	牟 杰	芮静敏	时 烁	史远通	宋福党
王 斌	王 川	王洁萱	吴 琼	夏 权	徐太文	许东雪	许俊彪
闫沛毓	尹家旺	赵 冉	程凌博	迟力源	范 楷	冯 语	郭 昱
李 锋	李韦宏	陆上舟	吕 旭	徐 洋	闫 野	于 鹤	郑耀武
朱巍巍							

2013 年

鲍小伟	常智胜	陈 骁	陈志优	丁晓燕	高伟亮	龚良飞	胡斌斌
巨一博	李光宇	刘 柳	麻铁昌	梅小峰	齐 创	商 航	宋清官
谭杨康	王 杰	王 强	王子文	武丽森	薛晨梦	袁 婷	张俊秋

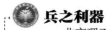

兵之利器
——北京理工大学机电学院学科（专业）发展史

张锐杰	张少龙	张亚平	朱 统	陈宁宁	陈庆森	陈少奇	代西明
邓 岩	黄湖林	黄宗林	嵇洪强	冀承骏	邝应龙	李 皓	李通通
李阳阳	李志达	刘晓明	马 娜	莫 洋	孙文涛	滕 迪	王 锋
武 赢	辛倩倩	张 婧	张 亮	张 铭	周明亮	朱立松	冯国奇
冯绣丽	甘芮弋	荣晶晶	赵 逸	郑 娟	黄 芸	蔡元根	曹昊哲
陈爱明	陈建斌	陈振满	程思备	储著鑫	崔 淼	董世建	董文明
都业宏	冯 杰	付 春	高志林	郜 浩	耿 剑	宫德麟	龚 如
郭焕果	郭俊峰	郭少伟	郭晓铠	韩旭光	郝 茹	贺 翔	胡闻天
贾继恒	江自生	姜 薇	蒋文禄	金振华	康 歌	康 凯	黎 勤
李朝振	李德贵	李婕敏	李孟轩	李梦尧	李 彤	李 阳	李 瑛
李永明	李志浩	梁家彬	梁君夫	刘 斌	刘博虎	刘 津	刘开创
刘荣强	刘雄军	卢佳骥	卢孟维	彭明松	秦 超	秦翔宇	任 光
任 凯	宋乃孟	孙 皓	孙 凯	孙煜杰	谭 笑	陶 艳	王 闯
王 浩	王匡亚	王文斌	王 昕	王学敏	王 阳	王 宇	王 政
魏 龙	魏 威	吴 丹	武 侃	肖辉朗	肖志夏	谢元吉	徐楚璇
闫 刚	杨道锟	杨 坤	杨灵飞	于红新	于苏显	余俊飞	张 彪
张 龙	张 硕	张天一	张卫敏	张晓敏	张心玥	张 禹	张钰莹
赵冬冰	赵雄伟	郑 飞	郑鸿强	周琳珲	周玉霜	朱道理	陈风云
邓要兵	高 愿	季晓林	李 栋	李 灏	李明智	刘新阳	刘 云
邵惠阁	沈世磊	唐玉翔	王建霞	武海英	殷 璐	余琪琪	郑翔宇
陈婷婷	李 璇	刘储朝	刘 璐	张泽林	丛 岳	董媛瑞	郝 阳
胡鹏燕	见雷雷	李 波	李明明	李生涛	李 伟	林圣灵	罗宗熠
彭演宾	佘浩田	施廷杰	谭宇晓	汪嗣良	汪秀明	王 冠	王亚东
杨 坤	杨柳心	姚 钘	尹 鹏	张 晨	赵 然	郑 葳	邹 尧
李 靖	王 淼						

2014 年

陈建良	陈林雄	陈新祥	董新博	高 宇	郭 峰	胡佳玉	江 鹏
刘 强	吕旸涛	石啸海	覃 峰	谭 建	王 师	王婷婷	王逸凡
徐 坤	杨宏大	杨慕天	姚环宇	姚 硕	尹作宗	余庆余	张海荣
张 强	张炜琪	周丙丙	朱 彤	朱学亮	左 腾	曹浩翔	董 寒
郭 婧	郭欣然	郭亚娜	韩兴利	李 昌	李 辉	李 剑	李鹏云
李晓云	李治清	刘树明	彭文家	漆光林	王彭颖恺	徐 峰	占银玉
湛 月	张 健	张立娟	张立群	张沛森	郑茂兴	周宇航	李 宁
牛恩利	王冬昱	许 瑞	尹 磊	袁子渊	安 璐	摆冬冬	卞晓兵

曹洺赫	陈科仲	陈 曦	陈霄霄	程 立	单明新	邓志飞	丁柯夫
高 晋	高 鹏	高晓峰	高异凡	关 平	郭超越	郭卫明	郭云龙
韩怀鹏	韩 卓	何志伟	侯 琼	黄阳飞	黄 莹	蒋 俊	寇巍巍
寇兴华	蓝莉莉	雷漠昂	李 彬	李凤蓉	李 玲	李 淼	李瑞波
李 昕	李兴斌	李 璇	李雅茹	李瑶瑶	李 毅	李泽雪	李志滨
梁启海	梁晓爱	刘剑超	刘舒波	刘晓川	刘 洋	柳新宇	罗国华
马凡杰	马小强	蒙佳宇	米振昊	牛浩浩	潘德凯	邱士起	任芮池
史尚军	孙 翠	孙一铭	田小川	汪 龙	王冠男	王 军	王 陆
王 涛	王曦煜	王 潇	王雅捷	王执权	魏 华	邹梓涵	
乌布力艾散·麦麦提图尔荪				赵 瑞	郑 亮	周婉馨	游鸿飞
张 翔	张 瑶	吴 宝	吴 帆	吴兴宇	肖 晗	肖 潘	徐东方
徐兴建	徐 壮	许祥才	杨利军	杨仲豪	叶波波	张国秀	张洪垒
张康康	张睿恒	张田育子		张 伟	张永洋	张之得	张至斌
赵婉君	郑光鹏	朱里程	朱梦琪	邹乔方	左环宇	陈 旭	蒋锦辉
李鹏亮	廉 政	刘 凯	潘 昱	裴智昊	孙 磊	王玢玢	王茹楠
王亚星	吴凌刚	吴 丕	薛 国	杨同会	姚 谦	张静远	张 统
赵星宇	常 里	李林明	路环畅	任 韬	徐方荣	陈彩兵	高广泽
高 翔	郭广浩	何 茜	胡习婷	虎 龙	黄静艳	黄荣慧	冀腾宇
寇永锋	李富洋	李 辉	刘鉴铖	刘 军	刘鹏征	马艳丽	梅豪正
牛江夏	欧阳少川		商士远	石玉江	王玲婷	吴海乔	吴兴宇
许明明	杨 欣						

2015 年

蔡 泽	储筠霖	戴连松	邓希旻	范 硕	方 皓	郭佳妮	胡孟磊
胡 平	姜春晖	焦登伟	李梦梅	刘 纯	刘书翰	刘子豪	缪希伟
任天飞	荣 凡	孙中岳	王夏虎	王肇龙	吴闻西	杨 昆	杨天威
袁腾飞	张爱法	张传山	张和涛	张 强	张雪岩	张亚平	陈 旭
陈娅琼	付政权	高 博	高 萌	高 锐	韩定强	胡必尧	黄一恒
解赛鹏	柯 银	李 康	李庆庆	李亚楠	马斌武	马晓帅	石选阳
孙 宁	于大程	张力丹	张泽政	周伟刚	黄兵旺	莫孟霞	苏 博
张 倩	张玉龙	张悦阳	鲍若飞	蔡尚晔	曹 可	陈齐乐	陈思源
代 健	董人玮	冯星泰	高 波	高瑞利	郭建坡	哈海荣	韩加柱
韩静茹	韩 琰	郝茂森	何江恒	黄 岐	兰旭柯	蓝前飞	郎 平
李 聪	李福强	李 航	李静楠	李 立	李雅瑟	李夷渊	李卓林
刘炳楠	刘成博	刘 靖	刘 凯	刘 凯	刘士川	刘位巍	刘文斌

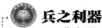

路俊虎	路迎	马刚	马胜利	马文茂	米海明	苗飞超	秦斌
秦禹	屈扬	任杰	任志伟	尚涛	史永慧	宋海通	孙璐
谭振	唐伟强	陶永恒	田超	王贺琦	王虹阳	王康康	王鹏龙
王琪	王睿	王旭	王亚坤	王哲	王震	魏学宾	习敏
谢煌飞	熊冰	薛东宇	闫国栋	闫磊	严鹏辉	杨帆	杨昊伟
杨佼颖	杨小玉	杨亚超	姚发	于海洋	于珊珊	张超群	张凤萍
张金伟	张潇	张欣召	张羽翔	张崟	张子超	郑天翔	钟俊强
周明学	周世通	朱炜	白杨	陈腾飞	崔浩然	杜冰轩	段会强
冯瑞	胡慧玲	刘阳	卢影	孙乐	王丹	王景鑫	位少坤
武承哲	武双贺	张燕燕	甄菲	高天雨	高幸	宫政	郝晋媛
刘传奇	王德志	杨月桢	张腾云	曾涛	杜江	胡宗毅	金超
李朋辉	李殊予	李澍	刘唱	陆春希	马英寸	彭勃	彭继武
宋萌	苏明	孙则鸣	王华阳	王亚	王征	吴伟明	夏荣桢
许通通	杨华	杨雅文	于洪海	张华	张剑	祝奎	

2016 年

安刚	白学文	邓涛	韩金良	郝伟江	黄玉平	康吉	李晓坤
李心远	李泽章	栗皓	刘青青	刘晓雯	刘宇	刘源	孟祥瑞
明德涵	潘鑫	齐凯丽	粟鑫	田俊宏	王比	王殿玺	王宏宇
王远芳	吴明泽	闫丽	杨柳青	杨祥	张钊	张哲举	钟贤哲
蔡兆旸	陈晓笑	陈旭	杜星	黄羽童	姜鑫洋	李想	刘存秋
刘贵林	罗舟	马安稷	聂远靓	宋真子	孙泽源	谭洁玉	徐沙
杨天奇	张敏健	张润明	张陶然	张笑华	钟心亮	周钦钦	邹明杰
李蓉	安宣谊	白孟璟	曹京古	常辉	陈汉	陈佳文	陈永鹏
程骥思	杜涵宇	冯吉奎	冯琳	冯雪贝	冯宜明	冯运铎	付文娟
高明悦	高斯宇	郭晨曦	郭开心	郭梁	郭志威	郝智渊	何鲁哲
洪扬	胡万翔	黄彦希	季文东	蒋子杰	金子焱	李泓润	李慧博
李任然	李伟	李学健	廖茂浩	林芯羽	刘琛	刘弘扬	刘嘉锡
刘建斌	刘娟	刘强	刘朔	刘伟博	刘翔	刘元斌	刘紫源
娄志毅	吕海波	马洋洋	马宇宇	倪磊	彭嘉诚	钱海涛	钱石川
任晨辉	任亮亮	佘啸宇	苏鑫	孙亚伦	唐红亮	唐乐	田姗姗
仝远	汪金奎	王晨涛	王芳	王鹤	王珂	王齐贤	王胜男
王以飞	王韫泽	王泽鹏	王子一	危怡然	魏浩宇	吴亚琛	伍思宇
武凯玮	谢述春	杨萌	杨胜晖	杨添元	杨婷	杨媛媛	姚群磊
于泽杰	湛赞	张东辉	张广为	张海军	张嘉朔	张明明	张锁麒

张天河	赵 传	赵佳辰	赵 聘	周 末	朱远怀	朱志鹏	朱志强
邹道逊	畅紫君	董 喆	杜开元	高金明	谷斌洲	黄 捷	贾承志
李鹏毅	唐 帆	王 爽	王卓群	吴京昌	吴子谦	翟俊昭	张成均
张宇鹏	赵 磊	高崧山	龚 臣	刘 毅	王 雪	杨 枭	陈溧溧
陈玉龙	程亚楠	董二娃	樊枭赟	樊 岩	高 闯	高小涛	顾 健
何其孟	黄敬如	黄 珏	焦 阳	解寒飞	李嘉瑞	李 翔	李 阳
刘国强	刘开国	刘 宁	卢宝第	罗昕迪	吕晓宇	孟 杰	庞志华
乔立刚	任峻峰	宋传孟	苏永超	谭高洋	唐雨露	王策男	王 川
王端颖	吴 静	夏淑淑	谢 鑫	许文萍	薛海蛟	闫文雪	闫振展
杨逸伦	宰兴洲	周能兵					

2017 年

曾费隐	陈 昂	戴政豪	郭岩松	何晓东	胡皓亮	孔泽宇	李明静
李 实	李 治	刘 岩	陆油松	罗凯文	裴 杨	彭世刚	乔 宇
任贤胤	荣 凯	邵珠格	石 晨	石佳乐	孙鑫欢	孙玉祥	王尧鑫
王占学	吴东旭	伍一顺	张 浩	张琪林	张天龙	张铱翔	赵翰卿
曹晓磊	陈 冀	陈俊男	丁文朋	董胜男	樊 强	韩 哲	郝彦朋
何泽文	黄佩雯	黄则临	姜春宇	李嘉宁	李明珠	刘军亮	刘星栋
麻孟超	郤有田	秦鸣悦	汪常进	王廷轩	王兴谙	徐佳锋	张 毅
陈 微	李昌霖	王治伟	班 驳	蔡长青	陈鸿翔	迟殿鹏	邓 腾
邓子龙	董 雪	朵 祯	樊志伟	范兵兵	范文琦	高佳驰	高 亮
高树梅	高月光	耿 嘉	郭登刚	郭上坤	郭至荣	何鹏飞	贺佳男
贺中正	胡靖伟	康 煌	柯 源	李果蒙	李浩男	李敬业	李凯权
李姝妍	李新锐	李 旭	李亚勇	连江凯	梁 昊	廖 伟	刘嘉韵
刘 凯	刘若愚	刘守亮	刘卫南	刘雨禾	柳建桐	柳 剑	卢冠成
卢易浩	马 超	孟 琪	潘术怡	彭家宝	乔增辉	秦金凤	任杨阳
任禹名	邵渤涵	史卫泽	苏成海	苏 衡	苏怀维	孙健坤	孙堃博
孙圣杰	孙永壮	汪靖程	汪士垄	王洪枫	王 前	王新伟	王新宇
王 鑫	王雄武	王战东	吴成成	郗莉萍	肖斯雨	徐 源	鄢红枚
杨 堃	杨世泽	杨 雨	姚 璐	叶腾钶	叶一飞	叶雨晴	袁小雅
袁 盈	张 碧	张 博	张驰逸	张凯宁	张 亮	张临乙	张世朴
张世潇	张晓舟	张中泽	章固丹	章鸿运	赵明升	郑福泉	周志昊
朱凌飞	王润生	蔡 垚	陈登博	陈佳炜	陈玉莹	缑宇超	郭亚鑫
姜 琪	荆 琦	李立影	李 楠	刘佳琦	刘思琪	马媛媛	宋海燕
孙楚彦	万 嵩	杨魏恺	周静宇	卫 宁	傅砺烨	胡美玲	金 亮

刘 军	吴 翰	杨晓彤	张 超	安海东	边新媛	曹 康	陈炳博
陈光亮	陈浩坤	崔欣雨	邓昭伟	付 强	付希言	傅佳璐	葛杰友
郭 阳	韩 浩	何宇航	贺朝阳	蒋超达	景莹琳	李冰洋	李彻嬴
李丁兰	李海生	李 涛	李兆东	梁震烁	刘艾嘉	刘 登	刘 江
刘雪妍	龙胤宇	马 侃	牛增远	田 璐	佟 颖	王引鸣	王 玉
王志浩	夏 强	熊方磊	闫少谦	杨茂林	姚 卓	叶 静	叶昱森
袁庆庆	张 丰	张丰收	张金龙	张紫裕	章文龙	赵乐海	赵忠宇
边晓玉	陈华林	何志鹏	李 超	李敬有	李鹏宇	刘 佳	齐永涛
阮 杰	王 磊	吴 奇					

2018年

白 晨	曹宇航	曾 祥	陈 键	陈履坦	陈润峰	陈 伟	陈 莹
段宏正	郭松林	胡天翔	李浩阳	李慧武	厉 雪	刘国政	刘 炎
刘泽荣	吕映庆	牛璐璐	宋超慧	王一阳	王志威	吴 浩	杨程风
尹 帅	岳胜哲	张健东	张羲黄	张 昭	张志成	白凯伦	程 炜
韩连强	贾广禄	廖文希	刘思灿	刘苏玮	陆逸州	田焕玉	王晨宇
王 鑫	王正顺	王紫煜	魏晓伟	吴 阳	徐心悦	杨泽昆	周 伟
周谊轩	朱西硕	霍帅磊	李 鑫	毕玉帆	薛鹏飞	姚本林	蔡子雷
曹金耕	曹英超	陈百权	陈 凯	陈世煜	陈 振	崔 莹	寸 辉
范昌增	高道伟	管发扬	郭金东	郭勋成	郝英男	何佳峻	胡宝远
胡 榕	黄天宇	霍俊达	金冬楠	赖 威	李 健	李金霖	李立元
李诗慧	李姚江	李 昱	梁栩嘉	廖鹏君	刘东奇	刘嘉炜	刘劲涛
刘开源	刘璐伟	刘培君	刘伟桐	刘 悦	刘 正	柳博文	陆胥坛
马红兵	牛文煜	潘 兵	彭 帅	齐 斌	邱玖禄	任佳伟	佘李云飞
时振清	孙丽华	汤 宇	唐浩然	唐 磊	唐绪松	陶宇茜	陶志刚
万初朋	王聪杰	王 寰	王 磊	王丽萍	王 爽	王斯洁	王昭元
王振北	王子泉	吴薛勇	夏晓旭	向俊舟	向 召	谢剑文	徐浩然
薛伟召	闫昭实	严 浩	严朋旻	严 硕	杨瑞欣	叶 胜	叶 孜
尹欣慧	游 玉	岳松辰	张 帆	张浩宇	张继豪	张恺宁	张龙辉
张 晟	张玉龙	章强兵	赵宏涛	赵悄然	钟科航	钟佩霖	仲彦旭
周 文	周屹炜	周 宇	周志平	李炜辰	邱丽媛	卜晓颖	陈忠辉
崔潇丹	范泽远	韩盼盼	何 蔚	刘 澜	任思敏	盛姣姣	石世旭
孙 新	田梦洁	温 兴	肖 杰	谢鑫尧	张师哲	初 阳	龚 丽
连璐瑶	梁 滔	马文进	孙 航	王 曦	吴易烜	徐祥贵	闫慧婷
姚 仪	张 煜	常晓雅	陈 雷	陈倩倩	崔彦成	邓成果	董文帅

董懿慧	杜志鑫	段传旭	范瑞军	范 枭	高 源	郭 兔	韩培林
贺庆华	蒋 俊	兰冰青	李表全	李建飞	李思琪	刘伯韬	刘金烨
刘 静	刘 旭	罗 成	马 帅	米 国	潘立志	乔彩霞	秦博文
冉皓天	苏 斌	唐江岚	陶玉森	王 浩	王家轩	王建禄	王诗瑶
王彦杰	王垚雄	王宇轩	王泽宇	魏子婷	吴世林	吴永超	谢文涛
徐金龙	许朝阳	杨宝清	杨博涵	杨秀芬	原瑞泽	翟小鹏	张 帅
张馨月	张扬婕	张宇旗	钟 野	周东康	曹宜起	和先孟	姜 岳
李晓帅	赵 阳						

2019 年

陈丰霄	陈 稳	陈岩武	陈泽平	高飞艳	贺顺江	胡志强	贾丰州
李云彪	刘 凌	秦彩芳	任健康	任耶平	申泽斌	石浩男	谭远深
王博冉	王复涛	王景琛	谢叶叶	闫子辰	杨玉好	于文峰	余永吉
张向永	毕元珍	曹新宇	陈 晨	陈金红	程明星	韩梓腾	郝 熠
胡豪俊	霍 健	姜 浩	李 锐	李振宇	刘锦坤	孟 祥	聂富宇
齐皓祥	王 洋	温 浩	吴 桐	徐 阳	闫书睿	周 权	吕晓东
卜 瑛	曹苗苗	陈文戈	陈信霖	程 全	邓玉成	丁 凯	杜雄梓
杜一宁	方钧宇	方远德	高晨宇	高 倩	郭兆烜	贺林夕	侯婷婷
胡雪仪	黄可奇	吉童安	贾启才	金 文	荆星昱	荆致远	康浩博
乐 威	李建新	李京儒	李倩格	李 爽	李 望	李 欣	李欣颖
李 颖	李永慎	廖 晨	廖茂雄	刘 寰	刘金月	刘润泽	刘颖欣
刘云辉	刘振扬	龙茂豪	卢 跃	陆丽萍	栾栋林	马晓航	马云飞
孟冠彤	潘洪伟	潘 启	秦 剑	屈静坤	任伟志	沈 奕	石家政
孙 昕	童 欣	万 奕	万 毅	万志峰	王贵军	王晗瑜	王加乐
王俊惠	王其海	王 尧	王艺斌	温 瑞	温永昕	吴 迪	吴姣姣
吴姝源	肖济松	熊 鹏	徐 骁	许艺强	杨 兵	杨秉妍	杨佳捷
杨佳琳	杨 柯	杨 珊	杨 拓	尹 澳	于昊塬	余 缙	张 帆
张嘉栩	张 健	张静静	张 良	张 鹏	张鹏勃	张润泽	张 晟
张 涛	张 腾	张燕茜	赵宏远	赵 蕊	赵 锐	赵 微	赵新悦
赵彦杰	郑永辉	郑志坚	钟世威	周 颖	周子隆	朱永恒	管恩铭
曾令辉	柴 晨	陈楷文	何宗凌	黄佳兴	李嘉璐	李 睿	李晓禹
梁 茜	罗雨莹	王文杰	辛大钧	徐会升	杨靖宇	张浩田	赵彩慧
班绘丰	谌 均	杜庆磊	高 源	郭志慧	李 春	梁一鸣	缪子慧
王权阳	兀亚伟	姚 伟	张若蘅	左晶晶	柏云杰	边 梅	陈彦君
陈 卓	杜世宇	段世展	扶 磊	高丹丹	高 潇	顾 赛	关慧元

兵之利器
——北京理工大学机电学院学科（专业）发展史

关木欣	郭可可	郭鹏宇	郭子源	郝世钧	洪晓通	侯佳杏	胡晟荣
姜 冕	焦永晖	靳家豪	景亚曼	郎 琳	雷国荣	李家琦	李 健
李 琳	李 民	李鹏程	李少君	李天琦	刘恒一	刘佳鑫	刘瑞峰
卢 庆	罗苇杰	闻 冰	马书香	马 啸	马旭辉	马 岩	马宇腾
毛晓伟	孟博伟	裴 鲁	曲卓君	孙立文	王晨征	王 杰	王仕鹏
王晓军	王志超	王自豪	魏士杰	武晨阳	武震公	徐小雪	徐 杨
许红浩	许仕杰	薛 超	应武江	于子龙	翟礼哲	张佳伟	张 磊
张树凯	张 炜	张垚彦	张 莹	张哲瑞	赵凌萱	赵文俊	赵欣圆
周佩华	周 帅	杜群雄	高 严	高志斌	刘菲菲	牛胜军	卫云龙
张 强	赵悦岑	Kongpanya Amiith

Vilathong Phanthasone　　Vannasopha Phaly
Oundavong Ounhueane　　Inthavong Somboun

机电学院历年博士研究生名录

1984 年
浣 石　白春华　韩长生　张缅一　罗育安

1985 年
王 平　贾泉生　李惠玲　杨文波

1986 年
郭 巧　李长金　彭 正　郭七一　姜鹏明　庄剑文　王振国　管振喜
费逸伟　周兴喜　周智明　李建民　高 翔　焦清介　李德军　高修柱

1987 年
范宁军　张学斌　王宏洲　高 敏　王泽平　刘举鹏　李 放

1988 年
孟立坤　黄芝平　黄风雷　熊映明　孙艳峰　毛金生　封加波

1989 年
牟瑛琳　王中东

1990 年
段卓平　丁刚毅　曾庆轩　何远航　张鹏飞　邓海明　巩建兴

1991 年
杜 霞　宗国庆　周 刚　李建良　王树山　张文栋　齐杏林　栗 苹
王新建

1992 年
张举华　吉 路　万 程　杨 超　贾祥瑞　郑玉六　郑 波　刘小玲
王 华　邓甲昊　邓 方　陈 朗　严 楠　王海福　沈河涛　孙凤国

1993 年
李世才　翟晓丽　刘永山　龚自正　汪 浩　陈虹霈　唐光诗　郭 林
林大泽　冯圣中　午新明　游 宁　胡昌振　石 岩　吉利国　杨 硕

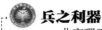

兵之利器
——北京理工大学机电学院学科（专业）发展史

宇德明　胡双启

1994 年
蒲加顺	徐全军	高　鹏	陈安世	张志杰	王丽琼	王亚群	邱夜明
彭昆雅	王　辉	陈　权	韩黎明	李灿波	李生才	胡晓棉	刘晓春
高进东	安　波	孙为国	李卫星	王志军			

1995 年
彭　希	孙晓明	薛再清	刘云剑	温万治	马　峰	霍　卉	周　劲
蓝金辉	易军凯	周丽莉	王新宏	刘赵森	欧阳吉庭	乔小晶	孙　韬
王瑞臣	安　波	胡湘渝	肖绍清	张海波	陈鹏万	彭兴平	韩传钊
周忠来	胡　颖	项仕标	龙新平	王　芳	王珏杰	蔺建勋	赵文杰
高进东							

1996 年
程西江	孙建伟	田玉斌	闫　军	周培毅	段卫东	张昌锁	李玉民
高文学	李泽华	叶国庄	熊永虎	李银林	颜景龙	李国林	李　建
王俊杰	王广龙	王亚军	徐世英	潘　颖	刘玉存	孔　炜	余文力
姚翠友	高培旺						

1997 年
张小宁	田丽燕	曹德青	仝　毅	钟冬望	李　平	张建华	焦　彤
娄文忠	李　杰	朱景伟	黄忠华	潘乐义	张红芬	孙运强	贵大勇
周　睿	罗　骥	游少雄	赵　祺	王海亮	袁士伟	安　琴	温玉全
丁玉奎	吕春华	王晶禹	郭彦懿				

1998 年
贾云得	何遵文	张砚春	姜春兰	杨　玮	马　峰	王仲琦	苗勤书
王　成	罗晓娟	马建军	李　伟	陈荷娟	王　耘	陈林顺	龙　源
田水承	杨瑞甫	温　波	周　钢	王保民	林大超	郭东敏	郭　敏
谌德荣	关为群	施坤林	罗庆生	周国勇	刘　俊	姜　明	段俊峰
黄　峥	王　炎	马惠敏	李有科	陈　鸿	陈　放	韩宝成	

1999 年
周　勇	王克勇	林　森	郭守刚	姚小兰	熊祖钊	吕中杰	吴开腾
刘　彦	刘先勇	武海军	尚雅玲	尹　健	张玉明	曾德斌	王　飞
朱建华	韩宝玲	覃爱明	宋　萍	马春庭	汪　光	康敬欣	孙发鱼
裴东兴	郑　宾	严柏军	李凤国	吴　成	徐立新	郝向阳	李朝君
孟照魁	傅智敏	王大祥	柯伯山	周从章	诸德放	杨　利	王凯民
常　非	张树海						

2000 年

何光林	马建光	闫怀志	李朝辉	程 顺	贾光辉	梁永直	胡景林	
刘 强	张 蕊	毛丽秋	卢 斌	王玉全	郝 莉	刘海燕	陈龙伟	
卢 捷	张国明	钟铁均	郭 华	樊红丽	王汉军	乔枫革	陈金龙	
李兆熊	石光明	齐占元	陈科山	李 海	邱志明	杨 富	郭昭平	
胡学义	李延龙	马伍新	刘飘楚	邢晓岚	崔忠伟	时景峰	李新龙	
代方震	刘向阳	杜恩祥	高 巍	周立成	高士英	施卫忠	罗恒亮	
黎春林	庄力霞	白林山	刘 霞	何 碧	李俊平	蔡佩君	汪洪武	
胡玉才	胡秀峰	任玉华	陈明华	任 慧	尹洪东			

2001 年

赵 楠	李金柱	张中国	其乐木格	危胜军	李 明	李世中	瞿 军	
刘殿敏	张虎生	孙 娟	安海忠	张国伟	罗 健	周 玲	任云燕	
陶明涛	李 琼	黄 平	罗立新	杨海燕	刘振翼	王江宁	王晓丽	
郭泽荣	王晓英	陈沿海	刘海鹏	吕树然	胡 刚	李 彭	刘建新	
杜小平	郝新红	张彦梅	刘腾谊	陈 曦	毕军建	张彦春	梁惠敏	
李 伟	闫 华	高秀峰	刘 峰	马锦永	宋文爱	赵晓军	刘秋生	
耿久红	张青华	宇正华	尹 君	王 伟	蒋建伟	卢永刚	李明愉	
陈 曼	周汉生	邓 琼	张江山	周美林	曹建华	张天飞	韩秀凤	
魏继锋	丛晓民	蒲薇华	肖云魁	巩 华	黄常青	魏 斌	马桂霞	
王建省	任会兰	商 霖						

2002 年

张雷雷	马爱娥	吴义田	付跃升	王小成	张冀峰	刘红岩	倪忠德	
王建涛	陈 方	殷国平	郭美芳	韩国柱	熊新娟	徐代君	段振忠	
汪德武	杨玉斌	程永生	段星光	彭朝琴	房立清	肖相生	潘署光	
魏素娟	孙东宁	徐 栋	朱宗平	孙东红	王云峰	李国杰	王 月	
邓霞飞	曹 佩	张军翔	柳维旗	王宏社	王宇婷	李会杰	张 剑	
许 彬	姚淑平	张继福	伍 涛	宋卫东	何铁宁	刘有英	陈 曦	
刘 帅	梁增友	初 哲	汪永庆	周俊祥	宋华付	韩惠莲	张万君	
支传德	司怀吉	单剑锋	李建平	赵永涛	孙庆云	罗艾民	杨剑影	
谢邦荣	管 镭	屈新芬	赵 蓓	经小川	王亚斌	黄志敏	李德广	
李海军	张伟民	赵玉灿	刘 星	童铁男	张永生	门建兵	李 鑫	
樊国栋	陈建军	林振宇	赵 军	谢兴华	刘 丽	杜仕国	王 颖	
刘 雄	蒋 明	黄毅民	何循来	罗会哺	申 强			

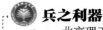

兵之利器
——北京理工大学机电学院学科（专业）发展史

2003 年

孙远华	陈红艳	刘艳红	郭金玉	许月梅	朱志武	姜　芳	刘　春	
马天宝	韩　丽	刘　鹏	李志康	王在成	蒋志明	张光雄	高兴勇	
吴　碧	陈　文	陈　利	龙仁荣	郁红陶	唐恩凌	赵桂芬	张　雷	
张斌珍	余尚江	汪　伟	张　翔	房慧敏	李修函	何　光	李晓峰	
孙明谦	胡　海	安晓东	邢　慧	李晓明	杨春兰	霍涌前	王建营	
吴建星	范喜生	张　浩	韩　磊	李彦旭	徐德华	陈立强	林　蔚	
马爱文	李　炜	吴炎烜	王洛国	钱　龙	张庆辉	李月琴	张可佳	
王　军	颜　峻	陈　星	明宝印	杨满忠	王希星	康建设	党海燕	
李向荣	陈永才	肖凯涛	董三强	王震宇	黄龙华	李　磊	王　刚	
王　鹏	陈颖瑜	徐　超	姚俊武	刘晶晶	翟志强	王　鹏	赵林双	
崔庆忠	王保国							

2004 年

于文广	任宪仁	姚惠生	皮爱国	周　栋	李海军	宋承天	牛少华	
郑利兵	唐成华	李　华	崔中杰	孙丹鸣	张利格	庞云亭	伍俊英	
舒　阳	高润芳	霸书红	郭少华	王金英	于　伟	吴瑞凤	任夫键	
柴玉萍	卢静涵	王　静	薛妙轶	林华长	孔令超	陈　茹	李明辉	
任宪仁	倪艳光	甯尤军	钱　莹	张松林	黄　静	孙桂娟	杨　莉	
丰　平	胡秀娟	桑会平	张东红	潘　曦	张振海	毛俐旻	张立燕	
张洪斌	张树江	郑嫦娥	贾宏亮	杜钦君	杨　洁	肖　涛	吴日恒	
李红旗	蒋一明	王　飒	陈　涛	李金凤	武建国	李小东	黄英东	
彭志国	孙毓富	郑雪冰	李　昆	孙建强	王良春	李　遗	张　波	
阿苏娜	张志江	魏可臻	刘春美	张旭荣	黄广炎	唐　毅	姬江涛	
施家栋	郑　航	罗宏伟	金兆鑫	梁　琦	王丽美	徐　嘉		

2005 年

张　进	崔　燕	胡晓春	王绍宗	刘振华	刘海峰	王可慧	王一楠	
张　明	辛春亮	秦　健	史　锐	高富强	杨国梁	王荣兰	袁俊明	
卢湘江	金　辉	张东江	高　珍	孙　骥	宋　崧	李济泽	神显豪	
张　辉	于秀丽	李　明	梁　杰	禹　健	苏淑靖	李建玺	李京涛	
吕书生	王　琴	李虎全	肖洪兵	李银钊	王帅帅	严　峰	蒋　丽	
汪建锋	高伟涛	郝晓辉	于煜斌	李　召	郑　坚	刘自力	李　萍	
冯清娟	石　琳	徐文旭	王志新	李贵兰	臧　娜	覃　彬	江增荣	
赵太勇	陈　赟	帅俊峰	曾必强	张　函	房玉军	邢　军	鲁建英	
李江存	徐新春	吴中伟	李晓刚	穆慧娜	杨　庆	黄歌德	王永强	

机电学院历年博士研究生名录

陶　鹏　　武国辉　李三群

2006 年

黄辉胜	吴吉林	何　文	李　伟	温丽晶	刘陆广	张延耿	梁新建	
王新生	石一丁	徐钰巍	刘科种	谢春明	汪庆桃	时党勇	马月芬	
闫小伟	唐永刚	孙志慧	付红伟	刘美莲	魏博宇	李清洲	漆光平	
朱建国	白春雨	牛江川	贾晶晶	贾瑞武	隋　丽	赵小川	石剑飞	
艾泽潭	陈　妍	王　涛	张　健	张维利	马维贤	贾东永	卢月品	
余张国	李光日	石　青	包国兴	彭　武	王志刚	孙小莉	王　沛	
熊宇迪	宋　笛	刘　意	宫广东	陈　尧	魏晓磊	陈跃鹏	付　巍	
崔建林	王小静	申家全	胡　鹤	王潇茵	吴　丹	闫晓鹏	郭渭荣	
贺卫东	万金刚	霍　炎	耿小明	邓　楠	吴庆善	徐亚博	张　凤	
周利东	蒋新广	陈文瑛	段　云	王登贵	刘宗伟	郭支明	孙　昊	
吴　广	李砚东	完颜振海	胡　洋	严翰新	穆　磊	张　谋	王红茹	
杜新武	朱礼尧	马晓飞	魏卓慧	杨振磊	何春林	郑远攀	解　娜	
杨贵丽	郑秋雨	郭　宁	周兴明	赵　彦	刘　松	郅斌伟	李　军	
黄科伟								

2007 年

边桂彬	别海罡	蔡慧敏	陈　默	陈学超	陈亚红	单永志	杜井庆	
费广磊	冯金玲	甘　强	高　翔	郭婷婷	郝陈朋	何　宁	何　宇	
贺月香	胡宏华	姬鹏远	蒋　飞	解　禹	康彦龙	赖　鸣	李大林	
李　辉	李　磊	李　梅	李　清	李　赏	李守殿	李　伟	李彦周	
李玉珏	练　兵	刘　丹	刘　恺	刘　鹍	刘　牧	刘　学	刘永茜	
刘　雨	陆培源	吕　婧	吕全洲	罗　涛	马　硕	马子领	潘　越	
齐书元	权　威	桑文华	史继涛	宋荣昌	苏婷立	孙宝平	孙韶春	
孙文磊	覃剑锋	田　野	王广海	王国宏	王江波	王　黎	王世虎	
王　通	王　璇	王　义	王　宇	吴彩鹏	谢全献	谢中元	徐祥红	
许凤凯	薛　恒	荀　阳	鄢宏华	闫　岩	杨承志	杨东晓	杨伟苓	
杨彦利	余庆波	袁小东	曾　亮	曾雅琴	张　强	张新明	张雪飞	
赵　雪	周松强	周兴明						

2008 年

楚亚卿	尚　静	张　柱	方敏杰	李　健	林庚浩	马丹竹	周　强	
张海英	周忠彬	王　栋	沈正祥	蔺　伟	周婷婷	耿　荻	王　猛	
李冠英	严　成	陈大勇	余德运	郭华玲	王　凯	郅　威	王兴涛	
许　威	陈　昌	康　晓	李潮全	魏永红	柏　利	郭福生	李　月	

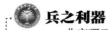

兵之利器
——北京理工大学机电学院学科（专业）发展史

王冬晓	郭庆阳	薛 源	黄艳芳	张 乐	徐 乾	赵洪华	廖琪丽
李茂辉	浦锡锋	张 博	陈 威	牛 芳	鞠欣亮	刘海营	庞 磊
赵伟栋	成天桢	王 伟	张 鑫	郑 玮	赵保国	李宏宇	李永远
任月清	张 燕	罗 霄	向 聪	谢 峰	李传增	盛 沙	柴传国
田春雷	张宏亮	毛 亮	郑元枫	马 明	童 睆	徐豫新	仲 霄
岳江锋	刘 群	黄 浩	谭碧生	苗艳玲	汤 崭	何爱军	叶耀坤
周 阳	郁卫飞	蔡克荣	吴 涛	徐 旻	张 威	孙 婧	杨瑞伟
曾 涛	谭俊锋	闫 哲					

2009 年

陈 健	曾一鑫	王 晨	王 飞	刘 函	尹 昊	白 帆	杨雨迎
高 静	魏双成	杨 倩	郑志嘉	曹广群	李 敬	宫久路	晋一宁
秦栋泽	王 强	鲁 峰	孙耀冉	邢 冀	李顺平	徐翔云	张会锁
张晓东	周 彤	申 丽	姚峰林	戴福全	邵 洁	陈 翰	王光政
张光辉	曹 渊	闪 雨	董 悫	李 晨	王 超	许俊峰	侯俊亮
侯秀成	印立魁	姜夏冰	裴红波	王文杰	许 芃	杨登红	张建宏
赵 越	刘 畅	毛瑞芝	何 昫	林 然	石云波	李 帅	于文博
郝慧艳	鲁 林	张连存	魏贤凤	赵海涛	栗建桥	孙春勇	赵红燕
李竞艳	徐厚材	张 杰	李旺昌	郭德卿	王燕妮	韩文虎	金学科
孟燕刚	郝 鑫	王娜峰	支晓伟	蒋海燕	卢 熹	郝凤龙	黄学义
李东涛	王 刚	马 丽	陈小明	李顺波	崔 颢	罗庆平	谭汝媚
张立宁	任新见	李志敏	于 超				

2010 年

张 莉	刘 玉	张 凯	崔云霄	姚 伟	刘益儒	马兆芳	陈兴辉
刘 海	钱 飞	张志彪	彭 辉	贾宝华	褚 亮	王 星	王海兵
杨 敏	董新庄	刘新桥	徐振洋	甘云丹	刘文祥	陈 威	钟伦超
白 阳	刘华欣	孟 非	陈冬方	李 健	邵海燕	田 丽	王 健
李修峰	王 晨	马 溢	于润祥	樊保龙	周宣赤	赵代英	臧 娜
赵焕娟	李 果	胡玉昌	马秋菊	马 欣	张 力	陈 凯	岳明凯
王晋平	孙 博	程东青	杨 喆	周 峰	尚海茹	边江楠	王桂贞
祝青钰	杨政文	李尧尧	梁振刚	南宇翔	于 兰	朱祥东	付永杰
罗小林	关震宇	李 兵	沈 磊	于成千	宁功韬	刘 菲	姜 涛
饶 伟	龚 苹	张 博	薛 田	卢冲赢	乔立永	栗大鹏	李美红
吕军军	吴兴伟	武碧栋	李克非	李志强			

机电学院历年博士研究生名录

2011 年

刘 芮	刘 影	毕 湧	崔乃夫	段晓瑜	甘元超	黄 蒙	巨圆圆
刘海庆	刘晓俊	吕 宁	田新邦	王彩锋	王 婧	武 强	杨 镇
于 晓	苑 媛	展婷变	张鹏飞	张欣欣	赵宇哲	周正青	崔林林
葛 卓	郭明儒	郭 鹏	郭文增	韩 超	嵇海旭	孔祥战	李国栋
李泽国	刘宗宝	齐 斌	舒 鑫	孙章军	王化平	魏 博	武江鹏
闫炳强	张 思	宗成国	陈明生	段在鹏	李新建	米华莉	师雪娇
王 悦	夏登友	张云明	周 轶	毕研刚	常 悦	陈 洋	程 俊
程鑫轶	杜 烨	方 晶	高 健	郭德洲	郭鹏飞	韩永伟	韩忠飞
黄求安	李 彪	李 兵	李富刚	李 萌	李 强	李 泽	刘瀚文
刘 洋	刘永春	牛三库	皮铮迪	任庆国	沈 剑	沈三民	唐 凯
王剑峰	王 昆	王卫民	王 萱	肖艳文	胥勇清	徐荣声	许胜刚
许香照	曾广裕	张广华	张 朴	张世隆	张雪朋	张彦军	赵 慧
赵晓旭	赵宇峰	赵 源	赵志华	李 平

2012 年

于 琦	赵文渊	李继承	白 帆	丁建旭	赵永耀	郑维钰	陈占扬
孙志超	刘志祥	王 勇	孙 韬	张冬梅	吕韫琦	穆 煜	刘嘉宇
李 帅	吕聪奕	刘 鹏	王辅辅	李 敏	李 素	陈清畴	秦晶晶
李 蒙	王长元	何守印	张英豪	任 杨	陶小可	李含健	刘旭东
李艳梅	崔 超	易 胜	吕德伟	肖建光	李东卫	王新颖	吕智星
佟文超	陈秀梅	王文庆	许彩霞	殷 昕	王艳平	王 晔	焦爱红
宇文惠鑫	汪 侃	朱 毅	张一博	李其中	刘雪岭	任少云	高 鑫
刘蘡龙	岳军政	刘坚成	段 妍	马 赟	王永贵	管延伟	黄 高
李 鑫	梁冠豪	李国中	杨 诚	岳明昊	倪文成	亢静曙	宋 卿
李 伟	聂为彪	吴宇航	罗普光	孙宝亮	丁 力	蒋铁英	田鹤飞
岳 凯	孙志岗	伊枭剑	王晓光	张广月	于 扬	李 元	段 继
赵 倩	丛 琳	韩 琦	鲍丙亮	鲁天宇	郭 俊	蒙君煦	刘 轶
白 洋	丁旭冉	王 芳	杨 琳	白晓光	王剑青	武 越

2013 年

代晓淦	李 鹏	魏 强	薛一江	殷建伟	邹宗山	冯建锐	何成龙
王宗炼	肖李军	徐 萧	昝文涛	李思奇	李长龙	刘伟莲	刘羽白
牟宗磊	于 宁	张广义	赵靖超	郝创博	金 鑫	李 勐	孟立波
苏高世	徐 喆	何红星	陈 曦	段 璞	冯永安	姜雨彤	李秋富
刘恒著	秦 涧	王征晨	武 珺	许玉堂	叶 勇	原新鹏	赞 扬

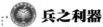

兵之利器
——北京理工大学机电学院学科（专业）发展史

张 蕾	张荣鉴	曹同堂	仇 好	段亚博	葛 超	黄伟林	孔志杰		
李 晨	李石川	李 延	李燕华	刘少坤	马 超	王 超	王成龙		
王 力	王 鑫	王永智	王 哲	吴金婷	吴政隆	喻青霞	张静元		
张 良	张帅重	张 爽	张 伟	成 曦	刘丹阳	刘 洁	石新未		
王传昊	王秋实	王昕捷	王旸阳	徐峰悦	杨 欢	杨 洋	郑克勤		
丁小勇	黄金香	李树砖	吕 华	万 鑫	王永柱	卫水爱	魏彤彤		
闫 琪	于成龙	张金菊	张天巍	姚 宁	赵 耀	王文元			

2014 年

陈 骁	胡惟佳	刘 戈	闫俊伯	周潇雅	麻晓波	付应乾	高学浩		
郭洪福	梁浩哲	冉 春	习常清	储著鑫	高春晖	巨一博	齐 创		
王周密	崔登祺	高 亮	李浩源	李兴富	刘雨婷	王大奎	张志林		
赵方舟	李安安	刘晓明	刘雄军	孙文涛	张智京	陈思同	耿宝群		
耿德珅	蒋博楠	刘丽娟	陆阳予	聂 源	郑 楷	郑晓顿	侯 健		
李一舒	马坤鹏	狄静宇	黄 坤	李变红	李仁玢	刘朋展	王凤杰		
王福萍	王乾有	吴 乐	徐文龙	张 伟	张志栋	赵 娜	程思备		
代利辉	郭俊峰	韩旭光	何 飘	李朝振	李东伟	李 阳	刘博虎		
刘荣强	刘石祥	宋乃孟	汤润泽	王 博	王 闯	王 杰	张 超		
张 硕	赵雄伟	周 峤	刘 楠	张 帝	钟英鹏	侯龙飞	纪庭超		
梁彤彤	刘 亮	武伟伟	闫 野	梁玉龙	杨志剑	张福泉	高淑萍		
龚良飞	麻铁昌	樊武龙	韩晋阳	王晓峰	周佐新				

2015 年

陈 达	李 涛	李 尉	商 成	熊 健	徐梓熙	虞德水	白志玲		
洪 欢	龙 龙	倪克松	任思远	俞鑫炉	康 歌	侯 卓	孟 青		
王 晋	崔腾飞	樊 迪	韩炎晖	郝 阳	贾世魁	李志鹏	刘储朝		
刘 峰	佘浩田	王文康	翟亚宇	章 艳	李 昌	张 健	陈超南		
姜怀玉	王璐瑶	张纬经	桂秋阳	韩瑞国	金永喜	王 健	于 航		
张 博	张继业	梁 坤	樊洁茹	贾曦雨	姜建东	李 翠	李科伟		
李 冉	李儒鹏	欧亚鹏	王之骐	熊诗辉	徐 洋	杨萨莎	杨 宇		
张国英	张静骁	张希洋	赵 鹏	赵象润	曹昊哲	郭超越	李东方		
李孟轩	李 彤	梁晓爱	刘舒波	马凡杰	孙 翠	孙一铭	王 浩		
王 陆	王 昕	张睿恒	张亚平	张之得	赵婉君	周续源	朱道理		
陈 星	平 川	程年寿	田傲雪	王浩喆	杨 恩	于宏坤	张思弘		
张泽林	李明智	廉 政	杨同会	赵星宇	张灿阳	景 航	李 军		
马守业	江 涛								

2016 年

付 贺	马晓荷	闫林统	李俊承	柳 明	逯 乔	虎宏智	李 钊	
刘 鑫	王万里	吴庆贺	谢青海	徐 斌	徐名扬	严永明	朱 健	
戴连松	刘 纯	任天飞	荣 凡	杨 昆	张和涛	杨 涛	崔 娟	
段作栋	郭艳君	侯在克	黄 忠	李少鹏	莫 洋	裴广盈	石永亮	
王 恒	王 磊	于志强	曹洺赫	江 飞	张沛森	刘 柳	杨子明	
寇永锋	白 冰	曾 鑫	李淑睿	卢广照	熊 婧	张 昊	韩立宁	
李 翰	李 蛟	王彦娜	魏 伟	吴仰玉	徐其鹏	许 杰	张 衡	
戴传凯	高 翔	郭焕果	郭亚超	侯 鹏	寇家勋	吕 静	梅豪正	
潘振华	邱 浩	商士远	石邵美	王善达	吴海乔	吴兴宇	鄢阿敏	
闫 涛	庾滨铄	袁晓霞	占 干	赵金庆	陈齐乐	高晓峰	高异凡	
黄 岐	兰旭柯	雷漠昂	李夷渊	刘剑超	苗飞超	田 超	杨利军	
张洪垒	张雪岩	朱 炜	宋逸凡	刘 玲	孙 凯	李 璇	刘文杰	
史晓亮	孙彦龙	王荣刚	徐 谦	杨 理	陈 旭	甄 菲	符胜楠	
赵雅琦	王 焜							

2017 年

官云龙	侯德森	景天雨	钱琛庚	申海艇	司 鹏	徐 轩	杨 筱	
秦 毅	吴海军	张明建	胡孟磊	严鹏辉	高子航	郭晓栋	李鹏云	
梁 鹏	马适之	宋润泽	唐小庆	田定奎	王 超	王璐瑶	王延超	
吴梦楠	闫 欢	尹作宗	郑志强	梁 茜	蔡兆旸	李庆庆	马安稷	
石选阳	汪金奎	彭克林	舒 领	赵 旋	李泽章	白柯萌	陈群林	
程 立	董 恒	冯恒振	付 恒	何 锁	贺 翔	蒋建锋	康 儒	
孔令仁	李 波	李可为	李雅茹	马广松	孟繁霖	穆延非	祁 卓	
乔立军	王 迪	王 涛	杨尚贤	杨晓明	杨真理	杨 正	尹 昊	
于洪海	翟成林	张 骢	韩瑞山	刘 强	裴桂艳	谭凯元	王 军	
魏 巍	文瑞虎	张 剑	张 蕾	安宣谊	白孟璟	蔡尚晔	代 健	
高 锐	郭志威	刘 靖	刘 朔	唐 乐	王 珂	王韫泽	薛东宇	
张广为	张海军	张敏健	张玉龙	赵 聘	郑天翔	周明学	张 琦	
崔洋洋	郝晋媛	李鹏亮	梁 洁	沈 阳	孙彬峰	王子威	叶从亮	
寿列枫	王 丹	郝 龙	李 巍					

刘永刚　涂 建　Fateh Ali Shahzad　Sultan Manzoor
Ahmad Anees　Aslam Nida　Manzoor Saira
Shahzad Sheikh Muhammad Fahad

2018 年

陈子豪	窦　旺	高天雨	郭秀霞	胡启文	荣　誉	宋水舟	孙雁新
薛海蛟	杨天威	于国际	周　强	陈　翔	李　治	唐红亮	付胜华
高丽娟	郭胜凯	靳励行	李　鑫	柳　丹	柳胜凯	吕晓宇	马　乐
王炫权	王州博	奚鹏程	郑　涛	孙泽源	张润明	魏子厚	曹文丽
陈　昊	丁善军	董二娃	郭　喆	何起光	胡　勇	黄　鑫	蒋永博
解寒飞	李　干	李海波	李沐潮	李　伟	刘全攀	刘如沁	刘　野
刘彧宽	卢宝第	梅　勇	孟庆宇	齐佳硕	乔金超	秦泗超	沈　忱
石青鑫	孙林林	孙　韬	汤　跃	唐伟强	田　泽	万杭炜	汪　齐
王虹富	王　甲	王义磊	徐　娇	闫振展	杨海洋	杨昊伟	杨刘柱
杨亚超	张德雨	赵富裕	周能兵	单　丹	邓　岩	董　华	董媛瑞
杜伟伟	纪平鑫	刘　瀚	王于坤	赵　江	赵裔昌	高月光	刘嘉锡
倪　磊	彭嘉诚	王晨涛	王洪枫	王泽鹏	吴成成	伍思宇	袁　盈
章鸿运	王慧心	肖迤文	叶　坪	朱双飞	彭　钺	文　肯	常馨予
陈秋敏	范　韬	李嘉瑞	李梓源	袁　帅	周沈楠	王淮斌	荆　琦
何阳华	付德义	冯成良	霍力君	焦纲领	李　纬	孙晓乐	王　伟
王卫东	臧立伟	周红萍	Tariq Qamar Un Nisa				
Mudassar Muhammad		Shaikh Muhammad Naeem Akhtar					

2019 年

冯根柱	危怡然	韩　阳	贾宏晨	王永欢	吴玮栋	熊　迅	钟贤哲
郭昱辰	黄　维	杜学达	李　实	张春波	姚志彦	陈焕钟	陈　飚
董宸呈	董俊杰	何　睿	李玉洋	梁鲁鲁	刘雅梁	刘亚飞	苗明达
穆　天	沈明辉	孙　毅	张锦岩	张文一	张午阳	赵　川	余振奇
周加永	侯尧珍	郐有田	陈永鹏	崔欣雨	邓　鹏	丁伯圣	杜宏宝
韩鹏飞	黄鼎琨	贾时雨	解亚宸	金子焱	阚润哲	李慧博	李　政
梁希月	梁彦斌	刘　冰	刘铁磊	刘文近	刘　玉	鲁月文	吕明慧
马勋举	杨博文	梅　杨	牛　磊	王　刚	王宏宇	王江峰	王少宏
王书记	王亚飞	王子一	武德尧	夏良洪	夏　柳	夏全志	夏　雨
熊　镐	许亚豪	许迎亮	杨冠侠	杨　坤	杨鑫博	叶波波	张　航
张嘉朔	张建旭	张清芳	张　钊	张志永	赵　传	郑东森	周志鹏
朱秀芳	郭萌萌	韩克华	庞志华	徐　尧	郑　松	邓子龙	李浩杰
李　旭	柳　剑	卢冠成	任　杰	孙启添	孙圣杰	孙　庸	王新伟

机电学院历年博士研究生名录

王新宇	肖　翔	许礼吉	张　博	蔡　鹏	冯　博	李昊阳	李垣志
卫禹辰	张　弛	张传山	彭国良	王志嵩	邓希旻	董　岳	方祝青
高志发	刘　迪	刘梦华	刘志军	吕　赫	马云龙	齐方方	王冠一
陈守川	陈　思	程淑杰	崔　宁	梁　燊	任峻峰	晏　江	史　博
张智慧	刘　宇	李　志					

彩　　插

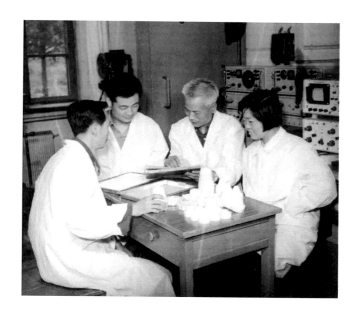

丁敬与学生在一起

中国理论与应用力学家代表团访美

李维林与苏联专家库里科夫及王元长

陈福梅与学生

徐更光和学生们在一起

徐更光和马宝华、冯长根在一起

朵英贤与石家庄陆军学院的设计教员一起研究枪械操作

马宝华在试验现场

时任原总装备部引信技术专业组副组长崔占忠与专业组合影

冯顺山在某基地开展弹道试验

发起并承办首届全国大学生智能机电系统创新设计大赛

参加创新创业大赛

主办第 13 届国际推进剂、炸药、烟火技术秋季研讨会暨丁敬先生诞辰 95 周年纪念会

与西班牙马德里理工大学访问团交流

世界速度最高加载装置

世界最长多相反应模拟管道